weltgeschichte im aufriß

Ausgabe in Themenheften

Herausgegeben von Werner Ripper

Die beiden deutschen Staaten und ihre Integration in die Paktsysteme (1949–1955)

von Joachim Hoffmann und Werner Ripper

Verlag Moritz Diesterweg

Frankfurt am Main · Berlin · München

Weltgeschichte im Aufriß
Begründet von Hermann Meyer und Eugen Kaier

Ausgabe in Themenheften
Herausgegeben von Werner Ripper

Die griechische Polis (7391)
Die römische Republik (7392)
Die bürgerlichen Revolutionen im 18. Jahrhundert (7396)
Industrielle Revolution und soziale Frage (7397)
Liberale, nationale und demokratische Ansätze im 19. Jahrhundert (7398)
Probleme des deutschen Nationalstaates (7399)
Politik und Theorie des Imperialismus (7400)
Deutschland und der Erste Weltkrieg (7401)
Russische Revolution und Sowjetsystem (7402)
Grundlagen und Entwicklung der Weimarer Republik (7403)
Der europäische Faschismus und das Dritte Reich (7404)
Die nationalsozialistische Außenpolitik und der Zweite Weltkrieg (7405)
Deutschland im Spannungsfeld der Siegermächte (1945–1949) (7406)
Die beiden deutschen Staaten und ihre Integration in die Paktsysteme (1949–1955) (7407)
Deutsche Politik zwischen Ost und West (1955–1980) (7408)
Die großen Weltmächte: USA, UdSSR, China (7409)

Bearbeiter des vorliegenden Titels

Joachim Hoffmann: S. 194–280
Werner Ripper: S. 1–193

Genehmigt für den Gebrauch in Schulen.
Genehmigungsdaten teilt der Verlag auf Anfrage mit.

ISBN 3-425-07407-5

Umschlagentwurf: Hetty Krist, Frankfurt am Main
Satz und Druck: Appl, Wemding
Bindung: Großbuchbinderei Monheim

Vorbemerkung

Lieber Freiheit ohne Einheit
als Einheit ohne Freiheit
Karl von Rotteck, 1832

Das vorliegende Themenheft folgt in seinen methodisch-didaktischen Intentionen jenen Prinzipien, die für die neubearbeitete „Weltgeschichte im Aufriß" insgesamt konstitutiv sind. Dazu rechnen vorrangig:

1. Die grundlegende Überzeugung, daß als Gegenstände des Geschichtsunterrichts nicht primär fachhistorische Probleme, sondern Probleme des politischen Verständnisses der Gegenwart zu gelten haben. Demgemäß wird der Gegenwartsbezug als eine maßgebliche Kategorie für Auswahl und Akzentsetzung begriffen.
2. Die quantitativ ausgedehntere Berücksichtigung statistischer Daten, die nicht nur der Priorität der Texte entgegenwirken, sondern zugleich den angemessenen Umgang mit einem Material fördern soll, dessen Beschaffenheit den unterrichtlichen Dreischritt: Analysieren, Erklären und Werten in besonderer Weise verlangt.
3. Die dosierte Aufnahme von Situationsberichten, die mit ihrer handfesten Spiegelung von Lebenswirklichkeit nicht nur das Moment der Anschaulichkeit verstärken, sondern auch eine anregende Unterbrechung der problemorientierten Anstrengungen ermöglichen sollen.
4. Das gezielte Konzipieren der Arbeitsthemen, die häufig nicht nur auf einen Text Bezug haben, sondern gleichzeitig gedankliche Querverbindungen herstellen, als erprobte Empfehlungen und nicht als verbindliche Regieanweisungen.
5. Die Markierung der Kapazitätsunterschiede zwischen Grund- und Leistungskurs durch differenzierende Hinweise (*), die darüber hinaus thematische Schwerpunkte signalisieren.

Die Jahre 1949–1955 umgreifen eine formative Phase deutscher Nachkriegsgeschichte in West und Ost mit einer klar definierten Zäsur – innenpolitisch, doch vor allem außenpolitisch – am Abschluß. Denn: mit der Etablierung und Festigung unterschiedlicher Gesellschafts- und Wirtschaftsordnungen war einer einfachen Wiederherstellung des deutschen Einheitsstaates substantiell der Boden entzogen, was erstaunlicherweise nicht hinderte, die Existenz teilstaatlicher Identitäten im Rahmen einer Nation bis in die späten 60er Jahre mit geradezu verblüffender Selbstverständlichkeit zu verdrängen.

Sogar als mit dem Beitritt der Bundesrepublik zur NATO und der DDR zum Warschauer Pakt die „doppelte Blockintegration" (Chr. Kleßmann) besiegelt und die Spaltung Deutschlands – ohnehin ein konstitutives Element des Kalten Krieges von Anfang an – auf absehbare Zeit irreversibel geworden war, „beruhigten" die zunehmend hilfloser wirkenden Beschwörungen der Trias „Einheit – Freiheit – Frieden" – wie sie vor allem im Kontext der Gedenkfeiern zum 17. Juni 1953 laut wurden – das nationale Bewußtsein in der Bundesrepublik und nährten jene illusionäre Sicht, in der „Adenauers Westpolitik als wahre Ostpolitik erschien" (A. Baring).

Dennoch ist vor schnellen Urteilen und Schuldzuweisungen zu warnen: Gab es überhaupt eine realistische Alternative?

Auch wenn man der Auffassung des Historikers Rolf Steininger, der die Annahme, „die Westmächte hätten es mit der Wiedervereinigung wirklich ernst gemeint", als „Legende" apostrophiert, nicht folgen kann, bleibt zu konstatieren, daß der deutschlandpolitische Immobilismus der Supermächte, der auf der eingetretenen blockpolitischen Abgrenzung als Grundlage einer kalkulierbaren europäischen Friedensordnung beruhte, eine aktive Wiedervereinigungspolitik ausschloß.

Gerade das konferenztaktische Schattenboxen des Jahres 1955 hätte lehren können, daß der Stellenwert des „gesamtdeutschen Vorbehalts" (W. Besson) für die Großmächte nicht mehr über eine verbale Deklamation hinausreichte. Im Gegenteil: die Akzeptierung des Status quo in Europa durch

die USA und die UdSSR, deren frühe Indizien weit zurückreichen, implizierte die Festschreibung der deutschen Doppelstaatlichkeit als politische Realität. Die vor allem aus innenpolitischen Gründen in der Bundesrepublik erklärliche Verschleierung des Tatbestandes, „daß weder die deutsche Frage weiterhin obenan auf der Tagesordnung der internationalen Politik stand, noch daß es angesichts der unterschiedlichen Interessenlagen in Ost und West konkrete Aussichten für ihre Lösung gab" (H. Haftendorn), leistete einer lange nachwirkenden Verdrängung Vorschub.
In eigenartiger Spiegelbildlichkeit nahmen an dieser Verdrängung auch die führenden Kräfte der DDR teil. Ungerührt von den eigenen Einheitsparolen wie „Deutsche an einen Tisch" und „Gesamtdeutscher Rat jetzt" entzogen sie in der Realität den Einheitsbestrebungen einschließlich aller Neutralisierungsmodelle die Grundlagen, indem sie das gesamte gesellschaftliche System dieses Staates einer rigorosen, der Bevölkerung aufgezwungenen Transformation nach sowjetischem Vorbild unterwarfen. Das angebliche Offenhalten einer gesamtdeutschen Option – noch in der Verfassung von 1968! – diente der DDR-Führung in dieser Zeit als Mittel der Herrschaftssicherung, das nach innen beruhigend und nach außen auch drohend wirken sollte. Zunehmend wurde aber kein Zweifel daran gestattet, daß das eigene gesellschaftliche System ohne jeden Abstrich der Einheit vorzugehen habe.
Wenn das Grundgesetz der Bundesrepublik im Jahre 1949 als oberste Staatszielbestimmung den Auftrag definierte, „in freier Selbstbestimmung die Einheit und Freiheit Deutschlands zu vollenden", dann gingen die Mitglieder des Parlamentarischen Rats von zwei – in relativ kurzer Frist überwindbaren – Provisorien in Deutschland aus. Diese Einschätzung hat sich aufgrund von Optionen, die in diesem Themenheft für eine wichtige Phase dokumentiert werden, als illusionär erwiesen, und „die Diskrepanz zwischen dem im Grundgesetz Deklarierten und der Realität in Mitteleuropa nach mehr als einem Vierteljahrhundert ist eklatant" (A. Hillgruber). Dieser Befund, daß die weltpolitische Machtsituation einer Reorganisation Deutschlands nicht günstig und – wie es im Beschluß der Kultusministerkonferenz vom 23. 11. 1978 zur „Deutschen Frage im Unterricht" heißt – „die Wiedervereinigung zur Zeit nicht zu erreichen ist", kann nicht geleugnet werden. Doch darf die gegenwärtige Nicht-Erreichbarkeit der nationalen Einheit keineswegs zum Kriterium für die Frage nach ihrer Berechtigung gemacht werden.
Vor mehr als hundert Jahren hat der englische Premierminister Disreali die Nation „a work of art and time" genannt und damit hervorgehoben, daß Wille und Bewußtsein primäre Voraussetzungen nationaler Verbundenheit darstellen. Der frühere Bundeskanzler Helmut Schmidt hat in seinem „Bericht zur Lage der Nation" vom Januar 1975 diese alte fundamentale Einsicht in spezifischer Weise aktualisiert: „Letztlich wird über den Fortbestand der deutschen Nation das Verhalten aller Deutschen in ihrer Gesamtheit entscheiden. Weder kann die Vitalität des Bewußtseins nationaler Zusammengehörigkeit durch ostdeutsche Beschlüsse abgeschafft noch kann diese Vitalität allein durch westdeutsche Postulate und durch Bekenntnisse gestärkt werden. Vielmehr fließt die Bewahrung der gemeinsamen deutschen Substanz aus dem, was wir tun."
Was bedeutet dies nun für die Schule? Zweifellos kann es nicht Aufgabe des historisch-politischen Unterrichts sein, sich an die Stelle der praktischen Politik zu setzen und Handlungskonzepte für Gegenwart und Zukunft zu entwickeln. Durch Aufklärung ohne Selbstgerechtigkeit mithelfen zu verhindern, daß die deutsche Frage der Irreversibilität der Vergangenheit anheimfällt, ist jedoch seine Sache.

Inhaltsverzeichnis

I/5 Die Pariser Verträge und die Souveränität der Bundesrepublik

I/6 Das Saarproblem und seine Lösung

I. Stationen der ökonomischen, politischen und militärischen Integration der Bundesrepublik 1949–1955

Übersicht

1949 28. April: Das Abkommen über die internationale Ruhrkontrolle, wie sie der nordrhein-westfälische Ministerpräsident Karl Arnold in mehreren Initiativen (allerdings als „Europäisierung der Kohle- und Stahlindustrie") vorgeschlagen hat, tritt in Kraft. Die Internationale Ruhrbehörde aus Regierungsvertretern der Besatzungsmächte, der Benelux-Staaten und der Bundesrepublik (vertreten durch die Alliierte Hohe Kommission) soll die Kohleförderung und die Stahlproduktion an der Ruhr kontrollieren und die Verbrauchs- und Exportquoten einschließlich der Preise festsetzen.

Nach dem Petersberger Abkommen (vgl. S. 15 f.) wird die Bundesrepublik offizielles Mitglied der Ruhrbehörde.

12. Mai: Nach Aufhebung der Berlin-Blockade verpflichtet sich die Sowjetunion (New Yorker Abkommen) gegenüber den Westmächten, hinsichtlich der Zufahrtswege nach Berlin den Status quo wiederherzustellen. Den damit wieder möglichen deutschen zivilen Verkehr erkennt sie insofern indirekt als Teil des alliierten militärischen Verkehrs an.
Schon vor der Gründung der Bundesrepublik haben sich vielgestaltige Beziehungen zwischen dem westlichen Teil Deutschlands und Berlin herausgebildet; vor allem infolge der frühen Aufforderung der Sowjetunion an die Westmächte, ihre Berliner Sektoren aus den Westzonen zu versorgen. Zwar bekennen sich nach ihrer Konstituierung beide deutsche Staaten (wenn auch unter verschiedenen Vorzeichen) zur Wiedervereinigung Deutschlands mit Berlin als Hauptstadt, doch läuft die tatsächliche Entwicklung auf eine verstärkte Anbindung der jeweiligen Stadthälfte an die Bundesrepublik und die DDR hinaus. Wenngleich die Alliierten – im Unterschied zu der im Grundgesetz und dann auch in der Berliner Verfassung verankerten Definition des „Landes Berlin" (wie der westliche Stadtteil seit 1950 offiziell heißt) als Gliedstaat der Bundesrepublik – auf den Vier-Mächte-Status verweisen und Vorbehalte geltend machen (eingeschränktes Stimmrecht der vom Abgeordnetenhaus zu nominierenden Berliner Abgeordneten im Bundestag, Übernahme von Bundesgesetzen nur nach ausdrücklichem Beschluß des Berliner Abgeordnetenhauses und unter Respektierung des Vier-Mächte-Status, der z.B. die Wehrgesetze ausschließt), billigen sie die Behandlung von Berlin (West) als Bundesland in der politischen Praxis.

21. September: Das von den Außenministern der drei Westmächte auf ihrer Konferenz in Washington im April 1949 vereinbarte und an die Konstituierung westdeutscher Organe geknüpfte Besatzungsstatut wird in Kraft gesetzt. Das Kabinett Adenauer wird von der Alliierten Hohen Kommission, einem interalliierten und den jeweiligen Außenministern unterstehenden zivilen Rat, auf dem Petersberg bei Königswinter zum Antrittsbesuch empfangen. Mit dem Besatzungsstatut endet zwar die Periode der Militärverwaltung, d.h. die Befehlshaber der Streitkräfte, die nach wie vor in der Bundesrepublik stationiert sind, üben nur noch ihre militärischen Funktionen aus, doch behält sich die neue Kontrollbehörde entscheidende Zuständigkeiten vor (Sicherheitsfragen, auswärtige Angelegenheiten, Genehmigung von Grundgesetzänderungen, Überwachung der Gesetzgebung, der Verwaltung, der Wirtschaft und des Außenhandels). Eine Revision des Besatzungsstatuts mit der Intention, die Befugnisse der deutschen Instanzen auszudehnen, soll nach spätestens 18 Monaten stattfinden.

21. Oktober: Die neue Bundesregierung bezeichnet in einer für lange Zeit richtungweisenden und mit den Westalliierten abgestimmten Erklärung „die Bundesrepublik Deutschland bis zur Erreichung der deutschen Einheit insgesamt als die alleinige legitimierte staatliche Organisation des deutschen Volkes" und „Berlin als Bollwerk des demokratischen Westeuropa".

23. Oktober: In seiner Regierungserklärung definiert Adenauer das Verhältnis zur DDR in Formeln, die – als überparteilicher Konsens – für zwei Jahrzehnte als Prinzipien der Bonner Politik verbindlich bleiben: Ablehnung des Ostzonenstaates wegen fehlender demokratischer Legitimation und Alleinvertretungsanspruch der Bundesrepublik für die Interessen des deutschen Volkes, auch für die unterdrückten Deutschen in der DDR, wie er bereits in der Präambel des Grundgesetzes erhoben worden ist.

22. November: Im sog. Petersberger Abkommen gestehen die Alliierten Hohen Kommissare der Bundesrepublik das Recht zu, konsularische Beziehungen mit den westlichen Staaten aufzunehmen und internationalen Organisationen – etwa dem Europarat in Straßburg – beizutreten. Dafür wie für die Zusage eines alliierten Demontagestopps verpflichtet sich die Bundesrepublik, Mitglied der Ruhrbehörde zu werden, jede militärische Aufrüstung zu unterlassen und demokratische Verhältnisse im Innern zu bewahren.
Das Petersberger Abkommen, mit dem Adenauer die Freiheiten und Zuständigkeiten der Bundesrepublik zu erweitern und die Eingliederung in die europäische Gemeinschaft zu erreichen sucht, findet die Zustimmung des DGB, stößt jedoch auf die heftige Kritik der SPD-Opposition im Bundestag, die die Vereinbarungen an den Postulaten von Wiedervereinigung und nationaler Souveränität mißt. Schumacher beschimpft Adenauer am 24. 11. 1949 im Parlament als „Bundeskanzler der Alliierten".

14. Dezember: Der Bundestag lehnt in einer Resolution eine deutsche Wiederbewaffnung einstimmig ab.

1950 9. Mai: Dem Vorschlag des französischen Außenministers Robert Schuman – wesentlich inspiriert durch Überlegungen des Planungsministers Jean Monnet – zur Gründung einer (west)europäischen „Gemeinschaft für Kohle und Stahl" (Montanunion, vgl. S. 19 ff.), der die uneingeschränkte Billigung durch die USA findet und den Durchbruch zur deutsch-französischen Verständigung bedeutet, stimmt Adenauer sofort zu in vollem Bewußtsein, daß dieses Projekt die Bundesrepublik auf 50 Jahre ökonomisch ausschließlich an ihre westeuropäischen Nachbarn binden soll. Der positiven Reaktion von Gewerkschaften und Industriellen, die den Wegfall der alliierten Beschränkungen für die deutsche Stahlproduktion begrüßen, steht die scharfe Kritik der SPD entgegen, die von einem „regionalen Spezialpakt innerhalb Europas" und der „Gefahr des Abgleitens in eine zweite Kapitulation" spricht.

25. Juni: Der Beginn des Korea-Krieges verlagert das Engagement der USA von Europa nach Ostasien und forciert die seit Herbst 1949 betriebenen Planungen für einen militärischen Beitrag der Bundesrepublik zur Verteidigung Westeuropas gegen einen befürchteten kommunistischen Angriff. Die militärischen Vorgänge auf der – ebenso wie Deutschland zweigeteilten – Halbinsel Korea erweisen sich als von erheblicher Fernwirkung.
Überlegene Verbände des mit der angrenzenden Sowjetunion verbündeten Nordkorea – wobei Stalin als Initiator der Aggression außer Frage steht – greifen den südlichen Landesteil an, nachdem die amerikanischen Besatzungstruppen abgezogen sind. Die USA – nach Überwindung eines intensiven Schocks – erwirken daraufhin einen UN-Beschluß, der diesen Gewaltakt ächtet und eine koordinierte Intervention auslöst. Das wechselvolle Kriegsgeschehen, in dem auf südlicher Seite die USA – von Kontingenten aus 15 Staaten unterstützt – die Hauptlast tragen und sich im Norden 200 000 chinesische Freiwillige beteiligen, führt zur völligen Verwüstung des Landes. Nach einer Stabilisierung der Front und langwierigen Waffenstillstandsverhandlungen kommt es im Juli 1953 zur Festlegung einer Demarkationslinie am 38. Breitengrad, die noch heute – von UN-Truppen gesichert – Nord- und Südkorea teilt.

8. Juli: Die Bundesrepublik tritt dem im Mai 1949 von den westeuropäischen und skandinavischen Staaten gegründeten Europarat in Straßburg als assoziiertes Mitglied bei, d. h. ohne Stimmrecht im Ministerkomitee. Den Status eines Vollmitglieds erwirbt sie dann im Mai 1951. Die SPD kritisiert den Beitritt – vor allem deshalb, weil zugleich das Saarland separat aufgenommen wird.
Der als Staatenbund konzipierte Europarat, der besonders die politische und wirtschaftliche Zusammenarbeit seiner Mitglieder fördern soll, umfaßt drei Organe:
1. die Beratende Versammlung, die – gestaffelt nach der Größe der Mitgliedstaaten – aus Delegierten der nationalen Parlamente besteht,
2. das Ministerkomitee, dem die Außenminister angehören und das die Empfehlungen der Versammlung an die Regierungen weiterleitet, und
3. das Generalsekretariat, in dessen Zuständigkeit die Aufgaben von Organisation und Verwaltung fallen.

Der Bundesrepublik wird in der Beratenden Versammlung mit 18 Sitzen die gleiche Quote wie Frankreich, Italien und Großbritannien zugestanden. Die SPD-Opposition bezeichnet das durch die Straßburger Institutionen repräsentierte „Ersatz-Europa" als Teil einer Sieger-Besiegten-Konstruktion –, eine Einschätzung, die die anschließende engagierte Mitarbeit der Sozialdemokraten allerdings nicht hindert.

11. August: Dem Vorschlag des britischen Premierministers Winston Churchill folgend, empfiehlt der Europarat in Straßburg mehrheitlich die Aufstellung einer „Europa-Armee“ mit westdeutschen Kontingenten. Einer deutschen Beteiligung stehen freilich noch die alliierten Entmilitarisierungsbestimmungen entgegen.

29. August: Bundeskanzler Adenauer richtet – beunruhigt durch die Vorgänge in Korea und ausgehend von der Befürchtung, daß die 50000 Mann starke Bereitschaftspolizei der sowjetischen Zone „zum Marsch nach Westen aufbrechen könnte“ (A. Hillgruber) – ohne Konsultation seines Kabinetts ein „Sicherheitsmemorandum“ an die Adresse der Westmächte. Darin fordert er die Aufstellung einer Bundespolizeitruppe, die Einbeziehung der Bundesrepublik in das westliche Verteidigungssystem und – in grundsätzlicher Abkehr von der bisherigen Position – einen eigenen militärischen Beitrag Westdeutschlands, womit der Kanzler sich erstmals konkret zu dem Zentralthema der deutschen Politik für die nächsten fünf Jahre äußert.

12.–18. September: Eine Konferenz der drei westalliierten Außenminister in New York – nachdem sich die USA und Großbritannien längst über die Einbeziehung der Bundesrepublik in die militärische Verteidigung Westeuropas verständigt haben („decision to rearm Germany“) – vereinbart, „die Regierung der Bundesrepublik als die einzige frei und gesetzlich konstituierte deutsche Regierung anzusehen“ (Basis des in der Folge weiterhin verfochtenen Alleinvertretungsanspruchs) und eine „Europäische Verteidigungsgemeinschaft (EVG) unter Einschluß Westdeutschlands zu errichten. Die Realisierung dieser wichtigen Grundentscheidung zur deutschen Wiederbewaffnung setzt allerdings nicht nur eine partielle Aufhebung des Besatzungsstatuts voraus, die „die militärische Besetzung in eine Schutzfunktion und die Bundesrepublik in eine Art Junior-Partner mit erheblich mehr Rechten als bisher verwandelt“ (A. Hillgruber), sondern – weit schwieriger – die Überwindung der prinzipiellen Bedenken Frankreichs und des weitgestreuten pazifistischen Widerstandes in der Bundesrepublik selbst. Diese Umstände machen es – abgesehen von dem fortdauernden Engagement der USA in Ostasien – begreiflich, daß sich der Abschluß des EVG-Vertrages und des mit ihm gekoppelten Deutschland-Vertrages bis in den Frühsommer 1952 hinauszögert. Zugleich eröffnen sich damit für die Sowjetunion, die diese Entwicklung als bedrohlich betrachtet, vielfältige Möglichkeiten zu gezielten Interventionen.

11. Oktober: Gustav Heinemann (CDU), der dem Bundeskanzler bereits in der Kabinettssitzung am 31. 8. wegen des eigenmächtig verkündeten Sicherheitsmemorandums eine bewußte Verletzung des demokratischen Stils und „ungefragte Bereitwilligkeit“ vorgeworfen hat, tritt als Bundesinnenminister zurück. Sein Nachfolger wird Robert Lehr.

29. Oktober: Das unter der tarnenden Bezeichnung „Dienststelle für die mit der Vermehrung der alliierten Truppen zusammenhängenden Fragen“ etablierte Amt unter dem CDU-Politiker Theodor Blank (deshalb kurz: Dienststelle Blank) wird direkt dem Bundeskanzler unterstellt und dient in Wirklichkeit der planvollen Vorbereitung einer westdeutschen Armee. Diese Wiederaufrüstungsabsicht Adenauers, die der Regierungschef ausschließlich als politischen Hebel auf dem Weg zur westdeutschen Gleichberechtigung einzusetzen gedenkt, stößt auf starken Widerstand der irritierten Öffentlichkeit, wo die Parole „Nie wieder Krieg“ trotz des Eintretens der katholischen Kirche für einen deutschen Wehrbeitrag und der schwankenden Haltung der Gewerkschaften breite Resonanz findet.

8. November: Adenauer begrüßt in der ersten großen Wehrdebatte des Bundestags den – auf der Grundlage der New Yorker Vereinbarung beruhenden – Plan des französischen Ministerpräsidenten René Pleven, eine europäische Armee mit einheitlicher Ausrüstung und Führung aufzustellen, als ein Instrument, das die Sicherheit der Bundesrepublik gewährleiste und den Weg zur Wiedervereinigung ebne. Allerdings setze dieses Konzept die Gleichberechtigung der Bundesrepublik und damit eine „Totalrevision des Besatzungsstatuts“ (K. Düwell) voraus. Die SPD-Opposition unter Kurt Schumacher lehnt diese Form der Wiederaufrüstung ab, da sie nicht der eigenen Verteidigung und nationalen Wiedervereinigung diene, sondern lediglich dem Schutz des westlichen Glacis zwischen Elbe und Rhein. Allerdings tritt auch die SPD für einen möglichen deutschen Wehrbeitrag ein, wenn er mit der Rückgewinnung der Souveränität verbunden sei (Formel: „Gleiches Risiko, gleiches Opfer, gleiche Chancen“ oder: „Man stirbt nicht für ein Besatzungsstatut“).
In der Öffentlichkeit geht die heftig umstrittene Absicht der Wiederbewaffnung doch zunächst allein zu Lasten der CDU, die sich „in einem tiefen Wellental der Unpopularität“ (H.-P. Schwarz) bewegt und bei den Landtagswahlen 1950/51 erdrutschartige Einbußen erleidet. Die Furcht vor einem sowjetischen Präventivschlag im Falle einer westdeutschen Wiederaufrüstung beherrscht die öffentliche Meinung.

1951 15. Januar: Adenauer lehnt – mit Zustimmung der SPD – den Vorschlag des DDR-Ministerpräsidenten Grotewohl vom 30. 11. 1950 ab, in dem dieser einen gesamtdeutschen „Konstituierenden Rat" aus einer gleich großen Zahl von Vertretern der Bundesrepublik und der DDR angeregt hat. Dieser „Rat" sollte die Bildung einer gesamtdeutschen Regierung vorbereiten, den vier Besatzungsmächten bei der Ausarbeitung eines Friedensvertrages mit Deutschland beratend zur Seite stehen und gesamtdeutsche Wahlen organisieren (vgl. S. 256 f.). In seiner Ablehnung verweist Adenauer auf die – von Bundesregierung und Bundestag erhobene – frühere Forderung vom 22. 3. 1950, die vier Besatzungsmächte sollten ein Wahlgesetz für die Durchführung freier gesamtdeutscher Wahlen zu einer verfassunggebenden deutschen Nationalversammlung als erstem Schritt zur Wiederherstellung der deutschen Einheit erlassen. Außerdem verlangt der Bundeskanzler eine freie Betätigung aller Parteien in ganz Deutschland und den persönlichen Schutz aller politisch tätigen Bürger als Vorbedingung für die Durchführung der Wahlen.

15. März: Die Revision des Besatzungsstatuts vom 6. 3. 1951, dergemäß die Alliierte Hohe Kommission gegen die Anerkennung der deutschen Auslandsschulden aus Vor- und Nachkriegszeit (festgesetzt auf 14,3 Milliarden DM und zahlbar in Jahresraten von 750 Millionen DM) u.a. auf eine Überwachung der Bundes- und Ländergesetzgebung und des deutschen Außenhandels verzichtet, bewirkt vor allem eine Einstellung der Demontagen, die – als eine Arbeitsplatzvernichtung großen Stils empfunden – angesichts einer Arbeitslosenquote von 9% große Erbitterung hervorgerufen haben. Da das geänderte Besatzungsstatut der Bundesregierung zudem gewisse Zuständigkeiten in der Außenpolitik einräumt, wird ein Auswärtiges Amt möglich und notwendig. Die Funktion des Außenministers übernimmt Adenauer selbst (bis Juni 1955) mit Walter Hallstein als Staatssekretär.

18. April: Gründung der Montanunion (EGKS) zwischen der Bundesrepublik, Frankreich, Italien und den Benelux-Staaten (aber ohne Großbritannien), die für die Kohle, Eisen und Stahl erzeugende Industrie einen gemeinsamen Markt ohne Restriktionen, Diskriminierungen und Subventionen vorsieht. Die am 25. 7. 1952 in Kraft gesetzte Montanunion bedeutet nicht nur das Ende von Ruhrstatut, Ruhrbehörde und alliierten Kontrollen im Montanbereich, sondern wird zugleich zur entscheidenden Initialzündung für die politische und wirtschaftliche Integration Westeuropas.
Die Hohe Behörde in Luxemburg übt die oberste Gewalt aus und verfügt als Regierungsorgan über supranationale Hoheitsrechte. Die Gemeinsame Versammlung aus nationalen Delegierten fungiert als Parlament, der Ministerrat als Staatenkammer und der Gerichtshof als Organ für Streitigkeiten.

9. Juli: Die drei Westmächte beschließen die formelle Beendigung des Kriegszustandes mit Deutschland. Die Sowjetunion folgt erst am 25. 1. 1955 nach.
Obwohl dieser Beschluß auf das alliierte Besatzungsrecht in Deutschland keinerlei Auswirkungen hat, verschafft er z. B. größere Sicherheit beim Aufenthalt im Ausland.

10.–14. September: Auf einer Konferenz der westalliierten Außenminister in Washington wird als Hauptziel der drei Regierungen die „Integration der Bundesrepublik Deutschland auf dem Fuße der Gleichberechtigung in eine europäische Gemeinschaft, die selbst in einer atlantischen Allianz aufgehen soll", vereinbart. Darüber hinaus werden eine Aufhebung des Besatzungsstatuts und das Zugeständnis innerer Autonomie für Westdeutschland in Aussicht gestellt.

September/Oktober: Als sich konkrete Ergebnisse in den EVG-Verhandlungen abzeichnen, unternimmt Grotewohl, der zuvor mit der Parole „Deutsche an einen Tisch" geworben hatte, eine neue Initiative, in der er – vom bisherigen Vorrang eines Friedensvertrages abrückend – die Festlegung „freier Wahlen" für die Nationalversammlung als wichtigsten Punkt der geforderten „gesamtdeutschen Beratungen" bezeichnet. Der Bundestag reagiert mit der Verabschiedung einer Wahlordnung für eine verfassunggebende gesamtdeutsche Nationalversammlung, in der die Überwachung der Wahlen in allen Teilen Deutschlands durch eine internationale Kontrollkommission der UN vorgesehen ist.
Wie angesichts der Entscheidung der UN im Koreakonflikt gegen die von der Sowjetunion unterstützten Kommunisten Chinas und Nordkoreas zu erwarten war (vgl. S. 2; 29), sperrt sich die DDR gegen die Einreise der – seit Ende 1951 gebildeten – UN-Delegation, apostrophiert jedoch die westdeutsche Wahlordnung als annehmbar. Allerdings macht sie die endgültige Zustimmung vom Abbruch der EVG-Verhandlungen abhängig, worauf sich die Bundesregierung nicht einläßt und die UN-Kommission ihre Tätigkeit einstellt.

1952 9. Januar: Entgegen seiner Bedingung vom Oktober 1951, die den weiteren Austausch in der Frage gesamtdeutscher Wahlen vom Abbruch der EVG-Verhandlungen durch die Bundesregierung abhängig machte, legt Grotewohl nun seinerseits der Volkskammer einen Gesetzentwurf für gesamtdeutsche Wahlen gemäß den Bestimmungen des Reichswahlgesetzes der Weimarer Republik vom 24. 3. 1921 vor. Die Wahlen sollen unter Kontrolle der vier Besatzungsmächte stehen und für die Zeit des Wahlkampfes über drei Monate ein ungehinderter Reiseverkehr für die Vertreter aller Parteien in ganz Deutschland gewährleistet sein. Praktische Schritte sollen allerdings erst nach Einstellung der EVG-Verhandlungen eingeleitet werden.

10. März: Bedeutete Grotewohls letzte Offerte vom 9. 1. 1952 einen hohen Einsatz zur Verhinderung der Westverträge, weil sie „bei loyaler Verwirklichung den voraussehbaren Untergang des SED-Regimes einschloß" (A. Hillgruber), so geht die Sowjetunion in ihrer Note vom 10. 3. 1952, die der stellvertretende sowjetische Außenminister Gromyko den Botschaftern der drei Westmächte in Moskau überreichte, erheblich darüber hinaus. Darin schlägt Stalin den Abschluß eines Friedensvertrages mit einem bis zur Oder und Neiße verkleinerten und neutralisierten, d. h. keinem der beiden Machtblöcke angehörenden, Gesamtdeutschland vor, dem nach Abzug aller Besatzungstruppen binnen eines Jahres „eigene nationale Streitkräfte" zur Landesverteidigung zugestanden werden sollen. Auf dieser Basis – so die Stalin-Note – „gewinnt das geeinte Deutschland die Möglichkeit, sich als unabhängiger, demokratischer, friedliebender Staat zu entwickeln". Im Rahmen des folgenden Notenwechsels mit den Westmächten stimmt die sowjetische Seite am 9. 4. 1952 den – zunächst ausgeklammerten – „freien gesamtdeutschen Wahlen" zu, besteht jedoch auf einer Aufsicht durch die vier Besatzungsmächte und lehnt – wie stets bisher – eine UN-Kontrolle ab. Der entscheidende Dissens betrifft allerdings neben der Reihenfolge der Maßnahmen die Frage der Neutralisierung, die für die Westmächte ebenso wie für Adenauer nicht zugestehbar erscheint.

26. Mai: Die westlichen Außenminister Acheson, Eden und Schuman unterzeichnen in Bonn den „Vertrag über die Beziehungen zwischen der Bundesrepublik und den drei Mächten", meist als „Deutschland- oder Generalvertrag" bezeichnet. Demgemäß sollen das Besatzungsregime beendet, die Alliierte Hohe Kommission aufgelöst und die Bundesrepublik souverän werden („volle Macht über ihre inneren und äußeren Angelegenheiten"). Die alliierten Sonderrechte sollen beschränkt bleiben auf: Truppenstationierung und Notstand, Berlin und Deutschland als Ganzes, Fragen der Wiedervereinigung und des Friedensvertrages. Die Vertragspartner verständigen sich auf „ein wiedervereinigtes Deutschland, das eine freiheitlich-demokratische Verfassung ähnlich wie die Bundesrepublik besitzt und in die Europäische Gemeinschaft integriert ist". Das Inkrafttreten des Deutschland-Vertrages wird an das Gültigwerden des EVG-Vertrages gebunden, was bei dessen Scheitern im August 1954 eine Neuregelung notwendig macht.
Die Opposition im deutschen Bundestag bekämpft die Vertragsregelung mit verbaler Schärfe (Schumacher: „Wer diesem Generalvertrag zustimmt, hört auf, ein Deutscher zu sein") und mit dem Argument, das provisorische Gebilde Bundesrepublik dürfe nicht durch solche Abmachungen den definitiven Status Gesamtdeutschlands präjudizieren wollen, denn dies ermuntere die DDR zu vergleichbarem Handeln. Dies heißt: Ablehnung einer Westintegration vor Initiativen zur Wiedervereinigung.

27. Mai: In Paris unterzeichnen die Regierungschefs von Frankreich, Italien, den Benelux-Staaten und der Bundesrepublik den Vertrag über die Europäische Verteidigungsgemeinschaft (EVG), die die Integration der nationalen Streitkräfte unter einem gemeinsamen Oberbefehl bei gleicher Ausrüstung, Ausbildung und Dienstzeit der Soldaten anstrebt. Mit Hilfe des EVG-Vertrages soll das – vor allem von Frankreich befürchtete – Risiko der deutschen Wiederaufrüstung gemindert und zugleich die europäische Einigung vorangetrieben werden.

1953 19. März: Nach lebhaften Auseinandersetzungen billigt der Bundestag mit den Stimmen der Regierungsfraktionen den Deutschland- und den EVG-Vertrag in dritter Lesung.
Die Intensität der Meinungsverschiedenheiten war auch daran sichtbar geworden, daß die SPD-Fraktion und Abgeordnete der aus Zentrum und Bayernpartei bestehenden Föderalistischen Union am 31. 1. 1952 beim Bundesverfassungsgericht vorbeugende Normenkontrollklage erhoben hatten. Die beantragte Feststellung, daß eine Entscheidung über den Wehrbeitrag ohne Änderung des Grundgesetzes verfassungswidrig sei, wies der Erste Senat in Karlsruhe jedoch am 30.7. 1952 als „im gegenwärtigen Zeitpunkt unzulässig" zurück, da „die gesetzgebenden Körperschaften ihre Beratungen noch nicht abgeschlossen" hätten. Bundespräsident Heuss ersuchte am 10.6. 1952 das Bundesverfassungsgericht um ein beratendes Gutachten über die Verfassungsmäßigkeit des EVG-Vertrages, zog seinen Antrag je-

doch am 10.12. 1952 zurück. Die Feststellungsklage der Regierungsfraktionen vom 6.12. 1952, wonach der Bundestag mit einfacher Mehrheit den Deutschland- und den EVG-Vertrag verabschieden dürfe, hat das Bundesverfassungsgericht am 7.3. 1953 als unzulässig verworfen, da die klagende Bundestagsmehrheit „als solche gar nicht parteifähig" sei, wie es eine Organklage erfordere. Mit dem Verfassungsstreit über die Wiederbewaffnung findet „die exzessive Einschaltung des Bundesverfassungsgerichts" (W. Hennis) ihren vorläufigen Abschluß.

1954 25. Januar bis 18. Februar: Die Berliner Außenministerkonferenz mit Dulles, Molotow, Eden und Bidault findet auf dem entscheidenden Feld der Deutschland- und Sicherheitspolitik keine Übereinstimmung und erweist sich als „diplomatisches Schauringen" (H.-P. Schwarz). Dem von Eden vorgeschlagenen 5-Punkte-Programm zur Wiedervereinigung: 1. gesamtdeutsche, kontrollierte freie Wahlen abzuhalten; 2. eine Nationalversammlung einzuberufen; 3. eine Verfassung und einen Friedensvertrag vorzubereiten; 4. die Verfassung anzunehmen und eine auch für den Friedensvertrag zuständige Regierung zu bilden; 5. den Friedensvertrag abzuschließen (wobei es der gesamtdeutschen Regierung freistehen sollte, die Bündnisverpflichtungen der Bundesrepublik bzw. der DDR zu übernehmen, zu annullieren oder neue einzugehen), setzt Molotow den sowjetischen Fahrplan entgegen: 1. einen Friedensvertrag mit Vertretern der Bundesrepublik und der DDR auszuarbeiten; 2. eine provisorische Regierung durch Bundestag und Volkskammer einzusetzen; 3. die Besatzungstruppen bis auf geringfügige kontrollierende Kontingente abzuziehen und freie gesamtdeutsche Wahlen durchzuführen; 4. eine gesamtdeutsche Regierung zu bilden. Das wiedervereinigte Deutschland solle von den Bündnisverträgen der Bundesrepublik und der DDR freigestellt, zur Neutralität verpflichtet und – in erstmaliger Verknüpfung von deutscher Frage und europäischer Sicherheit – in ein kollektives Sicherheitssystem in Europa eingebunden werden.

26. Februar: Der Bundestag verabschiedet mit der ⅔-Mehrheit der Regierungsparteien die erste Wehrergänzung (Art. 73 GG), die die Wehrhoheit des Bundes begründet, d. h. ihm die ausschließliche Gesetzgebungskompetenz in allen Fragen der Verteidigung, der Wehrpflicht und des Zivilschutzes einräumt. Durch die beschlossene Grundgesetzänderung und den Einschub des Artikels 142a, der die Vereinbarkeit der Verträge mit dem Grundgesetz ausdrücklich feststellt, sind alle rechtlichen Einwände der Opposition gegen die Verfassungskonformität von EVG- und Deutschlandvertrag gegenstandslos geworden.

30./31. August: Die Ratifizierung des EVG-Vertrages scheitert in der französischen Nationalversammlung zwar lediglich verfahrenstechnisch, indem diese mit 319 gegen 264 Stimmen die Absetzung dieses Punktes von der Tagesordnung beschließt, doch bedeutet dies selbstverständlich, wie Ministerpräsident Mendès-France vor der Abstimmung betonte, eine materielle Entscheidung. Dieses von Adenauer als „Tragödie für Europa" bezeichnete Ereignis ist vornehmlich darauf zurückzuführen, daß es vor allem den Abgeordneten der nationalistischen und der kommunistischen Fraktion politisch nicht ratsam schien:

1. die eigenen Streitkräfte in eine supranationale Armee zu integrieren und damit eine Einbuße an Souveränität hinzunehmen,
2. sich in eine Allianz mit dem ehemaligen Kriegsgegner zu begeben ohne direkte Beteiligung des traditionellen Verbündeten England und
3. sich in einer Phase sowjetischen Werbens um Frankreich und einer funktionierenden innenpolitischen Kooperation zwischen Nationalisten, Kommunisten und Sozialisten der Optionsmöglichkeit zwischen Ost und West selbst zu berauben.

28. September bis 3. Oktober: Nach dem Scheitern des EVG-Vertrages sucht die Londoner 9-Mächte-Konferenz (Benelux-Staaten, Bundesrepublik, England, Frankreich, Italien, Kanada und USA) nach einer realisierbaren Alternative und trifft u. a. folgende Vereinbarungen:

1. die Bundesrepublik wird der Nato beitreten, doch die nationale Einheit oder eine Änderung ihrer Grenzen nicht gewaltsam erstreben und freiwillig auf die Herstellung von ABC-Waffen verzichten,
2. das Besatzungsstatut wird aufgehoben, doch stationieren die Alliierten weiterhin Truppen auf dem Kontinent,
3. die Bundesregierung gilt allein als legitime Regierung in Deutschland, die in der Frage der Wiedervereinigung der Unterstützung ihrer Bündnispartner sicher sein darf,
4. die deutsche Grenzfrage soll bis zu dem Friedensvertrag offengehalten, doch die Freiheit Berlins durch weitere militärische Präsenz der Alliierten garantiert werden.

19.–23. Oktober: Die Beziehungen zwischen den Staaten der europäischen Gemeinschaft werden – gemäß den Londoner Vereinbarungen – auf den Pariser Konferenzen der Außenminister bzw. Regierungschefs, an denen die deutsche Delegation erstmals in einer gleichberechtigten Rolle teilnimmt, vertraglich neu geregelt. Die sog. „Pariser Verträge" sehen vor:

1. Eine Revision des Deutschland-Vertrages, dergemäß die Beendigung des Besatzungsregimes vereinbart, die Sicherheitsgarantien der Westmächte erneuert und die Hilfeleistungen der Bundesrepublik für Berlin bekräftigt werden.
2. Eine Erweiterung des am 17.3.1948 zwischen Frankreich, Großbritannien, den Niederlanden, Belgien und Luxemburg geschlossenen Brüsseler Vertrags „über wirtschaftliche, soziale und kulturelle Zusammenarbeit und über kollektive Selbstverteidigung" durch die Aufnahme der Bundesrepublik und Italiens. Der erweiterte Zusammenschluß erhält die Bezeichnung „Westeuropäische Union" (WEU).
3. Den Beitritt der Bundesrepublik zur Nato, die im Gegensatz zur WEU keine automatische Beistandspflicht der Partner bei einem Fremdangriff beinhaltet, sondern das Ob und Wie in die autonome Entscheidung stellt.
4. Das Saarstatut, demzufolge die politische Autonomie des Saarlandes bei fortdauernder Zoll- und Währungsunion mit Frankreich durch einen WEU-Kommissar überwacht und die demokratischen Freiheiten wiederhergestellt werden sollen. Über das Saarstatut soll drei Monate nach seinem Inkrafttreten eine Volksabstimmung im Saarland stattfinden.

1955 15. Januar: In einer „Erklärung zur deutschen Frage" stellt die Sowjetunion die Bundesregierung vor die Alternative, zwischen Verhandlungen über die Wiedervereinigung auf der Basis freier gesamtdeutscher Wahlen oder der Ratifizierung der Pariser Verträge zu wählen. Die geplante Remilitarisierung würde Deutschland endgültig spalten.
Während die SPD den Bundeskanzler auffordert, die Sowjetunion „jetzt beim Wort zu nehmen" und nicht – wie 1952 – zu versäumen, die Seriosität des Angebots freier und international beaufsichtigter Wahlen zu prüfen, lehnt Adenauer ab unter Verweis auf die bisherigen Erfahrungen und die „Gefahr, daß dann die Ratifizierung der Pariser Verträge nicht erfolgt, daß also die Verpflichtung der drei Westmächte, mit uns zusammen die Wiedervereinigung in Frieden und Freiheit zu betreiben, nicht zustande kommt".

29. Januar: Auf Einladung des DGB-Vorsitzenden Walter Freitag, des SPD-Chefs Erich Ollenhauer und der prominenten Professoren Helmut Gollwitzer und Alfred Weber kommt es zu einer pazifistischen Kundgebung mit mehr als 1000 Teilnehmern in der Frankfurter Paulskirche, bei der das sog. „Deutsche Manifest" verabschiedet wird. Darin werden die Pariser Verträge abgelehnt, da sie die militärische Blockbildung vorantrieben und damit den Weg zur deutschen Wiedervereinigung, der nur über 4-Mächte-Verhandlungen führen könne, versperrten.
Die Bundesregierung reagiert angesichts der breiten Resonanz des Manifests mit einer energischen Stellungnahme, in der sie vor allem auf die verfassungsrechtlich abgestützte Entscheidungskompetenz des Bundestages verweist.

5. Mai: Die ratifizierten Pariser Verträge treten in Kraft, woraufhin das Besatzungsregime erlischt und die Alliierten Hohen Kommissare durch Botschafter ersetzt werden. Die Bundesrepublik ist damit souverän und tritt am 9.5. – genau 10 Jahre nach der Kapitulation – unmittelbar der WEU und der Nato bei. Die diplomatischen Missionen der Bundesrepublik sind bereits am 1.5. in Washington, London und Paris in den Rang von Botschaften erhoben worden.
In der gleichzeitig mit dem Deutschland-Vertrag verkündeten und von der Bundesrepublik ausdrücklich gebilligten „Erklärung der Alliierten Kommandantur über Berlin" wird der besatzungsrechtliche Status Gesamt-Berlins mit einem originären Präsenz- und Zugangsrecht der westlichen Streitkräfte erneut festgestellt, weil man damit den eigenen wie den deutschen Sicherheitsinteressen am besten zu dienen glaubt. In den konkreten Beziehungen zwischen der Bundesrepublik und West-Berlin bedeutet jedoch diese ungleiche Rechtsposition, dergemäß hier das Besatzungsstatut in modifizierter Form fortbesteht, während es dort annulliert wurde, keine irgendwie erhebliche Einschränkung.

11.–15. Mai: Als Gegengewicht gegen die Nato gründen die Ostblockstaaten auf ihrer Konferenz in Warschau den sog. „Warschauer Pakt", eine Militärallianz der Sowjetunion mit Albanien, Bulgarien, DDR, Polen, Rumänien, ČSR und Ungarn (vgl. S. 272 f.).

15. Mai: In Wien unterzeichnen die vier Großmächte den sog. „Staatsvertrag" mit Österreich, der – gegen die Zusicherung „immerwährender Neutralität" – die Räumung des Landes von Besatzungstruppen und die Wiederherstellung eines unabhängigen demokratischen Staates vorsieht. Der damals häufig erörterte Vorschlag der Anwendung des Österreich-Modells als Weg zur Lösung der deutschen

Frage verkennt nicht nur die machtpolitischen Größenunterschiede, sondern auch die durch die Einbindung in die Militärblöcke geschaffene schwierigere Ausgangslage.

6. Juni: Der Sicherheitsbeauftragte des Bundeskanzlers Theodor Blank wird erster Verteidigungsminister der Bundesrepublik, seine Dienststelle analog zum Bundesministerium für Verteidigung.

18.–23. Juli: Auf der Genfer Gipfelkonferenz der vier Siegermächte des Zweiten Weltkrieges – der ersten seit Potsdam –, an der Delegationen der Bundesrepublik und der DDR als Beobachter teilnehmen, können sich Eisenhower/Dulles, Bulganin/Chruschtschow/Molotow, Eden/Macmillan und Faure/Pinay nur auf die Formel verständigen, daß zwischen der deutschen Wiedervereinigung auf der Grundlage freier Wahlen und der Schaffung eines gesamteuropäischen Sicherheitssystems ein Junktim bestehe. Die auf diesem – in der Publizistik als „Konferenz des Lächelns" apostrophierten – Gipfeltreffen wechselseitig vorgelegten Pläne für Abrüstung, militärisch verdünnte Zonen und Sicherheitspakte bleiben folgenlose Deklamationen. Bezeichnenderweise spricht Chruschtschow bei der Rückkehr aus Genf in Ostberlin erstmals von der Zwei-Staaten-Theorie, derzufolge die Wiedervereinigung unter Wahrung der „sozialistischen Errungenschaften" eine „unreale Sache" sei, da sie eine – angesichts der divergenten Entwicklung unwahrscheinliche – Annäherung der „souveränen" DDR und der Bundesrepublik voraussetze (vgl. S. 257 f.).

8.–14. September: Auf Einladung der Sowjetunion vom Juni 1955 verhandelt Adenauer, begleitet von Brentano, Kiesinger, Carlo Schmid und Arnold, in Moskau mit Bulganin, Chruschtschow und Molotow über die „Normalisierung der westdeutschen und der sowjetrussischen Beziehungen". Nach von wiederholtem Abbruch bedrohtem und mit sachlicher Härte geführtem Meinungsaustausch wird die Aufnahme diplomatischer Beziehungen vereinbart und von der Sowjetregierung die Freilassung der letzten deutschen Kriegsgefangenen und Zivilinternierten zugesichert. In einseitigen Vorbehaltserklärungen, die – trotz förmlicher Entgegennahme – die sowjetische Führung inhaltlich zurückweist, unterstreicht Adenauer, daß die Vereinbarung diplomatischer Kontakte weder eine Anerkennung des territorialen Status quo noch eine Preisgabe des bundesdeutschen Alleinvertretungsanspruchs impliziere. Für den Bundeskanzler kommt es darauf an, die Zwei-Staaten-Theorie der östlichen Vormacht abzuwehren, doch zugleich – wenige Monate nach Erlangung der deutschen Souveränität – die Besorgnis der westlichen Verbündeten vor einem neuen Rapallo zu zerstreuen, zumal seit der gescheiterten Moskauer Konferenz vom Frühjahr 1947 kein westlicher Außenminister, geschweige denn ein Regierungschef, eine offizielle Reise in die sowjetische Hauptstadt unternommen hat.

23. Oktober: In einer Volksabstimmung unter WEU-Aufsicht lehnen 67,7% der wahlberechtigten Saarländer bei einer Beteiligung von 97,5% das „Europäische Statut für die Saar" ab, das Bestandteil der Pariser Verträge war. Die für die Rückgliederung an Deutschland eintretenden Parteien DPS/FDP, DSP und CDU hatten sich im sog. Heimatbund zusammengeschlossen. In Reaktion auf das Abstimmungsergebnis, das den Weg zur Rückgliederung des Saarlandes an die Bundesrepublik frei macht, tritt die Regierung des CVP-Ministerpräsidenten Johannes Hoffmann zurück.

27. Oktober bis 16. November: Die von den Regierungschefs im Juli vereinbarte Konferenz der Außenminister in Genf dokumentiert, daß sich – angesichts der unterschiedlichen Konzepte der Großmächte (Eden-Plan und Zwei-Staaten-Theorie) – der Status quo in der deutschen Frage nicht mehr verändern läßt, zumal in der Folge die Westalliierten vom bisher verfochtenen Junktim Wiedervereinigung und Abrüstung abrücken.

8./9. Dezember: Auf einer Konferenz der deutschen Botschafter in Bonn stellt der seit Juni amtierende Außenminister von Brentano klar, daß – vor dem Hintergrund des völkerrechtlichen Alleinvertretungsanspruchs der Bundesrepublik und der deutschen Spaltung – die Aufnahme diplomatischer Beziehungen dritter Staaten mit der DDR als „unfreundlicher Akt" zu betrachten sei und notfalls mit einem Rückzug der eigenen Auslandsvertretung beantwortet werde. Von diesem – nach dem damaligen Staatssekretär im Auswärtigen Amt Walter Hallstein – als Hallstein-Doktrin bezeichneten Grundsatz der Deutschlandpolitik solle lediglich bei der Sowjetunion abgesehen werden, der als vierter Sieger- und Besatzungsmacht aufgrund der alliierten Verträge eine politische Verantwortung für ganz Deutschland zukomme. Die mit Hilfe der Hallstein-Doktrin intendierte weltweite Ächtung der DDR als – mehrheitlich von der eigenen Bevölkerung abgelehntes – sowjetisches Marionettenregime ohne demokratisches Mandat und ihre internationale Isolierung werden als das zweckmäßigste Mittel betrachtet, die Sowjetunion früher oder später zum Nachdenken darüber zu veranlassen, ob sie Ostdeutschland freigeben solle.

Einführung in die Arbeitsthemen

Die Bundesrepublik Deutschland sah sich seit dem Tag ihrer Gründung mit zwei außenpolitischen Tatbeständen konfrontiert, deren Überwindung von Regierung und Opposition als existentielle Herausforderung begriffen wurde. Es handelte sich einmal um die Teilung Deutschlands in eine westliche bzw. eine östliche Hälfte und zum anderen um die Existenz der Bundesrepublik als „gemeinsames Protektorat der drei Westmächte" (Th. Eschenburg).

Reduziert man die Betrachtung auf die Bundesrepublik und die politisch relevanten Kräfte, so herrschte – jedenfalls für die Phase 1949–1951 – ein weitgehender Konsens darüber, daß die Wiedergewinnung westdeutscher Handlungsfreiheit und Gleichberechtigung nur über den Kurs einer konsequenten Europapolitik, d.h. einer partnerschaftlichen Integration in die Gemeinschaft der westeuropäischen Demokratien, zu erreichen sei. Dieser Situationsanalyse und der daraus abgeleiteten Strategie lag darüber hinaus als fundamentales Element die Auffassung zugrunde, daß die sowjetische Deutschlandpolitik expansiver Natur sei und die UdSSR ihre Ausgangsposition an der Elbe-Werra-Grenze zumindest nicht kurzfristig und ohne weiteres aufgeben werde. Demgemäß stand die westdeutsche Außenpolitik – so sehr es ihr zunächst an konkreter Bewegungsfreiheit fehlte – unter einer doppelten Zielsetzung: sie sollte den nichtrussischen Teil durch vertragliche Einbindung in die westeuropäische Staatenwelt vor dem sowjetischen Zugriff sichern und sukzessiv aus seiner abhängigen Lage herausführen. „In der harten Welt der Tatsachen" – so hat es Adenauer im Rückblick formuliert – „gab es für die Bundesrepublik nur zwei Wege: ein Zusammengehen mit dem Westen oder aber ein Zusammengehen mit den Sowjets. Alles, was dazwischenlag, war nicht Politik, sondern Illusion." Doch war dies so?

Wenn die SPD-Opposition im Bundestag ab Ende 1951 gegen diese „Politik der Vorleistungen, gebaut auf das Prinzip Hoffnung" (Carlo Schmid) und die von Adenauer angestrebte praktische Rangfolge (Schumacher: „Die deutsche Einheit ist kein Fernziel, sondern *das* Nahziel") Front machte, so war die Erkenntnis einer Zielantinomie maßgebend, daß nämlich Westintegration und Wiederbewaffnung der Bundesrepublik ein Blockieren der Wiedervereinigung bedeuteten, ja „die unwiderrufliche Ausgliederung des östlichen Teils bewirken müssen" (Adolf Arndt). Doch beinhaltete das SPD-Konzept des Offenhaltens der deutschen Frage, wie es Fritz Erler im Juni 1952 prägnant formulierte („Das wiedervereinigte Deutschland gehört politisch, ökonomisch und sozial zum Kreis der freien Völker, muß aber nicht unbedingt der Revolver Amerikas an den Rippen der Sowjetunion sein"), weder eine strukturelle Alternative noch eröffnete es einen alternativen Kurs zur Wiedervereinigung.

Dem Plädoyer für ein neutralisiertes Deutschland, das angesichts der Angebote der DDR-Regierung und des Kreml zunehmende Resonanz in der westdeutschen öffentlichen Meinung fand, setzte Adenauer entgegen daß lediglich eine unwiderrufliche wirtschaftliche, politische und militärische Allianz des westdeutschen Kernstaates mit den westeuropäischen Demokratien Gewähr biete, Sicherheitsbefürchtungen in Frankreich zu zerstreuen, der übermächtigen Sowjetunion im Verbund zu widerstehen, die Rückgewinnung der politischen Souveränität der Bundesrepublik zu beschleunigen und schließlich den Weg zur nationalen Einheit in „Frieden und Freiheit" zu ebnen.

Diese von Adenauer als „Politik des reinen Selbsterhaltungstriebs", „Politik des geringsten Risikos" und – landläufiger – als „Politik der Stärke" apostrophierte „Politik der Wiedervereinigung auf dem Umweg über die Westintegration" (H.-P. Schwarz) war für ihn durch klare Prioritäten gekennzeichnet: Die dauerhafte Eingliederung in die westliche Staatengemeinschaft als Instrument der Freiheitssicherung und als Hebel für die schrittweise Wiedergewinnung der politischen Handlungsfreiheit, die sich in der Aufhebung des Ruhrstatuts, dem Ende der Demontagen wie der Sicherheitskontrollen und schließlich der Lösung der Saarfrage konkretisieren sollte, hielt er auch dann für notwendig und vorrangig, wenn „die Ostzone für längere Zeit als Irredenta bestehen blieb" (H.-P. Schwarz). Die Politik des ersten Bundeskanzlers folgte nicht nur diesem Primat der Westintegration, die der Bundesrepublik wachsende Prosperität, äußere Sicherheit und internationale Rehabilitierung verschaffte mit unanfechtbarer Standfestigkeit, sondern ließ sie auch noch als den sicheren Weg zur nationalstaatlichen Wiedervereinigung ausgeben, als sie sich in diesem zentralen Punkt längst als Fiktion erwiesen hatte und „zunehmend deutlicher von der Erfahrung widerlegt wurde" (R. Löwenthal). Zwar weigerte sich die Bundesregierung in sachlogischer Konsequenz, die Existenz eines zweiten deutschen Staates und die völkerrechtliche Wirksamkeit der Oder-Neiße-Grenze anzuerkennen, doch konnte die verbale Übernahme dieser Position durch die westlichen Verbündeten nicht darüber hinwegtäuschen, daß sie ebenso wie die Sowjetunion „spätestens seit Mitte 1955" – wie H.-P. Schwarz nüchtern festgestellt hat – „die Teilung Deutschlands als Grundlage für eine tragfähige Friedensordnung betrachteten".

I/1 Westbindung und europäische Zusammenarbeit

Arbeitsthemen

1. *Worauf beruhte der – von der KPD abgesehen – Allparteien-Konsens in der Frage der Westbindung der Bundesrepublik? Was bedeutete diese Einschätzung der Westbindung als ein „Gebot der praktischen Vernunft" (H.-P. Schwarz) für die Möglichkeiten der SPD als parlamentarische Opposition? (Nr. 1)*
2. *Welche Ziele verfolgt der Europarat? Worin liegen – bereits von der Satzung her – erkennbare Schwächen und Begrenzungen? (Nr. 2)*
3. *Wo liegen die Übereinstimmungen, wo die Differenzen in den Vorstellungen Adenauers und Schumachers zur deutschen Frage und zur europäischen Einigung? (Nr. 3 und 4)*
4. *Womit begründet Adenauer den – bis Ende der 60er Jahre aufrechterhaltenen – deutschlandpolitischen Alleinvertre tungsanspruch der Bundesrepublik? (Nr. 5; vgl. auch Nr. 7b, S. 271f.)*
5. *Welche Absichtserklärungen der Alliierten gegenüber der Bundesrepublik enthält das Petersberger Abkommen? (Nr. 6)*
6. *Worauf basiert die unterschiedliche Einschätzung des Petersberger Abkommens durch Adenauer und Schumacher? Inwiefern manifestieren sich in ihr abweichende strategische Konzepte, wie schon bei der Frage des deutschen Beitritts zum Europarat sichtbar wurde? In welchem zentralen Punkt besteht jedoch Übereinstimmung? (Nr. 7, 8a und 8b)*
7. *Worin sieht Jean Monnet die Gefährlichkeit der Lage Deutschlands? Womit begründet er die These, daß „im gegenwärtigen Zeitpunkt Europa nur aus Frankreich geboren werden" könne? (Nr. 9)*
8. *Inwiefern schreibt Schuman der Montanunion die Funktion einer Initialzündung auf dem Weg zu einem vereinten Europa zu? (Nr. 10)*
9. *Wo liegen für Adenauer die positiven Aspekte des Schuman-Plans? Welche problematischen Möglichkeiten sieht Rudolf Augstein im Schuman-Plan angelegt? Was stört den SPD-Führer Schumacher an dem – wie er sagt – „regionalen Spezialpakt innerhalb Europas"? (Nr. 11a–c)*
10. *Welche Prinzipien postuliert die Londoner Erklärung vom 13.5.1950 als Vorbedingungen für die Wiederherstellung der deutschen Einheit? Inwiefern läßt bereits der erste Schritt den spezifischen Charakter dieses Konzepts erkennen? (Nr. 12)*
11. *Inwiefern sollen gemäß dem Vertrag zur Montanunion mit der sektoralen wirtschaftlichen Kooperation übergreifende politische Ziele verfolgt werden? (Nr. 13)*
12. *Welche Aspekte der EKGS haben für Adenauer eindeutige Priorität? (Nr. 14)*

Materialien

1. Vorentschiedene Westbindung

Als die erste Bundesregierung gebildet wurde, bestand gar keine theoretische Wahlmöglichkeit, einem westlichen Sicherheitssystem beizutreten oder nicht. De facto gehörte Westdeutschland, das noch unter westalliiertem Besatzungsstatut stand, der westlichen Sicherheitsgemeinschaft bereits an, und die theoretischen Alternativen der Jahre 1949 bis 1955 konnten allenfalls lauten: Stärkung der freien Welt durch einen freiwillig geleisteten westdeutschen Wehrbeitrag oder aber behutsames Hinwirken der Bundesrepublik auf ein Ausscheiden aus der westlichen Sicherheitsgemeinschaft, in die sie zunächst einmal hineingeboren war.
Tatsächlich ist es den maßgebenden deutschen Repräsentanten, die im Sommer 1948 das Angebot zur Schaffung eines „Weststaates" aufgriffen, recht deutlich gewesen, daß das Ja zur Staatsgründung auch ein Ja zur Einbeziehung in die westliche Sicherheitsgemeinschaft zur Folge haben müßte, die sich damals bereits in statu nascendi befand. Im Schatten der sowjetischen Blockade Berlins wäre eine theoretische Überlegung, ob ein außenpolitisches Zusammengehen der Westdeutschen mit den Westmächten vorteilhaft sei, ziemlich unverständlich erschienen. Faktisch waren die westlichen Besatzungszonen damals eine Art westlicher Protektorate, deren Einwohner aber jedes Interesse daran hatten, daß die Protektoratsmächte ihre Schutzgewalt weiter beibehielten und ihre Si-

cherheitsinvestitionen in Westdeutschland noch verstärkten. Die außenpolitische Westbindung eröffnete darüber hinaus die Aussicht, das Protektoratsverhältnis zu einer Allianz zwischen Gleichberechtigten weiterzuentwickeln, die bis zum Inkrafttreten der Deutschlandverträge bestehende Gefahr eines Wiederauflebens der Vier-Mächte-Herrschaft in Deutschland zu verhindern und mit Hilfe der Westmächte die Sowjetunion aus der Ostzone herauszudrängen.
Zwar wurde bei den entscheidenden Beratungen auf deutscher Seite im Juni und Juli 1948 von einigen wenigen Politikern – unter anderem von dem Staatsrat von Südwürttemberg-Hohenzollern, Carlo Schmid – für eine Taktik des Abwartens plädiert, um das „fait accompli“ der Schaffung zweier deutscher Teilstaaten, die mit den beiden Lagern im Kalten Krieg auch sicherheitspolitisch verflochten waren, erst einmal zu vermeiden. Aber selbst dieser Kurs vorsichtigen Zeitgewinns schien der überwiegenden Mehrheit der westdeutschen Ministerpräsidenten und Parteiführer zu riskant und wäre es wohl auch gewesen. Die faktische Zugehörigkeit zum westlichen Sicherheitssystem wurde also anfänglich von allen Parteien bejaht – mit Ausnahme der KPD.
Aus der Sicht der Westmächte wie auch der Westdeutschen ist die westliche Sicherheitsgemeinschaft immer weit mehr gewesen als nur ein rein militärisches Sicherheitssystem. Sicherheitspolitische Westbindung hieß damals wie heute: Entwicklung und Verstärkung einer Vielzahl politischer, wirtschaftlicher, schließlich auch militärischer Verflechtungen zwischen der Bundesrepublik und dem Westen mit dem Ziel, Westdeutschland zu einem dauernden Mitglied der westlichen Staatengemeinschaft zu machen. So war die Einbeziehung der Westzonen in den Marshall-Plan ebenso von sicherheitspolitischer Relevanz wie die Entscheidungen zur Ablösung der Interalliierten Ruhrkontrolle durch die Europäische Gemeinschaft für Kohle und Stahl oder der Beitritt zum Europarat.
Kontroversen flammten erst auf, als es um diese konkreten Ausgestaltungen der außenpolitischen Westbindung ging. Wenn die SPD schon sehr früh gegen Europarat und Schuman-Plan Bedenken anmeldete, so nicht aufgrund einer fundamental unterschiedlichen Sicherheitspolitik. Die Gegensätze zur Westpolitik Adenauers lagen im Jahr 1950 noch teils im Methodischen, teils waren sie Ausdruck des natürlichen Gegensatzes zwischen Regierung und Opposition. Dr. Schumacher verstand den Kurs des Bundeskanzlers als voreilige „Erfüllungspolitik“ und befürchtete neben Rückwirkungen auf die Saarfrage eine Verfestigung des westalliierten Protektorats, vor allem aber die Hegemonie Frankreichs. Selbst in den Anfängen der Auseinandersetzungen um den deutschen Wehrbeitrag war die Linie der SPD gleichfalls noch stärker von methodischen als von grundsätzlichen Vorbehalten bestimmt. Auch in Teilen der Regierungsparteien wurden solche Bedenken durchaus geteilt, wenn es auch Bundeskanzler Adenauer in dieser schwierigen Anfangsphase der Westpolitik letztlich immer wieder gelang, die Skeptiker zu überspielen.

Aus: Hans-Peter Schwarz, Die Politik der Westbindung oder die Staatsraison der Bundesrepublik, in: Zeitschrift für Politik 22 (1975), 315 ff.

2. Satzung des Europarates vom 5. 5. 1949

Die Regierungen des Königreichs Belgien, des Königreichs Dänemark, der Französischen Republik, der Republik Irland, der Italienischen Republik, des Großherzogtums Luxemburg, des Königreichs der Niederlande, des Königreichs Norwegen, des Königreichs Schweden und des Vereinigten Königreichs von Großbritannien und Nordirland haben ... beschlossen, einen Europarat zu gründen, der aus einem Komitee von Vertretern der Regierungen und einer Beratenden Versammlung besteht, und zu diesem Zweck diese Satzung angenommen.

Aufgabe des Europarates
Artikel 1

a) Der Europarat hat zur Aufgabe, eine engere Verbindung zwischen seinen Mitgliedern zum Schutze und zur Förderung der Ideale und Grundsätze, die ihr gemeinsames Erbe bilden, herzustellen und ihren wirtschaftlichen und sozialen Fortschritt zu fördern.
b) Diese Aufgabe wird von den Organen des Rates erfüllt durch Beratung von Fragen von gemein-

samem Interesse, durch den Abschluß von Abkommen und durch gemeinschaftliches Vorgehen auf wirtschaftlichem, sozialem, kulturellem und wissenschaftlichem Gebiet und auf den Gebieten des Rechts und der Verwaltung sowie durch den Schutz und die Fortentwicklung der Menschenrechte und Grundfreiheiten.
c) Die Beteiligung der Mitglieder an den Arbeiten des Europarates darf ihre Mitwirkung am Werk der Vereinten Nationen und der anderen internationalen Organisationen oder Vereinigungen, denen sie angehören, nicht beeinträchtigen.
d) Fragen der nationalen Verteidigung gehören nicht zur Zuständigkeit des Europarates.

Zusammensetzung

Artikel 2

Mitglieder des Europarates sind die Vertragspartner dieser Satzung.

Artikel 3

Jedes Mitglied des Europarates erkennt den Grundsatz der Vorherrschaft des Rechts und den Grundsatz an, daß jeder, der seiner Hoheitsgewalt unterliegt, der Menschenrechte und Grundfreiheiten teilhaftig werden soll. Es verpflichtet sich, bei der Erfüllung der in Kapitel I bestimmten Aufgaben aufrichtig und tatkräftig mitzuarbeiten.

Artikel 4

Jeder europäische Staat, der für fähig und gewillt befunden wird, die Bestimmungen des Artikels 3 zu erfüllen, kann vom Ministerkomitee eingeladen werden, Mitglied des Europarates zu werden. Jeder auf diese Weise eingeladene Staat erwirbt die Mitgliedschaft mit der in seinem Namen erfolgenden Hinterlegung einer Urkunde über den Beitritt zu dieser Satzung beim Generalsekretär.

Artikel 5

a) Unter besonderen Umständen kann ein europäisches Land, das für fähig und gewillt befunden wird, die Bestimmungen des Artikels 3 zu erfüllen, vom Ministerkomitee eingeladen werden, assoziiertes Mitglied des Europarates zu werden. Jedes auf diese Weise eingeladene Land erwirbt die Eigenschaft eines assoziierten Mitgliedes mit der in seinem Namen erfolgenden Hinterlegung einer Urkunde über die Annahme dieser Satzung beim Generalsekretär. Die assoziierten Mitglieder können nur in der Beratenden Versammlung vertreten sein.
b) In dieser Satzung umfaßt der Ausdruck „Mitglied" auch die assoziierten Mitglieder, soweit es sich nicht um die Vertretung im Ministerkomitee handelt.

Artikel 6

Vor der Absendung einer der in den Artikeln 4 oder 5 vorgesehenen Einladung setzt das Ministerkomitee die Zahl der dem zukünftigen Mitglied in der Beratenden Versammlung zustehenden Sitze und seinen Beitrag zu den finanziellen Aufwendungen fest.
...

Artikel 10

Die Organe des Europarates sind
(1) das Ministerkomitee;
(2) die Beratende Versammlung.
Diesen beiden Organen steht das Sekretariat des Europarates zur Seite.

Artikel 11

Der Europarat hat seinen Sitz in Straßburg.

Zit. nach: Dieter Grosser/Beate Neuß, Europa zwischen Politik und Wirtschaft, Hildesheim 1981, S. 41 f.

3. Adenauers außenpolitische Grundsätze

(Aus der ersten Regierungserklärung vom 20. 9. 1949)

...

Lassen Sie mich nun zu Fragen übergehen, die uns in Deutschland außerordentlich am Herzen liegen und die für unser gesamtes Volk Lebensfragen sind. Es handelt sich um die Abkommen von

Jalta und Potsdam und die Oder-Neiße-Linie. Im Potsdamer Abkommen heißt es audrücklich: „Die Chefs der drei Regierungen (das sind die Vereinigten Staaten, England und Sowjet-Rußland) haben ihre Ansicht bekräftigt, daß die endgültige Bestimmung der polnischen Westgrenze bis zur Friedenskonferenz vertagt werden muß."
Wir können uns daher unter keinen Umständen mit einer von Sowjet-Rußland und Polen später einseitig vorgenommenen Abtrennung dieser Gebiete abfinden ...
Wir sind durchaus bereit, mit unsern östlichen Nachbarn, insbesondere mit Sowjet-Rußland und mit Polen, in Frieden zu leben. Wir haben den dringendsten Wunsch, daß die gegenwärtig bestehenden Spannungen zwischen Sowjet-Rußland und den Westalliierten ihre Lösung im Laufe der Zeit auf friedlichem Wege finden. Aber wenn ich ausspreche, daß wir den Wunsch haben, in Frieden mit Sowjet-Rußland zu leben, so gehen wir davon aus, daß auch Sowjet-Rußland und Polen uns unser Recht lassen und unsere deutschen Landsleute auch in der Ostzone und in dem ihnen unterstehenden Teil von Berlin das Leben in Freiheit führen lassen, das deutschem Herkommen, deutscher Erziehung und deutscher Überzeugung entspricht.
Ich habe an einer anderen Stelle schon ausgeführt, daß das Besatzungsstatut zwar ein Fortschritt, sogar ein erheblicher Fortschritt gegenüber dem bisherigen Zustand ist. Es wird aber ganz darauf ankommen, ob es in dem Geist gehandhabt wird, der aus dem Begleitschreiben der Außenminister von England, Frankreich und den Vereinigten Staaten vom April dieses Jahres an den Präsidenten des Parlamentarischen Rats sprach. „Die Außenminister betonen", so heißt es in der Note, „daß es das höchste Ziel der drei Alliierten Regierungen ist, den festen Einbau des deutschen Volkes in einem demokratischen Bundesstaat in den Rahmen eines europäischen Zusammenschlusses zum beiderseitigen Besten zu ermutigen und zu fördern." Wir sind überzeugt davon, daß, wenn das Besatzungsstatut in diesem Sinne gehandhabt wird, es uns ein eigenes starkes Leben und weitere Fortschritte ermöglichen wird ... Der einzige Weg zur Freiheit ist der, daß wir im Einvernehmen mit der Hohen Kommission unsere Freiheiten und unsere Zuständigkeiten Stück für Stück zu erweitern versuchen.
Es besteht für uns kein Zweifel, daß wir nach unserer Herkunft und nach unserer Gesinnung zur westeuropäischen Welt gehören. Wir wollen zu allen Ländern gute Beziehungen, auch solche persönlicher Art, unterhalten, insbesondere aber zu unsern Nachbarländern, den Benelux-Staaten, Frankreich, Italien, England und den nordischen Staaten. Der deutsch-französische Gegensatz, der Hunderte von Jahren die europäische Politik beherrscht und zu manchen Kriegen, zu Zerstörungen und Blutvergießen Anlaß gegeben hat, muß endgültig aus der Welt geschafft werden. Ich hoffe, ja ich sage: ich glaube, daß das Saargebiet nicht zu einem Hindernis auf diesem Weg werden wird. Am Saargebiet hat Frankreich – das ist ohne weiteres anzuerkennen – wirtschaftliche Interessen. Deutschland hat dort wirtschaftliche und nationale Interessen. Schließlich aber haben die Saarbewohner selbst den begründeten Wunsch, daß ihre eigenen wirtschaftlichen und nationalen Interessen berücksichtigt werden. Alle diese Interessen sollen in eine Ordnung und Übereinstimmung gebracht werden, die sich im Rahmen der Europäischen Union, deren Mitglied wir möglichst bald zu werden wünschen, finden lassen wird ...
Wir sind entschlossen, alles zu tun, was in unserer Kraft steht, um den ... vorgezeichneten Weg zur Sicherung des Friedens in Europa und in der Welt zu gehen.
Wenn ich vom Frieden in der Welt und in Europa spreche, dann, meine Damen und Herren, muß ich auf die Teilung Deutschlands zurückkommen. Die Teilung Deutschlands wird eines Tages – das ist unsere feste Überzeugung – wieder verschwinden. Ich fürchte, daß, wenn sie nicht verschwindet, in Europa keine Ruhe eintreten wird. Diese Teilung Deutschlands ist durch Spannungen herbeigeführt worden, die zwischen den Siegermächten entstanden sind. Auch diese Spannungen werden vorübergehen. Wir hoffen, daß dann der Wiedervereinigung mit unseren Brüdern und Schwestern in der Ostzone und in Berlin nichts mehr im Wege steht.

Zit. nach: Die großen Regierungserklärungen der deutschen Bundeskanzler von Adenauer bis Schmidt, hrsg. von Klaus von Beyme, München 1979, S. 68 ff.

4. Schumacher: Die SPD und die Deutschlandfrage

(Rede im Bundestag am 21.9. 1949)

...

Um Mißverständnissen, gewollten Mißverständnissen, entgegenzutreten, möchte ich sagen: Die deutsche Einheit ist nur möglich auf der Grundlage der persönlichen und staatsbürgerlichen Freiheit und Gleichheit und der gleichen Wertung und Würdigung der Menschenrechte in allen Besatzungszonen. Aber die deutsche Einheit ist nicht möglich in der Form einer russischen Provinz oder eines sowjetischen Satellitenstaates ...

Wir müssen bei dieser Politik auch abrücken von einem Rückfall in die missionarische Illusion der Brückentheorie. Das sind Illusionen, die 1933 aus der Hoffnung entstanden, mit einem totalitären Gegner, der das Ganze will, zu einem Kompromiß zu kommen, der einem die eigene politische Existenz und Selbständigkeit läßt. Wir dürfen nicht in eine Anerkennung der Blockpolitik hineinrutschen, die in Wirklichkeit die Herrschaft der stärksten Regierungspartei und der hinter ihr stehenden Besatzungsmacht ist ...

Mögen nun viele Leute diesen Zustand der Spaltung Deutschlands für relativ und vorübergehend zufriedenstellend erachten, wir Sozialdemokraten können das nicht. Die Frage der deutschen Einheit kommt hinein in jede andere politische Frage, die Deutschland berührt. Diese Frage kommt nicht mehr von der Tagesordnung. Wir können niemanden als einen Freund des deutschen Volkes empfinden, dessen praktische Politik die deutsche Einheit auf der demokratischen Grundlage verweigert und behindert.

Wir können uns auch nicht damit einverstanden erklären, daß die deutsche Einheit zum Agitationsobjekt oder zum Agitationsinstrument einer politischen Richtung gemacht wird. Wir wünschen, daß bei aller Verschiedenheit der Auffassungen sozialer, politischer und kultureller Natur die Angelegenheit der deutschen Einheit überall in Deutschland die Angelegenheit der gleichen Herzenswärme und der gleichen politischen Entschiedenheit wird ...

Wir akzeptieren keine Regelung, die die Konjunktur der Spaltung des deutschen Staatswesens ausnützt. Wir nehmen nur Regelungen an, die so getroffen sind, als ob sie für das ganze Deutschland getroffen sind und die die kulturellen und sozialen Wünsche und Überzeugungen des gesamten deutschen Volkes in allen vier Zonen ausdrücken.

Wir haben bei der Prüfung des Verhältnisses zu anderen Ländern auch einiges über die Grenzen gehört. Es ist an der Zeit festzustellen, daß die Sozialdemokratische Partei 1945 längere Zeit die einzige gewesen ist, die sich in Deutschland und vor der Weltöffentlichkeit gegen die Oder-Neiße-Linie gewandt hat. Aber, werte Versammlung, man kann nicht die Grenzprobleme einer Seite einseitig diskutieren ...

Wir haben das Gefühl: Es ist in der Beziehung der europäischen Völker untereinander zuviel von einem alten Anti-Europageist und zu wenig von dem Geist des wirklichen Neubaues „Europa", der allein uns die großen kontinental-ökonomischen und politischen Probleme bewältigen lassen kann.

Im Vordergrund der Aussprache steht jetzt das Saargebiet. Trotz der Verfassung von 1947, über die zu diskutieren wohl deutsches Interesse ist, über die wir aber jetzt nicht diskutieren wollen, weil wir den Weg zur Verständigung nicht versperren möchten, ist in dieser Saarfrage doch klar: Der Wille des deutschen Volkes in seiner Gesamtheit geht auf den politischen Verbleib des Saargebiets in Deutschland ...

Die Schaffung eines selbständigen Saarstaates und seine Vertretung im Europarat scheint mir ein bedrohliches Hemmnis für die Entwicklung der europäischen Zusammenarbeit zu sein. Wenn wir nämlich ein selbständiges Saargebiet im Europarat tolerieren und – wie ich dies aus den Worten des Herrn Bundeskanzlers herauszuhören vermeine – erst in Straßburg den Ausgleich dieser Frage diskutieren, haben wir ja bereits eine vollendete Tatsache akzeptiert, die sehr schwer aus der Welt zu schaffen ist ...

Europa heißt Gleichberechtigung. Man sollte nichts akzeptieren, was die Vorwegnahme von Bestimmungen des Friedensvertrags bedeutet. Wir schwächen damit nicht nur unverantwortlich unsere Position im Westen; wir schwächen auch unsere Position im Osten. Jemand, der hier auf dem Gebiet der Kompromisse in die Loslösung des Saargebietes aus dem politischen Gebiet Deutschlands hereinrutscht, verliert den festen Boden des politischen Kampfes gegen die Oder-Neiße-Linie.

Zit. nach: Kurt Schumacher, Reden – Schriften – Korrespondenzen 1945–1952, hrsg. von Willy Albrecht, Bonn 1985, S. 695 ff.

5. Der Alleinvertretungsanspruch der Bundesrepublik

(Erklärung Adenauers vor dem Bundestag am 21. 10. 1949)

Im Gegensatz zur Sowjetzone trat in den drei Westzonen bei den westlichen Alliierten das Bestreben, eine einheitliche staatliche Organisation für diese drei Zonen zu schaffen, erst auf der Londoner Konferenz der sechs Mächte – England, Frankreich, USA, Beneluxstaaten –, die vom Februar bis Juni 1948 gehalten wurde, zutage. Dieses Bestreben zeigte sich also erst, als die Entwicklung in der Ostzone ... schon weit fortgeschritten war, als der Erste und der Zweite Volkskongreß und der Volksrat schon geschaffen waren. Auf Grund der Empfehlungen der Londoner Konferenz wurde der Parlamentarische Rat zum 1. September 1948 einberufen. Das von ihm beschlossene Grundgesetz trat nach der Ratifizierung durch die Landtage am 23. Mai 1949 in Kraft.

Die Wahlen zum ersten Bundestag wurden am 14. August 1949 abgehalten. An ihnen beteiligten sich rund 25 Millionen von 31 Millionen stimmberechtigter Deutscher. Nur die 1,5 Millionen kommunistischer Stimmen, die abgegeben wurden, kann man als gegen die staatliche Neuordnung bezeichnen, so daß rund 23 Millionen Wähler bei dieser Wahl bestätigten, daß sie die staatliche Neuordnung der drei Westzonen, die Schaffung der Bundesrepublik Deutschland billigten.

Ich stelle folgendes fest: In der Sowjetzone gibt es keinen freien Willen der deutschen Bevölkerung. Das, was jetzt dort geschieht, wird nicht von der Bevölkerung getragen und damit legitimiert.

Die Bundesrepublik Deutschland stützt sich dagegen auf die Anerkennung durch den frei bekundeten Willen von rund 23 Millionen stimmberechtigter Deutscher. Die Bundesrepublik Deutschland ist somit bis zur Erreichung der deutschen Einheit insgesamt die alleinige legitimierte staatliche Organisation des deutschen Volkes. Hieraus ergeben sich innenpolitisch und außenpolitisch Folgerungen, die ich im einzelnen wiederzugeben mir heute versagen muß.

Die Bundesrepublik Deutschland fühlt sich auch verantwortlich für das Schicksal der 18 Millionen Deutschen, die in der Sowjetzone leben. Sie versichert sie ihrer Treue und Sorge. Die Bundesrepublik Deutschland ist allein befugt, für das deutsche Volk zu sprechen. Sie erkennt Erklärungen der Sowjetzone nicht als verbindlich für das deutsche Volk an.

Zit. nach: Dokumente zur Berlin-Frage 1944–1962, München 1962, S. 144 f.

6. Das Petersberger Abkommen vom 22. 11. 1949

1. Die Hohe Kommission und die Bundesregierung sind übereingekommen, die Teilnahme Deutschlands an allen den internationalen Organisationen herbeizuführen, in denen deutsche Sachkenntnis und Mitarbeit zum allgemeinen Wohl beitragen können.

Sie bringen ihre Genugtuung über die in dieser Richtung bereits unternommenen verschiedenen Schritte zum Ausdruck, wie die Teilnahme der Bundesrepublik an der Organisation für europäische wirtschaftliche Zusammenarbeit (OEEC), den von beiden Seiten ausgesprochenen Wunsch, daß die Bundesrepublik demnächst als assoziiertes Mitglied in den Europarat aufgenommen werden soll und die beabsichtigte Unterzeichnung eines zweiseitigen Abkommens mit der Regierung der Vereinigten Staaten von Amerika über die Marshallplanhilfe.

2. In der Überzeugung, daß die möglichst enge Mitarbeit Deutschlands zu dem Wiederaufbau der westeuropäischen Wirtschaft wünschenswert ist, erklärt die Bundesregierung ihre Absicht, der in-

ternationalen Ruhrbehörde, in der sie derzeit nur durch einen Beobachter vertreten ist, als Mitglied beizutreten ...
3. Die Bundesregierung erklärt ferner ihre feste Entschlossenheit, die Entmilitarisierung des Bundesgebietes aufrechtzuerhalten und mit allen ihr zur Verfügung stehenden Mitteln die Neubildung irgendwelcher Streitkräfte zu verhindern ...
4. Die Hohe Kommission und die Bundesregierung sind übereingekommen, daß die Bundesregierung nunmehr die schrittweise Wiederaufnahme von konsularischen und Handelsbeziehungen mit den Ländern in Angriff nehmen wird, mit denen derartige Beziehungen als vorteilhaft erscheinen.
...
8. Die Hohe Kommission hat die Frage der Demontage angesichts der von der Bundesregierung gegebenen Zusicherungen erneut überprüft und ... Änderungen des Demontageplans zugestimmt.
In Berlin wird jegliche Demontage eingestellt und die Arbeit in den betreffenden Werken wird wieder ermöglicht.
Bereits demontierte Einrichtungen werden, mit Ausnahme der in Berlin in Frage kommenden Einrichtungen, der I.A.R.A. zur Verfügung gestellt. Durch die Änderungen der Reparationsliste werden die bestehenden Produktionsverbote und Beschränkungen für bestimmte Erzeugnisse nicht berührt. Demontierte Werke dürfen nur mit Genehmigung des militärischen Sicherheitsamtes wieder aufgebaut oder wieder eingerichtet werden. Werke, bei denen die Demontage eingestellt ist, unterstehen einer geeigneten Kontrolle, um sicherzustellen, daß die Begrenzung der Stahlerzeugung (11,1 Millionen Tonnen pro Jahr) nicht überschritten wird.
9. Die Frage der Beendigung des Kriegszustandes ist erörtert worden. Obwohl die Beendigung des Kriegszustandes im Einklang mit dem Geist dieser Abmachungen stehen würde, bietet doch die Frage erhebliche juristische und praktische Schwierigkeiten, die noch der Prüfung bedürfen.

Zit. nach: Ingo von Münch (Hrsg.), Dokumente des geteilten Deutschland, Stuttgart 1968, S. 226 ff.

7. Konsens und Konflikt zwischen Adenauer und Schumacher

Bereits im Herbst 1949 trieb die Konfrontation zwischen Regierung und Opposition ihrem ersten Höhepunkt zu. Anlaß waren die zum Petersberger Abkommen führenden deutsch-alliierten Verhandlungen, in deren Verlauf Adenauer wesentliche Erleichterungen hinsichtlich der Fortsetzung der Demontagepolitik erreichte und als Gegenleistung den Beitritt der Bundesrepublik zur Internationalen Ruhrbehörde, also die grundsätzliche Anerkennung des Ruhrstatuts und damit insbesondere auch des französischen Verlangens nach Sicherheit vor einem sich möglicherweise erneut herausbildenden deutschen Aggressionspotential zahlte. Der Kampf um Petersberg machte in nuce jene unterschiedlichen Motivationen, Situationseinschätzungen und kurz- wie mittelfristige Zielsetzungen sichtbar, von denen sich Regierungschef und Oppositionsführer auch während der folgenden Jahre leiten lassen sollten. Für Adenauer gab bei aller Einsicht in die Tatsache, daß das Abkommen manche deutschen Interessen und Wünsche nicht berücksichtigte, der Aspekt den Ausschlag, daß dem westlichen Deutschland hier erstmals die Rolle eines formal gleichberechtigten Verhandlungspartners zugestanden wurde, daß es die Möglichkeit erhielt, auf einer internationalen Plattform deutsche Interessen geltend zu machen – unabhängig von der Frage, ob das konkrete politische Sachergebnis dem Preis des Ruhrbehördenbeitritts gleichwertig war oder nicht. Diesem Vorgehen lag die tiefe Überzeugung zugrunde, daß Deutschland auf Gedeih und Verderb darauf angewiesen war, bei seinen westlichen Partnern durch eine geduldige und geradlinige Politik, die von Unterwürfigkeits- und Unentbehrlichkeitsdemonstrationen gleichermaßen Abstand hielt und dem Sicherheitsbedürfnis der Nachbarstaaten psychologisch behutsam entgegenkam, Schritt für Schritt Vertrauen zu erwerben. Als unverrückbares Ziel hatte Adenauer angesichts der sowjetischen Bedrohung die feste Einbindung Deutschlands – wenn noch nicht Gesamtdeutschlands, so doch vorerst wenigstens des westdeutschen Teilstaates – in einen Block freier Völker im Auge, in die Gemeinschaft „einer ideologisch homogenen und machtpolitisch gleich orientierten Wir-Gruppe" (H.-P. Schwarz), die wechselweise mit Metaphern wie „freie Welt", „atlantische Gemeinschaft", „Abendland" oder „Europa" umschrieben wurde. Der Bundeskanzler rechnete fest mit der auf alliierter Seite allmählich zum Durchbruch gelangenden Erkenntnis, daß Deutschland im westeuropäisch-atlantischen Formierungsprozeß ein notwendiger Partner sei, den man gerade deshalb über längere Zeit nicht in Fesseln halten könne.

Adenauers Politik des geduldigen Vertrauensgewinns traf bei einzelnen Sozialdemokraten, z. B. bei Ernst Reuter, auf verwandte Grunddispositionen. Für die bundespolitische Spitze der SPD galt dies freilich mitnichten. Wenn Schumacher gelegentlich der Petersberger Debatte auch – mit gutem Grund – an die stets eindeutige Pro-West-Entscheidung der deutschen Sozialdemokratie erinnerte und in diesem Zusammenhang vor einer Denunzierung seiner Partei als „nationalistischer" Kraft warnte, so konnte aus dem von ihm ansonsten seit Anfang November ins Feld geführten Vokabular nur geschlossen werden, daß er der nationalen Selbstbehauptung einen quasi absoluten Eigenwert zumaß und die damals vorhandenen deutschen Möglichkeiten im zwischenstaatlichen Verkehr maßlos überschätzte. Er nannte Adenauers angeblichen Erfolg ein brutales Geschäft zu deutschen Lasten, geißelte im Bundestag die alliierte Politik des „Junktim", als müßten die Westmächte wie selbstverständlich bereits einen deutschen Partner mit de facto gleichen Rechten und Ansprüchen akzeptieren, und wandte sich vor den SPD-Führungsorganen gegen einen „nationalen Ausverkauf", wozu auch die Verhinderung der Sozialisierung und des Mitbestimmungsrechts der deutschen Arbeiter bei Anerkennung der Ruhrbehörde zähle. Unter dem Druck der Erfahrungen, welche die Partei in Weimar mit der von ihr mitverantworteten „Erfüllungs"-Politik und dem daraus resultierenden Massennationalismus hatte machen müssen, war Schumacher in dieser Auseinandersetzung wie auch später geradezu besessen von der Idee, es sei der erneuerten Sozialdemokratie aufgegeben, durch Hervorkehrung nationaler Interessen jegliches Odium einer „erfüllungs"-politischen Neuauflage zu meiden. Bei seinen Argumentationen übersah Schumacher jedoch, daß die historische Analogie nicht zutraf, daß der nationalen Idee 1949/50 längst nicht mehr die tiefe Verwurzelung und Sogkraft eignete, die sie etwa im Ruhrkampfsturm von 1923 besessen hatte. Im Gegensatz zu ihm erkannte Adenauer, daß sich Westeuropa im Eigeninteresse aller seiner Teile vom vormaligen Muster des Konkurrenzkampfes zwischen souveränen Nationalstaaten trennen und auf kurze oder mittlere Sicht Deutschland in die wirtschaftlichen und politischen Konsolidierungsbemühungen einbeziehen mußte. Der Kanzler ging daher von der Gewißheit aus, daß „diskriminierende Forderungen, die von seiten der westeuropäischen Nationen psychologisch verständlich waren, nur für eine befristete Zeit würden aufrechterhalten werden können, während Vorleistungen geeignet waren, den Boden für zukünftige Gleichberechtigung zu bereiten" (H. Buchheim).

Die strategisch-taktischen Differenzen zwischen Regierung und Opposition kamen auch bei der Frage zum Durchbruch, wie man die Petersberger Übereinkunft im legislativ-exekutiven Kompetenzzusammenhang behandeln müsse. Während die SPD auf einer Ratifizierungsprozedur im Bundestag bestand und die Umgehung des Parlaments als Verfassungsbruch, als weiteren Versuch, „Verfassungskämpfe durch autoritären Handstreich zu gewinnen" (A. Arndt), anprangerte, machte Adenauer geltend, das Abkommen falle wie alle Angelegenheiten, die das Verhältnis zur Hohen Kommission oder zu den alliierten Mächten berührten, nicht in die Zuständigkeit des Bundestages. Bedenkt man die realen Machtverhältnisse und den Handlungsspielraum der westdeutschen Republik in diesem Frühstadium ihrer Existenz, so hatte das Kanzlerargument einiges für sich. Mit dem Petersberger Abkommen wurde erstmals versucht, Chancen und Grenzen bundesrepublikanischer Außenpolitik zu ergründen. Dieses ohnehin delikate Unterfangen wäre durch eine offene Diplomatie und eine vorgeschaltete parlamentarische Debatte zusätzlich belastet, seine Bewältigung vielleicht ernsthaft gefährdet worden. Außerdem hätte eine Einschaltung des Bundestages dem Abkommen ein Gewicht verliehen, das den Interessen des Kanzlers durchaus widersprochen hätte. Für ihn war Petersberg nicht mehr als ein Anfang, eine Übergangsregelung, die möglichst bald günstigeren und politisch weiter gefaßten Lösungen weichen sollte.

Aus: Kurt Klotzbach, Der Weg zur Staatspartei. Programmatik, praktische Politik und Organisation der deutschen Sozialdemokratie 1945–1965, Berlin 1982, S. 194ff.

8. Der Beitritt der Bundesrepublik zum Europarat

a) Aus der Denkschrift Adenauers vom 7. 5. 1950

Einer der positiven Züge im Gesamtbild der Nachkriegszeit ist sicher der, daß in den meisten europäischen Ländern ein starkes Bewußtsein einer europäischen Schicksalsgemeinschaft lebendig geworden ist. Das bisherige Ergebnis der dadurch ausgelösten Bestrebungen ist in der Sphäre der offiziellen Politik der Straßburger Europarat. Es läßt sich einwenden, der Europarat sei als Institution ungenügend, und es sei zweifelhaft, ob er sich über den jetzigen Zustand hinaus in positivem Sinne weiterentwickeln werde. Ob diese Zweifel berechtigt sind, kann uns die Zukunft zeigen. Jedenfalls ist es eine Tatsache, daß die westeuropäischen Staaten den Weg nach Straßburg gegangen sind und die Bundesrepublik heute auffordern, ihnen zu folgen. Einen anderen Weg zum Anschluß an die westeuropäische Staatengemeinschaft gibt es praktisch nicht ...

Es mag als bedauerlich erscheinen, daß die Bundesrepublik aufgefordert wird, dem Europarat als assoziiertes Mitglied, d.h. als Mitglied minderen Rechtes, beizutreten. Demgegenüber wäre zu bemerken, daß der Begriff der „assoziierten Mitgliedschaft" eigens geschaffen wurde, um den Beitritt der Bundesrepublik bereits in einem Stadium ihrer Entwicklung zu ermöglichen, in dem sie noch nicht die souveränen Befugnisse besitzt, die für ihr Auftreten im Ministerkomitee notwendig wären. Daß der Kriegszustand mit der Bundesrepublik noch nicht aufgehoben wurde und daß die Besatzungsmächte es für zweckmäßig halten, der Bundesrepublik die ihr zustehenden Rechte nur stückweise zurückzugeben, ist bedauerlich. Nach Ansicht der Besatzungsmächte ist aber gerade der Eintritt in den Europarat ein wesentlicher Schritt auf dem Wege der Befreiung der Bundesrepublik von ihren Bindungen ...

Es ist meine Überzeugung, daß der Friede nur dann aufrechterhalten werden kann, wenn in Europa eine Föderation freier Staaten sich zu einer Kraft entwickelt, die ihr Gewicht jederzeit zugunsten des Friedens in die Waagschale wirft. Der Europarat ist ein Schritt zu dieser Kraft. Es ist Pflicht der Bundesrepublik, zu dieser Entwicklung ihren Beitrag zu leisten.

Ich gehe dabei von der Überzeugung aus, daß eine Wiedervereinigung der Ostzone mit der Bundesrepublik nur eintreten wird, wenn der Friede gewahrt wird und wenn die Bundesrepublik innerhalb der europäischen Föderation wirtschaftlich und politisch an Gewicht gewinnt.

In der Einladung des Generalsekretärs des Europarats vom 31. März 1950 heißt es, es sei wünschenswert, Deutschland an die europäischen Länder anzuschließen. Daraus ist zu entnehmen, daß die im Ministerkomitee vertretenen Regierungen die Aufnahme Gesamtdeutschlands in die neue europäische Ordnung erstreben.

Das deutsche Volk ist durch den Zustand, in dem es sich befindet, gezwungen, Anlehnung an andere Mächte zu suchen. Dies können nach Lage der Dinge nur die Völker sein, deren sittliche, wirtschaftliche und soziale Lebensformen den unseren lebensverwandt sind, also die demokratischen und freiheitlichen Völker Europas.

Über diesen Grundsatz dürfte keine Meinungsverschiedenheit im deutschen Volke bestehen. Es kann aber auch keinen Zweifel darüber geben, daß die Bundesrepublik durch eine Ablehnung der Einladung das Odium für ein Scheitern des europäischen Zusammenschlusses auf sich laden würde, nachdem so oft und so eindeutig von den verschiedensten Seiten versichert wurde, daß Europa „nicht um Deutschland herumgebaut werden kann". Das deutsche Volk wird alle diese Gesichtspunkte für und wider sorgfältig abzuwägen haben. Wie immer die Entscheidung fällt, darf keinesfalls der Eindruck entstehen, daß Deutschland durch sein Fernbleiben den wirtschaftlichen, kulturellen und schließlich auch politischen Zusammenschluß Europas verzögert oder gar verhindert habe.

Unter sorgfältiger Abwägung aller Gründe und Gegengründe komme ich zu folgendem Ergebnis:
Der Zusammmenschluß Europas auf föderativer Grundlage ist im Interesse aller europäischen Länder, insbesondere auch der Bundesrepublik Deutschland, notwendig. Der Europarat ist der Anfang eines solchen Zusammenschlusses. Die Bundesrepublik Deutschland muß die Einladung aus tiefer Überzeugung, daß nur auf diesem Wege Europa und der Friede gesichert werden können, annehmen.

Zit. nach: Johannes Hohlfeld, Dokumente der Deutschen Politik und Geschichte von 1848 bis zur Gegenwart, Bd. 6, Berlin o. J. (1952), S. 512 ff.

b) Aus Schumachers Bundestagsrede vom 13. 6. 1950

...
Nun ist es sozialdemokratische Politik, ein politisch und psychologisch starkes Europa zu schaffen, ein Europa, in dem jedes Volk sowohl eine europäische wie seine nationale Aufgabe in der Überwindung der totalitären und kommunistischen Gefahren sieht. Aber was jetzt in Straßburg zusammengezimmert wird, ist die Schaffung eines Europas, das schwächer ist, als es zu sein braucht, so schwach, daß es seine Funktion der Überwindung des Kommunismus nicht so gut und möglicherweise kaum erfüllen kann.
Das ist der Sinn unserer Politik: die Konzentration aller Einsichten und Kräfte auf ein gemeinsames, starkes Europa, aber nicht das Geschäftemachen mit dem europäischen Gedanken zugunsten von Nationalstaaten und Nationalwirtschaften ...
Der Europäische Rat ist nur stark, wenn er kein Übereinkommen der Regierungen, sondern ein Pakt der Völker ist. Nur dann ist er auch das entscheidende Gewicht in der großen Waagschale des Friedens, das in keiner Gefahr als zu leicht befunden werden kann. Europa – und das ist unser kardinaler Vorwurf gegen den Europäischen Rat in Straßburg – darf keine Bestandteile antieuropäischer Politik haben.
Die stärkste Bedrohung des Friedens sowie der Freiheit und der Demokratie in Europa ist der mangelnde innere Ernst, mit dem man den eigenen Grundsätzen gegenübersteht ...
Man tut so, als ob Europa als Idee und als realisierbares Ziel absolut identisch wäre mit dem Europäischen Rat, wie er sich heute unser aller Augen darbietet, einer Institution, die eine sehr vorübergehende und veränderliche Erscheinung ist ...
Man spricht auch davon, allerdings mehr in der Flüsterpropaganda, daß jetzt die Alliierten wissen müßten, woran sie nun eigentlich mit den Deutschen sind. Ich glaube, die Leute, die nationalpolitisch und im Willen zur internationalen Versöhnung in den vergangenen fünf Jahren ihre Aufgabe erfüllt haben, haben nie eine Unklarheit darüber gelassen, daß Deutschland und sein Volk Bestandteile der Kultur und der gesellschaftlichen und demokratischen Auffassung des Westens sind. Ich weiß, daß gerade die Entschiedenheit dieser Stellungnahme uns in der jüngsten Vergangenheit noch die schwersten Vorwürfe wegen unserer „Einseitigkeit“ eingebracht hat. Man sollte die Torheit unterlassen, in den Bünden, Verbänden und Kreisen so zu diskutieren, als ob der Unfug von der Neutralisierung ein Realpolitikum wäre und als ob die Deutschen die Möglichkeit einer Wahl hätten. Aber die Tatsache, daß wir die Möglichkeit einer Wahl nicht haben, sollte uns nicht gefügig machen, jedem Anspruch, der aus dem Westen an uns herangetragen wird, stattzugeben, nur weil er aus dem Westen kommt.

Zit. nach: Kurt Schumacher, Reden – Schriften – Korrespondenzen 1945–1952, a. a. O., S. 790 ff.

9. Das Monnet-Memorandum vom 3. 5. 1950

...
II.
Die Lage in Deutschland entwickelt sich rasch zu einer gefährlichen Krebskrankheit für den Frie-

den in naher Zukunft und für Frankreich sehr bald, wenn diese Entwicklung nicht so gelenkt wird, daß die Deutschen Hoffnung schöpfen und mit den freien Völkern zusammenarbeiten. Diese Lage kann nicht durch die Einigung Deutschlands geregelt werden, denn dafür braucht man eine Übereinkunft zwischen den USA und der Sowjetunion, die im Augenblick undenkbar ist. Sie kann auch nicht durch die Integration Westdeutschlands in den Westen geregelt werden,
- denn die Westdeutschen würden damit gegenüber dem Osten zugeben, daß sie die Spaltung akzeptiert haben, während die Einheit notwendigerweise ihr permanentes Ziel sein muß;
- denn die Integration stellt die Frage der Aufrüstung Deutschlands und wird, als Provokation gegenüber den Russen, den Krieg nach sich ziehen;
- aus unlösbaren politischen Fragen.

Dennoch werden die Amerikaner darauf bestehen, daß sich diese Integration innerhalb des Westens vollzieht,
- weil sie wollen, daß irgend etwas geschieht, und weil sie keine andere naheliegende Idee haben;
- weil sie an der Zuverlässigkeit und am Dynamismus Frankreichs zweifeln. Manche glauben, daß man beginnen muß, einen Ersatz für Frankreich zu finden.

Man sollte gar nicht erst versuchen, das deutsche Problem zu regeln, denn aus den gegenwärtigen Gegebenheiten kann es nicht geregelt werden. Man muß diese Gegebenheiten ändern, indem man sie umgestaltet. Man muß eine dynamische Aktion unternehmen, die die deutsche Situation umgestaltet und das Denken der Deutschen orientiert, und nicht nach einer statischen Regelung auf Grund der gegenwärtigen Gegebenheiten suchen.

III.

Die Wiederaufrichtung Frankreichs wird nicht mehr weitergehen, wenn die Frage der industriellen Produktion Deutschlands und seiner Konkurrenzkapazität nicht schnell eine Regelung findet. Die Grundlage für die Überlegenheit, die die französischen Industriellen traditionsgemäß Deutschland zubilligen, liegt darin, daß es Stahl zu einem Preis produziert, mit dem Frankreich nicht konkurrieren kann. Daraus schließen sie, daß die gesamte französische Produktion darunter leiden muß. Schon verlangt Deutschland, seine Produktion von 11 auf 14 Millionen Tonnen zu erhöhen. Wir werden diese Forderung ablehnen, aber die Amerikaner werden darauf bestehen. Dann werden wir Vorbehalte machen, und schließlich werden wir nachgeben. Zur gleichen Zeit stagniert die französische Produktion; sie geht sogar zurück.

...

Mit der [von uns] vorgeschlagenen Lösung verschwindet die Frage der Herrschaft der deutschen Industrie, deren Existenz in Europa eine Furcht verursachen würde, die Grund ständiger Unruhe wäre, schließlich die Vereinigung Europas verhindert und Deutschland erneut in den Abgrund stürzt. Diese Lösung schafft im Gegensatz dazu für die Industrie sowohl in Deutschland als auch in Frankreich Bedingungen gemeinsamer Expansion in der Konkurrenz, wobei jede Form von Beherrschung fortfällt.

Vom französischen Standpunkt aus bringt eine solche Lösung die nationale Industrie in die gleiche Ausgangsstellung wie die deutsche, beseitigt das Exportdumping, das die deutsche Stahlindustrie sonst verfolgen würde, läßt die französische Stahlindustrie an der europäischen Expansion teilnehmen, ohne Furcht vor Dumping, ohne Versuchung, Kartelle zu bilden. Die Furcht bei den Industriellen, die der Malthusianismus nach sich ziehen würde, der Stopp der „Liberalisierungen" und schließlich die Rückkehr zum Schlendrian der Vergangenheit – alles das wird beseitigt sein. Das größte Hindernis für den Fortgang des industriellen Fortschritts in Frankreich wäre aus dem Weg geräumt.

...

V.

Im gegenwärtigen Zeitpunkt kann Europa nur aus Frankreich geboren werden. Nur Frankreich kann sprechen und handeln. Wenn aber Frankreich jetzt nicht spricht und handelt, was wird dann geschehen?

Um die Vereinigten Staaten wird eine Ansammlung zustande kommen, freilich mit dem Ziel, den

Kalten Krieg mit größerer Kraft zu führen. Der einleuchtende Grund dafür ist darin zu suchen, daß die Länder Europas Angst haben und Hilfe suchen. England wird sich mehr und mehr den Vereinigten Staaten annähern; Deutschland wird sich rasch entwickeln, wir können seine Aufrüstung nicht verhindern. Frankreich wird in seinen Malthusianismus von eh und je zurückfallen, und diese Entwicklung wird unweigerlich in seiner Ausschaltung enden.

VI.

Seit der Befreiung haben die Franzosen, die sich durch die Prüfungen nicht haben unterkriegen lassen, Beweise von Vitalität und Glauben an die Zukunft vorgelegt: Entwicklung der Produktion, Modernisierung und Umgestaltung der Landwirtschaft, Instandsetzung der Französischen Union usw. Nun haben aber die Franzosen im Laufe dieser Jahre Deutschland und seine Konkurrenz vergessen. Sie glaubten an den Frieden. Plötzlich finden sie Deutschland und den Krieg wieder.

Die Erhöhung der deutschen Produktion, die Organisierung des Kalten Krieges werden bei ihnen wie in der Vergangenheit Gefühle der Furcht hervorrufen und malthusianistischen Reflexen neue Nahrung geben. Sie werden in ihre furchtsame Psychologie zurückfallen, und zwar genau in dem Augenblick, in dem die Kühnheit ihnen erlauben würde, diese beiden Gefahren zu beseitigen und jene Fortschritte ins französische Bewußtsein zu rücken, zu denen sie im Grunde bereit sind.

In dieser Konjunktur ist Frankreich vom Schicksal auserwählt. Wenn es die Initiative ergreift, welche die Furcht beseitigt, die Hoffnung in die Zukunft neu belebt, die Schaffung einer Kraft des Friedens ermöglicht, dann wird es Europa befreit haben. Und in einem derart befreiten Europa wird der Geist der auf französischem Boden geborenen Menschen, die in Freiheit und unter sich ständig bessernden Bedingungen leben, weiterhin einen wichtigen Beitrag leisten.

Zit. nach: Gilbert Ziebura, Die deutsch-französischen Beziehungen seit 1945, Pfullingen 1970, S. 195 ff.

10. Schumans Vorschlag einer Montanunion vom 9. 5. 1950

(Aus einer Erklärung vor dem französischen Ministerrat)

Der Friede der Welt kann nicht gewahrt werden ohne schöpferische Anstrengungen, die der Größe der Bedrohung entsprechen. Der Beitrag, den ein organisiertes und lebendiges Europa für die Zivilisation leisten kann, ist unerläßlich für die Aufrechterhaltung friedlicher Beziehungen. Frankreich, das sich seit mehr als zwanzig Jahren zum Vorkämpfer eines vereinten Europas macht, hat immer als wesentliches Ziel gehabt, dem Frieden zu dienen. Europa ist nicht zustande gekommen, wir haben den Krieg gehabt. Europa läßt sich nicht mit einem Schlage herstellen und auch nicht durch eine einfache Zusammenfassung: Es wird durch konkrete Tatsachen entstehen, die zunächst eine Solidarität der Tat schaffen. Die Vereinigung der europäischen Nation erfordert, daß der jahrhundertealte Gegensatz zwischen Frankreich und Deutschland ausgelöscht wird. Das begonnene Werk muß in erster Linie Deutschland und Frankreich erfassen. – Zu diesem Zweck schlägt die französische Regierung vor, in einem begrenzten, doch entscheidenden Punkt sofort zur Tat zu schreiten. Die französische Regierung schlägt vor, die Gesamtheit der französisch-deutschen Kohle- und Stahlproduktion unter eine gemeinsame Hohe Behörde zu stellen, in einer Organisation, die den anderen europäischen Ländern zum Beitritt offensteht …

Die Solidarität der Produktion, die so geschaffen wird, wird bekunden, daß jeder Krieg zwischen Frankreich und Deutschland nicht nur undenkbar, sondern materiell unmöglich ist. Die Schaffung dieser mächtigen Produktionsgemeinschaft, die allen Ländern offensteht, die daran teilnehmen wollen, mit dem Zweck, allen Ländern, die sie umfaßt, die notwendigen Grundstoffe für ihre industrielle Produktion zu gleichen Bedingungen zu liefern, wird die realen Fundamente zu ihrer wirtschaftlichen Vereinigung legen.

Zit. bei: Kurt Düwell, Entstehung und Entwicklung der Bundesrepublik Deutschland 1945–1961, Köln 1981, S. 173

11. Stimmen zum Schuman-Plan

a) Adenauer

Am Abend gab ich auf der Pressekonferenz Erläuterungen zum Schuman-Plan und zu dem Beschluß der Bundesregierung, dem Europarat beizutreten ...
Ich ging dann auf den Beschluß des französischen Ministerrates ein, der an diesem Vormittag des 9. Mai 1950 gefaßt worden war. Ich betonte nachdrücklich, daß ich ihn als einen großherzigen Schritt Frankreichs und seines Außenministers Schuman gegenüber Deutschland und gegenüber der europäischen Frage betrachte. Er sei zweifellos von der denkbar größten Bedeutung für die Beziehungen zwischen Deutschland und Frankreich und für die ganze europäische Entwicklung. Der Beschluß enthalte nicht allgemeine Redensarten, sondern konkrete und präzise Vorschläge über eine Zusammenfassung der Produktionen von Kohle, Eisen und Stahl Frankreichs und Deutschlands unter ausdrücklicher Betonung, daß alle anderen Staaten diesem Abkommen beitreten könnten. Ich hob hervor, der französische Vorschlag beruhe auf der Basis der Gleichberechtigung. Es sei vorgesehen, falls die Deutschen und die Franzosen sich in dem vorgesehenen Gremium nicht einigen könnten, daß ein Schiedsrichter, der von beiden Seiten gewählt würde, die Entscheidung über strittige Fragen fällen solle. Ich betrachtete den Vorschlag Schumans als einen sehr wichtigen Fortschritt in den deutsch-französischen Beziehungen, dessen Bedeutung nicht nachdrücklich genug unterstrichen werden könne. Ich fügte hinzu, daß auch die Saarproduktion unter diesen Plan falle und daß dadurch ein wesentliches Moment der Entfremdung zwischen Frankreich und uns beseitigt werde. Ich erklärte, die Zusammenlegung der Grundproduktion von Kohle, Eisen und Stahl schaffe eine echte Voraussetzung dafür, daß zwischen Frankreich und Deutschland in Zukunft jeder Konflikt ausgeschaltet sein werde.

Aus: Konrad Adenauer, Erinnerungen, Bd. 1 (1945–1953), Stuttgart 1965, S. 328 ff.

b) Rudolf Augstein

Schumans Meister-Coup zieht seine Kreise. Englands Foreign Office windet sich wieder in Eiertänzen. Eine deutsch-französische Industrie-Union wäre so ziemlich der heftigste Schlag gegen eine Grundmaxime englischer Festlandspolitik und gegen Labour[1]). Amerika begrüßt Frankreichs Vorschläge und beteuert, nichts von ihnen gewußt zu haben. Frankreich, das schwächste Glied in der Front gegen die Sowjets, steht als Vorreiter der europäischen Einheit da. Auch wenn England den Plan zum Scheitern bringt, der Triumph der französischen Diplomatie ist vollkommen.
Es hat nicht verwundert, daß Bundeskanzler Adenauer Schumans Überraschungsballon mit offenen Armen aufgenommen hat. Wo sein Herz zustimmt, nimmt der Kanzler sich selten Zeit zu prüfen. Und hier stimmt sein Herz schon seit 30 Jahren zu. Die Gefühle des Bundeskanzlers wären also bei künftigen Verhandlungen in Abzug zu bringen.
Es hat auch nicht verwundert, daß Kurt Schumacher die Reserve einhielt, die unorthodoxe Vorschläge bei ihm üblicherweise finden. Am Tage der Schuman-Erklärung kramte er die verstaubten Saar-Argumente wieder aus der Lade. Sachlich hat Schumachers Zurückhaltung gute Gründe[2]).
Einleuchtend, daß ein Zusammenschluß der beiden Industrien nur möglich ist, wenn die Industrien beider Länder zustimmen. Einleuchtend, daß die Industriellen nur zustimmen, wenn der neue Verband nicht nach sozialistischen Doktrinen arbeitet und nicht nach den Grundsätzen des

[1]) Englands Konservative Churchill und Eden stimmen dem Projekt zu, da sie mit seiner Hilfe das innenpolitische tote Rennen in eine Niederlage der Labour-Party umzuwandeln hoffen. Wie andererseits auch Adenauer und Blücher auf einer Woge von außenpolitischem Optimismus die wichtigen Landtagswahlen in Nordrhein-Westfalen für eine Rechtsregierung entscheiden wollen.

[2]) Schumacher hatte am 10. 5. 1950 die Initiative Schumans als einen „Rahmenvorschlag von französischer Seite" begrüßt und hinzugefügt, „daß wir über das Bild selbst nichts Genügendes und Ausreichendes wissen", man jedoch „Bilder des Bildes und nicht des Rahmens wegen zu kaufen pflegt". Was die von ihm häufig berührte „Saarfrage" betraf, beklagte er „die Herauslösung aus Deutschland, den Protektoratscharakter und die Hegemonie Frankreichs" und stellte die Frage, „ob man Europa mit einem autoritär regierten Saarland oder mit dem guten Willen von 50 Millionen Deutschen schaffen" wolle (Anmerkung des Herausgebers).

Labour-Wohlfahrtsstaates. Einleuchtend, daß die Amerikaner dieses Kind nur dann mit Beihilfen legitimieren, wenn es nicht sozialistisch ist. Einleuchtend endlich, daß die SPD verspielt hätte, wenn sie zulassen müßte, daß Lothringen und Ruhr zu einem schwerindustriellen Verband zusammenwüchsen, in dem Partei-Sozialdemokraten und sozialdemokratische Gewerkschaftler nicht die Mehrheit der deutschen Stimmen hätten ...

Der Schuman-Plan bezweckt offensichtlich, Deutschland durch industrielle Verzahnungen zu kontrollieren und an den Westen zu binden. Wie weit er bezweckt, Deutschland zu drosseln, muß sich herausstellen. Bleibt es wirklich ein Schuman-Plan, so wäre zu bedenken, daß die Drosselung Deutschlands im traditionellen französischen Lebensinteresse liegen muß. Soll aber Amerika mit seinem Beutel bei der Stange bleiben, ist eine Industrieallianz undenkbar, die nicht zu einer Rüstungsallianz hinstrebt. Was die Drosselung angeht, so werden die deutschen Industriellen schon aufpassen. Was aber die Aufrüstung angeht, so werden sie nicht aufpassen. Und auch der Kanzler wird vielleicht nicht aufpassen.

Wenn die Amerikaner Westeuropas Rüstungen dann auf eigene Füße stellen wollten, könnten wir wiederum nicht nein sagen, denn wir sind in unseren Entschlüssen nicht frei. Das ist für die Amerikaner ein großes Unglück, daß wir auf sie angewiesen und ihnen verpflichtet sind. Unsere Aufgabe für den Weltfrieden ist, die deutsche Einheit in Freiheit wiederherzustellen. Wir werden sie bestimmt nicht lösen, wenn wir Waffen für den Westen schmieden. Die Aufgabe der Amerikaner ist es, für jedes Land, das jetzt noch mit Gewaltmitteln annektiert werden soll, zum Krieg gerüstet zu sein. Das mag ihnen passen oder es mag ihnen zuwider sein, es ist nicht anders.

Die Deutschen haben ohne Notwendigkeit zwei fürchterliche Kriege geführt, man mag sich darauf verlassen, daß sie auch den dritten fürchterlichsten führen würden, bei dem es diesmal nicht um die Knechtung, sondern um die Befreiung der Welt ginge. Aber der Atom-Krieg ist kein Mittel der Politik mehr. Die heutigen Deutschen nützen der Welt mehr, wenn sie nicht gerüstet sind. Die Welt braucht einen Gürtel der Beruhigung und Entspannung zwischen Sowjets und Amerikanern. Wenn Frankreich – und da gibt es Anzeichen – sich in solch eine Pufferzone zusammen mit Deutschland unter dem Patronat Amerikas eingliedern will, so ist das ein Projekt, das unsere freimütigste Aufgeschlossenheit verdient. Freilich sind Bundeskanzler Adenauer und die Franzosen zwei Partner, die in Berlin und auch anderwärts nicht den Ruf haben, daß ihnen die deutsche Einheit genauso am Herzen liegt wie die Union zwischen Lothringen und Rhein-Ruhr.

Aus: „Der Spiegel" vom 18. Mai 1950

c) Schumacher

Der Schuman-Plan ist, da er nur sechs Länder umfaßt, nicht ein europäischer Plan, sondern ein regionaler Spezialpakt innerhalb Europas. Er umfaßt die Länder eines gewissen kulturellen, politischen und wirtschaftlichen Typs. Dieser Typ ist konservativ und klerikal, er ist kapitalistisch und kartellistisch. Er ist bei der großen Auseinandersetzung der Prinzipien restaurativ und liegt nicht im Sinne der modernen Arbeiterbewegung. Er birgt, weil er nur eine bestimmte Gruppe von bestimmter Prägung umfaßt, mehr noch die Gefahr der Absonderung dieser Gruppe von den anderen europäischen Faktoren in sich als die Chance des Auswachsens zu einem Ganzen der Demokratie in Europa ...

Es kommt noch ein anderer Faktor hinzu ... Dieser andere ist die große Hypothek der Unterschiede in den wirtschaftlichen Voraussetzungen der einzelnen Länder. Ich meine hier nicht nur die Verschiedenheiten in Löhnen, Steuern und Sozialgesetzen, die sich auch in den Produktionskosten auswirken. Ich denke an die machtpolitischen, von den Besatzungsmächten zum Zwecke der Begünstigung der einen und der Benachteiligung der anderen geschaffenen Tatsachen ...

Angesichts der Tatsache, daß mit Hilfe der amerikanischen ERP-Mittel speziell die Stahlindustrie der Nationalwirtschaften in Frankreich, in den Benelux-Ländern und in Italien übermäßig ausgebaut worden ist, bedeutet dieses Verhältnis von Kohle und Stahl eine Hypothek auf die zukünftige deutsche Produktion. Mit dem Schuman-Plan wird eine Marktordnung geschaffen, die Frankreich

und den anderen Ländern die Konkurrenz der deutschen Stahlindustrie vom Halse schafft, aber den Zugriff auf die deutsche Kohle aus bevorzugter Position heraus ermöglicht ...
Im Rat der Außenminister stellt die deutsche Bundesrepublik von sechs Vertretern einen. Das sind 16 Prozent. In der „Hohen Behörde" stellen wir zwei von neun Vertretern, das sind 22 Prozent. In der gemeinsamen Versammlung sollen wir 18 von 78 Delegierten, gleich 23 Prozent, haben. Das vergleiche man mit den 45 Prozent, die wir im Produktions- und Umsatzwert stellen ...
Die Zusammenfassung der „Hohen Behörde" ist nicht nur nationalpolitisch zu sehen, sie hat auch eine klassenpolitische Bedeutung. Acht Kapitalmanager sollen einem Gewerkschaftler gegenüberstehen. Das ist das „paritätische Mitbestimmungsrecht" für Kohle und Eisen im europäischen Rahmen. Ich meine, die deutsche Mitbestimmung in diesen Wirtschaftszweigen erleidet aus dieser internationalen Organisationsform eine sehr starke Einbuße. Es gibt im Plan nicht nur privilegierte Völker, es gibt auch privilegierte Klassen. Aber die Schlacht um das Mitbestimmungsrecht der arbeitenden Menschen in Deutschland ist noch lange nicht geschlagen ...
Um den Weg nach Europa freizuhalten, müssen wir den Schuman-Plan ablehnen. Wir lehnen ihn ab aus der Gesinnung der internationalen Sozialisten. Wir lehnen ihn ab aus den Notwendigkeiten der Arbeiterbewegung. Wir lehnen ihn ab aus den Gründen der Selbstbehauptung des deutschen Volkes. Wir lehnen ihn gleicherweise ab als internationale Sozialisten wie als deutsche Patrioten. Wir lehnen ihn ab als Europäer! Wir wollen die Zusammenarbeit der Freien und Gleichen!

Rede vor einer SPD-Konferenz in Gelsenkirchen vom 24.5.1951. Zit. nach: Kurt Schumacher: Reden und Schriften, hrsg. von Arno Scholz und Walther G. Oschilewski, Berlin 1962, S. 364 ff.

12. Erklärung der Londoner Außenministerkonferenz vom 13.5.1950

Die Außenminister der drei Westmächte gaben anläßlich einer Konferenz in London am 13. Mai 1950 folgende Erklärung über die Grundprinzipien einer Wiederherstellung der Einheit Deutschlands ab: Indem sie erneut die Entschlossenheit ihrer Regierungen bekräftigen, zusammen mit der deutschen Bundesregierung und allen gleichgesinnten Mächten für die Vereinigung Deutschlands zu arbeiten, sind die drei Außenminister übereingekommen, daß die Einheit Deutschlands unter Zugrundelegung der folgenden Prinzipien erfolgen sollte:
a) eine aus freien Wahlen hervorgehende gesamtdeutsche Regierung;
b) Freizügigkeit, Schutz gegen willkürliche Verhaftung und Freiheitsentzug, Vereinigungs- und Versammlungsfreiheit, Freiheit der Meinungsäußerung, der Presse und des Rundfunks in ganz Deutschland;
c) Betätigungsfreiheit in ganz Deutschland für alle demokratischen politischen Parteien;
d) richterliche Unabhängigkeit;
e) ein für ganz Deutschland geltendes Verbot einer geheimen Staatspolizei und von Polizeiverbänden, die eine militärische Streitmacht darstellen;
f) Gewährleistung deutscher Wirtschaftseinheit durch Maßnahmen einer deutschen Regierung (einheitliche Währung und Zölle, Viermächtevereinbarungen über Einstellung von Reparationsleistungen aus der laufenden Produktion und beschränkte bzw. verbotene Industrien);
g) nach Maßgabe einschlägiger deutscher Gesetzgebung Herausgabe von und Verfügungsfreiheit über solche Industrieunternehmen in Deutschland, an denen Eigentums- oder Verfügungsgewalt nach dem 8. Mai 1945 von oder für eine fremde Macht erworben worden ist – es sei denn, daß ein derartiger Werterwerb mit Viermächtezustimmung erfolgt ist und das so genehmigte Besitzverhältnis deutschem Recht unterstellt wäre;
h) Einrichtung einer Viermächteüberwachung durch eine Viermächtekommission, welche die ihr vorbehaltenen Befugnisse so ausübt, daß ein wirkungsvolles Arbeiten der deutschen Regierung möglich ist.
Ferner sind die Außenminister dahingehend übereingekommen, daß der erste Schritt auf dem Wege der Wiederherstellung der deutschen Einheit die Abhaltung von freien Wahlen in ganz Deutschland zu einer Verfassunggebenden Versammlung sein soll.

Deshalb begrüßen und unterstützen sie den Beschluß der deutschen Bundesregierung vom 22. März 1950, der zu freien gesamtdeutschen Wahlen für eine Nationalversammlung auffordert, die ermächtigt ist, eine gesamtdeutsche Verfassung auszuarbeiten. Diese Wahlen sollen unter internationaler Aufsicht und gemäß einer zwischen den vier Besatzungsmächten zu vereinbarenden Wahlordnung, die die oben angeführten Grundsätze berücksichtigt, stattfinden. Die gewählte Verfassunggebende Versammlung soll die alleinige Aufgabe haben, eine dem deutschen Volk zur Annahme vorzulegende Verfassung zu entwerfen. Schließlich vereinbarten die Minister, daß, nachdem eine gesamtdeutsche Regierung auf der Grundlage der obigen Prinzipien gebildet worden ist, die vier Mächte sich unverzüglich einer Friedensregelung zuwenden sollen.

Zit. nach: Heinrich von Siegler (Hrsg.), Wiedervereinigung und Sicherheit Deutschlands, Bd. 1, Bonn 1967, S. 28

13. Vertrag über die Gründung der Europäischen Gemeinschaft für Kohle und Stahl (Montanunion) vom 18. 4. 1951

Der Präsident der Bundesrepublik Deutschland, Seine Königliche Hoheit der Kronprinz von Belgien, der Präsident der Französischen Republik, der Präsident der Italienischen Republik, Ihre Königliche Hoheit die Großherzogin von Luxemburg, Ihre Majestät die Königin der Niederlande,
in der Erwägung, daß der Weltfriede nur durch schöpferische, den drohenden Gefahren angemessene Anstrengungen gesichert werden kann, in der Überzeugung, daß der Beitrag, den ein organisiertes und lebendiges Europa für die Zivilisation leisten kann, zur Aufrechterhaltung friedlicher Beziehungen unerläßlich ist,
in dem Bewußtsein, daß Europa nur durch konkrete Leistungen, die zunächst eine tatsächliche Verbundenheit schaffen, und durch die Errichtung gemeinsamer Grundlagen für die wirtschaftliche Entwicklung aufgebaut werden kann,
in dem Bemühen, durch die Ausweitung ihrer Grundproduktionen zur Hebung des Lebensstandards und zum Fortschritt der Werke des Friedens beizutragen,
entschlossen, an die Stelle der jahrhundertealten Rivalitäten einen Zusammenschluß ihrer wesentlichen Interessen zu setzen, durch die Errichtung einer wirtschaftlichen Gemeinschaft den ersten Grundstein für eine weitere und vertiefte Gemeinschaft unter Völkern zu legen, die lange Zeit durch blutige Auseinandersetzungen entzweit waren, und die institutionellen Grundlagen zu schaffen, die einem nunmehr allen gemeinsamen Schicksal die Richtung weisen können,
haben beschlossen, eine Europäische Gemeinschaft für Kohle und Stahl zu gründen …

Artikel 1

Durch diesen Vertrag begründen die Hohen Vertragschließenden Teile unter sich eine Europäische Gemeinschaft für Kohle und Stahl; sie beruht auf einem gemeinsamen Markt, verfolgt gemeinsame Ziele und hat gemeinsame Organe.

Artikel 2

Die Europäische Gemeinschaft für Kohle und Stahl ist dazu berufen, im Einklang mit der Gesamtwirtschaft der Mitgliedstaaten und auf der Grundlage eines gemeinsamen Marktes … zur Ausweitung der Wirtschaft, zur Steigerung der Beschäftigung und zur Hebung der Lebenshaltung in den Mitgliedstaaten beizutragen.
Die Gemeinschaft hat in fortschreitender Entwicklung die Voraussetzungen zu schaffen, die von sich aus die rationellste Verteilung der Erzeugung auf dem höchsten Leistungsstande sichern; sie hat hierbei dafür zu sorgen, daß keine Unterbrechung in der Beschäftigung eintritt, und zu vermeiden, daß im Wirtschaftsleben der Mitgliedstaaten tiefgreifende und anhaltende Störungen hervorgerufen werden.
…

Artikel 97

Dieser Vertrag gilt für die Dauer von fünfzig Jahren vom Zeitpunkt seines Inkrafttretens an.

Artikel 98

Jeder europäische Staat kann einen Antrag auf Beitritt zu diesem Vertrag stellen. Der Antrag ist an den Rat zu richten, der nach Stellungnahme der Hohen Behörde einstimmig Beschluß faßt und ebenfalls einstimmig die Bedingungen für den Beitritt festsetzt. Der Beitritt wird mit dem Tage des Eingangs der Beitrittsurkunde bei der Regierung wirksam, bei welcher der Vertrag hinterlegt ist ...

Zit. nach: Dieter Grosser/Beate Neuß, Europa zwischen Politik und Wirtschaft, a.a.O., S. 60 f.

14. Adenauer zur Begründung der EGKS

(Rede im Bundestag vom 12.7.1951)

Herr Präsident! Meine Damen und Herren! Das Gesetz, das Ihnen zur Beratung und zur Beschlußfassung vorgelegt wird, ist sehr kurz; aber seine Bedeutung ist außerordentlich groß. Ich glaube, ich kann ohne zu übertreiben sagen, daß sich der Bundestag bisher noch mit keinem Gesetzentwurf hat beschäftigen können, der an Bedeutung diesen Gesetzentwurf übertrifft ...

So sehr ich auch die wirtschaftliche Bedeutung bejahe, so sehr ich es als gut empfinde, daß für Kohle, Eisen und Stahl in einem Gebiete, das von 167 Millionen Menschen bewohnt wird, ein freier Markt geschaffen wird, so sehr ich es begrüße, daß auf dem Gebiete, das die Montanunion in sich schließt, die Zollschranken fallen, so sehr ich der Auffassung bin, daß dadurch ein wirtschaftlicher Impuls allerersten Ranges und von größter Kraft ausgehen wird – über alles dies scheint mir die politische Bedeutung noch unendlich viel größer zu sein ...

Als im Mai des Jahres 1950 Herr Schuman diesen Vorschlag machte, ging es ihm in erster Linie darum, die althergebrachten Gegensätze zwischen Frankreich und Deutschland dadurch aus der Welt zu schaffen, daß auf dem Gebiete der Grundstoffindustrien gemeinsam gearbeitet und daß dadurch jeder Gedanke, einer wolle gegen den anderen rüsten, unmöglich würde. Es handelte sich auch darum, psychologisch zu wirken. Wir müssen uns darüber klar sein, daß französische Bevölkerungskreise vielfach noch immer in dem Gedanken leben, daß Deutschland ein eventueller zukünftiger Gegner sein würde. Die psychologische Bedeutung, die Frage der Beruhigung solcher Befürchtungen im eigenen Lande und die Erweckung des Gefühls der Zusammengehörigkeit zwischen Deutschland und Frankreich waren die politischen Gründe, die Herrn Schuman damals geleitet haben. Aber wie bei wirklich konstruktiven Gedanken hat sich im Laufe der Entwicklung gezeigt, daß in diesem Vorschlag eine solche lebendige Kraft lag, daß man über den ursprünglichen Zweck jetzt schon weit hinausgekommen ist. Man hat seit dem Mai 1950 erkannt, daß die Integration Europas für alle europäischen Länder eine absolute Notwendigkeit ist, wenn sie überhaupt am Leben bleiben wollen.

Man hat weiter erkannt, daß man die Integration Europas nicht mit Reden, mit Erklärungen herbeiführen kann, sondern daß man sie nur herbeiführen kann durch gemeinsame Interessen und durch gemeinsames Handeln. Darin liegt die ganz große Bedeutung dieses Vertrages. Dieser Vertrag nötigt die europäischen Länder, die ihm angehören, zusammen zu handeln.

Etwas weiteres hat sich im Laufe der Verhandlungen ergeben. Ich glaube, daß wohl zum ersten Mal in der Geschichte, sicher der Geschichte der letzten Jahrhunderte, Länder freiwillig und ohne Zwang auf einen Teil ihrer Souveränität verzichten wollen, um die Souveränität einem supranationalen Gebilde zu übertragen.

Das ist – ich betone das nachdrücklich –, wie mir scheint, ein Vorgang von welthistorischer Bedeutung, ein Vorgang, der das Ende des Nationalismus in all diesen Ländern bedeutet.

Ich bin der festen Überzeugung, daß, wenn dieser Anfang einmal gemacht worden ist, wenn hier sechs europäische Länder, wie ich nochmals betone: freiwillig und ohne Zwang einen Teil ihrer Souveränität auf ein übergeordnetes Organ übertragen, man dann auch auf anderen Gebieten diesem Vorgang folgen wird und daß damit wirklich der Nationalismus, der Krebsschaden Europas, einen tödlichen Stoß bekommen wird.

Zit. nach: Verhandlungen des Deutschen Bundestages, Stenographische Berichte, 1. Wahlperiode, 161. Sitzung, S. 6499 ff.

I/2 Die Debatte um den Wehrbeitrag

Arbeitsthemen

1. *Womit rechtfertigt Adenauer – im nachhinein – seine Praxis des Exklusiv-Interviews für ausländische Zeitungen? In welchen Schritten nähert er sich der Erwägung eines deutschen militärischen Beitrags? Wie reagierte die SPD-Opposition? (Nr. 1 a und 1 b)*
2. *Wie läßt sich erklären, daß gerade der geographisch ferne Korea-Krieg eine so weitreichende „Enttabuisierung der deutschen Wiederaufrüstung" (Chr. Kleßmann) bewirkte? (Nr. 2)*
3. *Mit welchen Tatbeständen begründet der englische Premierminister Winston Churchill die Notwendigkeit einer europäischen Armee? Weshalb hält er einen aktuellen russischen Präventivschlag für unwahrscheinlich? (Nr. 3)*
4. *Womit begründet die SPD ihre – nur noch taktisch hinhaltende – Ablehnung eines deutschen militärischen Beitrags? (Nr. 4)*
5. *Inwiefern erweisen Adenauers Memoranden vom 29. 8. 1950, von denen das sog. Sicherheits-Memorandum erst 1978 in vollem Wortlaut veröffentlicht wurde, die instrumentelle Funktion, die der deutsche Militärbeitrag für den Bundeskanzler besaß? Welcher Einfluß wird den Ereignissen in der DDR zugeschrieben? (Nr. 5 a und 5 b)*
6. *Wie definiert Kardinal Frings den Zustand des Friedens? Welche Funktion erwächst daraus für die bewaffnete Macht? Wie verhält sich die hier vertretene Sicht der Kriegsdienstverweigerung zum Text des Grundgesetzes? (Nr. 6)*
7. *Mit welchen Argumenten bestreitet Niemöller die Legitimation des amtierenden Bundestags in der Frage der deutschen Wiederaufrüstung? (Nr. 7)*
8. *Welche belastenden Konsequenzen verknüpfen sich für den demissionierten Innenminister Heinemann mit einer westdeutschen militärischen Beteiligung? Womit begründet er speziell die Antinomie zwischen Wehrbeitrag und Wiedervereinigung? Mit welchen Argumenten wendet er sich gegen das diffamierende Etikett, ein „Gandhi-Apostel" zu sein? Haben sich seine Befürchtungen nach Ihrer Ansicht bewahrheitet? (Nr. 8)*
9. *In welchen Aspekten sollte sich – nach dem Pleven-Plan – eine europäische Armee von einer „Koalition alten Typs" unterscheiden? (Nr. 9)*
10. *An welche – in Respektierung der deutschen Situation und der jüngsten Erfahrungen – erstaunliche „positive Voraussetzung" knüpft Schumacher die Zustimmung der SPD zu einem militärischen Beitrag der Bundesrepublik? Wo unterscheidet und wo berührt sich die Position des Zentrums mit der Vorstellung Schumachers? Inwiefern macht die Deutsche Reichspartei aus innen- wie außenpolitischen Gründen gegen den Pleven-Plan Front? Womit läßt sich die These stützen, daß die Einwände des BHE nur bedingter Natur sind? Mit welchen Argumenten sucht der FDP-Politiker Schäfer den Begriff „Remilitarisierung" als unzutreffend zu erweisen? (Nr. 10 a–d)*
11. *Welche Gefahren sieht Schumacher, für den die Frage eines deutschen militärischen Beitrags prinzipiell entschieden ist, während der „Periode der Aufrüstung"? Welche – im Gegensatz zu Adenauer andere – Abfolge setzt er zwischen militärischer und politischer Gleichberechtigung? Warum lehnt er eine „defensive Auffassung" des deutschen militärischen Beitrags ab? (Nr. 11)*
12. *Inwiefern brachte Schumachers Konzept einer energischen Vorwärtsstrategie den SPD-Führer in ein innerparteiliches Dilemma und verhinderte zugleich eine Allianz mit den Wiederbewaffnungsgegnern aus dem kirchlichen Bereich? (Nr. 12 und 13)*
13. *Von welchen Zielsetzungen der sowjetischen Westpolitik geht Adenauer aus? Welche Alternative sieht er für die Bundesrepublik? Wie verklammern sich für ihn europäische Integration und deutsche Einheit? (Nr. 14)*
14. *Welche Gefährdung der deutschen Wiedervereinigung sieht der SPD-Abgeordnete Luetkens, von dem sich die eigene Fraktion seinerzeit zudem wegen der polemischen Ausfälle gegen Adenauer distanzierte, in einem Vorantreiben der Westintegration? Inwiefern trifft er damit die Deutschlandpolitik des Bundeskanzlers in ihrem zentralen Punkt? (Nr. 15)*
15. *Wie begründet Heinemann seine These, daß es „objektiv widersinnig" sei, „die deutsche Einheit über die Eingliederung Westdeutschlands in den Westblock zu suchen"? Weshalb hält er die Frage der Neutralisierung Deutschlands für zweitrangig? Wie schätzt er den Interessenkonflikt der Supermächte ein? Wo lassen sich illusionäre Züge seines Konzepts einer „Mittelstellung der deutschen Figur" ausmachen? (Nr. 16)*
16. *Wodurch sieht der DGB die Notwendigkeit eines westdeutschen Verteidigungsbeitrags verursacht? An welche Voraussetzungen bindet er jedoch seine Zustimmung? Welche Vorkehrungen gegen den „bekannten Militarismus" will er gewahrt wissen? (Nr. 17)*

17. *Welche Rolle spielt der katholische Episkopat bei der befürwortenden Unterstützung der westdeutschen Wiederbewaffnung? Wie beurteilt Frederic Spotts die Wahl der Mittel? (Nr. 18)*
18. *Mit welchen Argumenten verwirft die Denkschrift der evangelischen Landesbischöfe die totale Verweigerung gegenüber der bewaffneten Gewalt? Worin sieht sie die eigentliche Aufgabe der Kirche im Kontext „einer etwaigen Wiederbewaffnung" Westdeutschlands? (Nr. 19)*
19. *Welche Korrelation zwischen Konfession und Einstellung zur Wiederbewaffnung läßt die einschlägige Übersicht erkennen? Wie erklärt sich der rapide und statistisch erhebliche Wandel zwischen Oktober 1950 und März 1951? Artikulieren die Umfrageergebnisse des Allensbacher Instituts eine wachsende Zustimmung oder ein gleichbleibend ambivalentes Verhältnis zur Politik der Bundesregierung? Inwiefern dokumentiert noch der Befund vom September 1954, daß die Wiederbewaffnung in hohem Maße als ein notwendiges Übel angesehen wurde? (Nr. 20 und 21)*
20. *Welche Gruppen und Nuancen lassen sich in der Zustimmung zur bundesdeutschen Wiederbewaffnung unterscheiden? Inwiefern drohte die Gefahr einer Remilitarisierung? (Nr. 22)*

Materialien

1. Ein deutscher Wehrbeitrag?

a) Adenauer über sein Interview mit dem „Cleveland Plain Dealer" vom 3. 12. 1949

In der Auslandspresse wurde plötzlich im November 1949 die Frage der Wiederbewaffnung Deutschlands besprochen. In Frankreich war man über die Diskussion dieser Frage sehr beunruhigt. Der französische Informationsminister Teitgen gab eine Erklärung für die französische Regierung ab, wonach Frankreich unter keinen Umständen einer deutschen Wiederbewaffnung oder einem Beitritt Deutschlands zum Atlantikpakt zustimmen werde ... Die Diskussion über die Frage einer deutschen Wiederbewaffnung lebte Anfang Dezember 1949 erneut auf durch ein Interview, das ich am 3. 12. 1949 dem Vertreter der amerikanischen Zeitung Cleveland Plain Dealer gab. Die Bundesrepublik durfte damals noch kein Außenministerium einrichten, ihre außenpolitischen Interessen wurden durch die drei Hohen Kommissare wahrgenommen. Ich habe daher laufend versucht, unsere Ansichten über außenpolitische Vorgänge durch Interviews der öffentlichen Meinung des Auslands klarzulegen. Der Korrespondent des amerikanischen Blattes ... hatte in dem Gespräch mit mir die Frage der deutschen Sicherheit und die Bedeutung des Atlantikpaktes angeschnitten und fragte mich nach meiner Ansicht über eine Wiederbewaffnung. Ich antwortete ihm, daß ich eine deutsche Wiederaufrüstung ablehne. Ich führte zur Begründung die schweren Menschenverluste Deutschlands im letzten Weltkrieg an. Daraufhin stellte der Korrespondent die Frage, wie ich zu einem deutschen Beitrag zur Verteidigung des europäischen Kontinents stünde. Er wies mit Nachdruck darauf hin, daß von sehr beachtlichen außerdeutschen Stellen die Notwendigkeit eines Beitrages Deutschlands eventuell in der Form eines Eintritts von Deutschen in andere Armeen erörtert würde. Ich entgegnete ihm, daß unter keinen Umständen zugestimmt werden könne, daß Deutsche als Söldner oder Landsknechte in fremde Armeen einträten. Auch wenn die Alliierten das Verlangen nach einem deutschen Beitrag zur Sicherheit Europas vorbrächten, würde ich die Aufstellung einer deutschen Wehrmacht ablehnen. Im äußersten Fall sei ich allerdings bereit, die Frage eines deutschen Kontingentes im Rahmen der Armee einer europäischen Föderation zu überlegen.

Aus: Konrad Adenauer, Erinnerungen, Bd. I (1945–1953), a. a. O., S. 341 f.

b) Stellungnahme der SPD zum Kanzler-Interview vom 3. 12. 1949

Die sozialdemokratische Fraktion bedauert, daß der Herr Bundeskanzler sich hat bewegen lassen, in seinem Presse-Interview die Frage einer eventuellen deutschen Wiederaufrüstung zu behandeln. Wenn der Herr Bundeskanzler glaubte, daß es im deutschen Interesse lag, zu dieser Frage Stellung zu nehmen, so hätte das vornehmlich vor dem Plenum des Bundestages geschehen müssen ... Die sozialdemokratische Fraktion lehnt es ab, eine deutsche Wiederaufrüstung auch nur in Erwägung zu ziehen. Die Verantwortung für die Sicherung des Gebietes der Bundesrepublik liegt bei den Besatzungsmächten.

Zit. nach: Verhandlungen des Deutschen Bundestages. Stenographische Berichte, 1. Wahlperiode, 24. Sitzung, S. 735 f.

2. Koreakrieg und Wiederaufrüstung

Der Ausbruch des Korea-Krieges im Juni 1950 machte die Wiederaufrüstung zum beherrschenden innenpolitischen Thema in Deutschland. Bereits seit dem Herbst 1949 hatte Adenauer in Zeitungsinterviews unter Hinweis auf die Stärke der im Aufbau befindlichen Polizei in der DDR einen deutschen Verteidigungsbeitrag im Rahmen einer europäischen Streitmacht in die Diskussion gebracht. Dahinter stand kaum eine echte Furcht vor diesem halbmilitärischen Potential der DDR – 1950 wurde die Zahl der bewaffneten Volkspolizisten auf 50 bis 60 000 geschätzt –, der eigentliche Sinn war vielmehr, mit der Diskussion eines Verteidigungsbeitrags einen Hebel zur Revision des Besatzungsstatuts und zur Rückgewinnung der Gleichberechtigung Westdeutschlands im Rahmen einer westeuropäischen Allianz anzusetzen. Hierin wird man auch für die Folgezeit ein wesentliches Motiv der Adenauerschen Außen- und Wiederaufrüstungspolitik sehen müssen, so sehr auch die Bedrohung aus dem Osten dabei als zugkräftige Begründung diente. Daß diese Instrumentalisierung der Wiederaufrüstung gelang, war jedoch wesentlich den Auswirkungen des Korea-Krieges zuzuschreiben. De facto bestanden mehr Unterschiede als Parallelen zwischen dem geteilten Korea ohne Besatzungstruppen und dem geteilten Deutschland mit Besatzungstruppen. Aber die Ähnlichkeiten reichten aus, um Korea zu einem wirksamen Drohmoment zu machen. Der CDU-Pressedienst sprach von Korea als „Anschauungsunterricht". Alles sei wie in einem Lehrfilm abgelaufen und könne sich in Deutschland in ähnlicher Form unter Umständen wiederholen. Lehrte der Korea-Krieg somit die deutsche Bevölkerung innenpolitisch das Gruseln und baute er Hemmschwellen gegen eine Diskussion der Wiederaufrüstung ab, so galt das vielleicht noch stärker für Westeuropa. „Der Gedanke an eine deutsche Wiederbewaffnung breitet sich bei den Siegermächten aus wie ein Ölfleck", schrieb Paul Sethe in der „Frankfurter Allgemeinen". In der Tat bedeutete der Korea-Krieg für die Öffentlichkeit in Westeuropa und in den USA eine Enttabuisierung der deutschen Wiederaufrüstung.

In dieser Konstellation wird wiederum bei prinzipiell ähnlicher Zielsetzung die ganz unterschiedliche außenpolitische Strategie Adenauers und Schumachers deutlich. Adenauer wurde von sich aus aktiv, um über das Angebot eines deutschen Beitrags das Besatzungsstatut aus der Welt zu schaffen. Am 29. August reichte er dem amerikanischen Hochkommissiar McCloy unter strenger Geheimhaltung ein entsprechendes Memorandum ein. Da nicht einmal das Bundeskabinett darüber informiert worden war, nahm der Innenminister Gustav Heinemann diesen Vorgang zum Anlaß, seinen Rücktritt einzureichen. Die politischen und strategischen Implikationen und Ziele der Wiederaufrüstung wurden erstmals ausführlich in der von Adenauer in Auftrag gegebenen „Himmeroder Denkschrift" dargelegt, die eine militärische Expertengruppe ausgearbeitet hatte.

Auch für Schumacher und die SPD-Führung war spätestens seit dem Korea-Krieg ein deutscher Militärbeitrag keineswegs tabu. Schumacher vertrat sogar ein ausgesprochen offensives Konzept, nach dem die Sowjetunion durch eine militärische Überlegenheit des Westens zum Rückzug gezwungen werden sollte. Grundsätzlich unterschied er sich aber von Adenauer darin, daß er einen deutschen Verteidigungsbeitrag nicht anbieten, sondern von den Westmächten unter bestimmten Bedingungen erbitten lassen wollte. Er ergänzte mit diesem Konzept die sogenannte „Magnet-Theorie", d.h. die Vorstellung, eine sozial und wirtschaftlich vorbildlich gestaltete Bundesrepublik werde auf die DDR eine so starke Anziehungskraft ausüben, daß die Sowjetunion genötigt wäre, sie freizugeben.

Aus: Christoph Kleßmann, Die doppelte Staatsgründung. Deutsche Geschichte 1945–1955, Göttingen 1982, S. 230 f.

3. Winston Churchill zur Notwendigkeit einer europäischen Armee

(Rede vor dem Europarat in Straßburg am 11. 8. 1950)

Ich bitte die Versammlung, unseren deutschen Freunden zu versichern, daß wir ihre Sicherheit und Freiheit ebenso heilig wie unsere eigene halten werden.

Ich habe sagen hören, daß es ein Vorwand für einen Präventivkrieg von seiten Rußlands sein könnte, wenn alle Deutschen mit Ausnahme der Kommunisten bewaffnet würden. Glauben Sie mir, die auf lange Sicht berechneten Absichten der Sowjetregierung werden durch Ereignisse dieser Art weder zeitlich beeinflußt noch abgelenkt werden. Es steht außer Zweifel, daß wir uns alle in großer Gefahr befinden. Die Freiheit der Zivilisation Westeuropas liegt im Schatten einer russisch-kommunistischen Aggression, hinter der enorme Rüstungen stehen.

Die sowjetischen Streitkräfte in Europa sind denen der Westlichen Union, gemessen an stehenden Divisionen, Flugzeugen und Panzerfahrzeugen mindestens sechs- oder siebenfach überlegen. Dies sind furchtbare Tatsachen. Und es ist ein Wunder, daß wir hier in unserem neuen Europahaus sitzen und in aller Ruhe unsere Pläne für das künftige Wohlergehen und die künftige Einigkeit unserer Völker sowie ihre moralischen und kulturellen Ideale erörtern. Es ist ein Wunder. Aber zumindest ist dies besser, als in eine Panik zu geraten ...

Nunmehr haben jedoch plötzlich der Blitzschlag in Korea und der auf ihn folgende umsichgreifende Brand die gesamte freie Welt zu einer durchdringenden und aufrüttelnden Erkenntnis der Gefahr gebracht, in welcher sie schwebt. Viele Maßnahmen werden jetzt vorgeschlagen, die, wenn sie vor zwei Jahren getroffen worden wären, bis heute mindestens einige Früchte getragen haben würden. Was heute vorgeschlagen wird und vor zwei Jahren hätte getan werden sollen, könnte gut halbwegs unseren Bedürfnissen entsprechen. Ich zweifle nicht daran, daß die tiefere Erkenntnis der tödlichen Gefahr, in der wir uns befinden, in uns jenen Trieb der Selbsterhaltung wachrufen wird, der die Grundlage menschlichen Daseins ist ...

M. André Philip erklärte am Dienstag, daß „Frankreich nicht den Wunsch hätte, noch einmal befreit zu werden". Nach einer Zeit russisch-kommunistischer Besetzung würde es, wie M. Reynaud betont hat, nicht viel zu befreien geben. Die systematische Liquidierung aller kommunistenfeindlichen Elemente würde wenig übriglassen, was von den Rettern oder Überlebenden wiedererkannt werden könnte.

Wir in dieser Versammlung besitzen keine Verantwortung und keine Exekutivgewalt. Aber wir sind verpflichtet, zu warnen und zu raten. In der kürzestmöglichen Zeit muß eine echte Verteidigungsfront in Europa geschaffen werden. Großbritannien und die Vereinigten Staaten müssen starke Verbände nach dem Kontinent entsenden.

Frankreich muß seine berühmte Armee wiedererstehen lassen, unsere italienischen Kameraden willkommen heißen. Alle – Griechenland, die Türkei, Holland, Belgien und Skandinavien – müssen ihren Anteil tragen[1]). Mut und Einigkeit müssen uns beschwingen und die mächtigen Energien, die unseren Regierungen zur Verfügung stehen, auf solide und angemessene Verteidigungsmaßnahmen richten.

Wer höchsten Zielen dient, bedenkt nicht, was sein Lohn sein wird, sondern was er geben kann. Laßt Geben unser Vorrecht sein! Laßt uns darin wetteifern in den Jahren, die vor uns liegen!

Die uns herausfordernde Frage ist: „Werden wir die Zeit dazu haben?" Niemand kann diese Frage mit Sicherheit beantworten. Anzunehmen, daß wir zu spät kämen, wäre reinster Wahnsinn der Verzweiflung. Wir stehen noch unter dem Schutzschild der Atombombe, die allein die Vereinigten Staaten in achtunggebietender Menge besitzen.

Der Einsatz dieser Waffe würde die Grundlagen des Sowjetregimes im gesamten riesigen Raum Rußlands erschüttern. Und der Zusammenbruch der Verkehrsverbindungen und der zentralen Kontrolle könnte sehr wohl die tapferen russischen Völker in die Lage versetzen, sich von einer Ty-

[1]) Es erregte starkes Aufsehen, daß Churchill an dieser Stelle Deutschland nicht erwähnte. In einer nachträglich an die Presse abgegebenen Erklärung stellte Churchill jedoch ausdrücklich fest, daß es sich hierbei nur um ein Versehen handelte und daß er selbstverständlich hierbei auch an Deutschland gedacht habe.

rannei zu befreien, die weit schlimmer ist als die der Zaren. Es ist sehr wahrscheinlich, daß eine derartige Möglichkeit ein wirksames Abschreckungsmittel gegen eine sowjetische Aggression darstellt, wenigstens so lange, bis die Sowjets durch einen langwierigen Prozeß einen ausreichenden Vorrat von eigenen Atombomben geschaffen haben.
Es gibt einen weiteren Grund, weshalb der allgemeine bewaffnete Ansturm des Kommunismus auf die westlichen Demokratien sich verzögern mag. Der sowjetische Diktator hat keinen Anlaß, mit der Art und Weise unzufrieden zu sein, wie sich die Dinge entwickelt haben. Seit Ende des Weltkrieges im Jahre 1945 haben sie die Kontrolle über halb Europa und ganz China gewonnen, ohne einen einzigen russischen Soldaten zu verlieren. Sie haben auf diese Weise ihrer eigenen ungeheuren Bevölkerung nahezu 500 Millionen Menschen hinzugefügt ...
Wenn wir in der Lage sind, im Verlauf von ungefähr zwei Jahren ein verläßliches Verteidigungssystem gegen eine kommunistische Invasion zu schaffen, so werden wir zumindest die greifbarste Versuchung für jene beseitigt haben, die danach trachten, den freien Demokratien ihren Willen mit Gewalt aufzuzwingen.

Zit. nach: Europa-Archiv 5 (1950), S. 3374 ff.

4. Die SPD zu Churchills Vorschlag einer Europa-Armee

(Presseerklärung vom 12. 8. 1950)

Die deutschen Sozialdemokraten haben nicht gegen den Vorschlag Churchills gestimmt, weil ihnen klar ist, daß man den Bolschewismus mit schönen Deklarationen allein nicht aufhalten kann und weil es ebenso illusionär wäre, zu erwarten, daß der Poilu und der Tommy bereit sind, an der Elbe zu sterben, während die Deutschen die Hände in die Taschen stecken. Aber sie konnten nicht Ja sagen, weil in diesem Stadium der Dinge die Aufstellung einer deutschen Armee übereilt ist und mehr schaden als nutzen würde ...
Das Europa, das wert ist, verteidigt zu werden, muß aus einem Guß sein ... Und bevor man die Deutschen, die im ersten Graben stehen, verpflichten will, muß es erst einen verbindlichen Rütli-Schwur an der Elbe geben.

Zit. nach: Ulrich Buczylowski, Die deutschland- und sicherheitspolitischen Vorstellungen Kurt Schumachers, Diss. Kiel 1971, S. 113 f.

5. Memoranden von Bundeskanzler Adenauer vom 29. 8. 1950

a) Sicherung des Bundesgebietes nach innen und außen

I.

Die Entwicklung im Fernen Osten hat innerhalb der deutschen Bevölkerung Beunruhigung und Unsicherheit ausgelöst. Das Vertrauen, daß die westliche Welt in der Lage sein würde, Angriffshandlungen gegen Westeuropa rasch und wirksam zu begegnen, ist in einem besorgniserregenden Ausmaß im Schwinden begriffen und hat zu einer gefährlichen Lethargie der deutschen Bevölkerung geführt.

II.

Der ganze Ernst der Situation ergibt sich aus der Betrachtung der in der Ostzone versammelten sowjetischen Kräfte und der dort im beschleunigten Aufbau befindlichen Volkspolizei ...
Nach bestätigten Informationen befinden sich im Raum der Ostzone an sowjetischen Truppen zur Zeit zwei Armeen schneller Truppen mit zusammen 9 motorisierten Divisionen, vier Panzer-Armeen mit zusammen 13 Divisionen, insgesamt also 22 motorisierte und Panzerdivisionen. Die Divisionen zu 10 000 bis 12 000 Mann gerechnet sind personell voll aufgefüllt und verwendungsbereit auf den Sommerübungsplätzen versammelt. Sämtliche Führungsstäbe sind vorhanden. Die Mobilmachungsausrüstung (Munition, Betriebsstoff, Fahrzeuge, Marschverpflegung usw.) ist in den Händen der Truppe, die innerhalb 24 Stunden in Marsch gesetzt werden kann.

Diese sowjetischen Armeen stehen auf der Linie Neustrelitz – Döberitz/Berlin – Wittenberg/Elbe – Grimma/Harz. Ihr Aufmarsch zeigt in vorderer Linie die motorisierten schnellen Truppen, dahinter in zweiter Linie die schweren Panzerverbände, mit dazwischenliegenden besonderen Artillerie- und Flakeinheiten. – Dieses Bild muß als ausgesprochener Offensiv-Aufmarsch bezeichnet werden.
Die Zahl der einsatzbereiten Panzer muß mit 5 000 bis 6 000 angenommen werden ...
Neben diesen außerordentlich starken sowjetrussischen Kräften macht der Aufbau der Volkspolizei in der Ostzone in den letzten Monaten besondere Fortschritte. Dabei ist ihre Entwicklung von der Polizei zur Polizei-Armee bemerkenswert. In den letzten Monaten wurden ca. 70 000 Mann aus der Allgemeinen Polizei der Ostzone herausgelöst, in militärähnlichen Formationen organisiert und militärisch ausgebildet ...
Es ist damit zu rechnen, daß die Volkspolizei in naher Zukunft etwa 150 000 Mann umfassen wird, die nach der Gesamtplanung auf rund 300 000 Mann gebracht werden soll.
Die Nachrichten über die Zielsetzung, die von seiten der Sowjet- und der Ostzonenregierung diesen Truppen gegeben wird, lauten einheitlich dahin, daß ihre in naher Zukunft zu lösenden Aufgaben darin bestehen sollen, Westdeutschland von seinen alliierten Gewalthabern zu befreien, die „kollaborationistische Regierung" der Bundesrepublik zu beseitigen und Westdeutschland mit der Ostzone zu einem satellitenartigen Staatengebilde zu vereinigen. Hält man dies mit den gleichlautenden öffentlichen Erklärungen der ostzonalen Politiker Pieck und Ulbricht zusammen, so muß man annehmen, daß in der Ostzone Vorbereitungen zu einem Unternehmen getroffen werden, das unter vielen Gesichtspunkten an den Ablauf der Aktion in Korea mahnt ...

IV.
Das Problem der Sicherheit des Bundes stellt sich zunächst unter dem äußeren Gesichtspunkt. Die Verteidigung des Bundes nach außen liegt in erster Linie in den Händen der Besatzungstruppen. Der Bundeskanzler hat wiederholt um die Verstärkung dieser Besatzungstruppen gebeten und erneuert diese Bitte hiermit in dringendster Form. Denn die Verstärkung der alliierten Besatzungstruppen in Westeuropa kann allein der Bevölkerung sichtbar den Willen der Westmächte kundtun, daß Westdeutschland im Ernstfall auch verteidigt wird. Eine solche Verstärkung der alliierten Truppen ist aber auch deshalb notwendig, weil nur hinter dem Schutz einer ausreichenden Zahl gut ausgerüsteter alliierter Divisionen die gegenwärtig in Westeuropa anlaufenden Verteidigungsmaßnahmen ungestört durchgeführt werden können.
Der Bundeskanzler hat ferner wiederholt seine Bereitschaft erklärt, im Falle der Bildung einer internationalen westeuropäischen Armee einen Beitrag in Form eines deutschen Kontingents zu leisten. Damit ist eindeutig zum Ausdruck gebracht, daß der Bundeskanzler eine Remilitarisierung Deutschlands durch Aufstellung einer eigenen nationalen militärischen Macht ablehnt ...

b) Zur Frage der Neuordnung der Beziehungen der Bundesrepublik zu den Besatzungsmächten

I.
Das gegenwärtige Besatzungsregime beruht auf einem Statut, das vor eineinhalb Jahren unter politischen Voraussetzungen geschaffen wurde, die heute zum wesentlichen Teil nicht mehr bestehen. Die Bundesrepublik hat sich seit ihrem Bestehen auf staatlichem und wirtschaftlichem Gebiet zunehmend gefestigt. Sie hat das öffentliche Leben auf demokratischer Grundlage freiheitlich gestaltet und sich als Partner in die wirtschaftliche Zusammenarbeit Europas eingeordnet.
Die Außenminister der Besatzungsmächte haben bereits in der Londoner Schlußverlautbarung vom 13. Mai 1950 ihre Bereitschaft ausgedrückt, dem „natürlichen Wunsch des deutschen Volkes nach Erleichterung der Kontrollen und Wiederherstellung der Souveränität" Rechnung zu tragen. Seitdem hat die Wiedereingliederung Deutschlands in die europäische Gemeinschaft durch den Beitritt zum Europarat und die Verhandlungen über den Schuman-Plan weitere Fortschritte gemacht. Darüber hinaus ist in jüngster Zeit die Beteiligung der Bundesrepublik an der gemeinsamen Verteidigung Westeuropas in den alliierten Ländern in zunehmendem Maß erörtert worden.

II.
Wenn die deutsche Bevölkerung die Pflichten erfüllen soll, die ihr im Rahmen der europäischen Gemeinschaft aus der gegenwärtigen Lage und ihren besonderen Gefahren erwachsen, muß sie innerlich hierzu instand versetzt werden. Es muß ihr ein Maß von Handlungsfreiheit und Verantwortlichkeit gegeben werden, das ihr die Erfüllung dieser Pflichten sinnvoll erscheinen läßt. Wenn der deutsche Mensch Opfer jeder Art bringen soll, so muß ihm wie allen anderen westeuropäischen Völkern der Weg zur Freiheit offen sein.

III.
Die Bundesregierung hält es daher daher für notwendig, daß die Beziehungen Deutschlands zu den Besatzungsmächten auf neue Grundlagen gestellt werden. Die Bundesregierung bittet die alliierten Außenminister, auf der kommenden Konferenz in New York etwa die folgenden Erklärungen abzugeben:

1. Der Kriegszustand zwischen den alliierten Mächten und Deutschland wird beendet.
2. Der Zweck der Besatzung ist in Zukunft die Sicherung gegen äußere Gefahr.
3. Die Beziehungen zwischen den Besatzungsmächten und der Bundesrepublik werden fortschreitend durch ein System vertraglicher Abmachungen geregelt.

Solche Erklärungen würden gerade im gegenwärtigen Augenblick innerhalb der deutschen Bevölkerung eine ganz besonders starke Resonanz haben ...[1])

Zit. nach: Klaus von Schubert (Hrsg.), Sicherheitspolitik der Bundesrepublik Deutschland. Dokumentation 1945–1977, Teil 1, Köln 1978, S. 79 ff. und S. 84

6. Zur Position der katholischen Kirche in der Wehrfrage

(Aus der Predigt von Kardinal Frings anläßlich des Diözesan-Katholikentags am 23.7. 1950 auf dem Bonner Marktplatz)

...

Der Friede ist ein so kostbares Gut, daß man den Grundsatz: Willst du den Frieden, so rüste zum Kriege, verurteilen muß. Aber nicht minder falsch und verderblich wäre der Grundsatz: Frieden um jeden Preis! Wie jener eine ständige Bedrohung des Friedens darstellt, so würde der letztere für ehrgeizige und kriegslüsterne Völker oder Führer ein ständiger Anreiz zu jeglichem Unrecht, zu jeglicher Unterdrückung und Gewalttat sein.

Friede kann auf die Dauer nur bestehen durch Ordnung, jene Ordnung, die letztlich in Gott, dem Schöpfer aller Dinge, ihren Grund hat und deren Verletzung zutiefst ein Frevel gegen diesen Gott der Ordnung ist. Wo diese Gottesordnung in ihren tiefsten Grundlagen bedroht und angegriffen ist, da haben die Staaten oder ihre Vereinigung vor Gott das Recht, ja die Pflicht, wenn alle anderen Wege versagen und eine begründete Wahrscheinlichkeit des Erfolges vorausgesetzt, selbst mit Waffengewalt diese Ordnung wiederherzustellen. So entsetzlich das Vorgehen wäre, einen Krieg vom Zaune zu brechen, so wäre es unverantwortlich, die Rechtsbrecher nicht zur Rechenschaft zu ziehen oder in selbstsüchtiger Neutralität untätig beiseite zu stehen, anstatt dem zu Unrecht Angegriffenen zu Hilfe zu eilen. Der Heilige Vater Pius XII. weist darauf hin, welch furchtbares Übel durch solch unverantwortliche Gleichgültigkeit gegenüber dem Angriffskrieg angerichtet wurde und wie niemand davon Vorteil gehabt hat. Er läßt keinen Zweifel darüber bestehen, daß es eine verwerfliche Sentimentalität und ein falsches Humanitätsdenken wäre, wollten die Völker mit Rücksicht auf die entsetzlichen Folgen eines Krieges jegliches Unrecht geschehen lassen. Es geht um die Gottesordnung in der Welt, um die heiligen Rechte Gottes, deren Mißachtung auch die Welt selbst schließlich in noch größeres Elend stürzt.

Wenn der Fall gegeben sein kann, daß der Staat nicht nur ein Recht, sondern sogar eine Pflicht zum

[1]) Die Memoranden wurden McCloy als geschäftsführendem Vorsitzenden der Alliierten Hohen Kommission bei seinem Abflug nach New York übergeben mit der Bitte, sie den drei Außenministern der Westmächte so rechtzeitig zukommen zu lassen, daß bei der geplanten Außenministerkonferenz (12.9.–18.9.) darüber beraten werden kann.

Kriege hat, so ergibt sich daraus, daß die Propagierung einer absoluten Kriegsdienstverweigerung mit christlichem Denken nicht vereinbar ist und daß diejenigen einen Irrweg einschlagen, die die Jugend zu solchem Denken bestimmen ...

Zit. nach: Aus dem katholischen Leben. Mitteilungen der Erzdiözese Köln, Nr. 8 vom 25.9. 1950, S. 3

7. Martin Niemöller: Offener Brief an Adenauer vom 4. 10. 1950

...

Die Evangelische Kirche in Deutschland hat keinen Zweifel gelassen, daß sie einer Remilitarisierung nicht das Wort reden könne – weder im Osten noch im Westen. Darüber hinaus werden sich evangelische Christen jeder Remilitarisierung widersetzen und sich darauf berufen, daß ihnen die Bundesverfassung dieses Recht gibt. Und wenn ihnen durch eine Verfassungsänderung dieses Recht wirklich entzogen werden sollte, so werden wir uns wieder einmal darauf berufen müssen, daß man Gott mehr gehorchen muß als den Menschen.

Vor den Augen und Ohren des gesamten deutschen Volkes bitte ich Sie, Herr Bundeskanzler, in dieser entscheidenden Stunde nicht vollendete Tatsachen zu schaffen ohne eine vorherige, echte Befragung der Bevölkerung des Bundesgebietes. Wenn diese Befragung aufgrund der Bundesverfassung nicht als Volksabstimmung geschehen kann, so müßten Neuwahlen vorgenommen werden. Diese Neuwahlen hätten aber so zu geschehen, daß die deutsche Bevölkerung in der Lage ist, die von ihr zu wählenden Kandidaten eindeutig zu fragen, ob sie sich in ihrer Amtsführung für oder gegen diese „Wiederaufrüstung“ einsetzen werden.

Wenn der gegenwärtige Bundestag über diese Frage entscheidet, so käme dies einem Volksbetrug gleich, da kein deutscher Wähler bei der Wahl im Sommer 1949 die Absicht gehabt hat, dem Deutschen Bund die Vollmacht zu einer Kriegsrüstung oder Kriegsbeteiligung zu geben.

Wenn die westlichen Alliierten von Westdeutschland einen Beitrag an Waffen und Soldaten verlangen, dann sollen sie das selbst offen befehlen und sich nicht hinter einer deutschen Demokratie verstecken.

Zit. nach: Kirchliches Jahrbuch für die Evangelische Kirche in Deutschland; hrsg. von Joachim Beckmann, 77 (1950), S. 175

8. Gustav Heinemann: Memorandum über die deutsche Sicherheit vom 13. 10. 1950

Die Sicherheitsgarantie

Sicherheit gegen Umsturz im Inneren und gegen Angriff von außen ist ein Anliegen jedes Volkes. Für die Sicherheit gegen inneren Umsturz haben wir selbst zu sorgen. Die Sicherheit gegen Angriffe von außen liegt nicht in unserer Hand. Sie ist Sache der Besatzungsmächte. Seit dem Konflikt der Besatzungsmächte untereinander und dem Kampf um Berlin ist die Sicherheit der Bundesrepublik gegen einen Angriff von außen ein Gegenstand besonderer Sorge geworden. Auch sie kann heute nur von den Besatzungsmächten der Bundesrepublik, das heißt den Westmächten, gewährleistet werden. Die Westmächte haben sich im Kommuniqué der Außenminister vom 19. September 1950 zu ihrer Schutzpflicht bekannt und gesagt: „Sie werden jeglichen Angriff gegen die Bundesrepublik und Berlin, von welcher Seite er auch kommt, als einen gegen sich selbst gerichteten Angriff behandeln.“ Damit ist das, was gegenwärtig zur psychologischen Beruhigung getan werden kann, getan. Nachzuholen bleibt die militärische Fundierung dieser Erklärung. Die Westmächte sagen darüber in dem gleichen Kommuniqué, daß sie ihre Streitkräfte in Westdeutschland „vermehren und verstärken“ werden ...

Ich sehe darin, daß die Westmächte, zumal die kontinentalen, damit ihre eigene Verteidigung gegen einen Angriff vom Osten im Vorfeld ihrer Länder auf deutschem Boden aufzubauen gedenken. Die Westmächte erklären mit anderen Worten, uns schützen zu wollen, weil sie damit sich selber zu schützen gedenken. Sie wollen eine etwaige Auseinandersetzung mit dem Osten lieber auf unserem Boden vollziehen als auf dem Boden ihrer Heimatländer ...

Das Gebot der Zurückhaltung

Es ist nicht unsere Sache, eine deutsche Beteiligung an militärischen Maßnahmen nachzusuchen oder anzubieten. Wenn die Westmächte unserer Mitwirkung zu bedürfen glauben, so mögen sie an uns herantreten und dabei verbindlich sagen, welches die Grundlagen einer etwa von ihnen gewünschten deutschen Mitwirkung sein sollen. Nachdem es eines der vornehmsten Kriegsziele der Alliierten gewesen ist, uns zu entwaffnen und auch für die Zukunft waffenlos zu halten, nachdem die Alliierten in fünfjähriger Besatzungszeit alles darauf angelegt haben, das deutsche Militär verächtlich zu machen, unsere Wehrmöglichkeiten unter Einschluß sogar von Luftschutzbunkern zu zerstören und das deutsche Volk zu einer jedem Militärwesen abholden Geisteshaltung zu erziehen, haben wir allen Anlaß, auf gegenteilige Aufforderungen so zurückhaltend wie nur möglich zu reagieren. Dies wird für unsere Nachbarvölker im Westen wie im Osten der eindrücklichste und immer noch notwendige Beweis für die doch unleugbare Gesinnungsänderung des deutschen Volkes sein. Wenn wir anders handeln, kann nur der alte Verdacht gegen unseren Militarismus und die aus ihm folgende Mißachtung unseres Volkes verhängnisvoll belebt werden ...

Annahme der Aufforderung

Die Aufstellung deutscher Truppen bedeutet eine schwere Belastung unserer sozialen Gestaltungsmöglichkeiten. Wenn es bisher nicht gelangt hat, den Ostvertriebenen und Kriegsbeschädigten, den Wohnungslosen und Sozialrentnern, der Jugend und manchen anderen Gruppen unseres Volkes zu geben, was ihnen zusteht, so werden Rüstungsausgaben ihre Situation nicht erleichtern. Wo ist die soziale Generalstabsarbeit, die hier eine Antwort vorbereitet?

Die andere Belastung erwächst unserer jungen Demokratie. Die militärische Macht wird nahezu unvermeidlich wieder eine eigene politische Willensbildung entfalten. Wenn wir diese Gefahr dadurch für gebannt halten, daß die deutschen Kontingente in einer internationalen Armee stehen, so bleibt zu fragen, ob unsere Abhängigkeit von einem internationalen Generalstab erträglicher sein wird und wer diesen internationalen Generalstab politisch in der Hand hat.

Besonders bedeutungsvoll ist die Frage, ob eine westdeutsche militärische Beteiligung auf Rußland provozierend wirken würde. Der Marxist glaubt ohnehin an kapitalistische Einkreisung. Er glaubt andererseits an den Endsieg des Kommunismus, den er dadurch heraufziehen sieht, daß der Kapitalismus sich in seinen Krisen selbst zerstören wird. Der Marxist ist geneigt, diese Krisenentwicklung zu fördern, d.h. er ist Revolutionär und nicht primär ein Krieger. Deshalb ist ihm gegenüber die innere Immunisierung durch beispielhafte Ordnung der Gerechtigkeit und Freiheit mindestens ebenso wichtig wie äußere Panzerung. Wenn das Wiedererstehen des deutschen Soldaten in Frankreich ein tiefes Mißbehagen auslöst, was wird es in Rußland auslösen, das den furor teutonicus in besonderem Maße erlebt und ebenfalls nicht vergessen hat?

Ich versuche nicht, auf diese Fragen heute eine Antwort zu geben. Sie werden aber vor uns stehen, wenn wir unseren Weg von der Parole bestimmen lassen wollen, daß wir uns doch zur Verteidigung bereit machen müssen.

Die deutsche Situation

Es gibt viele Überlegungen, die wir mit den Westmächten gemeinsam anzustellen haben, wenn man uns zur militärischen Beteiligung am Schutze Westeuropas auffordern wird. Es gibt darüber hinaus aber auch noch einige Überlegungen, die uns Deutschen besonders obliegen werden.

Ein europäischer Krieg unter unserer Beteiligung wird für uns nicht nur ein nationaler Krieg sein, wie für die anderen betroffenen Völker, sondern obendrein ein Krieg von Deutschen gegen Deutsche. Er wird sich, so wie die Dinge liegen, auf deutschem Boden abspielen. Wer auch immer die erste Schlacht gewinnt – der Stoß geht in deutsches Land, im Westen oder im Osten. Wenn der erste Stoß sich nicht zu einem endgültigen entwickelt, kann dasselbe deutsche Land im Westen oder im Osten abermals der Schauplatz des Krieges sein.

Angesichts dieser Situation haben wir wahrlich bis zum Äußersten ein Lebensinteresse daran, daß eine friedliche Lösung gefunden wird. Was für Rußland und seine Satelliten auf der einen Seite und für die Westmächte auf der anderen Seite zwar ein todernstes Spiel um die Existenz ist, aber immerhin noch eine Chance des Gewinnens oder doch des Überlebens in sich schließt, ist für uns mit höchster Wahrscheinlichkeit der Tod, weil wir das Schlachtfeld eines beiderseitigen totalen Vernichtungswillens sind. Natürlich kann Deutschland jederzeit von den anderen zum Schlachtfeld gemacht werden. Aber wir legitimieren Deutschland selbst als Schlachtfeld, wenn wir uns in die Aufrüstung einbeziehen. Ich weiß, daß es zur Zeit irreal ist, an eine Verständigung unter den Weltmächten über Deutschland oder an eine UNO-Lösung für Deutschland zu denken. Wer aber vermöchte zu sagen, daß es auch morgen irreal sein wird? Es kommt darauf an, daß die Chance für eine friedliche Lösung nicht verlorengeht. Unsere Beteiligung an der Aufrüstung würde das Aufkommen einer solchen Chance kaum mehr offenlassen.
Was wird zu geschehen haben, um diesen Erwägungen gerecht zu werden? Auch diese Frage wird vor uns stehen, wenn es so weit ist.

Gandhi-Apostel?

Einige leichtfertige Leute haben mich einen Gandhi-Apostel genannt. Ich schmähe Gandhi durchaus nicht, wenn ich bündig sage, daß ich nicht sein Apostel bin. Es ist Gottes Wille, daß weltliche Obrigkeit regiert und daß sie das Schwert führt. Sie hat es auch gegen äußere Feinde zu führen – sofern sie überhaupt eins besitzt. Wir besitzen keins. Hier erhebt sich, zumal für Politiker, die aus christlicher Verantwortung zu handeln erklären, die Frage, ob es nicht etwa so ist, daß wir durch Gottes Gericht waffenlos gemacht worden sind um deswillen, was wir mit der Waffe angerichtet haben. Auch dann würden wir nicht für alle Zeit waffenlos bleiben müssen. Aber wir sollten uns gefragt wissen, ob es denn wirklich wieder soweit ist oder ob Gott uns heute nicht noch die Geduld und den Mut beibringen will, auch in gefahrvollster Situation seinem von uns nicht vorher zu berechnenden Weltregiment zu vertrauen.
Er hat Möglichkeiten die Fülle. Diese Frage kann indessen nur derjenige recht hören, der Gott nicht als Idee versteht, sondern in ihm den Schöpfer und Erhalter der Welt und ihrer Völker weiß. Ich bitte, diese Frage stehen zu lassen und nicht mit billigen Reden abzutun. Gott läßt sich nicht spotten. Das hat unser deutsches Volk wahrlich gerade erlebt. Wer nur aus Angst handelt, fällt erst recht in die Grube. Neben allem Aufruf zur Tat ist uns je und dann auch gesagt: „Wenn ihr umkehrtet und stille bliebet, so würde euch geholfen. Durch Stillesein und Hoffen würdet ihr stark sein, aber ihr wollt nicht." (Jes. 30, Vers 15.)
Wiederum sage ich in diesem Augenblick nichts anderes, als daß diese Frage vor uns stehen wird ...

Zit. nach: Gustav W. Heinemann, Es gibt schwierige Vaterländer ... Aufsätze und Reden 1919–1969, Reden und Schriften, Bd. III, hrsg. von Helmut Lindemann, Frankfurt/M. 1977, S. 97 ff.

9. Der Pleven-Plan vom 24. 10. 1950

... Die französische Regierung schlägt die Schaffung einer Europäischen Armee zur gemeinsamen Verteidigung vor, die mit politischen Institutionen des Vereinten Europa verbunden ist. Dieser Vorschlag wurde unmittelbar von der Empfehlung inspiriert, welche die Konsultativversammlung des Europarates am 11. August angenommen hat[1]). Die Aufstellung einer Europäischen Armee dürfte sich nicht aus einem bloßen Zusammenschluß nationaler militärischer Einheiten ergeben, was in Wirklichkeit nichts anderes als eine Koalition alten Typs wäre. Einer untrennbar gemeinsa-

[1]) Die Empfehlung auf Antrag von W. Churchill hat folgenden Wortlaut: „Die Versammlung, in dem Wunsche, ihr Einvernehmen mit dem Wunsche über die Aufrechterhaltung des Friedens zum Ausdruck zu bringen, und entschlossen, die Aktion zu unterstützen, die vom Sicherheitsrat der Vereinten Nationen zur Verteidigung friedlicher Völker gegen eine Aggression unternommen wird, verlangt die sofortige Schaffung einer Vereinigten Europäischen Armee unter der Autorität eines europäischen Verteidigungsministers, die einer demokratischen europäischen Kontrolle unterstellt wird und in Zusammenarbeit mit den USA und Kanada handelt."

men Aufgabe können nur gemeinsame Organismen entsprechen. Eine Armee des Vereinten Europa, die aus Männern der verschiedenen Nationen gebildet ist, müßte im Rahmen des Möglichen eine vollständige Fusion von Mann und Material verwirklichen, die unter einer einheitlichen politischen und militärischen europäischen Autorität erfolgte. Ein Verteidigungsminister würde durch die beteiligten Regierungen ernannt werden und würde nach noch festzulegenden Bestimmungen seinen Mandataren und einer Europäischen Versammlung verantwortlich sein. Diese Versammlung könnte entweder jene von Straßburg oder ein Suborganismus von Straßburg sein oder aber aus hierfür eigens gewählten Delegierten bestehen. Die Vollmachten des Ministers gegenüber der Europäischen Armee würden jenen eines nationalen Verteidigungsministers gegenüber den Streitkräften seines Landes entsprechen. Er würde insbesondere mit der Ausführung der allgemeinen Direktiven beauftragt sein, die er von einem Rat der teilnehmenden Staaten erhält. Er wäre normalerweise das Bindeglied zwischen der Europäischen Gemeinschaft und dritten Staaten oder internationalen Organisationen bezüglich allem, was die Ausführung seiner Mission betrifft. Die von den teilnehmenden Staaten zur Verfügung gestellten Kontingente würden in der Europäischen Armee in Gestalt möglichst kleiner Einheiten eingegliedert werden. Die Finanzierung der Europäischen Armee würde durch ein gemeinsames Budget sichergestellt werden. Der europäische Verteidigungsminister wäre damit beauftragt, die bestehenden internationalen Verpflichtungen auszuführen und neue internationale Verpflichtungen zu verhandeln und gleichfalls auszuführen, und zwar auf Grund von Direktiven, die er vom Rat der Minister erhält. Das europäische Bewaffnungs- und Ausrüstungsprogramm würde unter seiner Autorität aufgestellt und durchgeführt werden. Die teilnehmenden Staaten, welche gegenwärtig über nationale Streitkräfte verfügen, würden ihre eigene Autorität über jenen Teil ihrer vorhandenen Streitkräfte behalten, die durch sie nicht in die Europäische Armee eingegliedert werden. Andererseits könnte der europäische Verteidigungsminister mit Billigung des Rates der Minister einer teilnehmenden Regierung die Verfügung über einen Teil der in die Europäische Armee eingegliederten nationalen Streitkräfte wieder zurückgeben, damit das Land Erfordernissen gerecht werden könnte, die außerhalb der gemeinsamen Verteidigung liegen. Die europäischen Streitkräfte, die den Vereinigten Atlantischen Streitkräften zur Verfügung gestellt werden, würden gemäß den im Nordatlantikpakt übernommenen Verpflichtungen operieren, und zwar sowohl was die allgemeine Strategie als auch was die Organisation der Aufrüstung anlangt. Der europäische Verteidigungsminister würde damit betraut sein, von den Mitgliedstaaten der Europäischen Gemeinschaft die Kontingente, die Ausrüstung, das Material und den Proviant zu beschaffen, die jedes Land zu der gemeinsamen Armee beizutragen hat.

Zit. nach: Heinrich von Siegler (Hrsg.), Europäische politische Einigung 1949–1968. Dokumentation von Vorschlägen und Stellungnahmen, Bonn 1968, S. 3

10. Die Diskussion um den Pleven-Plan

(Bundestagsdebatte vom 8. 11. 1950)

a) Kurt Schumacher (SPD)

...

Nun, meine Damen und Herren, hat es keinen Zweck, durch falsche Formulierungen und Gegenüberstellungen in der Proklamierung der einen oder der anderen politischen These Dinge schief hinzustellen und falsche Alternativen zu behaupten. Wir sollten über Antithesen, die es nicht gibt, nicht streiten, sondern wir sollten die wirklichen Gegensätzlichkeiten in der Auffassung in den Vordergrund stellen.

Man darf die Angst vor dem Osten nicht als ein Propagandainstrument für eine Militarisierung unter den heute gegebenen Voraussetzungen einspannen ...

Was uns nämlich in der bisherigen Konzeption zugemutet wird – haben Sie doch den Mut, meine Damen und Herren, diesen Dingen ins Gesicht zu sehen –, ist doch die Ungleichheit, die praktische Ungleichheit im Opfer, die Ungleichheit im Risiko, die Ungleichheit in der Chance für unser

Volk gegenüber anderen Völkern. Aber für die Deutschen ist nur die Gleichheit im Tatsächlichen und die Unlöslichkeit der Verbindungen und Verkettungen mit den anderen Nationen die positive Voraussetzung. Eine andere positive Voraussetzung gibt es nicht, weil keine andere Voraussetzung die Möglichkeit des Erfolges in sich trägt.

Niemand in der Sozialdemokratischen Partei hat in der Diskussion gerade der letzten Monate bei irgendeinem noch so kleinen Teil die Meinung geäußert, man solle etwas an Leistung und Opfer verweigern, was die anderen tatsächlich im selben Umfange an Opfer tragen ...

Das Problem des deutschen militärischen Beitrages verträgt auch nach innen keine andere Behandlung als die vollständiger und nichts verschweigender Wahrheit und Offenheit. Die große Auseinandersetzung vollzieht sich ja nicht zwischen den Remilitarisierern schlechthin und irgendwelchen absoluten Pazifisten mit einer Friedensformel des garantierten Erfolges. Die große Auseinandersetzung vollzieht sich zwischen denjenigen, die unter heutigen Umständen ihren Willen zur Remilitarisierung einfach durchdrücken wollen, und denjenigen, die eine feste nationale und internationale Voraussetzung dafür verlangen, ohne deren Durchführung sie nein sagen werden.

Nun bin ich überzeugt, daß alle hier versammelten Damen und Herren den gemeinsamen Wunsch im Herzen tragen, Deutschland nicht zum Vorfeld der Verteidigung anderer Länder werden zu lassen. Aber ein Jetzt-Hineinschlittern in eine voraussetzungslose Militarisierung kann ja nicht die Fakten erfolgreicher Abwehr schaffen, sondern vergrößert die Gefahren deutscher Vernichtung oder Beeinträchtigung bis ins Gigantische hinein. Nur – das ist die Meinung der Sozialdemokratie – wenn die demokratischen Streitkräfte hier in Deutschland so stark sind, daß sie die Kraft haben, bei einem Angriff aus dem Osten im sofortigen Gegenstoß die Kriegsentscheidung außerhalb der deutschen Grenzen zu tragen, nur dann kann das deutsche Volk seinen militärischen Beitrag für die Verteidigung der Freiheit in der Welt leisten.

Wir haben über die Verantwortung noch anderer Völker hinaus die Verpflichtung der Berücksichtigung der Schmälerung unserer Volkssubstanz. Wir preisen andere Völker glücklich, daß sie in der Vergangenheit nur Bruchteile der deutschen Verluste zu erleiden hatten. Aber wir können doch von der Tatsache nicht weg, daß wir mehr als 3 Millionen Tote, rund 1½ Millionen Vermißte und 3 Millionen Kriegsbeschädigte haben. Wir haben über den Rahmen der normalen nationalen Verpflichtung hinaus noch die Auflage besonderer Sorgfalt in der Behandlung dieser Frage.

Der jetzt diskutierte Beitrag, der Beitrag, zu dessen Einleitung sich auch der Herr Bundeskanzler bekannt hat, hat keine abschreckende und damit kriegsverhütende Wirkung auf den potentiellen Angreifer im Osten. Dieses Ergebnis kann nur bei Erfüllung der von den Sozialdemokraten geforderten Voraussetzung erreicht werden. Es ist nicht die Etablierung der kriegsverhindernden Macht, die jetzt nach dem Wunsch des Bundeskanzlers besprochen werden soll, einfach deswegen nicht, weil es nicht die Etablierung der ausreichenden Macht ist.

Wenn das utopischen Charakter tragen würde, dann, meine Damen und Herren, hätte ja die ganze Verteidigung Europas utopischen Charakter.

Wir glauben aber nicht an die Utopie. Wir glauben an die Erfüllbarkeit, und wir glauben an die deutsche Verpflichtung, diese Erfüllbarkeit durch Festigkeit des Standpunktes zu erreichen.

Nur wenn kein Rückzug der angelsächsischen Mächte oder der demokratischen Mächte schlechthin mehr möglich ist, wenn die Angelsachsen und die anderen demokratischen Potenzen der Welt ihr eigenes nationales und militärisches Schicksal mit dem deutschen Schicksal vereinigen, kann diese Frage positiv beantwortet und eine große deutsche Leistung erwartet werden. Ich will nicht zu weit schweifen, aber die Konzeption aller starken Wirtschaftsmächte mit intelligenter und technisch tüchtiger Bevölkerung, die außerdem auch noch die Rohstoffe und die industriellen Produktionsmittel zu vier Fünfteln in den entscheidenden Punkten in der Hand haben, ist doch immer die: Wenn es uns am Anfang auch schlecht geht, zum Schluß kassieren wir kraft unserer ökonomischen, technischen und menschlich-qualitativen Übermacht den Sieg des Ganzen ein. Aber, meine Damen und Herren, die deutsche Situation ist eben weder die Situation der letzten Schlacht für die Angelsachsen noch die Situation der letzten Schlacht für die Russen. Die haben ihre militärische Übermacht wohl in erster Linie deswegen nicht ausgenutzt, weil sie die Übermacht des Kriegspotentials und der Intelligenz auf der andern Seite sehen. Zudem ist auch die Entwicklung gewisser kriegsentscheidender Waffen sehr zugunsten der Angelsachsen und nicht zugunsten der Sowjets gegangen. Aber das deutsche Schicksal ist ein anderes, es ist das Schicksal der ersten Auseinandersetzung.

Von diesem Schicksal kann uns kein Versprechen der anderen entbinden. Von diesem Schicksal lösen wir uns auch nicht durch bedingungslose Bereitfertigkeit jetzt im Verteidigungskomplex. Dieses Schicksal können wir für unser Volk nur ertragbar machen, wenn die anderen ihr eigenes Schicksal mit dem unseren in der Situation der ersten Auseinandersetzung, die für uns die entscheidende ist, verbinden.

Meine Damen und Herren! Jede militärische Abwehr muß einen realisierbaren Zweck und ein erreichbares Ziel haben. Das ist bei dem Divisionstaumel, der heute in Europa diskutiert wird, nicht gegeben. Allein aus der Möglichkeit des Erreichbaren ergibt sich der Sinn von Opfern. Nichts anderes kann diesen Sinn ersetzen als die Schaffung von Voraussetzungen, die eine tatsächliche Solidarität der anderen mit uns darstellen.

Davon, meine Damen und Herren, hängt doch auch Wesen und Wert jeder möglichen deutschen Formation ab. Die Militarisierung unter den heute gegebenen oder heute versprochenen und diskutierten Voraussetzungen ist auch in der Struktur der militärischen Organisation eine Wiederanknüpfung an Perioden der Vergangenheit. Die Gefahr, die von innen aus ökonomisch, sozial und militärisch den Deutschen droht, ist hier wie immer die Gefahr der Restauration und des Nichtbegreifens des Neuen.

Gibt man jetzt diesem Drängen nach, so erhält man eine Anzahl militärtechnisch sehr sorgfältig aufgebauter Organisationen, aber man bekommt nicht ein Heer mit den unverzichtbaren Eigenschaften eines Heeres, das für seine Nation oder für eine große Idee einstehen soll.

Man bekommt einen Apparat, und dem Apparat werden sich auch manche zur Verfügung stellen, die wir alle lieber nicht sehen wollten ...

Also unter den heutigen Voraussetzungen, unter den Voraussetzungen, wie sie der Herr Bundeskanzler hier definiert hat, sagt die Sozialdemokratische Partei Deutschlands zu diesen Bemühungen der Remilitarisierung nein. Sie wird auch nein sagen, wenn die halben und matten Versprechungen der Alliierten für die nächsten Monate verwirklicht werden sollten. Sie wird erst ja sagen, wenn die unzweideutige Entscheidung für die internationale Solidarität der anderen Nationen mit der deutschen Nation durch militärische und politische Tatsachen geschaffen ist.

Deutschland ist ein nicht wegzudenkendes Stück Europa. Es ist nicht das Vorfeld der anderen Länder Europas, sondern auch Deutschland ist Europa selbst. Deutschland ist ebenso verteidigungswert und das deutsche Volk ebenso verteidigungswürdig auch für die anderen demokratischen Völker der Welt wie irgendein Land oder Volk in der Demokratie der Welt sonst noch draußen.

Zit. nach: Kurt Schumacher, Reden und Schriften, a. a. O., S. 459 ff.

b) Helene Wessel (Zentrum)

Meine Damen und Herren, ich möchte nun die Stellungnahme der Zentrumsfraktion zur deutschen Sicherheitsfrage darlegen. Wir lehnen eine Remilitarisierung Deutschlands eindeutig ab. Denn eine Remilitarisierung – das wollen wir wohl beachten – bedeutet nach Sinn und Gehalt dieses Wortes die Wiederherstellung von früheren militärischen Zuständen.

Mit der Vergangenheit des deutschen Militarismus muß ein für allemal Schluß gemacht werden. Was wir zunächst für die deutsche Sicherheit für notwendig halten, ist, zur Sicherung der inneren Ordnung gegen die Feinde der Demokratie, die für uns nicht nur links bei den Kommunisten, sondern ebensogut rechts stehen, eine handlungsfähige, gut organisierte und zuverlässige Polizei zu schaffen ...

Im deutschen Volk ist das Gefühl vorhanden, daß die von ihm geforderten Opfer sinnlos sind und nicht dazu ausreichen, eine wirkliche Verteidigung zu ermöglichen. Diejenigen, die das aussprechen, sind keine Gandhi-Apostel und auch keine Defaitisten. Sie befürchten nämlich, daß unser

Land und die an der Verteidigung beteiligten europäischen Länder nicht aureichen, um Deutschland nicht zum Kriegsschauplatz werden zu lassen. Wer auch immer die erste Schlacht gewinnt, der Stoß geht ins deutsche Volk. Die Sorge und das Angstgefühl des deutschen Volkes ist, in einem kommenden Krieg das Schlachtfeld eines totalen Vernichtungswillens in einem Kampf zwischen Rußland und Amerika zu sein, wobei wir nicht einmal die Sicherheit haben, daß Europa genügend Divisionen zusammenbringt, um zu verhindern, daß Deutschland das Land der verbrannten Erde wird, so daß es trotz seiner Opfer an Menschenkraft und materiellen Gütern keine Zukunft mehr hat.

c) Adolf von Thadden (Deutsche Reichs-Partei)

Herr Bundeskanzler! Sie begrüßten den Pleven-Plan als einen wertvollen Beitrag zur europäischen Integration. Wir sind anderer Meinung.

Wir glauben, daß der Pleven-Plan das Gegenteil dessen bedeutet, was die Bundesregierung in ihn hineinlegt, und ich glaube, daß das Verhältnis zwischen einigen Generälen in Amerika und Frankreich doch wohl besser ist, als es der französische Hohe Kommissar dem Bundeskanzler gegenüber sagt. Wir haben vor kurzem erst gehört, daß der General Eisenhower, der voraussichtliche Oberkommandierende der Westmächte, der in Deutschland einzog mit den Worten: „We come as conquerors", neulich einmal gesagt hat, daß er persönlich die „größtmögliche Wiederbewaffnung Westdeutschlands befürworte, soweit sie mit den französischen Befürchtungen zu vereinbaren sei".

Die französischen Befürchtungen kennen wir, wir honorieren sie auch. Wir wissen, daß wir in den letzten 90 Jahren dreimal vor Paris gestanden haben und die Franzosen in den letzten 100 Jahren nur zweimal vor Berlin gestanden haben.

Aber wir wollen hier keine Erörterungen über die Schuld oder Unschuld an den letzten Kriegen anstellen. Heute kann die französische Regierung doch wirklich nicht mehr um die Tatsache herumreden, daß wir alle von einer Gefahr bedroht sind und daß es nicht damit getan ist, sich mit Gedanken an ein Glacis herumzutragen, das in Deutschland liegt. Damit fängt die Sache falsch an, wenn sie ihrer Bevölkerung eine deutsche Aufrüstung schmackhaft machen möchte ...

Unsere deutsche Jugend würde sich wohl zur Verfügung stellen, wenn sie wüßte, wofür. Wenn jemand Soldat sein soll, dann muß er sogar ganz genau wissen, wofür ...

Sollen wir uns für Freiheiten einsetzen, die man uns vorenthält, für eine Gesellschaftsordnung, die gegenüber den Angriffen des Kreml in der letzten Zeit ihre innere Morschheit nur zu oft bewiesen hat? Sollen wir uns für einen Staat einsetzen, den die „New York Times" kürzlich wie folgt bezeichnete: „Bonn ist eine Kolonie, bestenfalls ein Protektorat mit beschränkter Selbstverwaltung"? Die „beschränkte Haftung" hat man vergessen. In diesem Protektorat sollen wir nur die Gurkhas oder Hiwis sein. Hat man sich überlegt, wer Soldat sein soll? Kürzlich ging durch die Presse die Meldung, daß ehemalige Nazis in die Bereitschaftspolizei nicht aufgenommen werden dürften. Ich möchte die Frage stellen, ob ehemalige Nazis auch in das neue Heer nicht aufgenommen werden dürfen. Ich glaube, gewisse französische Stellen und deutsche Zeitungen würden dies gern sehen ...

Wir sind bereit – wir Deutschen – unseren Beitrag zu leisten. Wir haben keine Angst vor dem Osten. Wir haben niemals Angst vor dem Osten gehabt. Aber wenn wir etwas gegen den Osten tun wollen, dann bitte mit dem Handwerkszeug, das man dazu braucht, und nicht à la Volkssturm.

d) Hans-Gerd Fröhlich (BHE)

Die Ostvertriebenen vertreten ... die Auffassung, daß es Sache der Atlantikmächte ist, den Hauptbeitrag zur Verteidigung der westlichen Welt zu leisten. Die Vorbedingung für einen deutschen Beitrag ist ein Friedensvertrag, nach dem die Bundesrepublik als gleichberechtigter Partner in den Kreis der westlichen Nationen aufgenommen wird. Der Friedensvertrag muß uns die uneingeschränkte Souveränität zurückgeben und alle bis in die jüngste Zeit fortgeführten Diskriminierungen jeglicher Art aufheben. Wir sind mit der Sozialdemokratischen Partei der Auffassung, daß in einem solchen Friedensvertrag das Problem der Saar einer Lösung zuzuführen ist, die den deutschen und den gesamteuropäischen Interessen Rechnung trägt ...

Es ist heute unmißverständlich ausgesprochen worden, daß nur ein lebenswertes Leben wert ist, verteidigt zu werden. Dieser Grundsatz gilt im besonderen für die Vertriebenen aus dem deutschen Osten. Sie müssen diese Frage verneinen, und sie lassen sich nicht zu einem „Mitmachen" dadurch begeistern, daß man die besseren Lebensbedingungen des Westens gegenüber denen des Ostens immer wieder hervorhebt. Sie sind vielmehr der Meinung, daß der beste „rocher de bronce" gegen die Bedrohung des Ostens soziale Sicherheit der ärmsten Schichten der Bevölkerung ist. Sie verneinen grundsätzlich nicht eine Mitbeteiligung der deutschen Bundesrepublik an der Verteidigung der westlichen Welt. Die Behebung des sozialen Notstandes muß aber die primäre Aufgabe jeder deutschen Regierung sein.
In keinem Falle darf die Wiederaufrüstung auf Kosten eines sozial gerechten Lastenausgleichs gehen ...
Eine Remilitarisierung Deutschlands im Rahmen einer europäischen Streitmacht erscheint uns nur dann möglich, wenn sie mindestens durch 40 bis 50 alliierte Divisionen, die im europäischen Verteidigungsraum stationiert sein müssen, gesichert ist. Die Deutschen schweben heute nicht nur in der Angst vor einem Angriff aus dem Osten, sondern in der gleichen Angst, daß der Versuch einer deutschen Wiederbewaffnung ein Präventivunternehmen aus dem Osten zur Folge haben könnte, wenn nicht genügend Sicherungstruppen in der deutschen Bundesrepublik vorhanden sind.
Ich fasse zusammen: Für den Block der Heimatvertriebenen und Entrechteten ist ein Beitrag zur Verteidigung der westlichen Welt erst dann diskutabel, wenn wir durch einen Friedensvertrag gleichberechtigt in den Kreis der westlichen Nationen aufgenommen worden sind. Er muß unter dem Zeichen der Vergebung stehen.

e) Hermann Schäfer (FDP)

Das Verantwortungsbewußtsein für das eigene Dasein mündet heute in die Gesamtverantwortlichkeit aller freien Völker ein.
Wenn wir diese Verbundenheit unseres Einzelschicksals mit dem Gesamtschicksal dieser freien Welt einsehen, dann erfahren wir zugleich, was heute für uns das ist, was Goethe die Forderung des Tages nennt. Man macht sich die Sache vielfach sehr einfach, indem man für alle solche verwickelten Vorgänge ein Schlagwort einführt. Das Wort, unter dem in den letzten Wochen und Monaten eine verworrene Diskussion hin und her gegangen ist, war das Wort „Remilitarisierung". Es ist ein verhängnisvolles Wort, nicht nur weil es ein Schwammwort ist, weil es zur mangelnden Präzision des Denkens und zu schlechter Unterscheidung der verschiedenen Wege, Möglichkeiten und Erscheinungen in der politischen Wirklichkeit verführt, sondern weil es zugleich ein Wort ist, das die Tatsachen verschiebt. Nirgendwo ist von einer Wiederkehr vergangener Einrichtungen die Rede und besteht eine solche Absicht. Wir denken gar nicht daran, vergangene Zustände zu wiederholen oder wiederherzustellen, weder formationsmäßig noch formenmäßig noch gedanklich. Hier geht es nicht um eine Restauration vergangener Ideologien, vergangener Ziele oder vergangener Methoden, sondern hier handelt es sich um völlig neue Formen und Formationen zur Sicherung dessen, was ich soeben mit den Worten Frieden und Freiheit zusammenzufassen suchte.
So meine ich, daß wir das wiederholen könnten, was wir deutschen Delegierten aus den Koalitionsparteien gesagt haben, als wir uns in Straßburg grundsätzlich mit dem Gedanken einer gemeinsamen europäischen Verteidigung unter besonderer gemeinsamer demokratischer Kontrolle einverstanden erklärt haben. An dieser Notwendigkeit können wir uns mit noch soviel Phantasietätigkeit nicht vorbeidenken, und alle Verworrenheit der Meinungsbildung kann von dieser Notwendigkeit nicht ablenken.

Zit. nach: Verhandlungen des Deutschen Bundestages. Stenographische Berichte, 1. Wahlperiode, 98. Sitzung, S. 3579 f.; 3588 ff.; 3601; 3603.

11. Die Problematik des deutschen militärischen Beitrags

(Brief Kurt Schumachers an Adenauer vom 6.2.1951)

Die Zielsetzungen sind maßgebend für die Behandlung eines deutschen militärischen Beitrages. Dieser Beitrag kann nicht isoliert für sich betrachtet werden. Er ist dem Gesamtkomplex der inneren und äußeren Politik eingeordnet. Bei der Erörterung der militärischen Frage kehren alle ungelösten Probleme der Politik wieder. Die Gesichtspunkte der Behandlung dieses Komplexes sollten sein:

Die Erhaltung des Friedens
Sinn und Aussicht eines militärischen Beitrages
Soziale und politische Festigung und Immunisierung des deutschen Volkskörpers
Eine starke funktionierende internationale Demokratie
Die deutsche Einheit auf der Grundlage der persönlichen und staatsbürgerlichen Freiheit und Sicherheit.

Die gegenwärtigen Gefahren, wie sie aus dem Osten drohen, können durch einen deutschen militärischen Beitrag nicht aus der Welt geschafft oder auch nur gemildert werden. Jede deutsche Aufrüstung kann, wenn sie ungestört bleibt, erst zukünftigen Gefahren begegnen. Die Schaffung der Möglichkeiten des Beginns braucht eine Anzahl von Monaten. Die Ausbildung der ersten größeren taktischen Formationen benötigt mindestens eineinhalb Jahre. Ein militärischer Beitrag von kriegswichtiger Bedeutung würde unter drei bis vier Jahren nicht zu leisten sein.

In dieser Periode wäre Deutschland ungeschützt. Es könnte sich weder aus eigener Kraft verteidigen, noch durch die vorhandenen oder für die überblickbare Zukunft bisher versprochenen alliierten Kräfte vor einem eventuellen sowjetrussischen Eingriff erfolgreich bewahrt werden.

Die deutsche Position in einer Periode der Aufrüstung ist entscheidend anders als die jedes anderen westlichen Volkes:

a) Die geographische Lage Deutschlands ist nicht durch militärische Machtmittel der Alliierten ausgeglichen.

b) Es gibt keine deutschen militärischen Verbände als Grundlage, sondern auch das Fundament müßte erst geschaffen werden.

c) Das Verhältnis der Westmächte zu den Deutschen ist anders als zu jedem anderen Volk Westeuropas.

...

Die Auswirkungen eines deutschen militärischen Beitrages auf die sowjetrussische Politik sind mit Sicherheit nicht zu überblicken. Die Meinung, daß auch bei einer deutschen Aufrüstung die Sowjetrussen in jedem Fall heißen Krieg vermeiden werden, ist keine sichere Grundlage der Politik.

Auch den Sowjetrussen ist bekannt, daß die Angelsachsen nicht gewillt sind, das Produktionspotential Deutschlands, im besonderen das Ruhrgebiet und die Energieerzeugung, unzerstört in die Hand ihres militärischen Gegners fallen zu lassen.

Es ist möglich, daß eine deutsche Aufrüstung den Russen als eine Gefahr in Europa von bisher nicht gekannter Größe erscheint. Ebenso möglich ist aber, daß, wenn aus irgendwelchen Gründen die Sowjets darauf verzichten, zu Beginn der Rüstung anzugreifen, das Ergebnis unter den heutigen von den Alliierten gewollten Umständen und Gegebenheiten so dürftig ist, daß seine Geringfügigkeit einen Anreiz für den Osten darstellt. Halbe, unentschiedene und differenzierende Maßnahmen, so wie sie heute betrieben werden, sind das schlechteste, was getan werden kann.

...

Die heutige Situation ist dadurch gekennzeichnet, daß die westlichen Alliierten auf die Deutschen ein Mehr an Opfer und Risiko aufbürden, ihnen aber keine wirkliche Chance geben, sondern praktisch die Aufopferung des deutschen Volkes für die westliche Welt verlangen. Es sind die anderen, die die von uns erstrebte Zugehörigkeit zum Westen dem deutschen Volke versagen.

...

Die militärische Kräftekonzentration der westlichen Demokratien, das heißt vor allem der Angelsachsen, ist die entscheidende machtpolitische Voraussetzung eines deutschen militärischen Beitrags. Ohne eine solche stählerne Mauer ist das Verlangen nach einem militärischen Beitrag der Deutschen nicht zumutbar und bedeutet die Aufforderung zur Selbstaufopferung.
...
Die militärischen Kräfte der Alliierten, wie sie heute auf deutschem Boden vorhanden sind, und die versprochene Verstärkung sind nicht ausreichend. Die Umgruppierung und Verstärkung der militärischen Machtmittel des Westens, wie sie notwendig wären, um einem russischen Angriff offensiv zu antworten, hätte zur Voraussetzung eine Veränderung der militärischen Kräftegruppierung in der Welt.
...
Jede Politik ist zum Scheitern verurteilt, die sich bemüht, die Gleichberechtigung mit militärischen Beiträgen zu erkaufen. Das Ergebnis ist immer die tatsächliche Ungleichheit zu Gunsten des anderen Teils. Die politische Gleichberechtigung ist die Voraussetzung eines militärischen Beitrages und nicht sein Ergebnis.
...
Man will den Deutschen kämpfen lassen und rüstet ihn nicht ausreichend gegenüber einem solchen Gegner wie der „Roten Armee“ aus. Man drängt ihn in die Partisanenrolle und weist ihm die Funktionen des hinhaltenden Widerstandes zu.
Die ganze Konzeption geht davon aus, daß man Deutschland als weniger verteidigungswert und verteidigungswürdig betrachtet als die anderen Länder. Hier wird Deutschland eindeutig die Rolle des Vorfeldes zugewiesen.
...
Die Folgen einer Beteiligung an der militärischen Aufrüstung der westlichen Welt müssen unter den heutigen Gegebenheiten und Bedingungen eindeutig negativ gesehen werden. Im Gegensatz zu einer weitverbreiteten Illusion kann in keinem Fall ein deutscher militärischer Beitrag im Rahmen des jetzt Möglichen und von den westlichen Alliierten Gewollten Deutschland vor dem Schicksal bewahren, „Kriegsgebiet“ zu werden.
Es gibt auch kein verbindliches und bindendes Versprechen irgendeines verantwortlichen Alliierten, der den Deutschen die Vermeidung dieses Schicksals verspricht. Leider gibt es in Deutschland Kräfte, die von sich aus im eigenen Volke Vorstellungen nähren, die die Alliierten selbst zu erwekken sich nicht unterfangen.
Die heutigen Möglichkeiten eines deutschen militärischen Beitrages gehen von einer defensiven Auffassung aus. Wenn nicht der Wunsch durchgesetzt wird, daß eine solche Konzentration der militärischen Kräfte der westlichen Alliierten in Mitteleuropa erfolgt, daß sie zusammen mit den Deutschen einen russischen Angriff im Bewegungskrieg offensiv beantworten können, dann ist im Kriegsfall die Ostzone aufgegeben und Berlin den Sowjets ausgeliefert.

Zit. nach: Udo F. Löwke, Für den Fall daß ... SPD und Wehrfrage 1949–1955, Hannover 1969, S. 246 ff. bzw. K. Schumacher, Reden – Schriften – Korrespondenzen 1945–1952, a. a. O., S. 883 ff.

12. Schumacher und der Pazifismus in der SPD

Schumacher befand sich in einer zwiespältigen Situation. Alles andere als ein prinzipieller Gegner eines deutschen Verteidigungsbeitrags oder gar ein Pazifist, erklärte er jedem, der es hören wollte: Wenn tatsächlich ein deutscher Verteidigungsbeitrag erfolge, dann müsse der Westen stark genug sein, die entscheidenden Schlachten sofort „östlich von Njemen und Weichsel“ zu schlagen. Nur eine energische Vorwärtsstrategie – er nannte dies „offensive Defensive“ – schien ihm akzeptabel, nicht aber eine Strategie der verbrannten Erde, in der deutsche Kontingente nur die Aufgabe hätten, den alliierten Rückzug zu decken. Wenn irgendein deutscher Staatsmann 1950 und 1951 für eine Politik der Stärke plädiert hat, so war es Schumacher. Alle Indizien sprechen dagegen, daß dieses Offensivkonzept bloß taktisch gemeint war, auch wenn man sich schwer vorstellen konnte, wie der Westen eine derart massive Überlegenheit aufbauen sollte. Dementsprechend hielt er auch zu den Generalen, die den Kanzler berieten, intensiven Kontakt. Er war entschlossen, seine Partei auf den Kurs eines Verteidigungsbeitrags zu führen, sofern die entscheidenden Vorbedingungen erfüllt würden.

Wie die Bundesregierung forderte auch er unbedingte Gleichberechtigung der deutschen Kontingente. Die berühmte Formel „gleiches Risiko, gleiches Opfer, gleiche Chancen" hätte in der Sache auch von Adenauer stammen können. Doch warf der SPD-Chef dem Bundeskanzler vor, er habe sich durch sein voreiliges Angebot eines deutschen Verteidigungsbeitrags vieler Vorteile begeben. Besser wäre es gewesen, die Alliierten kommen zu lassen. Freilich beinhaltete seine Zurückhaltung auch viel Taktik. Selbstverständlich sah er jetzt eine Chance, auf der Woge einer breiten Ohne-mich-Bewegung doch noch zur Macht zu kommen. Die Herbstwahlen des Jahres 1950 schienen dieses Kalkül zu bestätigen. Beim Kampf um die Macht hatte er auch keinerlei Bedenken, mit Kirchenpräsident Niemöller, dem führenden Kopf der pazifistischen Wiederaufrüstungsgegner, ein Stück Wegs zusammenzugehen, obschon er von Gewissenskonflikten, Kirchen und Pastoren herzlich wenig hielt. In einem Kommuniqué betonten Schumacher und Niemöller, der gegenwärtige Bundestag sei nicht legitimiert, die Wiederaufrüstungsfragen zu entscheiden. Das Ergebnis der Landtagswahlen ermutigte den SPD-Vorsitzenden, die Forderung nach Neuwahlen mit noch größerem Nachdruck zu erheben.

Die Herbstwahlen in den Ländern brachten jedoch auch ihn selbst in einige Bedrängnis. Tatsächlich lag er in der Wehrfrage mit vielen Funktionären und Mitgliedern seiner eigenen Partei über Kreuz. Die pazifistische, antimilitaristische Tradition hatte in der SPD auch damals noch Gewicht. Im Unterschied zu Schumacher, der keine prinzipiellen Bedenken hatte, das Instrument militärischer Macht politisch einzusetzen, neigte die SPD instinktiv dazu, auf äußere Gefährdung nicht sofort mit dem Ruf nach Waffen, sondern mit der Forderung nach vernünftigem Verhandeln, internationaler Abrüstung und kollektiver Friedenssicherung zu reagieren. Auf einer Sitzung des SPD-Vorstands im Winter 1950/51 gelang es Schumacher angeblich nur mit größter Mühe, eine prinzipielle Entschließung gegen die Wiederbewaffnung abzuwehren. Teilweise wurde er nun zum Gefangenen der eigenen Taktik.

Aus: Hans-Peter Schwarz, Die Ära Adenauer – Gründerjahre der Republik 1949–1957, Stuttgart 1981, S. 121 f.

13. Evangelische Wiederbewaffnungsgegner und SPD

Am 1. November 1950, auf der Höhe der Heinemann-Adenauer-Affäre, veröffentlichte Karl Barth in *Unterwegs* einen Artikel, in dem er die Frage offenließ, ob die evangelischen Wiederbewaffnungsgegner sich von der evangelischen Kirche lossagen und nach dem Vorbild der Bekennenden Kirche im Dritten Reich einen neuen Kirchenkampf beginnen sollten. Heinemann und Niemöller waren nicht willens, so weit zu gehen; das machten sie bei der Sitzung des Rats der EKD im November 1950 klar. Statt dessen trugen sie ihre Opposition unmittelbar in die politische Arena. Wahrscheinlich hätten sie sich gern mit sozialdemokratischen Führern zusammengeschlossen, aber sie erkannten bald, daß ihre Standpunkte wenige oder keine gemeinsamen Grundlagen hatten. Die evangelische Opposition gegen die Wiederaufrüstung, wie sie insbesondere von Barth, Niemöller und Heinemann verfochten wurde, beruhte auf fünf Punkten: Da Deutschland abgerüstet und psychologisch entmilitarisiert worden sei, wäre die Wiederbewaffnung ein Fehler; die Alliierten würden die deutschen Streitkräfte als Kanonenfutter und Deutschland als Schlachtfeld benutzen; die Wiederaufrüstung ginge auf Kosten der sozialen Gerechtigkeit und der demokratischen Entwicklung; die Russen würden sie als Provokation auffassen; eine Situation, in der Deutsche auf Deutsche schießen müßten, sei in ihrer Widerwärtigkeit unvorstellbar. Obgleich diese Gedanken bei den Sozialdemokraten auf Zustimmung stießen, hatten Schumacher und die Parteiführung ebenso wenig für sie übrig wie Adenauer. Schumacher war zwar mit Adenauers Wiederaufrüstungsmodus nicht einverstanden und befürchtete eine Vertiefung der Teilung Deutschlands; er war aber nicht grundsätzlich gegen die Wiederaufrüstung eingestellt und lehnte sowohl den Pazifismus als auch den Neutralismus ab. Ethische Argumente gegen einen Verteidigungsbeitrag betrachtete er als wohlmeinend, aber irrig. Militärische Sicherheit war seiner Ansicht nach nicht unvereinbar mit einer gesunden Sozialordnung; sie war geradezu eine Voraussetzung für ihre Verwirklichung. Ein Bündnis zwischen der SPD und den evangelischen Aufrüstungsgegnern kam daher nicht in Frage, und eine Vernunftehe war anscheinend nie verlockend für Schumacher, der wenig Sympathie für die Kirchen und noch weniger für Kirchenmänner in der Politik aufbrachte.

Aus: Frederic Spotts, Kirchen und Politik in Deutschland. Deutsche Ausgabe, Stuttgart 1976, S. 216

14. Adenauer zum Washingtoner Abkommen

(Rundfunkansprache vom 18.9.1951)

Das, was jetzt in Gang kommt, lediglich danach zu beurteilen, daß das Besatzungsstatut fällt und daß die Interventionsrechte fallen, würde nicht richtig sein. Man muß vielmehr, um zu einem richtigen Urteil zu kommen, die politische Geschichte der letzten Jahre, die Zuspitzung in der Welt und die Entwicklungstendenzen der letzten Monate berücksichtigen.
Seit dem Zusammenbruch Deutschlands, seit 1945, ist Sowjetrußland der einzige Staat gewesen, der ständig weiter gerüstet hat. Die Westalliierten haben nach dem Zusammenbruch Deutschlands im Gegensatz zu Rußland abgerüstet. Erst, seit im vorigen Jahre Korea der Welt die Absichten Sowjetrußlands enthüllte, rüsten die Westalliierten und die Völker des Nordatlantikpaktsystems. Erst seit diesem Krieg in Korea hat man klar erkannt, was Sowjetrußland in Wirklichkeit will …
Die Bundesrepublik Deutschland ist zur Zeit politisch und militärisch ein Niemandsland. Sie ist völlig entwaffnet. Sie ist nicht souverän. Sie schwebt zwischen dem Ostblock und den Westalliierten ohne jede Möglichkeit, sich zu schützen und sich zu verteidigen … Das Ziel der sowjetrussischen Westpolitik ist völlig klar. Sie will den politischen und militärischen Schwebezustand Deutschlands verewigen, weil damit eine Integration Westeuropas unmöglich gemacht wird. Sowjetrußland rechnet damit, daß die Vereinigten Staaten an einem zerbröckelnden Westeuropa – ohne Zusammenfassung und Integration ist Westeuropa im Zustand des Zerbröckelns, sind die westeuropäischen Staaten mehr oder weniger machtlos –, ich wiederhole: Sowjetrußland rechnet damit, daß die Vereinigten Staaten an einem schwachen Europa kein Interesse mehr haben und sich aus Europa zurückziehen würden. Sowjetrußland würde dann nicht nur die Bundesrepublik, sondern auch die übrigen westeuropäischen Länder ohne Krieg in seine Einflußsphäre ziehen und schließlich Herr von ganz Europa werden. Was dann unser Los sein würde, wissen wir. Wir brauchen nur an die Tschechoslowakei, an Ungarn, an Polen und die übrigen Satellitenstaaten zu denken. Der Untergang Deutschlands würde dann sicher sein. Ganz Europa wäre politisch ein Anhängsel desjenigen Teils von Asien, der von Sowjetrußland beherrscht wird. Wir würden den Kommunismus in seiner asiatischen Form mit all seinen Schrecken bekommen. Was uns heilig und teuer ist, würde vernichtet werden. Für niemanden gäbe es mehr Freiheit. Die abendländisch-christliche Kultur, das Christentum selbst, würden vernichtet werden. Wenn Deutschland Niemandsland bleibt und wenn es schließlich doch zu einer kriegerischen Auseinandersetzung in Europa käme, würde Deutschland Kampffeld für die aufeinanderprallenden Mächte werden. Das Schicksal des unglücklichen Koreas würde dann unser Schicksal sein, über Korea ist bisher siebenmal der Kampf hin- und hergegangen.
Die Erklärung der Außenminister und der Ausgang der darauf basierenden Verhandlungen werden in Wahrheit Entscheidungen von größtem historischen Ausmaß bringen. Entweder wir bleiben politisch und militärisch Niemandsland oder wir werden als freier und gleichberechtigter Staat Partner des europäischen und damit des nordatlantischen Verteidigungssystems gegen jede Aggression Sowjetrußlands. Das ist der Gesichtspunkt, unter dem wir die Verhandlungen führen und beurteilen müssen …
Wir wollen den Frieden! Wir wollen Deutschland nicht zum Schlachtfeld werden lassen. Wir wol-

len als gleichberechtigtes Volk wieder in den Kreis der Nationen eintreten. Darum wollen wir die Integration Europas. Nur durch sie kann der Friede gerettet werden. Auf diesem Wege, diesem friedlichen Wege, werden wir auch wieder zur Wiederherstellung der Einheit Deutschlands kommen.

Zit. nach: Europa-Archiv 6 (1951), S.4405 f.

15. Westintegration und Wiedervereinigung: Frühe Bedenken der Opposition

(Aus der Bundestagsrede des SPD-Abgeordneten Gerhart Luetkens vom 16.10.1951)

Nun stellt sich heraus, daß die von Bonn auf den Weg gebrachten Pläne zu Konsequenzen führen, welche mit dem Hauptziel politischer Strategie nicht in Einklang zu bringen sind, das uns allen gemeinsam sein sollte. So hat der Bundestag kürzlich beschlossen: Die vordringlichste politische Forderung des deutschen Volkes und seiner frei gewählten Vertretung, des Deutschen Bundestages, ist es, die Einheit Deutschlands in Freiheit mit friedlichen Mitteln wiederherzustellen.
Die Politik meiner Fraktion ist immer davon ausgegangen, daß die Wiederherstellung der deutschen Einheit nicht nur für die Existenz unseres Volkes geboten sei, sondern auch die Voraussetzung bleibt für die erfolgreiche Integrierung eines freien Europas. In dieser Erkenntnis haben wir immer bei allen politischen Überlegungen Priorität für die Wiedervereinigung gefordert und uns solchen Plänen widersetzt, welche die Erreichung dieses Ziels gefährden könnten.
Wir haben die enge Zusammenarbeit mit den westlichen Völkern Europas immer begrüßt. Aber gerade auch im Interesse dieser anderen Völker und Europas haben wir uns widersetzt, wenn die Integration nach Westen über den Punkt hinausgetrieben werden sollte, wo sie automatisch die Wiedervereinigung mit der sowjetischen Besatzungszone gefährden muß.
Die Politik, die die Regierung zwei Jahre lang verfolgt hat, hat in diese Sackgasse geführt.
Alle Verträge, die der Herr Bundeskanzler abzuschließen plant, werden Barrieren aufrichten, die die deutsche Wiedervereinigung hemmen, erschweren, wenn nicht noch schwerere Wirkungen und Konsequenzen für die Wiedervereinigung haben.
Es ist notwendig, daß die westlichen Mächte überzeugt werden, daß sie um Europas willen, um der ganzen weltpolitischen Lage willen, einen anderen Weg beschreiten als den bisherigen, auf den sie auch durch die Initiative des Herrn Bundeskanzlers vom 29. August 1950[1]) gelenkt worden sind.
Die Frage ist nicht, ob die Einheit Deutschlands das höchste Ziel der Politik und Ihrer Politik, Herr Bundeskanzler, ist, sondern die Frage ist, ob Sie um dieses Zieles willen fähig sind, Verzicht zu leisten auf das, was Sie bisher angestrebt haben, nämlich eine Form der westlichen Integration, welche die Integration Deutschlands zu blockieren droht. Das ist Ihr Dilemma und das ist nunmehr unser aller Dilemma.

Zit. nach: Verhandlungen des Deutschen Bundestages. Stenographische Berichte. 1. Wahlperiode, 168. Sitzung, S.6930 f.

16. Gustav Heinemann: Deutschland in der Entscheidung

(Artikel in „Stimme der Gemeinde" vom 1.1.1952)

Interessant ist, daß in der Propagierung der westdeutschen Aufrüstung jetzt zwei Argumente betont werden, welche vor Jahresfrist nur wenig zu hören waren.
Das eine Argument lautet: Westdeutsche Aufrüstung und Eingliederung in den Westblock ist der Weg zur Wiederherstellung der deutschen Einheit. Dieses Argument soll offenbar dem inzwischen unüberhörbar gewordenen Verlangen nach Wiederherstellung der deutschen Einheit und alsbaldiger Befreiung der russischen Zone von dem dortigen politischen System Rechnung tragen. Leider sprechen aber viele Anzeichen dafür, daß mit der Betonung der deutschen Einheit seitens derer,

[1]) vgl. Nr. 5, S. 31 ff.

welche im Begriffe stehen, in den Westblock abzumarschieren, nur eine Kulisse gezimmert wird, um diejenigen zu beruhigen, welche über den in Bonn gesteuerten Kurs höchst beunruhigt sind. Es wird schwer sein, über den letzten Willensernst der Beteiligten etwas auszumachen. Möge sich jeder selbst aus ihrem bisherigen praktischen Verhalten gegenüber gesamtdeutschen Lösungsversuchen seine Meinung dazu bilden!

Vor allem ist es objektiv widersinnig, die deutsche Einheit durch Eingliederung Westdeutschlands in den Westblock zu suchen. Westdeutsche Aufrüstung wird den Eisernen Vorhang dichter schließen. Die Deutschen in der Sowjetzone haben Kriegs- und Rüstungsdienst für die Sowjetunion als Antwort auf unsere Eingliederung in den Westblock zu erwarten. Ein Keil wird den anderen treiben, mit dem Ergebnis, daß eine friedliche Wiedervereinigung Deutschlands immer aussichtsloser wird. Und auf der anderen Seite sollten uns die heute schon unausgesetzt vorgetragenen Besorgnisse der Westmächte, sonderlich Frankreichs, gegenüber einer zu stark werdenden westdeutschen Bundesrepublik endlich darüber belehren, daß diese Partner kein Interesse daran haben, mit uns den Weg zu einem Deutschland zu suchen und zu gehen, welches auch den deutschen Osten umfassen wird. Auch die Spaltung Deutschlands ist eine Lösung der Deutschlandfrage. Sie ist es für alle diejenigen, welche bei einer Wiedervereinigung Deutschlands ihre gegenwärtigen Positionen in Frage gestellt sehen oder gar von vornherein verloren geben müssen. Wenn wir uns die Befürworter der kleineuropäisch-westdeutschen Lösung daraufhin ansehen, so wird manches sehr nachdenklich machen. Darüber werden auch keine Deklarationen hinwegführen, die etwa jetzt im Zusammenhang mit einer Eingliederung der Bundesrepublik abgegeben werden. Wir stehen hier vor einer bündigen Alternative:

Die Einheit Deutschlands wird nur dann wieder zustande kommen, wenn sich West- und Ostdeutschland nicht in den Blockbildungen der Weltmächte verlieren.

Das andere Argument lautet: Deutschland kann nicht neutral bleiben, sonst wird es ein Opfer des Bolschewismus. Mit diesem Argument soll abgefangen werden, daß eine Wiedervereinigung Deutschlands uns in militärischer Hinsicht zwangsläufig in eine Mittelstellung zwischen Ost und West bringen wird. Dazu ist folgendes zu sagen:

Wenn Westdeutschland nicht aufrüstet, entsteht noch lange kein neutralisiertes Deutschland. Wohl aber werden alle die Gefahren vermieden, welche mit westdeutscher Aufrüstung verbunden sind. Auch eine gesamtdeutsche Regierung bedeutet noch keine Neutralisierung. Deutschland könnte auch unter einer gesamtdeutschen Regierung zunächst noch ein besetztes Land sein, so wie Österreich unter einer gesamtösterreichischen Regierung immer noch ein besetztes Land ist. Wohl aber könnte eine gesamtdeutsche Regierung für eine Angleichung der Lebens- und Rechtsverhältnisse der russischen Zone an die der Westzonen sorgen. Erst wenn Deutschland von allen Besatzungsmächten geräumt wird, entsteht die Frage seines Schutzes gegen eine Antastung seiner Ordnung oder seines Gebietes. Es muß schon eine große Entspannung des Weltkonfliktes eingetreten sein, ehe die vier Besatzungsmächte sich über eine gemeinsame Räumung Deutschlands verständigen. Dann aber sieht ohnehin alles nicht mehr so beängstigend aus wie heute. Im übrigen wird es Sache der gesamtdeutschen Regierung und einer Verständigung unter den Siegermächten sein, aus dem Vakuum, welches unsere Kapitulation 1945 geschaffen hat, den Schutz Deutschlands neu zu entwickeln. Ein wiedervereinigtes Deutschland wird seine Polizei haben. Darüber hinaus kann es von den Siegermächten und Nachbarn wechselseitig garantiert werden, weil sie ein sich aufhebendes Interesse daran haben, daß Deutschland keinem ihrer Gegenspieler zufällt. Schließlich kann auch eine für Verteidigungszwecke ausreichende Wehrmacht des wiedervereinigten Deutschland ins Auge gefaßt werden. Alles das sind Fragen, welche nicht einfach damit abgetan werden können, daß ein „neutralisiertes“ Deutschland ein Opfer des Bolschewismus werde. Wo ein Wille ist, ist auch ein Weg.

Solange Deutschland eine Macht in der Mitte Europas war, führte es Westeuropa und Osteuropa oft als Bundesgenossen gegen die Mitte Europas zusammen. Seitdem Deutschland nach beiden Seiten kapituliert hat, stehen sich West- und Osteuropa auf seinem Boden feindselig gegenüber. Die deutsche Figur fehlt im internationalen Spiel. Sie soll wahrlich nicht in dem Sinne wiederkommen, wie sie uns selbst und den anderen Völkern zum Unheil gewesen ist. Sie soll und darf nicht abermals eine Gefahr für Europa werden und den Westen mit dem Osten erneut gegen die Mitte zusammenführen. Die deutsche Figur muß in eine Mittelstellung gebracht werden, indem sie in ihrem Bereich den großen Gegensatz zwischen dem Osten und dem Westen aufhebt. Dies und nichts anderes ist der Beitrag zum Frieden, den wir etwa leisten können.

Zit. nach: Gustav W. Heinemann, Verfehlte Deutschlandpolitik. Irreführung und Selbsttäuschung. Artikel und Reden, 2. Aufl. Frankfurt/M. 1969, S. 25 ff.

17. Der DGB zur Frage der Wiederbewaffnung

In Anbetracht der durch jüngste Presseberichte hervorgerufenen Mißverständnisse über die Haltung der deutschen Gewerkschaften zur Frage eines deutschen Verteidigungsbeitrages stellt der Bundesausschuß des DGB ausdrücklich fest, daß sich an seiner Einstellung, wie er sie bereits im November 1950 darlegte, nichts geändert hat.

In einer am 23. 1. 1952 einstimmig angenommenen Entschließung des Bundesausschusses des DGB heißt es:

„Seit ihrem Bestehen hat die Gewerkschaftsbewegung in einer allgemeinen Abrüstung und der Zusammenarbeit der Völker die beste Garantie des Friedens gesehen. Sie wünschte deshalb, daß man sowohl im Osten wie im Westen diesen Gedanken aufrichtig durch Taten und nicht nur durch Worte verwirklichen würde.

Die Frage eines deutschen Verteidigungsbeitrages in unserer Zeit ist nur durch die Aufrüstung und die Politik in anderen Ländern, die die Gefahr einer militärischen Auseinandersetzung in sich tragen, zur Diskussion gestellt worden.

Die Gewerkschaften sind von jeher bereit gewesen, die Grundrechte der Freiheit, der Menschenrechte und der Demokratie zu verteidigen. Den inneren und äußeren Feinden dieser Idee gegenüber kann es keine Neutralität geben, denn sie bedrohen nicht nur die Existenz der freiheitlichen Gewerkschaftsbewegung, sondern den sozialen Fortschritt und den kulturellen Aufstieg der arbeitenden Menschen.

Die Frage des deutschen Verteidigungsbeitrages ist von den politischen Instanzen zu entscheiden. Die Gewerkschaften weisen aber darauf hin, daß die Verteidigung der Demokratie und Freiheit nur dann von den schaffenden Menschen getragen werden kann, wenn die demokratischen Staaten eine bewußt fortschrittliche Wirtschafts- und Sozialpolitik betreiben. Sie warnen vor Maßnahmen, die dem Wiedererstehen des alten, uns in seinen verhängnisvollen Auswirkungen bekannten Militarismus dienen können, und vor jeder aggressiven Außenpolitik. Von den Parlamentariern erwarten sie, daß sie bei ihren Entscheidungen diese Voraussetzungen erfüllen, damit nicht durch die Vorbereitung irgendwelcher Verteidigungsmaßnahmen jene Werte vernichtet werden, die verteidigt werden müssen."

Zit. nach: Georg Fülberth (Hrsg.), Geschichte der Bundesrepublik in Quellen und Dokumenten, Köln 1982, S. 65 f.

18. Katholische Kirche und Wiederbewaffnung

Es war die Zeit der geschlossenen katholischen Welt; der Episkopat gab seine Stellungnahme bekannt, die Mehrzahl der Gläubigen schloß sich ihr an, und damit war die Sache geregelt. Wenn der evangelische Laie den Skandal einer theologisch und kirchlich gespaltenen Kirche ertragen mußte, war der katholische Laie Opfer einer Kirche, die politische Gedankenkontrolle ausübte ...

Die verhältnismäßig vielen Katholiken, die Laiengruppen angehörten, katholische Zeitungen lasen und die Gottesdienste besuchten, hörten immer nur eines: Unterstützung für die Verteidigungspolitik der Regierung. Adenauer war sich von Anfang an darüber im klaren gewesen, daß die öffentliche Meinung sorgfältig bearbeitet werden mußte, ehe sie die Wiederbewaffnung befürworten

würde. Keine andere Institution half ihm dabei so entscheidend wie die katholische Kirche und ihre Laienbewegung.
Die katholische Opposition gegen die Wiederaufrüstung wurde von der Autorität des Episkopats erstickt. Die Geistlichkeit war angewiesen, sich aus der Debatte herauszuhalten, aber erforderlichenfalls die Ansicht der Regierung mit theologischen Begründungen zu verteidigen. Die wenigen Priester und Theologen, die sich gegen die Wiederaufrüstung stellten, behielten ihre Meinung für sich oder liefen Gefahr, an einen abgelegenen Ort versetzt zu werden. Laien, die ausgesprochene Wiederbewaffnungsgegner waren – zum Beispiel Walter Dirks, Helene Wessel und Klara Faßbinder –, konnten natürlich nicht durch eine Verbannung aufs Land ausgeschaltet werden, aber man entzog ihnen die Möglichkeit, über katholische Vereinigungen Zugang zur Laienschaft zu gewinnen, und schwärzte sie in der katholischen Presse an. Der katholische Historiker und Dichter Reinhold Schneider zum Beispiel wurde im Frühjahr 1951 von fast allen Diözesanblättern heftig angegriffen wegen eines Artikels in einer ostdeutschen Veröffentlichung, in dem er die Wiederaufrüstung in beiden Teilen Deutschlands verurteilte. Das Westberliner *Petrusblatt* meinte sogar, er verdiene exkommuniziert zu werden, weil er implizit den Kommunismus befürworte. Bundespräsident Heuss entrüstete sich über diese Einschüchterung Schneiders von kirchlicher und politischer Seite. Er sorgte persönlich für seine politische Rehabilitierung und verlieh ihm 1952 das Bundesverdienstkreuz. Der Episkopat jedoch vergab Schneider nie. 1956, als er mit dem Friedenspreis des deutschen Buchhandels ausgezeichnet wurde (den auch Persönlichkeiten wie Albert Schweitzer, Martin Buber und Hermann Hesse erhalten hatten), blieb bei dem Festakt in der Paulskirche in Frankfurt der für einen Vertreter der katholischen Kirche vorgesehene Platz leer.

Aus: Frederic Spotts, Kirchen und Politik in Deutschland, a.a.O., S. 215 f.

19. Wiederbewaffnung und evangelische Kirche

(Denkschrift der evangelischen Landesbischöfe Westdeutschlands vom 15.2.1952)

Die Frage des deutschen Verteidigungsbeitrags hat die deutsche evangelische Christenheit weithin in Verwirrung und Gewissensnot gebracht. Trotzdem halten wir es nicht für eine Aufgabe der Kirche, die politische Frage zu beantworten, ob unter den heute gegebenen Umständen ein deutscher Beitrag zu einer europäischen Verteidigungsgemeinschaft ratsam ist oder nicht. Wir versuchen, auf die Frage aber eine Antwort zu geben, soweit sie das christliche Gewissen betrifft.
Gott will, daß eine staatliche Ordnung das Recht schützt und den Frieden sichert. Recht und Friede werden von der Machtgier, aber auch von der Unterdrückung im Namen menschlicher Ideen bedroht. Die Bedrohung kommt von innen und außen. Um sich der Gewalt zu erwehren, haben die Staaten eine Polizei und ein Heer. Sie haben sie so lange mit Recht, als sie diese Machtmittel im Dienst des Rechtes und zur Abwehr des Unrechts verwenden.
Es ist dem Christen nicht erlaubt, diese Tatbestände zu leugnen. Es ist vielmehr seine Pflicht, sie in seine Verantwortung aufzunehmen. Insbesondere soll er durch lebendige Teilnahme am öffentlichen Leben den immer möglichen Mißbrauch der bewaffneten Gewalt, so weit er irgend kann, verhindern. In dieser tätigen Verantwortung, nicht aber dadurch, daß er um jeden Preis die Gewalt verwirft, vollzieht der Christ ein Stück der Bruderliebe, die in der Bergpredigt geboten ist.
Dies gilt im allgemeinen. Gilt es auch für die besondere Lage, in der sich Deutschland heute befindet?
Gewiß war Gottes Gericht am Werk, als uns nach dem letzten Krieg die Waffen aus der Hand geschlagen wurden. Und gewiß folgt daraus, daß wir sie nicht zu dem Zweck wieder aufnehmen dürften, um mit abermaligem Vertrauen auf die Gewalt unsere alte Machtstellung wieder zu erobern.
Es hieße aber den Weg einer selbstgewählten, nicht von Gott befohlenen Buße gehen, wollten wir sagen, es sei unserem Volk auch verwehrt, gemeinsam mit anderen Völkern diese und uns, den

Frieden und das Recht vor einer erneuten Bedrohung durch die nackte Gewalt zu schützen. Wir sollen mit aller Kraft dem Frieden dienen. Der Wille eines Volkes zum Frieden erfordert aber nicht zugleich die Bereitschaft, selber dauernd waffenlos zu sein; denn schon oft hat die Waffenlosigkeit derer, denen es mit Recht und Frieden ernst war, die Kriegsgefahr erhöht, sobald wehrlose Räume zum Zugriff verlocken.

Unsere Kirche soll im deutschen Volk den Willen zum Frieden befestigen. Man muß aber bestreiten, daß ein prophetisches Amt der Kirche den Auftrag hat, das deutsche Volk vor der Mitwirkung an einer europäischen Verteidigungsgemeinschaft zu warnen. Es gibt politische Gründe, die dagegen sprechen, daß jetzt schon deutsche Wehrverbände aufgestellt werden. Es ist nicht Sache der Kirche, zu entscheiden, ob diese Gründe überzeugend sind oder nicht. Die Behauptung, es sei dem Christen gewissensmäßig unmöglich, für einen deutschen Wehrbeitrag zu stimmen oder sich an seiner Verwirklichung zu beteiligen, ist nicht in göttlichen Weisungen begründet ...

Wenn es nicht Aufgabe der Kirche, sondern eine Sache der zuständigen Organe des Staates ist, über die Aufstellung deutscher Wehrverbände zu entscheiden, so ist die Kirche doch nicht der Aufgabe enthoben, auf das Denken unseres Volkes einzuwirken, damit aus einer etwaigen Wiederbewaffnung nicht neuer Schaden für seine Seele entsteht. Den Versuchungen der Ruhmsucht, des Ranggeistes und der Soldatenspielerei muß von den Christen aller Länder entgegengewirkt werden. Wo soldatische Erziehung durchgeführt wird, muß sie jede Brechung der Persönlichkeit des einfachen Mannes vermeiden. Den geistigen Gefahren der modernen Kriegführung, dem Geist des Hasses, der Rache und der hemmungslosen Vernichtungslust, muß schon in Friedenszeiten offen widersprochen werden.

Vor allem aber müssen wir in der Kirche selbst darüber wachen, daß unser Friede mit Gott und mit den Brüdern nicht durch politische Meinungsverschiedenheiten untergraben werde. Die Tatsache, daß das richtige politische Handeln in der Frage des Wehrbeitrages nach menschlichem Ermessen über das Leben und die Freiheit unseres Volkes und unserer Kinder entscheidet, darf uns nicht hindern, auch in denen Brüder zu erkennen, die in dieser Frage anders denken als wir selbst. Über alle Ungewißheit und über allem Irren der Menschen steht der Herr der Geschichte. Ihm das Schicksal unseres Volkes und den Frieden der Welt anzubefehlen, ist unsere tägliche Pflicht.

Zit. nach: Johannes Hohlfeld (Hrsg.), Dokumente der Deutschen Politik und Geschichte, Bd. 7, Berlin o. J. (1954) S. 155 ff.

20. Einstellung zur Wiederbewaffnung nach Konfessionen (in Prozent)

		Oktober 1950	März 1951	Juni 1951	Februar 1952
Für die Wiederbewaffnung	Protestanten	64	50	48	47
	Katholiken	60	47	43	52
Gegen die Wiederbewaffnung	Protestanten	29	39	32	35
	Katholiken	33	39	34	28

Nach: Hans-Peter Schwarz, Die Ära Adenauer 1949–1957, a. a. O., S. 122

21. Umfragen des Allensbacher Instituts zur Wiederbewaffnung 1950–1954

Frage: *„Wer soll über die Wiederbewaffnung Deutschlands entscheiden?“* (November 1950)

	%
Eine Volksabstimmung	77
Die Bundesregierung	6
Der Bundestag	5
Weiß nicht	12
	100

Frage: *„Sind Sie für oder gegen eine Teilnahme deutscher Truppen an einer westeuropäischen Armee?“*

	November 1950	Juli 1952	August 1953
	%	%	%
Dafür (mit und ohne Einschränkungen)	38	44	46
Dagegen	46	36	33
Unentschieden	16	20	21
	100	100	100

Frage: *„Sind Sie für oder gegen den Aufbau einer selbständigen deutschen Armee?“*

	Oktober 1950	November 1950	Juni 1951	Februar 1952	Juli 1952	Oktober 1952	Januar 1953	August 1953	September 1954
	%	%	%	%	%	%	%	%	%
Dafür	35	30	42	46	41	39	39	42	45
Dagegen	46	50	42	38	40	44	39	36	35
Unentschieden	19	20	16	16	19	17	22	22	20
	100	100	100	100	100	100	100	100	100

Frage: *„Glauben Sie, daß die Wiederbewaffnung Deutschlands den Frieden in Europa festigt oder die Kriegsgefahr steigert?“* (September 1954)

	Insgesamt	Männer	Frauen
	%	%	%
Festigt den Frieden	34	41	28
Steigert Kriegsgefahr	33	30	35
Bleibt sich gleich	20	23	17
Weiß nicht	13	6	20
	100	100	100

Frage: *„Finden Sie, wir sollten uns von den Westmächten loslösen und einen Sicherheitspakt mit Rußland abschließen?“* (Juli 1952)

	%
Nein, nicht loslösen	75
Ja, lösen	4
Weiß nicht	21
	100

Aus: Erich Peter Neumann-Elisabeth Noelle, Antworten. Politik im Kraftfeld der öffentlichen Meinung, Allensbach 1954, S. 132 ff.

22. Die Befürworter der Wiederbewaffnung

Die entschiedenen Befürworter der Wiederbewaffnung befanden sich einesteils in den Parteien der Regierungskoalition – der Union, der nationalkonservativen Deutschen Partei und der FDP, deren nationalliberaler Flügel zur politischen Heimat einer großen Anzahl ausgedienter Berufsoffiziere geworden war – und anderenteils in den beiden Kirchen, in den Gewerkschaften und der Industrie. Der Protestantismus tat sich auf Grund seiner Einwurzelung in Mitteldeutschland und der deshalb vorwaltenden Sorge um die Wiedervereinigung mit seiner Zustimmung schwer und vertrat sie eher halblaut, da Teile der protestantischen Geistlichkeit ablehnend in die Nähe Martin Niemöllers rückten. Auch im Katholizismus waren nationalneutralistische Positionen anzutreffen, so daß die Zustimmung zur Wiederbewaffnung dem Kirchenvolk durch Klerus und Laienführer erst nahegebracht werden mußte. Nach einer kurzen Phase interner Auseinandersetzungen war der Katholizismus die erste gesellschaftliche Großgruppe, die geschlossen die Regierungspolitik unterstützte.

Gewerkschaften und Industrie waren stille Befürworter der Wiederbewaffnung; ihre Haltung ist bezeichnenderweise noch nicht eingehend untersucht worden. Die Gewerkschaftsbasis war unbestritten antimilitaristisch orientiert, doch hatte die Gewerkschaftsführung ebenso wie die Industrie ihre Zustimmung zur Wiederbewaffnung bekundet – nicht allein um der immer beschworenen Profite aus der Rüstungsproduktion willen als vielmehr aus Gründen der innen- und außenpolitischen Stabilisierung der Bundesrepublik zur Gewährleistung des Arbeitsfriedens und des Wirtschaftswachstums.

In den Augen nicht nur der Gegner drohte von der Zustimmung einer Gruppe zur Wiederbewaffnung Gefahr für den Staat: Die große Zahl der ehemaligen Soldaten, die nicht zur extremen Rechten zählten, welche sich der Bonner Politik in süffisantem Chauvinismus verweigerte, konnte sich vom deutschen Wehrbeitrag neue berufliche Möglichkeiten versprechen. Von daher drohte die Wiederbewaffnung in der Tat eine „Remilitarisierung" zu werden, und die frühzeitige Rehabilitierung der Wehrmachtssoldaten durch die Bundesregierung und die NATO-Führung im Frühjahr 1951 war eine erhebliche innenpolitische Belastung, die allerdings durch die projektierte Integration der deutschen Kontingente in die EVG und später der Bundeswehr in die NATO gemildert wurde.

Aus: Anselm Doering-Manteuffel, Die Bundesrepublik in der Ära Adenauer. Außenpolitik und innere Entwicklung 1949–1963, Darmstadt 1983, S. 76 f.

I/3 Deutschland-Vertrag und EVG-Vertrag

Arbeitsthemen

1. *Welche Motive bestimmten Adenauers Reaktion auf die Stalin-Note vom 10. 3. 1952? Welches Junktim zog die SPD – nach ihrer „deutschlandpolitischen Achsendrehung" (Peter März) – in Zweifel? Inwiefern wurde diese Skepsis durch die weitere Entwicklung bestätigt? (Nr. 1)*
2. *Welche beiden Integrationselemente suchte die EVG zu verknüpfen? Wie sollte das Verhältnis zur NATO geregelt werden? (Nr. 2)*
3. *Welchen Zusammenhang sieht Adenauer zwischen Deutschland- und EVG-Vertrag? Inwiefern begreift er den Beitritt zur EVG als Hebel auf dem Weg zur Rückgewinnung der westdeutschen Souveränität und der nationalen Einheit? Weshalb befürchtet Carlo Schmid absolut gegenteilige Konsequenzen in der Frage der Wiedervereinigung? Welche zentralen Einwände bringt Herbert Wehner gegen Adenauers Strategie einer „Politik der Stärke" und die damit verbundenen Erwartungen vor? (Nr. 3 a–c)*
4. *Welche Vorteile – nicht zuletzt im Blick auf die Wiedervereinigung – schreibt die SPD ihrem Vorschlag eines Systems kollektiver Sicherheit als Alternative zum EVG-Vertrag zu? Auf welchen Prämissen basiert allerdings dieses Konzept? Inwiefern erschwerte der hohe Stellenwert, der dem Sicherheitsaspekt im öffentlichen Bewußtsein eingeräumt wurde, die Suche und Propagierung von abweichenden Ansätzen zu Adenauers Politik der Westintegration überhaupt? (Nr. 4 und 5)*
5. *Welchen unterschiedlichen Zwecken diente offenkundig Adenauers Aufruf vom Sommer 1954? Was macht das Plakative an ihm aus? (Nr. 6)*

6. *Weshalb gelang es nicht, das breite Protestpotential gegen die Wiederbewaffnung zu bündeln und politisch ins Spiel zu bringen? Warum erwies sich der Gedanke der Neutralität als von solch begrenzter Resonanz? Welcher Einfluß kann dabei den Ereignissen in der DDR – gerade im Jahr 1952 (vgl. III/1 Nr. 8 und III/3) – zugeschrieben werden? Worin lag das Dilemma der SPD? Inwiefern gelang Adenauer, der schon im Juni 1951 eine eindeutige Auffassung vertreten hatte („Wer die Neutralisierung und Demilitarisierung in Deutschland hier bei uns will, ist entweder ein Dummkopf allerersten Ranges oder ein Verräter"), eine Abwertung seiner prinzipiellen Gegner in durchschlagender Weise? (Nr. 7)*
7. *Mit welchen Argumenten sucht Mendès-France die mehrheitliche Zustimmung der französischen Nationalversammlung für den EVG-Vertrag zu erreichen? (Nr. 8)*
8. *Ist Adenauers Einschätzung des französischen Ministerpräsidenten mit der tatsächlichen Rolle von Mendès-France zu vereinbaren? Welche generellen Konsequenzen fürchtet der Bundeskanzler? (Nr. 8 und 9 a)*
9. *Worauf gründet der SPD-Pressedienst seine Kritik an der Reaktion Adenauers auf den ablehnenden Beschluß in der französischen Nationalversammlung? (Nr. 9 b)*
10. *Womit ist Adenauers „Schock über das französische Nein" zu erklären? Welcher Ausweg aus der neuen Situation wurde gefunden? Inwiefern war er jedoch nur als „unbefriedigender Ersatz" (von Brentano) anzusehen? (Nr. 10)*
11. *Welche Zuständigkeiten blieben der Bundesrepublik trotz Rückgewinnung der Souveränität mit Hilfe des Deutschland-Vertrages vorenthalten? Auf welche Rolle verpflichten sie die drei Mächte in Sachen Wiedervereinigung? (Nr. 11 und 12) Welche Gemeinsamkeiten und welche Unterschiede bestehen zu den entsprechenden Vereinbarungen zwischen der UdSSR und der DDR? (vgl. III/6 Nr. 7 a und 9)*
12. *Inwiefern trug der Deutschland-Vertrag offenkundige Züge eines Ersatzfriedensvertrags? Welche Vertragselemente erwiesen sich als von bleibender Bedeutung? Warum rechnet Grewe das Wiedervereinigungspostulat nicht dazu? (Nr. 12 und 13)*

Materialien

1. Westintegration und Gleichberechtigung

Da Adenauer die Integration des militärischen Bereiches wie eines Teiles der Wirtschaft als Basis für die Errichtung einer politischen Union in Europa ansah, meinte er, seinen außenpolitischen Zielen bereits ein Jahr nach Gründung der Bundesrepublik nahegekommen zu sein.
Zwar konnte bereits im April 1951 der Vertrag über die Gründung der Europäischen Gemeinschaft für Kohle und Stahl unterzeichnet werden, doch zogen sich die Verhandlungen über die beiden anderen Verträge unerwartet lange hin. Vor allem die Verhandlungen über die Aufhebung des Besatzungsstatuts bereiteten beträchtliche Schwierigkeiten, weil die Alliierten nach wie vor deutschen Kompetenzen mit erheblichem Mißtrauen gegenüberstanden und zudem zu Gunsten der Bundesrepublik auf Privilegien verzichten sollten. Souveränitätsrechte mochte man der Bundesrepublik trotz aller zukünftigen Kontrollmöglichkeiten auf europäischer Ebene nur stufenweise zugestehen. In der sogenannten „Kleinen Revision des Besatzungsstatuts" wurde der Bundesrepublik im März 1951 zunächst einmal das Recht zur Errichtung des Auswärtigen Amtes und zum Aufbau des auswärtigen Dienstes eingeräumt.
Die volle Verfügung darüber wurde ihr allerdings erst im Mai 1952 mit dem „Deutschland-Vertrag" zugestanden, der das Besatzungsstatut aufhob; allerdings alliierte Vorbehalte vorsah, was Berlin und „Deutschland als Ganzes einschließlich der Wiedervereinigung" betraf, sowie alliierte Eingriffsrechte für den Fall eines Notstandes. Der EVG-Vertrag unterschied sich vom Pleven-Plan wesentlich dadurch, daß er die Berücksichtigung aller Staaten bei der Besetzung der Kommandostellen vorschrieb.
Die Problematik dieser außerordentlich erfolgreichen Außenpolitik wurde der deutschen Öffentlichkeit erst richtig deutlich im März 1952, als der sowjetische Parteichef Stalin in mehreren Noten an die Westalliierten die Wiedervereinigung Deutschlands unter dem Vorzeichen der Neutralisierung anbot …
Adenauer reagierte sofort auf das Angebot mit einer scharfen Ablehnung. So kurz vor Vertragsabschluß, vor Erreichung der Souveränität, wollte er auch nicht den Anschein einer das wachsende

westliche Vertrauen störenden Schaukelpolitik erwecken und die Westintegration, die westdeutsche Sicherheit und Souveränität gegen eine unsichere Neutralität aufs Spiel setzen, die nach seinen Äußerungen binnen kurzem zum Sieg des Kommunismus in Deutschland führen würde. Ohnehin hielt er Verhandlungen mit der Sowjetunion nur aus einer Position überlegener westlicher Stärke heraus für sinnvoll. Deswegen war für ihn die Westintegration – wie es dann auch der Deutschland-Vertrag formulierte – ein wesentlicher Schritt zur Verwirklichung einer Wiedervereinigung. Diese Position war in seiner Partei nicht unumstritten, denn der gesamtdeutsche Minister, Jakob Kaiser, hielt die Stalin-Note für ein diskussionswürdiges Angebot.
Gerade hier setzte die Kritik der SPD an. Auch sie wollte die Ernsthaftigkeit der Note prüfen; sei es nur, um zu beweisen, daß keine Chance für die Wiedervereinigung versäumt wurde. Die SPD hatte den Westkurs Adenauers von Anfang an mit Mißtrauen verfolgt. Für sie bestand ein eklatanter Widerspruch zwischen Westorientierung und Wiedervereinigung. Im Unterschied zu Adenauer, „der sich in der Tat das Recht genommen hatte, mit vollen Segeln und ohne Rücksicht auf die Entwicklung im anderen Teil Deutschlands nach Westen zu steuern" (W. Besson), hatte für die SPD die Wiedervereinigung Priorität. Nach ihrer Ansicht konnte eine Wiedervereinigung nicht gegen die Sowjetunion, sondern nur durch Verhandlungen mit ihr über einen auch für sie adäquaten Preis erreicht werden; so wie Adenauer auch den Ausgleich mit dem Westen angestrebt hatte.
Trotz Klage beim Bundesverfassungsgericht und Unterstützung durch eine breite, zum Teil pazifistische außerparlamentarische Opposition konnte die SPD die Annahme der Verträge nicht verhindern; im Gegenteil, das Ergebnis der Bundestagswahl von 1953 versetzte die von der CDU/CSU geführte Koalition in die Lage, mit einer ⅔-Mehrheit das Grundgesetz für die Errichtung der Bundeswehr zu ändern.
Für die Sowjetunion bedeutete die Ablehnung der Stalin-Note einen Einschnitt in ihrer Deutschlandpolitik. Von da an wandte sie sich in immer stärkerem Maße der Zweistaaten-Theorie zu. Bereits im Juli 1952 wurde auf der 2. Parteikonferenz der SED der „planmäßige Aufbau des Sozialismus" beschlossen und damit die sozialstrukturelle Veränderung und Entfernung von der Bundesrepublik vorangetrieben.
Die Skepsis der SPD gegenüber Adenauers These, mit der Verabschiedung der Verträge die Wiedervereinigung leichter zu erreichen, wurde auf der Berliner Konferenz der vier Großmächte 1954 bestätigt. In der deutschen Frage wurden keinerlei Fortschritte erzielt; auf Betreiben der Sowjetunion rückten die Westmächte lediglich von der auch in der Bundesrepublik umstrittenen Klausel im Deutschland-Vertrag ab, die auch ein wiedervereinigtes Deutschland, wenn nicht an den Westen band – wie die Sowjetunion interpretierte –, so doch zu einem westlich geprägten Staat machte.
Doch auch die Westpolitik mußte einen unerwarteten Rückschlag hinnehmen, denn die französische Nationalversammlung lehnte Ende August 1954 den EVG-Vertrag ab.
Auch wenn innerhalb von nur zwei Monaten eine Ersatzlösung für den deutschen Wehrbeitrag gefunden wurde, empfand Adenauer die Ablehnung der EVG als einen schweren Rückschlag, da mit ihr ein wesentlicher Teil der Basis für einen europäischen Bundesstaat verlorenging. Die Bundesrepublik wurde nun direkt Mitglied der NATO. Um aber zu verhindern, daß die Bundesrepublik – wie bei den NATO-Mitgliedern üblich – eigene nationale Truppenkontingente aufstellt, wurden die gesamten bundesdeutschen Streitkräfte der Westeuropäischen Union (WEU) unterstellt, dem wieder belebten Brüsseler Pakt von 1948, dem nun auch Großbritannien beitrat.
Auch der Deutschland-Vertrag wurde noch einmal überarbeitet. Die Verträge wurden am 23. Oktober 1954 unterzeichnet, im Februar 1955 ratifiziert und am 5. Mai in Kraft gesetzt.
Die SPD hatte sich noch einmal diesem nach ihrer Meinung für die deutsche Einheit verhängnisvollen Weg entgegengestemmt. Sie wollte vor Ratifizierung der Verträge ein neuerliches Wiedervereinigungsangebot der UdSSR prüfen, da nach der vollständigen Einbindung der Bundesrepublik in den Westen die UdSSR nicht mehr bereit sein würde, über die deutsche Einheit ohne zusätzliche Vorbedingungen zu verhandeln. In der Tat erwies sich diese Befürchtung als zutreffend.
Renata Fritsch-Bournazel resümiert die Außenpolitik Adenauers in dieser Zeit: „Der erste Kanzler

der Bundesrepublik ist in die Geschichte eingegangen als der große Staatsmann, der Westdeutschland zur Rückkehr auf die diplomatische Bühne Europas verhalf. Daneben trägt er auch eine gewisse Verantwortung für die deutsche Teilung." Ob man dem zweiten Teil dieser Aussage zustimmt, hängt von der Einschätzung des politischen Spielraums der Bundesrepublik in dieser Zeit ab.

Aus: Jürgen Faulenbach, Zwischen Westintegration und Wiedervereinigung, in: Das Parlament vom 3. Mai 1980, S. 9

2. Die Begründung der Bundesregierung zum EVG-Vertrag vom 27. 5. 1952

1. Vorgeschichte

Maßgebende Überlegungen

Die Verhandlungen, die zum Abschluß des Vertrages über die Verteidigungsgemeinschaft geführt haben, gehen auf zwei Erwägungen zurück: auf eine militär-politische und eine allgemeinpolitische.

Die militär-politische Erwägung war die Überlegung, daß es notwendig sei, die Verteidigung der westlichen Welt zu sichern und hierzu auch die deutsche Verteidigungskraft einzubeziehen. Die allgemein-politische Erwägung entsprang den Bemühungen um eine Integration Europas, die es nahelegten, die Verteidigungsbestrebungen als Element in die Bemühungen um die Herbeiführung einer solchen Integration einzubeziehen.

...

2. Grundgehalt

a) Verfassung

Die überstaatliche Gemeinschaft

Die Europäische Verteidigungsgemeinschaft ist, ebenso wie die Europäische Montangemeinschaft, eine mit eigenen Hoheitsbefugnissen ausgestattete überstaatliche Gemeinschaft.

Auch dem Aufbau der Verteidigungsgemeinschaft liegt die Überzeugung zugrunde, daß die angestrebten Ziele nicht mit den hergebrachten Mitteln zwischenstaatlicher Verknüpfung, sondern nur durch eine solche überstaatliche Gemeinschaft verwirklicht werden können. Der Vertrag regelt nicht, wie frühere Militärbündnisse, Rechte und Pflichten der Staaten zu militärischem Beistand und Zusammenwirken, sondern er schafft auf dem Gebiet der Verteidigung, in ähnlicher Weise, wie es die Montangemeinschaft auf dem Gebiet der Grundstoffindustrien getan hat, ein europäisches Gebilde mit eigenen Organen, eigenen Streitkräften und eigenem Haushalt.

Insbesondere sind die Streitkräfte europäisch, nicht national. Die Verteidigungsgemeinschaft steht damit im Gegensatz zu den Koalitionsarmeen alten Stils. Bei diesen verbleiben die Truppen im nationalen Status, sie sind nach wie vor Truppen der Einzelstaaten, nur unter gemeinsamem Oberbefehl. Demgegenüber gibt es bei der integrierten Armee der Verteidigungsgemeinschaft eine grundsätzlich neue Lösung. Es gibt bei ihr keine nationalen Truppen mehr; nicht nur der Oberbefehl ist gemeinsam, sondern die gesamte Armee mit sämtlichen Kontingenten hat europäischen Status.

Die Europäische Verteidigungsgemeinschaft zeigt hiernach, ähnlich wie die Montangemeinschaft, starke Ähnlichkeit mit bundesstaatlichen Begriffen und Einrichtungen. Sie ist aufgebaut auf der unbedingten Gleichstellung aller Mitgliedstaaten, und ihre Normen binden nicht nur die beteiligten Staaten, sondern unmittelbar die Bürger dieser Staaten. Hierbei greift die Verteidigungsgemeinschaft weit stärker als die Montangemeinschaft in die nationalen Hoheitsrechte ein. Eines der wesentlichsten Hoheitsrechte, das Recht der Selbstverteidigung, geht mit ihrer Errichtung der Ausübung nach auf die Gemeinschaft über. Das wirkt weit über das Militärische hinaus auf die Finanz- und Wirtschaftspolitik.

So drängt die Verteidigungsgemeinschaft überall zur politischen Föderation Europas. Sie ist nicht nur die Vorbereitung einer solchen Föderation, sondern schon ein entscheidender Teil davon.

Demgemäß ist der Versammlung der Verteidigungsgemeinschaft die Aufgabe anvertraut, gleich nach ihrem Zusammentritt die Vollendung dieser politischen Föderation Europas in die Wege zu leiten. Und schon jetzt sind die Vorschriften des Vertrages darauf abgestellt, diese Föderation zu ermöglichen.

...

c) Zwischenstaatliche Beziehungen

...

Verhältnis zum Nordatlantikpakt

Auch der Organisation des Nordatlantikpaktes tritt die Gemeinschaft als Einheit gegenüber. Sie fügt sich, soweit es sich um operative Fragen handelt, dieser Organisation als Glied ein. Insoweit ist einerseits den zuständigen militärischen Stellen der Nordatlantikpakt-Organisation hinsichtlich der Beaufsichtigung und der militärischen Leitung die erforderliche Einflußnahme eingeräumt; andererseits ist vorgesehen, daß die Dienststellen der Gemeinschaft mit den Dienststellen der Nordatlantikpakt-Organisation auf zivilem wie auf militärischem Gebiete durch Austausch von Informationen und in persönlichem Kontakt eng zusammenarbeiten und daß bei den militärischen Kommandostellen eine entsprechende Vertretung der Verteidigungsgemeinschaft stattfindet. Diese Vertretung ist personell nach dem Grundsatz der Nichtdiskriminierung entsprechend der Zusammensetzung der Streitkräfte zusammengesetzt.

Zit. nach: Christoph Kleßmann, Die doppelte Staatsgründung, a.a.O., S.469f.

3. Der Streit um die EVG im Bundestag

a) Rede Adenauers vom 9.7.1952

Bei der Frage, ob Genehmigung der Verträge oder nicht, handelt es sich – in wenigen Worten kurz zusammengefaßt – darum, ob sich die Bundesrepublik an den Westen anschließen soll oder nicht; ob sie sich den Schutz des atlantischen Verteidigungssystems sichern soll oder nicht; ob sie die Integration Europas einschließlich Deutschlands will oder nicht; ob sie die Wiedervereinigung Deutschlands in Freiheit, in einem freien Europa will oder ob sie bereit ist, eine Teilung Deutschlands oder eine Wiedervereinigung in Unfreiheit hinzunehmen ...

Die Fragestellung bei der endgültigen Beschlußfassung wird meines Erachtens folgende sein müssen: Gestatten diese Abmachungen die Erreichung der von mir skizzierten Ziele und bringen sie die Bundesrepublik ihnen näher? ...

Lassen Sie mich nunmehr einige Ausführungen über den Zusammenhang zwischen Deutschland-Vertrag und EVG-Vertrag machen. Keine Europäische Verteidigungsgemeinschaft ist möglich mit einem Staat, der unter Besatzungsstatut steht. Daher ist die Aufhebung des Besatzungsstatuts Voraussetzung des Vertrages über die Europäische Verteidigungsgemeinschaft. Umgekehrt gilt aber auch: Aufhebung des Besatzungsstatuts durch die Westmächte kann diesen vernünftigerweise bei der zwischen Ost und West nun einmal bestehenden Spannung nicht zugemutet werden; es kann ihnen nicht zugemutet werden, auf Rechtspositionen, die sich für sie aus der bedingungslosen Kapitulation Deutschlands ergeben haben, zu verzichten, solange die Bundesrepublik sich nicht in den Westen eingliedert. Es besteht ein innerer Zusammenhang zwischen den beiden Verträgen. Es handelt sich nicht etwa um eine äußere, künstlich konstruierte Verkoppelung. Man kann sie beide nur im Zusammenhang betrachten, nicht das eine bejahen und das andere ablehnen ...

Wie ich bereits ausgeführt habe, handelt es sich für Sie um eine politische Entscheidung, die zu treffen ist. Wir können, lassen Sie mich die theoretischen Möglichkeiten klarlegen, wählen zwischen folgenden Möglichkeiten:

1. Bejahung der Verträge und damit Anschluß an den Westen,
2. Ablehnung der Verträge, um damit den Anschluß an den Osten oder die Neutralisierung Deutschlands zu erreichen und
3. Herauszögern einer Entscheidung, um eventuell neu zu verhandeln ...

Welche Fortschritte werden nun die Verträge nach ihrem Inkrafttreten gegenüber dem heutigen Zustand für Deutschland bringen?

Das Besatzungsstatut fällt fort.
Alle wirtschaftlichen Beschränkungen hören auf.
Wir erhalten die Unterstützung der Vereinigten Staaten.
Wir erhalten ein Defensiv-Bündnis mit Großbritannien.
Die europäische Föderation beginnt auf dem neuralgischsten Gebiet, nämlich dem militärischen.
Europäische Kriege sind in Zukunft ausgeschlossen.
Durch den Einbau in das größte Verteidigungssystem der Geschichte erhalten wir die denkbar größte Sicherheit.
Wir sind nicht mehr Objekt politischer und strategischer Überlegungen, sondern wir werden Mithandelnde.
Ich glaube, gerade dieser letzte Punkt verdient einige weitere Ausführungen. Die Spannungen zwischen Ost und West kennt jeder von uns; wenn es auch im hohen Grade unwahrscheinlich ist, daß es zu einem heißen Krieg zwischen Ost und West kommt, so muß man doch bei seinen Überlegungen auch diese entfernte Möglichkeit mit in Betracht ziehen. Solange wir besetztes Land sind, solange wir uns nicht in das westliche Verteidigungssystem eingefügt haben, sind wir ein Niemandsland zwischen zwei großen Mächtegruppen.
Wie wir in den diplomatischen Auseinandersetzungen Objekt sind, so würden wir auch Objekt bei ernsten Auseinandersetzungen sein. Mit anderen Worten: wir würden Schauplatz dieser Auseinandersetzungen werden mit allen den furchtbaren Folgen, die sich daraus für unser Volk ergeben würden ...
Ich bin überzeugt davon, daß Sowjetrußland, wenn es sieht, daß infolge des Abschlusses der Europäischen Verteidigungsgemeinschaft seine Politik, im Wege des Kalten Krieges im vorliegenden Fall zur Neutralisierung der Bundesrepublik zu kommen, keinen Erfolg mehr verspricht, daß dann Sowjetrußland diese neugeschaffene politische Situation beachten und seine Politik dementsprechend einstellen wird. Das eine ist sicher: wenn wir die Verträge nicht unterzeichnen, verbessern wir die Aussicht auf Wiedervereinigung Deutschlands in keiner Weise. Ich weiß, daß die Männer und Frauen in der Ostzone diese Ansicht teilen. Ich weiß, daß sie eine Ablehnung der beiden Verträge nicht verstehen würden. Ich weiß, daß auch sie den von uns eingeschlagenen Weg als den einzigen Weg betrachten, der auch sie aus ihrer Not herausführen wird.

Zit. nach: Verhandlungen des Deutschen Bundestages. Stenographische Berichte. 1. Wahlperiode, 221. Sitzung, S. 9789 ff.

b) Rede Carlo Schmids vom 9. 7. 1952

...

Das Ergebnis vieler Verhandlungen sind die Verträge, über die wir heute beraten. Man hat uns den amerikanischen Senat gepriesen, der so einmütig ratifiziert habe, und man sprach von dem großen Mut, den dieser Senat dabei aufgebracht habe. Ich glaube aber, zur Ratifikation in Washington brauchte es nicht viel Mut; die Amerikaner erhalten doch einen Vertrag, der ihre Politik krönt, einen Vertrag, der ihnen nunmehr vertraglich einschneidende Rechte in Deutschland einräumt, ohne daß sie dadurch Verpflichtungen übernommen hätten, die über das hinausgehen, was von ihnen schon übernommen worden ist und in ihrem unmittelbaren Interesse liegt. Für die Amerikaner sind diese Verträge die Ordnung eines Stückes ihrer Außenpolitik; für uns sind sie etwas, das die Existenz des deutschen Volkes unmittelbar betrifft, und das ist ein Unterschied!
Dieser EVG-Vertrag ist in Wirklichkeit die Verpflichtung, die Bundesrepublik unlöslich in ein politisches und militärisches Vertragssystem einzubringen, das die russische Besatzungsmacht, ohne deren Zustimmung wir die Voraussetzungen für die Schaffung der Einheit Deutschlands nicht erfüllen können – ob mit Recht oder Unrecht – nun einmal als gegen sich gerichtet betrachtet, und wir übernehmen darin recht präzise Verpflichtungen. Aber weder die Briten noch die Amerikaner übernehmen präzise Verpflichtungen für konkrete Leistungen, und wenn die NATO ihnen solche Verpflichtungen auferlegen sollte, dann wird das ohne unsere Beteiligung geschehen, und nichts im Generalvertrag außer der allzu allgemeinen Generalklausel hindert die Vereinigten Staaten, ihre

Truppen zurückzuziehen oder das Maß der Truppen, die sie in Europa halten, nach ihren Vorstellungen zu bestimmen …
Nun kann die Einheit Deutschlands doch nur zustande kommen, wenn die Russen – ja, auch die Russen – mit gesamtdeutschen freien Wahlen einverstanden sind. Und glaubt man denn, daß sie dazu bereit sein werden, wenn von vornherein feststehen soll, daß der Teil Deutschlands, den sie aufgeben, auf Grund einer heute geschaffenen vertraglichen Verpflichtung einem Block zugeschlagen werden soll, den dieses Rußland nun einmal als feindselig empfindet? Als ich das in Straßburg einem Delegierten eines nordischen Landes sagte, gab er mir zur Antwort: „Ihr müßt euch eben damit abfinden: uns ist es lieber, wir haben das halbe Deutschland ganz als das ganze Deutschland halb." Das mag da ein Gesichtspunkt für Dritte sein, aber für uns Deutsche kann das kein Gesichtspunkt sein!
Wir können uns dagegen nicht mit den Worten trösten, daß wir durch diese Verträge nunmehr zusammen mit dem Westen so stark werden, daß wir mit den Russen endlich die Sprache sprechen können, die sie allein verstehen. Glaubt man denn wirklich, mit diesen Verträgen die Russen zur politischen Kapitulation zwingen zu können? Wenn man die Zustimmung der Russen will, muß man ihnen doch eine Chance lassen, durch die sie kompensiert finden könnten, was sie aufgeben!
…
Sie sagen: Wir machen durch die Verträge uns und den Westen stark, und nur, wenn wir den Westen stark machen – in einer früheren Debatte wurde einmal gesagt: militärisch stark machen –, kann man den Russen gegenüber eine offensive Deutschland-Politik betreiben, denn sie verstehen nur die Sprache der Macht. Dazu sagen wir Ihnen: Die Macht, die wir dazu brauchten, schaffen diese Verträge nicht. Keiner unserer Partner ist durch diese Verträge zu konkreten politischen Maßnahmen für die Einheit Deutschlands verpflichtet. Jeder einzelne bleibt in jedem einzelnen Falle Herr seiner Entscheidungen …
Werden die Russen nicht jeden Machtzuwachs im Westen durch Schaffung neuer eigener Machtmittel – vielleicht sogar in dem von ihnen besetzten Deutschland – kompensieren und überkompensieren? …
Sie sagen weiter: Deutschland kann nicht neutral bleiben, es gehört zum Westen, es muß sich daher für den Westen entscheiden, und die Entscheidung für den Westen fordert Entscheidung für diesen konkreten EVG-Vertrag und für diesen konkreten Generalvertrag! Dazu sagen wir Ihnen: Ja, Deutschland will keinen Neutralismus und kann ihn nicht wollen! Es hat sich längst für ein Leben auf Grund von Ordnungen entschieden, die heute nur im Westen dieses Kontinents existieren können.
Und daß es diesen Willen hat, hat dieses deutsche Volk auch dort bewiesen, wo der Osten lockte. Aber diese Entscheidung für den Westen bedeutet doch nicht, daß man auf die Möglichkeit eigener deutscher Politik verzichten und eine Politik betreiben müsse, deren machtpolitische Versuche mit Sicherheit durch Gegenmaßnahmen im anderen Teile Deutschlands kompensiert werden!
Was *Sie* Neutralität nennen, *nennen* wir die Weigerung, alle Möglichkeiten einer deutschen Politik zu Funktionen der Politik anderer reduzieren zu lassen. Es ist nicht wahr, daß es nur die eine Alternative gebe, Satellit des Ostens oder Vasall des Westens zu sein. Es gibt die dritte: sich dem Westen in Formen zu verbinden, die der Osten nicht bedrohlich zu finden braucht, und mit dem Osten in ein Verhältnis freien Austausches zu treten, das den Westen stärkt, statt ihn zu schwächen.
Nur so können wir zur Wiederherstellung eines freien einheitlichen Deutschland kommen. Für die Einzel-Etappen des Weges gibt es kein Patentrezept, aber man muß auf dieses Ziel hin verhandeln, und das ist besser, als militärisch zu denken, wo politisch gedacht werden muß! …
Und schließlich: Sie fragen mich immer wieder, Herr von Brentano: „Was wollen *Sie* denn?" Nun, jetzt frage ich Sie, Herr von Brentano: Glauben Sie denn, daß die Verträge die Einheit Deutschlands automatisch erwirken werden?
Sie haben uns bisher nicht gesagt, was Sie mit diesen Verträgen machen wollen, auf daß die Einheit Deutschlands zustande komme! Und das dem deutschen Volke zu sagen, wäre doch die entscheidende Frage …

Es sollte das vornehmste Nahziel unserer Politik sein, auf die Abhaltung einer Viermächtekonferenz hinzuwirken, auf der der Osten und der Westen klipp und klar zum Ausdruck bringen sollen, wie man sich dort, wo man noch Geschichte machen kann, die Lösung unserer Schicksalsfrage vorstellt und welche Voraussetzungen von der einen oder von der anderen Seite für das Einverständnis verlangt werden. Einen anderen Weg gibt es schlechthin nicht!

Zit. nach: Carlo Schmid, Bundestagsreden, hrsg. von Hansjoachim Daul, Bonn 1966, S. 147ff.

c) Herbert Wehners Einwände gegen die „Politik der Stärke"

Rede in der EVG-Debatte vom 10.7. 1952

Es drängt sich einfach die Frage auf: Was wäre, wenn der Herr Bundeskanzler den Bemühungen um die Wiederherstellung der deutschen Einheit mindestens soviel Kraft und Zeit geopfert hätte wie seinen Bemühungen um die sogenannte Integration? Die sogenannte Integration führt ja nicht automatisch zur Wiedervereinigung Deutschlands. Der Bundeskanzler begeht in dieser Beziehung zwei Rechenfehler. Erstens: er nimmt an, die Zusammenlegung des Wirtschafts- und Militärpotentials einer Gruppe westeuropäischer Länder werde zu einem gewissen Zeitpunkt die Verhandlungsbereitschaft der Sowjetregierung erzwingen; zweitens: durch die Integrationsverträge seien die westlichen Vertragspartner eindeutig auf eine Politik der Wiedervereinigung festgelegt ... Die Behauptung, die bisherigen sowjetischen Angebote seien schon das Ergebnis der – wie Sie es jetzt zu nennen belieben – „Politik der Stärke des Westens", und deshalb dürfe man sich nicht beirren lassen, geht von der falschen Behauptung aus, man könne mit gewissermaßen arithmetischer Sicherheit den Zeitpunkt errechnen, an dem es sich lohnen werde, mit den Sowjets zu verhandeln. Wenn Sie Wasser über einen bestimmten Punkt hinaus erhitzen, gibt es Dampf! Die deutsche Politik muß nicht nur das Risiko einer Entwicklung nach dem Muster von Prag, sondern sie muß auch das Risiko einer Koreanisierung Deutschlands zu verhindern trachten ... Aufrichtiger wäre es, wenn die Befürworter der Verträge sagten: Jawohl, wir geben zu, für eine geraume Zeit müssen wir die Wiedervereinigung zurückstellen, aber wir haben dafür die und die Begründung ... Aus Besatzungsfesseln werden nämlich Bündnisfesseln, und es ist mehr als fraglich, wie diese Bündnisfesseln, die unter dem Übergewicht der Besatzungsmächte geschmiedet worden sind, unsere Bemühungen um die Wiedervereinigung Deutschlands in Freiheit und mit friedlichen Mitteln fördern statt hemmen sollen.

Zit. nach: Udo F. Löwke, Für den Fall, daß ... SPD und Wehrfrage 1949–1955, Hannover 1969, S. 109f.

4. Das SPD-Konzept der kollektiven Sicherheit vom Mai 1953

Die Sozialdemokratische Partei Deutschlands ist für ein wirksames System kollektiver Sicherheit, an dem Deutschland gleichberechtigt teilnehmen kann.

Die SPD lehnt einen militärischen Beitrag der Bundesrepublik unter den Voraussetzungen und in der Form des vorgesehenen EVG-Vertrages ab, weil sie

a) der Bundesrepublik keine Sicherheit gewähren und die den Verträgen zugrundeliegende, bisher erkennbare Konzeption der Bundesrepublik das Schicksal der verbrannten Erde nicht erspart,

b) die Möglichkeiten einer friedlichen Wiedervereinigung Deutschlands blockieren,

c) der Bundesrepublik keine Gleichberechtigung gewähren.

Ein wiedervereinigtes Deutschland würde als Mitglied der Vereinigten Nationen (UN) seinen Beitrag zu dem im Rahmen der UN bestehenden Weltsicherheitssystem leisten. Solange die staatliche Einheit Deutschlands nicht wiederhergestellt ist, kann die Bundesrepublik an gemeinsamen Anstrengungen der freien Welt zur Sicherung des Friedens nur teilnehmen, sofern gewährleistet sind

a) die Gleichberechtigung der Bundesrepublik gegenüber allen anderen Teilnehmerstaaten;

b) die Gleichwertigkeit der Bedingungen für die Sicherheit und die Lebensinteressen jedes Teilnehmerstaates;

c) die ausdrückliche Übereinstimmung aller Teilnehmerstaaten, Deutschlands Anspruch auf Wiederherstellung seiner staatlichen Einheit anzuerkennen und die Bundesrepublik in ihrem Streben nach friedlicher Wiedervereinigung Deutschlands in Freiheit zu unterstützen;

d) keine Bindung einer freigewählten gesamtdeutschen Regierung durch vertragliche Verpflichtungen, die die Bundesrepublik eingeht, sondern Kündbarkeitsklausel für den Fall der Wiedervereinigung Deutschlands in jedem Vertrag.
Die Bundesrepublik muß angesichts der durch die Spaltung Deutschlands geschaffenen besonderen Lage darauf bestehen, die Kräfte der USA und Großbritanniens durch festes Engagement mit den eigenen militärischen Anstrengungen der Bundesrepublik zu verbinden.
Frieden und Sicherheit können heute nicht mehr nur für ein beschränktes Territorium etwa in Form eines ausschließlich kontinental-europäischen Sicherheitssystems gewährleistet werden. Regionale Sicherheitspakte, an denen die Bundesrepublik in der ihren Verhältnissen angemessenen Weise beteiligt wäre, sollen das Weltsicherheitssystem ergänzen und effektiv machen.
Damit die Bundesrepublik den ihr zukommenden Anteil an solchen gemeinsamen Anstrengungen zur Sicherung des Friedens übernehmen und erfüllen kann, ist nach der Aufhebung des Besatzungsstatuts ihr rechtlicher Status so zu bestimmen, daß sie – ungeachtet des Artikels 107 der Satzungen der UN – die vom Statut der UN für die Mitgliedschaft geforderten Voraussetzungen erfüllt[1]).

Aus: Handbuch Sozialdemokratischer Politik, hrsg. vom Vorstand der Sozialdemokratischen Partei Deutschlands, Bonn 1953, S. 115

5. Was ist kollektive Sicherheit?

(Fritz Erler in „Neuer Vorwärts" vom 15. 10. 1954)

Es ist eine Irreführung der Bevölkerung, jedes Militärbündnis als ein System kollektiver Sicherheit anzupreisen. Ein Militärbündnis richtet sich gegen eine außerhalb des Bündnisses stehende Macht: ein System der kollektiven Sicherheit schließt auch den möglichen Angreifer ein. Es funktioniert dadurch, daß sich in diesem System alle Teilnehmer verpflichten, gegen denjenigen *unter ihnen* zusammenzustehen, der den Frieden bricht ...
Die Eingliederung des wiedervereinigten Deutschlands in ein System der kollektiven Sicherheit erfüllt die offensichtliche Voraussetzung jeder friedlichen Wiedervereinigung. Deutschland würde damit kein Militärbündnis gegen die Amerikaner oder gegen die Sowjets eingehen. Es würde auf allen anderen Gebieten als dem militärischen nach dem freien Willen seiner Bevölkerung eindeutig auf der Seite der demokratischen Freiheiten und nicht bei der kommunistischen Knechtschaft stehen. Viele Staaten gehören einwandfrei zum Westen, ohne durch Militärbündnisse mit einer bestimmten westlichen Großmacht alliiert zu sein. Das gilt z.B. für Schweden.
Einbau in ein System der kollektiven Sicherheit ist nicht Isolierung, sondern das Gegenteil. Die Deutschen würden nicht ausgeklammert werden aus dem politischen, sozialen und militärischen Kräftefeld der übrigen Mächte, sondern sie würden gerade teilhaben an einem gemeinsamen Sicherheitssystem, das ihnen für den Fall einer Aggression die Hilfe der anderen Teilnehmer gegen den Aggressor sichert, was voraussichtlich die Verpflichtung mit sich bringt, sich selbst mit gegen den Aggressor zu verteidigen. Die wirkliche Sicherheit für Deutschland liegt doch darin, daß der Aggressor weiß, durch einen Angriff auf das demokratische Deutschland den dritten Weltkrieg auszulösen. Diese Gewißheit dürfte den Angriff verhindern. Deutschland als Teilnehmer eines Systems der kollektiven Sicherheit wäre weder „neutralisiert" noch im klassischen Sinne neutral. Es nimmt einfach nicht teil an Militärbündnissen. Das ist ein großer Unterschied. Ein neutralisiertes Land, dessen Neutralität von anderen garantiert und beaufsichtigt würde, müßte sich Einmischungen der Garantiemächte gefallen lassen, die angesichts der Methoden sowjetischer Infiltration nicht annehmbar sind.

[1]) Der Art. 107 der UN-Charta vom 26. 6. 1945 gestand den Mitgliedern der Vereinten Nationen notwendige Sicherheitsmaßnahmen – sogar im Widerspruch zur UN-Satzung – gegenüber den Feindstaaten des Zweiten Weltkriegs zu (Anmerkung des Herausgebers); vgl. Wortlaut, S. 89

Neutral wäre das wiedervereinigte Deutschland schon deshalb nicht, weil es sich gegen einen bewaffneten Angriff nicht allein durch seine eigenen Kräfte verteidigen könnte, sondern auf die Mitwirkung aller anderen Teilnehmer des Sicherheitssystems angewiesen wäre. Dieser Zusammenhang hat ja die Schweiz dazu gebracht, um ihrer klassischen Neutralität willen nicht einmal den Vereinten Nationen oder dem Europarat beizutreten. Das wiedervereinigte Deutschland soll also weder neutral noch „neutralisiert“, sondern ohne *Militär*bündnisse sein.

Zit. nach: Udo F. Löwke, Für den Fall, daß ..., a. a. O., S. 253 f.

6. Aufruf Adenauers vom Sommer 1954

AN ALLE DEUTSCHEN!

Wir alle erstreben die Wiedervereinigung Deutschlands in Frieden und Freiheit. Wir wissen, daß wir allein auf uns gestellt dieses Ziel gegen den Willen Sowjetrußlands nicht erreichen können. Im Deutschlandvertrag aber übernehmen die drei Westmächte vertraglich die Verpflichtung, mit der Bundesrepublik zusammen die Wiedervereinigung Deutschlands auf friedlichem Wege unter einer demokratischen Verfassung herbeizuführen.

Schon das allein verpflichtet uns gegenüber den Deutschen hinter dem Eisernen Vorhang, den Verträgen mit dem Westen zuzustimmen.

Nach dem Vertrag über die Europäische Verteidigungsgemeinschaft werden dieser auch deutsche Truppen angehören. Ich möchte erklären, daß wir alle Waffenträger unseres Volkes, die im Rahmen der hohen soldatischen Überlieferungen ehrenhaft zu Lande, auf dem Wasser und in der Luft gekämpft haben, anerkennen.

Wir sind überzeugt, daß der gute Ruf und die großen Leistungen des deutschen Soldaten, trotz aller Schmälerungen während der vergangenen Jahre, in unserem Volke noch lebendig sind und es auch bleiben werden. Es muß unsere Aufgabe sein, die sittlichen Werte des deutschen Soldatentums mit der Demokratie zu verschmelzen.

Wir stehen vor der Wahl zwischen Sklaverei und Freiheit!

Wir wählen die Freiheit!

Adenauer

Bundeskanzler Dr. Konrad Adenauer

Zit. nach: Anschläge. Politische Plakate in Deutschland 1900–1970, hrsg. von Franz Arnold, Frankfurt/M, o. J., S. 142

7. Wiedervereinigung, Wiederaufrüstung und Ostpolitik

Der SPD gelang es weder, der Bevölkerung dieses komplizierte Konzept eines kollektiven Sicherheitssystems nahezubringen, noch die Priorität der Wiedervereinigung vor der Westintegration mehrheitsfähig zu machen. Gleichwohl gab es eine breite Oppositionsbewegung gegen die Wiederaufrüstung, die in fast allen großen Parteien, in Gewerkschaften, Kirchen und Vereinen beheimatet war. Besonders in den Gewerkschaften fand sie eine starke Stütze, so daß nach der anfänglichen Zustimmung durch die DGB-Spitze und nach den enttäuschenden Erfahrungen mit dem Betriebsverfassungsgesetz seit 1952 ein deutlicher Kurswechsel in der gewerkschaftlichen Haltung zur Wiederaufrüstung feststellbar ist. Einer der profiliertesten politischen Sprecher der Oppositionsbewegung war Gustav Heinemann. In einem Memorandum über die deutsche Sicherheit vom Oktober 1950[1]) legte er dar, daß die Aufstellung deutscher Truppen eine schwere Belastung der sozialen Gestaltungsmöglichkeiten und der jungen deutschen Demokratie bedeuten würde. Er stellte darüber hinaus die Frage, ob eine westdeutsche Wiederaufrüstung auf die Sowjetunion nicht provozierend wirken und somit die Gefahr heraufbeschwören könne, daß Deutschland erneut zum Hauptschauplatz eines europäischen Krieges werden würde. Damit „die Chance für eine friedliche Lösung nicht verloren geht", plädierte er daher gegen einen deutschen militärischen Beitrag.
Die Gesamtbewegung war in sich sehr heterogen. Die gemeinsame Basis läßt sich am ehesten als „Ohne-mich-Haltung" charakterisieren. Nach einer EMNID-Umfrage von 1952 waren etwa drei Viertel der deutschen Bevölkerung gegen deutsche Soldaten. Die Ergebnisse der Landtagswahlen 1951 brachten für die Regierungsparteien erhebliche Verluste und die innenpolitische Basis von Adenauers Außenpolitik schien ins Wanken zu geraten. Die SPD zog zugleich alle Register der nationalen Propaganda gegen EVG- und Deutschlandvertrag und blieb damit auf der gleichen Linie, die schon die Debatte um das Petersberger Abkommen gezeigt hatte. „Wer diesem Generalvertrag zustimmt", erklärte Schumacher im Mai 1952 in einem Interview, „hört auf, ein Deutscher zu sein". Eine breite publizistische Opposition, deren herausragende Wortführer Rudolf Augstein im „Spiegel" und Paul Sethe in der „FAZ" waren, warf Adenauer vor, er habe mit den Westmächten ohne Möglichkeit des „Nein" verhandelt und ihnen deutsche Divisionen wie „türkischen Honig" angeboten. Warum ließ sich dieses breite Oppositionspotential dennoch nicht in eine klare politische Entscheidung umsetzen?
Die Antwort scheint eindeutig: Die Wähler gaben letztlich der Sicherung durch Westintegration den Vorrang vor dem Risiko einer Wiedervereinigung. Eine genaue Analyse der innenpolitischen Auseinandersetzungen um die sowjetischen Noten von 1952 zeigt, daß der Gedanke einer Neutralität – als zwingende Prämisse einer ernsthaften Diskussion der sowjetischen Initiative – in der Öffentlichkeit auf nur geringe Resonanz stieß, eben weil darin ein hoher Risikofaktor steckte. Demgegenüber versprach Adenauers Politik der Stärke nicht nur Sicherheit, sondern zusätzlich auch die Wiedervereinigung als langfristiges Ergebnis dieser Politik und machte so Westintegration und Wiederaufrüstung innenpolitisch vermutlich erst konsensfähig und durchsetzbar. Zwar gab es gegenüber der starren Fixierung der Regierungspolitik auf die Westintegration und der rückwärts gewandten Orientierung der Opposition am Nationalstaat flexiblere Konzeptionen wie die des FDP-Politikers Pfleiderer, die von der Legitimität eines starken sowjetischen Sicherheitsbedürfnisses ausgingen und auf den inneren Widerspruch der geforderten gesamtdeutschen Optionsfreiheit verwiesen. Jedoch hatten solche differenzierten Überlegungen weder bei der Masse der Gegner noch der Befürworter der Wiederaufrüstung eine Chance auf Resonanz. Wenngleich die Einstellungen der Bevölkerung zur Wiederbewaffnung in den Jahren 1950 bis 1953 erheblich schwankten, gab doch die Bundestagswahl von 1953, die Adenauer fast die absolute Mehrheit brachte, eine eindeutige Antwort auch auf die Prioritäten in der deutschen Außenpolitik.
Die Auseinandersetzungen um Westintegration und Wiederaufrüstung erreichten nochmals einen Höhepunkt nach dem Scheitern der EVG und im Vorfeld der Ratifizierung der Pariser Verträge

[1]) s. Nr. 16, S. 46 ff.

von 1955. Die grundsätzliche Konstellation jedoch änderte sich wenig: Einer Regierungspolitik, die aus ihrer westeuropäischen Integrationspolitik sowohl wirtschaftliche Prosperität wie die Grundvoraussetzung einer künftigen Wiedervereinigung abzuleiten verstand, trat die SPD mit einem Konzept gegenüber, das die Priorität umkehrte, aber gleichwohl in sich nicht konsequent war, weil es die Unvereinbarkeit von sowjetischen Interessen und Wiedervereinigung auf der Basis einer gesamtdeutschen Entscheidungsfreiheit nicht ausreichend reflektierte. Ein breites Protestpotential – ein markanter Ausdruck davon war die Paulskirchenbewegung – blieb ohne organisatorische Konzentration und politische Durchsetzungskraft, so daß es den Regierungsparteien leicht fiel, ihre Gegner als gefährliche Illusionisten gegenüber einer zielstrebigen sowjetischen Strategie abzuwerten.

Im Gegensatz zur heftig umstrittenen West- und Wiedervereinigungspolitik hat es eine Ostpolitik in den fünfziger Jahren faktisch nicht gegeben. Die Potsdamer Grenzregelung gegenüber Polen wurde von den Parteien in einer politisch verzerrten, einseitig formal-juristischen Interpretation zur Basis des innenpolitischen Kampfes um Wählerstimmen von Flüchtlingen und Zwangsumsiedlern gemacht, die jeden Ansatz einer Normalisierung der Beziehungen mit Polen von vornherein verbaute. Der Potsdamer Vorbehalt, die endgültige Grenzregelung könne erst auf einer Friedenskonferenz erfolgen, diente als Vorwand eines territorialen Revisionsanspruches, der zwar durch ein prinzipielles Bekenntnis zum Gewaltverzicht abgemildert, aber damit für Polen nicht zuletzt vor dem historischen Hintergrund der Weimarer Erfahrungen keineswegs akzeptabler wurde. Daß die materielle Endgültigkeit der Grenzregelung, wie sie im Umsiedlungsartikel des Potsdamer Abkommens und in den vom Alliierten Kontrollrat im November 1945 vereinbarten Umsiedlerquoten für die Besatzungszonen unterstrichen wurde, einer generellen Revisionsmöglichkeit diametral widersprach, wurde in der innenpolitischen Debatte ignoriert. Seit Kriegsende waren sich alle großen Parteien – bis 1947 auch die Kommunisten – darin einig, daß es eine Anerkennung der Oder-Neiße-Linie und damit einen Verzicht auf die früheren Ostgebiete nicht geben könne. Bereits in der ersten Bundestagsdebatte vom 20. September 1949 äußerten Adenauer und Schumacher ihre dezidierte Ablehnung der Oder-Neiße. Dementsprechend legten alle Fraktionen des Bundestages (außer der KPD) im Juni 1950 eine förmliche Rechtsverwahrung gegen das bevorstehende Grenzabkommen von Görlitz zwischen der DDR und Polen ein. Noch dezidierter erklärte Adenauer am 29. 5. 1953 in einem Memorandum an den amerikanischen Präsidenten Eisenhower: „Keine deutsche Regierung wird je in der Lage sein, die Oder-Neiße-Linie anzuerkennen."

Die Westalliierten, die seit der Stuttgarter Rede des US-Außenministers Byrnes 1946 im Zeichen des beginnenden Kalten Krieges viel dazu beigetragen hatten, das politische Terrain für eine derartige Revisionspolitik aufzulockern, versagten sich einer von Adenauer gewünschten ausdrücklichen Festlegung auf eine Wiederherstellung Deutschlands in den Grenzen von 1937 und verwiesen dabei auf den Unterschied, den sie stets in der Behandlung der Gebiete jenseits und diesseits der Oder-Neiße gemacht hatten. Weiter gingen sie jedoch nicht. Die unverbindliche Kompromißformulierung, die dann in den Deutschland-Vertrag von 1955 einging, lehnte sich erneut an das Potsdamer Abkommen an. Die „endgültige Festlegung der Grenzen Deutschlands" sollte damit bis zum Friedensvertrag aufgeschoben werden.

Aus: Christoph Kleßmann, Die doppelte Staatsgründung, a. a. O., S. 232 ff.

8. Der französische Ministerpräsident Mendès-France zur EVG

(Rede vor der Abstimmung in der Nationalversammlung am 29. 8. 1954)

Der bedeutsamste Vorteil ist nach meiner Ansicht, daß die EVG die Bundesrepublik Deutschland an die westliche Welt bindet, ja kettet. Das ist eine Erwägung, deren Wert niemand verkennen kann. Die Inkraftsetzung des Vertrages würde eine bedeutende Etappe auf dem Wege der französisch-deutschen Versöhnung bedeuten, die eine der Bedingungen des Friedens ist. Aber andere Erwägungen, sowohl günstige als auch ungünstige für die Ratifizierung, müssen auf Ihrer Entschei-

dung lasten. Im Falle, daß Sie die Ratifizierung ablehnen, wird das Problem Westeuropas, das Problem Deutschlands und seiner Aufrüstung keineswegs geregelt sein. In kürzerer oder längerer Frist wird sich dieses Problem in einer oder der anderen Form Ihnen neuerlich stellen. Derjenige wäre sehr leichtfertig, der heute für oder gegen die EVG stimmen würde, ohne an alle Konsequenzen seiner Entscheidung zu denken ...
Unsere britischen und amerikanischen Alliierten haben bereits wissen lassen, daß sie im Falle einer Nichtratifizierung des Vertrages von Paris durch das französische Parlament zur Fassung wichtiger Beschlüsse internationaler Ordnung schreiten würden. Der westdeutsche Staat würde alle Attribute der Souveränität mit Ausnahme auf militärischem Gebiet zurückerhalten. Diese Absicht unserer Alliierten scheint mir – ich lege Wert darauf, dies zu sagen – begründet zu sein, und zwar begründet zu sein, ob nun der Vertrag von Paris ratifiziert wird oder nicht. Wenn ein Land geschlagen wurde, so ist – gleichgültig, welche Bedingungen ihm beim Waffenstillstand auferlegt wurden – nicht daran zu denken, daß es unbegrenzt unter Vormundschaft bleibt. Zehn Jahre nach Beendigung der Feindseligkeiten und nach den Ereignissen dieser letzten Jahre kann niemand bestreiten, daß es vernünftig ist, der Bundesrepublik ihre politische Souveränität wiederzugeben. Übrigens ist die Sowjetunion uns in dieser Beziehung schon vorausgegangen, sie hat bereits Ostdeutschland die Souveränität wiedergegeben ...
Wenn wir den Vertrag von Paris nicht ratifizieren, so werden unsere Alliierten keineswegs darauf verzichten, den deutschen Beitrag zur westlichen Verteidigung zu erlangen. Das will heißen, daß wir sehr rasch mit Vorschlägen zur Wiederaufrüstung Deutschlands zu tun haben werden. Diese Aufrüstung, über welche Sie sich sodann auszusprechen haben werden, könnte in verschiedene Formen gekleidet sein. Man hat gesagt, daß sich uns nur eine Alternative gegenüber der EVG bieten würde und daß es keine andere Lösung gäbe. In Wirklichkeit gibt es deren mehrere. Der Augenblick ist nicht gekommen, um sie aufzuzählen ...

Zit. nach: Archiv der Gegenwart 1954, S. 4707

9. Zum Scheitern der EVG

a) Adenauer in einem Interview mit der „Times" vom 3. 9. 1954

Ich gab mir Mühe, darauf zu sehen, daß sich keine unnötigen Differenzen zwischen Herrn Mendès-France und mir selbst ergeben sollten, aber ich erhob natürlich die stärksten Einwendungen, wenn er verlangte, daß jeder Partner des Vertrages das Recht haben sollte, seinen Rücktritt aus der Verteidigungsgemeinschaft im Falle der Wiedervereinigung Deutschlands zu erklären. Nach meiner Meinung (und auch nach der Auffassung anderer) war dies eine Einladung an Rußland, die Wiedervereinigung Deutschlands durch jedes Mittel zu erwirken zu suchen und damit der EVG ein Ende zu bereiten. Ich bedaure sagen zu müssen, daß Herr Mendès-France die EVG zu zerstören wünschte. Man erwäge doch die Art und Weise, auf welche die Frage in der Nationalversammlung entschieden wurde. Die Abstimmung wurde über einen Verfahrenspunkt vorgenommen, und die führenden Anhänger des Vertrages hatten keinerlei Chance zu sprechen. Die Gaullisten, die Kommunisten und die Unzufriedenen schlossen sich bei der Verwerfung des Vertrages zusammen. Was von Bedeutung festzustellen ist, ist, daß Herr Mendès-France keine Majorität hinter sich hat ...
Im Osten haben wir die Sowjetunion und in Paris haben wir eine starke kommunistische Plattform. Der gute Wille, den Deutschland seit Ende des Krieges gezeigt hat, und der Wunsch, daß wir und die Franzosen brüderlich und freundschaftlich vorwärtsschreiten sollten, sind enttäuscht worden. Was sagen die Deutschen nun? Sie sagen etwa folgendes: „Stresemann verhandelte mit Briand, Brüning verhandelte mit Daladier und Adenauer verhandelte mit Schuman. All das war zwecklos." Müssen wir nunmehr annehmen, daß die Franzosen eine Verständigung zwischen unseren beiden Ländern nicht wünschen? Denken Sie an die jüngere Generation der Deutschen. Ich glaube, daß ich ehrlich behaupten kann, daß wir das alte Konzept eines engstirnigen Nationalismus durch die europäische Idee ersetzt haben. Wenn die europäische Idee durch die Handlungsweise

Frankreichs zertrümmert wird, wird das dann nicht die Wiederkehr eines übertriebenen Nationalismus in Deutschland bedeuten? Ich meine damit nicht eine Rückkehr zum Nazismus von Hitler, aber gewiß eine Rückkehr zu irgendeiner Form des Nationalismus. Wenn Deutschland durch den Westen zurückgestoßen und durch den Osten umworben wird, glauben Sie dann nicht, daß der neue Nationalismus auf die Sowjetunion blicken wird? Das ist eine große Gefahr ...

b) Der SPD-Pressedienst zum Adenauer-Interview

War dies die Sprache eines Europäers? Eine Bemerkung wie jene, daß sich in Paris die Kommunisten etabliert hätten, muß in französischen Ohren provokativ wirken und leidenschaftliche Ablehnung hervorrufen. Der faszinierende Erfolg eines Mendès-France und das internationale Ansehen, das er genießt, sind doch darauf zurückzuführen, daß er den Mut hatte, das Parlament vor Entscheidungen zu stellen, um die sich seine Vorgänger gedrückt hatten. Das Bleigewicht des Indochina-Krieges lähmte Frankreich und zehrte an seinen Kräften; Mendès-France beendete eine Epoche, in der Frankreich einem innen- und außenpolitischen Chaos zusteuerte. Und so wurde auch der Genfer Kompromiß von dem französischen Volk als eine Befreiung von einer Last empfunden, die es nicht mehr tragen konnte ...
Eine andere Äußerung des Kanzlers berührt eine Grundfrage der deutschen Politik, und der Zusammenhang, in den sie gestellt ist, läßt schwerste Befürchtungen für die Haltung der Bundesregierung in der Frage der deutschen Wiedervereinigung aufkommen. Auf der Brüsseler Konferenz[1]) wandte sich bei der Unterredung mit Mendès-France der Bundeskanzler dagegen, daß ein wiedervereinigtes Deutschland das Recht habe, aus der EVG auszutreten. Dies wäre, sagte der Kanzler zum französischen Ministerpräsidenten, nach seiner Auffassung eine Einladung an Rußland, „die Wiedervereinigung Deutschlands durch jedes Mittel zu erwirken zu suchen und damit der EVG ein Ende zu bereiten".
Offenherziger wurde vom derzeitigen Lenker der deutschen Politik der Vorrang von kleineuropäischen Lösungen, ausgehend von der Spaltung unseres Landes, vor der Wiedervereinigung noch niemals herausgestellt. Das heißt doch mit anderen Worten, daß der Bundeskanzler jeden, aber auch jeden Vorschlag der Sowjetunion in Fragen der Wiedervereinigung in den Wind schlagen wird, solange nicht hinter den künftigen deutschen Unterhändlern auf einer Friedenskonferenz deutsche Divisionen und Kanonen stehen. Eine deutsche Außenpolitik, in diesem Geiste geführt, muß zwangsläufig zur Isolierung der Bundesrepublik führen, die Zerrissenheit Europas ins Unerträgliche steigern und die Spaltung Deutschlands verewigen.

Zit. nach: Archiv der Gegenwart 1954, S. 4716 bzw. S. 4718

10. Das Scheitern der EVG und die Alternative

Um den französischen Abgeordneten ein Ja zur EVG schmackhafter zu machen und um gegebenenfalls das Odium eines Neins nicht allein auf Frankreich lasten zu lassen, legte der damalige französische Ministerpräsident Mendès-France den beitrittswilligen Regierungen auf einem Treffen in Brüssel kurz vor der Schlußabstimmung in der Nationalversammlung eine Reihe von Abänderungswünschen für den EVG-Vertrag vor. Diese gingen aber so weit, daß sie eine erneute Ratifizierung bei den übrigen Mitgliedstaaten erforderlich gemacht hätten; sie griffen darüber hinaus so tief in die supranationale Substanz des EVG-Vertrages ein, daß die übrigen EVG-Partner sie nicht alle zu akzeptieren vermochten. Damit war das Nein der französischen Nationalversammlung zur EVG und zum Deutschland-Vertrag unvermeidlich geworden: Der 30. August 1954 wurde der „schwarze Tag" für Europa (so der CDU-Geschäftsführer Heinrich Krone), an dem die französische Nationalversammlung den EVG-Vertrag endgültig ablehnte.
Adenauers Außenpolitik geriet damit in ihre bisher schlimmste Krise. Seine Absicht, die Bundesrepublik gleichberechtigt und unwiderruflich in die von den USA geführte Gemeinschaft der westlichen Staaten einzugliedern, war vorerst vereitelt worden. Sollten die Fürsprecher eines neutralisti-

[1]) Siehe Stichwort „Brüsseler Konferenz", S. 287

schen Kurses für die Bundesrepublik am Ende doch recht bekommen – einfach weil ein Anschluß Westdeutschlands an die westliche Welt sich als nicht realisierbar erwiesen hatte? Sollte die Versöhnung zwischen dem neuen Deutschland und Frankreich unmöglich sein? Gerade weil Adenauer sich bis zum bitteren Ende an die Hoffnung geklammert hatte, Frankreich würde den EVG-Vertrag schließlich doch ratifizieren, traf ihn der Schock des französischen Neins um so stärker. Noch im Rückblick spricht er denn auch von jenen „qualvollen Tagen", in denen die EVG scheiterte. Für sich selbst erwog er einen Moment lang sogar den Rücktritt ...

Die Probleme der westdeutschen Aufrüstung und der Verselbständigung der Bundesrepublik waren ohne Mitwirkung der Besatzungsmacht Frankreich schlechthin nicht lösbar. Auf der anderen Seite bestand aber auch ein Zugzwang von der Sache her: EVG- und Deutschland-Vertrag waren in dem Sinne durch ein Junktim verbunden, daß der eine Vertrag ohne den anderen nicht in Kraft treten konnte. Das Nein Frankreichs zur EVG drohte also auch das Besatzungsstatut zu verewigen, das mit der fortschreitenden Konsolidierung der Bundesrepublik ohnehin längst obsolet geworden war. Die Fortdauer des Besatzungsregimes untergrub zudem den Anspruch der Bundesrepublik, einzig legitime Sprecherin aller Deutschen zu sein, weil mittlerweile die UdSSR „ihr" Deutschland zum souveränen Staat erklärt hatte. Es stand also nicht nur Adenauers Sicherheitskonzeption auf dem Spiel, sondern auch seine Verselbständigungs- und Deutschlandpolitik und nicht zuletzt sein Ansehen als Außenpolitiker in der Bundesrepublik. Es ging damit um seine innenpolitische Stellung, ja, wie er es sah, sogar um Ansehen und Bestand der Demokratie in Deutschland, wenn die Bundesregierung sofort nach dem Debakel der EVG die Forderung nach alsbaldiger Verleihung der Rechte eines souveränen Staates an die Bundesrepublik, jetzt unabhängig von der Lösung der Aufrüstungsfrage, wieder anmeldete. Aber auch die Bewaffnung der Bundesrepublik verlangte er jetzt, und zwar nicht so sehr wegen einer akuten Bedrohung durch die UdSSR, sondern einfach als Attribut eines souveränen Staates.

Aus britischer und amerikanischer Perspektive stand jetzt gleichfalls nur noch das „Wie" der westdeutschen Aufrüstung und der Lösung der mit ihr zusammenhängenden Probleme zur Debatte – nicht mehr das „Ob".

In London wie in Washington gab es militärische Eventualplanungen für den Fall eines Scheiterns der EVG. Ein westdeutscher Verteidigungsbeitrag war vom Pentagon bereits fest eingeplant. Wichtiger waren vielleicht noch die politischen Befürchtungen Washingtons, daß ein zu dauernder Neutralität und Ohnmacht verurteiltes Westdeutschland sich von Adenauer abwenden und schließlich doch sein Heil in einer Annäherung an die UdSSR suchen könnte.

Bekanntlich ist es der britische Außenminister Eden gewesen, der einen Ausweg aus dem Dilemma zwischen den Forderungen Bonns nach einer gleichberechtigten Eingliederung der Bundesrepublik in das westliche Bündnissystem und dem französischen Bedürfnis nach einer Kontrolle der zu erwartenden westdeutschen Militärmacht gefunden hat. Er empfahl die Aufnahme der Bundesrepublik in den Brüsseler Vertrag, der 1948 zwischen den europäischen Westmächten geschlossen worden war. Damit war ein europäischer Rahmen für die westdeutsche Wiederaufrüstung gegeben. Gleichzeitig sollte Westdeutschland Vollmitglied der NATO werden. Auf dieser Grundlage sind dann der westdeutsche Verteidigungsbeitrag und der Deutschland-Vertrag in zwei Konferenzen in London und Paris im September/Oktober 1954 erneut verhandelt worden. Am Ende dieser Treffen stand die Erweiterung des Brüsseler Paktes zu einer Westeuropäischen Union durch die Aufnahme der Bundesrepublik und Italiens, die endgültige Vereinbarung des Deutschland-Vertrages in leicht veränderter Form und der Beschluß, die Aufnahme der Bundesrepublik in die NATO zu empfehlen. Erneute anglo-amerikanische (und auf britischer Seite noch erweiterte) Garantien für die Sicherheit Westeuropas und der westdeutsche Verzicht auf die Produktion von ABC-Waffen hatten zu der Annahme von Edens Kompromißvorschlag und dem Erfolg der Konferenzen wesentlich beigetragen.

Aber war das noch eine Lösung, die der außen- und sicherheitspolitischen Grundkonzeption Adenauers entsprach? Vom rein militärischen Standpunkt her gesehen, fällt zunächst auf, daß die Form, die der westdeutsche Verteidigungsbeitrag schließlich angenommen hatte, von den ursprünglichen

Vorstellungen der deutschen Experten gar nicht so weit abwich. Die Bundesrepublik wurde NATO-Mitglied, stellte ein national geschlossenes Truppenkontingent im Umfange von zwölf Divisionen. Durch ihre unmittelbare NATO-Mitgliedschaft war sie nun auch in den höchsten Führungsgremien der atlantischen Allianz vertreten.
Adenauer seinerseits hatte den Preis erhalten, den er, als Gegenleistung für einen westdeutschen Verteidigungsbeitrag, schon 1950 gefordert hatte: Die Bundesrepublik wurde ein im Prinzip souveräner Staat; das Besatzungsregime fiel endgültig. Und doch bezeichnete der CDU-Fraktionsvorsitzende von Brentano das neue Vertragswerk als nur einen „unbefriedigenden Ersatz für das Projekt der Europäischen Verteidigungsgemeinschaft". Adenauer selbst deutete die aus seiner Sicht unzweifelhafte Unvollkommenheit der Pariser Verträge noch in seinen „Erinnerungen" an, in denen er nur noch von einer „Saat" spricht, die mit der Westeuropäischen Union gelegt worden sei. Unvollkommen erschien ihm die schließliche Eingliederung der Bundesrepublik in die westliche Verteidigung vornehmlich aus einem Grunde: Sie ließ die „supranationalen" Elemente vermissen, welche die EVG ausgezeichnet hatten und in denen er das eigentlich Zukunftsweisende der EVG sah. Tatsächlich fehlten der Westeuropäischen Union die übernationalen Instanzen – Kommissariat, gemeinsames Budget, gemeinsame Versammlung, oberstes Gericht –, welche die EVG besessen hatte. Das supranationale Element erschien hier nur in der negativen Form einer Kontrollbehörde, welche die Einhaltung des den einzelnen Mitgliedern zuerkannten Maximalrüstungsstandes zu überwachen hatte. Im übrigen war die Westeuropäische Union ein konventionelles Bündnis mit einer automatischen Beistandsverpflichtung der einzelnen Partner untereinander. Die EVG hätte, wenn sie einmal in Kraft getreten und in der Praxis ihre erste Bewährungsprobe bestanden hätte, mit einer gewissen Zwangsläufigkeit zu einer westeuropäischen Föderation hingeführt, weil der gewaltige militärische Apparat, der mit ihr ins Leben getreten wäre, einer politischen und parlamentarischen Kontrollinstanz bedurfte. Der Vertrag über die Westeuropäische Union enthielt nur eine unverbindliche Absichtserklärung, die weitere Integration Westeuropas „zu fördern", die auf militärischem Gebiet bekanntlich nie Wirklichkeit geworden ist.

Aus: Klaus Schwabe, Konrad Adenauer und die Aufrüstung der Bundesrepublik, in: Konrad Adenauer und seine Zeit, Bd. 2, Beiträge der Wissenschaft, hrsg. von Dieter Blumenwitz u. a., Stuttgart 1976, S. 29 ff.

11. Schlußakte der Londoner Neun-Mächte-Konferenz über die Aufnahme der Bundesrepublik Deutschland in das westliche Verteidigungssystem vom 3. 10. 1954

Die Konferenz der neun Mächte, Belgien, Kanada, Frankreich, Bundesrepublik Deutschland, Italien, Luxemburg, Niederlande, Vereinigtes Königreich von Großbritannien und Nordirland und die Vereinigten Staaten, tagte von Dienstag, dem 28. September, bis Sonntag, dem 3. Oktober. Sie behandelte die wichtigsten Probleme der westlichen Welt, Sicherheit und europäische Integration im Rahmen einer dem Frieden und der Freiheit ergebenen atlantischen Gemeinschaft, die im Entstehen begriffen ist. In diesem Zusammenhang prüfte die Konferenz die Frage, wie die volle Assoziierung der Bundesrepublik Deutschland mit dem Westen sowie der deutsche Verteidigungsbeitrag gewährleistet werden könnten.
...

Brüsseler Vertrag

Der Brüsseler Vertrag wird verstärkt und ausgebaut, um ihn zu einem wirksameren Kern der europäischen Integration zu gestalten. Zu diesem Zwecke sind folgende Abmachungen vereinbart worden:
a) Die Bundesrepublik Deutschland und Italien werden aufgefordert werden, dem Vertrag beizutreten, der in geeigneter Weise geändert wird, um dem Ziel der europäischen Einheit Nachdruck zu verleihen; die beiden Staaten haben sich zu diesem Beitritt bereit erklärt. Das System der gegenseitigen automatischen Beistandsleistung im Angriffsfalle wird damit auf die Bundesrepublik Deutschland und Italien ausgedehnt.

b) Die Struktur des Brüsseler Vertrages wird verstärkt werden. Insbesondere wird der in dem Vertrag vorgesehene Konsultativrat ein Rat mit Entscheidungsbefugnissen werden.
c) Der Aufgabenbereich der Brüsseler Vertragsorganisation wird erweitert, um weitere wichtige Funktionen einzuschließen:
– Der Umfang und die allgemeine Beschaffenheit des deutschen Verteidigungsbeitrags werden dem für die EVG festgesetzten Beitrag entsprechen.
– Der maximale Verteidigungsbeitrag, den alle Mitglieder der Brüsseler Vertragsorganisation zur NATO leisten, wird durch ein besonderes Abkommen festgesetzt, das die zahlenmäßigen Stärken bestimmt, welche nur mit einstimmiger Zustimmung erhöht werden können.
– Die Stärke und Bewaffnung der Heimatverteidigungskräfte und der Polizei auf dem Kontinent der Mitgliedstaaten der Brüsseler Vertragsorganisation werden durch Abmachungen innerhalb der Organisation bestimmt unter Berücksichtigung ihrer eigentlichen Aufgabe und auf der Grundlage der bestehenden Stärke und des Bedarfs.
Die Mächte des Brüsseler Vertrages vereinbaren, als Teil der Organisation des Brüsseler Vertrages eine Dienststelle für die Kontrolle der auf dem europäischen Kontinent befindlichen Waffen der kontinentalen Mitglieder der Organisation des Brüsseler Vertrages zu errichten …
Die Brüsseler Vertragsmächte haben die nachstehende Erklärung des Bundeskanzlers der Bundesrepublik Deutschland zur Kenntnis genommen und bekunden ihr Einverständnis damit:
Der Bundeskanzler erklärt, daß sich die Bundesrepublik verpflichtet, auf ihrem Gebiet keine Atomwaffen, chemische Waffen oder biologische Waffen herzustellen.

Zit. nach: Bulletin der Bundesregierung vom 6.10.1954, S. 1663 ff.

12. Vertrag über die Beziehungen zwischen der Bundesrepublik Deutschland und den Drei Mächten (Deutschland-Vertrag) in der geänderten Fassung vom 23.10.1954

Die Bundesrepublik Deutschland, die Vereinigten Staaten von Amerika, das Vereinigte Königreich von Großbritannien und Nordirland und die Französische Republik haben zur Festlegung der Grundlagen ihres neuen Verhältnisses den folgenden Vertrag geschlossen:

Art. 1. (1) Mit dem Inkrafttreten dieses Vertrages werden die Vereinigten Staaten von Amerika, das Vereinigte Königreich von Großbritannien und Nordirland und die Französische Republik (in diesem Vertrag und in den Zusatzverträgen auch als „Drei Mächte" bezeichnet) das Besatzungsregime in der Bundesrepublik beenden, das Besatzungsstatut aufheben und die Alliierte Hohe Kommission sowie die Dienststellen der Landeskommissare in der Bundesrepublik auflösen.
(2) Die Bundesrepublik wird demgemäß die volle Macht eines souveränen Staates über ihre inneren und äußeren Angelegenheiten haben.

Art. 2. Im Hinblick auf die internationale Lage, die bisher die Wiedervereinigung Deutschlands und den Abschluß eines Friedensvertrages verhindert hat, behalten die Drei Mächte die bisher von ihnen ausgeübten oder innegehabten Rechte und Verantwortlichkeiten in bezug auf Berlin und auf Deutschland als Ganzes einschließlich der Wiedervereinigung Deutschlands und einer friedensvertraglichen Regelung. Die von den Drei Mächten beibehaltenen Rechte und Verantwortlichkeiten in bezug auf die Stationierung von Streitkräften in Deutschland und der Schutz der Sicherheit dieser Streitkräfte bestimmen sich nach den Artikeln 4 und 5 dieses Vertrages.

Art. 3. (1) Die Bundesrepublik wird ihre Politik in Einklang mit den Prinzipien der Satzung der Vereinten Nationen und mit den im Statut des Europarates aufgestellten Zielen halten.
(2) Die Bundesrepublik bekräftigt ihre Absicht, sich durch ihre Mitgliedschaft in internationalen Organisationen, die zur Erreichung der gemeinsamen Ziele der freien Welt beitragen, mit der Gemeinschaft der freien Nationen völlig zu verbinden. Die Drei Mächte werden zu gegebener Zeit Anträge der Bundesrepublik unterstützen, die Mitgliedschaft in solchen Organisationen zu erlangen.

(3) Bei Verhandlungen mit Staaten, mit denen die Bundesrepublik keine Beziehungen unterhält, werden die Drei Mächte die Bundesrepublik in Fragen konsultieren, die deren politische Interessen unmittelbar berühren.
(4) Auf Ersuchen der Bundesregierung werden die Drei Mächte die erforderlichen Vorkehrungen treffen, die Interessen der Bundesrepublik in ihren Beziehungen zu anderen Staaten und in gewissen internationalen Organisationen oder Konferenzen zu vertreten, soweit die Bundesrepublik dazu nicht selbst in der Lage ist.

Art. 4. (1) Bis zum Inkrafttreten der Abmachungen über den deutschen Verteidigungsbeitrag behalten die Drei Mächte weiterhin ihre bisher ausgeübten oder innegehabten Rechte in bezug auf die Stationierung von Streitkräften in der Bundesrepublik. Die Aufgabe dieser Streitkräfte wird die Verteidigung der freien Welt sein, zu der die Bundesrepublik und Berlin gehören. Vorbehaltlich der Bestimmungen des Artikels 5 Absatz 2 dieses Vertrags bestimmen sich die Rechte und Pflichten dieser Streitkräfte nach dem Vertrag über die Rechte und Pflichten ausländischer Streitkräfte und ihrer Mitglieder in der Bundesrepublik Deutschland („Truppenvertrag") …
(2) Die von den Drei Mächten bisher ausgeübten oder innegehabten und weiterhin beizubehaltenden Rechte in bezug auf die Stationierung von Streitkräften in Deutschland werden von den Bestimmungen dieses Artikels nicht berührt, soweit sie für die Ausübung der im ersten Satz des Artikels 2 dieses Vertrags genannten Rechte erforderlich sind. Die Bundesrepublik ist damit einverstanden, daß vom Inkrafttreten der Abmachungen über den deutschen Verteidigungsbeitrag an Streitkräfte der gleichen Nationalität und Effektivstärke wie zur Zeit dieses Inkrafttretens in der Bundesrepublik stationiert werden dürfen. Im Hinblick auf die in Artikel 1 Absatz 2 dieses Vertrags umschriebene Rechtsstellung der Bundesrepublik und im Hinblick darauf, daß die Drei Mächte gewillt sind, ihre Rechte betreffend die Stationierung von Streitkräften in der Bundesrepublik, soweit diese betroffen ist, nur in vollem Einvernehmen mit der Bundesrepublik auszuüben, wird diese Frage in einem besonderen Vertrag geregelt.

Art. 5. (1) Für die in der Bundesrepublik stationierten Streitkräfte gelten bis zum Inkrafttreten der Abmachungen über den deutschen Verteidigungsbeitrag die folgenden Bestimmungen:
a) Die Drei Mächte werden die Bundesregierung in allen die Stationierung dieser Streitkräfte betreffenden Fragen konsultieren, soweit es die militärische Lage erlaubt. Die Bundesrepublik wird nach Maßgabe dieses Vertrags und der Zusatzverträge im Rahmen ihres Grundgesetzes mitwirken, um diesen Streitkräften ihre Aufgabe zu erleichtern.
b) Die Drei Mächte werden nur nach vorheriger Einwilligung der Bundesrepublik Truppen eines Staates, der zur Zeit keine Kontingente stellt, als Teil ihrer Streitkräfte im Bundesgebiet stationieren. Jedoch dürfen solche Kontingente im Falle eines Angriffs oder unmittelbar drohenden Angriffs ohne Einwilligung der Bundesrepublik in das Bundesgebiet gebracht werden, dürfen dagegen nach Beseitigung der Gefahr nur mit Einwilligung der Bundesrepublik dort verbleiben.
(2) Die von den Drei Mächten bisher innegehabten oder ausgeübten Rechte in bezug auf den Schutz der Sicherheit von in der Bundesrepublik stationierten Streitkräften, die zeitweilig von den Drei Mächten beibehalten werden, erlöschen, sobald die zuständigen deutschen Behörden entsprechende Vollmachten durch die deutsche Gesetzgebung erhalten haben und dadurch in Stand gesetzt sind, wirksame Maßnahmen zum Schutz der Sicherheit dieser Streitkräfte zu treffen, einschließlich der Fähigkeit, einer ernstlichen Störung der öffentlichen Sicherheit und Ordnung zu begegnen. Soweit diese Rechte weiterhin ausgeübt werden können, werden sie nur nach Konsultation mit der Bundesregierung ausgeübt werden, soweit die militärische Lage eine solche Konsultation nicht ausschließt, und wenn die Bundesregierung darin übereinstimmt, daß die Umstände die Ausübung derartiger Rechte erfordern. Im übrigen bestimmt sich der Schutz der Sicherheit dieser Streitkräfte nach den Vorschriften des Truppenvertrags oder den Vorschriften des Vertrags, welcher den Truppenvertrag ersetzt, und nach deutschem Recht, soweit nicht in einem anwendbaren Vertrag etwas anderes bestimmt ist.

Art. 6. (1) Die Drei Mächte werden die Bundesrepublik hinsichtlich der Ausübung ihrer Rechte in bezug auf Berlin konsultieren.
(2) Die Bundesrepublik ihrerseits wird mit den Drei Mächten zusammenwirken, um es ihnen zu erleichtern, ihren Verantwortlichkeiten in bezug auf Berlin zu genügen.

Art. 7. (1) Die Unterzeichnerstaaten sind darüber einig, daß ein wesentliches Ziel ihrer gemeinsamen Politik eine zwischen Deutschland und seinen ehemaligen Gegnern frei vereinbarte friedensvertragliche Regelung für ganz Deutschland ist, welche die Grundlage für einen dauerhaften Frieden bilden soll. Sie sind weiterhin darüber einig, daß die endgültige Festlegung der Grenzen Deutschlands bis zu dieser Regelung aufgeschoben werden muß.
(2) Bis zum Abschluß der friedensvertraglichen Regelung werden die Unterzeichnerstaaten zusammenwirken, um mit friedlichen Mitteln ihr gemeinsames Ziel zu verwirklichen: Ein wiedervereinigtes Deutschland, das eine freiheitlich-demokratische Verfassung, ähnlich wie die Bundesrepublik, besitzt und das in die europäische Gemeinschaft integriert ist.
(3) (gestrichen)
(4) Die Drei Mächte werden die Bundesrepublik in allen Angelegenheiten konsultieren, welche die Ausübung ihrer Rechte in bezug auf Deutschland als Ganzes berühren.
...

Zit. nach: Ingo von Münch (Hrsg.), Dokumente des geteilten Deutschland, Stuttgart 1968, S. 229ff.

13. Zur Bedeutung des „Deutschland-Vertrages" vom 26. 5. 1952

Damals war es ein außerordentliches Ereignis, daß die Außenminister der drei Westmächte – die noch Besatzungsmächte waren – in die Bundesrepublik (sie war es noch nicht einmal drei Jahre) kamen, um hier ein Vertragswerk zu unterzeichnen, das dem Besatzungsregime ein Ende setzen und die Bundesrepublik in die Gemeinschaft des Westens aufnehmen sollte. Der Vertrag trug den schwerfälligen Namen „Vertrag über die Beziehungen zwischen der Bundesrepublik Deutschland und den Drei Mächten". Adenauer gab ihm – aus gut entwickeltem Sinn für Publikumswirksamkeit und ohne seine Vertragspartner lange zu befragen – sofort den inoffiziellen Namen „Deutschland-Vertrag", ein Name, der sich im deutschen öffentlichen Sprachgebrauch rasch durchsetzte ...
Dieser trug in seinem Inhalt zwar viele Züge eines Ersatzfriedensvertrages mit den drei Westmächten (dies gilt insbesondere für den umfangreichen „Zusatzvertrag" zur „Regelung aus Krieg und Besatzung entstandener Fragen" mit seinen detaillierten Bestimmungen über Kriegsverbrecher, Dekartellierung und Entflechtung, Rückerstattungen, Reparationen, verschleppte Personen und Flüchtlinge, zivile Luftfahrt – um nur die wichtigsten Stichworte zu nennen), ging aber davon aus, daß ein Friedensvertrag noch geschlossen werden würde und die endgültige Entscheidung einiger grundlegender Fragen (wie zum Beispiel die künftigen Grenzen Deutschlands oder die Regelung der Reparationen) diesem vorbehalten bleiben müsse.
Heute, nach Ablauf von dreißig Jahren, ist die Frage eines Friedensvertrags praktisch gegenstandslos geworden: es wird aller Voraussicht nach zu einem solchen nicht mehr kommen. Soweit der Deutschland-Vertrag noch Fragen offen gelassen hatte, sind sie weitgehend durch die Ostverträge, den Grundlagenvertrag mit der DDR, das Viermächte-Abkommen über Berlin und die Schlußakte von Helsinki ihrer politischen Bedeutung entkleidet worden. Zwar hat die Bundesregierung auch beim Abschluß dieser Verträge den Friedensvertragsvorbehalt des Deutschland-Vertrages aufrechterhalten und das Bundesverfassungsgericht hat die Rechtswirksamkeit dieses Vorbehalts bestätigt, aber niemand kann sich noch der Illusion hingeben, daß die Grenzfrage dadurch noch offen gehalten werde ...
Die heutige Stellung der Bundesrepublik Deutschland in der Welt beruht auf einer Reihe grundlegender politischer Entscheidungen, die mit der Unterzeichnung des Deutschland-Vertrages begann: 1954/55 folgte der Beitritt zur Nato; 1955 die Aufnahme diplomatischer Beziehungen mit der Sowjetunion; 1957 die Unterzeichnung der Römischen Verträge, mit denen die Europäische Wirtschafts-Gemeinschaft begründet wurde, später erweitert zur Europäischen Gemeinschaft der

Zehn und ergänzt durch die Institutionen der Europäischen Politischen Zusammenarbeit (EPZ); 1963 legte der deutsch-französische Vertrag die institutionelle Grundlage zu einer engen Zusammenarbeit mit Frankreich; 1970 bereinigten der Moskauer und der Warschauer Vertrag, 1973 der Prager Vertrag das Verhältnis zum Osten, ergänzt durch den Grundlagenvertrag mit der DDR und das Viermächte-Abkommen mit Berlin – insgesamt ein Vertragswerk, das einen modus vivendi und normale diplomatische Beziehungen mit der kommunistischen Staatenwelt Osteuropas herstellte. Die Anerkennung der DDR als zweiter deutscher Staat (mit welchen Vorbehalten in bezug auf die völkerrechtliche Natur der gegenseitigen Beziehungen auch immer) bildete die Voraussetzung für den Eintritt der Bundesrepublik in die Vereinten Nationen; 1975 folgte die Unterzeichnung der Schlußakte von Helsinki. Seit 1977 gehört die Bundesrepublik zu dem Kreis der großen westlichen Industrienationen, der auf alljährlichen Gipfelkonferenzen die Probleme der Weltwirtschaft berät.

Der Deutschland-Vertrag war nicht nur die erste, sondern auch die wichtigste und weitestreichende dieser Grundentscheidungen. Die Bonner Unterschrift vom 26. Mai 1952 war die Grundlage und die Voraussetzung für alle folgenden Schritte. Die meisten damals heiß umstrittenen Klauseln haben ihre praktische Bedeutung eingebüßt: die Notstandsrechte der drei Mächte, die besonders heftig angefeindete „Bindungsklausel", die noch im letzten Augenblick zu scharfen Auseinandersetzungen im Bundeskabinett (besonders mit Jakob Kaiser) geführt hatte, die Entflechtungsauflagen für die deutsche Industrie. Wirksam geblieben sind andere Elemente des Vertragswerkes, die für die Stabilisierung und Absicherung des jungen und vielen äußeren Gefährdungen ausgesetzten Staatswesens entscheidend waren: die Schutz- und Garantiefunktion der drei Mächte in bezug auf Berlin; die langfristige Stationierung westlicher, insbesondere amerikanischer Truppen im Bundesgebiet; der Aufbau eigener Verteidigungskräfte; die Vierer-Verantwortung für Deutschland als Ganzes, das letzte völkerrechtliche Band, das die beiden Teile Deutschlands noch übergreift.

Soll man zu diesen Vertragselementen von bleibender Bedeutung auch das Bekenntnis der Westmächte zum Ziel der Wiedervereinigung rechnen? Die an der Formulierung des Vertragstextes mitwirkenden deutschen Unterhändler haben sich auch damals keine Illusionen über eine westliche Bereitschaft gemacht, sich für dieses Ziel zu engagieren. Solange die deutschen Bundesregierungen selbst darauf verzichten, diesem Ziel praktische Bedeutung beizumessen, ist die Frage ohnehin gegenstandslos. Ob sie unter veränderten Umständen noch einmal aufleben wird, läßt sich heute nicht sagen. Es gibt zuweilen „schlafende" Vertragsbestimmungen, die wieder zum Leben erweckt werden können. Man sollte sie nicht ohne zwingenden Anlaß für tot erklären.

Aus: Wilhelm Grewe, Die Grundentscheidung der Bundesrepublik, in: Frankfurter Allgemeine Zeitung vom 20. Mai 1982

I/4 Stalin-Note und Wiedervereinigungsfrage

Arbeitsthemen

1. *Worauf führt Schumacher die deutsche Spaltung zurück? Wie werden die östlichen Einheitsofferten interpretiert? Weshalb hält sie der SPD-Vorsitzende, der Ulbricht als „sächsische Lenin-Imitation" abtut, für völlig unannehmbar? Welche Rolle schreibt er freien Wahlen als Einstieg zu? (Nr. 1 a)*
2. *Welche überzeugte Erwartung knüpft Adenauer an den bisher „eingeschlagenen Weg"? Wann sieht er den entscheidenden Punkt als erreicht an? (Nr. 1 b)*
3. *Womit begründet die Sowjetunion die Notwendigkeit, einen Friedensvertrag mit Deutschland abzuschließen? Welche Vorbedingungen sollten auf deutscher Seite erfüllt sein? Welche unter ihnen mußten bei den Westmächten auf Skepsis stoßen? (Nr. 2)*
4. *Worin sieht der – unter dem unmittelbaren Eindruck der Stalin-Note formulierende – Publizist Paul Sethe „das Ge-*

spenstische und Verführerische an dem Vorschlag"? Welchen Punkt hält er für den entscheidendsten und klärungsbedürftigsten? Warum erscheint ihm eine pauschale Zurückweisung nicht zulässig? (Nr. 3)

5. *Welches Zerrbild der westdeutschen Wirklichkeit zeichnet der Prawda-Artikel vom 12. 3. 1952?*
   Mit welchen polemischen Anwürfen an die Bonner Adresse sucht Grotewohl die ausschließliche demokratische Legitimität der DDR-Regierung zu propagieren? Weshalb lehnt er die Einschaltung der UN-Kommission ab?
   In welche verstörenden historischen Analogien rückt Ulbricht die Vorbereitung gesamtdeutscher Anstrengungen? Was sagt er über die außenpolitischen Bindungen eines künftigen Gesamtdeutschlands?
   Inwiefern wirft die östliche Agitation ein bezeichnendes Schlaglicht auf die Qualität des Stalin-Angebots? (Nr. 4 a–c)
6. *Welche Schwachstellen des Stalin-Vorschlags greift Adenauer ausdrücklich heraus? Weshalb plädiert er für eine zügige Fortführung der EVG-Verhandlungen? Wie ist das militärtechnische Argument des Kanzlers zu beurteilen? Wie seine Äußerungen vor dem Hintergrund der – im Kabinett ausgegebenen, aber von ihm in einem „eindrucksvollen Feldzug" (H. Graml) ständig widerlegten – Devise, „oberste Pflicht sei es jetzt zu schweigen"? (Nr. 5)*
7. *Welche Einwände artikuliert die erste Antwortnote der Westalliierten? Auf welchen gravierenden Unterschied in der Interpretation des Potsdamer Abkommens wird explizit verwiesen? Weshalb läßt sich allerdings behaupten, daß in Punkt 3, der die Handlungsfreiheit Gesamtdeutschlands betrifft, eine für die Sowjetunion unannehmbare und die Absicht ihrer Initiative unterlaufende Bedingung formuliert war? (Nr. 6)*
8. *Wie beschreibt Adenauer seine Rolle bei der Formulierung der westlichen Antwortnote? Welche Aspekte der Entgegnung hebt er besonders hervor? Weshalb hält er Verhandlungen mit der Sowjetunion zum aktuellen Zeitpunkt für nicht opportun? (Nr. 6 und 7)*
9. *Mit welchem modifizierten Vorschlag zum Komplex gesamtdeutscher Wahlen tritt die Sowjetunion in ihrer zweiten Note hervor? Mit welchen Argumenten wird das Angebot nationaler Streitkräfte begründet? An welcher Auslegung der Potsdamer Beschlüsse wird ausdrücklich festgehalten? Welcher bezeichnende Hinweis auf den Zeitpunkt – und damit auf das dominante Motiv – der sowjetischen Offerte wird gegeben? (Nr. 8)*
10. *Auf welchen grundsätzlichen Widerspruch (oder Trugschluß?) in Adenauers „Politik der Stärke" verweist Carlo Schmid mit seinem Vergleich vom „Messer ohne Heft und Klinge"? Wie versucht demgegenüber der Bundeskanzler Westintegration und Einheitsverlangen als komplementär zu rechtfertigen? Wird hier ein prinzipielles Dilemma der westdeutschen Situation erkennbar? (Nr. 9 a und 9 b)*
11. *Weshalb hält Schumacher Vier-Mächte-Verhandlungen zur deutschen Frage für zwingend geboten?*
    Auf welchen zentralen Punkt beim Ausloten des Stalin-Angebots hebt – auch – der SPD-Führer in seinem Appell an den Bundeskanzler ab? (Nr. 10)
12. *In welchen Punkten dokumentiert die zweite Note der Westmächte erneut den tiefgreifenden Dissens über Rolle und Grenzen eines wiedervereinigten Deutschlands gegenüber den Vorstellungen der Sowjetunion? Wie wird die Entwicklung im „Ostteil Deutschlands" qualifiziert? Welche Bedenken werden gegen die vorgeschlagene Wahlkontrolle durch eine Vier-Mächte-Kommission erhoben? Inwiefern konnte gerade in der Ernsthaftigkeit des sowjetischen Angebots ein Ablehnungsgrund für den Westen liegen? Weshalb läßt sich von einer Unvereinbarkeit der Interessen zwischen Ost und West von Anfang an sprechen? (Nr. 11)*
13. *Welche taktischen und substantiellen Vorteile verbanden sich für die Westmächte mit der Forderung nach freien Wahlen? (Nr. 12)*
14. *Welche Überlegungen bestimmten – nach Auffassung des Historikers Andreas Hillgruber – Adenauer „zur konsequenten Weiterverfolgung seiner Linie der vorrangigen Westintegration"? Welcher Zusammenhang bestand zwischen seiner Einschätzung der USA und der Sowjetunion? Inwiefern lief die Offerte Stalins den amerikanischen Interessen zuwider? (Nr. 13; vgl. ferner Nr. 16 c und 24)*
15. *Welche Schlüsse lassen sich aus dem Ende des Notenwechsels zwischen Ost und West in der Frage der deutschen Wiedervereinigung auf die konkreten Möglichkeiten einer Verständigung ziehen? (Nr. 14)*
16. *Welche Überlegungen werden in dem geheimen Memorandum aus dem englischen Außenministerium vom 14. 5. 1948, die durch die Feststellung Bevins in einer Kabinettsvorlage vom 26. 4. 1950 („The division of Germany is an accomplished fact") gestützt werden, zur Einheit Deutschlands entwickelt? Inwiefern lassen sich Reflexe der hier formulierten divergenten Befürchtungen auch in der außenpolitischen Konzeption Konrad Adenauers finden? Gibt es Indizien dafür, daß das konkrete Verhalten der Westmächte – etwa im Kontext der Stalin-Note von 1952 – dieser frühen Situationsanalyse folgte? Wie ist es um die Kontinuität der englischen Sicht bestellt? (Nr. 15, 16 a–c)*
    Welche bereits in der zeitgenössischen Auseinandersetzung formulierte Vermutung bestätigt das geheime Memorandum Selwyn Lloyds, dessen archivalische Auffindung dem Innsbrucker Zeitgeschichtler Rolf Steininger verdankt wird? (Nr. 16 c)
    Welche Unterschiede bestehen zu den Äußerungen im Interview vom 9. 7. 1952? Wie sind diese zu erklären? (Nr. 16 b und 16 c)

Welches Licht wirft das Memorandum auf die Deutschlandpolitik Adenauers und der Westalliierten, insbesondere der Engländer? (Nr. 16 c)
Welchen Aufschluß gibt das Memorandum zu den Ereignissen des 17. Juni 1953 in der DDR? (Nr. 16 c und III/4)

17. *Weshalb hält Karl Georg Pfleiderer das von Adenauer propagierte Konzept der Wiedervereinigung für unrealistisch und widersprüchlich? Welchen Vorschlag setzt er dagegen? Inwiefern berührt sich die Position Pfleiderers mit der Sethes, wie er sie in der bildkräftigen Sentenz, daß „auch ein Tiger Angst haben kann", angedeutet hat? Warum konnte Pfleiderers Alternative jedoch keine praktische Bedeutung erlangen? (Nr. 17 a, 17 b, 3 und 18)*
18. *Womit begründet Thomas Dehler in seiner „gnadenlosen Generalabrechnung mit der bisherigen Deutschlandpolitik der Regierung Adenauer" (A. Doering-Manteuffel) seine These von der verpaßten Gelegenheit im Frühjahr 1952? Welchen grundsätzlichen Vorwurf richtet Gustav Heinemann an die Adresse des „verächtlich schweigenden" Bundeskanzlers, dessen verbale Passivität inzwischen die verbreitete Legende von seiner Nichtanwesenheit in der vehementen Debatte entstehen ließ? Mit welchen Hinweisen versucht Hermann Höcherl diese oppositionelle Einschätzung zu widerlegen? (Nr. 19 a–c). Wieweit sind diese Ausdeutungen mit dem Text der Stalin-Note vereinbar? (vgl. S. 74 ff.)*
19. *Mit welchen Argumenten verteidigt Adenauer noch im Rückblick von 1965 seine Haltung gegenüber dem Angebot Stalins im Frühjahr 1952? Wie begründet er die These Neutralisierung = Sowjetisierung? Wo werden jedoch Elemente eines gewissen Selbstzweifels erkennbar? (Nr. 20)*
20. *Welchen Schluß läßt die Behandlung der Frage nach freien Wahlen im Notenaustausch zwischen der Sowjetunion und den Westmächten zu? Worauf deutet die Reaktion der SED hin? (Nr. 21)*
21. *Worauf stützt der Historiker Gerd Meyer seine Auffassung, daß die Stalin-Note ein „wenigstens teilweise ernstgemeintes Verhandlungsangebot" impliziert habe? Wie sieht er Minimal- und Maximalziele kombiniert? (Nr. 22)*
22. *Auf welche praktischen Schwierigkeiten, Barrieren und Risiken wäre nach Auffassung des Insiders Wilhelm Grewe – damals Delegationsleiter bei den Verhandlungen um den Deutschland-Vertrag und außenpolitischer Berater Adenauers – der vielfach geforderte Versuch des „Auslotens" gestoßen? (Nr. 23)*
23. *Worauf stützt der Politikwissenschaftler Hans-Peter Schwarz seine These, daß der „schwer vereinbare Widerspruch von Wort und Tat, von Wollen und Können" in Adenauers Wiedervereinigungspolitik „in erster Linie Reflex einer Konstellation" war? Warum enthielt sie – tatsächlich oder vermeintlich – für den Kanzler keine realpolitische Alternative? Bestätigt sich an Adenauers Deutschlandpolitik die generelle These des Zeitgeschichtlers Josef Foschepoth: „Das an bestimmte Bedingungen geknüpfte Bekenntnis zu einer Wiedervereinigung Deutschlands war geradezu die Voraussetzung dafür, ihre Verwirklichung zu verhindern?" (Nr. 24)*
24. *Inwiefern ließ die SPD mit ihrem Beharren auf freien Wahlen und auf Entscheidungsfreiheit für das wiedervereinigte Deutschland ihre Forderung nach „Rücksicht auf das sowjetische Interesse" zur Leerformel werden? Womit sind diese Postulate der Opposition zu erklären? (Nr. 25)*
25. *Mit welchen Argumenten wird im Frankfurter Manifest Front gemacht gegen die Pariser Verträge? Wie stand es mit der parlamentarischen Repräsentanz der hier bezogenen Position? (Nr. 26)*

Materialien

1. Deutsche Spaltung und östliche Einheitspropaganda

a) Rede Schumachers vor Mitgliedern der FDJ in West-Berlin am 17. 8. 1951

Wer hat, frage ich euch, denn Deutschland gespalten? 1945 ist die Spaltung Deutschlands vorgenommen worden durch den politischen Egoismus und die ökonomische Raubgier der Reparationspolitik der Sowjets in ihrer Zone. Sie haben ihre Zone abgedichtet, sie haben sie für jede Beobachtung und Kritik unzugänglich gemacht. Die Sowjets sollten sich besser gar nicht anstrengen mit einer großen Kampagne für die deutsche Einheit. Sie brauchten nur ihre eigenen Taten während der letzten sechs Jahre in der Absperrung und Isolierung ihrer Zone zu annullieren – und Deutschland ist einig. Aber was jetzt vom Osten her als deutsche Einheit gepredigt wird, ist ja gar keine Einheit, sondern das ist der Versuch, den Deutschen zu erklären: Wenn ihr unser System akzeptiert, dann schenken wir euch die deutsche Einheit. Tröstet euch: sie können auch dann nichts schenken, denn wenn sie den Deutschen die Versprechungen, die sie in der Propaganda machen, erfüllen wollten, würden ihnen die Tschechen und die Polen schön auf die Haube steigen! Was uns versprochen wird, ist ja gar nicht die deutsche Einheit. Man sagt uns zwar, wir würden eine werden, aber man verlangt dabei, daß wir aufhören sollen, Deutsche zu sein. Es ist also keine deutsche Einheit, es ist die Einheit einer russischen Provinz. Alle Gespräche, wie sie jetzt vom Osten her am runden Tisch verlangt werden, sind doch nichts weiter als Schieber- und Übertölpelungsmanöver. Denn alle versuchen, eine Politik der vollendeten Tatsachen zu schaffen. Ich glaube, wer die deutsche Einheit will, der muß als ersten grundlegenden und entscheidenden Schritt freie und gleiche, direkte und geheime Wahlen in allen vier Besatzungszonen und Berlin durchführen. Das ist nur möglich unter den gleichen tatsächlichen Voraussetzungen und rechtlichen Bedingungen für alle Beteiligten demokratischer Färbung. Wer das ablehnt, kann noch soviel von deutscher Einheit reden; wenn er von Deutschland mit dem Munde spricht, meint er in seinem Herzen immer Rußland.

Zit. nach: Peter Brandt und Herbert Ammon (Hrsg.), Die Linke und die nationale Frage. Dokumente zur deutschen Einheit seit 1945, Reinbek 1981, S. 101 f.

b) Rede Adenauers in Heidelberg vom 1. 3. 1952

Ich möchte Ihnen sagen, daß ich der festen Überzeugung bin, auf dem eingeschlagenen Wege auch die Wiedervereinigung Deutschlands zu erreichen. Kann einer glauben, daß Sowjetrußland jemals, ohne dazu genötigt zu sein, die Ostzone wieder freigeben wird? Ich glaube es nicht. Aber ich denke mir die Entwicklung folgendermaßen: Wenn der Westen stärker ist als Sowjetrußland, dann ist der Tag der Verhandlungen mit Sowjetrußland gekommen. Dann wird man auf der einen Seite Deutschland die Furcht nehmen müssen, die es hat. Dann wird man auch Sowjetrußland klarmachen müssen, daß es so nicht geht, daß es unmöglich halb Europa in Sklaverei halten kann, und daß im Wege einer Auseinandersetzung – nicht einer kriegerischen Auseinandersetzung, sondern im Wege einer friedlichen Auseinandersetzung – die Verhältnisse in Osteuropa neu geklärt werden müssen. Ich bin auch der Auffassung, daß Sowjetrußland zu solchen Verhandlungen alsdann bereit sein wird, denn, glauben Sie mir, auch Sowjetrußland hat schwere innere Probleme, sogar außerordentlich schwere innere Probleme, nämlich das Nahrungsmittelproblem.

Zit. nach: Bulletin der Bundesregierung vom 4. März 1952, S. 254

2. Die Stalin-Note vom 10. März 1952 an die Regierungen Frankreichs, des Vereinigten Königreichs und der Vereinigten Staaten

(Wortlaut der an die Vereinigten Staaten gerichteten Note)

Die Sowjetregierung hält es für notwendig, die Regierung der Vereinigten Staaten von Amerika darauf aufmerksam zu machen, daß, obwohl seit Beendigung des Krieges in Europa bereits etwa sieben Jahre vergangen sind, immer noch kein Friedensvertrag mit Deutschland abgeschlossen wurde.

Um diesen unnormalen Zustand zu beseitigen, wendet sich die Sowjetregierung, die das Schreiben der Regierung der Deutschen Demokratischen Republik mit der an die vier Mächte gerichteten Bitte um Beschleunigung des Abschlusses eines Friedensvertrages mit Deutschland unterstützt, ihrerseits an die Regierung der Vereinigten Staaten und an die Regierungen Großbritanniens und Frankreichs mit dem Vorschlag, unverzüglich die Frage eines Friedensvertrages mit Deutschland zu erwägen, damit in nächster Zeit ein vereinbarter Friedensvertragsentwurf vorbereitet und einer entsprechenden internationalen Konferenz unter Beteiligung aller interessierten Staaten zur Prüfung vorgelegt wird.

Es versteht sich, daß ein solcher Friedensvertrag unter unmittelbarer Beteiligung Deutschlands, vertreten durch eine gesamtdeutsche Regierung, ausgearbeitet werden muß. Hieraus folgt, daß die UdSSR, die USA, Großbritannien und Frankreich, die in Deutschland Kontrollfunktionen ausüben, auch die Frage der Bedingungen prüfen müssen, die die schleunigste Bildung einer gesamtdeutschen, den Willen des deutschen Volkes ausdrückenden Regierung fördern.

Um die Vorbereitung des Entwurfs eines Friedensvertrages zu erleichtern, legt die Sowjetregierung ihrerseits den Regierungen der USA, Großbritanniens und Frankreichs den beigefügten Entwurf für die Grundlagen eines Friedensvertrages mit Deutschland zur Prüfung vor.

Die Sowjetregierung schlägt vor, diesen Entwurf zu erörtern, und erklärt sich gleichzeitig bereit, auch andere eventuelle Vorschläge zu dieser Frage zu prüfen.

Die Regierung der UdSSR rechnet damit, in kürzester Frist eine Antwort der Regierung der USA auf den obenerwähnten Vorschlag zu erhalten.
Gleichlautende Noten hat die Sowjetregierung auch an die Regierungen Großbritanniens und Frankreichs gerichtet.

Entwurf für einen Friedensvertrag mit Deutschland

Seit Beendigung des Krieges mit Deutschland sind fast sieben Jahre vergangen. Jedoch hat Deutschland immer noch keinen Friedensvertrag. Es ist gespalten und befindet sich gegenüber anderen Staaten in einer nicht gleichberechtigten Situation. Diesem unnormalen Zustand muß ein Ende gemacht werden. Das entspricht dem Willen aller friedliebenden Völker.
Ohne den schnellsten Abschluß eines Friedensvertrages mit Deutschland kann eine gerechte Behandlung der rechtmäßigen nationalen Interessen des deutschen Volkes nicht gewährleistet werden.
Der Abschluß eines Friedensvertrages mit Deutschland ist von großer Bedeutung für die Festigung des Friedens in Europa. Ein Friedensvertrag mit Deutschland wird die endgültige Lösung der Fragen ermöglichen, die infolge des Zweiten Weltkrieges entstanden sind. An einer Lösung dieser Fragen sind die europäischen Staaten, die unter der Hitleraggression gelitten haben, besonders die Nachbarn Deutschlands, zutiefst interessiert. Der Abschluß eines Friedensvertrages mit Deutschland wird zu einer Besserung der internationalen Gesamtlage und damit zur Herstellung eines dauerhaften Friedens beitragen.
Die Notwendigkeit, den Abschluß eines Friedensvertrages mit Deutschland zu beschleunigen, wird dadurch diktiert, daß die Gefahr einer Wiederherstellung des deutschen Militarismus, der zwei Weltkriege entfesselt hat, nicht beseitigt ist, weil die entsprechenden Beschlüsse der Potsdamer Konferenz immer noch nicht durchgeführt sind. Ein Friedensvertrag mit Deutschland soll gewährleisten, daß ein Wiederaufleben des deutschen Militarismus und einer deutschen Aggression unmöglich wird.
Der Abschluß eines Friedensvertrages mit Deutschland wird für das deutsche Volk die Bedingungen eines dauerhaften Friedens herbeiführen, die Entwicklung Deutschlands als eines einheitlichen, unabhängigen, demokratischen und friedliebenden Staates in Übereinstimmung mit den Potsdamer Beschlüssen fördern und dem deutschen Volk die Möglichkeit einer friedlichen Zusammenarbeit mit anderen Völkern sichern.
Davon ausgehend, haben die Regierungen der Sowjetunion, der Vereinigten Staaten von Amerika, Großbritanniens und Frankreichs beschlossen, unverzüglich mit der Ausarbeitung eines Friedensvertrages mit Deutschland zu beginnen.
Die Regierungen der UdSSR, der USA, Großbritanniens und Frankreichs sind der Meinung, daß die Vorbereitung eines Friedensvertrages unter Beteiligung Deutschlands, vertreten durch eine gesamtdeutsche Regierung, erfolgen muß, und daß der Friedensvertrag mit Deutschland auf folgenden Grundlagen aufgebaut sein muß:

Grundlagen des Friedensvertrages mit Deutschland

Die Teilnehmer:
Großbritannien, die Sowjetunion, die USA, Frankreich, Polen, die Tschechoslowakei, Belgien, Holland und die anderen Staaten, die sich mit ihren Streitkräften am Krieg gegen Deutschland beteiligt haben.
Politische Leitsätze:
1. Deutschland wird als einheitlicher Staat wiederhergestellt. Damit wird der Spaltung Deutschlands ein Ende gemacht, und das geeinte Deutschland gewinnt die Möglichkeit, sich als unabhängiger, demokratischer, friedliebender Staat zu entwickeln.
2. Sämtliche Streitkräfte der Besatzungsmächte müssen spätestens ein Jahr nach Inkrafttreten des Friedensvertrages aus Deutschland abgezogen werden. Gleichzeitig werden sämtliche ausländischen Militärstützpunkte auf dem Territorium Deutschlands liquidiert.
3. Dem deutschen Volk müssen die demokratischen Rechte gewährleistet sein, damit alle unter

deutscher Rechtsprechung stehenden Personen, ohne Unterschied der Rasse, des Geschlechts, der Sprache oder Religion, die Menschenrechte und die Grundfreiheiten genießen, einschließlich der Redefreiheit, der Pressefreiheit, des Rechts der freien Religionsausübung, der Freiheit der politischen Überzeugung und der Versammlungsfreiheit.
4. In Deutschland muß den demokratischen Parteien und Organisationen freie Betätigung gewährleistet sein; sie müssen das Recht haben, über ihre inneren Angelegenheiten frei zu entscheiden, Tagungen und Versammlungen abzuhalten, Presse- und Publikationsfreiheit zu genießen.
5. Auf dem Territorium Deutschlands dürfen Organisationen, die der Demokratie und der Sache der Erhaltung des Friedens feindlich sind, nicht bestehen.
6. Allen ehemaligen Angehörigen der deutschen Armee, einschließlich der Offiziere und Generale, allen ehemaligen Nazis, mit Ausnahme derer, die nach Gerichtsurteil eine Strafe für von ihnen begangene Verbrechen verbüßen, müssen die gleichen bürgerlichen und politischen Rechte wie allen anderen deutschen Bürgern gewährt werden zur Teilnahme am Aufbau eines friedliebenden, demokratischen Deutschland.
7. Deutschland verpflichtet sich, keinerlei Koalitionen oder Militärbündnisse einzugehen, die sich gegen irgendeinen Staat richten, der mit seinen Streitkräften am Krieg gegen Deutschland teilgenommen hat.
Das Territorium:
Das Territorium Deutschlands ist durch die Grenzen bestimmt, die durch die Beschlüsse der Potsdamer Konferenz der Großmächte festgelegt wurden.
Wirtschaftliche Leitsätze:
Deutschland werden für die Entwicklung seiner Friedenswirtschaft, die der Hebung des Wohlstandes des deutschen Volkes dienen soll, keinerlei Beschränkungen auferlegt.
Deutschland werden auch keinerlei Beschränkungen in bezug auf den Handel mit anderen Ländern, die Seeschiffahrt und den Zutritt zu den Weltmärkten auferlegt.
Militärische Leitsätze:
1. Es wird Deutschland gestattet sein, eigene nationale Streitkräfte (Land-, Luft- und Seestreitkräfte) zu besitzen, die für die Verteidigung des Landes notwendig sind.
2. Deutschland wird die Erzeugung von Kriegsmaterial und -ausrüstung gestattet werden, deren Menge oder Typen nicht über die Grenzen dessen hinausgehen dürfen, was für die Streitkräfte erforderlich ist, die für Deutschland durch den Friedensvertrag festgesetzt sind.
Deutschland und die Organisation der Vereinten Nationen:
Die Staaten, die den Friedensvertrag mit Deutschland abgeschlossen haben, werden das Ersuchen Deutschlands um Aufnahme in die Organisation der Vereinten Nationen unterstützen.
Zit. nach: Eberhard Jäckel (Hrsg.), Die deutsche Frage 1952–1956. Notenwechsel und Konferenzdokumente der vier Mächte, Frankfurt/M 1957, S. 23 f.

3. Paul Sethe: Stalins jähe Wendung

Der erste Eindruck bei der Lektüre der sowjetischen Dokumente, in denen der neueste diplomatische Vorstoß aus dem Kreml erläutert wird, ist der des Gespenstischen. Dies also ist möglich? Ist es wirklich noch nicht acht Jahre her, daß das Reich völlig zu Boden geworfen wurde, daß seine Soldaten verfemt und daß sich alle mächtigen Staaten der Welt darin einig waren, niemals, niemals wieder dürfe eine deutsche Wehrmacht auferstehen? Mit einer wahrhaft rasenden Eile scheint die Zeit darüber hinwegzuschreiten. Schon seit Jahren erleben wir, daß die Mächte des Westens die Deutschen auffordern, eben die Waffen wieder zu tragen, die ihnen für immer aus der Hand geschlagen sein sollten. Und gestern nun sahen wir, wie das mächtige russische Reich, das eben noch der erbittertste Gegner der deutschen Wiederbewaffnung gewesen war, den großzügigsten Vorschlag zu einer Friedensregelung mit Deutschland zu machen schien: ein ungeteilter Staat, Freiheit für alle, deutsche Souveränität, ungehemmte Entwicklung der deutschen Wirtschaft, gleiches Recht für Berufssoldaten und frühere Nationalsozialisten, und als Überraschendstes: eine eigene deutsche Wehrmacht mit einer eigenen deutschen Waffenproduktion. Die Welt hat in den letzten Jahrzehnten mehr als eine plötzliche Wendung der sowjetischen Politik kennengelernt; keine doch war so jäh wie diese.

Nüchtern bleiben

Was das Verführerische an dem Vorschlag für den oberflächlichen Blick ist, liegt in dem Umfassenden, dem scheinbaren Mangel an Kleinlichkeit, der Entschlossenheit, mit der hier die Periode des gegenseitigen Hasses, der Niederhaltung des Besiegten, kurz: mit der hier die ganze noch immer lastende Atmosphäre des Krieges weggefegt werden soll. Und darüber hinaus wäre es zu begreifen, wenn nationalistische Gemüter in Deutschland von einer Art von Rausch über die veränderte Stellung Deutschlands in der Welt erfaßt würden. Der Westen und der Osten scheinen um Deutschland zu werben, beide bemühen sich offenbar, seine Unabhängigkeit und seine Selbständigkeit wiederherzustellen. Wer hätte noch vor wenigen Jahren an so bedeutende Möglichkeiten für den völlig zusammengebrochenen Staat denken können!

Aber der nationalistische Rausch ist schon einmal verhängnisvoll geworden, und die Befriedigung über das wiedererreichte Prestige ist nicht immer der beste Berater. Um ein Urteil zu bekommen, tut uns gerade in entscheidenden Augenblicken nichts mehr not als die kälteste Vernunft. Die erste Feststellung auch gegenüber dem neuen sowjetischen Schritt muß darin liegen, daß seine Beweggründe naturgemäß im sowjetischen politischen Egoismus liegen. Das ist nicht einmal als ein Vorwurf gemeint. Aber es kann einen davor bewahren, den russischen Schritt zu überschätzen, und es kann einem helfen, ihn auf seine wahre Bedeutung zurückzuführen. Die Sowjetunion hat seit Jahren, das ist eine nüchterne Feststellung, alles getan, um das Mißtrauen aller anderen Mächte in die Aufrichtigkeit ihrer Versicherungen und den Wert ihrer Vorschläge hervorzurufen. Dieses Mißtrauen ist eine der wichtigsten politischen Realitäten unserer Tage. Wenn die Sowjetunion es beseitigen will, muß sie mehr tun als Noten abschicken.

Die Einheit

Die Ursache des diplomatischen Vorgehens der Moskauer Regierung liegt in ihrer Besorgnis davor, Deutschland könne politisch und militärisch in das System des Westens einverleibt werden. Dies zu verhindern, hat sie seit anderthalb Jahren einiges getan und noch mehr versprochen. In dieser Beziehung ist ihr Schritt von gestern nur eine Fortsetzung der Politik, die in den Briefen des Ministerpräsidenten Grotewohl zum Ausdruck kam. Sie wiederholen jetzt das Zugeständnis, das sie schon mehr als einmal haben machen lassen: die Herstellung der deutschen Einheit. Aber wieder finden sich über die Voraussetzung dieser Einheit nur höchst unklare Andeutungen in ihren Dokumenten. Gerade dieser Punkt bedürfte aber noch der genauesten Klärung. Die Sowjetunion müßte wissen, daß sie dem Verdacht ausgesetzt ist, den gesamtdeutschen Staat nur schaffen zu wollen, um Gesamtdeutschland zu bolschewisieren. Sie müßte wissen, daß uns dieser Preis zu hoch ist. Eben deshalb müßte sie auch, wenn sie es aufrichtig meint, endlich klarlegen, daß sie die Voraussetzungen für freie Wahlen schaffen will.

Man sollte auf der anderen Seite doch wohl aufhören, von den Sowjets die Zulassung der Kommission der Vereinten Nationen zu fordern, die prüfen soll, ob jetzt schon die Voraussetzungen für freie Wahlen gegeben sind. Alle Welt weiß, daß in Mitteldeutschland der Terror herrscht; gerade deshalb haben die Sowjets die Zulassung der Kommission abgelehnt. Gewiß ist eine internationale Kontrolle nötig, aber es genügt, wenn diese die Voraussetzungen für die Zukunft schafft. Das sollte man den Russen vorschlagen; wenn sie dies ablehnen, ist alles geklärt.

Oder und Neiße

Für uns Deutsche ist dann der eine Punkt in den Dokumenten von der höchsten Bedeutung, in dem von der Potsdamer Grenzziehung die Rede ist. ... Hält die Sowjetunion die Oder-Neiße-Linie für eine Grenze von Besatzungszonen oder für eine endgültige staatliche Grenze? Es braucht nicht näher ausgeführt zu werden, wieviel Deutsche, denen auf den ersten Blick der russische Vorschlag verlockend erscheinen könnte, hier doch zu einer Ablehnung kommen müßten. Der Nation wird es unmöglich erscheinen, die feierliche Zustimmung zu der Lostrennung dieser alten deutschen Gebiete zu geben.

Die eigene Armee

Der neue deutsche Gesamtstaat soll nach den russischen Vorschlägen neutralisiert werden. Es ist zweifellos sehr geschickt, wenn die Russen hinzufügen, daß dieses neutralisierte Deutschland eine eigene Armee haben solle. Den Verfechtern der These, daß eine wehrlose Neutralität keine echte Neutralität sei, könnte damit – wenn der Vorschlag ehrlich gemeint ist – eine Waffe aus der Hand geschlagen werden. Wenn die Sowjetunion Bürgschaften dafür wünscht, daß die deutsche Wehrmacht ihr nicht gefährlich werde, so wird das kaum Bedenken finden. Dergleichen ist in diesen Spalten als Inhalt einer konstruktiven Politik des Westens wiederholt vorgeschlagen worden.

Verhandeln!

Im ganzen ist es zu einem abschließenden Urteil wohl noch zu früh. Die Schriftstücke sind wichtig genug, daß sie sorgfältig geprüft werden müssen. Es gibt viele Bedenken, das wurde hier eben noch gesagt. Aber man darf seine Einwände nicht äußern, ohne gleich hinzuzufügen, daß man sich mit ihnen nicht begnügen darf. Eine einfache Ablehnung würde bei uns niemand verstehen. Mißtrauen gegenüber den Sowjets ist immer sehr naheliegend. Aber angesichts dessen, was auf dem Spiele steht, möchte man wünschen, die Diplomatie der Westmächte würde die Gelegenheit stärker als in den letzten Jahren benutzen, um in genauen Verhandlungen zu prüfen, welchen Wert eigentlich die russischen Vorschläge haben. Es ist möglich, daß die russischen Vorschläge wieder nur ein diplomatisches Scheingefecht bedeuten. Aber die Wahrheit wirklich mit äußerster Klarheit festzustellen, ist ohne eine gewisse diplomatische Aktivität auch der Westmächte kaum möglich. An ihre politische Phantasie und ihre Verhandlungskunst werden jetzt hohe Anforderungen gestellt. Kaum nötig zu sagen, daß dies auch für die Bundesrepublik gilt.

Aus: Frankfurter Allgemeine Zeitung vom 12. März 1952

4. Östliche Begleitmusik zur Stalin-Note

a) Leitartikel der Prawda vom 12.3.1952

Die Erhaltung der Spaltung Deutschlands dient lediglich den Friedensfeinden, denn sie schafft eine günstige Grundlage für die Wiedergeburt des deutschen Militarismus und für neue Revanche- und Aggressionsversuche von seiner Seite. Die Tatsachen zeigen, daß in den Westzonen Deutschlands die revanchelüsternen militaristischen Kräfte erneut ihr Haupt heben. Hier betätigen sich schon wieder die kriegslüsternen Ruhrmagnaten, diese unwandelbaren Inspiratoren und Organisatoren der deutschen Aggression. Hier sind erneut die Generale der ehemaligen Hitlerarmee auf der Bildfläche aufgetaucht, die darauf rechnen, unter der Flagge einer Teilnahme Westdeutschlands an der sogenannten „Europaarmee" die deutsch-faschistischen Streitkräfte wiederherzustellen. Die Gefahr einer Wiedergeburt des deutschen Militarismus, der zweimal einen Weltkrieg entfesselt hat, ist nicht beseitigt, da die entsprechenden Bestimmungen der Potsdamer Konferenz immer noch nicht erfüllt sind. Der Friedensvertrag mit Deutschland muß gewährleisten, daß jede Möglichkeit für die Wiedergeburt des deutschen Militarismus und der deutschen Aggression beseitigt wird.

Zit. nach: Die Welt seit 1945. Materialien für den Geschichtsunterricht, Teil 1, hrsg. von Herbert Krieger, Ffm. 1983, S. 242

b) Rede Grotewohls vor der Volkskammer am 14.3.1952

Wenn die Gegner des Friedens und der Einheit Deutschlands immer wieder die Lüge kolportieren, in der Deutschen Demokratischen Republik gäbe es keine demokratische Freiheit, nur der Westen habe Freiheit und Demokratie gepachtet, so genügt eine einfache Gegenüberstellung der Tatsachen, um den wahren Sachverhalt klarzustellen. In der Deutschen Demokratischen Republik wurde dem Volke die Möglichkeit gegeben, über die lebenswichtige Frage der Remilitarisierung frei abzustimmen, während in Westdeutschland die Volksbefragung rechtswidrig verboten wurde.

In der Deutschen Demokratischen Republik ist eine Regierung, die vom Vertrauen aller Volkskreise getragen ist, während in Westdeutschland ein Kanzler unter Mißachtung des Volkes und des Parlaments schicksalschwere Entscheidungen trifft, der seine Legitimation nur aus seiner eigenen Stimme ableitet. In der Deutschen Demokratischen Republik genießt jeder Bürger ohne Unterschied der Rasse, des Geschlechts, der Sprache oder der Religion die allgemeinen und gleichen demokratischen Rechte und Freiheiten, nur Feinde der Demokratie und des Friedens, Agenten und Saboteure werden in ihrer Freiheit beschränkt. In Westdeutschland hingegen genießen faschistische Kriegsverbrecher und Antisemiten alle Freiheiten und können neue faschistische Parteien bilden, während Friedenskämpfer verfolgt und demokratische Organisationen unterdrückt werden ...
Die verfassungsfeindlichen Handlungen des Bonner Kanzlers Adenauer, der hinter dem Rücken des deutschen Volkes mit den Oberkommissaren Verhandlungen über den Abschluß eines versklavenden und kriegerischen Generalvertrages führt, die Verfolgungen der Anhänger des Friedens und der Demokratie in Westdeutschland zeugen von der Entwicklung zu einer offenen Militärdiktatur. Das zeigt uns aber auch, wie notwendig die Errichtung eines wirklich friedliebenden Deutschlands ist, in dem allen deutschen Bürgern demokratische Freiheiten und die Gleichberechtigung ohne Unterschied der Rasse, des Geschlechts oder der Religion gewährleistet sind und in dem die freie Tätigkeit der demokratischen Parteien und Organisationen sowie die Presse- und Verlagsfreiheit gesichert sein müssen.
Von selbst versteht sich, daß ferner Maßnahmen getroffen werden müssen, die die Tätigkeit von Organisationen, die der Demokratie und der Sache der Erhaltung des Friedens feindlich sind, ausschalten. Es gibt keinen Zweifel darüber, daß die Existenz eines solchen friedliebenden und demokratischen Deutschlands den Interessen seiner Nachbarn, die mehr als einmal unter der räuberischen Aggression des deutschen Imperialismus zu leiden hatten, entspricht. Ich möchte dies insbesondere unterstreichen in bezug auf Frankreich, dessen Volk aus verständlichen Gründen besorgt und jeder Möglichkeit der Wiedergeburt Deutschlands als aggressive Kraft vorzubeugen wünscht ...
Es wird von interessierter Seite auch versucht, die Vorschläge der Sowjetregierung mit dem Hinweis auf die von der UNO eingesetzte Kommission zur Überprüfung der Möglichkeit freier Wahlen in ganz Deutschland abzutun.
Die Regierung der Deutschen Demokratischen Republik erklärt noch einmal mit Nachdruck, daß es einer solchen Kommission nicht bedarf, daß diese Kommission keinerlei Rechtsgrundlage besitzt und ihre Tätigkeit eine ungerechtfertigte Einmischung in die inneren Angelegenheiten des deutschen Volkes darstellen würde. Nach dem Potsdamer Abkommen sind nur die vier Großmächte befugt, Kontrollfunktionen auszuüben ... Ich erkläre hier im Namen der Regierung, daß alle unsere Vorschläge, insbesondere auch die im Appell der Volkskammer der Deutschen Demokratischen Republik vom 15. September 1951 unterbreiteten Vorschläge, voll und ganz aufrechterhalten bleiben. Die Regierung der Deutschen Demokratischen Republik ist jederzeit bereit, ihre Vertreter zu einer gesamtdeutschen Beratung zu entsenden und auf dieser Beratung alle Fragen erörtern, die zur schleunigsten Durchführung gesamtdeutscher Wahlen und damit zur Bildung einer gesamtdeutschen, den Willen des deutschen Volkes ausdrückenden Regierung führen.

Zit. nach: Gerhard Wettig, Politik im Rampenlicht, Ffm. 1967, S. 156f.

c) Rede Ulbrichts in der Ostberliner Humboldt-Universität am 3. 5. 1952

Im Kampf um ein einiges, demokratisches Deutschland liegt die Hauptverantwortung bei der Sozialdemokratie in Westdeutschland und Westberlin. Gegen den Willen der geeinten Kräfte der Arbeiterklasse in ganz Deutschland wäre Adenauer nicht imstande, seine verbrecherischen Pläne durchzuführen. Eine Verständigung zwischen der Sozialistischen Einheitspartei Deutschlands, der Sozialdemokratischen Partei Deutschlands, der Kommunistischen Partei Deutschlands und den gewerkschaftlichen Organisationen würde ebenso große Kräfte in der Arbeiterklasse auf den Plan treten lassen, wie sie einst im Kampf gegen den Kapp-Putsch oder im Streik gegen die Cuno-Regierung auftraten. Dadurch würden auch die Kräfte der patriotischen Kreise des Bürgertums und

der friedliebenden Bauern zur Entfaltung gebracht. Eine mächtige patriotische Bewegung würde die Position der Bonner Regierung erschüttern.
So können in Westdeutschland die Voraussetzungen für eine gesamtdeutsche Beratung und die Durchführung gesamtdeutscher Wahlen geschaffen werden ...
Heute ist es unbestreitbar, daß die Mehrheit des deutschen Volkes gegen den Generalvertrag und gegen die Remilitarisierungspolitik der Adenauer-Regierung ist. Es kommt hinzu, daß die friedliebenden Kräfte eine starke Basis in der Deutschen Demokratischen Republik haben und daß die Note der Sowjetregierung dem deutschen Volk den Weg zur friedlichen Lösung der deutschen Frage zeigt ...
Nur ein Deutschland, in dem das Volk bestimmt und nicht die egoistischen Interessen finanzkapitalistischer Cliquen, nur ein demokratisches Deutschland, das fähig ist, friedliche Beziehungen zu seinen Nachbarn herzustellen, und das vor allem in fester Freundschaft mit der Sowjetunion verbunden ist, wird gleichberechtigt im Kreise der friedliebenden Völker sein ...

Zit. nach: Gerhard Wettig, Politik im Rampenlicht, a.a.O., S. 143; 157

5. Pressebericht über Adenauers Rede in Siegen vom 16.3.1952

Bundeskanzler Adenauer, der hier auf einer Arbeitstagung der evangelischen Christen in der CDU sprach, nahm zur Sowjetnote über einen Friedensvertrag mit Deutschland Stellung und richtete an Moskau folgende drei Fragen:
1. Wie stellt sich die Sowjetunion die Bildung einer gesamtdeutschen Regierung vor? – Nach deutscher Auffassung könne eine solche nur durch freie und geheime Wahlen zustande kommen.
2. Wie soll das Problem der deutschen Gebiete jenseits der Oder-Neiße-Linie gelöst werden? – Die Antwort hierauf werde sehr aufschlußreich sein.
3. Was versteht Moskau unter „nationaler Aufrüstung"? – Der Vorschlag einer nationalen deutschen Aufrüstung müsse als „Fetzen Papier" bezeichnet werden, denn seit 1945 habe die militärische Forschung so große Fortschritte gemacht, daß Deutschland, auf sich allein gestellt, schon aus finanziellen und materiellen Gründen keine nationale Rüstung aufbauen könne.
Der Bundeskanzler betonte, es sei nicht die Aufgabe der Bundesregierung, auf die Sowjetnote unmittelbar zu antworten, doch müsse die deutsche Seite, wenn auch mit der gebotenen Zurückhaltung, ihre Auffassung vertreten. Die Note stelle einen „gewissen Fortschritt" dar ...
Keine Möglichkeit zu einer friedlichen Verständigung und Neuordnung in Europa dürfe außer acht gelassen werden. Auf der anderen Seite sei keine Verzögerung im Aufbau der westlichen Verteidigung zulässig, weil das den Bestrebungen für den Zusammenschluß des Westens den Todesstoß versetzen könnte.

In: „Die Welt" vom 17.3.1952

6. (Erste) Note der Regierungen Frankreichs, des Vereinigten Königreichs und der Vereinigten Staaten an die Regierung der Sowjetunion vom 25.3.1952

(Wortlaut der amerikanischen Note)

1. Die Regierung der Vereinigten Staaten hat die Note der Sowjetregierung vom 10. März, in der der Abschluß eines Friedensvertrages mit Deutschland vorgeschlagen wurde, in Beratung mit den Regierungen Großbritanniens und Frankreichs auf das sorgfältigste erwogen. Die Regierungen der Vereinigten Staaten, Großbritanniens und Frankreichs haben ferner die Regierung der Deutschen Bundesrepublik und Vertreter Berlins zu Rate gezogen.
2. Der Abschluß eines gerechten und dauerhaften Friedensvertrages, der die Teilung Deutschlands beendet, ist stets ein wesentliches Ziel der amerikanischen Regierung gewesen und wird es bleiben. Der Abschluß eines derartigen Friedensvertrages macht, wie die Sowjetregierung selbst anerkennt, die Bildung einer gesamtdeutschen Regierung erforderlich, die den Willen des deutschen Volkes

zum Ausdruck bringt. Eine derartige Regierung kann nur auf der Grundlage freier Wahlen in der Bundesrepublik, der sowjetischen Besatzungszone und in Berlin geschaffen werden. Derartige Wahlen können nur unter Verhältnissen stattfinden, die die nationalen und individuellen Freiheiten des deutschen Volkes gewährleisten. Die Vollversammlung der Vereinten Nationen hat zur Prüfung der Frage, ob diese erste wesentliche Voraussetzung gegeben ist, eine Kommission ernannt, die eine gleichzeitige Untersuchung in der Bundesrepublik, der Sowjetzone und in Berlin durchführen soll. Dieser Untersuchungskommission ist in der Bundesrepublik und in West-Berlin die erforderliche Unterstützung zugesichert worden. Die amerikanische Regierung würde die Mitteilung zu schätzen wissen, daß eine derartige Unterstützung auch in der Sowjetzone und in Ost-Berlin vorhanden sein wird, damit die Kommission ihre Aufgabe durchzuführen vermag.

3. Die Vorschläge der sowjetischen Regierung geben keinen Hinweis auf die internationale Stellung einer gesamtdeutschen Regierung vor dem Abschluß eines deutschen Friedensvertrages. Die amerikanische Regierung ist der Ansicht, daß es der gesamtdeutschen Regierung sowohl vor wie nach Abschluß eines Friedensvertrages freistehen sollte, Bündnisse einzugehen, die mit den Grundsätzen und Zielen der Vereinten Nationen in Einklang stehen.

4. Mit der Unterbreitung ihrer Vorschläge für einen deutschen Friedensvertrag verlieh die Sowjetregierung ihrer Bereitschaft Ausdruck, auch weitere Vorschläge zu erörtern. Die US-Regierung hat von dieser Erklärung Kenntnis genommen. Nach ihrer Ansicht wird es nicht möglich sein, sich auf ins einzelne gehende Diskussionen über einen Friedensvertrag einzulassen, bis die Voraussetzungen für freie Wahlen geschaffen sind und eine freie gesamtdeutsche Regierung gebildet worden ist, die an derartigen Erörterungen teilnehmen könnte. Es bestehen verschiedene grundsätzliche Fragen, die gleichfalls gelöst werden müßten.

5. So stellt die amerikanische Regierung fest, daß die sowjetische Regierung erklärt, das deutsche Hoheitsgebiet werde durch die Grenzen bestimmt, die durch die Entscheidungen der Potsdamer Konferenz festgelegt wurden. Die amerikanische Regierung möchte daran erinnern, daß in Wirklichkeit keine endgültigen deutschen Grenzen in den Potsdamer Entscheidungen festgelegt wurden, die eindeutig vorsehen, daß die endgültige Entscheidung territorialer Fragen einer Friedensregelung vorbehalten bleiben muß.

6. Die amerikanische Regierung stellt ferner fest, daß die sowjetische Regierung gegenwärtig der Auffassung ist, der Friedensvertrag solle die Aufstellung nationaler deutscher Land-, Luft- und Seestreitkräfte vorsehen, während gleichzeitig die Freiheit Deutschlands, Bündnisse mit anderen Ländern abzuschließen, eingeschränkt wird. Die amerikanische Regierung ist der Ansicht, daß derartige Bestimmungen einen Schritt zurück bedeuten und den Anbruch einer neuen Epoche in Europa gefährden könnten, in der sich internationale Beziehungen auf Zusammenarbeit und nicht auf Rivalität und Mißtrauen aufbauen. Von der Notwendigkeit einer Politik der europäischen Einheit überzeugt, gibt die amerikanische Regierung Plänen ihre volle Unterstützung, die die Beteiligung Deutschlands an einer rein defensiven europäischen Gemeinschaft sichern, die Freiheit wahren, eine Aggression verhüten und das Wiederaufleben des Militarismus ausschließen sollen. Die amerikanische Regierung ist der Auffassung, daß der Vorschlag der sowjetischen Regierung zur Aufstellung nationaler deutscher Streitkräfte mit der Erreichung dieser Ziele nicht zu vereinbaren ist. Die amerikanische Regierung ist weiterhin überzeugt, daß diese Politik der europäischen Einheit die Interessen irgendeines anderen Landes nicht bedrohen kann und den wahren Weg zum Frieden darstellt.

Zit. nach: Eberhard Jäckel (Hrsg.), Die deutsche Frage 1952–1956, a.a.O., S. 24 f.

7. Adenauers Kommentar zur westlichen Antwortnote

(Rede in der Bonner Universität vom 28. 3. 1952)

Die Antwortnote, die die drei Westalliierten Sowjet-Rußland übergeben haben, ist es wirklich Wert, mehrmals gelesen zu werden. Sie wissen, daß ich als Vertreter der Bundesrepublik an der Beratung über diese Antwortnote in Paris teilgenommen habe, und ich darf in diesem Kreise sagen, daß man den Wünschen und den Anregungen, die ich für die Bundesrepublik gegeben habe, bereitwillig gefolgt ist. Wenn nun in einem Teil der Presse behauptet wird, insbesondere auch in einigen Schweizer Zeitungen, daß ich darauf hingewirkt hätte, daß möglichst scharf geantwortet würde, so ist das eine glatte Unwahrheit, und für jeden, der diplomatische Schriftstücke mit einiger Aufmerksamkeit studiert, ist es völlig klar, daß diese Antwortnote der drei Westalliierten nicht scharf ist, absichtlich nicht in einem Ton gehalten, der den anderen verletzen müßte, denn wir sind überzeugt davon, das ist nicht die letzte Note, die von Sowjet-Rußland kommen wird. Es werden weitere Noten kommen. Man hat zunächst mit dieser Note versucht, die Integration Europas zu stoppen, zu hemmen, mit all den Konsequenzen, die sich daraus ergeben würden. Und wenn man sieht, daß das nicht gelingt, werden andere Noten kommen, und dieser ganze Notenwechsel, der angefangen hat und der sich fortsetzen wird, ist nach meiner Meinung die Vorbereitung für die endgültige Aussprache unter allen Beteiligten, die eines Tages nach meiner festen Überzeugung stattfinden wird …

Ich habe eben davon gesprochen, wie außerordentlich wichtig es ist, daß Deutschland von Anfang an an den Verhandlungen als gleichberechtigter Partner teilnimmt, und wir können es nur begrüßen, daß die Westalliierten denselben Standpunkt einnehmen. Das gleiche gilt von der Zurückweisung der Behauptung in der sowjet-russischen Note, daß die Grenzen Deutschlands durch das Potsdamer Abkommen festgesetzt seien. Ich muß noch ein Wort über den Schluß der Antwortnote sagen, in dem zurückgewiesen wird die Aufstellung einer nationalen Armee für Deutschland. Es ist wirklich so, wie es in diesem Schlußpassus der Note steht: Die Aufstellung einer nationalen Armee in Deutschland würde bedeuten, daß wir in allen europäischen Ländern die nationalen Armeen behalten, und das würde bedeuten, daß wir gegenüber der Entwicklung, die gerade im letzten Jahre eingetreten ist, wieder zurückfielen in eine Vergangenheit überspitzten Nationalismus, in die Vergangenheit der europäischen Nationalstaaten, über die die Geschichte hinweggegangen ist. Ich meine, gerade unsere Jugend sollte diese Frage, nämlich Nationalismus, Nationalstaaten, oder aber Zusammenarbeit der europäischen Staaten sich sehr am Herzen liegen lassen. Wenn wir zurückkehren zu dieser überwundenen Epoche, dann kommen wir auch wieder zu europäischen Kriegen, dann kommen wir auch wieder zu dieser Zerklüftung, die wir ja beginnen zu überwinden, und dann wird dieses Europa entweder ein Anhängsel des sowjet-russischen Asiens, oder aber es wird einfach von der Höhe seiner Kultur, von der Höhe seiner Wirtschaft heruntersinken auf eine außerordentlich tiefe Stufe. Es gibt für uns nur ein Vorwärts im Zusammenschluß und in der Überwindung dieses nationalstaatlichen Denkens.

Lassen Sie mich noch ein Wort darüber sagen, wie ich mir die Entwicklung denke, und ich glaube, daß gerade diese sowjet-russische Note, die wir erlebt haben, ein Beweis dafür ist, daß wir mit diesem Denken auf dem richtigen Wege sind. Es ist ja – lassen Sie mich das hier einmal einschieben – für die Kommunisten in aller Welt eigentlich eine mehr als unheimliche Überraschung gewesen, daß auf einmal das von ihnen angebetete Sowjet-Rußland vorschlägt, daß Deutschland eine nationale Armee bekommen solle. Wenn Sie daran denken, mit welchen Kraftausdrücken, mit welcher Vehemenz und Begeisterung die KP in Deutschland den Gedanken einer europäischen Armee bekämpft hat, und nun muß dieselbe KPD schlucken, daß ihre Schutzmacht Sowjet-Rußland vorschlägt, eine nationale Armee, dann können einem ja die Kommunisten leid tun. Sie werden aber schon zur richtigen Zeit wieder umgestellt werden. Aber es wird einem dadurch doch sehr klar, welche Wendung in der sowjet-russischen Politik eingetreten ist, und man sieht daraus, daß Sowjet-Rußland nichts mehr fürchtet als den Zusammenschluß Europas. Es wäre lächerlich zu behaupten, daß Sowjet-Rußland vor demnächst vielleicht oder wahrscheinlich kommenden zwölf deutschen Divisionen in der europäischen Armee eine solche Angst haben sollte. Das ist ja nur vorgeschützt. Worum es sich handelt, ist: Sowjet-Rußland kann nicht vertragen, daß sich Europa zusammenfindet, weil es weiß, daß damit sein Drang nach dem Westen gestoppt ist, und weil es weiß, daß dann eines Tages der Tag kommen wird, an dem auch Sowjet-Rußland in der Erkenntnis, daß ein kalter Krieg, der auch Sowjet-Rußland ungeheueres Geld kostet, keinen Zweck mehr hat, und an dem es dann sich mit den anderen an einen Verhandlungstisch von gleich zu gleich setzen wird. Es ist nicht so, als wenn Sowjet-Rußland die Rüstungslasten, die es sich aufgebürdet hat, ad infinitum fortsetzen könnte ... Einen heißen Krieg wird Rußland nicht führen, aber wenn es einsieht, daß es mit den Mitteln des kalten Krieges nicht weiterkommt, wird es bereit sein, ehrlich in Friedensverhandlungen einzutreten. Und gerade wir Deutsche, die wir in dem Spannungsfeld zwischen Osten und Westen liegen, wir haben das größte Interesse daran, daß dieser Augenblick möglichst bald kommt. Uns Deutschen liegt nach all den Erfahrungen, die wir gemacht haben, und auch im Hinblick auf die ungeheuren Kräfte in der Welt alles (sic!) ferner als der Gedanke an Krieg. Wir wollen den Frieden, wir wollen aber unsere Freiheit, und wir wollen die Wiedervereinigung Deutschlands. Und je eher Rußland sich davon überzeugt, daß es nicht weiterkommt mit seiner bisherigen Methode, desto eher ist der Tag da, den ich mit ganzem Herzen und mit ganzer Seele herbeiwünsche, der Tag, an dem die Großmächte und wir uns an einen Tisch zusammensetzen können, um einen wahren und dauerhaften Frieden abzuschließen. Aber, bis dieser Tag gekommen ist, müssen wir wachsam sein, und wir dürfen auch nicht der Versuchung unterliegen, weder wir noch die Westalliierten, zu einem Zeitpunkt in ein ernsthaftes Gespräch mit Rußland einzutreten, der nicht der richtige ist, zu einem Zeitpunkt, an dem eine ernsthafte Erörterung über den Abschluß eines Friedens noch nicht möglich ist. Es wird die große Aufgabe der deutschen Politik sein und der Politik der Westalliierten, den richtigen Augenblick zu sehen, an dem echte Verhandlungsbereitschaft bei Sowjet-Rußland vorhanden ist. Diese echte Verhandlungsbereitschaft bei Sowjet-Rußland – lassen Sie mich es immer wieder sagen, es ist nötig, daß das ganze deutsche Volk die Dinge so klar sieht –, diese echte Verhandlungsbereitschaft Sowjet-Rußlands ist da, wenn es sieht, daß der Westen mindestens so stark wie Sowjet-Rußland ist und daß die Methoden des kalten Krieges Rußland keine weiteren Vorteile mehr bringen werden. Bis dahin müssen wir warten, geduldig warten. Ich glaube nicht, daß dieser Tag so unendlich weit entfernt ist. Ich glaube, daß dieser Tag um so schneller herankommen wird, je besser wir und die Westalliierten das große Werk, das wir begonnen haben, vollenden, das große Werk der Gründung der Europäischen Verteidigungsgemeinschaft, der vorangehen muß die Wiedergabe der Freiheit an die Bundesrepublik ...

Zit. nach: Klaus von Schubert (Hrsg.), Sicherheitspolitik der Bundesrepublik Deutschland. Dokumentation 1945–1977, Teil 1, Köln 1978, S. 172 ff.

8. (Zweite) Note der Regierung der Sowjetunion an die Regierungen Frankreichs, des Vereinigten Königreichs und der Vereinigten Staaten vom 9. 4. 1952

(Wortlaut der an die amerikanische Regierung gerichteten Note)

Im Zusammenhang mit der Note der Regierung der USA vom 25. März dieses Jahres erachtet es die Sowjetregierung für notwendig, folgendes zu erklären:

In ihrer Note vom 10. März hat die Sowjetregierung der Regierung der USA sowie den Regierungen Großbritanniens und Frankreichs vorgeschlagen, unverzüglich die Frage eines Friedensvertrages mit Deutschland zu erörtern, damit in kürzester Zeit ein vereinbarter Entwurf des Friedensvertrages vorbereitet wird. Zur Erleichterung der Vorbereitung des Friedensvertrages hat die Sowjetregierung den Entwurf der Grundlagen des Friedensvertrages mit Deutschland unterbreitet und ihr Einverständnis erklärt, auch beliebige andere Vorschläge zu erörtern. Die Sowjetregierung hat dabei den Vorschlag gemacht, daß der Friedensvertrag unter unmittelbarer Beteiligung Deutschlands, vertreten durch eine gesamtdeutsche Regierung, ausgearbeitet werden soll. In der Note vom 10. März wurde weiterhin vorgesehen, daß die UdSSR, die USA, Großbritannien und Frankreich, die Besatzungsfunktionen in Deutschland ausüben, die Frage der Bedingungen prüfen sollen, die der schnellstmöglichen Bildung einer gesamtdeutschen, dem Willen des deutschen Volkes Ausdruck verleihenden Regierung förderlich sind.

Bei ihren Vorschlägen zur Frage eines Friedensvertrages mit Deutschland und zur Bildung einer gesamtdeutschen Regierung ging die Sowjetregierung davon aus, daß die Lösung dieser Grundfragen große Bedeutung für die Festigung des Friedens in Europa besitzt und den Forderungen nach einer gerechten Einstellung zu den rechtmäßigen nationalen Interessen des deutschen Volkes entspricht. Die Dringlichkeit des Abschlusses eines Friedensvertrages mit Deutschland macht es notwendig, daß die Regierungen der UdSSR, der USA, Großbritanniens und Frankreichs unverzüglich Maßnahmen zur Vereinigung Deutschlands und zur Bildung einer gesamtdeutschen Regierung treffen.

In Übereinstimmung hiermit erachtet es die Sowjetregierung für notwendig, daß die Regierungen der UdSSR, der USA, Großbritanniens und Frankreichs ohne Verzug die Frage der Durchführung freier gesamtdeutscher Wahlen erörtern, wie sie dies bereits früher vorgeschlagen hat. Die Anerkennung der Notwendigkeit der Durchführung freier gesamtdeutscher Wahlen seitens der Regierungen der UdSSR, der USA, Großbritanniens und Frankreichs würde durchaus die Möglichkeit schaffen, diese Wahlen in kürzester Zeit durchzuführen.

Was den Vorschlag betrifft, daß eine UN-Kommission im Zusammenhang mit bevorstehenden freien gesamtdeutschen Wahlen prüfen soll, ob die Voraussetzungen für solche Wahlen gegeben sind, so steht dieser Vorschlag im Widerspruch zur UN-Charta, die gemäß Artikel 107[1]) eine Einmischung der Vereinten Nationen in deutsche Angelegenheiten ausschließt. Eine solche Prüfung könnte durch eine Kommission vorgenommen werden, die von den vier in Deutschland Besatzungsfunktionen ausübenden Mächten zu bilden wäre.

Die Regierung der USA hatte die Möglichkeit, sich mit dem von der Sowjetregierung vorgeschlagenen Entwurf der Grundlagen eines Friedensvertrages mit Deutschland vertraut zu machen. Die Regierung der USA hat sich nicht einverstanden erklärt, die Erörterung dieses Entwurfes aufzunehmen und hat keinen eigenen Entwurf eines Friedensvertrages vorgeschlagen. Zugleich hat die Regierung der USA eine Reihe von Einwänden zu einzelnen Punkten des sowjetischen Entwurfes der Grundlagen eines Friedensvertrages mit Deutschland erhoben; das hat den weiteren Notenaustausch zwischen den Regierungen und eine Verzögerung der Lösung der strittigen Frage zur Folge.

Das hätte bei unmittelbarer Erörterung durch die Mächte vermieden werden können. Da jedoch in der Note der USA vom 25. März solche Fragen aufgeworfen werden, hält es die Sowjetregierung für notwendig, auf diese Fragen einzugehen. Im sowjetischen Entwurf der Grundlagen eines Friedensvertrages mit Deutschland heißt es: „Deutschland verpflichtet sich, keinerlei Koalitionen oder Militärbündnisse einzugehen, die sich gegen irgendeinen Staat richten, der mit seinen Streitkräften am Krieg gegen Deutschland teilgenommen hat."

Die Sowjetregierung ist der Ansicht, daß ein solcher Vorschlag den Interessen der Mächte, die Besatzungsfunktionen in Deutschland ausüben, sowie auch der Nachbarstaaten und gleichermaßen den Interessen Deutschlands selber als eines friedliebenden und demokratischen Staates entspricht. Ein solcher Vorschlag enthält keine unzulässige Beschränkung der souveränen Rechte des deutschen Staates. Dieser Vorschlag schließt jedoch auch eine Einbeziehung Deutschlands in diese oder jene, gegen irgendeinen friedliebenden Staat gerichtete Mächtegruppierung aus.

In dem sowjetischen Entwurf eines Friedensvertrages mit Deutschland heißt es: „Es wird Deutschland gestattet sein, eigene nationale Streitkräfte (Land-, Luft- und Seestreitkräfte) zu besitzen, die für die Verteidigung des Landes notwendig sind."

Die Sowjetregierung hat bekanntlich einen gleichartigen Vorschlag auch zum Entwurf eines Friedensvertrages mit Japan gemacht. Ein solcher Vorschlag entspricht den Grundsätzen der nationalen Souveränität und der Gleichberechtigung der Staaten. Es ist undenkbar, daß Japan ein Recht auf nationale, für Zwecke der Landesverteidigung bestimmte Streitkräfte haben sollte, Deutschland hingegen dieses Rechtes beraubt und in eine schlechtere Lage versetzt sein sollte. Es kann kein Zweifel darüber bestehen, daß es sowohl für die Sache des Friedens als auch für die deutsche Nation bedeutend besser wäre, solche für die Verteidigung bestimmte Streitkräfte zu schaffen, als in Westdeutschland Söldnertruppen der Revanchepolitiker mit hitlerfaschistischen Generälen an der Spitze aufzustellen, die bereit sind, Europa in den Abgrund eines dritten Weltkrieges zu stürzen.

Was die Grenzen Deutschlands betrifft, so hält die Sowjetregierung die entsprechenden Beschlüsse

[1]) Vgl. dazu Anmerkung, Seite 60 und Wortlaut, Seite 89

der Potsdamer Konferenz, die von der Regierung der USA ebenso wie von den Regierungen der UdSSR und Großbritanniens angenommen wurden und denen Frankreich sich anschloß, für vollauf ausreichend und für endgültig.
Die Sowjetregierung schlägt der Regierung der USA erneut vor, gemeinsam mit den Regierungen Großbritanniens und Frankreichs die Erörterung eines Friedensvertrages mit Deutschland sowie der Frage der Vereinigung Deutschlands und der Bildung einer gesamtdeutschen Regierung aufzunehmen. Die Sowjetregierung sieht keinen Grund, die Lösung dieser Fragen zu verschieben.
Gerade gegenwärtig entscheidet sich die Frage, ob Deutschland als einheitlicher, unabhängiger, friedliebender, zur Familie der friedliebenden Völker Europas gehörender Staat wiederhergestellt wird oder ob die Spaltung Deutschlands und die damit verbundene Gefahr eines Krieges in Europa bestehen bleibt.
Gleichlautende Noten richtet die Sowjetregierung gleichzeitig an die Regierungen Großbritanniens und Frankreichs.

Zit. nach: Eberhard Jäckel (Hrsg.), Die deutsche Frage 1952–1956, a.a.O., S.25f.

9. Sprache oder Politik der Stärke?

a) Carlo Schmid: Bundestagsrede vom 3.4.1952

Der Herr Bundeskanzler hat uns erklärt – und der Bundestag hat ja schon längst entsprechende Beschlüsse gefaßt –, daß es das oberste Ziel einer jeden Außenpolitik der Bundesrepublik sein müsse, die Herstellung der Einheit Deutschlands zu betreiben, nicht nur aus nationalen Gründen, die an und für sich ausreichen würden, um den Rang dieses Anliegens zu bestimmen, sondern auch aus internationalen Gründen, weil nur, wenn die Spaltung Deutschlands aufgehoben ist, überall in der Welt auf festem Grund wird gebaut werden können.
Damit aber sind gewisse Konsequenzen verbunden. Denn wenn man sagt, daß die Wiederherstellung der deutschen Einheit das vornehmste, das oberste oder das vordringlichste Ziel der deutschen Außenpolitik sei, dann sagt man damit zugleich, daß demgegenüber andere Ziele sekundär sind oder daß sie nichts anderes sind als Mittel zur Erreichung eben dieses vornehmsten und vordringlichsten Zieles. Ich unterstelle, daß auch die Bundesregierung so denkt, und ich erlaube mir nun zu untersuchen, ob sie recht mit der Behauptung hat, daß ihre Politik die Verwirklichung dieses Satzes sei, oder ob sie sich dabei irrt. Die Konsequenz dieses Satzes ist doch, daß auf jeden Fall alles unterlassen werden müßte, was diesem vornehmsten Ziel zum Nachteil gereichen könnte. Ich möchte hier aber noch eines feststellen. In dem Beschlusse, den wir vor vielen Monaten gefaßt haben und in dem es heißt: „die Einheit Deutschlands in einem geeinten Europa“ dürfen die Worte „in einem geeinten Europa“ nicht als Einschränkung, auch nicht hinsichtlich der Frage der Vordringlichkeit der Aufgabe, Gesamtdeutschland zu schaffen, verstanden werden. Diese Einheit Deutschlands ist friedlich nur über ein Viermächteabkommen zu erreichen. Wir mögen bedauern, daß wir die Vier dazu brauchen; aber es ist nun einmal so. Und der Weg, auf dem dieses Ziel erreicht werden kann, kann nur über gesamtdeutsche Wahlen und die Schaffung einer gesamtdeutschen, freien, in ihren Entschlüssen freien Regierung führen.
Wenn man das will, nun, dann muß man die Westmächte und die Russen dazu bringen, in gesamtdeutsche Wahlen einzuwilligen, und die Voraussetzungen dafür schaffen, daß diese Wahlen freie Wahlen werden. Das heißt, man darf nicht nur das Interesse der einen Seite wecken, sondern man muß auch das der anderen Seite ansprechen. Wenn man es für unmöglich hält, das Interesse auch der Sowjetunion anzusprechen, nun, meine Damen und Herren, dann ist die Konsequenz, daß man auf die Wiederherstellung der deutschen Einheit verzichten muß, es sei denn, daß man sich zu der Hoffnung berechtigt hält, man könne durch das Verhalten des Westens die Russen zwingen, in die Vorschläge des Westens einzuwilligen. Es gibt entweder die Möglichkeit, an das Interesse, oder die Möglichkeit, an die Macht zu appellieren.
Man sagt uns: Wir müssen uns stark machen, stark werden wir nur durch Vollendung der Eingliederung Deutschlands in den Mechanismus des politischen Systems des Westens; diese setzt den

Beitritt Deutschlands zu dem europäischen Verteidigungsabkommen voraus, also seine Einfügung in die politische Ordnung des atlantischen Systems oder eine Ordnung am Rande des atlantischen Systems – was doch nichts anderes bedeutet als die Übernahme der Verpflichtung, die Politik der Führungsmächte dieses Systems mit zu übernehmen. Man glaubt also den Russen zumuten zu können, ihre Machtposition in Deutschland aufzugeben, und ihnen weiter zumuten zu können, das zuzugeben, daß Mitteldeutschland – sein politisches, wirtschaftliches Potential – dem Machtpotential des atlantischen Blocks zugeschlagen wird, den die russische Regierung heute nun einmal als feindlich betrachtet. Das heißt doch wohl die Selbstlosigkeit der Russen und vielleicht auch ihre Angst vor einer Europaarmee überschätzen.
Aber man sagt uns dazu: Wenn wir den Westen durch unseren Beitritt zu diesem politischen System stark genug gemacht haben, dann kann der Westen mit den Russen in einer Sprache reden, die sie allein verstehen. Nach der Auffassung vieler gehört dazu auch ein deutscher militärischer Beitrag an den Westen, weil er durch die Antwortnote der westlichen Alliierten zum mindesten offengehalten werden soll und weil er durch die Regierung betrieben wird und – wenn ich Ihre Resolution richtig verstanden habe – weiter betrieben werden soll bis zum Abschluß und zur Perfektion des Gewollten.
Was heißt es denn: gestützt auf diese Stärke eine Sprache sprechen, die der andere versteht? Bedeutet das – ich will es nicht hoffen und kann es auch nicht annehmen – die Möglichkeit der Drohung, von dieser militärischen Stärke Gebrauch zu machen, wenn der andere nicht hören will? Ich wiederhole: Ich glaube nicht, daß das die Absicht der Bundesregierung ist. Im übrigen stünde das ja nur zum ganz geringen Teil in ihrer Entscheidungsbefugnis ... Ich glaube, daß hierüber andere Leute sehr viel mehr zu sagen haben würden als sie. Also ist es doch so, daß man eine militärische Stärke will, von der man entschlossen ist, in der politischen Offensive für die Einheit Deutschlands keinen Gebrauch zu machen. Was soll dann bei dieser politischen Offensive, die wir alle unternehmen wollen, diese militärische Stärke nützen? Ein Instrument, von dem ich keinen Gebrauch machen will, ist doch genau so, als hätte ich es nicht. Das ist doch ein Messer ohne Heft und Klinge!
Man sagt doch jetzt: Wir müssen uns – auch militärisch – in den Westen integrieren, nicht nur und in erster Linie zu Verteidigungszwecken, sondern damit wir eine Machtgrundlage für eine politische Offensive zur Herstellung der Einheit Deutschlands haben. Ich glaube, daß in dieser Konzeption der Bundesregierung so viel Widerspruch steckt, daß ein Faktor den anderen aufhebt, und ich möchte darauf hinweisen, daß die Stärke einer Verhandlungspartei auch auf andere Weise als durch Häufung militärischer Machtmittel gesteigert werden könnte ...

Zit. nach: Klaus von Schubert (Hrsg.), Sicherheitspolitik der Bundesrepublik Deutschland. Dokumentation, a.a.O., S. 176f.

b) Adenauer: Interview im Nord-Westdeutschen Rundfunk mit Ernst Friedlaender am 24.4.1952

Friedlaender: Gesetzt den Fall, die Viermächtebesprechungen scheitern ..., besteht dann überhaupt noch eine Hoffnung auf eine spätere friedliche Wiederherstellung der deutschen Einheit?
Bundeskanzler: Ich denke überhaupt nur an eine friedliche Erreichung dieses Ziels. Und ich sehe nicht, daß die Aussichten sich verschlechtern müßten. Im Gegenteil. Die Stärke des Westens nimmt zu. Man verhandelt immer besser aus der Stärke als aus der Schwäche.
Friedlaender: Dies Argument mit der Stärke hat auch seine Schattenseite. Es besteht nämlich die Gefahr, daß sie immer weiter aufgebaut, daß sie zum Selbstzweck wird. Wenn das der Fall ist, verbaut sich der Starke selbst den Weg zu Verhandlungen.
Bundeskanzler: In der Theorie will ich das gar nicht bestreiten. Aber solange ich Bundeskanzler bin, werde ich meinen ganzen Einfluß dafür aufbieten, daß dieser Fehler nicht begangen wird. Für mich ist Stärke immer nur Mittel zum Zweck und niemals Selbstzweck. Der Zweck kann nur der Friede sein. Der Wille zum Frieden ist bei allen Staatsmännern des Westens lebendig.
Friedlaender: Trotzdem fällt es schwer zu begreifen, wie sich aus der Einbeziehung der Bundesrepublik in den Westen ohne weiteres die deutsche Einheit ergeben soll.
Bundeskanzler: Ohne weiteres gewiß nicht. Aber erstens ist ein anderer Weg gar nicht sichtbar und

zweitens ist es auch für die Sowjets keine sinnvolle Politik, sich jahrelang auf ein aussichtsloses Wettrüsten einzulassen. Sie sind die ersten, die die Sprache westlicher Stärke verstehen werden.

Zit. nach: Klaus von Schubert, Wiederbewaffnung und Westintegration, Stuttgart, 2. Aufl. 1972, S. 181

10. Schumachers Appell an den Bundeskanzler

(Brief vom 22.4. 1952)

Sehr geehrter Herr Bundeskanzler!

Obgleich das Verhalten der Bundesregierung nicht dazu ermutigt, Ihnen nochmals brieflich Vorschläge für eine gemeinsame Stellungnahme von Regierung und Opposition in der Frage der Wiedervereinigung Deutschlands zu machen, möchte ich Ihnen im Namen der Sozialdemokratischen Fraktion noch einmal darlegen, wie dringlich es ist, zum Notenwechsel zwischen den Regierungen der vier Besatzungsmächte konkrete deutsche Forderungen zur Geltung zu bringen. Das ist um so dringlicher, als man nicht weiß, ob sich in absehbarer Zeit noch eine Chance zur friedlichen und demokratischen Wiedervereinigung bieten wird.

Von den Regierungen der Westmächte wird zur Zeit der Text einer Antwortnote auf die sowjetische Note vom 9. April beraten. Meines Erachtens ist es notwendig, den Regierungen der drei Westmächte als gemeinsamen deutschen Standpunkt vorzutragen, daß nichts unversucht bleiben darf, festzustellen, ob die Sowjetnote eine Möglichkeit bietet, die Wiedervereinigung Deutschlands in Freiheit durchzuführen. Um dies festzustellen, sollten so bald wie möglich Vier-Mächte-Verhandlungen stattfinden. Wenn sich dabei herausstellen sollte, daß auch nach den letzten Noten der Sowjetregierung nicht die Möglichkeit gegeben ist, durch eine Vier-Mächte-Übereinkunft die Voraussetzung für freie Wahlen in den vier Zonen und Berlin zu gewährleisten, dann wäre doch auf jeden Fall klargestellt, daß die Bundesrepublik keine Anstrengung gescheut hat, um eine sich bietende Chance zur Wiedervereinigung Deutschlands und Befriedung Europas auszunützen.

Es sollte den Regierungen der drei westlichen Besatzungsmächte gegenüber als deutscher Standpunkt zum Ausdruck gebracht werden, daß durch eine Fortsetzung der brieflichen Diskussion über Einzelpunkte des ursprünglichen Sowjetvorschlages vom 10. März nicht die notwendige Klärung herbeigeführt werden könnte. Die Situation würde dadurch lediglich kompliziert, indem den Kommunisten die Möglichkeit gegeben würde, weiter mit der Einheitsparole zu operieren und die Behauptung aufzustellen, die Sowjetregierung sei zu Verhandlungen bereit gewesen, während die drei anderen Besatzungsmächte solche Verhandlungen abgelehnt hätten.

Die sowjetische Note vom 9. April bietet die Möglichkeit, in Vier-Mächte-Verhandlungen zu ermitteln, ob jetzt eine Übereinkunft der vier Mächte über die Gewährleistung der Voraussetzungen für freie Wahlen in den vier Zonen und Berlin erzielt werden kann. Von deutscher Seite sollte der vom Bundestag am 6. Februar 1952 verabschiedete Vorschlag einer Wahlordnung als deutscher Beitrag vorgelegt werden. Für die zur Gewährleistung der gleichen Bedingungen in allen vier Zonen und Berlin erforderliche internationale Kontrolle sollten von deutscher Seite einige Alternativmöglichkeiten zur Diskussion gestellt werden. Solche Möglichkeiten wären:

a) Die vier Mächte nehmen die guten Dienste der Vereinten Nationen (UN) zur internationalen Kontrolle der Wahlen in Anspruch.

b) Die vier Mächte einigen sich auf eine aus neutralen Staaten zusammenzusetzende Kommission zur Durchführung der internationalen Kontrolle der Wahlen.

c) Falls die vier Mächte selbst die Kontrolle ausüben wollen, kommt es darauf an, zu gewährleisten, daß keine der vier Mächte eine deutsche Partei benachteiligen oder bevorzugen kann ...

Vertreter der Sozialdemokratischen Fraktion stehen zu einer Beratung dieser Fragen zu Ihrer Verfügung.

Ich werde mir erlauben, von diesem Brief der Öffentlichkeit Kenntnis zu geben.

Mit vorzüglicher Hochachtung Ihr ergebener *gez. Schumacher*

Zit. nach: Kurt Schumacher, Reden – Schriften – Korrespondenzen 1945–1952, a. a. O., S. 961 ff.

11. (Zweite) Note der Regierungen Frankreichs, des Vereinigten Königreichs und der Vereinigten Staaten an die Regierung der Sowjetunion vom 13.5.1952

(Wortlaut der britischen Note)

1. In Beantwortung der Note der Sowjetregierung vom 9. April wünscht die Regierung Ihrer Majestät, die nachstehenden Bemerkungen zu der Einheit Deutschlands, der Wahl einer freien gesamtdeutschen Regierung und zu dem Abschluß eines Friedensvertrages mit dieser Regierung zu machen. Es ist nach wie vor die Politik Ihrer Majestät, diese Ziele unter Bedingungen zu erreichen, welche die Einheit in Freiheit und den Frieden in Sicherheit gewährleisten.
2. Die Regierung Ihrer Majestät ist bereit, über diese Fragen Verhandlungen mit der Sowjetregierung aufzunehmen; sie wünscht, dies zu tun, sobald sie die Überzeugung gewonnen hat, daß die sowjetische Haltung die Verhandlungen nicht wieder ergebnislos machen wird. Die Regierung Ihrer Majestät sowie die Regierungen der Vereinigten Staaten, Frankreichs und der Sowjetunion müßten daher zunächst zu einer klaren Verständigung über das Ausmaß der Verhandlungen und die zu prüfenden Grundprobleme gelangen. Eine gründliche Vorbereitung ist für den Erfolg erforderlich, sowie dafür, daß lange Verzögerungen vermieden werden, wie sie zu dem Mißerfolg früherer Zusammenkünfte geführt haben. Die Note der Sowjetregierung vom 9. April gibt nur in sehr geringem Maße neuen Aufschluß darüber, worin nach Auffassung der Sowjetregierung die Mittel bestehen müßten, um den Erfolg solcher Verhandlungen zu sichern.
3. In ihrer letzten Note legt die Sowjetregierung nunmehr dar, daß Deutschland „nicht in diese oder jene Mächtegruppierung einbezogen werden darf, die gegen irgendeinen friedliebenden Staat gerichtet ist". Deutschlands vorgeschlagene Mitgliedschaft in den Vereinten Nationen dürfte eine derartige Bestimmung sicherlich erübrigen. Auf jeden Fall könnte die Regierung Ihrer Majestät sich nicht mit Bestimmungen einverstanden erklären, durch die Deutschland untersagt würde, eine Verbindung mit anderen Staaten einzugehen, die von einem der Unterzeichnerstaaten des Friedensvertrages willkürlich als „gegen irgendeinen friedliebenden Staat gerichtet" angesehen werden könnte. Die Regierung Ihrer Majestät kann nicht zulassen, daß Deutschland das Grundrecht einer freien und gleichberechtigten Nation, sich mit anderen Nationen zu friedlichen Zwecken zu verbinden, vorenthalten werden soll. Die Regierung Ihrer Majestät muß annehmen, daß die Sowjetregierung ebenfalls keine Einwendungen dagegen erheben kann, daß Deutschland das Recht hat, Verteidigungsabkommen zu schließen.
4. Die Regierung Ihrer Majestät wies in ihrer Note vom 25. März darauf hin, daß sie die Bestrebungen, welche die freien Staaten Westeuropas einschließlich der Bundesrepublik Deutschland zur Schaffung einer friedlichen europäischen Gemeinschaft unternehmen und damit zum Beginn einer neuen Ära, in der die internationalen Beziehungen auf Zusammenarbeit und nicht auf Rivalität und Mißtrauen begründet sind, in vollem Ausmaß unterstützt. Die Regierung Ihrer Majestät begrüßt die Entwicklung einer derartigen europäischen Gemeinschaft, an der Deutschland teilnehmen wird. Deutschland ist gespalten, weil Europa gespalten ist. Diese Politik der europäischen Einheit kann die Interessen der Sowjetunion oder die irgendeines anderen Landes, dessen Politik der Aufrechterhaltung des Friedens gilt, nicht bedrohen. Die Regierung Ihrer Majestät wird sich daher nicht von der Unterstützung dieser Politik abbringen lassen. Sie ist mehr denn je davon überzeugt, daß diese Politik den wahren Weg des Friedens darstellt.
5. Die Regierung Ihrer Majestät trägt keine Verantwortung dafür, wenn es nicht gelingt, diese Zusammenarbeit über ihre gegenwärtigen Grenzen hinaus auszudehnen. Sie ist nach wie vor bereit, aufrichtig und voll des guten Willens alle praktischen und präzisen Vorschläge zu prüfen, die auf eine Verringerung der Spannung und eine Überbrückung der bestehenden Kluft gerichtet sind.
6. Ein deutscher Friedensvertrag kann nur ausgearbeitet werden, wenn eine gesamtdeutsche Regierung besteht, die auf Grund freier Wahlen gebildet und in der Lage ist, in voller Freiheit an der Erörterung eines derartigen Vertrages teilzunehmen. Es ist daher nicht möglich, im gegenwärtigen Zeitpunkt Besprechungen über die Bestimmungen eines deutschen Friedensvertrages abzuhalten. Die Regierung Ihrer Majestät hat ihre Stellungnahme zu einigen der sowjetischen Vorschläge be-

reits mitgeteilt, insbesondere über die irrige Auslegung der territorialen Bestimmungen des Potsdamer Protokolls, sowie über die Absicht der Sowjetregierung, Deutschland in ständiger Isolierung von Westeuropa zu halten und es gleichzeitig zu zwingen, den Versuch zu machen, für seine Verteidigung lediglich durch begrenzte Streitkräfte ausschließlich nationaler Art zu sorgen. Die sowjetischen Vorschläge würden eine ständige Fesselung des deutschen Rechtes auf internationale Verbindung und einen ständigen Zustand der Spannung und Unsicherheit in Mitteleuropa bedeuten.

7. Die aus freien Wahlen hervorgehende deutsche Regierung muß selbst frei sein. Diese Freiheit ist sowohl vor als auch nach der Aushandlung eines Friedensvertrages wesentlich. Die Regierung muß in der Lage sein, ihren wahrhaft repräsentativen Charakter aufrechtzuerhalten; sie muß ferner in der Lage sein, ihre Verantwortlichkeiten als Regierung eines wiedervereinigten Deutschlands zu übernehmen und in vollem Umfange an der Erörterung des Friedensvertrages teilzunehmen. Diese Frage der Freiheit ist daher untrennbar von der Frage der Wahlen. Die Sowjetregierung hat es bisher unterlassen, ihre Auffassung zu dieser Einheit auch nur anzudeuten. Die Regierung Ihrer Majestät muß insbesondere die Frage stellen, ob nach Auffassung der Sowjetregierung eine aus freien Wahlen hervorgegangene gesamtdeutsche Regierung bis nach Abschluß eines Friedensvertrages unter Viermächtekontrolle stehen würde oder die Sowjetregierung damit einverstanden ist, daß sie die erforderliche Handlungsfreiheit und Regierungsgewalt erhält.

8. Die Regierung Ihrer Majestät stellt zu ihrer Befriedigung fest, daß die Sowjetregierung nunmehr grundsätzlich damit einverstanden ist, daß in ganz Deutschland freie Wahlen abgehalten werden sollen. Diese freien Wahlen können jedoch nur dann stattfinden, wenn die erforderlichen Voraussetzungen in allen Teilen Deutschlands bestehen und nicht nur am Wahltage und davor, sondern auch danach aufrechterhalten werden. Ein wesentlicher erster Schritt besteht daher darin, diese Voraussetzungen zu gewährleisten. Auf andere Weise kann kein Fortschritt erzielt werden. In den letzten Jahren hat sich der Ostteil Deutschlands in einer Richtung entwickelt, die immer mehr von dem Hauptweg des deutschen Fortschritts abweicht. Dies ist ein Hauptgrund dafür, warum eine unparteiische Untersuchung erforderlich ist, bevor Wahlen stattfinden können.

9. Die Sowjetregierung ist jedoch nicht damit einverstanden, daß die von der Vollversammlung der Vereinten Nationen eingesetzte internationale Kommission eine derartige Untersuchung in ganz Deutschland durchführen soll. Sie begründet diese Weigerung mit ihrer Auslegung des Artikels 107 der Charta der Vereinten Nationen. Dieser lautet jedoch wie folgt: „Nichts in dieser Charta macht eine Maßnahme unwirksam oder schließt diese aus, die von seiten der dafür verantwortlichen Regierungen gegen einen Staat, der während des Zweiten Weltkrieges der Feind eines der Signatarstaaten dieser Charta war, als Folge dieses Krieges unternommen oder gestattet wird[1])." Dieser Wortlaut schließt die Vereinten Nationen eindeutig nicht von der Erörterung deutscher Angelegenheiten aus. Diese Auslegung ist von der Vollversammlung der Vereinten Nationen mit überwältigender Mehrheit bestätigt worden. Jedoch kann selbst nach der irrigen Auslegung der Charta seitens der Sowjetregierung nichts die vier Mächte daran hindern, sich der Kommission der Vereinten Nationen zu bedienen, um die Bedingungen festzustellen, unter denen in ganz Deutschland wirklich freie Wahlen abgehalten werden könnten.

10. Die Sowjetregierung schlägt statt dessen vor, daß die Verantwortung für die Untersuchung einer von den vier Besatzungsmächten gebildeten Kommission übertragen werden könnte. Bevor die Regierung Ihrer Majestät sich davon überzeugen kann, daß dieser Vorschlag zu einer unparteiischen Untersuchung führen würde, müßte sie wissen, wie sich die Zusammensetzung und Funktion eines solchen Organs gestalten würde. Eine lediglich aus Mitgliedern mit unmittelbaren Verantwortlichkeiten in Deutschland zusammengesetzte Kommission wäre gleichzeitig Richter und Partei. Die Erfahrung während der Zeit der Vier-Mächte-Kontrolle in Deutschland läßt darauf schließen, daß eine solche Kommission nicht in der Lage wäre, zu zweckdienlichen Entscheidungen zu gelangen. Damit würden die Wahlen außerordentlich verzögert. Auch kann die Regierung

[1]) vgl. Fußnote auf den Seiten 60 und 84

Ihrer Majestät die Tatsache nicht übersehen, daß die Einsetzung einer Vier-Mächte-Kommission als Schritt zu einer Wiederherstellung der Vier-Mächte-Kontrolle in Deutschland ausgelegt werden könne. Dies wäre ein Rückschritt, der mit der konstitutionellen Entwicklung in der Bundesrepublik nicht in Einklang stehen würde ...

Zit. nach: Eberhard Jäckel (Hrsg.), Die deutsche Frage 1952–1956, a. a. O., S. 27 f.

12. Der Notenwechsel und die Frage freier Wahlen

Wichtiger als die öffentlichen Diskussionen in Deutschland waren die Gespräche, die der Bundeskanzler am 20. und 21. März mit den Außenministern Schuman und Eden in Paris führte. Adenauer machte auch in diesem Kreis aus seiner vorwiegend skeptischen Einstellung kein Hehl ...
Auf alliierter Seite setzte sich der britische Außenminister Eden mit dem Vorschlag durch, den Notenwechsel auf die Frage einer gesamtdeutschen Regierung zu konzentrieren. Auch für den Kanzler war dies das entscheidende Problem. Er fürchtete nichts mehr als einen zwischen den Vier Mächten vereinbarten Friedensvertrag, auf den eine deutsche Regierung nicht von Anfang an als gleichberechtigter Verhandlungspartner Einfluß nehmen konnte. Eine gesamtdeutsche Regierung war aber nach der im Westen allseits geteilten Auffassung ohne freie Wahlen nicht denkbar. Und freie Wahlen ließen sich nur abhalten, wenn dafür in ganz Deutschland entsprechende Bedingungen geschaffen waren. Indem die Westmächte diese Vorbedingungen herausarbeiteten, stellten sie indirekt schon sicher, daß die Westverträge zu Ende verhandelt werden konnten, denn selbst bei günstigstem Verlauf hätte die Vorbereitung und Durchführung von Wahlen geraume Zeit in Anspruch genommen. Ebenso war in dieser Forderung die Absicht verborgen, die Sowjetunion vorläufig ohne Gegenleistung zur Diskreditierung ihrer Satellitenregierung in Ost-Berlin zu veranlassen. Es war aber kaum zu erwarten, daß sie darauf vorbehaltlos eingehen würde. Man wollte also ein Verzögerungsmanöver des Ostens gegen die Westverträge mit einem westlichen Verzögerungsmanöver gegen den Beginn von Viererverhandlungen über den deutschen Friedensvertrag beantworten. Zugleich fand das zentrale Anliegen des Kanzlers in der westlichen Antwortnote Beachtung: Ein wiedervereinigtes Deutschland müsse nicht notwendigerweise bündnislos, sondern durchaus frei sein, Bündnisse einzugehen, die mit den Grundsätzen und Zielen der Vereinten Nationen vereinbar wären ...
Tatsächlich gelang es dieser westlichen Antwort, die an diplomatischer Raffinesse der ersten Sowjetnote nicht nachstand, eine zweite sowjetische Note vom 9. April hervorzulocken, die noch weiter ging als die erste. Jetzt erklärte sich auch Moskau selbst zur unverzüglichen Erörterung freier gesamtdeutscher Wahlen bereit, die nach Einigung der Vier Mächte in kürzester Zeit durchzuführen wären. Die von der Volkskammer bereits angedeutete Konzession wurde damit in aller Form wiederholt, wobei nun sogar die bisherige Forderung, in erster Linie sollten sich die Deutschen um Aushandlung der Modalitäten eines Wahlverfahrens bemühen, fallengelassen wurde. Eine Überprüfung der Voraussetzungen von Wahlen durch die UN-Kommission, wie sie der Westen verlangte, wurde allerdings abgelehnt, aber auch das in einer Form, die keine Türen zuschlug.

Aus: Hans-Peter Schwarz: Die Ära Adenauer 1949–1957, a. a. O., S. 157 f.

13. Adenauer, die Stalin-Note und die Westmächte

Adenauers Argumente und internen Überlegungen, die ihn zu einer grundsätzlichen Ablehnung der von ihm nicht als bloßes Störmanöver, sondern als Teil einer wohldurchdachten weitgespannten politischen Strategie angesehenen Stalin-Note führten und ihn zugleich zur konsequenten Weiterverfolgung seiner Linie der vorrangigen Westintegration der Bundesrepublik bestimmten, lassen sich in knapper Form so zusammenfassen: Ein dem sowjetischen Vorschlag entsprechend neutralisiertes, verkleinertes Gesamtdeutschland würde alle, gerade in den vorausgegangenen Monaten zu großen Hoffnungen und Erwartungen berechtigenden Ansätze zu einer Integration Westeuropas zerstören, den Nationalismus in Deutschland wie in Frankreich und in den übrigen westeuropäischen Ländern neu beleben, eine Isolierung Deutschlands auf einer eventuellen Friedenskonferenz nach sich ziehen, damit jede Chance zu einer gleichberechtigten Mitwirkung an einer europäischen Friedensordnung ausschließen, längerfristig endlich einen Rückzug der USA aus Europa zur Folge haben. Damit aber stünde früher oder später zunächst das neutralisierte Deutschland, später ganz Westeuropa dem sowjetischen Zugriff offen, der durch die Aktivität der westeuropäischen kommunistischen Parteien vorbereitet und unterstützt würde. Die Freiheit des Kontinents wäre für immer verspielt....

Im übrigen stellte Adenauers Konzeption als ganzes eine für ihn kennzeichnende Verbindung von optimistischen und pessimistischen Prämissen, von Elementen der Hoffnung und der Sorge dar. Der Widerspruch zwischen ideologischer Rigorosität, die mancher Äußerung zum Prinzipiellen eigen war (etwa in der Siegener Rede[1]), und pragmatischem Machtkalkül, löst sich auch bei intensivem Bemühen, Verbindungen zwischen beiden Bereichen zu erfassen, nicht ganz auf. Dies gilt besonders für die Einschätzung der Sowjetunion. Ein – wie er selbst schon wenige Monate später erfahren mußte – allzu großes Vertrauen in die Stetigkeit der Politik der USA, daß diese mit seinen Zielvorstellungen völlig übereinstimme, eine optimistische Erwartung, daß die Führungskraft der Weltmacht Amerika und die eigene Bereitschaft zu weitreichenden Zugeständnissen das zögernde Frankreich sowie das ihm stets seltsam-fremd gebliebene Großbritannien langfristig zu einer absolut gleichgerichteten Politik des gesamten Westblocks bestimmen und dessen Stärke in Relation zur Sowjetunion permanent wachsen würde, korrespondierte mit der Erwartung daß die Sowjetunion im „Wettlauf“ mit dem so geschlossen auftretenden Westblock nicht mithalten könne. Es mangelte Adenauer 1952 offensichtlich an einer nüchtern-realistischen Beurteilung der ökonomischen und militärisch-machtpolitischen Möglichkeiten der Weltmacht Sowjetunion, auch an einer differenzierenden Kenntnis der Richtungen in der sowjetischen Führung, vor allem des Ansatzes der Deutschlandpolitik Stalins. Seine Argumentation war nicht frei von dem Klischee, daß die Sowjetunion ein „Koloß auf tönernen Füßen“ sei; sie neigte der im Westen verbreiteten Auffassung zu, daß das sowjetische System unfähig sei, mit den vielfältigen Problemen fertig zu werden, vor die es in der Nachkriegszeit gestellt war....

Aus Stalins Sicht war ein von den Westmächten einschließlich der USA mit garantierter Status eines neutralisierten, aber nolens volens bürgerlich strukturierten Gesamtdeutschland eher akzeptabel als die Integrationslösung, die die Westverträge vorsahen. Adenauer hat – von der Ansatzhöhe seiner Konzeption und den Perspektiven, die sich ihm durch den bevorstehenden Abschluß der Westverträge zu öffnen schienen, erklärbar – wohl bewußt nichts unternommen, eine solche die Westmächte als Garantiemächte mit bindende gesamtdeutsche Lösung, die in Ost-West-Verhandlungen im Anschluß an die Stalin-Note hätte anvisiert werden können, ins Spiel zu bringen, obwohl sie eine Sicherung zumindest gegen eine kurz- oder mittelfristige Unterminierung des neutralisierten Deutschland hätte bieten können....

Für die USA und den Westblock insgesamt hätte eine „Ausklammerung“ Westdeutschlands aus dem Bündnis einen unvergleichbar größeren Verlust bedeutet als die Aufgabe der DDR für die Sowjetunion. Seit der großen Schwenkung der amerikanischen Europapolitik im Frühjahr 1947 war für die USA der angestrebte und 1949 errichtete deutsche „Weststaat“ die wichtigste und durch nichts ersetzbare Basis auf dem europäischen Kontinent. Ein Rückzug auf das unsichere Frankreich, die Benelux-Staaten oder gar auf die britische Insel wurde seither nicht mehr als eine vertretbare Alternative für die amerikanische Europapolitik angesehen. Die Ablehnung der Stalin-Note durch die USA stand daher – völlig unabhängig von der Stellungnahme Adenauers oder auch der beiden europäischen Westmächte – von vornherein fest. Es ist aus dem gegenwärtig zugänglichen Quellenmaterial nicht zu entnehmen, ob Adenauer wußte, wie wenig sich sein amerikanischer Verhandlungspartner, Außenminister Acheson, für eine deutsche Wiedervereinigung – neutralisiert oder Gesamtdeutschland im Westbündnis – engagierte, ja, daß er im Grunde die Teilung Deutschlands befürwortete.

Aus: Andreas Hillgruber, Adenauer und die Stalin-Note vom 10. März 1952, in: Konrad Adenauer und seine Zeit, Bd. 2, a. a. O., S. 122 f.

14. Die Stalin-Note und der weitere diplomatische Austausch

Mit Befriedigung stellten die Westmächte in ihrer Antwortnote vom 13. Mai 1952 fest, daß die Sowjetregierung nunmehr grundsätzlich mit freien Wahlen in ganz Deutschland einverstanden sei. Die erforderlichen Voraussetzungen für freie Wahlen müßten allerdings in allen Teilen Deutschlands bestehen, am Wahltage selbst, davor und danach. Eine lediglich aus Mitgliedern mit unmittelbaren Verantwortlichkeiten in Deutschland zusammengesetzte Kommission „wäre gleichzeitig Richter und Partei. Die Erfahrung während der Zeit der Vier-Mächte-Kontrolle in Deutschland läßt darauf schließen, daß eine solche Kommission nicht in der Lage wäre, zu zweckdienlichen Entscheidungen zu gelangen ... Dies wäre ein Rückschritt, der mit der konstitutionellen Entwicklung in der Bundesrepublik nicht in Einklang stehen würde". Die Westmächte erklärten sich bereit, Vorschläge für eine unparteiische Untersuchungskommission (anstelle der UN-Kommission) zu prüfen, machten aber zur Bedingung, daß sie Aussicht bieten müßten, die baldige Durchführung freier Wahlen zu fördern, und daß sie selbst die Überzeugung gewinnen müßten, daß „die sowjetische Haltung die Verhandlungen nicht wieder ergebnislos machen wird". Angesichts der nach dem Krieg mit den Sowjets gemachten Erfahrungen, aber auch in Erinnerung an die Pariser Vorkonferenz (5. März bis 22. Juni 1951), die nach 74 Sitzungen ergebnislos abgebrochen werden mußte, weil sich die stellvertretenden Außenminister der Vier Mächte nicht über die Tagesordnung für eine Außenministerkonferenz einigen konnten, verlangten die Westmächte diesmal deutliche Beweise dafür, daß die Sowjetregierung keine diplomatischen Scheingefechte im Sinn hatte.
Am 24. Mai 1952, also unmittelbar vor der für den 26. bzw. 27. Mai festgelegten Unterzeichnung des Deutschland- und des EVG-Vertrages, antwortete die Sowjetregierung. Sie warf den Westmächten vor, den Friedensvertrag mit Deutschland verschleppen und die Spaltung des Landes aufrechterhalten zu wollen, und wiederholte ihre schon seit 1950 bekannten Thesen von dem „Komplott zwischen den revanchelüsternen herrschenden Kreisen Westdeutschlands und der nordatlantischen Staatengruppe". Dessenungeachtet schlug sie vor, unverzüglich gemeinsame Beratungen über die Fragen des Friedensvertrages, der Wiedervereinigung und der Bildung einer gesamtdeutschen Regierung zu beginnen. Sie blieb dabei, daß eine Viermächtekommission objektiv und unvoreingenommen die notwendigen vorbereitenden Prüfungen vornehmen könnte, und ging auch nicht von ihrer Forderung nach nationalen Streitkräften ab. Ein Zurücktreten von der in der ersten Note erhobenen Forderung, nach der Gesamtdeutschland sich keiner gegen einen friedliebenden Staat gerichteten Koalition anschließen dürfe, schien sich aus dem Satz zu ergeben, daß „eine gesamtdeutsche Regierung, die den Friedensvertrag unterzeichnet, alle Rechte besitzen wird, über die die Regierungen anderer unabhängiger und souveräner Staaten verfügen". In Wirklichkeit behielt sich natürlich die Sowjetunion vor, die Grenzen dieser Souveränität im Friedensvertrag festzusetzen.
In ihrer dritten Note vom 10. Juli 1952 unterstrichen die Westmächte ihre Auffassung, daß eine Wiedervereinigung Deutschlands nur durch freie Wahlen zu erzielen sei und daß als wesentlicher erster Schritt dazu die für derartige freie Wahlen erforderlichen Voraussetzungen festgestellt werden müßten. Ihr Vorschlag lautete, zur Lösung dieser praktischen Frage eine Konferenz einzuberufen, die über die Zusammensetzung und Funktion einer mit jener Aufgabe betrauten Untersuchungskommission beraten sollte. Die Wiederherstellung des Viermächtekontrollsystems zu diesem Zweck wurde zurückgewiesen, da es nur „die augenblicklichen Meinungsverschiedenheiten der vier Mächte über die in der Bundesrepublik, in der sowjetischen Zone und in Berlin bestehenden Verhältnisse widerspiegeln könnte".
Darauf entgegnete die Sowjetunion am 23. August 1952 bei eindeutiger Verhärtung ihrer Position, eine internationale Kommission mache Deutschland nur zum Untersuchungsobjekt und sei folglich eine „Beleidigung der deutschen Nation", die seit über hundert Jahren Parlamentarismus mit allgemeinen Wahlen und organisierten politischen Parteien kenne ... Sie lehnte es auch ab, den Kreis der Fragen auf das Problem der Kommission zu beschränken, und schlug ihrerseits drei Punkte in folgender Reihenfolge vor: Vorbereitung eines Friedensvertrages mit Deutschland,

Schaffung einer gesamtdeutschen Regierung, Durchführung freier gesamtdeutscher Wahlen und Bildung der genannten Kommission. Nicht übersehen werden darf auch die sowjetische Anregung, Vertreter der DDR und der Bundesrepublik zu dieser Konferenz einzuladen. Hier zeichnete sich bereits das spätere Zweistaatenkonzept ab.
Am 23. September 1952 wiederholten die Westmächte, daß eine Konferenz von dem einzigen Punkt auszugehen habe, nämlich „von der Organisierung freier Wahlen". Vor der Abhaltung von Wahlen könne weder eine gesamtdeutsche Regierung gebildet noch Deutschland vereinigt werden. Darauf antwortete die Sowjetunion nicht mehr.

Aus: Jürgen Weber, Das sowjetische Wiedervereinigungsangebot vom 10. März 1952, in: Aus Politik und Zeitgeschichte B 50/69 vom 13.12.1969, S. 7ff.

15. Adenauer: „Deutschland gehört zum Westen"

(Interview mit Ernst Friedlaender im Nord-Westdeutschen Rundfunk vom 28.5.1952)

Die Verträge, die jetzt unterzeichnet worden sind, bilden kein Hindernis für die Wiedervereinigung Deutschlands. Im Gegenteil: sie sind das einzige Mittel, um uns der deutschen Einheit in Freiheit näher zu bringen ... Die Begründung ist sehr einfach. In der harten Welt der Tatsachen gibt es für die Bundesrepublik nur zwei Wege: ein Zusammengehen mit dem Westen oder aber ein Zusammengehen mit den Sowjets. Alles, was dazwischen liegt, versetzt uns in die Ohnmacht des Alleinseins und macht uns zum Spielball widerstreitender Kräfte. Als Ohnmächtige zwischen den Mächten wären wir ein Magnet für den Krieg. Nun gibt es aber keine Möglichkeit eines Zusammengehens mit den Sowjets. Mit ihnen im Bunde kann man nur zum Satelliten werden ... Deutschland gehört zum Westen, nach Überlieferung und Überzeugung. Das ganze Deutschland gehört zum Westen. In dieser Partnerschaft allein liegt unsere Zukunft.

Zit. nach: Klaus von Schubert, Wiederbewaffnung und Westintegration, a.a.O., S. 169

16. Die Wiedervereinigungsproblematik in englischer Sicht

a) Aufzeichnung von R. M. A. Hankey, Leiter des u. a. für die Sowjetunion zuständigen Northern Department im Foreign Office vom 14.5.1948; geheim

... Meiner Meinung nach wäre ein vereintes Deutschland eine viel größere Bedrohung des Friedens als ein geteiltes Deutschland, und zwar aus folgenden Gründen:
a) Rußland wird ein vereintes Deutschland zwangsläufig als eine konkrete Bedrohung für sich betrachten. Es muß immer befürchten, daß dieses Deutschland von feindlichen Mächten kontrolliert wird, und in den Augen der Russen ist jede nichtkommunistische Macht feindlich. Rußland muß daher unvermeidlich versuchen, Deutschland zu kontrollieren oder sich mit ihm zu verbünden.
b) Falls Rußland ganz Deutschland kontrolliert, es lenkt oder mit ihm verbündet ist, wird es immer versucht sein, Deutschland zu einer Expansion nach Westen hin zu ermutigen, um es auf diese Weise vom Osten abzubringen. Rußland und Deutschland zusammen würden eine fast unwiderstehliche Bedrohung für die westliche Welt sein. Die Probleme mit Rußland würden daher für uns unendlich größer, als sie es jetzt schon sind.
c) Ein vereintes Deutschland mit seinen 62 Millionen oder noch mehr Einwohnern kann nach meiner Auffassung nicht angemessen kontrolliert oder gelenkt werden mit irgendwelchen Methoden, die die Westmächte anwenden können, wie wir in der Zwischenkriegszeit erfahren haben. Nur die Russen können ein vereintes Deutschland lenken mit Hilfe der kommunistischen Partei und mit dem System der Geheimpolizei.
d) Ein vereintes nichtkommunistisches Deutschland, das mit den Westmächten verbündet ist, wird, wie ich vermute, bei der erstbesten Gelegenheit für Unruhe sorgen, um seine verlorenen Ostgebiete zurückzuerobern. Die Westmächte könnten dann nicht zusehen, wie dieses Deutschland vernichtet und von Rußland besetzt wird. Als Verbündeter wäre ein vereintes Deutschland daher eine höchst gefährliche Hypothek.

e) Ein vereintes nichtkommunistisches Deutschland wird nach meiner Auffassung, selbst wenn es mit dem Westen verbündet ist, immer versucht sein, uns mit der Drohung zu erpressen, sich Rußland anzuschließen, und, falls die unter Punkt (c) beschriebene Situation eintritt, könnten wir dies nicht mit Sicherheit verhindern.
f) Ein Westdeutschland mit 40 Millionen Einwohnern, die allesamt vor russischem Angriff und Eindringen Angst haben, wird auf die Zusammenarbeit mit den Westmächten angewiesen sein, um Schutz zu erhalten (übrigens dürfte ja wohl klar sein, daß es wiederbewaffnet werden muß)[1]), und es wird vollkommen abhängig sein von den Westmächten im Hinblick auf Rohstoffe, Nahrungsmittel und Absatzmärkte. Es ist weniger wahrscheinlich, daß Westdeutschland in Ostdeutschland einmarschiert, als daß ein vereintes Deutschland in Polen einmarschiert. Kurz gesagt: es wäre weit willfähriger und eine viel geringere Gefahr für Frankreich.
g) Auf alle Fälle darf es ganz offensichtlich kein vereintes Deutschland geben („In any case there obviously cannot be a united Germany"). Weder wir noch die Russen können zulassen, daß der jeweils andere Deutschland kontrolliert, und es ist auch klar nach der Erfahrung der letzten drei Jahre, daß wir uns auf dessen gemeinsame Kontrolle nicht einigen können. Angesichts der in Rußland vorherrschenden Ideologie schien dies schon seit langem unausweichlich, aber es war auch klar, daß wir das Experiment wagen mußten.
h) ... Die Russen beabsichtigen offenkundig, ihre Zone nach ihren Vorstellungen zu lenken, möglicherweise mit einer dortigen deutschen Regierung. Ich vermute, sie warten nur darauf, bis wir als erste eine deutsche Regierung (im Westen) etablieren, damit sie uns dann bei den Völkern des sowjetischen Einflußbereiches die Schuld dafür zuschieben können, daß wir Deutschland wiederaufbauen und damit eine erneute deutsche Gefahr schaffen, und bei dem deutschen Volk dafür, daß wir Deutschland spalten. Für die Franzosen gilt es nur eine Frage zu überlegen, nämlich ob ein balkanisiertes und damit bedürftiges Westdeutschland den Russen mehr Möglichkeiten eröffnet, um gegen uns zu intrigieren als ein geeintes und prosperierendes Westdeutschland. Die Antwort ist sonnenklar. Wohlstand und Einheit in Westdeutschland mögen bis zu einem gewissen Grad für die Westmächte eine finanzielle Belastung auf Kosten ihrer eigenen Sicherheit darstellen, aber wenn wir den russischen Aspekt berücksichtigen, ist dies eine sehr lohnenswerte Versicherungsprämie.

Zit. bei: Rolf Steininger, Wie die Teilung Deutschlands verhindert werden sollte. Der Robertson-Plan aus dem Jahre 1948, in: Militärgeschichtliche Mitteilungen 33 (1983), S. 59 (Eigene Übersetzung des Bearbeiters)

b) Interview des Staatsministers im britischen Außenministerium Selwyn Lloyd in der Zeitschrift „Die Tat" vom 9. 7. 1952

Frage: Wird die Einigung Deutschlands jetzt, nach der Unterzeichnung der Vertragswerke von Bonn und Paris, nicht schwerer sein als vorher?
Antwort: Ich bin nicht dieser Ansicht. Das wichtigste Hindernis zur Einigung ist die Haltung der Sowjetregierung. Im Potsdamer Abkommen war klar beabsichtigt, daß es ein *einiges* Deutschland geben werde. Aber unserer Ansicht nach ist es unmöglich, ein vereinigtes Deutschland zu bilden, außer auf der Grundlage freier Wahlen in der Ostzone. Es gab freie Wahlen in den Westzonen, aber die Haltung der Sowjetunion hat es unmöglich gemacht, freie Wahlen in der Ostzone durchzuführen.
Unter freien Wahlen verstehe ich das Recht der Wähler, ihr Stimmrecht in einer geheimen Abstimmung auszuüben, die Erlaubnis für politische Flüchtlinge, zurückzukehren, um zu wählen, die freie Organisierung politischer Parteien, die Möglichkeit für politische Parteien zur freien Propaganda, zur politischen Betätigung, die Freiheit der Rede, die Versammlungsfreiheit und eine Versicherung, daß die gewählte Regierung frei wäre, zu handeln.
Bis jetzt haben wir wenig Anzeichen von seiten der Sowjetunion, daß sie bereit wäre, irgendeine jener Freiheiten zuzulassen. Aber unser Wunsch ist es, die Bedingungen zu schaffen für diese Frei-

[1]) Dieser Satz wurde im Original wieder gestrichen.

heiten, um ein vereinigtes freies Deutschland zu schaffen, das die Möglichkeit hat, seine eigene Zukunft zu bestimmen. Falls wir das Zusammengehen Westdeutschlands mit dem Westen verzögern würden, glaube ich, daß wir nichts damit erreichen würden. Ich glaube, die Möglichkeit wird größer, wenn wir weitergehen auf dem bisherigen Weg. Es ist unmöglich, daß einer der beiden Teile von Deutschland auf die Dauer mit Gewalt unterdrückt bleiben kann. Das Beispiel freier gleicher Partnerschaft wird auf den Osten wie ein Magnet wirken und für die Vereinigung arbeiten.

Frage: Welche Gefahren sehen Sie in der Aufrüstung Westdeutschlands, wie sie jetzt geplant wird?

Antwort: Die Gefahr einer Aufrüstung Westdeutschlands ist viel kleiner als diejenige, die von einem vereinten, aufgerüsteten Deutschland mit nationaler Armee drohen würde. Die Konzeption der Europäischen Verteidigungsgemeinschaft ist, wie Sie wissen, die, daß die Armeen nicht national sein sollen, daß wir eine Partnerschaft haben sollten, die über die Zahl und Art der Bewaffnung zu entscheiden hat, die jeder Partner besitzt, die über die Zuteilung der militärischen Hilfe der USA entscheidet, über die Ausdehnung der Rüstungsindustrie in jedem Lande und ihre Lage. Wir glauben, daß aus dem eine Konzeption der westeuropäischen Einheit herauswachsen wird.

Frage: Welche Gefahren würden Sie bei einer Vereinigung Deutschlands ohne Aufrüstung sehen?

Antwort: Es würde sich ein Vakuum bilden. Jedes Vakuum neigt dazu, ausgefüllt zu werden, und wir glauben, dieses Vakuum würde durch eine kommunistische Infiltration ausgefüllt werden.

Frage: Halten Sie es für denkbar, daß der Westen auf eine Beteiligung Deutschlands an der Europäischen Verteidigungsgemeinschaft verzichten könnte, wenn dafür Sowjetrußland die Einigung Deutschlands zulassen würde?

Antwort: Wir hoffen, daß es den Deutschen klar wird, daß ihr nationaler Vorteil in einer Verbindung mit dem Westen liegt. Tatsächlich wird dies der einzige Weg sein, auf dem das neue Deutschland die Bedrohung einer Beherrschung durch Sowjetrußland vermeiden kann. Schließlich ist das Bündnis der Westmächte nur defensiv. Die Verbindung Deutschlands mit der Europäischen Verteidigungsgemeinschaft wird die jahrhundertealte Feindschaft zwischen Frankreich und Deutschland heilen und eine echte Hoffnung auf einen Frieden in Europa schaffen.

Die Möglichkeit einer nationalen deutschen Wehrmacht würde alle Gefahren eines neuen deutschen Militarismus mit sich bringen. Wie wir glauben, wollen dies die meisten Deutschen selber nicht.

Frage: Halten Sie nichts von einer deutschen Neutralität?

Antwort: Ich denke nicht, daß die Russen die geringste Absicht haben, ein vereinigtes Deutschland frei bestehen zu lassen. Sie würden entweder wünschen, es besetzt zu halten nach österreichischem Muster, oder es in einen neuen Satelliten zu verwandeln. Die Frage einer deutschen Neutralität ist nicht realistisch.

Wenn man den Deutschen den Anschluß an ein Bündnis verbietet, so bedeutet dies tatsächlich eine Fortsetzung der Besetzung.

Eine Verpflichtung zur Neutralität würde entweder jenes Vakuum schaffen, in welches der Kommunismus eindringen würde, oder Deutschland in die Lage versetzen, den Osten gegen den Westen und den Westen gegen den Osten auszuspielen. Keines dieser beiden Dinge ist dem Frieden in Europa förderlich. Entscheidend ist, daß keine Bedrohung des Friedens darin liegt, daß Deutschland mit dem Westen verbunden ist. Das letzte, was der Westen wünscht, ist ein neuer Krieg.

Frage: Sehen Sie Möglichkeiten zu Verhandlungen mit der Sowjetunion?

Antwort: Ich denke, wir müssen sorgfältig jede Anregung der Sowjetunion in bezug auf die Einigung Deutschlands prüfen. Ich zweifle hingegen sehr daran, daß die Sowjetunion je ihre Einwilligung zu wirklich freien Wahlen geben wird. Das würde nicht in logischem Zusammenhang stehen mit dem, was sie bis jetzt getan haben oder jetzt tun.

Wir müssen die Ehrlichkeit der sowjetischen Vorschläge prüfen. Ihre letzte Note hat uns keinen

Grund zur Hoffnung gegeben, daß sie die Absicht hat, einem vereinten Deutschland wirklich die Freiheit zuzugestehen. Es ist eine Frage der Stadien. Das erste Stadium ist die Regelung der Frage der freien Wahlen. Dann kommt erst die Diskussion des Friedensvertrages.

Zit. nach: Klaus von Schubert (Hrsg.), Sicherheitspolitik der Bundesrepublik Deutschland. Dokumentation, a.a.O., S. 183 ff.

c) Memorandum des Staatsministers im britischen Außenministerium Selwyn Lloyd an Premierminister Winston Churchill vom 22. Juni 1953 (geheim)

Deutschland ist der Schlüssel für den Frieden in Europa. Ein geteiltes Europa bedeutet ein geteiltes Deutschland. Der Versuch, Deutschland zu vereinigen, während Europa geteilt ist, wäre, wenn überhaupt machbar, beladen mit Gefahr für alle. Daher fühlt jeder zutiefst – Dr. Adenauer, die Russen, die Amerikaner, die Franzosen und wir selbst –, daß ein geteiltes Deutschland gefahrloser ist unter den gegenwärtigen Umständen. Aber keiner von uns darf dies offen sagen wegen der Auswirkungen auf die öffentliche Meinung in Deutschland (But none of us dare say so openly because of the effect upon German public opinion). Daher treten wir alle in der Öffentlichkeit für ein vereinigtes Deutschland ein, jeder in seiner eigenen Weise. In der Zwischenzeit, ob nun Deutschland vereinigt ist oder nicht, müssen wir die Sympathien der Deutschen für den Westen weiterhin sicherstellen und – wie bisher – die Absicht verfolgen, daß die Deutschen in der Sowjetzone Deutschlands und in Ost-Berlin keine loyalen Untertanen der russischen Kommunisten werden. Seit der Berlin-Blockade haben wir alles – was in unseren Möglichkeiten liegt – getan, um ihre Moral und ihren Widerstand gegenüber dem Kommunismus zu stärken, jedoch gleichzeitig jede Provokation zur Gewalt vermieden.
Die jüngsten Streiks und Demonstrationen in Ost-Berlin und überall in der Sowjetzone haben die Tatsache offengelegt, daß die Russen fast gänzlich gescheitert sind mit ihrem Bemühen, die Deutschen zu gewinnen, und daß ihr Marionettenregime in der Sowjetzone jetzt gänzlich diskreditiert ist. Dies ist ein großer Triumph im Kalten Krieg, vielleicht der größte seit dem Abfall Titos ...
Die Deutschen in West-Berlin haben sich – aufs ganze gesehen – vernünftig und besonnen verhalten. Ich bin sicher, daß die entschiedene Stellungnahme der Stadtkommandanten und ihr mäßigendes Einwirken dazu beigetragen haben. Die deutsche Öffentlichkeit in Ost und West wie gleichermaßen in Berlin registriert nun sorgfältig, ob wir sie weiterhin gegenüber den Russen unterstützen oder nicht. Dies ist von vitalem Einfluß auf die Wahlaussichten von Dr. Adenauer.

Zit. bei: Rolf Steininger, Ein vereintes, unabhängiges Deutschland? Winston Churchill, der Kalte Krieg und die deutsche Frage im Jahre 1953, in: Militärgeschichtliche Mitteilungen 36 (1984), S. 130 (Eigene Übersetzung des Bearbeiters)

17. Die Position von Karl Georg Pfleiderer

a) Waiblinger Rede vom 6. 6. 1952

Und nun frage ich Sie: Glauben Sie, daß ein so riesengroßer, so übermächtiger Staat wie die Sowjetunion bereit ist, seine politische und wirtschaftliche Stellung in Deutschland, das heißt, eine seiner wichtigsten Stellungen in der Welt überhaupt, von dem ungewissen Ausgang einer Wahl abhängig zu machen, das heißt, davon abhängig zu machen, ob die Deutschen soherum oder andersherum abstimmen werden? Und wenn der Ausgang der Wahl nicht ungewiß ist, da anzunehmen ist, daß der überwiegende Teil der Bevölkerung gegen die Sowjetherrschaft stimmen wird, glauben Sie dann, daß es die Sowjetunion überhaupt zu Wahlen kommen lassen wird?
Niemals! Was aber dann? Nun, wir sollten den Gedanken an die Wahlen gewiß nicht preisgeben, denn sie sind nötig und müssen kommen. Wir sollten aber den Gedanken an die Wahlen zurückstellen und sollten klar und unverblümt von dem Hauptziel unserer Politik ausgehen, von der Räumung der Sowjetzone durch die Russen und von der Liquidierung des dortigen Systems. Und wenn wir dies tun, dann lautet die Frage einfach so: „Was kostet dies, wie hoch ist politisch der

Preis?", mit anderen Worten: Wie soll das Staatensystem zwischen Ost und West ausgewogen werden, in dessen Mitte das freie und vereinte Deutschland einzutreten hätte? ...
Ich würde glauben, daß, wenn die unter polnischer Verwaltung stehenden Gebiete Deutschlands von der Sowjetmacht besetzt bleiben, die westlichen Alliierten mit gutem Grund entsprechende Teile Westdeutschlands besetzt halten sollten. Beide Parteien könnten ihre Stellungen durch Brükkenköpfe befestigen und sichern. Zwischen diesen beiden besetzten Teilen Deutschlands würde ein dritter, der größte Teil, liegen, der mit nationalen Streitkräften von festgelegter Stärke zu versehen wäre. Hier auch würde die wahre Hauptstadt Deutschlands liegen, von fremder Besetzung frei. Kein Deutscher würde die Oder-Neiße-Grenze als endgültig anerkennen, jeder Deutsche würde aber anerkennen, daß in dieser Frage Gewalt nicht angewandt werden darf. Daß Deutschland im Westen ohne politische Rückendeckung gelassen, das heißt, ohne Schutz und Hilfe dem riesigen Sowjetstaat und seinen hochgerüsteten, in Deutschenhaß erzogenen Satelliten gegenübergestellt würde, dies könnte kein politisch Denkender als tragbar betrachten.
Aber sicher fänden es Deutsche gerecht und billig, wenn der unbesetzte Teil ihres Gebiets nicht dem Aufmarsch fremder Truppen dienen dürfte. Dies etwa wäre im Ausgleich zwischen dem NATO- und EVG-System einerseits und dem russischen System andererseits eine Linie, auf der sich Ost und West begegnen könnten. Freilich, diesen kurzen ersten Strichen wäre vieles beizufügen, und viele Fragen habe ich offengelassen ...
Aber viele Deutsche würden es für ein Versäumnis halten, wenn nicht im jetzigen Augenblick aus unserer eigenen Mitte ein Vorschlag zur Erörterung gestellt würde, wie der Streit um die deutsche Wiedervereinigung zu lösen wäre ...

Zit. nach: Karl Georg Pfleiderer, Politik für Deutschland. Reden und Aufsätze 1948–1956, Stuttgart 1961, S. 95 ff.

b) Denkschrift vom 2. 9. 1952 (Ursprünglich verfaßt für den Auswärtigen Ausschuß des Bundestages)

Das Sicherheitsbedürfnis der Sowjetunion ist der politische Angelpunkt der deutschen Wiedervereinigung ... In der Sowjetpolitik spielt aber das Sicherheitsbedürfnis in der Form der Furcht vor einem Angriff der kapitalistischen Welt zugleich die Rolle eines Komplexes, wurde doch die Sowjetunion zur Zeit des Bürgerkrieges durch die kriegerischen Interventionen weißgardistischer Generäle und im Zweiten Weltkrieg durch Hitler bis auf den Tod bedroht. Unter diesem Gesichtspunkt kann der Kalte Krieg in Deutschland auch als „offensiv geführte Verteidigung" der Sowjetunion gegen die nicht mehr so sehr dogmatisch als empirisch gefürchtete kapitalistische Welt gekennzeichnet werden. ...
Wenn der Bonner Vertrag davon ausgeht, daß ein wiedervereinigtes Deutschland ebenso in den Westen integriert werden müsse, wie es jetzt für die Bundesrepublik vorgesehen ist, dann schließt der Vertrag die Wiedervereinigung aus. Zu glauben, daß die Sowjetunion den von ihr besetzten Teil Deutschlands räumen, gutwillig und im Frieden räumen würde, um nachher die NATO-Truppen und die EVG, soweit diese einen Teil von jener bildet, an der Oder-Neiße-Linie stehen zu haben, trägt den Gesichtspunkten des Gegners keine Rechnung und ist dadurch unwirklich. Das vertraglich festgelegte Ziel der vier Partner des Bonner Vertrages, nämlich die friedliche Wiedervereinigung der getrennten Teile Deutschlands unter mittelbarer Integrierung des neuen Gesamtdeutschlands in die NATO, ist ein Widerspruch in sich selbst, und die deutsche Politik, wenn sie solches gleichfalls zu wollen vorgibt, setzt sich im eigenen Lande Mißdeutungen aus. Ohne mit der Sowjetunion im Gespräch zu sein, ist es schwierig anzugeben, wie das europäische und atlantische Staatensystem aussehen müßte, um dem Sicherheitsbedürfnis der Sowjetunion zu entsprechen, ohne dabei das des Westens zu verletzen ...

Zit. nach: Karl Georg Pfleiderer, Politik für Deutschland, a. a. O., S. 102 ff.

18. Sowjetunion und deutsche Frage

Als einer der ersten deutschen bürgerlichen Politiker erkannte Pfleiderer in den Verträgen von Bonn und Paris einen offenen Widerspruch zu den Interessen einer auf Wiedervereinigung gerichteten Deutschlandpolitik. In seiner Rede „Für oder wider die Verträge" vom 6.6.1952 ging er vom Schlüsselproblem der deutschen Außenpolitik, der Mittellage und der besonderen Situation nach 1945, aus. Ohne militärische Machtmittel und moralischen Rückhalt schien nur die „Locarno"-Lösung möglich: Anerkennung des status quo im Westen und vertragliche Absicherung nach Osten. In Waiblingen legte Pfleiderer der Öffentlichkeit seine Auffassung dar, wonach die Verträge politisch die Sicherheitsinteressen der Sowjetunion außer acht ließen und damit den Weg zur deutschen Wiedervereinigung versperrten. Seine Vorstellungen suchten die westeuropäischen Integrationsinteressen mit dem sowjetischen Sicherheitsbedürfnis zu verbinden.

Pfleiderer betrachtete die Verträge einmal unter dem Gesichtspunkt „der Neugestaltung unseres inneren und äußeren Verhältnisses zu den Westalliierten, zum anderen unter dem Gesichtspunkt unseres Verhältnisses und des Verhältnisses der westlichen Alliierten zur Sowjetunion und im Zusammenhang damit zur Frage der deutschen Einheit". Trotz der Fortschritte in Richtung auf eine neue deutsche Staatshoheit kritisierte er die übergroße Bereitschaft der Bundesregierung, einschneidende Tatbestände ohne Zwang vertraglich zu regeln. Doch hier setzte seine Kritik nicht an. Ihm ging es um die Bedeutung der Verträge „für die drei Ziele der deutschen Außenpolitik ... nämlich für Frieden, Freiheit und Einheit".

Die Vorgeschichte der Verträge suchte Pfleiderer auf den Konferenzen von Jalta und Potsdam, als die Welt zwischen Ost und West geteilt wurde. Diese Feststellung läßt jedoch unberücksichtigt, daß es sich dabei nur um Verwaltungsteilungen ohne endgültigen Charakter gehandelt hat; endgültig wurde die Teilung der Welt erst in den großen politischen Auseinandersetzungen und Entscheidungen von 1952 bis 1955 besiegelt. Die Ursache für die Vertiefung der Teilung und die zunehmende Konfrontation sah Pfleiderer in der Expansion der Sowjetunion und ihres Gesellschaftssystems, gegen die der Westen Abwehrmaßnahmen ergreifen mußte. Wenn er damit die Verträge als Abwehrreaktion begriff und das Vordringen der Sowjetunion in letzter Konsequenz wieder rückgängig machen wollte, so bemerkte er doch auch die sowjetischen Befürchtungen und verstand die heftigen Gegenmaßnahmen.

Pfleiderer ging hinsichtlich der Frage der Wiedervereinigung davon aus, daß die Sowjetunion ein „klares und deutliches Programm" ausgearbeitet habe. In Anbetracht des Notenwechsels der Besatzungsmächte über die deutsche Frage und der parallelen DDR-Initiativen hielt er deshalb die Auseinandersetzung über gesamtdeutsche Wahlen für eine Sackgasse. Aufgrund der Ungewißheit, die eine freie Wahl in sich berge, müsse man es für ausgeschlossen halten, daß die Sowjetunion bereit sein würde, davon ihre politische und wirtschaftliche Stellung in Deutschland abhängig zu machen. Der Gedanke an Wahlen müsse vielmehr vorläufig zurückgestellt werden, da er unter den gegebenen Umständen keinen Ansatz zur aussichtsreichen Erörterung der deutschen Probleme biete.

Unmißverständlich formulierte Pfleiderer hier wie auch später das Hauptziel der deutschen Politik: die Räumung der Sowjetzone durch die Russen und die Liquidierung des dortigen Systems. Dieser Forderung stellte er jedoch keinen abstrakten Rechtstitel zur Seite, sondern die realistische Frage nach dem politischen Preis dafür, „wie das Staatensystem zwischen Ost und West ausgewogen werden [soll], in dessen Mitte das freie und vereinte Deutschland einzutreten hätte". Völlig ausgeschlossen sei die Zustimmung der Sowjetunion zu einer Eingliederung der DDR in das System der Europäischen Verteidigungsgemeinschaft (EVG) und der NATO. Der Aufbau militärischer Stärke zur Abwehr von Angriffen im Kalten Krieg und zur Erhaltung des status quo sei im Rahmen der Verträge sehr wohl möglich; Deutschland in Freiheit wieder zu vereinigen, wie es nach dem Generalvertrag das Ziel der westlichen Politik sei, dagegen nicht.

Konkret machte Pfleiderer den Vorschlag, die beiden Mächtegruppierungen sollten in Deutschland auseinanderrücken und nur Brückenköpfe besetzt halten, die Sowjetunion die Gebiete östlich von

Oder und Neiße und die Westmächte diejenigen links des Rheins, während der unbesetzte Teil mit nationalen Streitkräften von festgelegter Stärke zu versehen sei. Gegenüber dem riesigen Sowjetstaat und seinen Satelliten sollte Deutschland jedoch nicht ohne politische Rückendeckung im Westen bleiben. Wenn politisch auch ein dritter Weg noch nicht denkbar war, so wäre eine Anlehnung an den Westen für die Russen tolerierbar gewesen, allerdings nur im Zeichen einer gleichzeitigen Entspannungspolitik. Diesen Gedanken deutete Pfleiderer über den Ausgleich zwischen beiden Allianzsystemen an, der verhindern könnte, daß der unbesetzte Teil Deutschlands zum Aufmarschgebiet fremder Truppen würde. Wichtiger erschien ihm im Augenblick, auf die Gunst des gegenwärtigen Zeitpunkts für eine deutsche Initiative aufmerksam zu machen. Denn bevor ratifiziert werde, wolle das deutsche Volk wissen, wie es um die Wiedervereinigung stehe. Erst wenn sich erweisen sollte, daß eine Wiedervereinigung in Freiheit nicht möglich sei, könne der Weg in die Zukunft wenigstens ohne den Zweifel der Ungewißheit, „ob es nicht vielleicht doch möglich gewesen wäre, das Getrennte zu vereinen", angetreten werden. Pfleiderers Befürchtungen gegenüber den Verträgen gingen vor allem dahin, daß es nach ihrer Ratifizierung nicht mehr möglich sein würde, die Frage der Wiedervereinigung aus eigenem Antrieb im Benehmen mit den Siegermächten zu fördern ...
Die öffentliche Reaktion auf Pfleiderers Ausführungen war geteilt, jedoch überwiegend negativ. Auch die Diskussion des konstruktiven Ergänzungsvorschlags zur Herbeiführung einer außenpolitischen Situation, in der freie Wahlen und eine gesamtdeutsche Regierung möglich wären, führte nicht weiter und blieb ohne Auswirkungen auf die offizielle Politik.

Aus: Karl-Heinz Schlarp, Alternativen zur deutschen Außenpolitik 1952–1955. Karl Georg Pfleiderer und die „Deutsche Frage", in: Aspekte deutscher Außenpolitik im 20. Jahrhundert. Aufsätze – Hans Rothfels zum Gedächtnis, hrsg. von Wolfgang Benz und Hermann Graml, Stuttgart 1976, S. 217 ff.

19. Spätes Nachzittern

Reden in der Nachtsitzung des Bundestages vom 23. 1. 1958

a) Thomas Dehler (FDP)

In der Welt geschieht nichts, was nicht mit Leidenschaft gefühlt, gewollt, durchgesetzt wird, nicht mit Nüchternheit, wahrlich nein! Wenn nicht das deutsche Volk leidenschaftlich eine Einheit sein will, zusammenkommen will, dann geben wir dieses nationale Ziel der deutschen Einheit auf ...
Sie [gemeint ist der Bundeskanzler] haben heute vormittag von dem Mythos gesprochen, den der Herr Sethe aufgerichtet hat von den Möglichkeiten des Jahres 1952, die außer acht gelassen worden sind usw. Meine Damen und Herren, ein Politiker, der nicht dauernd überdenkt, ob er nicht Fehler gemacht hat, der nicht zurückdenkt, der nicht beachtet, was ein anderer, der leidenschaftlich über diese Dinge nachdenkt, an Bedenken geltend macht, der ist fehl am Platze. Wenn wir überdenken, was wir 1952 ausgelassen haben ...
Damals hatten wir ein Angebot Stalins, ein Jahr vor seinem Tod, am 10. März 1952. Man muß sich das wieder einmal in die Erinnerung zurückrufen, was dem deutschen Volke damals an Verhandlungsmöglichkeiten – mehr zu sagen wäre nicht zu verantworten – geboten war ...
Was war damals die Gegenbedingung? Verzicht auf EVG! Das lag darinnen: Verzicht auf den Vertrag, der dann nach Jahr und Tag, am 30. August 1954, in der Französischen Nationalversammlung auf schändliche Weise vom Tisch gefegt wurde; man ging darüber zur Tagesordnung über. Hier hätte man eine Verhandlungsmöglichkeit gehabt ...
Der Herr Bundeskanzler hat uns damals erklärt: Das ist ein Störungsmanöver! – Genau das gleiche, was er heute erklärt. Ich habe ihm vertraut. Ich bin in der Regierung geblieben. Ich schäme mich, ja! Ich beneide den Heinemann wegen seines Mutes.
Aber Herr Heinemann ... kannte seine Pappenheimer besser; er war ja in der CDU.
Ich war am Ende ein kleiner Mann, der glaubte, was dieser „große, geniale Staatsmann" uns sagte, sei richtig.

Aber das Entscheidende ist doch, daß sich erwiesen hat und daß jeder von Ihnen, selbst der Herr Stücklen, heute einsehen muß, was damals falsch gemacht, was geschadet worden ist. Wir wissen doch heute viel mehr. Wir haben inzwischen den 20. Bolschewistischen Kongreß erlebt, wir haben die Reden von Chruschtschow gelesen. Wir wissen jetzt, daß damals, im März 1952, Stalin innenpolitisch in einer verzweifelten Lage war. Das laste ich dem Herrn Bundeskanzler und den Westalliierten an. Damals war die Pause – die Pause, von der er uns heute etwas vorgaukelt –, die ihm geboten war, die er hätte benutzen müssen ...
Aber noch einmal etwas zu den Tatsachen. Antwort der drei Westmächte vom 25. März, maßgebend von Dr. Adenauer mitbestimmt: „Nicht zu billigen ist der sowjetische Vorschlag, Deutschland nationale Kräfte zu gewähren." – Meine Damen und Herren, stellen Sie sich einmal diese Illusion, nein, ich sage: diese Ironie der Situation vor. Die Sowjetunion bietet uns nationale Streitkräfte an, so wie wir sie heute auf Grund der Westeuropäischen Union und der Pariser Verträge haben, und die drei Westmächte lehnen dieses Angebot auf Veranlassung des Bundeskanzlers ab ...
Meine Schlußfolgerung aus dem, was damals geschah: Hier fehlte der Wille, das Mögliche zu tun, eine Chance zu ergreifen.

Zit. nach: Thomas Dehler, Reden und Aufsätze. Herausgegeben vom Vorstand der Friedrich-Naumann-Stiftung, Köln 1969, S. 146 ff.

b) Gustav Heinemann (SPD)

Herr Dehler ist besonders auf die Vorgänge vom März 1952 zu sprechen gekommen, als die Sowjetunion anbot: Wiederherstellung der deutschen Einheit, Redefreiheit, Pressefreiheit, Versammlungsfreiheit, freie wirtschaftliche Entwicklung, nationale Streitkräfte für ein wiedervereinigtes Deutschland, Aufnahme in die Vereinten Nationen, gesamtdeutsche Regierung, hervorzugehen aus freien Wahlen, alles das unter der Bedingung, daß Deutschland sich nicht an Militärbündnissen beteilige.
Verehrte frühere Freunde aus der CDU! Als diese Note der Sowjetunion 1952 auf den Tisch kam, gab es in Ihren Reihen eine weite Zustimmung zu dieser Note. Damals tagte in den gleichen Tagen des März 1952 der Evangelische Arbeitskreis der CDU in Siegen.[1]) Sie können im CDU-Informationsdienst über diese Tagung nachlesen, daß dort ausgesprochen wurde:
„Wir sehen in der Note der Sowjetunion vom 10. März 1952 einen Erfolg der Politik der Bundesregierung, da damit ein Gespräch zwischen den Mächten veranlaßt wird, auf denen die Verantwortung für die Teilung Deutschlands ruht. Wir bitten die Bundesregierung, bei ihren Beratungen mit den Westmächten sich dafür einzusetzen, daß auch diese nichts unversucht lassen, das von ihnen gleichfalls bejahte Ziel der deutschen Wiedervereinigung zu verwirklichen."
Was wurde aus diesem Appell des Evangelischen Arbeitskreises? Der Herr Bundeskanzler hat damals, als die Note ihm bekannt wurde, gleich wegwerfend gesagt – wie ja immer, wenn so etwas passiert –: „Belanglos". Er nahm in Siegen zu dem Arbeitsergebnis des Evangelischen Arbeitskreises selbst Stellung und sagte: Der Westen muß erst stärker werden, ehe wir in eine Verhandlung eintreten können! Noch ist der Zeitpunkt nicht gekommen! Und als Inhalt dieser anzustrebenden Verständigung beschrieb er: Wiedervereinigung Deutschlands sowie Bereinigung und Neuordnung im Osten.
Was hieß das?
Wenige Tage vorausgegangen war die Rede des Bundeskanzlers vor dem CDU-Tag in Heidelberg am 1. März 1952[2]), wo er mit aller Klarheit gesagt hatte „Erst stärker werden", und dann sollte es gehen, so hieß es wörtlich, „um die Neuordnung der Verhältnisse in Osteuropa". Ebenso hieß es im Rundfunk in einer Rede vom 5. März 1952, es gehe nicht nur um die Ostzone; es gehe darum, ganz Osteuropa östlich des Eisernen Vorhangs zu befreien.
Kaum wurde eine Möglichkeit sichtbar, mit der Sowjetunion wirklich weiterzukommen, da war auch schon der ganze Übermut, die ganze Hybris wieder im Spiel, es uns als Aufgabe zuzuschrei-

[1]) vgl. S. 80, Nr. 5 [2]) vgl. S. 74, Nr. 1 b

ben, ganz Osteuropa neu zu ordnen ... Was heißt denn das: „ganz Europa östlich des Eisernen Vorhangs befreien“? Das war doch schon der Anlauf auf die Zumutung an die Sowjetunion zur Kapitulation.
Dem Volke hier gegenüber wurde das alles zugedeckt durch eine ungewöhnlich verheerende Parole, verheerend, weil sie in einer tückischen Weise das Richtige und das Falsche miteinander vermengte, nämlich die Parole: „Zuerst freie Wahlen!“ – Gewiß freie Wahlen wollen wir alle. Aber zu sagen „zuerst“ – das mußte genau den Weg zu diesen Wahlen verschließen ...
Ich habe dem Herrn Bundeskanzler nie und keinen Augenblick vorgeworfen, daß er mit den westlichen Nachbarn einen Ausgleich betrieb. Das war unerläßlich. Aber ich habe ihm immer vorgeworfen und tue es auch in dieser Stunde, daß er mit diesem westlichen Ausgleich neue Ostfeindschaft verbunden hat.

Zit. nach: 50 Reden aus dem Deutschen Bundestag (1949–1983), a.a.O., S. 191 ff.

c) Hermann Höcherl (CDU/CSU)

Herr Dr. Dehler, zum Jahr 1952 haben Sie eine Legende dargestellt. Ich will Ihnen das auch beweisen. Sie haben zu dem Vorgang von 1952, den Sie und Herr Dr. Heinemann zum Mittelpunkt Ihrer Ausführungen hinsichtlich der angeblichen Unglaubwürdigkeit der Bundesregierung gemacht haben, erklärt, damals sei ein Angebot von Sowjetrußland gekommen, eine einmalige Chance, die verludert worden sei. Das waren Ihre Äußerungen. Jetzt will ich Ihnen einmal sagen, wie dieses Angebot gelautet hat.
Dieses Angebot stieß hinein in die damals laufenden EVG-Verhandlungen und enthielt u.a. folgende sowjetische Forderungen: erstens Neutralisierung Deutschlands; zweitens Anerkennung des Potsdamer Abkommens; drittens Anerkennung der Oder-Neiße-Linie; viertens Verbot aller politischen Parteien, die von der Sowjetunion nicht ausdrücklich als demokratisch anerkannt werden; fünftens Verbot aller Organisationen, die nach sowjetischer Terminologie friedensfeindlich, militaristisch oder nazistisch sind. Das weitere Procedere sah vor, daß ein Friedensvertrag vorbereitet werden solle. Über die Frage des Zeitpunkts und die Modalitäten der Bildung einer gesamtdeutschen Regierung sowie über freie Wahlen war darin kein Wort enthalten. Das war das „einmalige geschichtliche Angebot“, das damals „versäumt“ worden ist und dem man nicht stattgegeben hat. Ich sage: zu Recht nicht stattgegeben hat. Das wäre der Anfang vom Ende gewesen.

Zit. nach: Verhandlungen des Deutschen Bundestages. Stenographische Berichte, 3. Wahlperiode, 9. Sitzung, S. 410

20. Adenauers Beurteilung in der Rückschau

Mit Recht forderte die SPD, und die Bundesregierung teilte diese Meinung uneingeschränkt, die Ausnutzung jeder Verhandlungsmöglichkeit auf Grund der Note der Sowjetregierung vom 10. März 1952. Als dann die sowjetische Note vom 9. April 1952 veröffentlicht wurde, sah die SPD diese Note als ausreichende Grundlage an, direkte Viererverhandlungen über die Deutschlandfrage aufzunehmen. Nach dem Urteil der Bundesregierung zeigten sich jedoch in dieser Note keine Anzeichen für erfolgversprechende direkte Vier-Mächte-Erörterungen über die Deutschlandfrage.
Wie ich ... betont habe, wollte auch ich Vier-Mächte-Verhandlungen über die Wiedervereinigung Deutschlands, aber ich wollte sie erst dann, wenn sie tatsächlich Erfolg versprachen. Hierzu war es vor allem nötig, daß der Westen eine feste Ausgangsposition besaß. Bevor der Westen einschließlich Deutschlands in die Verhandlungen mit der Sowjetunion eintrat, mußte er geschlossen und einig sein. Ich sah den Deutschlandvertrag und den Vertrag über die Europäische Verteidigungsgemeinschaft als unabdingbare Voraussetzung dafür an. Die SPD jedoch lehnte sowohl den Deutschlandvertrag als auch die EVG auf das schärfste ab.
Der Abschluß des Deutschlandvertrages und des Vertrages über die Europäische Verteidigungsgemeinschaft war für mich eine Voraussetzung zu Verhandlungen mit der Sowjetunion, weil dadurch

die Verhandlungen einen sicheren Kurs bekamen und nicht, wie üblich bei Verhandlungen mit Sowjetrußland, einfach ins Nebulose verliefen. Der Wille der Sowjetunion zu einer für uns Deutsche annehmbaren Verständigung war in dem bisherigen Verhalten der Sowjetunion nicht klar und eindeutig zutage getreten. Eine Aufgabe der bisherigen politischen Richtung der Sowjetunion würde auch in völligem Widerspruch zu den bisher klar gezeigten Zielen der sowjetischen Politik stehen. Den mit dem Eintritt in Verhandlungen mit der Sowjetunion als Konsequenz verbundenen Verhandlungsstopp bezüglich der Europäischen Verteidigungsgemeinschaft und des Deutschlandvertrages glaubte ich nicht verantworten zu können ...
Es gab nach wie vor nur eine einzige Möglichkeit, und zwar, daß wir mit aller Intensität versuchten, die Wiedervereinigung Deutschlands mit Hilfe der Westalliierten zu erreichen. Um die Hilfestellung der Westalliierten zu erlangen, mußten der Deutschlandvertrag und der Vertrag über die Europäische Verteidigungsgemeinschaft oder ein Ersatz für diese verwirklicht werden. Wir mußten uns eng mit dem Westen verbinden. Wir mußten ein gleichberechtigter Partner der Westmächte werden, zu dem sie Vertrauen hatten, genauso wie wir Vertrauen zu ihnen haben mußten. Auf uns allein gestellt, würden wir nichts erreichen; mit dem Westen vereinigt, würden wir – das war meine Überzeugung – unsere Freiheit behalten und die Wiedervereinigung Deutschlands in Frieden und Freiheit im Laufe der Zeit verwirklichen ...
Weigerten wir uns, mit den Westmächten weiter über den Deutschlandvertrag und über die EVG zu verhandeln, so stießen wir die Westmächte in einer entscheidenden Frage und in einem entscheidenden Zeitpunkt vor den Kopf. Wir konnten den Russen doch nicht trauen!
Wir mußten wählen. Was die Russen wollten, war klar, sie wollten über die Neutralisierung Deutschlands schließlich dessen Einbeziehung in den sowjetischen Herrschaftsbereich. Was der Westen uns bot, war im Deutschlandvertrag und im Vertrag über die EVG festgehalten ...
Die Bundesrepublik befand sich in einer gefährlichen Lage. Ein falscher Schritt konnte uns das Vertrauen der Westmächte kosten, ein falscher Schritt, und wir waren lediglich Verhandlungsobjekt zwischen Ost und West. Ich bin überzeugt, daß mit dem letzteren den Deutschen in der Sowjetzone nicht geholfen und daß die Freiheit der Bürger der Bundesrepublik im höchsten Maße gefährdet worden wäre. Ich war und bin fest überzeugt, daß eine gesicherte Zukunft für uns Deutsche nur im festen Anschluß an die freien Völker des Westens gegeben war und ist; ich war und bin überzeugt, daß nur eine feste, entschlossene Politik des Anschlusses an den Westen eines Tages die Wiedervereinigung in Frieden und Freiheit bringen wird.

Aus: Konrad Adenauer, Erinnerungen, Bd. II (1953–1955), a.a.O., S. 83 ff.

21. Die Stalin-Note und die SED

Da die SED ihre Herrschaft damals noch ausschließlich auf die sowjetische Präsenz und nicht auf den Willen der Bevölkerung gestützt habe, hätte, so wird impliziert, die sowjetische Zustimmung zu freien Wahlen in der DDR genügt, die SED zu entmachten und den zur Wiedervereinigung erforderlichen verfassungs- und gesellschaftspolitischen Angleichungsprozeß in Gang zu setzen ...
Die erste und entscheidende Frage lautet hier: Hat Stalin tatsächlich ein solches Angebot gemacht?
Im Text der sowjetischen Noten sind Hinweise auf die Stalin unterstellte Absicht nicht zu entdekken. Als entscheidendes Kriterium muß wohl die Behandlung des Wahlproblems gelten. In der ersten sowjetischen Note war von Wahlen überhaupt nicht die Rede. Nachdem die Westmächte am 25. März in ihrer Antwort die Vereinbarung freier Wahlen in Deutschland zur conditio sine qua non eines Eingehens auf den sowjetischen Konferenzvorschlag erklärt hatten, stimmte die sowjetische Regierung in ihrer zweiten Note (9. April) der Abhaltung von Wahlen zwar zu, machte aber ihre Zustimmung sogleich wieder unwirksam, indem sie die von den Westmächten vorgeschlagene UN-Kommission als Organ zur Prüfung der Voraussetzungen freier Wahlen und zur Kontrolle der Wahlen selbst ablehnte ... Die Westmächte nahmen auf die Kritik Rücksicht und bekundeten

in ihrer Note vom 13. Mai die Bereitschaft, auf die UN-Kommission zu verzichten und dafür irgendeinen anderen neutralen Ausschuß zu akzeptieren, auch einen von den vier Besatzungsmächten eingesetzten Ausschuß. Statt nun auf diese Anregung irgendwie einzugehen oder wenigstens, um jene Hoffnungen in der westlichen Öffentlichkeit immerhin am Leben zu erhalten, auf dem eigenen Vorschlag zu beharren, tat die sowjetische Regierung etwas, das als klares Eingeständnis der mangelnden Bereitschaft zu freien Wahlen und damit der mangelnden Bereitschaft zur Opferung der SED wirken und die eben erst geweckten Erwartungen in der westlichen Öffentlichkeit wieder ersticken mußte: ausgerechnet in der dritten Note vom 24. Mai, die am Vorabend der Unterzeichnung des EVG-Vertrags in den Hauptstädten der Westmächte eintraf und von Moskau als ein in letzter Minute unternommener Versuch der Einwirkung auf die westlichen Kabinette wie auf die westliche Öffentlichkeit präsentiert wurde, ausgerechnet in dieser Note äußerte sich die sowjetische Regierung mit keiner Silbe – abgesehen vom ersten Teil, der indes nur den bisherigen Notenwechsel referierte – zu der entscheidenden Wahlfrage. In ihrer vierten Note vom 23. August desavouierte die sowjetische Regierung dann plötzlich – nachdem die Westmächte am 10. Juli abermals auf einer neutralen Kommission bestanden hatten – ihre eigene Anregung für eine Viermächtekontrolle und konstatierte, daß jede internationale Wahlkontrolle für das mit einer langen parlamentarischen Tradition gesegnete deutsche Volk eine „Beleidigung" darstelle; man solle eine Kommission bestellen, die sich aus Vertretern der Volkskammer und des Bundestags zusammensetze – wiederum ein Vorschlag, von dem die sowjetische Regierung wußte, daß er nicht angenommen werden würde, und zugleich ein Vorschlag, der auf nichts weniger schließen ließ als auf eine Neigung zur Opferung der SED …

Das Verhalten der SED ist jedoch noch aufschlußreicher. Die erste sowjetische Note war formal nur die Moskauer Reaktion auf ein Schreiben, das die Regierung der DDR am 13. Februar 1952 den vier Besatzungsmächten übermittelt hatte[1]) und das die dringende Forderung enthielt, Deutschland endlich einen Friedensvertrag zu geben: die Übereinstimmung des Brieftextes mit den einleitenden Sätzen der ersten sowjetischen Note ist unverkennbar. Daraus läßt sich zunächst der Schluß ziehen, daß die Note Bestandteil einer zwischen Moskau und Ostberlin abgestimmten Aktion gewesen ist. Die Aufnahme der Note in der DDR liefert dafür den endgültigen Beweis und ist zudem auch für sich allein von erheblicher Bedeutung. Während in den westlichen Ländern Kabinette und Öffentlichkeit das sowjetische Dokument gerade erst zur Kenntnis nahmen und definitive Äußerungen allenfalls zu der einen oder anderen Einzelheit der Note riskierten, inszenierten in der DDR die Funktionäre und Propagandisten der SED bereits einen Begeisterungssturm, der noch um einige Grade kräftiger ausfiel als die sonst übliche Zustimmung zu sowjetischen Handlungen. Auch in den folgenden Monaten hat die aus der DDR zu vernehmende Begleitmusik zur sowjetischen Notenpolitik weder ihre Melodie noch ihre Lautstärke geändert. Hätte sich aber Stalin wirklich mit der Absicht getragen, die SED zu opfern, hätte er sich – vom Standpunkt des sozialistischen Lagers aus betrachtet – wirklich das Recht angemaßt, die DDR als einen unter Umständen entbehrlichen Bauern in einem ausschließlich von sowjetischen Interessen bestimmten Schachspiel zu behandeln, so wäre – diese Folgerung ist wohl statthaft – eine derart klaglose diplomatische und propagandistische Kooperation der SED-Führung nicht recht erklärlich. Eine entsprechende Intention Stalins hätte den Spitzenfunktionären der SED kaum verborgen bleiben können, und eine solche Kenntnis hätte sich trotz der damals fraglos gegebenen Unterordnung Ostberlins eigentlich in schüchterner oder versteckter Kritik am sowjetischen Kurs äußern müssen. Wenn man indes so weit gehen wollte, eine totale Führungsgewalt Moskaus und auf Seiten der SED ein übermenschliches Maß an Gehorsamsbereitschaft, Disziplin und Loyalität zu unterstellen, wäre immer noch zumindest ein gewisser Mangel an Enthusiasmus unvermeidlich gewesen. In der Rolle eines Isaak, der Vater Abraham nicht nur ergeben, sondern sogar freudig bewegt zur Opferstätte folgt, sind Ulbricht und die SED denn doch nicht vorstellbar. Schließlich wäre es nicht um die Opferung einzelner Funktionäre oder einer bereits dem freien politischen Konkurrenzkampf ausge-

[1]) vgl. Text Nr. 4 b, S. 78 f.

setzten und ohnehin chancenlosen Partei gegangen, sondern um die Opferung einer herrschenden kommunistischen Partei und um die Opferung der Herrschaft einer kommunistischen Partei ...

Da Stalin aber auf der anderen Seite offensichtlich nicht gewillt war, auch noch zum Staatensystem der Vorkriegszeit zurückzukehren und völlig grundlos – von seinem Standpunkt aus gesehen – die DDR aus seinem Herrschaftsverband zu entlassen, stand er vor dem Problem, daß seine Deutschlandpolitik nun eindeutig zur Fortdauer und zur weiteren Verfestigung der Spaltung Deutschlands beitragen werde. Der Wunsch, trotzdem nicht mit der Verantwortung für das Ende des deutschen Nationalstaats ganz oder teilweise belastet zu werden, war in solcher Situation eine naheliegende und jedenfalls verständliche Reaktion. Ohne ein entsprechendes Alibi mußte die Konsolidierung der DDR schwieriger werden, und vielleicht schien es ihm auch nützlich, für künftige Expansionsmöglichkeiten die nationale Karte in Reserve zu halten. Die Noten des Frühjahrs und Sommers 1952 hat er wahrscheinlich als taugliche Mittel betrachtet, sich das gewünschte Alibi zu verschaffen ...

Aus: Hermann Graml, Nationalstaat oder westdeutscher Teilstaat. Die sowjetischen Noten vom Jahre 1952 und die öffentliche Meinung in der Bundesrepublik Deutschland, in: Vierteljahreshefte für Zeitgeschichte 25 (1977), S. 834 ff.

22. Argumente für die „Ernsthaftigkeit" des sowjetischen Angebots

Es kann nicht bestritten werden, daß die UdSSR als zeitlich wie politisch-militärisch vordringlichstes Ziel die Verminderung oder mindestens die Verzögerung einer Entwicklung in Westeuropa anstrebte, die für sie tatsächlich bedrohlich und ernst geworden war. Es soll ebenfalls nicht bestritten werden, daß die sowjetischen Noten geschickt berechnete und durchaus wirkungsvolle Propagandainstrumente waren. Kam es nicht zu Verhandlungen, so konnte die in ihnen bekundete Verständigungsbereitschaft der UdSSR leicht zur Camouflage ihrer tatsächlichen Ziele und Absichten sowie zur Rechtfertigung ihrer in Wahrheit doch vorhandenen Unnachgiebigkeit dienen. Auch wird nicht übersehen, daß die hier so konsistent dargestellte Konzeption der UdSSR für eine Neugestaltung des Status Gesamtdeutschlands an zahlreichen Stellen so formuliert war, daß nahezu jederzeit eine Zurücknahme oder Neuinterpretation ursprünglicher Angebote seitens der UdSSR möglich war. Es war also keineswegs sicher, daß die Spielräume und Chancen der sowjetischen Politik auch vollkommen zugunsten des Westens ausgeschöpft würden: Jede einzelne der möglichen Konzessionen mußte ausgehandelt werden und setzte eine bewußte Option der UdSSR voraus. Die Sowjetunion strebte mit ihren Vorschlägen jedoch nicht nur propagandistische Wirkungen (Mobilisierung der Massen, Verminderung des westlichen Prestiges in der Weltöffentlichkeit), die Obstruktion der Integration und Aufrüstung in Westeuropa und die Verschleierung ihrer eigenen Interessen und ihrer langfristigen Offensivstrategie an. Das Gesagte ergänzend und korrigierend wird folgende zentrale These vertreten: Die Sowjetunion verband in Strategie und Taktik ihrer Deutschlandpolitik 1952 defensive und offensive Elemente, Obstruktion und Konstruktion, indem sie durch ein attraktiv wirkendes, wenn auch durchaus ambivalentes, wenigstens teilweise „ernstgemeintes" Verhandlungsangebot eine – gegen die bedrohliche Politik der Integration und Aufrüstung im Westen gerichtete – Alternative für die politische Ordnung in Deutschland und Europa aufzeigen und den Status quo so verändern wollte, daß ihr trotz zahlreicher Kompromisse mittel- und langfristig mehr Vor- als Nachteile aus einer friedensvertraglichen Regelung der deutschen Frage erwachsen wären ...

Die bevorstehende Einigung des Westens über Generalvertrag und EVG, die Stärkung der NATO durch die Wiederaufrüstung in der Bundesrepublik Deutschland, den Beitritt der Türkei und Griechenlands sowie der Ausbau der amerikanischen Position im Fernen Osten waren für die UdSSR bedrohlich genug, um sie eine Politik der wirksamen Abwehr (Obstruktion) und zugleich des vorteilhaften Interessenausgleichs in einer Regelung der deutschen Frage (Konstruktion) einschlagen zu lassen. Gerade im geteilten Deutschland war die UdSSR in dieser Situation nicht allein auf eine Politik des Ausbaus ihrer Machtpositionen (Separation, Konsolidierung, Aufrüstung und Integration der DDR) angewiesen. Der Wunsch und Wille zur Wiedervereinigung besonders in der Bundesrepublik Deutschland einerseits, die günstige Ausgangsposition und die Dispositionsmöglichkeiten der UdSSR andererseits gaben ihr nämlich darüber hinaus die Chance, auf diplomatischem Wege eine Neubestimmung des Status Gesamtdeutschlands anzustreben, die der westlichen „Politik der Stärke" einen wesentlichen Teil ihrer Basis entzogen und der UdSSR neue Einflußchancen in Mitteleuropa eingeräumt hätte. Diese zusätzliche Chance nahm die UdSSR im Frühjahr 1952 wahr, als sie – mit allerdings von vornherein begrenzten Erfolgsaussichten – den westlichen Staaten ein – wie sie meinte – für beide Seiten akzeptables Verhandlungsangebot für die deutsche Wiedervereinigung und die Neuordnung Mitteleuropas machte. Nachdem die bisherige Deutschlandpolitik und die Vorschläge der UdSSR und der DDR jedoch ohne Erfolg geblieben waren, mußte nun eine neue Initiative zugleich eine erhebliche materielle Revision der bisherigen Verhandlungsbasis mit sich bringen. Alle Anzeichen sprechen dafür, daß die UdSSR grundsätzlich an den allgemeinen Zielen ihrer bisherigen Deutschlandpolitik festhalten und ihre Position in Deutschland und Mitteleuropa nicht gefährden, sondern eher noch verbessern wollte. Unter diesen Voraussetzungen bestand aber für sie in der Situation des Frühjahrs 1952 nicht nur die Möglichkeit, sondern in einem erheblichen Maße auch die Notwendigkeit und ein ernsthaftes Interesse daran, den Westmächten ein so attraktiv wirkendes Verhandlungsangebot zu machen, daß immerhin der Beginn von Verhandlungen und damit eventuell schon das erste Ziel, die Störung und Verzögerung der westlichen Integrationspolitik, zumindest teilweise zu erreichen waren. Dieses Ziel war aber nur zu verwirklichen, indem die UdSSR eine akzeptabel erscheinende Alternative für die politische Neuordnung Mitteleuropas aufwies ...

Die UdSSR verfolgte mit ihrer Deutschlandinitiative nicht ein einziges, begrenztes Ziel, sondern eine Reihe von defensiven und offensiven Zielen, die sich am besten auf einer Skala darstellen lassen, die mit den Minimalzielen beginnt und den Maximalzielen endet:

- Propagandistische Wirkungen (Mobilisierung von Massen gegen die Politik der Westmächte; Verbesserung des eigenen internationalen Prestiges; Aufwertung der DDR)
- Verzögerung und Obstruktion der politischen, wirtschaftlichen und militärischen Integration in Westeuropa unter der Führung der USA
- Entlastung, Ruhe und kommerzielle Vorteile für den Wiederaufbau, die wirtschaftliche Weiterentwicklung und Integration des Ostblocks, besonders der UdSSR
- Erhöhung der inneren Gegensätze und Spannungen des kapitalistischen Staatensystems und dessen Schwächung
- Herausbrechen der Bundesrepublik Deutschland aus dem Westblock durch eine für die UdSSR vorteilhafte Neubestimmung des Status Gesamtdeutschlands mit dem Maximalziel einer sozialistischen Revolutionierung und Einbeziehung Gesamtdeutschlands in den Ostblock.

Aus: Gerd Meyer, Die sowjetische Deutschland-Politik im Jahre 1952, Tübingen 1970, S. 61 ff.

23. Zur Problematik des „Auslotens"

Die von den Sowjets vorgeschlagene Neutralisierung Deutschlands fand nirgends Zustimmung, weder bei den Westmächten noch bei der deutschen Bevölkerung oder den Parteien des Bundestages; niemand wollte eine solche andere Lösung. Niemand hatte jedoch einen anderen Vorschlag, über den hätte verhandelt werden können. Das galt insbesondere auch für die SPD, die mit besonderem Nachdruck auf das „Ausloten" gedrängt hatte. Adenauer hat, das steht außer Zweifel, den bevorstehenden Abschluß der Verhandlungen über das Vertragswerk – Deutschland und EVG-Vertrag – auf keinen Fall durch diplomatische Sondierungen oder gar eine Vierer-Konferenz verzögern lassen wollen. Er hat alle darauf gerichteten Bestrebungen sofort und kurz entschlossen abgewürgt. Wenn darin ein „Versäumnis" gelegen hat – wie schwer wiegt es im Rückblick nach dreißig Jahren?

Dreierlei ist dazu zu sagen. Erstens: Adenauer hat seine eigene Politik mit dieser Entscheidung schwer belastet. Sie hat jenen unausrottbaren Mythos entstehen lassen, daß damals die letzte wirk-

liche Chance für eine Wiedervereinigung vertan worden sei. Das wirkt bis auf den heutigen Tag nach. Zweitens: Er hätte – auch wenn er diese Folgen geahnt hätte – nicht anders handeln können. Die Vorstellung, die Bonner Regierung hätte damals, ohne die Westverträge zum Scheitern zu bringen, zunächst in Moskau diplomatisch sondieren oder eine Vierer-Konferenz fordern können, ist völlig wirklichkeitsfremd. Die Bundesrepublik stand noch unter einem Besatzungsstatut, das die Außenpolitik zunächst in vollem Umfang den Besatzungsbehörden vorbehielt, seit der Revision vom 6. März 1951 ihr insoweit begrenzte Handlungsfreiheit einräumte, als es die den Besatzungsmächten weiterhin vorbehaltenen Befugnisse erlaubten – zu den letzteren gehörten aber vor allem die Fragen, die sich auf Deutschland als Ganzes bezogen, das heißt gerade die in der Stalin-Note berührten Fragen. Diplomatische Beziehungen zur Sowjetunion, eine Botschaft in Moskau, gab es nicht. Adressat der Note waren die Westmächte, nicht die Bundesregierung – wenngleich ihr Inhalt natürlich auch auf Wirkung in der Bundesrepublik berechnet war, vor allem auf Wirkung in der Bevölkerung und in der öffentlichen Meinung.
Hätte man geheime Emissäre nach Moskau schicken sollen? Hätte sich ein diplomatischer Vertreter der Bundesrepublik in der Hauptstadt eines dritten Landes (dort gab es solche 1952 bereits) insgeheim mit dem dortigen Sowjetbotschafter treffen sollen, um zu „sondieren" oder „auszuloten"? ... Oder hätte man den formell korrekten Weg beschreiten und die westlichen Besatzungsmächte (die Adressaten der Note) bitten sollen, durch ihre Botschafter in Moskau zu sondieren? Die diplomatischen Vertreter von Regierungen also, die kein Hehl daraus machten, daß die Schaffung eines neutralisierten Gesamtdeutschland das letzte war, was sie sich wünschten und zulassen würden? Eine Antwort erübrigt sich ... Welche Form des „Auslotens" die Bonner Regierung auch immer gewählt hätte: Die Aussichten auf greifbare Ergebnisse wären minimal, das Risiko, sich zwischen alle Stühle zu setzen, wäre maximal gewesen. Um das Risiko zu ermessen, muß man sich die politische Situation des Frühjahrs 1952 vergegenwärtigen: Die Aufhebung des Besatzungsregimes (das nach einem Vorschlag des amerikanischen Außenministers Byrnes von 1946 eine Dauer von fünfundzwanzig Jahren haben sollte – während sich Molotow daraufhin sogleich für vierzig Jahre aussprach!) und die Wiedererlangung der deutschen Souveränität waren untrennbar mit einem deutschen Verteidigungsbeitrag auf der Seite des Westens verknüpft, französische Widerstände dagegen waren nur mühsam mit dem Plan einer Einbindung deutscher Streitkräfte in eine „Europäische Verteidigungsgemeinschaft" (EVG) zu überwinden ...
Wenige Tage vor dem Eingang der Stalin-Note war in Paris ein neues Kabinett unter Pinay gebildet worden, in dem Robert Schuman Außen- und René Pleven Verteidigungsminister wurde. Wie lange es sich halten würde, wagte niemand vorauszusagen. In den Vereinigten Staaten begann das Ringen um die Nominierung der Kandidaten für die im November bevorstehende Präsidentenwahl. Bei den Republikanern war bereits der Name Eisenhower im Spiel, aber als aussichtsreicher Rivale stand ihm der Senator Robert Taft gegenüber, dem in seiner außenpolitischen Orientierung isolationistische Neigungen zugeschrieben wurden und der sich schon früher gegen ein verstärktes Nato-Engagement der Amerikaner in Europa ausgesprochen hatte. ... In der Bundesrepublik begegneten die Verträge heftigem Widerstand bei der SPD-Opposition, die bereits den Gedanken der Verfassungsklage erwog.
In dieser Situation sprach alles dafür, einen Aufschub der Vertragsverhandlungen für eine hochgradige Gefährdung des Zustandekommens der Verträge überhaupt zu halten – zumal wenn sie durch eine im Westen Mißtrauen erweckende Initiative der Deutschen bewirkt worden wäre. Der Rapallo-Komplex, der bis heute schwelt, war damals noch ungleich lebendiger.
Daß es dann – nach der Unterzeichnung am 26. Mai 1952 – doch noch fast drei Jahre gedauert hat, die Verträge (in der veränderten Fassung vom 23. Oktober 1954) unter Dach und Fach zu bringen, berührt die Stichhaltigkeit dieses Kalküls im März 1952 nicht: Die Verzögerung konnte nicht dem deutschen Partner angelastet werden, sie war nicht vorhersehbar, und vor allem grenzte es fast an ein Wunder, daß es im Herbst 1954 durch rasches und entschlossenes Handeln (vor allem Edens und Dulles') gelang, einen Kollaps der Vertragspolitik zu verhüten und das EVG-Projekt durch den deutschen Nato-Beitritt zu ersetzen.

Drittens: Auch und gerade aus dem Abstand von 30 Jahren spricht wenig dafür, daß damals eine unwiederbringliche Gelegenheit versäumt worden wäre. Selbst wenn man die Möglichkeit außer Betracht läßt, daß es Moskau vor allem um ein Störmanöver zur Verhinderung der bevorstehenden Vertragsunterzeichnung ging (daß dieses Motiv jedenfalls auch eine Rolle gespielt hat, wird kaum bezweifelt werden können); selbst wenn man die (zum Beispiel von Graml[1]) vertretene) Ansicht außer Betracht läßt, daß es sich um ein Dokument handelt, das Moskau ein Alibi für die konsequente Vollendung der deutschen Spaltung und für die geplante Aufstellung der „Nationalen Volksarmee" verschaffen sollte; selbst wenn man unterstellt, daß Stalin im Verein mit Berija und Malenkow bereit gewesen wäre, das SED-Regime in freien Wahlen untergehen zu lassen (eine im höchsten Maße unwahrscheinliche Annahme); selbst wenn man alles dieses ausklammert und die Note zum vollen Nennwert nimmt, ergibt sich doch nur ein Angebot, das für die Westmächte unakzeptabel war und dem sie nie zugestimmt hätten.

Aus: Wilhelm Grewe, Ein zählebiger Mythos: Stalins Note vom März 1952, in: Frankfurter Allgemeine Zeitung vom 10. März 1982

24. Adenauer und die deutsche Wiedervereinigung

Wie es in der Politik die Regel ist, lief auch bei Adenauer Widersprüchliches nebeneinander her: die Einsicht in die Konstellation, die nach dem Zusammenbruch dazu zwang, erst einmal mit der Teilung und der Unterdrückung in Ostdeutschland zu leben, und der Glaube (war es Überzeugung, war es bloßer Wille?), daß die Teilung nicht das letzte Wort der deutschen Geschichte sein könne. Auch die allem Anschein nach von ihm seit den 20er Jahren vertretene Auffassung, die ordnungspolitische Zugehörigkeit Deutschlands zu den westlichen Demokratien müsse durch eine außenpolitische Westorientierung abgesichert werden, um die lastenden Gegensätze zu Frankreich abzubauen und die innere Bedrohung der deutschen Demokratie durch anti-demokratische und zugleich nationalistische Kräfte abzuwehren, bedeutete für ihn nicht eine Absage an die Idee der Reichseinheit, obwohl im konkreten Fall der Jahre 1952 bis 1955 die aus diesem Motiv resultierende Absage an die sowjetischen Neutralisierungsinitiativen eben tatsächlich ein Nein zur Wiedervereinigung unter Bedingungen bedeutete, die die außenpolitische Westbindung verhindert hätten. Was bei der Bewertung seiner Wiedervereinigungspolitik im einzelnen häufig als ein schwer vereinbarer Widerspruch von Wort und Tat, von Wollen und Können erscheint, war doch in erster Linie der Reflex einer Konstellation, in der das Natürliche und das Sittliche – nämlich die Wiedervereinigung eines geteilten Volkes und die Befreiung der unterdrückten Deutschen – mit den machtpolitischen Realitäten nicht zur Deckung zu bringen war.
Ein Verständnis der Deutschlandpolitik des Kanzlers muß noch eine weitere Grundgegebenheit in Rechnung stellen: das Meinungsklima der Adenauer-Ära. Es war ja nicht nur der Bundeskanzler, der in der Wiederherstellung der Reichseinheit die natürliche Ordnung der Dinge sah. Seine Partei, die CDU, SPD-Opposition, FDP, DP und BHE, selbst anfänglich die Kommunisten, empfanden es genau so. Die Verantwortung des Amtes zwang den Kanzler allerdings, den Realitäten besonders ernst Rechnung zu tragen. Eine Opposition, ein schwächerer Koalitionspartner, selbst Abgeordnete der eigenen Partei, ja selbst Kabinettsmitglieder mochten – mehr oder weniger entfernt von der letzten Verantwortung – Initiativen befürworten, die sie letztlich nicht verantworten mußten. Sie konnten auf das Wünschenswerte und Mögliche sehr viel größeres Gewicht legen. Ein Kanzler aber, der die Zügel der Politik so fest in Händen hielt wie Adenauer, konnte sich auch in der deutschen Frage den Luxus der Gesinnungsethik nicht leisten; er hatte den harten Pflichten der Verantwortungsethik zu entsprechen.
Angesichts der weit verbreiteten Neigung, das Wiedervereinigungsziel zu forcieren, ist es erstaunlich, wie stark sich Adenauer vor allem in den Jahren 1950 bis 1958 von realpolitischen Erwägungen leiten ließ – trotz der Kritik und des Drucks derer, die nicht verstehen wollten, weshalb er in

1) vgl. Nr. 21, S. 102 f.

der Wiedervereinigungsfrage allein seinem Kopf und nicht dem Herzen zu folgen bereit war. Thomas Dehler und seinesgleichen hingegen konnten folgenlos eine Wiedervereinigungspolitik des brennenden Herzens fordern. In der Nachtsitzung des Deutschen Bundestages am 23. Januar 1958 rechnete Dehler dem schweigenden Kanzler vor: „In der Welt geschieht nichts, was nicht mit Leidenschaft gefühlt, gewollt, durchgesetzt wird, nicht mit Nüchternheit, wahrlich nein! Wenn nicht das deutsche Volk leidenschaftlich eine Einheit sein will, zusammenkommen will, dann geben wir dieses nationale Ziel der deutschen Einheit auf ..."

Bis weit in die 50er Jahre hinein beruhte das seit 1949 von Adenauer als Bundeskanzler vertretene Ziel einer Befreiung der Ostzone auf einer breiten Allparteienplattform – allein die Kommunisten dissentierten. Die Doktrin der Alleinvertretung und die Negierung des Staatscharakters der DDR wurden damals allgemein begrüßt. Als der Bundeskanzler nach Gründung der DDR am 21. Oktober 1949 im Deutschen Bundestag erklärte: „Die Bundesrepublik Deutschland ist somit bis zur Erreichung der deutschen Einheit insgesamt die alleinige legitimierte staatliche Organisation des deutschen Volkes", verzeichnete das Protokoll „lebhafter Beifall und Händeklatschen rechts, in der Mitte und bei der SPD". Selbst als er am Ende dieser Ansprache das Ziel der Wiedervereinigungspolitik („Deutschland auf dem Boden des Rechts und der Freiheit zu einen") mit seinem Konzept der Westbindung koppelte („und es in eine europäische Ordnung hineinzuführen"), hat auch die SPD diesem Ziel applaudiert. Dasselbe galt für das in den folgenden Jahren entwickelte Konzept, an den Anfang des Wiedervereinigungsprozesses freie Wahlen zu stellen. Genausowenig wie bei den Sozialdemokraten oder den Freien Demokraten kann aus dieser seiner Forderung der Schluß gezogen werden, da er damit für Rußland Unerfüllbares verlangt habe, könne es ihm auch mit der Wiedervereinigung nicht ernst gewesen sein. Seine Ablehnung gesamtdeutscher Gespräche mit der DDR-Regierung wurde von der SPD-Opposition voll unterstützt. Alles schien noch im Fluß; es gab noch Grund genug, von der weltpolitischen Entwicklung zu erwarten, daß ein demokratischer deutscher Kernstaat im Westen auch die Irredenta in der Ostzone früher oder später mit magnetischer Kraft in den Bereich der Freien Welt ziehen konnte.

In der Tat sehen die meisten Zweifler an der Aufrichtigkeit Adenauerscher Wiedervereinigungspolitik das eigentliche Beweisstück für ihren Verdacht erst in der kompromißlosen Weigerung des Kanzlers, auf die sowjetische Notenoffensive des Jahres 1952 einzugehen und bei den Westmächten anzuregen, vor einem Inkrafttreten des Deutschlandvertrages und des EVG-Vertrages in neuen Viermächteverhandlungen die sowjetische Kompromißbereitschaft auszuloten. Damals erst trennten sich auch in der Deutschlandpolitik die Wege des Kanzlers und die der sozialdemokratischen Opposition. Erst Ende der 50er Jahre, als sich die Konstellation in Mitteleuropa für alle erkennbar dauerhaft verfestigt hatte, kehrte auch die Opposition wieder zum deutschlandpolitischen Kurs der Regierung zurück.

Das viel gebrauchte Schlagwort von den „verpaßten Gelegenheiten" der Jahre 1952 und 1953 stellt allerdings Adenauers damalige Grundsatzentscheidung unter eine falsche Beleuchtung. Gewiß, ein wesentliches Motiv bei seiner Weigerung, auf sofortige Vier-Mächte-Verhandlungen zu drängen, war die Erkenntnis, daß die sowjetischen Initiativen kurzfristig gewiß darauf abzielten, das Inkrafttreten der Verträge zu verhindern und mindestens durch Ingangsetzen einer langdauernden Runde von Ost-West-Verhandlungen aufzuhalten. Er fürchtete, ein Wiederzusammentritt des Rats der Außenminister in den Jahren 1952 oder 1953 könne bei einem ungünstigen Verlauf der Verhandlungen zu einem Wiederaufleben der Vier-Mächte-Kontrolle führen – auf Kosten der Deutschen, insbesondere aber auf Kosten der Bundesrepublik. Die Labilität der französischen Politik wie der öffentlichen Meinung in der Frage der deutschen Wiederaufrüstung ließ es als fraglich erscheinen, ob sich dann in Frankreich nicht endgültig jene Kräfte durchsetzen würden, die gegenüber Deutschland ein negatives Kontrollkonzept unter Einschluß der Sowjetunion verfolgten. Und er war sich auch darüber im klaren, daß damals jede positive Stellungnahme oder gar ein Drängen der ja noch gar nicht souveränen Bundesregierung nicht nur in Paris, sondern auch in Washington tiefsitzendes Mißtrauen vor einem neuen Rapallo wecken konnte. Die erst neuerdings erschienenen „Erinnerungen" von François Seydoux rufen dies deutlich ins Gedächtnis!

Aber schon wer die öffentlichen Äußerungen des Kanzlers damals genau analysierte, konnte daneben ein anderes Motiv erkennen, das wohl ebenso gewichtig war wie die taktischen Überlegungen im Hinblick auf die Westverträge. Adenauer hatte nicht nur Zweifel daran, ob Rußland tatsächlich verhandeln wollte, und er schreckte nicht nur vor den politischen Rückwirkungen derartiger Verhandlungen oder eines deutschen Drängens auf Verhandlungen zurück. Ebenso offenkundig fürchtete er auch, wenn nicht sogar vor allem, die Verhandlungen auf Grundlage des sowjetischen Neutralisierungskonzepts könnten tatsächlich zum Erfolg führen! Ein neutralisiertes Deutschland schien ihm – so wie die internationale Konstellation nun einmal beschaffen war – bloß eine Vorstufe zur sowjetischen Machtübernahme in ganz Deutschland. Die USA würden sich militärisch aus Zentraleuropa zurückziehen, Deutschland würde sich nicht an der westeuropäischen Integration beteiligen können – mit allen daraus resultierenden Risiken für die Integration überhaupt –, eine dauerhafte Befriedung des deutsch-westlichen Verhältnisses, vor allem mit Frankreich würde dann wohl unterbleiben …

Die Frage ist berechtigt, ob er die Chancen eines blockfreien Deutschlands nur deshalb so düster eingeschätzt hat, weil ihm an der Wiedervereinigung überhaupt nicht viel lag. Bisher gibt es keine überzeugenden Quellen, die diese Vermutung stützen. Es stimmt zwar: die Sicherung der Demokratie in der Bundesrepublik hatte für ihn die unbedingte Priorität; sie ging der nationalstaatlichen Zielsetzung ganz eindeutig vor. Doch das war die Position *aller* demokratischen Parteien in der Bundesrepublik. Die Lagebeurteilungen des Kanzlers unterschieden sich von denjenigen der SPD, und erst recht von denen der neutralistischen bürgerlichen Kritiker um Heinemann, in erster Linie in der Einschätzung der kurzfristigen und mittelfristigen Risiken von Verhandlungen vor Abschluß der Westverträge. Man wird sich ein endgültiges Urteil auch hier vorbehalten müssen, bis die deutschen und alliierten Archive zugänglich sind. Solange aber wird man Adenauer nachträglich auch zubilligen müssen, daß ihm die Risiken zu Recht untragbar groß erschienen. Er gehörte einer Generation an, die in den 30er und frühen 40er Jahren erfahren hatte, wie leicht Demokratien durch falsche Außenpolitik ihre Freiheit verspielen konnten; anders als manche Politiker jener Jahre war er nicht bereit, die Risikoschwelle, die einer solchen Entwicklung im Wege lag, sehr niedrig anzusetzen.

Doch welches waren seine Zukunftsperspektiven für die Lösung der deutschen Frage im Sinn einer Wiedervereinigung in Frieden und Freiheit? Während der Jahre 1952 bis 1955 hat er eine Fülle von Argumenten gebraucht, um die Annahme zu stützen, nach einer definitiven Westbindung werde die Sowjetunion eher bereit sein, zu den Bedingungen des Westens über die Wiedervereinigung zu verhandeln. Es begegnen: das Argument, die Einheit des überlegenen Westens werde auch die Sowjetunion an den Verhandlungstisch zwingen und dort Erfolge erzielen; das Argument, die Sowjetunion könne auf die Dauer das Wettrüsten nicht durchhalten, wenn sie das eigene Land modernisieren und entwickeln wolle – dann müsse sie aber auch gegenüber dem überlegenen Westen an ihrer Westgrenze Konzessionen machen; das Argument, ein Aufbegehren der Völker im Ostblock könne zu einer Globalbereinigung der deutschen Frage zwingen; das Argument, die ungelöste deutsche Frage sei für den Frieden in der Welt so gefährlich, daß alle Staaten gezwungen seien, letzten Endes dem Wunsch der Deutschen nach Wiederherstellung ihrer staatlichen Einheit in freier Selbstbestimmung zu entsprechen. Seit 1955 kam auch noch die Spekulation auf langfristige Auswirkungen des sowjetisch-chinesischen Gegensatzes hinzu.

Da solche Argumente aber jeweils in erster Linie in der innenpolitischen Auseinandersetzung eine Rolle spielten, muß offenbleiben, wie fest Adenauer tatsächlich davon überzeugt war. Wahrscheinlich wird man ihm am ehesten gerecht, wenn man seine Position so vereinfacht: er hoffte, und er glaubte auf Grund seiner geschichtlichen Erfahrung auch Grund zur Hoffnung zu haben, daß die Konstellation sich zugunsten des Westens verändern könnte. Wann, wie und wie aussichtsreich aber sich solche Entwicklungen gestalten könnten, mußte der Zukunft anheimgestellt werden. Eindeutig klar schien ihm nur, daß ein Eingehen auf die sowjetischen Offerten (oder auch auf die diesbezüglichen Forderungen der SPD) in den Jahren 1952 bis 1954 verhängnisvoll gewesen wäre und deshalb keine vernünftige Option darstellte. Zugespitzt gesagt: er hätte wohl zwischen 1952 und

1955 dieselbe Politik betrieben, auch wenn er im vorweg schon gewußt hätte, daß sich seine Erwartungen bezüglich einer positiven Entwicklung in der deutschen Frage nicht erfüllen würden, wie es sich dann tatsächlich zeigen sollte.

Aus: Hans-Peter Schwarz, Das Spiel ist aus und alle Fragen offen, in: Konrad Adenauer 1876/1976, hrsg. von Helmut Kohl, Stuttgart, 2. Aufl. 1976, S. 171 ff.

25. Das Dilemma der SPD und die Wiedervereinigung

Das Beharren auf Entscheidungsfreiheit zeigte die Halbheit der sozialdemokratischen Konzeption. Die SPD hätte sich nämlich die Frage stellen müssen, ob denn für die Sowjetunion eine mit voller Entscheidungsfreiheit – gerade für die Frage des internationalen und wiederum besonders des militärischen Status eines wiedervereinigten Deutschland – ausgestattete gesamtdeutsche Regierung annehmbar sein würde; ob die Sowjetunion der Bildung einer solchen gesamtdeutschen Regierung durch freie Wahlen zustimmen würde, ohne *vorher* genau zu wissen, welchen Gebrauch diese Regierung von ihrer Entscheidungsfreiheit machen würde, also zu riskieren, daß das wiedervereinigte Deutschland voll – auch militärisch – in das westliche Vertragssystem eingegliedert werden könnte.

Wenn es der SPD mit der Rücksichtnahme auf die Sowjetunion ernst gewesen sein sollte, dann hätte sie auch konsequent sein und ihrerseits eine Vorwegbindung des wiedervereinigten Deutschland fordern und anbieten müssen, nämlich die Verpflichtung, daß ein wiedervereinigtes Deutschland auf die Teilnahme an bestimmten Vertragsprojekten von vornherein verzichtet. Das Bestehen auf Entscheidungsfreiheit mußte die angedeutete Bereitschaft, den deutschen militärischen Beitrag als Preis anzubieten, fragwürdig und unglaubhaft machen; zu einem solchen Geschäft gehört, daß man den zu entrichtenden Preis vorher verbindlich nennt.

Ganz offensichtlich befand sich die SPD hier in einem Dilemma. Auf der einen Seite erkannte sie die Notwendigkeit einer Rücksichtnahme auf sowjetisches Interesse, daher lehnte sie die von den Westmächten zweifellos beabsichtigte Vorwegbindung eines wiedervereinigten Deutschland ab. Auf der anderen Seite wollte sie nicht auf die Gewährung voller Souveränität und Gleichberechtigung verzichten. Daher forderte sie Entscheidungsfreiheit. Wenn diese aber lediglich formal verstanden wurde, um dem Prinzip der Gleichberechtigung und Souveränität zu entsprechen, dann hätte darin keine Rücksichtnahme auf die Sowjetunion gelegen. Wäre sie mit der Absicht gefordert worden, sie im Sinne des sowjetischen Wunsches nach Bündnisfreiheit Deutschlands zu gebrauchen, dann hätte man besser gleich die Bereitschaft zur Vorwegbindung in der anderen Richtung erklären, sich also in der Frage des internationalen, vor allem militärischen Status, von vornherein auf diese Bündnislosigkeit festlegen sollen. Das wäre konsequent gegenüber der Sowjetunion gewesen, und die SPD hätte dieser Konzeption, also der Bereitschaft zum Geschäft, gewisse Erfolgschancen geben können. Die Erfolgschancen wären allerdings nicht allein von der Sowjetunion abhängig gewesen, sondern ebenso von der Zustimmung der Westmächte zu dieser Konzeption. Zunächst war die sozialdemokratische Konzeption in diesem Dilemma, mit dem Ergebnis der eben geschilderten Halbheit, gefangen.

Immer wieder wurde die Bindung eines wiedervereinigten Deutschland abgelehnt: „Wer heute diese Frage unbedingt entscheiden will, bringt sie auf, weil er offenbar entschlossen ist, die deutsche Einheit nicht zustande kommen zu lassen“ (F. Erler). Aber nicht nur diese vorherige Bindung eines wiedervereinigten Deutschland wurde von der SPD als mit dem Ziel der Wiedervereinigung unvereinbar bezeichnet, auch in der militärischen Westintegration der Bundesrepublik sah sie ein solches Hindernis: „Es ist einfach nicht wahr, daß Militärbündnis nach Westen und deutsche Einheit gleichermaßen erreicht werden können, jedenfalls nicht ohne Krieg. Ist erst mal die Bundesrepublik auf 50 Jahre Bestandteil der westlichen Militärorganisation, dann kann für den gleichen Zeitraum die deutsche Einheit abgeschrieben werden“ (F. Erler). Damit hatte die SPD-Opposition zwar eine eindeutige Reihenfolge postuliert – Bemühungen um die Wiedervereinigung müßten vor jeder Integrationsmaßnahme unternommen werden –, aber der deutsche militärische Beitrag

wurde auch von ihr nicht ausdrücklich als Preis genannt, der bei solchen Wiedervereinigungs-Bemühungen, also Vier-Mächte-Verhandlungen, angeboten werden sollte.
Dabei forderte die SPD eine Wiedervereinigung, die einer Kapitulation der Sowjetunion gleichkommen mußte: „Die deutsche Einheit wird nicht geschaffen, indem man die Unfreiheit des Ostens auf den Westen überträgt. Sie ist nur möglich dadurch, daß man die Freiheit des Westens auch dem Osten gibt." Und das hieß: „Freie Wahlen stehen am Anfang." In diesem Willen zur Befreiung kam erneut die Anschluß-Konzeption zum Ausdruck. Wie ernst es der SPD damit war, erwies sich am Festhalten an freien Wahlen: als erstes und wichtigstes Ziel von Vier-Mächte-Verhandlungen wurde die Prüfung der Frage bezeichnet, ob freie Wahlen möglich seien. Es wurde sogar noch hinzugefügt: „Man hätte sich in der Antwort auf die russische Note darauf beschränken sollen, den Russen zu sagen, daß man mit ihnen in Verhandlungen über freie gesamtdeutsche Wahlen eintreten wolle und daß alle materiellen Fragen in einer zweiten, nach Abhaltung gesamtdeutscher Wahlen einzuberufenden Konferenz erörtert und gelöst werden sollten" (C. Schmid).
Das war wieder nichts anderes als der Anspruch auf sowjetische Kapitulation, ohne vorherige Festlegung des internationalen Status des wiedervereinigten Deutschland, also ohne das klare Angebot einer Gegenleistung für diesen Verzicht.

Aus: Rudolf Hrbek, Die SPD, Deutschland und Europa, Bonn 1972, S. 160 ff.

26. Deutsches Manifest vom 29. 1. 1955

(Verabschiedet in der Frankfurter Paulskirche)

Aus ernster Sorge um die Wiedervereinigung Deutschlands sind wir überzeugt, daß jetzt die Stunde gekommen ist, Volk und Regierung in feierlicher Form zu entschlossenem Widerstand gegen die sich immer stärker abzeichnenden Tendenzen einer endgültigen Zerreißung unseres Volkes aufzurufen.
Die Antwort auf die deutsche Schicksalsfrage der Gegenwart – ob unser Volk in Frieden und Freiheit wiedervereinigt werden kann oder ob es in dem unnatürlichen Zustand der staatlichen Aufspaltung und einer fortschreitenden menschlichen Entfremdung leben muß – hängt heute in erster Linie von der Entscheidung über die Pariser Verträge ab.
Die Aufstellung deutscher Streitkräfte in der Bundesrepublik und in der Sowjetzone muß die Chancen der Wiedervereinigung für unabsehbare Zeit auslöschen und die Spannung zwischen Ost und West verstärken. Eine solche Maßnahme würde die Gewissensnot großer Teile unseres Volkes unerträglich steigern. Das furchtbare Schicksal, daß sich die Geschwister einer Familie in verschiedenen Armeen mit der Waffe in der Hand gegenüberstehen, würde Wirklichkeit werden.
In dieser Stunde muß jede Stimme, die sich frei erheben darf, zu einem unüberhörbaren Warnruf vor dieser Entwicklung werden. Unermeßlich wäre die Verantwortung derer, die die große Gefahr nicht sehen, daß durch die Ratifizierung der Pariser Verträge die Tür zu Viermächteverhandlungen über die Wiederherstellung der Einheit Deutschlands in Freiheit zugeschlagen wird.
Wir appellieren an Bundestag und Bundesregierung, alle nur möglichen Anstrengungen zu machen, damit die vier Besatzungsmächte dem Willen unseres Volkes zur Einheit Rechnung tragen.
Die Verständigung über eine Viermächtevereinbarung zur Wiedervereinigung muß vor der militärischen Blockbildung den Vorrang haben.
Es können und müssen die Bedingungen gefunden werden, die für Deutschland und seine Nachbarn annehmbar sind, um durch Deutschlands Wiedervereinigung das friedliche Zusammenleben der Nationen Europas zu sichern.
Das deutsche Volk hat ein Recht auf seine Wiedervereinigung.

Zit. nach: Europa-Archiv 6 (1955), S. 7350

I/5 Die Pariser Verträge und die Souveränität der Bundesrepublik

Arbeitsthemen

1. *Wieweit stimmen die Lageanalysen von Ollenhauer und Adenauer überein? Wo weichen sie voneinander ab? Was bedeutet dies für ihre methodischen Ansätze in der deutschen Frage? (Nr. 1 a und 1 b)*
2. *Weshalb plädiert Willy Brandt für eine Zurückstellung des Ratifizierungsverfahrens der Pariser Verträge? Womit begründet Franz-Josef Strauß die gegenläufige Formel „zuerst ratifizieren, dann verhandeln"? Mit welchem militärpolitischen Argument stützt Erich Mende die Notwendigkeit des westdeutschen NATO-Beitritts? Welche Erwartung knüpft er an die militärische Patt-Situation zwischen Ost und West? Welchen Aspekt, der bei Brandt und Strauß eine zentrale Rolle spielt, spart der FDP-Sprecher aus? (Nr. 2 a–c)*
3. *Wie definiert der NATO-Vertrag die Funktion dieses Militärbündnisses? In welcher Form sind NATO und Vereinte Nationen verbunden? (Nr. 3)*
4. *Von welchen Intentionen sieht Adenauer – nach Auffassung des Historikers Bruno Bandulet – die amerikanische Politik gegen Deutschland bestimmt? Welche Schlußfolgerungen zieht er daraus für seine eigene Politik? Weshalb fürchtet der Bundeskanzler in den frühen 50er Jahren die Rückkehr zur Konstellation von Potsdam? Inwiefern läßt sich Adenauers Haltung gegenüber der Sowjetunion als Funktion seiner Amerikapolitik interpretieren? Warum konnte eine Neutralisierung der Bundesrepublik für die USA nicht in Frage kommen? Welche beiden Aspekte der amerikanischen Option für die deutsche Wiedervereinigung lassen sich unterscheiden? (Nr. 4)*

Materialien

1. Briefwechsel zwischen Ollenhauer und Adenauer über die Pariser Verträge

a) Brief Ollenhauers vom 23. 1. 1955

Das deutsche Volk steht an einem entscheidenden Punkt in der Geschichte der Nachkriegszeit.

Die Abstimmung der gesetzgebenden Körperschaften der Bundesrepublik über das Pariser Vertragswerk, dessen Kernstück die Aufstellung deutscher Streitkräfte im Rahmen der Westeuropäischen Union und der NATO ist, ist von schicksalsschwerer Bedeutung für die Zukunft des ganzen deutschen Volkes. Die Annahme des Vertragswerkes führt nach unserer Überzeugung zu einer verhängnisvollen Verhärtung der Spaltung Deutschlands.

Der Deutsche Bundestag dagegen hat wiederholt einstimmig beschlossen, die Wiederherstellung der Einheit Deutschlands als die vordringlichste Aufgabe der deutschen Politik zu behandeln.

Die Wiederherstellung der Einheit Deutschlands ist nur möglich auf dem Wege von Verhandlungen zwischen den vier Besatzungsmächten.

Die Haltung der Sowjetunion läßt erkennen, daß nach der Ratifizierung der Pariser Verträge Verhandlungen über die deutsche Einheit nicht mehr möglich sein werden.

Dies bedeutet: Die Bundesrepublik und die sogenannte „Deutsche Demokratische Republik" bleiben gegen den Willen des deutschen Volkes nebeneinander bestehen. Zugleich werden dadurch die Spannungen zwischen West und Ost verschärft, deren schwerste Last vom ganzen deutschen Volk diesseits und jenseits des Eisernen Vorhangs zu tragen wäre.

Diese Lage erfordert nach Auffassung weitester Kreise des deutschen Volkes jede mögliche Anstrengung der Bundesrepublik, eine solche Entwicklung um der Einheit, der Freiheit und des Friedens unseres Volkes willen zu verhindern. Ohne eine solche Anstrengung bleibt im Ausland der Irrtum bestehen, als ob man in Deutschland die Wiedervereinigung in Freiheit nicht als das vordinglichste Ziel betrachtet.

Die deutsche Frage kann nicht allein durch die Regierung der Bundesrepublik gelöst werden. Sie ist auch nicht zu lösen durch Verhandlungen der Bundesregierung mit Pankow.

Die deutsche Einheit kommt weder durch Versprechungen nur des Westens oder nur des Ostens.

Wirklichkeit kann sie nur dadurch werden, daß die Mächte des Westens als auch des Ostens sich über die Einheit in Freiheit einigen und ohne Verzögerung alle praktischen Schritte tun, um diese Einigung in die Tat umzusetzen.
Eine solche Politik entspricht auch der von den Besatzungsmächten selbst übernommenen Verpflichtung, für die Wiederherstellung der deutschen Einheit zu wirken.
Die Sozialdemokratische Partei Deutschlands ist der Überzeugung, daß noch nicht alle Möglichkeiten erschöpft sind, um vor der Ratifizierung der Pariser Verträge endlich einen ernsthaften Versuch zu unternehmen, auf dem Wege von Vier-Mächte-Verhandlungen die Einheit Deutschlands in Freiheit wiederherzustellen. Die Erklärung der Sowjetregierung vom 15. Januar 1955 enthält hinsichtlich der in allen vier Zonen Deutschlands und Berlin durchzuführenden Wahlen Vorschläge, die Verhandlungen über diesen Punkt aussichtsreicher machen als während der Berliner Konferenz im Januar 1954. Die Sowjetunion hat in ihrer Erklärung außerdem zum erstenmal dem Gedanken einer internationalen Kontrolle der Wahlen zugestimmt.
Die Sowjetunion behauptet jetzt also, zu freien und international beaufsichtigten Wahlen bereit zu sein. Ob die Sowjetunion zu diesem Angebot steht und ob mit ihr Vereinbarungen über ein Wahlgesetz getroffen werden können, das in unserem Sinne freiheitlich ist, darf nicht vorweg beurteilt, sondern kann nur in Verhandlungen selbst geklärt werden. Man muß die Sowjetunion jetzt beim Wort nehmen.
Man hat es 1952 versäumt, die Ernsthaftigkeit der damaligen Angebote der Sowjetunion zu erproben. Uns jetzt der gleichen Unterlassung schuldig zu machen, würde vor dem deutschen Volk nicht verantwortet werden können …

b) Antwortschreiben Adenauers vom 25. 1. 1955

…

Ich brauche nicht besonders zu betonen, daß der Bundesregierung ebenso wie allen Schichten und Ständen des deutschen Volkes die Wiedervereinigung Deutschlands in Frieden und Freiheit das vordringlichste Ziel ist. Ich bin überzeugt, daß, wenn beide Teile Deutschlands frei in ihrem Handeln wären, diese Vereinigung sich in kürzester Zeit und ohne jede Schwierigkeit vollziehen würde. Aber wir sind nicht frei. Unser Land ist als Folge des verlorenen Krieges von vier Mächten besetzt. Wir müssen, wenn wir richtig handeln wollen, vor allem unsere eigene Lage richtig beurteilen. Wie Sie in Ihrem Brief richtig schreiben, kann die Wiedervereinigung nur durch die Einigung der vier Besatzungsmächte erfolgen. Es genügt nicht, sich mit der Sowjetunion zu einigen; wir brauchen auch die Zustimmung der drei Westmächte, um zu einem befriedigenden Ergebnis zu kommen. Es ist in dem Pariser Vertragswerk gelungen, die drei Westmächte für eine Form der Wiederherstellung der deutschen Einheit zu gewinnen, die unseren Auffassungen entspricht, nämlich für eine Wiedervereinigung in Frieden und Freiheit. Allerdings ist die Verpflichtung der Westmächte, gemeinsam mit uns die Wiedervereinigung in Frieden und Freiheit herbeizuführen, nicht bedingungslos eingegangen worden; sie ist an die Ratifizierung der Pariser Verträge geknüpft. Es kommt jetzt darauf an, die Sowjetunion zu einer Änderung ihrer bisher völlig negativen Haltung in der deutschen Frage zu bewegen.
Ihre Auffassung, daß man es 1952 versäumt habe, die Ernsthaftigkeit des sowjetischen Angebotes zu erproben, ist nicht zutreffend. Dieses sowjetische Angebot wurde von den Westmächten im Einvernehmen mit uns sorgfältig geprüft und mit Gegenvorschlägen beantwortet; die Sowjetunion brach jedoch im September 1952 den Notenwechsel mit den Westmächten ab …
Die Sowjetregierung hat in der nicht an die drei Westmächte gerichteten, sondern gegenüber der Presse abgegebenen Erklärung vom 15. Januar nur gesagt, daß sie unter gewissen Bedingungen zu Verhandlungen über freie Wahlen bereit sei. Dabei fällt auf, daß im russischen Text nicht das Wort „Kontrolle" für diese Wahlen gebraucht wird, sondern, obwohl dieses eindeutige Wort Kontrolle in der russischen Sprache existiert, ein weniger präzises Wort, das auch im Sinne von „Beobachtung" verstanden werden kann. Über unsere anderen Verlangen hat sie entweder geschwiegen oder

zu erkennen gegeben, daß sie bis auf weiteres das Nebeneinanderbestehen der Bundesrepublik und der „DDR“ anstrebt. ...
Die Sowjetunion hat bisher unserem Programm der Wiedervereinigung nicht zugestimmt. Im Gegenteil, sie hält offenbar, wie ihr Verlangen der Bündnislosigkeit des zukünftigen Deutschlands zeigt, an ihrer für uns unannehmbaren bisherigen Konzeption des zukünftigen Status Deutschlands fest. Die drei Westmächte haben sich zwar verpflichtet, für den von uns, d. i. dem Bundestage, immer wieder geforderten Status einzutreten, aber unter der Bedingung der Ratifizierung der bisher noch nicht von allen in Frage kommenden Staaten ratifizierten Verträge.
Dazu kommt, daß die Westmächte es aus berechtigten Gründen ablehnen, zur Zeit, d. i. vor der Ratifizierung der Pariser Verträge, eine Viererkonferenz vorzuschlagen, daß sie aber nach der Ratifizierung dazu bereit sind. Wenn wir jetzt trotzdem die drei Westmächte ersuchen, an die Sowjetunion heranzutreten, werden diese das Ersuchen unter Hinweis auf ihre von Sowjetrußland nicht beantwortete Note vom 29. November 1954 ablehnen. Wir laufen dann Gefahr, daß die Ratifizierung der Pariser Verträge nicht erfolgt, daß also die Verpflichtung der drei Westmächte, mit uns zusammen die Wiedervereinigung in Frieden und Freiheit zu betreiben, nicht zustande kommt, daß andererseits die Sowjetunion ebenfalls keine solche Verpflichtung übernimmt, kurz, daß sich Deutschland, wie so oft in den letzten Jahrzehnten, ohne Freunde zwischen sämtliche Stühle gesetzt hat. Wir bleiben dann im Zustand der Unfreiheit, bis sich die vier Siegermächte geeinigt haben. Unsere Wirtschaft, die auf Ein- und Ausfuhr angewiesen ist, erhält dann einen vernichtenden, alle Volksschichten treffenden Schlag, da sie auf dem Vertrauen der anderen Länder in die Stetigkeit unserer politischen Entwicklung beruht.
Über alles, was die Sowjetunion in den letzten Tagen und Wochen zur deutschen Frage geäußert hat, läßt sich nach der Ratifizierung genau so gut verhandeln wie vorher. Natürlich kommt es darauf an zu erforschen, ob die Sowjetunion durch internationale Verhandlungen auf dem Gebiete der Sicherheit und des Handels bewogen werden kann, der Wiedervereinigung Deutschlands in Freiheit zuzustimmen. Eine derartige Bereinigung der politischen Verhältnisse in Europa würde auch der Sowjetunion erhebliche Vorteile bringen. Ich bin zuversichtlich, daß es uns im Verein mit den Westmächten gelingen wird, die sowjetische Führung von unseren und der Westmächte friedlichen und konstruktiven Absichten zu überzeugen, so daß sie auch nach der Ratifizierung der Pariser Abkommen zu aussichtsreichen Verhandlungen bereit ist.

Zit. nach: Konrad Adenauer, Erinnerungen, Bd. II (1953–1955), a.a.O., S. 413 ff.

2. Die Pariser Verträge in der Parlamentsdebatte vom 24. 2. und 26. 2. 1955

a) Willy Brandt (SPD) als Hauptberichterstatter des Auswärtigen Ausschusses

Hauptgegenstand der politischen Erörterungen gerade auch zu diesem Teil des Vertragswerks war jedoch ..., wie die etwaige Wiederbewaffnung der Bundesrepublik auf das Ringen um die Wiedervereinigung einwirken würde und ob die Wiederbewaffnung mit einer erfolgversprechenden Politik der Wiedervereinigung Deutschlands zu vereinbaren sei. Die Mehrheit des Auswärtigen Ausschusses hat es als einen großen Vorteil und Fortschritt bezeichnet, daß sich alle 14 NATO-Mächte für die Wiedervereinigung Deutschlands ausgesprochen und zur Mitwirkung an ihrer Erreichung verpflichtet haben, daß sie die Bundesregierung als Sprecher des deutschen Volkes anerkennen – wie die drei Westmächte es zuvor schon getan haben – während andererseits die Bundesregierung bekundet hat, daß sie zur Erreichung dieses Ziels der Wiedervereinigung, worüber im Ausschuß keine Meinungsverschiedenheiten herrschten, keine Gewalt anwenden wolle.
Die Mehrheit argumentierte weiter, die Bundesrepublik müsse aus dem Objektzustand herauskommen, in dem sie sich völkerrechtlich noch immer befinde. Die westliche Seite in der weltpolitischen Auseinandersetzung müsse – wie ich es auch einleitend schon erwähnte – durch deutsche Mitwirkung stärker werden, um zu Verhandlungen mit der sowjetischen Großmacht unter annehmbaren Bedingungen gelangen zu können. Der Bundeskanzler hat sich für solche Verhandlun-

gen nach der Ratifizierung und nach sorgfältiger diplomatischer Vorbereitung ausgesprochen. Er hat sich auch für die Aufnahme diplomatischer Beziehungen zwischen der Bundesrepublik und der Regierung der Sowjetunion ausgesprochen. Im übrigen meint die Mehrheit des Auswärtigen Ausschusses, eine unzumutbare Beeinträchtigung der deutschen Bewegungsfreiheit im Hinblick auf die Wiedervereinigung werde durch die Verträge nicht eintreten. Über andere Erwägungen hinaus gelte der völkerrechtliche Grundsatz, daß eine grundlegende Veränderung der Verhältnisse, wie etwa im Falle der Wiedervereinigung, zu einer Revision von Verträgen dieser Art, von Verträgen überhaupt, berechtige.

Die Minderheit hat andererseits bekanntlich die Forderung vertreten, daß noch vor der Ratifizierung dieses Vertragswerks und gerade seines militärischen Teils auf der Ebene der vier Mächte, die 1945 gemeinsam über Deutschland die Kontrolle übernommen haben, verhandelt werden müßte, daß jedenfalls ernsthaft sondiert werden sollte, ob sich gegenüber früher günstigere Bedingungen für die Verwirklichung einer Politik mit Sicht auf die deutsche Einheit entwickelt haben sollten. Die Minderheit hat der Befürchtung Ausdruck gegeben, daß solche Verhandlungen sonst unmöglich gemacht oder an die Voraussetzung einer Aufrechterhaltung des Status quo gebunden werden könnten.

b) Franz-Josef Strauß (CDU/CSU)

Mit Ihrer Vorstellung, meine Damen und Herren von der SPD, daß vier Besatzungsmächte über die Zusammenlegung ihrer vier Besatzungszonen verhandeln sollen, kommen wir doch leider zu der Ausgangslage der Konferenz von Potsdam zurück. Herr Molotow hat sich in seiner letzten Rede auf die Rechte und Verpflichtungen der Sowjetunion aus den Abkommen von Jalta und Potsdam berufen. Sie müssen uns doch zugestehen, daß dank den Pariser Verträgen wir die Garantie haben, daß kein Weg mehr zu Jalta und Potsdam jemals zurückführen wird ...

Die Ablehnung der Pariser Verträge rückt jedenfalls die Wiedervereinigung Deutschlands in Frieden und Freiheit in den Bereich der politischen Unmöglichkeit. Damit ist nicht gesagt, daß die Annahme der Pariser Verträge uns in einer genau festzulegenden Zeit die Wiedervereinigung schenkt. Aber die Annahme der Pariser Verträge bringt die solidarische Verpflichtung der Westmächte, die deutsche Wiedervereinigung zu unterstützen. Sie bringt die Souveränität der Bundesrepublik, und sie bringt die Ausgangsgrundlage für eine Konferenz mit der Sowjetunion, bei der der Westen weder gespalten noch seine Völker mehr gegeneinander ausgespielt werden können, noch die Bundesrepublik Deutschland als Objekt fremder Politik mißbraucht werden kann.

Gegen unsere Forderung: Zuerst ratifizieren, dann verhandeln! bringen Sie, meine Damen und Herren von der SPD, als hauptsächlichen Vorwand die Behauptung, daß die Sowjetunion nach der Ratifizierung nicht mehr bereit sei, sich überhaupt auf Verhandlungen einzulassen. Ohne Zweifel gibt es eine Reihe von Erklärungen der sowjetischen und der sowjetzonalen Machthaber, daß die Ratifizierung der Pariser Verträge, auch die bedingte Ratifizierung der Pariser Verträge, die Wiedervereinigung Deutschlands außerordentlich erschweren und Verhandlungen darüber auf unabsehbare Zeit unmöglich machen würde. Wir meinen aber, daß Sie nicht an die absolute Stichhaltigkeit solcher sowjetischer Erklärungen etwa im Sinne biblischer Wahrheiten glauben sollten. Wenn Sie dieselbe Glaubensfähigkeit auch gegenüber allen Erklärungen des Herrn Bundeskanzlers aufbringen würden, wären wir sehr zufrieden.

Was verleitet Sie, meine Damen und Herren von der SPD, diese sowjetischen Behauptungen für bare Münze zu nehmen? Die Sowjets haben schon viel erklärt, was sie später nicht gehalten haben. Natürlich haben die Sowjets und ihre deutschen Gerichtsvollzieher in der Sowjetzone ein lebenswichtiges Interesse daran, das Zustandekommen der Pariser Verträge zu verhindern, sicherlich nicht deshalb, weil sie einen Angriff der deutschen Militaristen mit amerikanischer Hilfe befürchten, sondern deshalb, weil das Zustandekommen der Pariser Verträge einen schweren Rückschlag der Sowjetpolitik und eine echte Niederlage im Kalten Krieg bedeuten würde ...

Wir wissen, worum es in dieser Stunde geht. Wir sind uns mit der Opposition einig über das Ziel: die Wiedervereinigung. Wir sind uns mit ihr einig in der Erkenntnis, daß darüber Verhandlungen mit der Sowjetunion geführt werden müssen. Wir unterscheiden uns aber dadurch, daß wir erstens das Sicherheitsbündnis mit den Westmächten und die Souveränität der Bundesrepublik vor diesen Verhandlungen durchsetzen wollen, zweitens, daß wir die Neutralisierung eines wiedervereinigten Deutschlands als Übergangszustand zur Bolschewisierung ablehnen müssen.

Zit. nach: Verhandlungen des Deutschen Bundestages. Stenographische Berichte. 2. Wahlperiode, 69. Sitzung, S. 3527 und 3578 ff.

c) Erich Mende (FDP)

Herr Kollege Erler hat die Frage aufgeworfen, ob nicht die Explosion der zwei Wasserstoffbomben die klassischen Waffen schlechthin überflüssig gemacht habe. Sind deutsche Divisionen durch die Atombomben nicht nebensächlich, überhaupt überflüssig? Wenn dem so wäre, dann wunderte es mich, warum die Sowjetunion ihre klassischen Divisionen bei sich selbst in der Roten Armee und bei den Satellitenstaaten weiter ausbaut und aufrüstet. Es kann also nicht so sein, daß die Wasserstoffbombe die alte klassische Bewaffnung überflüssig gemacht hat ...

Als Sie jetzt den Zwischenruf „Witwen" machten, da kam mir wieder einmal zum Bewußtsein, welch falsche Alternativen und welch terrible Simplifikation doch immer wieder möglich sind. Wir sprechen hier über militärpolitische Fragen. Daß wir alle nicht wollen, daß unsere Überlegung eines Tages Realität werde, daß wir alle weder die erste Schlacht ostwärts der Weichsel noch die letzte westlich der Pyrenäen schlagen wollen, das dürfte doch Überzeugung des gesamten deutschen Volkes sein, und darüber braucht man gar nicht zu streiten. Aber an wem liegt es denn, ob sie geschlagen wird oder nicht? Am wenigsten an uns, am ehesten an der Entscheidung in Moskau und in Washington. Ich frage Sie: Wann haben wir wohl eher die Chance, mit beizutragen, wenn wir uns außerhalb aller Institutionen halten oder wenn wir im Atlantischen Rat, jenem höchsten politischen Gremium, auch unsere Stimme erheben und unsere Sorgen ebenso zum Ausdruck bringen können, wie es England in der Vergangenheit in ähnlichen Situationen getan hat?

Wer nicht dabei ist, hat keine Chance, mitzubestimmen. Und ich sehe daher gerade im Beitritt zum NATO-Pakt, in der Mitbestimmung im Atlantikrat die größte Chance, zu verhindern, daß es neue Witwen gibt ...

Wir sind dagegen der Meinung, daß der Friede dann am ehesten gesichert ist, wenn man nicht „Ohne mich" sagt, sondern wenn man die Bereitschaft zu erkennen gibt, selbst unter den gegenwärtigen leider nicht günstigen Umständen seinerseits zur Erstarkung der freien Welt beizutragen. Wir glauben – ich wiederhole es –, daß der Friede am ehesten gesichert ist, wenn dem einen gewaltigen Machtkomplex politischer und militärischer Art eine ebenso große Geschlossenheit politischer und militärischer Art der freien Welt gegenübersteht, so daß keiner von beiden in die Versuchung kommen könnte, einen risikolosen Angriff zu wagen.

Natürlich liegt in der zukünftigen Entwicklung noch manche Chance zu neuen Konstruktionen. Für mich sind die Verträge auch nicht der Weisheit letzter Schluß, ebensowenig für meine Kollegen. Die Frage der Wiederbewaffnung ist für uns ein großes psychologisches und materielles Opfer. Sie haben mir eben vorgeworfen, wir hätten 1949 anders geurteilt. Nein, 1949 hat das gesamte Haus eine Wiederbewaffnung abgelehnt. Auch ich habe mich in der Öffentlichkeit geäußert. Es kommt nach den Erfahrungen, nach den Verlusten, nach den Katastrophen des Zweiten Weltkrieges psychologisch die Frage der Wiederbewaffnung viel zu früh, 10 Jahre zu früh an uns heran. Um so größer ist das Opfer, um so größer ist die Überwindung, zu der wir uns durchringen müssen. Aber ich sehe keine andere Möglichkeit, den Weltfrieden zu erhalten. Ich glaube auch nicht, daß wir so tun können, als wenn Deutschland inmitten jenes brandenden Meeres der Spannungen eine ruhige Insel sein könnte.

Zit. nach: Verhandlungen des Deutschen Bundestages. Stenographische Berichte. 2. Wahlperiode, 71. Sitzung, S. 3578 f. bzw. 3758 f.

3. Der Nordatlantik-Pakt vom 4. 4. 1949

Die vertragschließenden Staaten bekräftigen ihren Glauben an die Ziele und Grundsätze der Satzung der Vereinten Nationen und ihren Wunsch, mit allen Völkern und allen Regierungen in Frieden zu leben.
Sie sind entschlossen, die Freiheit, das gemeinsame Erbe und die Zivilisation ihrer Völker, die auf den Grundsätzen der Demokratie, der Freiheit der Person und der Herrschaft des Rechts beruhen, zu gewährleisten.
Sie sind bestrebt, die innere Festigkeit und das Wohlergehen im nordatlantischen Gebiet zu fördern.
Sie sind entschlossen, ihre Bemühungen für die gemeinsame Verteidigung und für die Erhaltung des Friedens und der Sicherheit zu vereinigen.
Sie schließen daher diesen Nordatlantikpakt.

Artikel 1

Die vertragschließenden Staaten verpflichten sich, in Übereinstimmung mit der Satzung der Vereinten Nationen jeden internationalen Streitfall, an dem sie beteiligt sein mögen, auf friedlichem Wege so zu regeln, daß der internationale Friede, die Sicherheit und die Gerechtigkeit nicht gefährdet werden, und sich in ihren internationalen Beziehungen jeder Gewaltandrohung oder Gewaltanwendung zu enthalten, die mit den Zielen der Vereinten Nationen nicht vereinbar ist.
...

Artikel 5

Die vertragschließenden Staaten sind sich darüber einig, daß ein bewaffneter Angriff gegen einen oder mehrere von ihnen in Europa oder Nordamerika als ein Angriff gegen sie alle angesehen werden wird; sie vereinbaren daher, daß im Falle eines solchen bewaffneten Angriffs jeder von ihnen in Ausübung des in Artikel 51 der Satzung der Vereinten Nationen anerkannten Rechts der individuellen oder kollektiven Selbstverteidigung dem Vertragsstaat oder den Vertragsstaaten, die angegriffen werden, Beistand leistet, indem jeder von ihnen unverzüglich für sich und im Zusammenwirken mit den anderen Vertragsstaaten die Maßnahmen, einschließlich der Anwendung von Waffengewalt, trifft, die er für erforderlich erachtet, um die Sicherheit des nordatlantischen Gebiets wiederherzustellen und zu erhalten.
Von jedem bewaffneten Angriff und allen daraufhin getroffenen Gegenmaßnahmen ist unverzüglich dem Sicherheitsrat Mitteilung zu machen. Die Maßnahmen sind einzustellen, sobald der Sicherheitsrat diejenigen Schritte unternommen hat, die notwendig sind, um den internationalen Frieden und die internationale Sicherheit wiederherzustellen und zu erhalten.

Artikel 6

Im Sinne des Artikels 5 gilt als bewaffneter Angriff auf einen oder mehrere Vertragsstaaten jeder bewaffnete Angriff auf das Gebiet irgendeines dieser Staaten in Europa oder Nordamerika, auf die algerischen Departements Frankreichs, auf die Besatzungsstreitkräfte eines Vertragsstaates in Europa, auf die der Gebietshoheit eines Vertragsstaates unterstehenden Inseln im nordatlantischen Gebiet nördlich des Wendekreises des Krebses oder auf die Schiffe oder Flugzeuge eines Vertragsstaates in diesem Gebiet.
...

Zit. nach: Johannes Hohlfeld (Hrsg.), Dokumente der Deutschen Politik und Geschichte, Bd. 6, a. a. O., S. 283 f.

4. Adenauer, die USA und die deutsche Wiedervereinigung

Der Ansatzpunkt für die deutsche Politik lag nach Ansicht Adenauers darin, daß für die von den USA angestrebte Stabilisierung Westeuropas Deutschland „unentbehrlich" war. Gleichzeitig galt: „Ein Land in Fesseln ist kein guter, vollwertiger Partner. Meines Erachtens werden unsere Fesseln daher allmählich fortfallen."

Selbstverständlich war es Adenauer klar, daß der amerikanischen Politik dabei keine altruistischen Motive zugrunde lagen. Die amerikanische Politik würde sich nur deswegen positiv für Deutschland auswirken, weil es „im Interesse der Vereinigten Staaten" lag, „daß Deutschland wieder stark würde".

Aus seiner Einschätzung der amerikanischen Interessenlage zog Adenauer freilich nicht den Schluß, daß sich die Bundesrepublik damit begnügen könne, passiv die Entwicklung der Dinge abzuwarten. Im Gegenteil war es seine Absicht, durch erhöhte deutsche Aktivität auf die amerikanische Politik positiv einzuwirken. Er hielt es für einen Fehler, davon auszugehen: „Amerika ist auf uns angewiesen; wir können warten!" Adenauer glaubte wohl nicht ernsthaft an einen wieder auflebenden amerikanischen Isolationismus, vor dem er in vereinfachender Weise für den Fall warnte, daß Europa und die Bundesrepublik zu wenig an eigenen Anstrengungen unternähmen. Vielmehr gingen seine Bedenken, wie er mehrfach präzisierte, dahin, die USA würden Westeuropa nicht an der Elbe, sondern am Rhein verteidigen, wodurch „das ganze deutsche Gebiet zwischen Rhein und dem Eisernen Vorhang für den Fall eines Krieges Kriegsschauplatz wäre" ...

Adenauer blieb stets von einem latenten Mißtrauen gegen die amerikanische Politik erfüllt. Es richtete sich sowohl gegen die Beständigkeit ihrer Zielsetzung wie gegen ihr taktisches Vermögen. Vieles deutet darauf hin, daß er die politischen Fähigkeiten der amerikanischen Führung nicht allzu hoch einschätzte (jedenfalls nicht so hoch wie die der sowjetischen Regierung); teilweise fehlte ihm auch das Einfühlungsvermögen in den amerikanischen politischen Prozeß mit seinen Besonderheiten. Dulles schätzte er gerade deswegen so hoch ein, weil er in seinen Augen – anders als Eisenhower – Strategie und Taktik der Politik beherrschte.

Die deutschen und amerikanischen Interessen waren nicht von vorneherein identisch. Es konnte sich nach Adenauers Ansicht nur darum handeln, die amerikanische Politik zu beeinflussen, wo es möglich war, und sich ihr dort anzupassen, wo sie einer Einwirkung von deutscher Seite unzugänglich blieb. Insbesondere hatten seiner Meinung nach die USA nicht die „geringste Absicht", die Entstehung eines neutralen, bewaffneten Gesamtdeutschland zuzulassen. Wirklichkeitssinn in der deutschen Außenpolitik zeige sich darin, „daß man von einer gegebenen Weltlage ausgeht und dann darin den besten Platz für Deutschland sucht".

Diese Formulierung deutet darauf hin, daß die ideologische Bindung an den Westen die weitgehende Ausrichtung der deutschen Politik auf die USA nicht hinreichend erklärt. Die gemeinsamen christlich-humanistischen Wertvorstellungen waren gewiß eine wichtige Stütze für die politische Zusammenarbeit. Mußte jedoch nicht ein auch für Deutschland vorteilhafter Prozeß des Gebens und Nehmens hinzukommen? ...

Solange die Bundesrepublik noch nicht souverän war, bestand nach Ansicht Adenauers die latente Gefahr, daß die Westmächte doch auf die sowjetischen Appelle, zur Konstellation von Potsdam zurückzukehren, eingehen würden. Das deutsche Mißtrauen richtete sich somit zwar in erster Linie gegen die Sowjetunion, weil sie die treibende Kraft für eine Wiederherstellung der Vier-Mächte-Kontrolle über Deutschland war, aber zugleich auch gegen die Westmächte, von deren Haltung Erfolg oder Mißerfolg der Moskauer Bestrebungen ganz abhing.

In dieser Negativhaltung, in dem Bestreben, die sowjetischen Pläne zu vereiteln, liegt vielleicht die tiefste Begründung für Adenauers Politik bis 1955. In dem vielzitierten Interview mit Ernst Friedlaender vom 11. Juni 1953 gab er die bislang zugleich knappste und umfassendste Erklärung für seine Politik:

„Bismarck hat von seinem Alpdruck der Koalitionen gegen Deutschland gesprochen. Ich habe auch meinen Alpdruck: Er heißt: Potsdam. Die Gefahr einer gemeinsamen Politik der Großmächte zu Lasten Deutschlands besteht seit 1945 und hat auch nach Gründung der Bundesrepublik weiter bestanden. Die Außenpolitik der Bundesrepublik war von jeher darauf gerichtet, aus dieser Gefahrenzone herauszukommen. Denn Deutschland darf nicht zwischen die Mühlsteine geraten, dann ist es verloren."

Somit ist Adenauers Politik gegenüber der Sowjetunion nur aus seiner Amerikapolitik heraus zu verstehen, und umgekehrt: Die deutsche Politik befand sich im Spannungsfeld der amerikanischen

und der sowjetischen Politik. Weil die Sowjetunion Ziele anstrebte, die nach Meinung Adenauers mit den deutschen Lebensrechten unvereinbar waren, mußte Deutschland zwangsläufig Unterstützung bei der Macht suchen, mit der die Sowjetunion in Gegensatz geraten war. Die Anlehnung an die USA wiederum hatte eine noch schroffere Haltung gegenüber der UdSSR zur Folge, weil jeder Anschein, daß Bonn einen Ausgleich mit Moskau (d.h. auf Kosten Washingtons) suchte, das lebenswichtige Bündnis mit den USA gefährdet hätte. Die Politik der Sowjetunion war für Adenauer der wichtigste Grund, das Bündnis mit den USA zu suchen ...
Dulles hatte die Rolle Deutschlands aus amerikanischer Sicht bereits vor seinem Amtsantritt so definiert:
„Ein wieder zum Leben erwecktes Deutschland kann auch ein großer Vorteil für den Westen sein. Indem es Ostdeutschland in seinen Bann zieht, kann der Westen eine vorgeschobene strategische Position in Mitteleuropa gewinnen, die die sowjetisch-kommunistischen militärischen und politischen Positionen in Polen, der Tschechoslowakei, Ungarn und anderen benachbarten Ländern, untergräbt."
Es lag in der Logik dieser Konzeption, daß die USA eine Neutralisierung der Bundesrepublik oder Gesamtdeutschlands nicht in Erwägung ziehen konnten, da dadurch der westliche Einflußbereich zurückgedrängt statt ausgedehnt worden wäre. So trafen verschiedene Überlegungen zusammen, die nach amerikanischer Ansicht gegen ein neutrales Deutschland sprachen: die Politik des Zurückdrängens; die Integration Westeuropas, an der den USA aus verschiedenen Gründen gelegen war; der Aufbau einer wirksamen westeuropäischen Verteidigung.
Auf den letztgenannten Aspekt hatte auch Lyndon B. Johnson, der Vorsitzende der demokratischen Fraktion im Senat, am 27. 8. 1953 mit Nachdruck hingewiesen: „Das deutsche Volk steht im Herzen Europas als der einigende Faktor, der eine kontinentale Verteidigung um sich bilden kann. Ohne Deutschland kann keine wirksame Verteidigung gegen den Kommunismus aufgebaut werden." Die amerikanische Deutschlandpolitik war von beiden Parteien getragen („bipartisan policy").
... Ein weiteres Argument gegen die Neutralisierung Deutschlands war negativer Art und rührte von der Rolle her, die Deutschland bis 1945 in Europa gespielt hatte: die USA sahen in einem neutralen Deutschland eine Gefahr für die Sicherheit Europas. Im Senatskomitee für Auswärtige Beziehungen führte Dulles am 6. Juni 1955 aus: „Ich denke, es ist sehr wichtig, daß ein wiedervereinigtes Deutschland in den Westen integriert ist ... Ich glaube, daß ein in einer Position der Neutralität gelassenes Deutschland – oder einige Leute nennen es Disengagement im Zentrum Europas – unter der fast unwiderstehlichen Versuchung stünde, die eine Seite gegen die andere auszuspielen, und daß das eine sehr gefährliche Situation wäre, gefährlich für den Westen, gefährlich für die Sowjetunion und gefährlich für die Deutschen selbst ..."
... Die USA empfanden eine mögliche eigenständige Politik Bonns gegenüber der Sowjetunion stets als unmittelbare Gefahr für ihre Interessen in Europa. Die Konsequenzen waren für Dulles klar: „Nie zuvor hatte ein so zahlreiches (zwischen 65 und 70 Millionen) und potentiell so mächtiges Volk eine so einzigartige Gelegenheit, zwischen zwei entgegengesetzten Gruppen zu handeln. Wenn die Deutschen sich wieder wie im Herbst 1939 mit dem Sowjetkommunismus verbänden, würde diese Kombination Europa hinwegfegen. Der Sieg einer sowjetisch-deutschen Allianz wäre so sicher, daß es in der Tat zweifelhaft ist, ob es irgendeinen organisierten Widerstand gäbe."
Derartige Gefahren ließen sich nur dadurch bannen, daß die Bundesrepublik eng an die USA gebunden und ihrer Politik ein Rahmen vorgeschrieben wurde, innerhalb dessen sie sich zu bewegen hatte ...
Bei der Herausbildung des besonderen Verhältnisses zwischen Deutschland und den USA wurde der deutsche Verzicht auf Wahlfreiheit zwischen dem westlichen Lager und der Sowjetunion zweifelsohne als Zugeständnis angesehen, dem eine westliche bzw. amerikanische Gegenkonzession zu entsprechen habe. Das Prinzip des „do ut des" bildet den Kern der Pariser Verträge. „Die Bindung Deutschlands an den Westen war nur unter einer Voraussetzung möglich, und Adenauer konnte seine prowestliche Politik nur unter einer Bedingung durchbringen: Der Westen mußte bereit sein, die Wiedervereinigung Deutschlands mit allen ihm verfügbaren Mitteln zu fördern ... Der heikle

Punkt bei diesem Handel war, daß die Deutschen westliche Interessen nur verteidigen würden, wenn der Westen deutsche Interessen verteidigt" (John Mander). Die Festlegung der USA als der maßgebenden Macht auf das Ziel der Wiedervereinigung Deutschlands hatte zwei Aspekte, den einer statischen und den einer dynamischen Politik.
Der statische Aspekt bestand darin, die DDR nicht als Staat anzuerkennen und die Bonner Theorie zu übernehmen, wonach es nur einen deutschen Staat und nur eine rechtmäßige deutsche Regierung gibt. In der Londoner Schlußakte vom 3. Oktober 1954 erklären die drei Westmächte, „daß sie die Regierung der Bundesrepublik Deutschland als die einzige deutsche Regierung betrachten, die frei und rechtmäßig gebildet und daher berechtigt ist, für Deutschland als Vertreter des deutschen Volkes in internationalen Angelegenheiten zu sprechen".
Auf der Grundlage dieses Prinzips versprachen die Westmächte, eine friedensvertragliche Regelung für ganz Deutschland zu einem „wesentlichen Ziel" der gemeinsamen Politik mit der Bundesrepublik zu machen. In der politischen Praxis nahm diese Zielsetzung die konkrete Form eines Junktims zwischen Wiedervereinigung und Abrüstung an. Dieses Junktim wurde zwar von den USA mit wechselndem und im Laufe der Jahre abnehmendem Nachdruck vertreten, das Maximalprogramm Bonns, nach dem die Wiedervereinigung Priorität vor Abrüstungsmaßnahmen haben müsse, war jedoch nie wirklicher Bestandteil der amerikanischen Politik.

Aus: Bruno Bandulet, Adenauer zwischen West und Ost. Alternativen der deutschen Außenpolitik von 1952 bis 1963, München 1970, S. 34 f.; 38 ff.; 55 f.; 90 f.

I/6 Das Saarproblem und seine Lösung

Arbeitsthemen

1. *Welchem übergreifenden Ziel ordnet Adenauer die Lösung der Saarfrage unter? Was will Carlo Schmid mit der Formel von der „neuen Irredenta im Westen" und dem Verweis auf den Freistaat Danzig andeuten? Weshalb kritisiert er den Beitritt des Saarlandes zum Europarat? (Nr. 1 a und 1 b)*
2. *Auf welche Entschärfung des Saarproblems hatten sich die Bundesrepublik und Frankreich im Rahmen der Pariser Verträge verständigt? Was bedeutete das deutsch-französische Statut für das Parteiensystem im Saarland? Welche Reaktion auf das Referendum an der Saar ließ die Erklärung des französischen Außenministeriums vom gleichen Tag erkennen (Nr. 2 a und 2 b)*
3. *Welche Umstände hatten in den Jahren 1954/55 eine prodeutsche Veränderung des Meinungsklimas im Saarland bewirkt? Weshalb plädierte Adenauer dennoch für die Zustimmung zum Saar-Statut? Inwiefern wurde die französische Haltung gegenüber dem Ergebnis der Volksabstimmung als „Wunder an der Saar" empfunden? Warum konnte die Saar-Lösung nicht als Modell für die deutsche Frage dienen? (Nr. 3)*

Materialien

1. Kontroverse Positionen in der Saarfrage

a) Rede Adenauers im Bundestag vom 30. 5. 1951

In der Saarfrage hat sich in der letzten Zeit einiges ereignet, was die Bundesregierung zwingt, zu dem gesamten Problem der Saar erneut Stellung zu nehmen. Zu den Tatsachen, die neuerdings eingetreten sind, gehören das Verbot der Einreise von Bundestagsabgeordneten ins Saargebiet, das Verbot der Demokratischen Partei im Saargebiet und endlich der Brief, den der französische

Außenminister Herr Schuman am 9. Mai 1951 an den Ministerpräsidenten Hoffmann gerichtet hat.[1])

Der Deutsche Bundestag hat sich zuletzt am 10. März 1950 eingehend mit der Saar befaßt. Die Ausführungen, die ich damals machte, faßte ich in folgenden Punkten zusammen: „Die endgültige Regelung der Verhältnisse an der Saar muß in einem mit uns, d.h. mit der Bundesrepublik zu schließenden Friedensvertrag erfolgen. Daraus ergibt sich, daß vor Abschluß eines Friedensvertrages an der Saar keine Verhältnisse geschaffen werden dürfen, deren Änderung durch den Friedensvertrag nicht mehr möglich ist.

Wir haben den dringenden Wunsch, daß an der Saar die Grundsätze der Freiheit und der Demokratie verwirklicht werden. Wir wünschen eine Regelung der Saarfrage, die den Interessen aller beteiligten Staaten einschließlich Frankreichs und auch des Saargebiets gerecht wird."

Ich habe aber damals keinen Zweifel darüber gelassen, daß die Saarfrage unter keinen Umständen zu einer Störung der Bemühungen, zwischen Deutschland und Frankreich gute Beziehungen herzustellen, und damit zu einer Erschwerung des Aufbaues von Westeuropa führen dürfte.

An diesen Grundsätzen hat sich für mich nichts geändert, insbesondere auch nicht an dem letzten Grundsatz. So unangenehm und so störend die von mir eingangs erwähnten Vorfälle sind, so sind sie doch letzten Endes zeit- und personenbedingt; sie geben aber keine Veranlassung, von der Linie der für Deutschland, Frankreich, Europa und den Weltfrieden entscheidenden Politik der Integration Europas und der Herstellung eines guten Einvernehmens zwischen Frankreich und Deutschland, das die Grundlage dieser Integration Europas ist, abzugehen. Es sei mir aber gestattet, hier dem dringenden und lebhaften Wunsche Ausdruck zu geben, daß die Weltlage und die Erfordernisse unserer Zeit, die für alle Völker gelten, in Paris das gleiche Verständnis, die gleiche Würdigung finden wie bei uns, auch gegenüber bagatellhaften Querelen aus Saarbrücken.

b) Stellungnahme Carlo Schmids (SPD) vom 30. 5. 1951

Es steht doch fest – und hier nützt doch kein Versuch, über die Tatsachen hinwegzublicken –: trotz Europa-Politik, trotz Schumanplan ist die Loslösung der Saar von Deutschland ein integrierender Hauptbestandteil der französischen Außenpolitik geblieben. Und es steht fest – Sie sehen es doch jede Woche –, daß die französische Regierung keine Gelegenheit vorübergehen läßt, die erhofften Endresultate dieser Politik durch Schaffung vollendeter Tatsachen vor einer endgültigen rechtlichen Regelung vorwegzunehmen. Immer wieder können wir beobachten, daß sie mit viel Geschick und viel Beharrlichkeit darauf ausgeht, solche Gelegenheiten zu schaffen …

Darum handelt die Bundesregierung nur dann richtig, wenn sie der Erhaltung der Zugehörigkeit der Saar zu Deutschland innerhalb ihrer Politik eine zentrale Stellung einräumt – auch um Europas willen, das nur auf dem Fundament des Rechts aufgebaut werden kann, und weil man sich an Europa versündigt, wenn man – und sei es auch nur durch Unterlassen – die Hand dazu böte, daß sich durch blindes Verschulden drüben im Westen eine neue Irredenta bildet. Wir sollten nicht vergessen, welches Unglück über die Welt gekommen ist, weil man einmal einen Freistaat Danzig geschaffen hat! …

Nun, hat die Bundesregierung immer nach dieser Erkenntnis gehandelt? Sie sagt es.

Sie hat gewissen Warnungen gegenüber, die wir ausgesprochen haben, erklärt, daß sie die Maßnahmen, vor denen wir warnten, gerade um der Saar willen treffe, deren Lage sie so bessern wolle und werde. Die Bundesregierung hat geglaubt, der Eintritt Deutschlands in den Europarat gleichzeitig mit Vertretern der Saar-Bevölkerung werde der französischen Politik an der Saar die Grundlage und die Intensität nehmen. Man sagte uns: Nun, sobald wir Deutschen in Straßburg sind, verliert auch die Frage der Zugehörigkeit des Saargebietes zu Deutschland jedes politische Interesse für die Franzosen. Wir hatten soviel Glauben nicht und haben gewarnt, die Franzosen würden diesen Schritt vielleicht dahin auswerten, daß die Bundesrepublik sich mit dem an der Saar geschaffenen Zustand abgefunden hätte. Man hat uns der Kleingläubigkeit dem Geiste Straßburgs gegenüber ge-

[1]) In dem Brief wurde das Verbot der DPS empfohlen (Anmerkung des Herausgebers)

ziehen, und es fiel damals häufig das böse und törichte Wort von unserem angeblichen Nationalismus. Nun, am 20. Februar 1951 hat der französische Außenminister vor dem Senat erklärt, zwar habe die Bundesregierung das Saarland und die Saarregierung nicht anerkannt, aber das Bestehen des de-facto-Zustandes an der Saar sei unter anderem tatsächlich – nicht de jure, aber tatsächlich – durch die Bundesrepublik dadurch anerkannt worden, daß ihre Vertreter neben denen des Saargebiets auf den Bänken des Europarats Platz genommen hätten.

Zit. nach: Verhandlungen des Deutschen Bundestages. Stenographische Berichte, 1. Wahlperiode, 144. Sitzung, S. 5664 f. bzw. S. 5682 f.

2. Die Saarfrage in den Jahren 1954 und 1955

a) Das Saarstatut vom 23. 10. 1954

Die Regierung der Bundesrepublik Deutschland und die Regierung der Französischen Republik, die letztere, nachdem sie die Saarländische Regierung konsultiert und nachdem sie deren Zustimmung erlangt hat, sind in dem Bestreben, die saarländische Wirtschaft in weitestem Umfang zu entwickeln und jeden Anlaß zu Streitigkeiten in den gegenseitigen Beziehungen zu beseitigen, über folgende Grundsätze einig geworden, die die Grundlage einer Lösung der Saarfrage bilden werden:

I.

Ziel der ins Auge gefaßten Lösung ist es, der Saar im Rahmen der Westeuropäischen Union ein europäisches Statut zu geben. Nachdem dieses Statut im Wege der Volksabstimmung gebilligt worden ist, kann es bis zum Abschluß eines Friedensvertrages nicht mehr in Frage gestellt werden.

II.

Ein europäischer Kommissar nimmt die Vertretung der Saarinteressen auf dem Gebiet der auswärtigen Angelegenheiten und der Landesverteidigung wahr. Der Kommissar überwacht die Beachtung des Statuts. Der Kommissar wird vom Minsterrat der Westeuropäischen Union ernannt. Er ist diesem Rat verantwortlich. Der Kommissar darf weder Franzose noch Deutscher noch Saarländer sein. Bei der Mehrheit, mit der er ernannt wird, müssen sich die Stimmen Frankreichs und der Bundesrepublik Deutschland befinden, auch die Zustimmung der Saar ist erforderlich ...

VI.

Die politischen Parteien, die Vereine, die Zeitungen und die öffentlichen Versammlungen werden einer Genehmigung nicht unterworfen.

Sobald das europäische Statut durch Volksabstimmung gebilligt ist, kann es bis zum Abschluß eines Friedensvertrages nicht in Frage gestellt werden.

Jede von außen kommende Einmischung, die zum Ziele hat, auf die öffentliche Meinung an der Saar einzuwirken, insbesondere in Form der Beihilfe oder der Unterstützung für politische Parteien, für Vereinigungen oder die Presse, wird untersagt ...

X.

Die in Artikel I vorgesehene Volksabstimmung findet drei Monate nach Inkrafttreten der Bestimmungen, die im ersten Absatz von Artikel VI vorgesehen sind, statt.

Zit. nach: Robert H. Schmidt: Saarpolitik 1945–1957, Bd. III (1954–1957), Berlin 1962, S. 685 ff.

b) Das französische Außenministerium zum Abstimmungsergebnis vom 23. 10. 1955

Vor Jahresfrist hatten die französische Regierung und die Regierung der Deutschen Bundesrepublik gemeinsam beschlossen, sich nach der Stimmabgabe des Saarvolkes über das europäische Regime der Saar zu richten. Die Volksabstimmung vom Sonntag hat nicht jene positive Antwort gebracht, welche den Interessen Europas zu entsprechen schien. Die französische Regierung nimmt vom Entscheid der Mehrheit der Saarbevölkerung Kenntnis. Die damit geschaffene Lage kann nur im legalen Rahmen der existierenden Institutionen betrachtet werden. Ruhe und Respekt vor der

Legalität bleiben die notwendigen Voraussetzungen für die Ausübung der demokratischen Freiheiten. Frankreich seinerseits bleibt seinem Ideal der europäischen Zusammenarbeit treu. Trotz der Schwierigkeiten ist es entschlossen, den Fortschritt dieser Zusammenarbeit zu sichern.

Zit. nach: Archiv der Gegenwart 1955, S. 5432

3. Die Lösung der Saarfrage

Zur gleichen Zeit, als alle Hoffnungen auf Wiedervereinigung mit der Ostzone auf eine ferne Zukunft vertagt werden mußten, vollzog sich an der Saar die Wiedervereinigung im kleinen.
Seit den Landtagswahlen Ende November 1952 war im Saarland ein erheblicher Stimmungsumschwung erfolgt. Damals hatten immerhin 93 Prozent der Bevölkerung an den Wahlen teilgenommen, die allerdings ohne Beteiligung pro-deutscher Parteien durchgeführt werden mußten. Aber nur 24 Prozent hatten sich an die Parole der deutsch-orientierten Gruppen gehalten und ungültige Stimmzettel abgegeben. Im Frühjahr 1955, als nach zähem Hin und Her zwischen Deutschland und Frankreich die letzten Modalitäten der Abstimmung geklärt wurden, sah das Bild anders aus. Eine im Saargebiet durchgeführte Umfrage des Instituts für Demoskopie in Allensbach vom April, in der nach der besten Dauerlösung gefragt wurde, zeigte, daß bereits 43 Prozent der Befragten den endgültigen Anschluß an Deutschland wünschten. 27 Prozent sprachen sich für eine Autonomie-Lösung aus, 13 Prozent für die Umwandlung des Saarlandes in ein europäisches Gebiet unter einer internationalen europäischen Kommission.
Die Motive für den Meinungswandel lagen in nicht geringem Maß im wirtschaftlichen Bereich. Im Verlauf des Jahres 1954 wurde nicht nur in der Saar-Wirtschaft und von den mit Wirtschaftsfragen befaßten Ministern, sondern auch von einem wachsenden Teil der Bevölkerung erkannt, daß das von Ministerpräsident Hoffmann (CVP) jahrelang vertretene Konzept der Wirtschaftseinheit Saar-Lothringen nicht mehr der Wirklichkeit entsprach. Die durch Frankreich verstärkt ausgebaute lothringische Stahlindustrie hatte sich zu einer gefährlichen Konkurrenz der Stahlwerke an der Saar ausgewachsen, und die Erzversorgung mit lothringischer Minette wurde unsicher. Es zeichnete sich auch bereits ab, daß der französische Bedarf nach Saarkohle in Zukunft rückläufig sein würde mit der Folge, daß die Saarbergwerke auf dem französischen Markt gleichfalls mit erbitterter Konkurrenz zu rechnen haben würden. Nun wurde es für das Saarland zu einer wirtschaftlichen Existenzfrage, die alten Absatzmärkte in Deutschland, insbesondere in Süddeutschland, erneut zu erschließen. Dem standen aber viele Bestimmungen des Saarländisch-Französischen Wirtschaftsabkommens und die Verkaufspolitik der nach wie vor unter Zwangsverwaltung stehenden Betriebe entgegen. Wie man in Bonn wußte, gab es seit 1954 im Kabinett Hoffmann eine Gruppe, die als einzige Lösung eine Art gemeinsamen deutsch-französischen Markts an der Saar ansah.
Der weitgehend von der Montanindustrie abhängigen Saarbevölkerung blieb das nicht verborgen. Zudem waren die Verhältnisse in der Bundesrepublik nunmehr soweit stabilisiert, daß der früher vorhandene Anreiz, das eigene Land aus der Konkursmasse des Reiches herauszulösen, gleichfalls nicht mehr gegeben war. Auch die repressiven Methoden, die von der Regierung Hoffmann zur Niederhaltung der pro-deutschen Opposition eingesetzt wurden, wirkten inmitten der westeuropäischen Demokratien Mitte der fünfziger Jahre anachronistisch und reizten zum Widerstand. Ebensowenig paßten die Versuche Frankreichs noch in die politische Landschaft, in letzter Stunde die weiterhin sequestrierten Röchling-Werke in französische Eigentümerschaft zu überführen.
So kam es nicht ganz überraschend, daß in dem Augenblick, als drei Monate vor der Abstimmung über das Saar-Statut die politischen Freiheiten eingeführt wurden, der große Dammbruch erfolgte. Knapp drei Wochen, nachdem die drei pro-deutschen Parteien und die freie Presse zugelassen worden waren, sprachen sich bei einer Umfrage des *Emnid*-Instituts in Bielefeld bereits 79 Prozent der Befragten für ein Nein zum Saar-Statut aus, nur 21 Prozent für ein Ja. Die Demokratische Partei Saar (DPS), die Deutsche Sozialdemokratische Partei (DSP) und nach einigen internen Auseinandersetzungen auch die Saar-CDU entschieden sich für die Nein-Parole. Ihre Versammlungen hat-

ten gewaltigen Zustrom, während es bei den Auftritten des Ministerpräsidenten zu Demonstrationen und Tumulten kam.
Zum ersten und einzigen Mal in ihrer Geschichte erlebten die Bundesbürger aus der Ferne den Durchbruch einer vaterländischen deutschen Bewegung. Von Anfang an stand ein großer Teil der meinungsbildenden Presse – an ihrer Spitze die *Frankfurter Allgemeine* – auf seiten der Gegner des Statuts. SPD und FDP unterstützten jene Saar-Parteien, die die Rückkehr zu Deutschland auf ihre Fahnen geschrieben hatten.
Die einzige Unterstützung von Belang erhielten die Befürworter des Statuts um den saarländischen Ministerpräsidenten vom Bundeskanzler. Dieser ließ zwar durchaus erkennen, daß er für die Parole der Gegner Hoffmanns – „Der Dicke muß weg!" – viel übrig hatte, aber er fürchtete, daß eine Ablehnung zwischen Deutschland und Frankreich einen Scherbenhaufen hinterlassen würde. Dagegen hegte er die Zuversicht, daß sich hinter der Fassade des Saar-Statuts faktisch doch eine Art Rückgliederung durchsetzen würde. Zwar hatte er während der Pariser Verhandlungen im Oktober 1954 zu Journalisten in seiner Umgebung von seiner Vermutung gesprochen, bei einer Volksabstimmung werde es eine negative Mehrheit geben und man solle ja diese Möglichkeit nicht groß herausstreichen, um die Ratifikation in der französischen Kammer nicht zu gefährden. Aber es dürfte doch zutreffen, daß er mit Blick auf die Gesamtheit der deutsch-französischen Beziehungen ein „Ja" lieber gesehen hätte ...
Er ging sogar so weit, durch den Deutschland-Union-Dienst (DUD) und eine wohl unter französischem Druck so formulierte Rede in Bochum, die er kurz vor seiner Abreise nach Moskau hielt, zum Ja für das Statut aufzurufen.
Dementsprechend führte die Saar-Regierung den Abstimmungskampf zu einem erheblichen Teil mit Zitaten und Plakatabbildungen des Bundeskanzlers. Die drei pro-deutschen Saarparteien antworteten auf die Bochumer Rede mit der Bildung des Deutschen Heimatbundes Saar, konnten aber nicht verhindern, daß die Argumente des Bundeskanzlers, wie die Umfragen erkennen ließen, bei manchen Gehör fanden.
Von beiden Seiten wurde im Saarland mit einer für das apolitische Klima jener Jahre beispiellosen Erbitterung gekämpft. Vor allem im christlichen Lager waren die bei dieser Gelegenheit geschlagenen Wunden so tief, daß es Jahre dauerte, bis eine gewisse Beruhigung eingetreten war.
Das Ergebnis der Abstimmung vom 23. Oktober 1955 war aber eindeutig: 96 Prozent der Bevölkerung nahmen an der Abstimmung teil, davon sprachen sich 67 Prozent gegen das Statut, praktisch also für die Rückkehr zu Deutschland aus. Noch in der Nacht nach der Abstimmung trat die Regierung Hoffmann zurück und machte damit den Weg für Neuwahlen frei. Bei diesen gleichfalls unter freien Bedingungen am 18. Dezember 1955 durchgeführten Landtagswahlen erhielten die durch ihre jahrelange Autonomiepolitik diskreditierten Regierungsparteien nur noch 28 Prozent der abgegebenen Stimmen. Wahlsieger wurden die Saar-CDU mit 25 Prozent, die in der Person von Hubert Ney den neuen Ministerpräsidenten stellte, sowie die Demokratische Partei Saar (DPS) mit 24 Prozent, deren redegewaltiger Führer Heinrich Schneider der stärkste Motor des Abstimmungskampfes war.
Als das eigentliche Wunder an der Saar betrachteten damals viele die französische Reaktion. Die Pariser Regierung, die lange Jahre hindurch wenig Bedenken gehabt hatte, das deutsch-französische Verhältnis und die europäische Einigung durch eine harte Saarpolitik zu belasten, erwies sich nun als bemerkenswert guter Verlierer. Der unverzügliche Rücktritt Hoffmanns war auch mit auf ihre Einflußnahme zurückzuführen, und in den folgenden Wochen und Monaten war das Bestreben ganz offensichtlich, das gescheiterte Unternehmen möglichst geräuschlos, aber um den Preis erheblicher deutscher wirtschaftlicher Konzessionen zu liquidieren ...
Rückblickend läßt sich feststellen, daß die Bundesrepublik selten ein so gutes Geschäft gemacht hat. Die aufgewandten Summen waren bescheiden im Vergleich zu dem politischen Gewinn, der in der Eingliederung des Saarlands in die Bundesrepublik am 1. Januar 1957 bestand und in der dauerhaften Lösung eines Konflikts, der die deutsch-französischen Beziehungen seit dem Ersten Weltkrieg immer wieder belastet hatte.

Häufig wurde jetzt im Hinblick auf die Saar-Lösung die Auffassung geäußert, man müsse versuchen, auch das Problem der DDR in erster Linie durch wirtschaftliche Leistungen aus der Welt zu schaffen. Aber die Größenordnungen beider Konflikte waren unvergleichbar, und im Osten ist der Einsturz des Regimes Hoffmann nach der Herstellung politischer Freiheiten gewiß ebenso sorgsam registriert worden wie in Bonn.

Aus: Hans-Peter Schwarz, Die Ära Adenauer 1949–1957, a.a.O., S. 282 ff.

I/7 Adenauers Moskau-Reise und die Hallstein-Doktrin

Arbeitsthemen

1. *Mit welchen Argumenten rechtfertigt Adenauer, der wohl um die Risiken seiner Moskau-Reise wußte, das Eingehen auf die sowjetische Verhandlungsofferte und die Aufnahme diplomatischer Beziehungen? (Nr. 1)*
2. *Vor welcher Mißdeutung wollte Adenauer seine Einwilligung in die Aufnahme diplomatischer Beziehungen mit der Sowjetunion durch seinen Brief an Bulganin schützen? Wie reagierte die Sowjetregierung auf den – von Adenauer artikulierten – westdeutschen Rechtsstandpunkt? (Nr. 2 und 3)*
3. *Weshalb mußte Adenauer in Moskau extensive Verhandlungen in der Wiedervereinigungsfrage vermeiden? Wodurch wurde eine politische Nutzung der neuen diplomatischen Kontakte erschwert? Welchen zusätzlichen Legitimationszwang erlegten sie dagegen der Bundesrepublik auf? (Nr. 4)*
4. *Inwiefern dokumentiert der – erst 1975 publizierte – Bericht Adenauers über seine Moskauer Verhandlungen eine klare Analyse der sowjetischen Position gegenüber der deutschen Frage, aber zugleich ein – von seinen öffentlichen Bekundungen abweichendes – Eingeständnis faktischer Ausweglosigkeit? (Nr. 5)*
5. *Welche unterschiedliche innen- und außenpolitische Reaktion löste Adenauers Moskauer Schritt aus? Was bedeutete er speziell für das amerikanische Engagement in der Wiedervereinigungsfrage? (Nr. 6)*
6. *Wie soll das Problem der deutschen Doppelvertretung im Ausland vermieden werden? Womit wird die Ausnahme Sowjetunion begründet? (Nr. 7)*
7. *Wodurch sieht der SPD-Politiker Fritz Heine erfolgversprechende Verhandlungen in der Wiedervereinigungsfrage zwischen der Sowjetunion und den Westalliierten blockiert? Weshalb plädiert er für einen neuen strategischen Ansatz der SPD? Inwiefern ist der Entschließungsantrag der SPD-Fraktion vom 1. 12. 1955 von dieser nüchternen Lageanalyse weit entfernt? (Nr. 8 und 9)*
8. *Weshalb konnten die genannten außenpolitischen Schritte und die starren Positionsbeschreibungen des Jahres 1955 desillusionierend in der Frage der Wiedervereinigung wirken und ihre ungebrochene Forderung zum „innenpolitisch verwertbaren Ritual" (Siegfried Heimann) herabstufen? Was bedeutet in diesem Zusammenhang die Aussage, die Wiedervereinigung sei ein „innerdeutsches Problem"? Welche Aufschlüsse geben in diesem Punkt die Erklärungen der SED und der DDR-Regierung aus dem Jahr 1955? (Nr. 10 und S. 258 ff.)*

Materialien

1. Adenauers Moskau-Reise vom September 1955

Angesichts der erfolgreichen Durchsetzung der deutschlandpolitischen Linie des Kreml erhebt sich die Frage nach den Gründen für das deutsche Eingehen auf das sowjetische Drängen. Adenauer war sich der politischen Risiken seiner Moskauer Verhandlungen recht genau bewußt. Von Eckardt beschreibt die Situation des Kanzlers mit den Worten: „Adenauer reiste nicht gern in die Sowjetunion. Er wußte, daß seine politische Bewegungsfreiheit sehr eingeschränkt war, nicht nur durch die starre Haltung, die die Sowjetunion in Genf gezeigt hatte, sondern auch durch unsere Alliierten, die die ganze Reise mit sehr gemischten Gefühlen betrachteten. Er fürchtete, sich zwischen alle Stühle zu setzen und von dem so mühsam erkämpften Terrain in der westlichen Welt wieder vieles

zu verlieren, ohne aus Rußland einen wirklichen Erfolg mitbringen zu können." Andererseits war sich Adenauer darüber im klaren, daß die deutsche Öffentlichkeit von ihm die Annahme der sowjetischen Verhandlungsofferte erwartete. Der Entschluß zur Reise nach Moskau mußte freilich nicht gleichbedeutend mit dem Eingehen auf das sowjetische Verlangen nach diplomatischen Beziehungen ohne vorherige deutschlandpolitische Zugeständnisse des Kreml sein, und so stellt sich die Frage, wenn man die Verhandlungsergebnisse an der mageren Ausbeute für die deutsche Sache mißt, nach den Motiven für das Entgegenkommen Adenauers in diesem Punkt. Adenauer nannte vor dem Bundestag am 22. September 1955 mehrere Gründe für seine Bereitschaft, einem Botschafteraustausch mit Moskau zuzustimmen. Als erstes, und offenbar sollte es als das wichtigste Argument angesehen werden, wies der Kanzler darauf hin, daß es sich bei der Sowjetunion um eine der vier Siegermächte handele, ohne deren Mitwirkung die Wiedervereinigung Deutschlands nicht zu verwirklichen sei und diese durch die Aufnahme diplomatischer Beziehungen gefördert werde. In Anbetracht der von Adenauer als Bundeskanzler verfolgten außen- und deutschlandpolitischen Zielvorstellungen und seiner Beurteilung der sowjetischen Politik erscheint das genannte Motiv als nicht unbedingt stichhaltige Erklärung für seine Handlungsweise. Einen Hinweis auf den wahren Beweggrund – den auch der Kanzler in seiner Bundestagsrede nicht unerwähnt gelassen hatte – gibt uns von Eckardt in seinen Lebenserinnerungen, indem er den folgenden Ausspruch Adenauers während der Moskauer Tage zitiert: „Wenn es darum geht, 10 000 Menschen (gemeint sind die deutschen Kriegsgefangenen, d. Verf.) oder mehr hier herauszuholen, bin ich bereit, auch mit des Teufels Großmutter zu reden."
Der Bundeskanzler erreichte deren Freilassung schließlich durch Zahlung eines hohen politischen Preises, der für die sowjetische Deutschlandkonzeption einen außerordentlich wichtigen Erfolg darstellte. Die Frage danach, ob der gezahlte Preis zu hoch war, verbietet sich angesichts der Tatsache, daß durch seine Zahlung der Leidensweg von knapp zehntausend ehemaligen deutschen Soldaten ein Ende fand.

Aus: Rainer Salzmann, Adenauers Moskaureise in sowjetischer Sicht, in: Konrad Adenauer und seine Zeit, Bd. 2: Beiträge der Wissenschaft, a. a. O., S. 151

2. Der Adenauer-Bulganin-Brief vom 14. 9. 1955

Herr Ministerpräsident,
Aus Anlaß der Aufnahme diplomatischer Beziehungen zwischen der Regierung der Bundesrepublik Deutschland und der Regierung der UdSSR erkläre ich:
1. Die Aufnahme der diplomatischen Beziehungen zwischen der Regierung der Bundesrepublik Deutschland und der Regierung der UdSSR stellt keine Anerkennung des derzeitigen beiderseitigen territorialen Besitzstandes dar. Die endgültige Festsetzung der Grenzen Deutschlands bleibt dem Friedensvertrag vorbehalten.
2. Die Aufnahme diplomatischer Beziehungen mit der Regierung der Sowjetunion bedeutet keine Änderung des Rechtsstandpunktes der Bundesregierung in bezug auf ihre Befugnis zur Vertretung des deutschen Volkes in internationalen Angelegenheiten und in bezug auf die politischen Verhältnisse in denjenigen deutschen Gebieten, die gegenwärtig außerhalb der effektiven Hoheitsgewalt liegen.
Diese Erklärung habe ich heute abend der Presse mitgeteilt.
Genehmigen Sie, Herr Ministerpräsident, den Ausdruck meiner ausgezeichneten Hochachtung.

Adenauer

3. Die TASS-Erklärung vom 15. 9. 1955

Das Schreiben wurde am 14. September vormittags kurz vor dem Abflug der deutschen Delegation dem sowjetischen Ministerpräsidenten zugeleitet und der Empfang durch eine Quittung (ausgestellt vom Geschäftsführer des Ministerrats der UdSSR, Zygitschko) förmlich bestätigt. Das Schreiben wurde jedoch nicht förmlich beantwortet, die Sowjetregierung hat indes ihre rechtliche und politische Präzisierung in einer TASS-Erklärung vom 15. September 1955 bekanntgegeben: „Bundeskanzler Adenauer hat am 14. September auf der Pressekonferenz in Moskau seine Erklärungen zur Frage der Grenzen Deutschlands und a.m. abgegeben.

Im Zusammenhang damit ist TASS von der Sowjetregierung beauftragt worden, folgendes zu erklären:

„Die Sowjetregierung betrachtet die Deutsche Bundesrepublik als einen Teil Deutschlands. Ein anderer Teil Deutschlands ist die Deutsche Demokratische Republik. Im Zusammenhang mit der Herstellung diplomatischer Beziehungen zwischen der Sowjetunion und der Deutschen Bundesrepublik hält es die Regierung der UdSSR für erforderlich zu erklären, daß die Frage der Grenzen Deutschlands durch das Potsdamer Abkommen gelöst worden ist und daß die Deutsche Bundesrepublik ihre Jurisdiktion auf dem Gebiet ausübt, das unter ihrer Hoheit steht."

Zit. nach: Dieter Blumenwitz, Der Adenauer-Bulganin-Brief und die Aufnahme diplomatischer Beziehungen zwischen der Bundesrepublik Deutschland und der Sowjetunion, in: Konrad Adenauer und seine Zeit, Bd. 2, a.a.O., S. 161 f.

4. Die deutsche Einheit und die Hallstein-Doktrin

Die Delegation der Bundesrepublik unter Führung Adenauers begab sich mit schwerem Herzen, sein Außenminister von Brentano sogar nur widerwillig, am 8. September nach Moskau. Sie hatte sich zwar in dem vorhergehenden Notenwechsel vorbehalten, dort neben der Repatriierung von noch in sowjetischer Gefangenschaft befindlichen Deutschen auch die Frage der Wiedervereinigung zur Sprache zu bringen; doch sie konnte eine eigentliche Verhandlung darüber – ganz abgesehen von ihren geringen Aussichten – nicht wünschen, um nicht den Grundsatz der gemeinsamen Verantwortung der Vier für die Wiederherstellung der deutschen Einheit zu untergraben oder einen „zweiten Verhandlungsweg" neben der bevorstehenden Außenministerkonferenz zu eröffnen, und sie war sich bewußt, daß die Aufnahme diplomatischer Beziehungen zwischen Bonn und Moskau in der Gegenwart den Eindruck der Entspannung verstärken, zur Erleichterung der Wiedervereinigung aber allenfalls in der Zukunft beitragen werde.

Die Lage der deutschen Unterhändler in der ungewohnten Moskauer Atmosphäre – das erste Treffen der Vertreter des nichtkommunistischen Deutschlands mit den Sowjetführern seit Hitlers Krieg und Deutschlands Niederlage – war denn auch höchst schwierig. In seiner Eröffnungsrede betonte Adenauer den unbedingten Primat der Erhaltung des Friedens und die friedliche Zielsetzung des deutschen Beitritts zum westlichen Bündnissystem, das durchaus zu einem Element eines umfassenderen Sicherheitssystems mit Garantien auch für die Sowjets werden könnte. Er begrüßte die sowjetische Initiative zu einer Normalisierung der Beziehungen und wies darauf hin, daß die Rückkehr der Deutschen aus sowjetischem Gewahrsam zwar keine „Vorbedingung", wohl aber ein wesentlicher Bestandteil solcher Normalisierung sein müsse; auch die Wiedervereinigung sei letzten Endes ein notwendiger Bestandteil dieses Prozesses. Es scheint, daß die Härte der sowjetischen Reaktion – die Sowjetführer wiesen die Forderung nach „Freilassung von Kriegsverbrechern" zunächst als Provokation zurück und erklärten sich zu einem ehrenwörtlichen mündlichen Versprechen zur Repatriierung nachgewiesener anderer Gefangener erst bereit, als die Deutschen sich vorbereiteten, unverrichteter Dinge abzureisen – die Bonner Delegation überrascht hat; schließlich erhielt sie dies Versprechen zugleich mit dem Austausch von Briefen, in denen beide Seiten sich vorbehaltlich der Zustimmung ihrer verfassungsmäßigen Organe zur Aufnahme diplomatischer Beziehungen bereit erklärten, am 13. September. In einem einseitigen Schreiben an Bulganin machte Adenauer den doppelten Rechtsvorbehalt, daß dies erstens nicht die Anerkennung des beiderseitigen territorialen Besitzstandes impliziere, der endgültig nur in einem Friedensvertrag geregelt werden könne, und daß zweitens die Rechtsauffassung der Bundesregierung mit Bezug auf ihre Befugnis zur Vertretung des deutschen Volkes in internationalen Angelegenheiten und auf die „politischen Verhältnisse in deutschen Gebieten außerhalb ihrer effektiven Hoheitsgewalt" unverändert bleibe.

Die Sowjetunion demonstrierte ihre entgegengesetze Auffassung, indem sie bereits eine Woche später mit einer Delegation der DDR einen neuen Vertrag schloß, der deren Souveränität anerkannte und ihr spezifisch die Kontrolle und Überwachung der Verbindungswege zwischen der Bundesrepublik und Berlin – mit vorläufiger Ausnahme des alliierten Militärpersonals – übertrug[1]).

Der Bundestag billigte am 23. September die Aufnahme der Beziehungen mit der Sowjetunion und die Vorbehalte der Bundesregierung. Tatsächlich ließ dieser erste Schritt der Normalisierung fast alle politischen Gegensätze und Spannungen zwischen beiden Staaten bestehen. Der potentielle Gewinn für ihre diplomatische Bewegungsfreiheit, den der direkte diplomatische Kontakt mit der Führungsmacht des Ostblocks der Bundesrepublik brachte, blieb auch in den folgenden Jahren überwiegend ungenutzt, weil die Aufrechterhaltung des deutschen Sonderkonflikts mit dem Osten in vollem Umfange solche Nutzung ausschloß. Die erste sichtbare Folge war vielmehr die neue Notwendigkeit für Bonn, das Nebeneinanderbestehen zweier deutscher Botschaften in Moskau als nur durch die Rolle der Sowjetunion als Besatzungsmacht gerechtfertigte Ausnahme zu erklären, die im Interesse des deutschen Rechtsstandpunkts keine Nachahmung in anderen Hauptstädten finden dürfe – die Formulierung und Verhärtung der „Hallstein-Doktrin". Weniger sichtbar, doch kaum weniger bedeutsam war eine andere Folge – der Eindruck, den die erste direkte Begegnung mit der sowjetischen Führung bei Adenauer hinterließ. Es war ein zwiespältiger Eindruck von erschreckender Härte und Entschlossenheit in der Verfolgung der sowjetischen Ziele, aber auch von großer Ernsthaftigkeit. So gewiß dieser Eindruck den Entschluß des Kanzlers zur Herstellung direkter Beziehungen zu rechtfertigen schien, so gewiß muß er auch die Zweifel an der Erreichbarkeit des eigenen Wiedervereinigungsziels in absehbarer Zeit verstärkt haben, die aus dem Verlauf der Genfer Gipfelkonferenz entstanden waren...

Aus: Richard Löwenthal, Vom Kalten Krieg zur Ostpolitik, in: Die zweite Republik. 25 Jahre Bundesrepublik Deutschland – eine Bilanz. Hrsg. von Richard Löwenthal und Hans-Peter Schwarz, Stuttgart 1974, S. 629 f.

5. Adenauer über seine Moskauer Verhandlungen

(Bericht vor dem Bundesvorstand der CDU am 30. 9. 1955 in Bonn)

Was die Frage der Wiederherstellung der deutschen Einheit von russischer Seite aus gesehen angeht, so bitte ich Sie, sich folgendes vor Augen zu halten. Militärische Gründe spielen dabei für die Russen gar keine Rolle. Es spielt für die Russen auch gar keine Rolle, ob jetzt vielleicht noch einige Fabriken da sind, die etwas wert sind. Es spielt für die Russen keine Rolle, daß 17 oder 18 Millionen Menschen da sind. Für die Russen spielt ein ganz anderer Gesichtspunkt eine entscheidende Rolle. Das trat in den Gesprächen auch sehr klar zutage. Wenn Sowjetrußland die Zone hergibt, dann gibt es damit ein Gebiet preis, das – wie Chruschtschow sich ausdrückte – die Segnungen des Kommunismus erfahren hat. Es gibt diese Menschen zurück an den Kapitalismus mit all seinen Schrecken. Das war nach seiner Sprechweise gut ausgedrückt und entsprach vielleicht auch seiner Überzeugung. Denn man muß sich klarmachen, daß die DDR das am weitesten vorgeschobene Bollwerk des Kommunismus ist, und wenn die Russen dieses Bollwerk räumten – und die Gewährung freier Wahlen würde gleichbedeutend sein mit einer solchen Räumung –, dann gäben sie damit unmißverständlich zu verstehen, daß sie ihr Ziel, Westeuropa unter die kommunistische Macht zu bringen, aufgeben. Das würde sowohl auf die Kommunistische Partei Frankreichs wie auf die Kommunistische Partei Italiens sowie auf die Krypto-Kommunisten Deutschlands einen verheerenden Eindruck ausüben; denn dann verlören sie ihre Mitläufer und alle diejenigen, die glauben, daß von einem zur Macht gekommenen Kommunismus irgend etwas zu ernten sei.

Daher ist – man muß das verstehen vom Standpunkt der Russen aus – die Aufgabe der Sowjetzone für sie ein großes Opfer, weil sie damit – ich wiederhole das nochmals – dokumentieren, daß sie ihr Ziel, Westeuropa dem Kommunismus zu unterwerfen, aufgeben. Sie werden das nur dann tun,

1) vgl. S. 275

wenn sie etwas dafür bekommen; was, das wird sich finden, aber sie wollen etwas dafür haben.
Die Pariser Verträge sind ihnen in diesem Zusammenhang völlig gleichgültig, sie spielen überhaupt keine Rolle. Chruschtschow sagte: Sie sind den Pariser Verträgen beigetreten. Das ist eine Realität. Wir sind Menschen, die die Realitäten als Realität nehmen. Wir stellen gar nicht das Verlangen an Sie, die Pariser Verträge preiszugeben. – Sie müssen also diese ganze Frage, damit Sie ihre Bedeutung und ihre Schwere richtig sehen, vom Standpunkt der Russen aus betrachten, wie ich es eben zu skizzieren versucht habe. Dann werden Sie mit mir darüber übereinstimmen, daß aber auch gar nichts, was Deutschland gewähren kann – es sei denn das Opfer seiner Freiheit und Übertritt zum Kommunismus –, die Russen dazu bewegen wird, ihre westliche Bastion preiszugeben ...

Zit. nach: Konrad Adenauer, Reden 1917–1967. Eine Auswahl, hrsg. von Hans-Peter Schwarz, Stuttgart 1975, S. 312 f.

6. Adenauers Moskau-Besuch und die USA

Vom 8. bis 14. September 1955 dauerte der Staatsbesuch Adenauers in Moskau. Hier erreichte der Kanzler im Gegenzug zur Vereinbarung über die Aufnahme von diplomatischen Beziehungen zwischen beiden Staaten die Zusage der Sowjets, daß die letzten deutschen Kriegsgefangenen entlassen werden würden. In den Augen der deutschen Bevölkerung war dies einer der größten Erfolge Adenauers und ein stets einmütig gewürdigtes hohes persönliches Verdienst. Außenpolitisch aber bewirkte die Moskauer Übereinkunft vor allem in Washington und London skeptisches Erstaunen, weil Adenauer für die Aufnahme der diplomatischen Beziehungen keine Zugeständnisse in der deutschen Frage erlangt hatte. In den USA herrschte Verwunderung, daß die Deutschen selbst, die doch die Amerikaner immer wieder zur Unnachgiebigkeit gegenüber der Sowjetunion drängten, bei ihrem ersten Kontakt mit den Sowjets keinerlei Standfestigkeit bewiesen hätten. Die Position des Bundeskanzlers war eben zu schwach, um der Sowjetunion weitergehende Zugeständnisse abzutrotzen, als diese zu machen bereit war. Für die USA bildete allerdings Adenauers Schritt in Moskau den Anlaß, um der Wiedervereinigungsfrage nicht mehr die unbedingte Priorität in der Ostpolitik einzuräumen. Das vertrauensvolle Verhältnis zwischen John Foster Dulles und Konrad Adenauer gewährleistete zwar, daß die amerikanische Politik das Junktim zwischen Abrüstung und Wiedervereinigung auch weiterhin betonte, aber es war nicht mehr nur Verpflichtung, sondern auch lästige Fessel.

Aus: Anselm Doering-Manteuffel, Die Bundesrepublik in der Ära Adenauer, a. a. O., S. 88 f.

7. Die Hallstein-Doktrin

(Presse-Interview mit dem Leiter der Politischen Abteilung des Auswärtigen Amtes, Wilhelm Grewe, aus Anlaß der Botschafter-Konferenz in Bonn am 11. 12. 1955)

Frage: Ist es richtig, daß auf dieser Botschafter-Konferenz die Politik der Bundesregierung dahingehend definiert worden ist, daß sie die diplomatischen Beziehungen mit jedem Staat abbrechen würde, der etwa Pankow anerkannt?

Antwort: Man wird zunächst sagen müssen, daß man nicht ganz generell festlegen kann, in welchem Augenblick eine Anerkennung im völkerrechtlichen Sinne vorliegt. Es gibt da eine Reihe von Zwischenstufen, die sowohl in der Staatspraxis wie im Völkerrecht umstritten sind. Klar ist – und das haben wir oft genug deutlich gemacht –, daß die Intensivierung der Beziehungen mit Pankow von uns als eine unfreundliche Handlung empfunden wird. Auf unfreundliche Akte anderer Staaten kann man mit verschieden gestuften Maßnahmen reagieren, kann entweder seinen Botschafter zunächst einmal zur Berichterstattung zurückberufen, oder man kann auch einen weiteren Abbau einer solchen Mission vornehmen. Kurz, es gibt eine ganze Reihe von Maßnahmen, die noch vor dem Abbruch der diplomatischen Beziehungen liegen. Und es ist klar, daß man einen so schwerwiegenden Schritt wie den Abbruch diplomatischer Beziehungen immer nur nach sehr reiflicher Überlegung und in einer sehr ernsten Situation tun wird. Aber so viel ist klar, daß diese ganze Frage für uns in der Tat eine äußerst ernste Frage ist und daß in dem Augenblick, in dem das Problem der Doppelvertretung Deutschlands bei dritten Staaten auftaucht, wir wahrscheinlich gar nicht anders können, als sehr ernste Konsequenzen daraus zu ziehen.

Frage: Daß wir jede Anerkennung Pankows als unfreundlichen Akt betrachten würden, haben wir ja auch schon vorher gesagt?

Antwort: Das ist bereits im Bundestag und bei verschiedenen Gelegenheiten deutlich genug gesagt worden.

Frage: Nun könnte natürlich jemand einwenden: Warum stellt ihr keine diplomatischen Beziehungen zu Polen, der ČSSR oder den südosteuropäischen Staaten her, nachdem ihr ja solche mit Moskau eingegangen seid?

Antwort: Ich begrüße es sehr, daß Sie gerade diese Frage stellen, denn diese nach meinem Gefühl falsche Analogie wird in der Tat immer wieder gezogen. Wenn wir in Moskau die Tatsache hinnehmen, daß in Zukunft dort neben unserem Botschafter auch ein Botschafter des Pankow-Regimes sein wird, so nur deswegen, weil die Sowjetunion in ihren Beziehungen zu uns eben eine ganz besondere Stellung einnimmt. Sie gehört zu den ehemaligen vier Besatzungsmächten. Sie gehört zu denjenigen vier Mächten, die die Spaltung Deutschlands durch die Einteilung Deutschlands in militärische Besatzungszonen herbeigeführt haben und die daher auch allein im Zusammenwirken die Einheit Deutschlands wiederherstellen können. Wenn wir die Beziehungen mit Moskau aufgenommen haben, obgleich solche Beziehungen zur „DDR" bestehen, so doch nur mit der Maßgabe, die ja auch in dem Notenwechsel mit Moskau ihren Ausdruck gefunden hat, daß diese diplomatischen Beziehungen ein Mittel sein sollen auf dem Wege zur Überwindung der Spaltung und zur Wiederherstellung der Einheit Deutschlands. Dazu können uns aber diplomatische Beziehungen mit Polen, Ungarn, Rumänien und anderen kommunistischen Staaten nicht verhelfen. Das ist der große Unterschied.

Zit. nach: Georg Fülberth (Hrsg.), Geschichte der Bundesrepublik in Quellen und Dokumenten, Köln 1982, S. 141 f.

8. Die Wiedervereinigungsfrage in der Sackgasse

(Aus Briefen Fritz Heines an den amerikanischen Gewerkschaftsführer Jay Lovestone)

Brief vom 1. 8. 1955

Für mich ist klar, daß wir für längere Zeit keine Wiedervereinigung in dem Sinne bekommen, wie wir sie angestrebt haben... So wie ich die Dinge sehe, haben die Russen davon Kenntnis genommen, daß Westdeutschland im NATO-Bund ist, und sie haben offenbar die Überzeugung gewonnen, daß keine Chance besteht, Westdeutschland aus diesem Vertrag wieder herauszulösen. Sie haben sich offensichtlich darauf eingerichtet und bauen nun den anderen Teil ihrer Position aus: Stärkung von Pankow, Versuch der Koexistenz sowohl der beiden Weltmächte wie der beiden deutschen Staaten, Aufrechterhaltung des status quo ...

Brief vom 10. 8. 1955

Natürlich ist ein vereinigtes Deutschland nicht gezwungen, der NATO beizutreten oder bei der NATO zu bleiben. Aber jedermann weiß – und das schließt wohl die Westmächte wie die Sowjetunion ein –, daß die Bindung der Bundesrepublik an die NATO einen außerordentlich starken Sog für die Beibehaltung dieser Bindung darstellt und daß auch Westdeutschland mindestens in der gegenwärtigen Zeit mit einer Mehrheit von 90% oder mehr für den Westen ist.

Aber man muß natürlich immer wieder sehen, daß Sowjetrußland im Besitz der Sowjetzone ist und daß die Sowjetunion [im Durchschlag steht irrtümlich: „Sowjetzone", K.K.] stark genug ist, diesen Besitz zu behalten, daß keine Verhandlung der Welt sie dazu zwingen wird, die Sowjetzone zu räumen, es sei denn zu Bedingungen, die für sie akzeptabel erscheinen.

Das Problem ist ja nun doch, gibt es Bedingungen, die sowohl für Washington wie für Moskau wie für Deutschland gleichermaßen akzeptabel sind? Ich habe vorderhand den Eindruck: Nein ...

Brief vom 27.9.1955

Was die Frage unserer künftigen Außenpolitik betrifft, so ist unsere Meinung die folgende: Wir sehen mit großem Bedauern, daß wir mit unserer Auffassung Recht behalten, daß Wiedervereinigung ... und NATO-Mitgliedschaft ... unvereinbar sind ... Auf der anderen Seite sehen wir auch durchaus ein, daß in demselben Augenblick, in dem sich unsere Vorhersage so restlos bestätigt hat, unsere eigene Politik überprüft werden muß. Selbst wenn die Bundesrepublik jetzt aus der NATO ausscheiden würde (was sicher nicht der Fall ist), würden die Russen zweifellos nicht bereit sein, freie Wahlen und die Wiedervereinigung in unserem Sinne zuzubilligen. Wir müssen uns also nach neuen Möglichkeiten für die Wiedervereinigung umsehen ...

Zit. nach: Kurt Klotzbach, Der Weg zur Staatspartei, a.a.O., S. 352

9. Die Genfer Konferenz, die deutsche Frage und die SPD

Auf der Ende Oktober bis Mitte November 1955 in Genf tagenden Außenministerkonferenz der vier Großmächte wurde vollends klar, daß mit einer baldigen Lösung des Deutschlandproblems nicht gerechnet werden konnte, daß die Diskussion vielmehr einen toten Punkt erreicht hatte. Unvereinbar standen sich die westlichen Vorschläge, die auf einer Untrennbarkeit der deutschen Einheits- und europäischen Sicherheitsfrage bestanden, wobei der Anschluß des wiedervereinigten Deutschlands an die WEU und NATO als günstigste Regelung proklamiert wurde, und der sowjetische Plan zur Bildung eines Gesamtdeutschen Rates gegenüber, der die Wiedervereinigung von der Zuständigkeitsebene der vier Mächte herunterholte und lediglich noch die beiden deutschen Staaten damit befassen wollte. Die SPD-Führung nahm zwar zur Kenntnis, daß sich die einheitspolitischen Chancen verschlechtert hatten und kein Preis in Sicht war, der die Sowjets veranlassen könnte, das Pankower Regime zu desavouieren, aber sie blieb bei ihrer traditionell akzentuierten Politik, in der die Wiedervereinigungsforderung den ersten Platz einnahm, wenn nun auch nicht mehr mit so starrer Nahzielorientierung wie in den Monaten und Jahren zuvor. Als pure Deklamation, welche die globalen Kräfteverhältnisse, den tatsächlichen Rang der deutschen Frage auf europäischer und weltpolitischer Ebene, die diesbezüglich vorhandenen Möglichkeiten und die dominanten Interessen der Großmächte gleichermaßen verfehlte, müssen die folgenden Passagen aus dem von der Bundestagsmehrheit abgelehnten Entschließungsantrag der SPD-Fraktion vom 1.12. 1955 gewertet werden:

„Ohne die Wiedervereinigung Deutschlands in Freiheit ist eine dauernde Friedensordnung nicht möglich. Es ist daher die vordringlichste Aufgabe der für die rechte Ordnung und den Frieden verantwortlichen Mächte, die Teilung Deutschlands zu überwinden. Unter den gegebenen Voraussetzungen kann dies nur geschehen, wenn Ost und West darauf verzichten, ein wiedervereinigtes Deutschland so in ihr militärisch-politisches System einzubeziehen, daß es die andere Seite als Bedrohung empfindet.

Die Sicherheit Deutschlands und seiner Nachbarn kann in einer für alle annehmbaren Weise nur aus einem Vertragswerk hervorgehen, durch das jeder Partner bei Angriffen von irgendwelcher Seite auf die Hilfe aller anderen rechnen kann und in dem jedem die dafür notwendigen Rechte und Pflichten zugeteilt werden.

Der unbefriedigende Ausgang der Genfer Konferenz verpflichtet Bundestag und Bundesregierung zu neuen Anstrengungen, in allseitigen Verhandlungen Mißtrauen zu überwinden und Vertrauen zu schaffen, um so die vier Mächte zur Lösung der untrennbar miteinander verbundenen Probleme der europäischen Sicherheit und der Wiedervereinigung Deutschlands zu bewegen."

Aus: Kurt Klotzbach, Der Weg zur Staatspartei, a.a.O., S. 354f.

10. Die Verfestigung der Standpunkte im Jahre 1955

Der Sommer 1955 war eine Zeit fieberhafter diplomatischer Aktivität. Die Sowjetregierung wiederholte auf der Genfer Konferenz der Regierungschefs im Juli 1955 ihren Standpunkt, daß die deutsche Mitgliedschaft in der NATO und WEU vorläufig jede Möglichkeit einer Wiedervereinigung zunichte mache. Den Ausführungen Bulganins zufolge kam eine Wiedervereinigung nur im Rahmen eines europäischen Sicherheitssystems und nur auf dem Wege der Verhandlungen zwischen den beiden deutschen Staaten in Frage.

Chruschtschow erklärte in seiner Eigenschaft als Generalsekretär der KPdSU am 27. Juli 1955 in einer Rede in Berlin, auf keinen Fall dürfe die deutsche Frage auf Kosten der Deutschen Demokratischen Republik beigelegt werden; eine mechanische Wiedervereinigung (d.h. eine Wiedervereinigung durch freie Wahlen) ohne vorherige Schritte seitens beider deutscher Staaten sei unrealistisch[1]). Auch bei dieser Gelegenheit ließ die Sowjetunion also keinen Zweifel daran, daß die Wiedervereinigung von östlicher Seite als ein Problem betrachtet wurde, das zwischen der DDR und der Bundesrepublik Deutschland gelöst werden mußte. Am 10. September unterzeichnete die Sowjetunion einen Vertrag mit den Ostdeutschen, der ihnen die Souveränität gewährte und damit eine völlig „unabhängige" Außenpolitik ermöglichte[2]). Der Vertrag erwähnte insbesondere, daß Beziehungen zwischen der „Deutschen Demokratischen Republik" und der Bundesrepublik Deutschland ausschließlich Angelegenheit der DDR-Regierung seien; und dies angesichts der Tatsache, daß Adenauer zur selben Zeit (9.–13. September) gerade in Moskau war und die Sowjetunion wenige Tage später diplomatische Beziehungen zur Bundesrepublik aufnehmen sollte.

Am 13. September vereinbarte Adenauer den Botschafteraustausch mit der Sowjetunion; aber die sowjetische Deutschland-Haltung wurde dadurch nicht aufgetaut. Es ist zweifelhaft, daß Adenauer sich überhaupt irgendwelche sinnvollen politischen Konzessionen von Moskau erhoffte. Ob Adenauer eine Möglichkeit der Einflußnahme auf die sowjetische Politik sah oder nicht, es bleibt die Tatsache, daß der Kanzler sich mit dem Versprechen der Freilassung der deutschen Kriegsgefangenen, die sich immer noch in der Sowjetunion befanden, zufriedengab. Die SPD benutzte Adenauers Moskauer Mission, das dabei getroffene Abkommen mit der Sowjetunion und die harte sowjetische Haltung, die sich im Spätsommer und Herbst 1955 zeigte, als Rechtfertigung für die frühere sozialdemokratische Opposition gegen die NATO. Im Anschluß an Adenauers Moskaureise übte Ollenhauer in seiner Rede vor dem Bundestag am 23. September scharfe Kritik an der Regierung. Der SPD-Führer billigte natürlich die Aufnahme diplomatischer Beziehungen mit der Sowjetunion, bezeichnete aber den Eintritt Westdeutschlands in die NATO als eine Hypothek der deutschen Ostpolitik, die die Verhandlungsposition der Bundesrepublik geschwächt und die Unnachgiebigkeit der Sowjets in der Deutschlandfrage vertieft habe:

> „Die Moskauer Verhandlungen haben nun zweifelsfrei klargestellt, daß die Pariser Verträge nicht der Schlüssel zur Wiedervereinigung Deutschlands sind. Die Sowjetunion hat vielmehr wahr gemacht, was sie vor der Ratifizierung der Verträge angekündigt hat. Sie lehnt die Wiederherstellung der Einheit Deutschlands ab, wenn die Bundesrepublik Mitglied der NATO ist, und sie verlangt außerdem jetzt mit Nachdruck, daß an künftigen Verhandlungen über die Wiedervereinigung die Pankower Regierung beteiligt wird... Damit ist genau die Situation eingetreten, vor der die SPD vor der Ratifizierung der Pariser Verträge mit allem Ernst und mit aller Leidenschaft gewarnt hat."

Ollenhauer betonte, daß die sowjetische Position stärker sei als je zuvor. Die Westmächte seien der Sowjetunion in der Zeit von 1951–1954 nicht energisch genug entgegengetreten, so daß die Sowjets jetzt im Bewußtsein ihrer Stärke vor einer Zustimmung zur Wiedervereinigung noch größere Konzessionen verlangen würden. Wenn man sie überhaupt noch dazu bringen wolle, einem Sicherheitssystem in Europa unter Einschluß eines wiedervereinigten Deutschlands zuzustimmen, müsse die Vorstellung aufgegeben werden, daß „die Wiedervereinigung mit der Eingliederung der Bundesrepublik oder ganz Deutschlands in die NATO verwirklicht werden" könne.

1) vgl. S. 257 f.
2) vgl. S. 275

Die Behauptung der SPD, daß die Sowjetunion 1955 in Europa eine stärkere Position hatte als 1952 und daß sie folglich weniger gewillt sei, die deutsche Wiedervereinigung in Betracht zu ziehen, mag ein faires Argument gewesen sein. Man kann verstehen, daß die SPD diese These als taktische Waffe gegen die Adenauer-Regierung, die in Moskau nicht gerade eine gute Figur gemacht hatte, einsetzte. Auf der anderen Seite entwickelte die SPD jedoch kein wirklich neues Konzept, mit dem sie der angeblich neuen sowjetischen Haltung hätte begegnen können. Sie ließ es mit ihrer Opposition gegen die NATO und gegen jegliches westdeutsche Sicherheitsarrangement einschließlich der Wiederbewaffnung der Bundesrepublik bewenden. Die angeblich neue sowjetische Haltung hatte die SPD nicht veranlaßt, ihre eigene Haltung entweder in Richtung auf eine Bejahung des westlichen Sicherheitssystems oder die Aufnahme von Verhandlungen mit der ostdeutschen Regierung zu revidieren. Die Parteiführung hielt weiterhin an der Idee fest, daß die Sowjetunion durch einen Rückzug Westdeutschlands aus der NATO und durch das Versprechen, kein gegen die Sowjetunion gerichtetes militärisches Bündnis einzugehen, bewogen werden könne, der Wiedervereinigung zuzustimmen. Auch der totale Mißerfolg der Genfer Außenministerkonferenz vom 27. Oktober bis 16. November 1955 schien diese Vorstellung nicht zu erschüttern. Die Westmächte begnügten sich damit, den Eden-Plan zu wiederholen und einen Sicherheitspakt nach der Wiedervereinigung anzubieten. Molotow ließ sich in seiner Rede am 8. November in Genf des langen und breiten über die sozio-ökonomischen Errungenschaften in Ostdeutschland, die es zu erhalten gelte, aus. Der sowjetische Außenminister lehnte eine Wiedervereinigung, die die gesellschaftliche Entwicklung Ostdeutschlands in irgendeiner Weise behindern würde, emphatisch ab und beharrte auf dem Standpunkt, daß die Wiedervereinigung ein innerdeutsches Problem sei, das nur durch Verhandlungen zwischen der DDR und der Bundesrepublik Deutschland bewältigt werden könne. Er unterstützte den ostdeutschen Vorschlag für einen paritätisch besetzten Gesamtdeutschen Rat aus Mitgliedern der Volkskammer und des Bundestages. Freie Wahlen in Deutschland wurden von Molotow rundweg abgelehnt, indem er erklärte, eine derartige mechanische Wiedervereinigung durch freie Wahlen in Anwesenheit ausländischer Streitkräfte schädige die Interessen der „Arbeiterklasse". Statt dessen forderte er, daß der Westen die Existenz zweier deutscher Staaten auf dem deutschen Territorium anerkenne. Die Endgültigkeit, mit der Molotow die westlichen Vorschläge zurückwies, und die Entschiedenheit, mit der er die ostdeutsche Marionettenregierung unterstützte, machten deutlich, daß die Sowjetunion nicht an eine Wiedervereinigung unter anderen Bedingungen als der völligen Kapitulation des Westens in Europa dachte.

Aus: Abraham Ashkenasi: Reformpartei und Außenpolitik, Köln 1968, S. 104 ff.

II. Aspekte der innenpolitischen Entwicklung der Bundesrepublik 1949–1955

Übersicht

1949 15. Juli: Die CDU begründet mit den Düsseldorfer Leitsätzen ihr endgültiges Abrücken von einem auf teilweiser Planung und Sozialisierung beruhenden Wirtschaftssystem, wie sie es noch im Ahlener Programm vom Februar 1947 propagiert hatte, und vollzieht eine uneingeschränkte Option für die Soziale Marktwirtschaft. Die Düsseldorfer Leitsätze bilden zugleich die programmatische Plattform für das Zusammengehen mit der FDP.

8. August: Das „Gesetz zur Milderung sozialer Notstände" führt als Vorstufe zum Lastenausgleich die Soforthilfe für Vertriebene, Flüchtlinge, Kriegssach- und Währungsgeschädigte und politisch Verfolgte ein. Diese Soforthilfe soll – durch eine Vermögensabgabe der Nichtgeschädigten finanziert (Soforthil-

fefonds) – für Unterhalt, Berufsausbildung, Existenzaufbau, Hausratsbeschaffung und Wohnungsbau gewährt werden.
Sommer 1949: Der Wahlkampf zu den Bundestagswahlen wird angesichts der Tatsache, daß der Parlamentarische Rat auf eine Präjudizierung der Wirtschaftsordnung verzichtet hat, weitgehend zu einem Entscheid über die Alternative Marktwirtschaft oder sozialistische Gemeinwirtschaft verkürzt. Demgemäß rückt nicht Adenauer in den Mittelpunkt, sondern Ludwig Erhard, „der Optimismus ausstrahlende Protagonist der Sozialen Marktwirtschaft" (H.-P. Schwarz). Dennoch verlaufen die Auseinandersetzung und die Bemühung um die Gunst der Wähler, obwohl so viel auf dem Spiel steht, ungeachtet einiger polemischer Überspitzungen – etwa Schumachers Etikettierung der katholischen Kirche als „fünfte Besatzungsmacht" – insgesamt wesentlich ruhiger als spätere Wahlkampagnen.

14. August: Die Wahlen zum ersten Bundestag erbringen bei einer Wahlbeteiligung von 78,5% ein leichtes Übergewicht der CDU/CSU mit 31% der Stimmen gegenüber der SPD mit 29,2%. Gemäß dem vom Parlamentarischen Rat beschlossenen Wahlgesetz vom 15.6. 1949 wurden 60% der Abgeordneten direkt in den Wahlkreisen gewählt (Mehrheitswahl) und 40% über Landeslisten der Parteien (Verhältniswahl). Die Gesamtzahl der Mandate wird nach dem Verhältniswahlsystem errechnet und verteilt. Dabei werden Parteien berücksichtigt, die in einem Bundesland mindestens 5% der Zweitstimmen oder ein Direktmandat errungen haben.

21. August: Noch ehe die offiziellen Gremien der CDU und CSU mit der Frage von Koalitionsverhandlungen befaßt werden, erreicht Adenauer, der sowohl im Landtag von Nordrhein-Westfalen wie im Parlamentarischen Rat die Verbindungen zu den Liberalen gepflegt hat, auf der berühmten Rhöndorfer Konferenz (einer Zusammenkunft von 24 führenden Unions-Politikern in seinem Haus) ein eindeutiges Votum für das parlamentarische Bündnis mit der FDP, obwohl in keinem Bundesland eine Koalition nach dem angestrebten Bonner Modell besteht. Eingeschlossen ist die Vereinbarung der Kandidatur Adenauers als Bundeskanzler und die von Theodor Heuss, dem FDP-Vorsitzenden, als Bundespräsident.

12. September: Die erste Bundesversammlung, zusammengesetzt aus 402 Abgeordneten des Bundestags und 402 der Länderparlamente, wählt in Bonn im zweiten Durchgang mit 416 Stimmen, d.h. der erforderlichen absoluten Mehrheit, Theodor Heuss zum Bundespräsidenten; der SPD-Vorsitzende Kurt Schumacher erreicht 312 Stimmen. Den Ausschlag für Heuss geben die 17 Abgeordneten der Bayernpartei, die „als eine Art Sicherheitsnetz für das bürgerliche Lager" (H.-P. Schwarz) fungieren.

15. September: Der erste Bundestag wählt Konrad Adenauer mit 202 Stimmen, d.h. mit einer Stimme über der gesetzlich vorgeschriebenen Mehrheit – seiner eigenen Stimme, wie der CDU-Vorsitzende freimütig bekannte – zum Bundeskanzler. Adenauer hat gegen die Intention eines beträchtlichen Teils der CDU eine bürgerliche Koalition aus CDU/CSU, FDP und DP durchgesetzt und die enttäuschte SPD in die Oppositionsrolle verwiesen. Die Ernennung von Ludwig Erhard, dem „Vater der Sozialen Marktwirtschaft", zum Bundeswirtschaftsminister bedeutet – in Konsequenz des vor allem unter wirtschafts- und gesellschaftspolitischen Aspekten geführten Wahlkampfes – die definitive Entscheidung gegen jedes planwirtschaftliche und auf Sozialisierung der Schlüsselindustrien gerichtete Konzept.

12.–14. Oktober: Die 16 Einzelgewerkschaften, die als überparteiliche und überkonfessionelle Industriegewerkschaften an die Stelle der früheren Richtungs- und Berufsverbände getreten sind, gründen in München den „Deutschen Gewerkschaftsbund für das Gebiet der Bundesrepublik Deutschland" (DBG) mit Sitz in Düsseldorf. Erster Vorsitzender wird Hans Böckler, der zuvor dem DGB in der britischen Zone vorgestanden hat. Die Kontroverse um die Alternative „Dachorganisation oder zentralistisches Gebilde" (Th. Pirker) ist in einer Kompromißlösung aufgefangen worden, wie sie sich vor allem in der Doppelrolle der Vorsitzenden der Industriegewerkschaften spiegelt, die nämlich kraft Amtes zugleich dem Bundesvorstand angehören.
Der DGB erstrebt gemäß dem auf dem Gründungskongreß verabschiedeten Programm nicht nur arbeits- und sozialrechtliche Verbesserungen für seine über 5 Millionen Mitglieder, sondern darüber hinaus die Mitbestimmung der Arbeitnehmer, die Sozialisierung der Schlüsselindustrien und eine zentrale Wirtschaftsplanung bei freier Wahl von Beruf, Arbeitsplatz und Konsum.

19. Oktober: Mit dem Bundesverband der Deutschen Industrie (BDI), der als Dachorganisation zur Wahrnehmung der wirtschaftlichen Belange der deutschen Industrie im In- und Ausland in Köln gegründet wird, findet nach Entstehung der Bundesvereinigung der Deutschen Arbeitgeberverbände (BDA) und des Deutschen Industrie- und Handelstags (DIHT) die Etablierung der wichtigsten Säule unternehmerischer Interessenvertretung in der Bundesrepublik statt.

3. November: Nachdem der Parlamentarische Rat mit knapper Mehrheit für Bonn als Regierungssitz votiert hat, bestätigt der neue Bundestag mit 200 zu 176 Stimmen diese Entscheidung. Die in diesem Zusammenhang von der SPD-Opposition geäußerten Bestechungsvorwürfe führen zwar zur Einsetzung eines parlamentarischen Untersuchungsausschusses, bleiben jedoch ungeklärt.

1950 8. Januar: Der BHE (= Bund der Heimatvertriebenen und Entrechteten) wird als antisozialistische Vertriebenen- bzw. Flüchtlingspartei gegründet und operiert – von Schleswig-Holstein ausgehend – bald im gesamten Bundesgebiet.

7. März: Der Bundestag verabschiedet angesichts der desolaten wirtschaftlichen Lage der früheren Reichshauptstadt, deren Industrieproduktion 1949 nur noch 19% im Vergleich zu 1936 beträgt, das Berlinhilfegesetz, das vorsieht, durch Bundesgarantien (Warenbezug, Finanzbürgschaften) und Steuererleichterungen die Wirtschaftskraft der geteilten Stadt zu stärken. Die Berlinhilfe wird u.a. durch das am 19. 10. 1948 eingeführte „Notopfer Berlin" finanziert.

25. Juni: Der Beginn des Korea-Krieges (vgl. S. 2; 29) beschwört die Gefahr eines Dritten Weltkriegs. Sie und der für notwendig erachtete deutsche Militärbeitrag beschleunigen nicht nur das Ende der Besatzungszeit, sondern schaffen durch einen weltweiten Rüstungsboom eine einmalige Konstellation für die deutsche Exportwirtschaft. Ihr bietet sich die Chance, die Nachfrage nach Investitionsgütern zu befriedigen und verlorene Märkte zurückzugewinnen.

5. August: In der „Charta der Heimatvertriebenen", verkündet am 5. Jahrestag des Potsdamer Abkommens in Stuttgart-Bad Cannstatt, erklärt der Zentralverband der vertriebenen Deutschen seinen Verzicht auf Rache und Vergeltung. Er bekennt sich zu einem geeinten freien Europa und fordert die Anerkennung des Rechts auf Heimat als eines von Gott gegebenen Grundrechts.

20. Dezember: Das Bundesversorgungsgesetz (BVG) vereinheitlicht die Kriegsopferversorgung für Beschädigte und Hinterbliebene in Form von Geld- und Sachleistungen.

1951 11. Januar: Die festgefahrenen und auf eine Kraftprobe mit der Bundesregierung zugespitzten Verhandlungen um die Mitbestimmung im Montanbereich, die angesichts der Ratifizierung des Schuman-Plans und der damit bevorstehenden Aufhebung des Ruhrstatuts aufgenommen wurden, werden flottgemacht durch eine Unterredung zwischen Adenauer und dem DGB-Vorsitzenden Böckler, bei der sich der Kanzler überraschend als Anwalt dieser umstrittenen Forderung erweist. Adenauers Kalkül liegt die Annahme zugrunde, daß sich gewissermaßen im Gegenzug zur Einführung der Montan-Mitbestimmung, der der DGB aufgrund der Schlüsselbedeutung der Ruhrindustrie eine Pilotfunktion zuschreibt, die Billigung eines deutschen Verteidigungsbeitrags durch die Gewerkschaften erreichen lasse. Dies scheint ihm angesichts der lautstarken moralischen Verurteilungen dieser Absicht bis in das bürgerliche Lager hinein ein dringlich gebotener Beruhigungsversuch, der jedoch – zumindest was die Gewerkschaften betrifft – nicht ganz gelingt.

16. März: Gemäß dem Gesetz über den Bundesgrenzschutz kommt es zum Aufbau einer dem Bundesminister des Innern unterstellte Sonderpolizei, der die Bewachung der Grenzen und der Bundesorgane in Bonn obliegt. Bei drohender Gefahr kann der Bundesgrenzschutz im gesamten Bundesgebiet eingesetzt werden.

11. Mai: Wesentlich zur personellen Kontinuität der Bürokratie und zur „Seßhaftigkeit der Verwaltungselite in den Stürmen des politischen Wandels" (R. Dahrendorf) trägt bei das Gesetz zu Art. 131 Grundgesetz „Über die Rechtsverhältnisse von Personen einschließlich der Flüchtlinge und Vertriebenen, die am 8. 5. 1945 im öffentlichen Dienst standen, aus anderen als beamten- oder tariflichen Gründen ausgeschieden und bisher nicht oder nicht ihrer früheren Stellung entsprechend verwendet werden". Denn mit ihm „kehrten bis auf einen geringen Rest vor allem die Entnazifizierten [immerhin waren 98% als Mitläufer und Entlastete eingestuft worden] in den aktiven Dienst zurück bzw. wurden den Ländern und Gemeinden, die bisher noch Distanz gewahrt hatten, aufgezwungen, so daß nicht viel zum Status quo ante fehlte" (L. Niethammer), sondern im Gegenteil nach dem Zustrom von Flüchtlingen und Vertriebenen in etlichen Behörden mehr ehemalige Pgs (Parteigenossen) saßen als unter Hitler. Allerdings konnte man auch bei dieser Gruppe nach den Erfahrungen des Zusammenbruchs – mit Ausnahmen – kaum noch besondere Sympathie für Nationalismus und Nationalsozialismus voraussetzen.

21. Mai: Das „Gesetz über die Mitbestimmung der Arbeitnehmer in den Aufsichtsräten und Vorständen der Unternehmen des Bergbaus und der Eisen und Stahl erzeugenden Industrie" (Montanindu-

strie), das zu diesem Zeitpunkt nur 800 000 Arbeiter und Angestellte dieses Sektors betrifft (und bis heute gilt), wird verabschiedet. Danach bilden Unternehmen mit mehr als 1 000 Arbeitnehmern einen in der Regel 11-köpfigen Aufsichtsrat, den Anteilseigner und Arbeitnehmer (möglich sind maximal 3 außerbetriebliche Mitglieder) paritätisch besetzen. Das 11. Mitglied, das bei Stimmgleichheit (Patt) entscheidet und besondere Voraussetzungen der Neutralität erfüllen muß, wählen Arbeitgeber- und Arbeitnehmervertreter gemeinsam. Der Arbeitsdirektor, das für Personal- und Ausbildungsfragen zuständige und für die Zusammenarbeit mit dem Betriebsrat verantwortliche Vorstandsmitglied, darf vom Aufsichtsrat nur mit mindestens 3 Arbeitnehmerstimmen bestellt werden. Bei der weithin kritisch-reservierten Einschätzung des Gesetzes in der Arbeiterschaft spielen zwei Umstände eine Rolle: einmal, daß den Arbeitnehmervertretern nicht die erhoffte dominante Stellung im Aufsichtsrat zugebilligt wird, und zum anderen, daß die sektorale Begrenzung unüberwindbar scheint.

1952 4. Januar: Das sog. dritte Überleitungsgesetz stellt die Rechtseinheit zwischen West-Berlin und dem Bund sicher. Mit Ausnahme bestimmter Gesetze, so der Verteidigungsgesetze, ist West-Berlin verpflichtet, Bundesgesetze einen Monat nach Verkündigung unverändert zu übernehmen. Das Abgeordnetenhaus stellt die Übernahme ohne besondere Lesung fest, meist pauschal für eine Reihe von Gesetzen. Dieses „Als-ob-Verhältnis" (Th. Eschenburg) zwischen der Bundesrepublik und Berlin erkennt die Sowjetunion nicht an.

10. März: Errichtung der Bundesanstalt für Arbeitsvermittlung und Arbeitslosenversicherung in Nürnberg, der die Arbeitsämter in den Bundesländern angeschlossen werden. Sie verstärkt durch „Sofortprogramme" die Arbeitsbeschaffungsmaßnahmen der Bundesregierung. Der Gründung der Bundesanstalt ist die Installierung der Selbstverwaltung bei den Sozialversicherungsträgern, in denen die Sozialpartner in allen Organen paritätisch vertreten sind, vorausgegangen.

17. März: Das Wohnungsbau-Prämiengesetz führt, um den Wohnungsbau anzuregen und die Bildung von Eigenkapital zu fördern, nach Familienstand und Aufwendungshöhe differenzierte Prämien für dem Wohnungsbau geltende Sparleistungen (z. B. Bausparen) ein.

26. Mai: In Reaktion auf den Abschluß des Deutschland-Vertrages (vgl. S. 68 ff.) richten die DDR-Behörden eine 5 km breite Sperrzone an der Grenze zur Bundesrepublik ein, reduzieren die Übergänge zwischen Ost- und West-Berlin und machen Reisen von West-Berlinern in die DDR von Passierscheinen abhängig.
Die forcierte Sowjetisierung in der DDR, die zu einer schweren Ernährungskrise, spürbaren Produktionsverlusten und zugleich zu weiteren Zwangsmaßnahmen des Regimes geführt hat, verstärkt die ohnehin schon zahlenmäßig erhebliche Westflucht, zu der sich vor allem die Familien von Bauern, Handwerkern und mittleren Unternehmern entschließen (vgl. S. 189 und 195 ff.).

19. Juli: Das Betriebsverfassungsgesetz, das von den Koalitionsfraktionen im Bundestag ungeachtet der heftigen parlamentarischen und außerparlamentarischen Opposition verabschiedet wird, schreibt vor, in allen privaten Betrieben und gemeinwirtschaftlichen Unternehmungen mit mindestens 5 ständigen wahlberechtigten Arbeitnehmern als deren besondere Interessenvertretung einen Betriebsrat zu wählen. Bei Aktiengesellschaften und ähnlich verfaßten Großunternehmen soll eine Drittelparität der – von der Belegschaft gewählten – Arbeitnehmervertretung im Aufsichtsrat gewährleistet sein. Eine Mitbestimmung auf der Ebene des Vorstandes oder der Geschäftsführung kennt das BVG nicht. Obwohl weltweit als beispielhaftes Modell partnerschaftlicher Zusammenarbeit von Kapital und Arbeit bewundert, bedeutet das Betriebsverfassungsgesetz aus der Sicht der deutschen Gewerkschaften eine bittere und demonstrative Niederlage; denn sie können weder die geforderte volle Parität und die Einrichtung von überregionalen Wirtschaftsräten noch gar die angestrebte „Neuordnung und Demokratisierung der privatkapitalistisch strukturierten Wirtschaft" durchsetzen. Die vereinbarte Regelung begünstigt eher die gesellschaftliche Integration der Arbeitnehmer als die proklamierte Überwindung der Vorherrschaft des Kapitals durch den Faktor Arbeit. Das BVG dokumentiert für die Gewerkschaften, daß tiefgreifende Strukturveränderungen des privatkapitalistischen Systems nicht durchzusetzen sind, und bewirkt insofern für den DGB die Verlagerung des Engagements auf die traditionelle tarif- und sozialpolitische Interessenwahrnehmung.

14. August: Verabschiedung des Lastenausgleichsgesetzes (LAG). Danach sollen, nachdem „die Frage des Lastenausgleichs von Anfang an als ein zentrales gesellschaftspolitisches Problem für die Bundesrepublik" (K.-D. Bracher) empfunden wurde, im Rahmen der volkswirtschaftlichen Möglichkeiten Schäden

und Verluste reguliert werden, die durch Zerstörung und Vertreibung in der Kriegs- und Nachkriegszeit entstanden sind. Diese Ausgleichszahlungen sollen jedoch den Rechtsanspruch auf Rückkehr und Heimat für die Vertriebenen und Flüchtlinge nicht beeinträchtigen.
Zur LAG-Finanzierung müssen Nichtgeschädigte mit nennenswertem Vermögen jährlich Vermögens-, Hypotheken- oder Kreditgewinnabgaben an den Ausgleichsfonds abführen, den das Bundesausgleichsamt in Bad Homburg als Sondervermögen des Bundes verwaltet. Damit sollen die finanziellen Folgen des verlorenen Krieges auf die Gesamtbevölkerung verteilt werden. Die Ausgleichszahlungen, die aufgrund unterschiedlichen Rechtsanspruchs und in differenzierter Höhe gewährt werden, erfolgen als Hauptentschädigung für verlorene existenztragende Vermögen, Kriegsschadenrente, Hausratsentschädigung oder Härtefondsleistungen. Anschließende Spezialgesetze regeln z.B. die Rechtsstellung der Vertriebenen und Flüchtlinge und die Wiedergutmachung für Opfer der NS-Verfolgung.

10. September: Im sog. Luxemburger Abkommen verpflichtet sich die Bundesrepublik, eine kollektive Wiedergutmachung im Waren- und Dienstleistungswert von 3 Mrd. DM an Israel und 450 Mill. DM an jüdische Organisationen zu zahlen. Die ratenweise in 12 bis 14 Jahren zu leistende Globalentschädigung soll vor allem die Eingliederung jüdischer Flüchtlinge aus Deutschland erleichtern, die der Staat Israel aufgenommen hat. Ähnliche Wiedergutmachungsverträge zugunsten von NS-Opfern schließt die Bundesrepublik noch mit 12 europäischen Staaten ab. Die DDR lehnt gleichartige Wiedergutmachungsleistungen prinzipiell ab.

23. Oktober: Das Bundesverfassungsgericht – am 12.3. 1951 als „Hüter der Verfassung" mit Sitz in Karlsruhe installiert – verbietet auf Antrag der Bundesregierung die im Oktober 1949 gegründete Sozialistische Reichspartei (SRP) als rechtsradikal und verfassungswidrig, da sie die Menschenrechte mißachte, den Antisemitismus neu belebe und die Demokratie bekämpfe.

1953 1. Juli: Das von Adenauer vorgelegte und vom Bundestag einstimmig gebilligte „Sofortprogramm zur Wiedervereinigung" geht weiterhin von der Vorbedingung freier gesamtdeutscher Wahlen aus und fordert politische Handlungsfreiheit für das geeinte Deutschland.

6. September: Die Wahlen zum zweiten Bundestag werden nach dem neuen Wahlgesetz vom 8.7. 1953 durchgeführt, wobei die 484 Abgeordneten je zur Hälfte in den Wahlkreisen (Erststimme: Direktmandate) und nach Landeslisten der Parteien (Zweitstimme: Verhältniswahl) zu wählen sind. Sitze erhalten nur Parteien, die im Bundesgebiet mindestens 5% der Zweitstimmen oder ein Direktmandat erringen.
Das Wahlergebnis, das nicht nur die Stellung Adenauers innerhalb seiner Partei endgültig festigt, sondern zugleich „den eigentlichen Beginn der Kanzlerdemokratie markiert" (H.-P. Schwarz), erbringt für die CDU/CSU einen erdrutschartigen Zuwachs auf 45,2% der Stimmen und fast die Hälfte der Bundestagsmandate. Die SPD hingegen bleibt mit 28,8% hinter den Erwartungen zurück; auch die FDP büßt gegenüber der ersten Bundestagswahl und erst recht im Vergleich zu den so erfolgreichen Landtagswahlen mit einem 9,5%-Ergebnis erhebliche Stimmenanteile ein. Von den kleineren Parteien überwindet lediglich der BHE mit 5,9% der Zweitstimmen noch die neugeschaffene Sperrklausel.

7. Oktober: Der zweite Bundestag, in dem die Regierungskoalition aus CDU/CSU, FDP, DP und BHE über 333 von 487 Mandaten und damit über die verfassungsrechtlich gewichtige Zweidrittelmehrheit verfügt, wählt Konrad Adenauer (mit 304 gegen 148 Stimmen bei 14 Enthaltungen) erneut zum Bundeskanzler.

1954 17. Juli: Die Bundesversammlung wählt in West-Berlin ohne Gegenkandidaten den bisherigen Amtsinhaber Theodor Heuss im ersten Wahlgang mit 871 (von 987) Stimmen erneut zum Bundespräsidenten.

13. November: Das Kindergeldgesetz verfügt einen Rechtsanspruch für das dritte und jedes weitere Kind bis zum 18. Lebensjahr auf Kindergeld, dessen Finanzierung durch Beiträge der Arbeitgeber sicherzustellen ist. Ab 1.7. 1964 trägt der Bund das wiederholt erhöhte und erweiterte Kindergeld.

1955 5. August: Das Bundespersonalvertretungsgesetz regelt die Rechte der Beschäftigten im öffentlichen Dienst. Demgemäß stehen dem Personalrat – wie dem Betriebsrat in der Privatwirtschaft – Beteiligungsrechte bei organisatorischen, personellen und sozialen Fragen zu.

Obwohl die wirtschaftliche Entwicklung in der Bundesrepublik nach der Währungsreform einen deutlichen Anstieg der Produktionskurve mit sich brachte, zeigte sich bereits ab Ende 1949 eine spürbare Rückläufigkeit. Sie signalisierte sich in einem neuerlichen Anwachsen der Arbeitslosenzahl und einem offenkundigen Kapitalmangel: beides Ausdruck struktureller wie konjunktureller Defizite. So verhinderte einerseits die Devisenknappheit kurzfristige Exporterfolge, da der Verlust der Ostgebiete und die – durch Vertriebene und Zugewanderte – vergrößerte Bevölkerungszahl eine erhebliche Einfuhr von Ernährungsgütern verlangten, und bewirkte andererseits die niedrige Einkommensstruktur der Arbeitnehmer eine – nach Abebben der Kaufwelle im Gefolge der Währungsreform – unzulängliche Inlandsnachfrage. Mit 40% der öffentlichen Ausgaben überhaupt waren die Leistungen für Alte, Kriegsopfer, Kriegshinterbliebene und Versehrte zwar außergewöhnlich hoch, doch konnten angesichts der individuell bescheidenen Größenordnung von ihnen keine belebenden Impulse für die Wirtschaft insgesamt ausgehen.

Während die SPD für Konjunkturprogramme der öffentlichen Hand, finanziert durch deficit spending, Investitionsplanung und -kontrolle, Steigerung der Massenkaufkraft und verbesserte Sozialleistungen plädierte, hielt die Bundesregierung – in erster Linie repräsentiert durch den Wirtschaftsminister Ludwig Erhard – am unbedingten Vorrang der Ausweitung der Produktionskapazität und der internationalen Wettbewerbsfähigkeit fest. Durch großzügige Abschreibungsvergünstigungen und Senkung der Einkommensteuer für Selbständige sollten Investitionen durch Selbstfinanzierung, d.h. letztlich über die Preise, ermöglicht werden. Dies bedeutete allerdings, daß von dem Zuwachs des Volksvermögens fast ausschließlich die Kapitaleigentümer profitierten, während – von SPD und Gewerkschaften kritisiert – Lohnerhöhungen für die Arbeitnehmer erst ab 1952 allmählich erreicht werden konnten.

„Die Durststrecke des wirtschaftspolitischen Kurses von Ludwig Erhard ging zu Ende, als der Korea-Boom voll einsetzte" (H.-P. Schwarz), doch hat dieser geographisch so ferne Konflikt, der im Juni 1950 mit der nordkoreanischen Invasion in den Süden des geteilten Landes begann und zeitweilig die Gefahr eines Dritten Weltkrieges zu implizieren schien, nicht nur die ökonomischen Rahmenbedingungen für die Bundesrepublik in entscheidender Weise verändert, sondern zugleich fieberhafte Planungen für die Verteidigung Westeuropas ausgelöst. Denn die mögliche Parallele zum geteilten Deutschland drängte sich auf und ließ – auch angesichts von Drohungen der DDR, die zum „nationalen Widerstand" gegen die „Marionettenregierung in Bonn" aufruft – die Furcht vor einem zweiten Korea in Europa keineswegs allein als überängstliche Spekulation erscheinen.

Waren die industriellen Kapazitätsreserven der USA, Großbritanniens und Frankreichs durch die Herstellung von Rüstungsgütern in hohem Maße ausgelastet, nutzte die deutsche Exportwirtschaft diese unverhoffte Konstellation, indem sie – zudem von jeder Produktion von Kriegsmaterial durch Verbot der Besatzungsmächte ausgeschlossen – Investitionsgüter anbot und verlorenes Terrain auf dem internationalen Markt zurückgewann. Koreakrieg und deutsches „Wirtschaftswunder" stehen also in engem Zusammenhang.

Selbst für die Anfangsjahre der Bundesrepublik kann – entgegen dem vordergründigen Eindruck – keineswegs von einem eindeutigen Primat der Außenpolitik gesprochen werden. Auf den Feldern der Wirtschafts- und Sozialpolitik mußten gleicherweise schwierige und für die Abstützung der künftigen demokratischen Entwicklung wesentliche formative Entscheidungen getroffen werden. Zu ihnen rechnete die Regelung der Mitbestimmungsfrage, wo bereits bei der Gründung der Bundesrepublik vorgegebene Bestimmungen in einzelnen Länderverfassungen eine bundeseinheitliche Gesetzgebung geradezu notwendig machten. Es war verständlich, daß die Gewerkschaften jenes Modell innerbetrieblicher Mitbestimmung durch geltendes deutsches Recht abgesichert und auf Bundesebene realisiert sehen wollten, das – dank der britischen Militärverwaltung – in der eisenschaffenden Industrie Nordrhein-Westfalens hatte durchgesetzt werden können. Wenn die Gewerkschaften für ihre Initiative den gleichen Sektor wählten, hing dies mit der zutreffenden Erkenntnis zusammen, daß die Position der Eigentümer im Montanbereich angesichts der alliierten Entflechtungsauflagen bedroht war. Obwohl Adenauer davon überzeugt war, daß es zum Wiederaufbau der Fabriken und zur Verhinderung der Demontagen des organisierten Zusammenwirkens von Kapital und Arbeit bedurfte, bestanden in Kabinett und Koalitionsfraktionen erhebliche Vorbehalte selbst gegen ein eingeschränktes Paritätsprinzip, die der Kanzler nicht einmal gänzlich überwinden konnte, als im Januar 1951 ein Massenstreik der Hüttenarbeiter im Ruhrgebiet sich ankündigte. Denn Adenauer hätte für das Gesetz über die Montan-Mitbestimmung, das sein Ansehen im Gewerkschaftslager so nachhaltig mehrte, eine parlamentarische Mehrheit ohne Stimmen aus den Reihen der SPD nicht zustande gebracht.

Ähnliche Bedeutung kam der Lösung zweier vergleichbarer innenpolitischer Schlüsselprobleme zu: der Regelung des Lastenausgleichs und der Eingliederung der Vertriebenen. Obwohl zeitlich auseinanderliegend, war die sachliche Kohärenz beider Komplexe offenkundig. Sie betrafen weitgehend eine identische Bevölkerungsgruppe, deren soziale und politische Integration – angesichts der befürchteten Anfälligkeit für radikale Lösungen und Überzeugungen als vordringlich angesehen – über die administrativen Maßnahmen hinaus in erster Linie dem wirtschaftlichen Boom verdankt wurde. Denn er ermöglichte die Entfaltung von individueller wie kollektiver Selbsthilfe für die Vertriebenen und erklärt, weshalb diese Gruppe – obgleich ihre Verbände das „Recht auf Heimat" weiterhin proklamierten – sich mit der neuen Situation in weitem Umfang arrangierte. Ihre vorrangige Option für das CDU-Lager schloß – vielfach durch kirchliche Bindungen zusätzlich fundiert – eine konservative Grundhaltung und einen prononcierten Antikommunismus ein. „Mehr und mehr wurden die Vertriebenen neben den Katholiken zu einem weiteren Wählerstamm, auf dessen Vertrauen in den fünfziger Jahren die Macht Adenauers beruhte" (H.-P. Schwarz).

Die Probe aufs Exempel lieferten die Bundestagswahlen vom September 1953, die der CDU/CSU fast die Hälfte der Bundestagsmandate bescherten und den BHE nur mit Mühe die neugeschaffene 5%-Hürde überwinden ließen, da die meisten Vertriebenen direkt für den Kanzler gestimmt hatten. Ausgewirkt hatte sich jedoch insgesamt der kontinuierliche Aufschwung der deutschen Wirtschaft seit der zweiten Jahreshälfte 1952, der sich in beträchtlichen Steigerungen von Produktion und Export ebenso ausdrückte wie in fühlbaren Lohnerhöhungen und einem – trotz des permanenten Zustroms von Sowjetzonen-Flüchtlingen – imponierenden Rückgang der Arbeitslosigkeit. Dieser Befund wurde als Gütesiegel der Sozialen Marktwirtschaft und damit als Bestätigung der frühen wirtschaftspolitischen Grundsatzentscheidung interpretiert. Lediglich soziale Härten gruppenspezifischer Natur, die das Bild der allgemeinen Prosperität trübten, schienen noch zu beheben.

War damit die prinzipielle ökonomische Weichenstellung durch ihren Erfolg plausiblem Streit entzogen, so blieb doch – nach den historischen Erfahrungen im 20. Jahrhundert voll verständlich – das Bewußtsein lebendig, daß „außenpolitische Sicherheit die Voraussetzung gesunder wirtschafts- und sozialpolitischer Verhältnisse im Innern ist" (H.-P. Schwarz). Ihre Schlüsselbedeutung für die Konsolidierung der Zweiten Republik erklärt hinreichend, weshalb die großen Kontroversen der folgenden Jahre sich auf den Kurs der Außenpolitik konzentrierten.

II/1 Wirtschaftspolitik, Sozialpolitik und innere Ordnung

Arbeitsthemen

1. *Durch welche Mißstände sieht Schumacher die wirtschaftliche Situation in der Bundesrepublik im Sommer 1949 gekennzeichnet? Welches pauschale Gegenrezept hält er im Interesse der „kleinen Leute" für geboten? Welche abweichende Beschreibung der wirtschaftlichen Verhältnisse gibt Adenauer? Wie kommt die Diskrepanz zustande? (Nr. 1 a und 1 b)*
2. *Welche praktische Schlußfolgerung zog Adenauer aus dem Wahlergebnis vom 14. 8. 1949? Inwiefern kamen ihm dabei die Forderungen der SPD entgegen (Nr. 2 und 3)*
3. *Auf welchen Umstand führt die CDU den wirtschaftlichen Umschwung nach der Währungsreform zurück? Durch welche Vorzüge sieht sie das System der Sozialen Marktwirtschaft gekennzeichnet? Gegen welche Alternativen wird Front gemacht? Welche Rolle wird dem Staat in der Sozialen Marktwirtschaft zugedacht?*
   Wie wird das Verhältnis der Düsseldorfer Leitsätze zum Ahlener Programm definiert? Von welchem Schlüsselbegriff sind die Düsseldorfer Leitsätze durchzogen (Nr. 4)
4. *Weshalb plädiert Jakob Kaiser für einen „dritten Weg"? Womit rechtfertigt er seine bedingte Zustimmung zu den Düsseldorfer Leitsätzen? Warum hält er es für unzureichend, bei der „Inthronisation des Verbrauchers" stehen zu bleiben? (Nr. 5)*
5. *Wodurch sind Duktus und Reichweite des „Dürkheimer Dokuments" (K. Klotzbach) bestimmt? Was mußte es aktuell für die – von einigen Repräsentanten der CDU noch unternommenen – Bemühungen um eine Große Koalition bedeuten? (Nr. 6)*
6. *Welche wirtschaftlich-sozialen Probleme und Alltagssorgen spiegeln die regional breitgestreuten Zeitungsnotizen aus dem Jahre 1949? (Nr. 7)*

7. *Welche Problemfelder mußte der erste Bundestag gesetzgeberisch regeln? Weshalb erwies sich die Eingliederung der Vertriebenen und Flüchtlinge als eine schwer lösbare Aufgabe? (Nr. 8)*
8. *Welche grundsätzlichen Positionen werden in der Charta der Heimatvertriebenen formuliert? Welche aktuellen und situationsbezogenen Forderungen werden erhoben? Durch welche – jeder irgendwie gearteten Radikalität entsagende – Haltung ist der Aufruf insgesamt geprägt? Inwiefern bleibt allerdings die zentrale Formel vom „Recht auf Heimat" vieldeutig? Weshalb kann die Polarität von „Recht auf Heimat" und „Eingliederung" nicht aufgelöst werden? (Nr. 9)*
9. *Woraus erklärt sich die brisante Bedeutung des Lastenausgleichs? Was ist mit den Konzepten eines sozialen bzw. quotalen Lastenausgleichs gemeint? Inwiefern stellte die praktizierte Regelung eine Art mittlerer Linie dar? Was wurde durch sie bewirkt? Was nicht? Weshalb fand die weithin befürchtete soziale Radikalisierung der Vertriebenen trotz letztlich unzureichender materieller Entschädigungen nicht statt? (Nr. 10)*
10. *Wie sollte der Komplex Lastenausgleich ermöglicht und durchgeführt werden? An welchen Kriterien sollte die Anspruchsberechtigung festgemacht werden? Welche instruktiven Details vermittelt der Bericht von Gerd Bucerius über Größenordnung und Abwicklung des Lastenausgleichs? (Nr. 11 und 12)*
11. *Durch welche wirtschaftlichen Schwierigkeiten waren die Anfänge der Bundesrepublik gekennzeichnet? Inwiefern verknüpften sich strukturelle und konjunkturelle Probleme? Welches Lösungskonzept propagierte die Bundesregierung? Weshalb erscheint – trotz offenkundiger Ungleichheiten – seine Etikettierung als „Laissez-faire-Kapitalismus" nicht gerechtfertigt? Welche Risiken implizierte es jedoch? (Nr. 13)*
12. *Mit welchen Vorwürfen attackiert das Flugblatt der SPD vom Mai 1951 die Wirtschaftspolitik der Bundesregierung? Inwiefern hätte die Regierung Adenauer diese Bilanz wohl als unvermeidlichen Zwischenschritt verteidigt? (Nr. 14)*
13. *Auf welche personellen und strukturellen Faktoren läßt sich das bundesrepublikanische „Wirtschaftswunder" in den 50er Jahren zurückführen? In welchen ökonomischen Erfolgen hat es sich konkretisiert? (Nr. 15)*
14. *Mit welchen Kriterien grenzt Ludwig Erhard das von ihm verfochtene Konzept der „Sozialen Marktwirtschaft" vom Manchesterliberalismus ab? Inwiefern hinderten – nach Auffassung des Wirtschaftsministers – spezifische und überwindbare Rahmenbedingungen bisher die zureichende Entfaltung der sozialen Komponente? (Nr. 16)*
15. *Welche Veränderungen in Richtung einer Wohlstandsgesellschaft dokumentieren die Zeitungsnotizen aus dem Jahre 1955? Wo sind dagegen noch Defizite und Einschränkungen erkennbar? Welche fundamentalen Differenzen zur Situation von 1949 lassen sich registrieren? (Nr. 17 und 7)*
16. *Zu welcher besonderen Zurückhaltung und Loyalität sucht der Beschluß der Bundesregierung die Angehörigen des öffentlichen Dienstes zu verpflichten? Läßt sich eine Gemeinsamkeit der indizierten Organisationen ausmachen? Mit welchen differenzierten Sanktionen werden deren Sympathisanten im öffentlichen Dienst bedroht? (Nr. 18)*
17. *Mit welchen Argumenten wird die politische Justiz gegen die KPD und ihre Anhänger begründet? Welchen unterschiedlichen Funktionen diente der Antikommunismus? Woraus bezog er seinen spezifisch deutschen Zuschnitt? (Nr. 19)*
18. *Woraus erklärt sich die Kontinuität des bundesdeutschen Berufsbeamtentums über den Umbruch des Jahres 1945 hinweg? Wofür sind die Fälle Globke und Oberländer symptomatisch? Welche Möglichkeiten bot das 131er Gesetz? Welche Sonderstellung nahm der militärische Sektor ein? Inwiefern läßt sich jedoch auch von einem Kontinuitätsbruch reden? (Nr. 20)*
19. *Welche Konsequenzen hinsichtlich der verfassungsrechtlichen Position des Kanzlers hat der Parlamentarische Rat aus den Weimarer Erfahrungen gezogen? Inwiefern unterliefen Adenauers direkter Zugang zu den Militärgouverneuren und die Konzentration von Kompetenzen im Bundeskanzleramt die Bedeutung des Kabinetts als Kollegialorgan? Welche Rolle ist überhaupt der Person Adenauers bei der Herausbildung der Kanzlerdemokratie zuzumessen? Gegenüber welchen parlamentarischen und außerparlamentarischen Kräften konnte aber auch er auf die – zur Abstützung seiner Politik – notwendige Überzeugungsarbeit nicht verzichten? (Nr. 21)*
20. *Welche Verschiebungen der Wähleranteile weist das Ergebnis der Bundestagswahl von 1953 gegenüber der von 1949 auf? Mit welchem Recht läßt sich das Resultat als Bestätigung der Politik Adenauers interpretieren? (Nr. 22)*
21. *Wodurch wurde die Entstehung von Splitterparteien während der ersten Legislaturperiode des Bundestages begünstigt? Welche Faktoren förderten die Parteienkonzentration ab 1953? Worauf beruhte der sog. Kanzlereffekt Adenauers? (Nr. 22 und 23)*

Materialien

1. Aufrufe zur ersten Bundestagswahl am 14.8. 1949

a) Kurt Schumacher (SPD)

Die Frankfurter *[Sitz des Wirtschaftsrates]* Wirtschaftspolitik freilich hat diese staatsbildenden Kräfte im deutschen Volke gestört. Sie hat versucht, durch den Klassenkampf von oben einen Staat der Verdiener und Nutznießer zu schaffen. Diese Politik kommt in ihrem Ergebnis den kommunistischen Zersetzungsbedürfnissen entgegen. Praktisch haben wir die Preisdiktatur der großen Warenhorter und Sachwertbesitzer in den letzten 13 Monaten erfahren. Im Vergleich zu 1936 sind Löhne und Gehälter nur wenig, die Preise aber außerordentlich gestiegen. So zahlen die kleinen Leute jetzt in Deutschland innere Reparationen an die wirtschaftlich Starken. Die Arbeitslosigkeit steigt trotz der günstigen sommerlichen Verhältnisse. Die Zahl der offenen Stellen sinkt immer weiter. Sogar die Arbeitslosigkeit bei den Bauarbeitern nimmt stetig zu. Selbst der Bau von Werkarbeiterwohnungn stockt. Das Volkseinkommen ist in den letzten Monaten gesunken. Die Produktion beginnt in vielen Zweigen zu stagnieren und selbst rückläufige Entwicklungen in der Produktionshöhe zeigen sich an. Eine gesunde und sozial geordnete Wirtschaft ist aber das Fundament des Staates. Selbst die reichsten Länder der Welt können heute auf Planung, Lenkung und Kontrolle bei der Versorgung mit Krediten und Rohstoffen und der Regelung der Ein- und Ausfuhr nicht verzichten. Man kann aus Westdeutschland nicht einen kapitalistischen Naturschutzpark im Stil von 1850 machen, ohne die Kaufkraft der Massen weiter zu stören und damit die wirtschaftliche Entwicklung entscheidend zu gefährden.

b) Konrad Adenauer (CDU)

Sie *[das heißt die Wähler]* haben zu entscheiden, ob in einer sozial verpflichteten Marktwirtschaft freie Unternehmer-Initiative unter Teilnahme des Arbeiters am Gewinn sich entfaltet oder ob in der sozialisierten Wirtschaft der Staat Preis und Lohn durch seine Bürokratie festsetzt und in der Zwangswirtschaft der Kaufmann zum staatlichen Warenverteiler degradiert wird. Die Stellungnahme der Christlich Demokratischen Union zu diesem Problem liegt klar. Für unsere Partei war immer die Persönlichkeit, der Einzelmensch, Richtschnur unseres politischen Handelns. Nie die Klasse, nie die Masse. Wer hat denn die Menschen davon erlöst, in Schlangen nach Lebensmitteln oder Bezugsscheinen anzustehen? Wer hat sie davon befreit, noch länger das Objekt der Wirtschaftsbürokratie zu sein? Wer hat von Industrie, von Handel und Gewerbe die Fesseln der Zwangswirtschaft genommen? Heute tut die SPD so, als ob die stabile Währung, die Lieferungen des Marshallplanes und der milde Winter allein für die Erholung unserer Wirtschaft verantwortlich seien. Nun, England hatte eine stabile Währung. Es hatte auch Marshallplan-Lieferungen in viel größerem Ausmaß wie wir. Und einen milden Winter hat es auch gehabt. Heute können wir, nach den Ereignissen der letzten Wochen *[gemeint: die Abwertung des englischen Pfundes]* von einem Zusammenbruch der sozialistischen Wirtschaft in diesem Lande sprechen. Es war der Entschluß der Männer in Frankfurt am Main, mit der Vergangenheit und ihrem Zwang radikal zu brechen und der Wirtschaft die Freiheit zu geben, die sie braucht.

Zit. nach: Emil Kroher (Hrsg.), Entscheidungen zur Geschichte der Bundesrepublik Deutschland, Starnberg 1967, S. 65 f. bzw. S. 67 f.

2. Ergebnis der Bundestagswahl vom 14.8. 1949

Wahlberechtigt: 31 207 620
Gültige Stimmen: 23 732 398

Wahlbeteiligung: 78,5%
Mandate: 402

	Stimmen absolut	Stimmen-anteil in %	Mandate WK	LL	insg.	Mandats-anteil in %
CDU/CSU	7 359 084	31,0	115	24	139	34,6
SPD	6 934 975	29,2	96	35	131	32,8
FDP/DVP/BDV	2 829 920	11,9	12	40	52	12,9
KPD	1 361 708	5,7	–	15	15	3,7
BP	986 478	4,2	11	6	17	4,2
DP	939 934	4,0	5	12	17	4,2
Z	727 505	3,1	–	10	10	2,5
WAV	681 888	2,9	–	12	12	3,0
DRP	429 031	1,8	–	5	5	1,2
NG	248 305	1,0	1	–	1	0,2
RSF	216 749	0,9	–	–	–	–
SSW	75 388	0,3	–	1	1	0,2
EVD/SzT	26 162	0,1	–	–	–	–
RVP/RWVP	21 931	0,1	–	–	–	–
Unabhängige	893 342	3,8	2	–	2	0,5

(WK = Wahlkreis, LL = Landesliste)

Abkürzungen der Parteinamen:

BDV	Bremer Demokratische Volkspartei
BP	Bayernpartei
DP	Deutsche Partei
DRP	Deutsche Reichs-Partei
EVD	Europäische Volksbewegung Deutschlands
RSF	Radikal-Soziale Freiheitspartei
RVP/RWVP	Rheinische Volkspartei/Rheinisch-Westf. Volkspartei
SSW	Südschleswigscher Wählerverband
SzT	Sammlung zur Tat
WAV	Wirtschaftliche Wiederaufbauvereinigung
Z	Zentrum

Nach: Heino Kaack, Geschichte und Struktur des deutschen Parteiensystems. Opladen 1971, S. 196

3. Die Rhöndorfer Konferenz vom 21.8. 1949

Obwohl die im Wirtschaftsrat zugespitzte Konfrontation zwischen den bürgerlich-konservativen Parteien und den Sozialisten, die persönliche Gegnerschaft zwischen Schumacher und Adenauer sowie die jüngste scharfe Wahlkampfauseinandersetzung eigentlich kaum erwarten ließen, daß es bei der Bildung der ersten Bundesregierung zu einem gemeinsamen Vorgehen von CDU und SPD kommen würde, meldeten sich nach dem 14. August in beiden Parteien Minderheiten von nicht unerheblichem Gewicht zu Wort, die eine Große Koalition, verstanden als soziale und nationale Notgemeinschaft, anstrebten...

Derartigen Tendenzen setzte die Hannoveraner Zentrale der Sozialdemokratie jedoch sogleich einen kräftigen Sperriegel entgegen, indem sie schon am Tag nach der Wahl die Besetzung des Wirtschaftsministeriums und damit die Bestimmung der künftigen Wirtschaftspolitik durch einen ihrer Repräsentanten zur unabdingbaren Voraussetzung für eine Regierungsbeteiligung erklärte. Für die Unionsgegner der Großen Koalition, voran die Protagonisten der Sozialen Marktwirtschaftspolitik, bot diese Festlegung einen willkommenen Anlaß, ihre eigene Position zu verdeutlichen und auf einer Klärung der politischen Auffassungen im Hinblick auf die Regierungsbildung zu bestehen. So unterstrich Ludwig Erhard am 19. August sein völliges Einverständnis mit Adenauer über

die Notwendigkeit, in jedem denkbaren Fall die bisher in Frankfurt eingeschlagene wirtschaftspolitische Linie konsequent fortzusetzen.
Eine einheitliche Willensbildung in der Union war vor allem durch den Umstand gefährdet, daß die CDU damals noch keine Bundespartei war und ein transzonal legitimiertes Parteigremium nicht existierte. Das einzige zentrale Organ, die eben gewählte Bundestagsfraktion, war erst für Ende August zusammengerufen. Adenauer suchte nun nach einem Weg, das für seine Absichten möglicherweise gefährliche Terminvakuum zu überbrücken und sich zwischenzeitlich einen Rückhalt zu verschaffen, der die kleine Koalitionslösung, also die Bildung einer Regierung ohne SPD-Beteiligung, fördern würde. Zu diesem Zweck lud er führende Vertreter der CDU/CSU für den 21. August zu einer Besprechung nach Rhöndorf ein, wobei er den Kreis der Einzuladenden so auswählte, daß die Anhänger der Großen Koalition von vornherein in einer unbedeutenden Minderheit waren. Unter den Teilnehmern fehlte etwa ein so einflußreicher Exponent des Arbeitnehmerflügels wie der nordrhein-westfälische Ministerpräsident Karl Arnold. Zu Beginn der Konferenz legte Adenauer seine Motive gegen eine Koalition mit der SPD dar. Er betonte die weltanschaulichen und wirtschaftspolitischen Differenzen und meinte außerdem, daß in der Startphase der parlamentarischen Demokratie und angesichts der labilen innen- wie außenpolitischen Lage eine starke Opposition im Bundestag vonnöten sei. Adenauers Situationsbeurteilung folgte eine mehrstündige, zeitweise erregte Debatte, in der sich der Regierungschef von Rheinland-Pfalz, Peter Altmeier, an die Spitze der Sprecher für eine Große Koalition stellte. Daß sich Adenauer schließlich überzeugend durchsetzte, hatte er vor allem der bayerischen CSU zu danken, die kompromißlos gegen ein Bündnis mit der SPD argumentierte. Im Pressekommuniqué über die Rhöndorfer Konferenz wurde resümiert, daß die Bundestagswahl „nicht nur ein eindrucksvolles Bekenntnis zu den Grundlinien der christlich-demokratischen Gesellschaftsauffassung, sondern auch eine eindeutige Bejahung der sozialen Marktwirtschaft im Gegensatz zur sozialistischen Planwirtschaft“ erbracht habe. Daraus ergebe sich die Verpflichtung zur politischen Kontinuität und zu „klaren Konsequenzen“ bei der Regierungsbildung.
Trotz der Legitimationsschwäche des Rhöndorfer Gremiums kam diese Bekundung einem Vorentscheid gleich.

Aus: Kurt Klotzbach, Der Weg zur Staatspartei. Programmatik, praktische Politik und Organisation der deutschen Sozialdemokratie 1945 bis 1965, Bonn 1982, S. 188 f.

4. Die Düsseldorfer Leitsätze der CDU vom 15.7.1949

Das wirtschaftliche und soziale Leben des deutschen Volkes ging nach dem Kriege immer mehr einem Zustand völliger Auflösung entgegen.
In der ersten Hälfte des Jahres 1948 war der Tiefpunkt erreicht. Produktion und Arbeitsmoral waren auf ein Minimum abgesunken. Der Kampf um die Ware, der ein Kampf gegen den Hunger war, führte zu rücksichtslosem Egoismus. Die Korruption griff in erschreckendem Maße um sich. Die niedrigsten Instinkte wurden geweckt. Die allgemeine Demoralisierung drang sogar bis in die Kreise der Jugend vor.
Der 20. Juni 1948 brachte den Umschwung.
Die von der CDU vertretene Wirtschaftspolitik führte zu einer wirtschaftspolitischen Wende. Die menschliche Arbeit erhielt wieder ihren Sinn. Die Arbeitsleistung der Menschen aller Schichten erfuhr eine bedeutende Erhöhung. Die industrielle Produktion stieg rasch und steil an und erreichte in wenigen Monaten eine Verdoppelung. Die Aufhebung der Bezugscheinwirtschaft gab dem Verbraucher wieder die Freiheit zurück. Nach langen Jahren bitterster Entbehrung konnte erstmalig wieder dringendster Bedarf gedeckt werden. Die Läden füllten sich, Mut, Kraft und Energie wurden entfacht und das ganze Volk aus dem Zustand der Lethargie gerissen.
Die Währungsreform allein hat diesen Umschwung nicht herbeigeführt. Sie schaffte die technischen Voraussetzungen. Der wesentlichste Impuls aber kam aus der Inkraftsetzung marktwirtschaftlicher Grundsätze. Diese marktwirtschaftlichen Grundsätze wurden durch die von der CDU ver-

tretene „soziale Marktwirtschaft" am 20. Juni 1948 zur Grundlage der deutschen Wirtschaftspolitik gemacht ...

Nachdem die Kritiker durch die Entwicklung der Ereignisse widerlegt worden sind, melden sie sich erneut mit dem Vorwurf, unsere Wirtschaftspolitik führe zurück zu kapitalistischen Formen und zu altem Liberalismus unsozialer, monopolistischer Prägung. Nichts liegt der CDU ferner als ein solcher Weg. Aufbauend auf dem Ahlener Programm erstrebt sie die soziale Marktwirtschaft.

Was versteht die CDU unter sozialer Marktwirtschaft?

Die „soziale Marktwirtschaft" ist die sozial gebundene Verfassung der gewerblichen Wirtschaft, in der die Leistung freier und tüchtiger Menschen in eine Ordnung gebracht wird, die ein Höchstmaß von wirtschaftlichem Nutzen und sozialer Gerechtigkeit für alle erbringt. Diese Ordnung wird geschaffen durch Freiheit und Bindung, die in der „sozialen Marktwirtschaft" durch echten Leistungswettbewerb und unabhängige Monopolkontrolle zum Ausdruck kommen. Echter Leistungswettbewerb liegt vor, wenn durch eine Wettbewerbsordnung sichergestellt ist, daß bei gleichen Chancen und fairen Wettkampfbedingungen in freier Konkurrenz die bessere Leistung belohnt wird. Das Zusammenwirken aller Beteiligten wird durch marktgerechte Preise gesteuert.

Marktgerechte Preise sind Motor und Steuerungsmittel der Marktwirtschaft. Marktgerechte Preise entstehen, indem Kaufkraft und angebotene Gütermenge auf den Märkten zum Ausgleich gebracht werden. Wichtigste Vorbedingung, um diesen Ausgleich herbeizuführen, ist ein geordnetes Geldwesen.

In einer solchen Wirtschaftsordnung ist jeder Betrieb und jeder Haushalt im Rahmen der für alle gleichen Gesetze an Stelle einer lenkenden Behörde Herr seiner wirtschaftlichen Entschlüsse. Die einzelnen Betriebe planen in eigener Verantwortung, was sie erzeugen, und bieten ihre Erzeugnisse dem Markt an. Auf dem Markt findet ein Wettkampf der Erzeuger um die Gunst der Verbraucher statt. Wenn die Erzeuger richtig geplant haben, bezahlen die Verbraucher gute Preise, wenn sie falsch planen, werden die Erzeugnisse von den Verbrauchern abgelehnt oder nur zu niedrigeren Preisen abgenommen. Im ersteren Falle werden die Erzeuger durch Gewinn belohnt und zu größerer Produktion angeregt, im letzteren Falle werden sie durch Verlust gestraft und zur Umstellung auf eine andere, dem Verbraucher genehmere Produktion angehalten. Auf diese Weise bestimmen die Verbraucher mittelbar, was produziert werden soll, und können gleichzeitig frei über ihr Einkommen verfügen.

Die „soziale Marktwirtschaft" steht im scharfen Gegensatz zum System der Planwirtschaft, die wir ablehnen, ganz gleich, ob in ihr die Lenkungsstellen zentral oder dezentral, staatlich oder selbstverwaltungsmäßig organisiert sind.

Das System der Planwirtschaft beraubt den schaffenden Menschen seiner wirtschaftlichen Selbstbestimmung und Freiheit. Die Planwirtschaft bringt die Unternehmer in Abhängigkeit von der Staats- und Selbstverwaltungsbürokratie und verwandelt sie dadurch in Beamte und Kommissare. Sie schaltet den Einfluß der Verbraucher auf die Erzeugung aus und bringt damit auch den Arbeitern und Angestellten keine Vorteile. Die Planwirtschaft hemmt die Erzeugung, indem sie in die Hand der Lenkungsstellen Machtvollkommenheiten legt, denen die Menschen in keiner Weise gewachsen sind. Sie mutet ihnen Aufgaben zu, die ihre Einsicht weit übersteigen. Stattet man die Lenkungsstellen mit den umfassenden Vollmachten aus, die zur Lösung ihrer Aufgabe erforderlich sind, so führt dies zur Diktatur der Verwaltungsbeamten und zum Ende der Demokratie und des Rechtes. Versucht man aber die Lenkungsstellen einer demokratischen Aufsicht zu unterwerfen, können sie ihre Aufgabe nicht lösen, weil die Natur der Aufgabe schnelles Handeln erfordert und keine umständlichen Kontrollen verträgt. Die Planwirtschaft kann weder das Problem der höchstmöglichen Produktion noch das Problem einer gerechten Verteilung der Erzeugnisse meistern. Sie kann letzten Endes nicht auf die Lenkung des Absatzes verzichten und beschränkt damit den Verbraucher in der freien Bestimmung über sein Einkommen. Statt einer freiheitlichen Ordnung entsteht mit zwingender Folgerichtigkeit die Diktatur oder das Chaos.

Ein geschichtlich fast tragischer Irrtum ist es zu glauben, daß arme Volkswirtschaften bzw. Völker sich zur Überwindung der Not der Planwirtschaft bedienen müssen, während die Marktwirtschaft

nur reichen Volkswirtschaften zieme. Das Gegenteil ist richtig. Arme Volkswirtschaften können sich den Luxus und die Verschwendung der Planwirtschaft nicht leisten, während reiche Volkswirtschaften meist zu spät die Fehler des Systems der Planwirtschaft erkennen. Wirtschaftliche Not kann man durch zwei Verfahren zu überwinden suchen: die Planwirtschaft will die Armut gerecht verwalten und verteilen, die Marktwirtschaft will durch den Leistungswettbewerb auf allen Stufen die Armut überwinden. Es ist würdiger und erfolgreicher, sich durch einen Notstand durchzuarbeiten als durchzuhungern.
Die „soziale Marktwirtschaft" steht auch im Gegensatz zur sogenannten „freien Wirtschaft" liberalistischer Prägung. Um einen Rückfall in die „freie Wirtschaft" zu vermeiden, ist zur Sicherung des Leistungswettbewerbs die unabhängige Monopolkontrolle nötig. Denn so wenig der Staat oder halböffentliche Stellen die gewerbliche Wirtschaft und einzelne Märkte lenken sollen, so wenig dürfen Privatpersonen und private Verbände derartige Lenkungsaufgaben übernehmen.
Die freie Wirtschaft alten Stils hat es den Unternehmern erlaubt, sich zu Kartellen und Marktverbänden zusammenzuschließen, um die Preise zu diktieren, die Erzeugung nach Belieben einzuschränken und den Wirtschaftskampf mit Mitteln der Gewalt, der Verdrängung und der Schadenszufügung, mit Sperren, Kampfpreisen und Boykott zu führen. Dabei wurde der Gedanke des Wettbewerbs verfälscht, verschleiert und seiner motorischen Wirkung beraubt. Nur allzu oft waren nicht gleiche und gerechte Startbedingungen für alle Marktbeteiligten verwirklicht. So kam es in der freien Wirtschaft alten Stils oft zu wirtschaftlicher Ausbeutung der Schwachen durch die Mächtigen und zu wirtschaftlichem Gewalt- und Schädigungskrieg. Die Leidtragenden waren die wirtschaftlich und sozial Schwachen, insbesondere die Verbraucher.
Weil wir die unsozialen Auswüchse einer solchen „freien" Wirtschaft vermeiden wollen, weil wir in ihr eine verfälschte Marktwirtschaft sehen, fordern wir neben dem Leistungswettbewerb die Monopolkontrolle. Erst eine wirksame Monopolkontrolle verhindert, daß Privatpersonen und private Verbände Lenkungsaufgaben in der Wirtschaft übernehmen können. Erst die Monopolkontrolle führt dazu, daß der Verbraucher mittelbar Art und Umfang der Produktion bestimmt und damit zum Herrn der Wirtschaft wird. Dadurch führt die von uns geforderte Wirtschaftsordnung neben den im Ahlener Programm genannten Mitteln zu wahrer Wirtschaftsdemokratie, und deshalb nennen wir sie die „soziale Marktwirtschaft".
Die „soziale Marktwirtschaft" verzichtet auf Planung und Lenkung von Produktion, Arbeitskraft und Absatz.
Dadurch ist der Staat von der Sorge der zentralen Lenkung entlastet. Ihm bleibt die Aufgabe, das Recht zu setzen und zu hüten, den Wettbewerb zu fördern und das Geldwesen zu ordnen. In der „sozialen Marktwirtschaft" treten die durch Gesetz verankerte Ordnung und das Preissystem, d.h. also ein übersehbares und berechenbares System von Ordnungsmitteln, an die Stelle eines behördlichen oder privaten monopolistischen Ermessens, das von niemand wirksam kontrolliert werden kann.
Die „soziale Marktwirtschaft" bejaht jedoch die planvolle Beeinflussung der Wirtschaft mit den organischen Mitteln einer umfassenden Wirtschaftspolitik auf Grund einer elastischen Anpassung an die Marktbeobachtung. Diese Wirtschaftspolitik führt in sinnvoller Kombination von Geld- und Kredit-, Handels- und Zoll-, Steuer-, Investitions- und Sozialpolitik sowie anderen Maßnahmen dazu, daß die Wirtschaft in Erfüllung ihrer letzten Zielsetzung der Wohlfahrt und der Bedarfsdeckung des ganzen Volkes dient. Diese Bedarfsdeckung hat selbstverständlich auch eine angemessene Versorgung des notleidenden Teiles der Bevölkerung zu umfassen.
Die vorwiegend eigentumsrechtlichen und gesellschaftspolitischen Grundsätze des Ahlener Programms werden anerkannt, jedoch nach der marktwirtschaftlichen Seite hin ergänzt und fortentwickelt.
Zur Verwirklichung der sozialen Marktwirtschaft stellen wir folgende Leitsätze auf:
1. Der Leistungswettbewerb ist gesetzlich sicherzustellen. Monopole und Träger marktwirtschaftlicher Macht sind einer institutionell verankerten, unabhängigen und nur dem Gesetz unterworfenen Monopolkontrolle zu unterstellen ...

2. Wir erstreben gesetzliche Maßnahmen zur Vertiefung einer echten Verantwortung in der Wirtschaft ...
3. Gesetzliche Maßnahmen zur Verschärfung der Publizität, vor allem bei den Kapitalgesellschaften, müssen getroffen werden ...
4. Eine zentrale Aufsicht des Geldwesens ist zum Schutze der Währung erforderlich ...
5. Marktgerechte Preise müssen entstehen und dürfen weder von staatlicher noch von privater Seite durch Willkür oder Diktat verfälscht werden. Solche Eingriffe verdrängen die Ware vom Markt. Wir bejahen jedoch die organische Preisbeeinflussung mit den Mitteln der Wirtschaftspolitik, insbesondere der Geld-, Kredit- und Steuerpolitik, damit die Ware bei sinkenden Preisen in steigendem Maße zum Markt drängt ...
6. Im Interesse der deutschen Wettbewerbsfähigkeit auf den Weltmärkten streben wir eine Senkung des deutschen Preisniveaus an. Hierdurch wird zugleich eine Erhöhung des Realeinkommens erzielt ...
7. Die Bildung von Löhnen und die Festsetzung von Arbeitsbedingungen muß dem Tarifvertragssystem überlassen sein. Leistungslohn und Lohnerhöhungen im Rahmen marktwirtschaftlich richtiger Preise sind zu bejahen. Sie erhöhen Kaufkraft und Nachfrage ebenso wie Senkung der Preise ...
8. Technik und Wissenschaft sind mit Nachdruck zu fördern. Sie schaffen neue Bedürfnisse und Arbeitsmöglichkeiten. Sie senken die Gestehungskosten ...
9. Die „soziale Marktwirtschaft" schließt freie Berufswahl, Niederlassungsfreiheit, Gewerbefreiheit und Freizügigkeit ein. Beim Handwerk muß jedoch wie bisher der Befähigungsnachweis (Meisterprüfung) erbracht werden. Das gleiche gilt für alle Berufe, für deren Ausübung der Befähigungsnachweis sachlich notwendig ist ...
10. Die „soziale Marktwirtschaft" bejaht und fördert das private Eigentum. Eine gerechte Verteilung der wirtschaftlichen Erträge und eine soziale Gesetzgebung müssen aus den vermögenslosen Schichten unseres Volkes in großem Umfange besitzende Eigentümer machen. Neben größtmöglichster Streuung des Eigentums bejahen wir im industriellen Raum Unternehmungsformen in Gemeineigentum dann, wenn sie wirtschaftlich zweckmäßig, betriebstechnisch möglich und politisch notwendig sind ...
11. Die Bildung von Sparkapital wollen wir nachdrücklich fördern ...
12. Wir fordern eine umfassende Steuerreform insbesondere durch Abbau der geltenden Steuertarife in allen Stufen und durch Vereinfachung des gesamten Steuerwesens ...
13. Es müssen wirksame Sicherungen gegen Wirtschaftskrisen und Massenarbeitslosigkeit geschaffen werden ...
14. Den Außenhandel wollen wir mit allen Mitteln fördern. Der Marshallplan (ERP) wird von uns bejaht ...
15. Eine deutsche Handelsflotte muß wieder geschaffen werden ...
16. Die „soziale Marktwirtschaft" kann nur dann verwirklicht werden, wenn sie das Vertrauen aller Schichten des Volkes besitzt, d.h., wenn sich Unternehmer, Arbeiter, Angestellte und Verbraucher aktiv an ihrer Durchführung beteiligen ...
Die „soziale Marktwirtschaft" ist diejenige Ordnung, welche die Ausrichtung der Erzeugung auf die wirklichen Wünsche der Verbraucher und die billigste Versorgung des Gesamtbedarfs mit dem geringsten Aufwand an politischer und gesellschaftlicher Macht gewährleistet. Die Eindämmung von Macht aber ist die Aufgabe, vor die uns die Erfahrungen unserer eigenen jüngsten Vergangenheit und gewisser außerdeutscher Entwicklungsvorgänge stellen. Es sind also nicht nur wirtschaftliche und soziale Überlegungen, sondern auch politische und kulturelle Gründe, die uns veranlassen, die „soziale Marktwirtschaft" zu fordern. Wir sehen in ihr eine Wirtschaftsordnung, die zu echter Freiheit führt. Wer frei sein will, muß sich dem Wettbewerb unterwerfen und darauf verzichten, Macht auf dem Markt zu erstreben. Wer Macht auf dem Markt besitzt, d.h. wer nicht durch Wettbewerb kontrolliert ist, darf nicht frei sein ...

Zit. nach: Dokumente zur parteipolitischen Entwicklung in Deutschland, hrsg. von Ossip K. Flechtheim, Bd. 2, Berlin 1963, S. 58ff.

5. Die wirtschaftspolitische Konzeption der CDU-Sozialausschüsse

(Rede Jakob Kaisers vom 23.7.1949)

Mit einfachen Entweder-oder-Lösungen ist die wirtschaftliche Gesundung und die soziale Befriedung in Deutschland nicht zu erreichen. Es ist nach meiner Meinung eine sekundäre Frage: Ob man für eine Freie Marktwirtschaft mit staatlichen Regelungen und sozialen Sicherungen eine Lanze bricht. Oder ob man für eine gemäßigt sozialistische Wirtschaft unter Einschaltung echter Unternehmerinitiative eintritt. Es ist das schließlich auch eine Frage der Zeitverhältnisse. Entscheidend ist allein, daß beide Wege den längst überfälligen Kapitalismus überwinden helfen. Beide Wege: Freiere Wirtschaftsmethoden, ergänzt durch soziale Politik, und regulierte Wirtschaft, aufgelockert durch freie Initiative. Fortschrittliche christliche Demokraten und gemäßigte Sozialisten haben das hüben und drüben längst eingesehen. Aber jede loyale Zusammenarbeit wird verhindert durch eine intolerante, lärmende und zerstörende marxistische Propagandapolitik. Durch die Politik von Hannover mit ihren patentierten Allheilmitteln.

Wir können nur unserer Auffassung treu bleiben: Wir lehnen eine Wirtschaftsreform ab, die auf den Krücken des Staates, von einer herrschenden Parteiclique gelenkt, Produktion, Güterumlauf und Verbrauch in unerträglicher Weise von außen her zu steuern trachtet. Wir lehnen eine solche Form genau so ab wie eine Wirtschaftsmethode, die den Staat zum Nachtwächter degradiert. Die sich aller staatlichen Kontrolle und Regelung entzieht. Die auf dem Rücken der lohnabhängigen Schichten einigen Bevorzugten ein bequemes Dasein ermöglicht. Die bitteren Erfahrungen der letzten Jahrzehnte sollten uns veranlassen, einen dritten Weg mit Geduld, Zähigkeit und Ausdauer zu suchen. Sozial verbrämte Lösungsversuche einer liberalen Privatwirtschaft können die Leidenswunde der Menschheit, die soziale Frage, heute weniger denn je lösen. Sie können es ebensowenig wie Zwangslösungen, die ja doch nur zu einem Staatsgefängnis führen, das Unternehmer, Arbeiter und Verbraucher in gleicher Weise der Freiheit beraubt ...

Und nun ein Wort zu den Düsseldorfer Leitsätzen, insbesondere zu den wirtschafts- und sozialpolitischen: Wir haben diesen Leitsätzen zugestimmt, weil wir durch das Beispiel der Mäßigung unter Beweis stellen wollen, daß wir auf keinen Fall doktrinär sein wollen. Wir haben aber selbstverständlich bei Beratung der Leitsätze entscheidenden Wert darauf gelegt, daß die Grundforderungen der Arbeiterschaft und der Zusammenhang mit dem wirtschaftlichen Ordnungsbild der christlich-demokratischen Arbeiterschaft gewahrt bleibt. Es ist selbstverständlich, daß die eigentumsrechtlichen und gesellschaftspolitischen Grundsätze des Ahlener Programms anerkannt bleiben, wenn sie auch nach der marktwirtschaftlichen Seite der Ergänzung bedurften.

Wir haben zur Anerkennung gebracht, daß nicht der Wettbewerb allein das Ordnungsprinzip der Wirtschaft sein darf. Er muß gebunden bleiben an das Gesetz sozialer Gerechtigkeit. Neben der wirtschaftlichen Freiheit hat die Bindung an das Gemeinwohl, neben dem marktwirtschaftlichen Prinzip haben staatliche Kontrollen und Regelungen zu ihrem Recht zu kommen. Anstelle reiner Planwirtschaft und ihren mechanischen Zwangsmethoden tritt eine organisch marktgerechte Planung mit den indirekten Mitteln einer elastischen Geld-, Kredit-, Handels- und Zoll-, Steuer- und Investitionspolitik.

Was die Sozialisierung angeht, so haben wir sie nie für ein Allheilmittel erklärt. Wir halten aber nach wie vor genossenschaftliche und gemischt-wirtschaftliche Formen des Gemeineigentums für machtverteilend, machtausgleichend und zweckdienlich. Diese Formen sind möglich bei Anerkennung eines echten Unternehmertums und bei voller Selbständigkeit des Handwerks.

Im übrigen werden durch Kapital- und Kreditlenkung, durch staatliche Regelungen und ein unabhängiges Monopolamt in manchen Fällen ausreichende Sicherungen gegen den Mißbrauch wirtschaftlicher Macht geschaffen. Und zwar in solchen Fällen ohne einschneidende, eigentumsrechtliche Veränderungen vornehmen zu müssen.

Echte Wirtschaftsdemokratie kann selbstverständlich nicht allein durch die Inthronisation des Verbrauchers geschaffen werden. Sondern nur durch sinnvolle Einführung demokratischer Formen im Sinne der Mitwirkung und Mitbestimmung der Arbeitnehmer in Betrieben, Unternehmungen

und Selbstverwaltungskörperschaften der Wirtschaft. Diese Wirtschaftsdemokratie gesetzlich zu gewährleisten, ist eine der Hauptaufgaben des kommenden Bundestages.
Die soziale Hypothek, die auf dem deutschen Wirtschaftskörper lastet, erfordert heute stärker noch als früher eine Übereinstimmung wirtschaftlicher Leistungsfähigkeit und sozialer Gerechtigkeit. Soziale Maßnahmen unter Verzicht auf volkswirtschaftliche Produktivität bedeuten Verschleuderung. Produktionssteigerung im Stil von Stachanow und Hennecke bedeutet Erbarmungslosigkeit.

Zit. nach: Erich Kosthorst, Jakob Kaiser. Bundesminister für gesamtdeutsche Fragen 1949–1957, Stuttgart 1972, S. 48 ff.

6. Das Oppositionsprogramm der SPD

(Die sog. Dürkheimer 16 Punkte vom 30. 8. 1949)

Die Sozialdemokratische Partei Deutschlands geht bei ihrer Politik von der Erkenntnis aus, daß eine lebenskräftige Demokratie nur auf dem Fundament sozialer Gerechtigkeit erbaut werden kann. Nur auf dieser Grundlage wird die Deutsche Bundesrepublik ihre Aufgabe erfüllen, die deutsche Einheit zu schaffen und Deutschland in ein neu geordnetes Europa einzugliedern.
Das Ergebnis der Wahlen vom 14. August beschwört die Gefahr herauf, daß die bisherige Wirtschaftspolitik fortgeführt, die deutsche Arbeitskraft ruiniert und die Spannungen zwischen den Klassen so gesteigert werden, daß die staatsbildenden Kräfte gelähmt und die deutsche Demokratie zerstört wird.
Die Voraussetzung für ein gesundes Staatswesen kann nur geschaffen werden, wenn das deutsche Volk folgende Grundsätze in seinem öffentlichen Leben durchsetzt:
1. Überwindung der Arbeitslosigkeit durch eine Politik der Vollbeschäftigung. Dazu ist die Stärkung der Kaufkraft und die Erhöhung des Reallohnes erforderlich. Abwehr weiterer Preissteigerungen. Umbau des Steuersystems durch Entlastung der kleinen Einkommen.
2. Planung und Lenkung der Kredite und Rohstoffe zur Befriedigung des volkswirtschaftlichen Bedarfs. Ablehnung einer vom bloßen Profitinteresse bestimmten Wirtschaftspolitik.
3. Sozialer Lastenausgleich durch Zugriff auf die Vermögen selbst und nicht auf die Erträgnisse der Vermögen.
4. Sofortige Inangriffnahme des Wohnungsbaues unter besonderer Förderung des sozialen Wohnungsbaues durch den Bund.
5. Wirtschaftliche und gesellschaftliche Seßhaftmachung und Freizügigkeit für die Vertriebenen und Kriegsgeschädigten durch zentrale Maßnahmen. Schaffung eines Flüchtlingsministeriums. Zusätzliche Finanzhilfe an die mit Flüchtlingen überbelegten Länder.
6. Neuordnung der Sozialversicherung, des Rentenwesens und Versorgung der Kriegsbeschädigten mit dem Ziel der Verbesserung der Leistungen. Hilfe für die Opfer der Diktaturen.
7. Mitbestimmung der Arbeitenden in den Betrieben und gleichberechtigte Einbeziehung der Gewerkschaften in die Selbstverwaltung der Wirtschaft.
8. Politische und wirtschaftliche Entmachtung des großen Eigentums und der Manager durch Sozialisierung der Grundstoff- und Schlüsselindustrien.
9. Sicherung der freien Entfaltung des gewerblichen und bäuerlichen Mittelstandes.
10. Sicherung und Stärkung der kommunalen Selbstverwaltung, insbesondere durch einen den Gemeindeaufgaben gerecht werdenden Bundesfinanzausgleich.
11. Beschränkung der alliierten Einwirkungen auf bestimmte und reine Kontrollmaßnahmen. Änderung des Ruhrstatuts. Abwehr der Demontage deutscher Friedensindustrien.
12. Einbeziehung Berlins als zwölftes Land in die Deutsche Bundesrepublik. Bis dahin schnelle und wirksame Hilfe für Berlin.
13. Ablehnung der Oder-Neiße-Linie als deutsche Ostgrenze. Verbleib des Saargebietes im deutschen Staatsverband. Abwehr neuer Gebietsabtretungen.
14. Unermüdlicher Appell an die moralischen Kräfte der Welt für die Freilassung der Kriegsgefan-

genen und Frauen. Rückführung der Verschleppten. Kampf gegen Sklavenarbeit in jeder Form und gegen die Konzentrationslager in der sowjetischen Besatzungszone.
15. Wahrung des im Grundgesetz vorgesehenen Vorrechts des Bundestages gegenüber partikularen Gewalten und Interessen. Die Bundesgewalt muß imstande sein, die äußeren und inneren Kriegsfolgelasten gerecht zu verteilen und die Funktionen des deutschen Staates zu erfüllen.
16. Sicherung der Freiheit der Lehre, der Verkündung und der Übung jeder Religion und jeder Weltanschauung. Bekämpfung des Mißbrauchs kirchlicher Einrichtungen und Personen als Instrumente des politischen Machtkampfes. Abwehr jedes Versuchs, die sozialen und politischen Probleme durch Entfachung eines Kulturkampfes zu vernebeln.
Die Sozialdemokratische Partei kämpft unter Ablehnung jeglicher Art von Nationalismus für die Gleichberechtigung aller Völker und für die Neuordnung Europas. Darum kämpft sie für die Wiedervereinigung Deutschlands auf der Grundlage der persönlichen und staatsbürgerlichen Freiheit und Gleichheit in allen Besatzungszonen, insbesondere der sowjetischen Zone.
Nur diese Politik hält die Sozialdemokratische Partei für möglich und erfolgreich. Sie ist bereit, hierfür mit allen ihr zu Gebote stehenden Kräften einzutreten. Jede andere Politik wird sie mit der gleichen Entschiedenheit bekämpfen.

Zit. nach: Susanne Miller, Die SPD vor und nach Godesberg, in: Die zweite Republik. 25 Jahre Bundesrepublik Deutschland – eine Bilanz, hrsg. von Richard Löwenthal und Hans-Peter Schwarz, Stuttgart 1974, S. 383 f.

7. Alltag 1949 im Spiegel von Zeitungsnotizen

Umsiedlung von 150 000 Flüchtlingen

Eig. Ber. Bonn. 10. November

Der Bundesrat beschloß gegen eine Stimme die Annahme der von Schleswig-Holstein geforderten Rechtsverordnung über den Bevölkerungsausgleich. Die Verordnung sieht vor, daß bis Ende des nächsten Jahres 150 000 Flüchtlinge aus Schleswig-Holstein und je 75 000 aus Niedersachsen und Bayern in die übrigen Länder der Bundesrepublik umgesiedelt werden.

477 Heimkehrer in Hof-Moschendorf

München (SZ)

Mit zwei Transporten trafen in der Nacht zum Donnerstag im Entlassungslager Hof-Moschendorf 477 Heimkehrer aus Lagern bei Simferopoi, Sewastopol, Kertsch und Rostow ein. 355 davon bleiben in Bayern.

Das Rathaus verpfändet

Meldorf, 21. November (dpa)

Die Ratsherren der Stadt Meldorf in Süderdithmarschen haben jetzt beschlossen, das Rathaus zu verpfänden, um mit dem Bau von zwanzig Flüchtlingswohnungen beginnen zu können.
Im kommenden Jahr sollen nach einer Mitteilung von Oberregierungsrat Dr. Schnell in Schleswig-Holstein 15 000 bis 20 000 Wohnungen errichtet werden.

Freude über Demontagestopp

Hamburg, 25. Nov. (dpa)

Der verkündete Demontagestopp hat in den betroffenen Betrieben große Freude ausgelöst. Über den Werken wehte am Freitagmorgen die schwarz-rot-goldene Fahne, und die Eingangstore waren mit Girlanden geschmückt. An einem der Betriebe verkündete ein Schild: „Die größte Freude vom heutigen Tage ist der Stopp der Demontage".
In Duisburg wurde auf allen öffentlichen Gebäuden für zwei Tage die Bundesflagge gesetzt.

Kohlenberge wachsen in den Himmel

Volle Lager – wenig Kunden/ Nur scheinbarer Überfluß

(SZ) Die Geldknappheit weiter Kreise der Bevölkerung hat zur Folge, daß zur Zeit riesige Kohlenberge die Lager der Münchner Kohlenhändler füllen. Selbst die Befürchtungen einer Erhöhung des Kohlenpreises im Zusammenhang mit der Herabsetzung des Umrechnungskurses der D-Mark haben keine gesteigerte Kauflust verursacht, sondern beschränkten sich lediglich auf Anfragen. Inzwischen hat Bundeswirtschaftsminister Erhard erklärt, der Preis für Inlandskohle werde nicht erhöht.

6 Aufbau-Wohnungen

zu vermieten, je 2 Zimmer, Küche und Bad
2 Wohnungen für die Maurer- und Putzarbeit
1 Wohnung für Zimmer- und Schreinerarbeit
1 Wohnung für elektrische Installation
1 Wohnung für Gas-, Wasser- u. Heizungs-Installation
1 Wohnung für Dachdecker- u. Dachklempnerei-Arbeit
Sämtliches Material wird vom Bauherrn gestellt. Die Arbeit wird als Lohn auf die Miete ganz verrechnet. Eilangebot an Tel. Dortmund 4 13 84

Teuerungszulage für die Wohlfahrtsunterstützten

(SZ) In unserer Samstagsausgabe berichteten wir kurz von der Absicht des Wohlfahrtsreferates, die Unterstützungssätze für die etwa 22 000 Münchner Wohlfahrtsunterstützten vom 1. November an zu erhöhen. Der vorgeschlagenen Teuerungszulage hat nun auch der Wohlfahrtsausschuß unter dem Vorsitz des Stadtrates Fackler nach dem Vortrag des Wohlfahrtsreferenten Dr. Hamm, zugestimmt. Einschließlich der bereits am 1. September gewährten Erhöhung sehen die neuen Sätze eine monatliche Aufbesserung der Unterstützung für Alleinstehende um fünf Mark, für Alleinstehende mit Anschluß an einen fremden Haushalt und für Haushaltungsvorstände um vier Mark und für mitunterstützte Hausangehörige um zwei Mark vor.
Ein Vergleich der Unterstützungssätze sieht München mit an der Spitze der vergleichbaren Städte Westdeutschlands. Dabei hat sich München grundsätzlich für die Individualfürsorge entschieden und überschreitet die Richtsätze in begründeten Notfällen. So erhalten zur Zeit 3 200 Personen laufend Zuschläge zwischen 10 und 100 Prozent. Mit den neuen Teuerungszuschlägen erhalten die Münchner Wohlfahrtsunterstützten in Zukunft monatlich die folgende Unterstützung: Alleinstehende 77 Mark, ein Ehepaar mit einem Kind 143 Mark, mit zwei Kindern 160 Mark, mit vier Kindern 174 Mark und mit sechs Kindern 183 Mark einschließlich der Wohnbeihilfe.

1 000 Gramm Fleisch ab 1. September

Frankfurt, 19. August. (dpd) Das Zweimächtekontrollamt[1]) hat die Erhöhung der Fleischration auf 1 000 Gramm genehmigt. Damit sind die Voraussetzungen dafür gegeben, daß in der Doppelzone ab 1. September an 1 000 Gramm Fleisch monatlich ausgegeben werden können.

Deutschland wieder Reiseziel

Frankfurt a. M., 25. März. (ap) In Frankfurt a. M. sind die ersten amerikanischen Touristen dieses Jahres eingetroffen. – Die alliierten Behörden wollen Deutschland in diesem Jahre erstmalig seit Beendigung des Krieges dem internationalen Reiseverkehr zugänglich machen. Für 1949 werden etwa 200 000 Besucher aus dem Ausland erwartet, die, so heißt es in der Meldung, „Millionen von Dollar nach Deutschland bringen werden".

Freigabe gewisser Zuckerwaren

Frankfurt, 25. März. (RN) Wie wir aus Kreisen der Verwaltung für Ernährung, Landwirtschaft und Forsten erfahren, ist noch vor Ostern die Freigabe gewisser aus Zucker hergestellter Süßwaren zu erwarten. Die Gerüchte über eine kurz bevorstehende generelle Freigabe des Zuckers treffen jedoch nicht zu.

8. Die innenpolitischen Problemfelder

Die Vertreter des *ersten Deutschen Bundestages* hatten ein umfangreiches Gesetzgebungswerk zu bewältigen, das die spezifischen Probleme und Nöte der Zeit widerspiegelte und das Maß der Aufbauarbeit ahnen läßt. Einige wichtige Gesetze seien hier genannt.
Um die bestehende Wohnungsnot zu lindern, wurde am 28. März 1950 ein *Wohnbaugesetz* verabschiedet, durch das eine staatliche Finanzierung für den Bau von 1,8 Millionen billigen Wohnungen für sechs Millionen Deutsche in den folgenden sechs Jahren vorgesehen wurde. Dieser soziale Wohnungsbau sollte in der Regel nur Personen mit einem Monatseinkommen von weniger als 600 DM zugute kommen. Der Mietpreis pro Quadratmeter Wohnfläche wurde auf 1 bis 1,10 DM angesetzt.

[1]) Gemäß der Festlegung im Besatzungsstatut löste sich das den beiden Militärgouverneuren unterstehende und in Frankfurt am Main residierende Zweimächtekontrollamt am 15. 9. 1949 auf (Anmerkung des Hg.).

Am 19. Oktober 1950 verabschiedete der Bundestag das *Bundesversorgungsgesetz,* das die Ansprüche der Kriegsbeschädigten und Kriegshinterbliebenen regelte. Bei einem Aufwand von 3,2 Milliarden DM jährlich wurden Renten und kostenlose ärztliche Versorgung gewährt. Arbeitsfähige Kriegsversehrte erhielten Anspruch auf einen Arbeitsplatz.
Eine wichtige Regelung im Verhältnis zwischen Arbeitgebern und Arbeitnehmern brachte das am 10. April 1951 verabschiedete *Gesetz zur Mitbestimmung der Arbeitnehmer in der eisenschaffenden Industrie und im Bergbau.* Es sicherte eine bereits von der britischen Militärregierung eingeführte Beteiligung von Arbeitern und Angestellten in den Aufsichtsräten der Betriebe. Umfassender noch war das hart umstrittene *Betriebsverfassungsgesetz* vom 19. Juli 1952, nach dem ein Drittel der Betriebs- und Aufsichtsratsmitglieder mit gewählten Arbeitnehmern zu besetzen war. Den Betriebsbelegschaften kam dadurch ein Mitbestimmungsrecht in sozialen, personellen und wirtschaftlichen Angelegenheiten zu. Die Personalvertretung im öffentlichen Dienst wurde durch ein besonderes Gesetz geregelt.
Jahrelange Diskussionen erforderte das *Gesetz über den allgemeinen Lastenausgleich,* das am 16. Mai 1952 verabschiedet werden konnte. Die Lösung des Problems, wie ein Ausgleich zwischen den vom Krieg und den Kriegsfolgen betroffenen Bevölkerungskreisen und den nicht oder minder Betroffenen zu schaffen sei, war von den Besatzungsmächten den Deutschen selbst überlassen worden. 1949 hatte der Wirtschaftsrat ein Soforthilfegesetz als Zwischenlösung beschlossen, das Abgaben von erhaltenen Vermögenswerten für Flüchtlinge und Kriegsgeschädigte vorsah. Die endgültige Regelung setzte einerseits Ausgleichsabgaben für Vermögen und für durch die Währungsreform erzielte Hypotheken- und Kreditgewinne, andererseits Ausgleichsleistungen in Form von Hauptentschädigungen, Darlehen, Renten, Unterhaltsbeihilfen, Hausratsentschädigungen, Wohnraumhilfen und Währungsausgleiche für verlorene Sparguthaben fest. Auch Sowjetzonenflüchtlinge sollten aus einem besonderen Härtefonds Hilfe erhalten.
Vertriebene und Flüchtlinge aufzunehmen und sozial und wirtschaftlich einzugliedern, war für die Bundesrepublik eine besonders wichtige und nicht leicht zu bewältigende Aufgabe. Die zu treffenden Maßnahmen gestalteten sich vor allem deshalb so schwierig, weil der Strom der *Sowjetzonenflüchtlinge* unaufhörlich weiterging. Von September 1949 bis Ende 1952 beantragten 675 000 Menschen die Notaufnahme. Die Gesamtzahl der aus der Sowjetzone und Berlin nach Westdeutschland Zugewanderten betrug Ende 1952 1,9 Millionen, das waren 3,9 Prozent der Gesamtbevölkerung. Daneben gab es 8,3 Millionen (17 Prozent) Heimatvertriebene aus den Ostgebieten, die zum Teil noch in Lagern und Notunterkünften lebten und sehr ungleich über das Bundesgebiet verteilt waren. So betrug 1949 der Anteil der Vertriebenen in Schleswig-Holstein 35,2 Prozent der Bevölkerung, in der gesamten Bundesrepublik jedoch nur 15,9 Prozent. Mit 37,9 Prozent überstieg der Anteil der Vertriebenen an der Gesamtzahl der Arbeitslosen ein Drittel.
1950 verabschiedete der Bundestag ein *Notaufnahmegesetz,* wonach nur solche Flüchtlinge besondere Unterstützung erhalten sollten, die die Sowjetzone oder Ost-Berlin wegen Gefährdung für Leib und Leben und persönliche Freiheit verließen. 1951 lebten noch 340 000 Menschen in Massenlagern. Wohnungen mußten zur Verfügung gestellt und Arbeitsplätze geschaffen werden. Umsiedlungsaktionen, die Hunderttausende von Heimatlosen umfaßten, entlasteten die am stärksten betroffenen Bundesländer. Ein *Vertriebenengesetz* von 1953 definierte den Begriff „Flüchtling" juristisch, verbesserte die Eingliederungsmöglichkeiten und regelte deren staatliche Finanzierung. Nachdem in den Jahren vor der Währungsreform vom Staat schätzungsweise 4,7 Milliarden Reichsmark für Vertriebene bezahlt wurden, betrug die Summe der öffentlichen Aufwendungen von 1948 bis 1953 23,9 Milliarden DM …
Hilfe war auch für die immer noch aus *Kriegsgefangenschaft* heimkehrenden Soldaten nötig. Während die Westmächte bereits bis Ende 1948 die letzten deutschen Kriegsgefangenen entlassen hatten, erfolgte die Rückführung aus der Sowjetunion erheblich langsamer. Besonders bedrückend war diese Frage, weil über die Zahl der noch in sowjetischen Lagern befindlichen ehemaligen Soldaten keine Klarheit bestand und viele Angehörige die Hoffnung hegten, daß Vermißte dort noch

am Leben seien. 1950 gab die sowjetische Regierung bekannt, daß sie bislang fast zwei Millionen deutsche Kriegsgefangene entlassen habe und daß nur noch 13 500 Kriegsverbrecher zurückgehalten würden. Die Bundesregierung bezweifelte diese Angabe und rechnete auf Grund früherer sowjetischer Meldungen noch mit etwa 1,5 Millionen Gefangenen. Die Vollversammlung der Vereinten Nationen forderte alle Staaten auf, noch zurückgehaltene Kriegsgefangene zu entlassen. 1953 glaubte das Auswärtige Amt in Bonn, daß immer noch etwa 100 000 Gefangene und überdies 134 000 verschleppte Zivilpersonen in der Sowjetunion wären. Jedoch bestand damals nur mit 16 000 Gefangenen Briefverbindung. Von Zeit zu Zeit trafen Rückkehrertransporte aus dem Osten ein. Erst 1955, nach Adenauers Besuch in Moskau, kam man zu dem Schluß, daß die von den Deutschen noch vermutete Zahl zu hoch gewesen war. Viele Menschen mußten die Hoffnung, daß Angehörige noch am Leben wären, aufgeben. Für die Heimkehrer verabschiedete der Bundestag 1950 ein *Gesetz,* das ihnen ein *Entlassungsgeld* von 150 DM und eine *Übergangshilfe* in Form von Bekleidungsstücken und Gebrauchsgegenständen sicherte.
Die zunehmende Konsolidierung der Bundesrepublik in den ersten Jahren ihres Bestehens kommt besonders deutlich in der *wirtschaftlichen Entwicklung* zum Ausdruck. Hatten sich schon im ersten Jahr nach der Währungsreform deutliche Anzeichen einer wirtschaftlichen Besserung gezeigt, so setzte in den frühen fünfziger Jahren ein erstaunlich schneller Aufschwung ein, den die Aufhebung industrieller Beschränkungen durch die Besatzungsmächte und der Koreaboom begünstigten. Mehr und mehr Menschen wurden in den Arbeitsprozeß eingegliedert. Die Zahl der *Arbeitslosen,* die 1950 einen Höchststand erreichte, nahm in den folgenden Jahren ständig ab. Die Nachfrage nach Konsumgütern stieg zusehends, und dementsprechend wuchs auch der Lebensstandard der Bevölkerung.

Aus: Günter Moltmann, Die Entwicklung Deutschlands von 1949 bis zu den Pariser Verträgen 1955, in: Herbert Lilge, Deutschland 1945–1963, Hannover, 3. Aufl. 1967, S. 86 ff.

9. Charta der deutschen Heimatvertriebenen

(Verkündet vom Zentralverband der vertriebenen Deutschen am 5. 8. 1950 in Bad Cannstatt)

Im Bewußtsein ihrer Verantwortung vor Gott und den Menschen, im Bewußtsein ihrer Zugehörigkeit zum christlich-abendländischen Kulturkreis,
im Bewußtsein ihres deutschen Volkstums und in der Erkenntnis der gemeinsamen Aufgabe aller europäischen Völker
haben die erwählten Vertreter von Millionen Heimatvertriebener nach reiflicher Überlegung und nach Prüfung ihres Gewissens beschlossen, dem deutschen Volk und der Weltöffentlichkeit gegenüber eine feierliche Erklärung abzugeben, die die Pflichten und Rechte festlegt, welche die deutschen Heimatvertriebenen als ihr Grundgesetz und als unumgängliche Voraussetzung für die Herbeiführung eines freien und geeinten Europas ansehen.
1. Wir Heimatvertriebenen verzichten auf Rache und Vergeltung. Dieser Entschluß ist uns ernst und heilig im Gedenken an das unendliche Leid, welches im besonderen das letzte Jahrzehnt über die Menschheit gebracht hat.
2. Wir werden jedes Beginnen mit allen Kräften unterstützen, das auf die Schaffung eines geeinten Europas gerichtet ist, in dem die Völker ohne Furcht und Zwang leben können.
3. Wir werden durch harte, unermüdliche Arbeit teilnehmen am Wiederaufbau Deutschlands und Europas.
Wir haben unsere Heimat verloren. Heimatlose sind Fremdlinge auf dieser Erde. Gott hat die Menschen in ihre Heimat hineingestellt. Den Menschen mit Zwang von seiner Heimat trennen, bedeutet ihn im Geiste töten.
Wir haben dieses Schicksal erlitten und erlebt. Daher fühlen wir uns berufen zu verlangen, daß das Recht auf die Heimat als eines der von Gott geschenkten Grundrechte der Menschheit anerkannt und verwirklicht wird.

Solange dieses Recht für uns nicht verwirklicht ist, wollen wir aber nicht zur Untätigkeit verurteilt beiseite stehen, sondern in neuen geläuterten Formen verständnisvollen und brüderlichen Zusammenlebens mit allen Gliedern unseres Volkes schaffen und wirken. Darum fordern und verlangen wir heute wie gestern:

1. Gleiches Recht als Staatsbürger, nicht nur vor dem Gesetz, sondern auch in der Wirklichkeit des Alltags.
2. Gerechte und sinnvolle Verteilung der Lasten des letzten Krieges auf das ganze deutsche Volk und eine ehrliche Durchführung dieses Grundsatzes.
3. Sinnvollen Einbau aller Berufsgruppen der Heimatvertriebenen in das Leben des deutschen Volkes.
4. Tätige Einschaltung der deutschen Heimatvertriebenen in den Wiederaufbau Europas.

Die Völker der Welt sollen ihre Mitverantwortung am Schicksal der Heimatvertriebenen als der vom Leid dieser Zeit am schwersten Betroffenen empfinden.
Die Völker sollen handeln, wie es ihren christlichen Pflichten und ihrem Gewissen entspricht.
Die Völker müssen erkennen, daß das Schicksal der deutschen Heimatvertriebenen, wie aller Flüchtlinge, ein Weltproblem ist, dessen Lösung höchste sittliche Verantwortung und Verpflichtung zu gewaltiger Leistung fordert.
Wir rufen Völker und Menschen auf, die guten Willens sind, Hand anzulegen ans Werk, damit aus Schuld, Unglück, Leid, Armut und Elend für uns alle der Weg in eine bessere Zukunft gefunden wird.

Zit. nach: Gerhart Binder, Geschichte im Zeitalter der Weltkriege. Unsere Epoche von Bismarck bis heute, Bd. II, Stuttgart 1977, S. 1214

10. Probleme des Lastenausgleichs

Angesichts der sozialen Ausgangssituation und der Härte des Währungsschnitts insbesondere für diejenigen, die schon fast alles verloren hatten, gehörte die Forderung nach einer gerechten Verteilung der Kriegsfolgelasten zu den zentralen politischen Diskussionspunkten in der Öffentlichkeit. Diese Forderung war daher auch wichtiger Bestandteil der meisten Währungsreformpläne, da eine Währungsreform unbedingte Voraussetzung eines effektiven Lastenausgleichs war und dieser andererseits eine notwendige soziale Ergänzung einer Geldreform bildete. Dieser immer wieder betonte innere Zusammenhang wurde auch von den Alliierten keineswegs bestritten. Daß sie sich dennoch auf die Durchsetzung der Währungsreform – ohne erkennbare deutsche Einflußnahme – beschränkten und den anderen Teil den Deutschen überließen, läßt wohl die Vermutung zu, daß sie die technischen und politischen Schwierigkeiten eines Lastenausgleichs realistischer einschätzten, als das in der deutschen Öffentlichkeit der Fall war. Denn in den zahlreichen Vorschlägen der Parteien, der Vertriebenenorganisationen und der Gewerkschaften wurde bis 1948 mit einer verblüffenden Selbstverständlichkeit die Koppelung der Geldreform an einen Lastenausgleich gefordert, ohne daß die beträchtlichen Probleme einer gleichzeitigen Durchführung hinreichend reflektiert und im Detail diskutiert worden wären. Auf eben diese Tatsache dürfte es daher auch wesentlich zurückzuführen sein, daß eine umfassendere gesetzliche Regelung des Lastenausgleichs erst vier Jahre nach der Währungsreform zustande kam.
Das „Gesetz zur Neuordnung des Geldwesens" stellte in der Präambel lapidar fest: „Den deutschen gesetzgebenden Stellen wird die Regelung des Lastenausgleichs als vordringliche, bis zum 31. Dezember 1948 zu lösende Aufgabe übertragen". In Gestalt des „Ersten Lastenausgleichsgesetzes" legte der Wirtschaftsrat fristgemäß einen entsprechenden Entwurf vor. Das darin erkennbare Prinzip der individuellen Entschädigung fand jedoch nicht die Billigung der Alliierten. Die Beschränkung auf soziale Hilfen wurde zur Bedingung gemacht. Auch der Begriff „Entschädigung" stieß auf politische Bedenken. Aber selbst das inhaltlich und in der Namensgebung abgeänderte „Gesetz zur Milderung dringender sozialer Notlagen (Soforthilfegesetz)" wurde erst nach langem Zögern genehmigt und trat am 8. August 1949 in Kraft. Es zielte auf die Förderung der Eingliederung und damit die Ausschaltung der Fürsorge ab, die bislang über die Wohlfahrtsverbände die Flüchtlinge

und Aussiedler hatte unterstützen müssen. Das Gesetz gewährte nach dem Bedürftigkeitsprinzip ohne vorhergehende Schadensfeststellung eine „Unterhaltshilfe“ in Form von Maßnahmen und Hilfen für Arbeitsplatzbeschaffung, Wohnungsbau, Ausbildung, Renten usf., während ein vorgezogener Ausgleich für verlorene Sparguthaben der Vertriebenen erst mit dem Währungsausgleichsgesetz vom 21. März 1952 realisiert wurde. Insgesamt wurden über das Soforthilfegesetz 6,339 Milliarden DM bereitgestellt.
Dem eigentlichen Lastenausgleich gingen lange Diskussionen der Interessenverbände und Parteien sowie Grundsatzdebatten um das Prinzip der Entschädigung voran. Die entgegengesetzten Positionen lassen sich mit den Begriffen sozialer und quotaler Lastenausgleich bezeichnen. In idealtypischer Zuspitzung umrissen zwei Redner von SPD und CDU in einer Debatte des Wirtschaftsrats 1948 diese Prinzipien. Walter Seuffert (SPD) forderte den sozialen Lastenausgleich: „Wir können nicht an eine Wiederherstellung früherer Vermögensverhältnisse denken, auch nicht in verkleinertem Maßstabe, und wir wollen es nicht. Wir wollen aber, daß alle Geschädigten, soweit nur irgend möglich, einen Rechtsanspruch auf Versorgung und Beihilfe zu einer *Neueingliederung in die Wirtschaft* bekommen.“ Demgegenüber erklärte der CDU-Abgeordnete Friedrich Holzapfel: „Es soll aber in erster Linie so sein, daß der *individuell erlittene Schaden* ersetzt wird. Wer sein eigenes Haus, sein eigenes Geschäft gehabt hat, soll wieder auf eigenen Füßen stehen können, damit er wieder eine neue Existenz hat.“ Während sich somit die CDU primär an der Wiederherstellung früherer Eigentumsstrukturen orientierte, sah die SPD im Lastenausgleich einen Ansatzpunkt zur Herstellung größerer sozialer Gerechtigkeit und Egalität. In diesem Sinne ging Erich Ollenhauer, der Nachfolger Kurt Schumachers als Oppositionsführer im Bundestag, sogar soweit, das geplante Gesetz als „ein zweites Grundgesetz“ zu bezeichnen.
Tatsächlich wurde das Gesetz ein Kompromiß zwischen beiden Prinzipien, wenn auch das quotale Prinzip sich gegenüber Versuchen zur Änderung von überkommenen Eigentumsstrukturen deutlicher durchsetzte. Als erster Schritt wurde das „Feststellungsgesetz“ zur individuellen Fixierung der erlittenen Schäden im April 1952 verabschiedet. Nach einem komplizierten System sollten damit die verschiedenen Formen der Schäden (Vertreibungsschaden, Kriegssachschaden, Ostschaden) erfaßt und eine genaue Grundlage für die Anmeldung individueller Ansprüche geschaffen werden.
Im einzelnen sah das am 16. Mai 1952 gegen die Stimmen von SPD und KPD verabschiedete LAG vor, daß alle Vermögen, die am Stichtag der Währungsreform 5 000 DM überstiegen, mit einer Abgabe von 50 Prozent belegt wurden. Dieser zunächst radikal erscheinende Zugriff wurde dadurch erheblich abgemildert, daß immobile Vermögenswerte nach dem Einheitswert und nicht nach dem Verkehrswert, der erheblich höher lag, berechnet wurden und daß diese Bemessungsgrundlage in den folgenden Jahren unverändert blieb. Auf diese Weise fiel die tatsächliche Belastung der Vermögenden in kurzer Zeit immer geringer aus. Aus den Mitteln dieser Vermögensabgabe, ergänzt um direkte Zuschüsse aus dem Staatshaushalt, wurden in den folgenden Jahrzehnten nach einem gestaffelten System Entschädigungen in verschiedenen Formen gezahlt. Bis Ende 1978 wurden insgesamt 110,4 Milliarden Mark aufgebracht und verteilt, rund die Hälfte davon als Bundes- und Landeszuschüsse.
Insgesamt war der Lastenausgleich zweifellos die „größte Vermögensabgabe der Geschichte“ (G. Bucerius) in Deutschland. Dennoch hat er weder zu einer deutlichen Vermögensumschichtung noch zur Änderung der Sozialstruktur geführt. Er hat aber zur sozialen Befriedung eines großen deklassierten Bevölkerungsteils beigetragen und so letztlich eine beträchtliche Integrationsleistung erbracht …

Die in den Diskussionen um Lastenausgleich oft beschworene Gefahr der sozialen Radikalisierung der Flüchtlinge wurde nie wirklich aktuell. Dafür war neben den Integrationsmaßnahmen vor allem maßgebend, daß diese Bevölkerungsgruppe kein ausgeprägtes Klassen- oder homogenes Gruppenbewußtsein ausbildete und angesichts der Erfahrung mit der Roten Armee gegenüber sozialrevolutionären Vorstellungen immun war.

Aus: Christoph Kleßmann, Die doppelte Staatsgründung, a. a. O., S. 241 ff.

11. Das Lastenausgleichsgesetz vom 14.8.1952

In Anerkennung des Anspruchs der durch den Krieg und seine Folgen besonders betroffenen Bevölkerungsteile auf einen die Grundsätze der sozialen Gerechtigkeit und die volkswirtschaftlichen Möglichkeiten berücksichtigenden Ausgleich von Lasten und auf die zur Eingliederung der Geschädigten notwendige Hilfe sowie unter dem ausdrücklichen Vorbehalt, daß die Gewährung und Annahme von Leistungen keinen Verzicht auf die Geltendmachung von Ansprüchen auf Rückgabe des von den Vertriebenen zurückgelassenen Vermögens bedeutet, hat der Bundestag mit Zustimmung des Bundesrates das nachstehende Gesetz beschlossen:

§ 1 Ziel des Lastenausgleichs

Die Abgeltung von Schäden und Verlusten, die sich infolge der Vertreibungen und Zerstörungen der Kriegs- und Nachkriegszeit ergeben haben sowie die Milderung von Härten, die infolge der Neuordnung des Geldwesens im Geltungsbereich des Grundgesetzes einschließlich Berlin (West) eingetreten sind, bestimmt sich nach diesem Gesetz; die erforderlichen Mittel werden nach Maßgabe dieses Gesetzes aufgebracht (Lastenausgleich).

§ 2 Zur Durchführung des Lastenausgleichs werden Ausgleichsabgaben erhoben und Ausgleichsleistungen gewährt.

§ 3 Ausgleichsabgaben

Als Ausgleichsabgaben werden erhoben:

1. eine einmalige Vermögensabgabe,
2. eine Sonderabgabe auf Gewinne aus Schulden, für die Grundpfandrechte bestellt worden sind (Hypothekengewinnabgabe),
3. eine Sonderabgabe auf Schuldnergewinne gewerblicher Betriebe (Kreditgewinnabgabe).

§ 4 Ausgleichsleistungen

Als Ausgleichsleistungen werden gewährt:

1. Hauptentschädigung,
2. Eingliederungsdarlehen,
3. Kriegsschadenrente,
4. Hausratentschädigung,
5. Wohnraumhilfe,
6. Leistungen aus dem Härtefonds,
7. Leistungen auf Grund sonstiger Förderungsmaßnahmen,
8. Entschädigung im Währungsausgleich für Sparguthaben Vertriebener,
9. Entschädigung nach dem Altsparergesetz,
10. Darlehen, die ... zur verstärkten Förderung der Flüchtlingssiedlung gewährt werden ...

§ 11 Vertriebener

(1) Vertriebener ist, wer als deutscher Staatsangehöriger oder deutscher Volkszugehöriger seinen Wohnsitz in den zur Zeit unter fremder Verwaltung stehenden deutschen Ostgebieten oder in den Gebieten außerhalb der Grenzen des Deutschen Reichs nach dem Gebietsstand vom 31. Dezember 1937 hatte und diesen im Zusammenhang mit den Ereignissen des Zweiten Weltkriegs infolge Vertreibung, insbesondere durch Ausweisung oder Flucht, verloren hat. Bei mehrfachem Wohnsitz muß derjenige Wohnsitz verlorengegangen sein, der für die persönlichen Lebensverhältnisse des Betroffenen bestimmend war.

(2) Als Vertriebener gilt, wer als deutscher Staatsangehöriger oder deutscher Volkszugehöriger

1. nach dem 30. Januar 1933 die in Absatz 1 genannten Gebiete verlassen und seinen Wohnsitz außerhalb des Deutschen Reichs genommen hat, weil aus Gründen politischer Gegnerschaft gegen den Nationalsozialismus oder aus Gründen der Rasse, des Glaubens oder der Weltanschauung nationalsozialistische Gewaltmaßnahmen gegen ihn verübt worden sind oder ihm drohten,
2. auf Grund der während des Zweiten Weltkrieges geschlossenen zwischenstaatlichen Verträge aus außerdeutschen Gebieten oder während des gleichen Zeitraums auf Grund von Maßnahmen deut-

scher Dienststellen aus den von der deutschen Wehrmacht besetzten Gebieten umgesiedelt worden ist (Umsiedler),
3. nach Abschluß der allgemeinen Vertreibungsmaßnahmen die zur Zeit unter fremder Verwaltung stehenden deutschen Ostgebiete, Danzig, Estland, Lettland, Litauen, die Sowjetunion, Polen, die Tschechoslowakei, Ungarn, Rumänien, Bulgarien, Jugoslawien, Albanien oder China verlassen hat oder verläßt, es sei denn, daß er, ohne aus diesen Gebieten vertrieben und bis zum 31. März 1952 dorthin zurückgekehrt zu sein, nach dem 8. Mai 1945 einen Wohnsitz in diesen Gebieten begründet hat (Aussiedler) ...
§ 12 Vertreibungsschäden
(1) Ein Vertreibungsschaden im Sinne dieses Gesetzes ist unter den Voraussetzungen des Absatzes 2 ein Schaden, der einem Vertriebenen im Zusammenhang mit den gegen Personen deutscher Staatsangehörigkeit oder deutscher Volkszugehörigkeit gerichteten Vertreibungsmaßnahmen in den zur Zeit unter fremder Verwaltung stehenden deutschen Ostgebieten oder in Gebieten außerhalb der Grenzen des Deutschen Reichs nach dem Gebietsstand vom 31. Dezember 1937 entstanden ist
1. an Wirtschaftsgütern, die zum land- und forstwirtschaftlichen Vermögen, zum Grundvermögen oder zum Betriebsvermögen im Sinne des Bewertungsgesetzes gehören,
2. an folgenden Wirtschaftsgütern, soweit sie nicht unter Nr. 1 fallen:
a) an Gegenständen, die für die Berufsausübung oder für die wissenschaftliche Forschung erforderlich sind,
b) an Hausrat,
c) an Reichsmarkeinlagen,
d) an anderen privatrechtlichen goldwerten Ansprüchen als Reichsmarkspareinlagen,
e) an Anteilen an Kapitalgesellschaften sowie an Geschäftsguthaben bei Erwerbs- und Wirtschaftsgenossenschaften,
f) an Gewerbsberechtigungen im Sinne des Bewertungsgesetzes.
3. als Verlust an Wohnraum,
4. als Verlust der beruflichen und sonstigen Existenzgrundlage ...
§ 16 Unbeschränkte Abgabepflicht
(1) Unbeschränkt abgabepflichtig sind
1. natürliche Personen, die zu Beginn des 21. Juni 1948 einen Wohnsitz oder ihren gewöhnlichen Aufenthalt im Geltungsbereich des Grundgesetzes oder in Berlin (West) gehabt haben;
2. die folgenden Körperschaften, Personenvereinigungen und Vermögensmassen, die zu Beginn des 21. Juni 1948 ihre Geschäftsleitung oder ihren Sitz im Geltungsbereich des Grundgesetzes oder in Berlin (West) gehabt haben:
a) Kapitalgesellschaften ...,
b) Erwerbs- und Wirtschaftsgenossenschaften,
c) Versicherungsvereine auf Gegenseitigkeit,
d) sonstige juristische Personen des privaten Rechts ...
§ 31 Die Vermögensabgabe beträgt einheitlich 50 vom Hundert des abgabepflichtigen Vermögens ...
§ 246 Schadensgruppen und Grundbeträge
(1) Auf Grund der Schadensfeststellung wird der unmittelbar Geschädigte in eine der nachfolgenden Schadensgruppen eingestuft. Die Hauptentschädigung bemißt sich nach einem Grundbetrag, welcher der Schadensgruppe entspricht, in die der unmittelbar Geschädigte eingereiht worden ist.

Zit. nach: Die Welt nach 1945. Geschichte in Quellen, a. a. O., S. 256 ff.

12. Gerd Bucerius: Rechnung für Hitlers Krieg

Lastenausgleich – die größte Vermögensabgabe der Geschichte

Manchmal fällt einem der Abschied nicht schwer. Seit dem 1. April 1949 mußte ich an das Finanzamt jedes Vierteljahr 650 Mark „Lastenausgleich“ zahlen, jährlich 2600, in dreißig Jahren zusammen 78000 Mark. Das ist vorbei. Eben habe ich die letzte Rate gezahlt (und den Dauerauftrag bei der Bank widerrufen).

2600 Mark im Jahr, das hat mich in den letzten Jahren nicht mehr getroffen. Dank Nannens *stern* und trotz schwerer Verluste in der *Zeit* war ich schließlich recht wohlhabend geworden (und das Geld weniger wert). Aber in den fünfziger Jahren gingen die Geschäfte schlecht; meine Ausgaben waren größer als die Einnahmen; die Zukunft war ungewiß; und ich mußte mich sehr verschulden. Da war der Lastenausgleich eine arge Last.

Sie war mir auferlegt worden, weil ich am Stichtag der Währungsreform (30. Juni 1948) Vermögen gehabt hatte. Daß ich es inzwischen verloren hatte, spielte keine Rolle. Wie mir ging es vielen: Über drei Millionen Westdeutsche, die etwas Vermögen gerettet hatten, sollten zahlen. 37 Milliarden wurden ihnen aufgebrummt, die sie, mit Zinsen, in dreißig Jahren abstottern mußten.

„Die Vermögensabgabe beträgt fünfzig Prozent des abgabepflichtigen Vermögens“ (§ 31 Lastenausgleichsgesetz, LAG). Mein Vermögen waren zwei leicht beschädigte, im Krieg heruntergewirtschaftete, aber schuldenfreie Mietgrundstücke (beide am Stichtag der Währungsreform unverkäuflich) und einige noch nicht wieder notierte Aktien. Das „abgabepflichtige“ Vermögen wurde – Beschädigung hin, Beschädigung her – nach dem Einheitswert berechnet; es waren bei mir etwa 96000 Mark. Die Hälfte ging an den Lastenausgleich. Man brauchte aber nicht gleich bar zu bezahlen – so viele Grundstücke und Aktien hätten sich in kurzer Zeit gar nicht versilbern lassen. Deshalb: „Die Abgabeschuld wird am 1. April 1949 in gleichen Jahresleistungen, die Tilgung und Verzinsung umfassen, abgetragen“ (§ 22 LAG). Diese Jahresleistung waren sechs Prozent der festgesetzten Schuld (für Mietgrundstücke nur fünf Prozent; für die Landwirtschaft vier). Die Laufzeit der Jahresleistungen wurde auf dreißig Jahre festgesetzt.

Lange hatte man gestritten, ob der Einheitswert als Meßlatte für die Abgabe nicht zu niedrig sei. Ich bin mir damals (mit 48000 Mark Abgabeschuld) ziemlich gerupft vorgekommen – aber das meint jeder Schuldner. Sicher waren die Jahresleistungen niedrig. Eine Bank hätte von mir mehr verlangt. Ich habe deshalb meine „echte Schuld“ immer um ein Drittel niedriger eingeschätzt.

„Echt“ abgegeben habe ich von meinen 96000 Mark also etwa 32000 Mark. Daß mir der Rest blieb, war in der allgemeinen Armut ein Geschenk. Es half mir, nach der Währungsreform den ersten DM-Kredit von der Bank zu bekommen, den die *Zeit* zum Überleben brauchte (meine Partner waren mittellos); die Bank verlangte als Sicherheit alles, was ich besaß.

37 Milliarden der neuen Deutschen Mark, zu zahlen von drei Millionen Bürgern, das war die größte Vermögensabgabe der Weltgeschichte ...

Ein gewaltiges Gesetz; heute ist es fast vergessen. Wie kam es zustande? Nach dem Kriege waren in das Gebiet der heutigen Bundesrepublik (damals „Tri-Zone“ genannt) zunächst sechs, später fast zehn Millionen Vertriebene aus dem Osten gekommen, viele nur mit durchgewetzten Schuhsohlen, einige mit einem kleinen Koffer, die ganz Klugen mit Unterlagen darüber, was sie im Osten verloren hatten. Das waren zusammen etwa vierzig Milliarden Reichsmark. Der Bombenkrieg hatte zudem fast ein Drittel des deutschen Hausbesitzes zerstört. Verlust etwa zwölf Milliarden Reichsmark. Auch die Währungsreform hatte Schäden verursacht: Wer einem anderen ein Darlehen von tausend Reichsmark gegeben hatte, konnte nur noch zehn Prozent davon, also hundert Deutsche Mark fordern. Wer ein Sparkassenguthaben von tausend Reichsmark hatte, bekam sogar nur 65 Deutsche Mark. Alle Hypotheken waren auf ein Zehntel abgewertet. Verluste: etwa zehn Milliarden. Alle Schäden zusammen ergeben sechzig Milliarden Reichsmark.

Die Vertriebenen, die Bombengeschädigten und die Währungsgeschädigten verlangten, wir sollten an ihrem Schicksal teilhaben; wir sollten Beträchtliches aus unserem Vermögen zur Deckung ihrer Schäden abgeben. Alle, auch die Geschädigten, waren sich darüber klar, daß die dazu nötigen riesigen Vermögensbewegungen den Wiederaufbau ernstlich hätten verhindern können, ginge man nicht behutsam zu Werke. Auf der einen Seite also Millionen schwer Geschädigter; ihre Unzufriedenheit drohte unsere Gesellschaft zu sprengen. Auf der anderen Seite eine darniederliegende Wirtschaft mit ungewisser Zukunft.

...

Wer einen Prozentsatz vom Vermögens- oder Hausratsschaden ersetzen will, muß erst einmal feststellen, wieviel der Vertriebene einst besessen hatte. „In der kalten Heimat waren sie alle reich", erboste man sich damals an westlichen Kaminen. Befragt, ob die Vertriebenen gemogelt hätten, sagten mir die Ämter aber: „Kaum." Freilich hätten die Vertriebenen den Wert ihres verlorenen Besitzes schon mal überschätzt. Aber auch damit seien sie nicht durchgekommen.

Schnell und in aller Stille hatten die Lastenausgleichsämter eine staunenswerte Organisation aufgebaut. Meldete ein Vertriebener aus Breslau, er habe ein Speditionsunternehmen verloren, so ging der Vorgang an eine beim Landesausgleichsamt Hamburg gebildete Stelle, genannt „Vorort". Dort wurden alle Schadensmeldungen gesammelt, die Speditionen betrafen; auch über Schiffe, Nahrungsmittelindustrie, Feinkost, Kolonialwaren, Nährmittel, Fische und Fischwaren, Öle und Fette. Der „Vorort Baden-Württemberg" bearbeitete die Schäden aus der Fahrzeugindustrie, den Dekorationsbetrieben, Holzwaren und Süßwarenindustrie. Da sich beim „Vorort Hamburg" nicht nur der eine Fuhrunternehmer aus Breslau, sondern auch die Konkurrenz meldete, bekam man Gelegenheit, die Betriebe untereinander und die Glaubwürdigkeit ihrer Inhaber zu vergleichen. Das bremste manchen Höhenflug bei den Anmeldungen.

Daneben gab es 41 „Heimatauskunftsstellen". Alle Schadensfälle aus der Provinz Posen wurden zum Beispiel bei der „Heimatauskunftsstelle Hamburg" gesammelt. Die Heimatauskunftsstelle Lübeck war für Ostpreußen zuständig und so weiter. Akribisch wurden alle Unterlagen zusammengetragen, miteinander verglichen, die Antragsteller zu präzisen Auskünften gezwungen. Noch vorhandene Grundbücher wurden dort deponiert, Grundbuchauszüge (die die Vertriebenen mitgebracht hatten) gesammelt. Telephon- und Adreßbücher sind dort verfügbar. Noch kürzlich hat die Bundesbahndirektion in Altona der Heimatauskunftsstelle Hamburg zwei Zentner Personalakten aus dem Osten zur Verfügung gestellt.

Ein fast unheimlich präzises Bild über die Vermögens- und Einkommensverhältnisse der vertriebenen Bürger aus dem Osten ist so entstanden – für Mogelei kaum Raum, wenn sie je beabsichtigt wurde. Die Vertriebenen waren nicht nur tüchtig, sie waren auch ehrlich.

Aus: „Die Zeit" vom 13.4. 1979. Jetzt in: Gerd Bucerius: Zwischenrufe und Ordnungsrufe. Zu Fragen der Zeit, München 1984, S. 189ff.

13. Das Wagnis der Marktwirtschaft

Der Auftrieb, den der Abschluß des Petersberger Abkommens[1]) der Bundesregierung gebracht hatte, hielt nicht lange an. Ihre Popularitätskurve, die von der rasch aufblühenden Zunft der Demoskopen von jetzt an monatlich ermittelt wurde, sackte ab, und die Zahl der Unzufriedenen nahm zu. Für Adenauer begann eine der kritischsten Perioden seiner gesamten Kanzlerschaft, die erst nach Verkündung des Schuman-Plans im Mai 1950 durch ein kurzes Zwischenhoch abgelöst wurde.

Die Hauptschwierigkeiten kamen aus dem wirtschaftlichen Bereich. Hier hatte sich die Erholung, die nach der Währungsreform stürmisch eingesetzt hatte, im Jahr 1949 spürbar verlangsamt. Immerhin war die Produktionskurve bis November 1949 merklich angestiegen; aber dann wurde sie beunruhigend rückläufig. Der Index der Industrieproduktion sackte von 104 im November 1949 auf 93 im Januar 1950 ab. Entsprechend erhöhten sich die ohnehin beträchtlichen Arbeitslosenzahlen. Im September 1949, als die neue Regierung ihr Amt antrat, beliefen sie sich auf 8,8 Prozent von 13,6 Millionen Beschäftigten; im Februar 1950 waren bereits 13,5 Prozent arbeitslos – knapp unter 2 Millionen.

1) vgl. S. 15f.

Die Gründe für diese ungünstige Entwicklung waren sowohl struktureller wie konjunktureller Natur. Für die Überwindung der immer noch unerträglich drückenden Kriegsfolgen war eine sehr viel höhere Produktivität erforderlich als nur die des Jahres 1936. Doch überall fehlte es an Kapital. Erschwerend wirkten sich auch die vielfältigen alliierten Produktionsbeschränkungen und die politischen Unsicherheiten vor allem im Bereich der Grundstoffindustrie aus.

Immerhin hatte der Außenhandel eine vergleichsweise günstige Entwicklung genommen. Doch auch hier konnten die Ungleichgewichte noch längst nicht als überwunden angesehen werden. Zwar waren die klaffenden Devisenlücken zur Deckung der dringendsten Nahrungsmittel-, Rohstoff- und Grundstoffimporte erst einmal mit ERP-Mitteln geschlossen und deren Weiterfließen bis 1952 einigermaßen gesichert. Aber noch eine Studie aus dem Jahr 1950 schätzte, daß bis zum Ausgleich der Zahlungsbilanz fünf Jahre vergehen würden. 1949 mußte rund ein Drittel der Einfuhren aus ausländischen Zuschüssen bezahlt werden. Und die deutsche Arbeitsproduktivität lag aufgrund der Investitionslücke merklich niedriger als im westlichen Ausland.

Gegenüber der Vorkriegszeit waren Export- und Importstruktur noch total verzerrt. Der Fertigwarenexport, einst das Rückgrat des deutschen Außenhandels, zog erst langsam wieder an. Er wurde durch die Investitionslücke im Inland und durch die politischen Rahmenbedingungen ebenso behindert wie durch die Barriere der in Westeuropa bestehenden Handelshemmnisse. Hinzu kamen nun noch die anfänglich ungünstigen Auswirkungen der Abwertungen der westeuropäischen Währungen im September 1949.

Auf der Einfuhrseite waren im Jahr 1949 noch 49 Prozent Ernährungsgüter. Das gesamte Reich hatte 1936 rund 35 Prozent importiert. So konnten die für künftige Exporterfolge entscheidend wichtigen Rohstoff- und Halbfertigwarenimporte aufgrund von Devisenknappheit und verschlechterter *terms of trade* nur mühsam gesteigert werden.

Auf dem Ernährungssektor machte sich der Verlust der Ostgebiete und die um 21 Prozent vergrößerte Bevölkerungszahl voll bemerkbar. Immerhin hatte der Harmssen-Bericht von Ende 1947 prophezeit: „Ohne Wiederherstellung des status quo im Osten kann nur Tod oder Auswanderung von 20 Millionen Deutschen die Ernährungslage wirksam erleichtern." Inzwischen war man zwar etwas optimistischer geworden. Aber für Hunderttausende von Vertriebenen, die in den industriearmen Gebieten Schleswig-Holsteins, des nördlichen Niedersachsen und im Bayerischen Wald zusammengedrängt waren, fehlte es an Arbeitsplätzen. Während der Vertriebenen- und Zuwandereranteil an der Bevölkerung im April 1949 16 Prozent betrug, machte ihr Anteil an den Arbeitslosen fast 40 Prozent aus.

Zu diesen und anderen strukturellen Problemen kam die relative konjunkturelle Abschwächung. Der Kaufwelle in den Monaten nach der Währungsreform war eine verringerte Inlandsnachfrage gefolgt. Sie resultierte sowohl aus dem Kapitalmangel der Unternehmen wie aus der insgesamt noch sehr niedrigen Einkommensstruktur der Arbeitnehmer. Der Brutto-Stundenverdienst der Industriearbeiter lag im September 1949 im Durchschnitt bei 120 Pfennigen, der Wochenverdienst bei rund 55 DM. Das reale Bruttoeinkommen der Beamten betrug noch im Herbst 1952 nur 85 bis 89 Prozent der Einkommen von 1938.

Die Leistungen der öffentlichen Hand für Alte, Kriegsopfer, Kriegshinterbliebene, Versehrte waren mit einem Anteil von rund 40 Prozent an den Ausgaben der öffentlichen Haushalte zwar sehr hoch. Aber da 14 bis 17 Millionen ganz oder teilweise von öffentlichen Sozialhilfeleistungen lebten, waren die Renten verzweifelt niedrig. Sie lagen damals im Durchschnitt unter 100 DM monatlich. Der Mindestsatz der Witwen- und Waisenrente belief sich beispielsweise ab Juni 1949 auf 40 DM monatlich, der Invalidenrente und des Ruhegeldes auf 50 DM monatlich. Vom privaten Konsum konnten also erst einmal keine entscheidenden konjunkturellen Impulse ausgehen.

Die Wirtschaftspolitik der Bundesregierung begegnete dieser Herausforderung mit einem Konzept, das sich einerseits zwar in traditionellen Bahnen bewegte, andererseits aber reformerisch und eminent zeitgemäß war. Traditionell war die seit den Tagen des Frankfurter Wirtschaftsrats betriebene Wirtschaftspolitik insofern, als sie die fast unlösbar erscheinenden Schwierigkeiten einer im ganzen rohstoffarmen, von Nahrungsmitteleinfuhren abhängigen Wirtschaft mit dem Ausbau des

Landes zu einer hochqualifizierten „Exportmaschine" beantwortete. Damit wurde an das alte Erfolgsrezept angeknüpft, mit dem sich Deutschland in der Wilhelminischen Ära schon einmal seinen Platz auf den Weltmärkten erobert hatte. Reformerisch war diese Politik, weil sie das Ziel des Wiederaufbaus und der Rückkehr zu den Weltmärkten mit dem Konzept des wirtschaftlichen Liberalismus anstrebte. Das bedeutete eine konsequente Abkehr von der bisher vorherrschenden Doktrin und Praxis, wie sie im Dritten Reich etabliert worden waren und unter der Besatzungsherrschaft bis Mitte 1948 ihre Fortsetzung gefunden hatten ...

Gab man dem Aufbau eines leistungsfähigen Produktionsapparates unbedingten Vorrang, so mußten kurzfristig die Härten und Ungerechtigkeiten einer konservativen Finanzpolitik akzeptiert werden. Es schien dann auch gerechtfertigt, mit jenen berühmten steuerpolitischen Instrumenten zu arbeiten, von denen in den ersten Jahren der Bundesrepublik saftige Anreize zur Investition ausgingen, die freilich gleichzeitig erst einmal die wirtschaftlich Starken prämiierten. Großzügige Abschreibungsvergünstigungen und eine Senkung der Einkommensteuer für Selbständige zielten, besonders in den Jahren 1949 und 1950 darauf ab, Investitionen durch Selbstfinanzierung zu ermöglichen. Da der Kapitalmarkt noch völlig darniederlag und ausländische Anleger zudem recht lange eine ausgeprägte Zurückhaltung an den Tag legten, mußte anfänglich wohl oder übel erst einmal eine Selbstfinanzierung der Unternehmen über die Preise akzeptiert werden. Dies führte allerdings dazu, daß der Zuwachs des Volkseinkommens in überdurchschnittlichem Ausmaß den Kapitaleigentümern zufloß. Das wurde von SPD und Gewerkschaften entsprechend scharf kritisiert. Die Regierung wußte natürlich, daß dies in absehbarer Zeit durch Lohnerhöhungen wieder ausgeglichen werden mußte, was dann tatsächlich seit 1952 auch geschah. Vorerst aber wurde durch Verzicht auf umfassende Investitionsplanung ein marktgerechter Einsatz der knappen Ressourcen erreicht, der Initiative und Leistungsfähigkeit hoch prämierte, den Grundstock für viele größere und kleine Unternehmen legte und den vom Krieg getroffenen Betrieben einen Wiederaufbau ihres Produktionsapparates erlaubte. Dabei wurde übrigens auch deutlich, daß bereits in den letzten Jahren der Wirtschaftsplanung des Dritten Reiches unter Albert Speer umfangreiche Modernisierungen vorgenommen worden waren, die jetzt späte Früchte trugen.

Das polemische Schlagwort vom Laissez-faire-Kapitalismus, das damals und später von den Kritikern dieser Politik verwendet wurde, verdeckte allerdings die Tatsache, daß auch die Wirtschaftspolitik der frühen Adenauer-Ära durchaus starke planerische Elemente beinhaltete und darüber hinaus auch den sozialpolitischen Erfordernissen gerecht zu werden suchte.

Dirigismus war anfänglich noch in vielen Bereichen unerläßlich: etwa bei der Rohstoffein- und -ausfuhr, in den Bereichen der Versorgung und des Verkehrs, im Wohnungswesen, beim Devisengeschäft, auf dem Kapitalmarkt und natürlich auf dem Ernährungssektor. Auch auf eine gewisse Investitionslenkung oder auf Direktinvestitionen der öffentlichen Hand konnte und wollte die Regierung nicht verzichten, sowohl beim Wohnungsbau wie in der zurückgebliebenen Grundstoffindustrie und beim Wiederaufbau des Verkehrswesens. Schließlich war auch die Steuergesetzgebung ein Instrument wirtschaftlicher Lenkung: Sie regte Investitionen im gewerblichen Produktionssektor, im Wohnungsbau, im Schiffsbau an und prämiierte das Sparen. Das langfristige Konzept war durchaus marktwirtschaftlich orientiert, die Praxis aber erst einmal die einer gemischtwirtschaftlichen Ordnung.

Auch die sozialen Komponenten fehlten nicht. Eine nach wie vor dirigistische Landwirtschaftspolitik hielt die Lebensmittelpreise niedrig. Die öffentlichen Haushalte waren durch fürsorgerische Maßnahmen für das Millionenheer der Mittellosen und durch die Bereitstellung von Starthilfen für die Vertriebenen aufs äußerste angespannt. Entsprechend drückend war die Besteuerung. 1913 machte die Steuerlast einschließlich der Sozialversicherungsbeiträge nur rund 10,1 Prozent des Bruttosozialprodukts aus, 1938 waren es 28,4 Prozent, 1949 31,6 Prozent und 1951 32,2 Prozent – also fast ein Drittel! Dabei erfaßte die Steuerprogression auch relativ niedrige Einkommen. Entsprechend groß war vielfach der Unmut über die Steuervergünstigungen für Kapitaleigentümer. Umverteilungsmaßnahmen zugunsten der Arbeitnehmer generell waren jedoch in dieser Phase noch nicht möglich. Immerhin ließ sich die den Gewerkschaften abverlangte Lohndisziplin mit

14. Flugblatt der SPD vom Mai 1951

Bonner Bilanz!

Dr. Adenauer regiert seit über 20 Monaten!

RESULTAT

Hunderttausende von Jugendlichen ohne Aussicht auf Lehrstellen.

1 400 000 Arbeitslose.

10 Millionen Menschen mit weniger als 100 DM Einkommen im Monat.

Sinkendes Real-Einkommen für die Mehrheit der Bevölkerung.

Noch immer kein Lastenausgleich für die Geschädigten.

ABER

200 neue Millionäre

Kohlenkarten und beginnende Zwangswirtschaft.

800 Millionen DM Devisenschiebungen.

Steigende Preise auf allen Gebieten.

Steigerung der Industriegewinne gegenüber 1936 um 330 Prozent.

Abtreten, Herr Bundeskanzler!

Helft uns eine bessere Bundesregierung schaffen!

**Wir versprechen keine Wunder — — —
aber wir halten unser Wort!**

SPD

Herausgeber: Vorstand der SPD.

Aus: Hans-Peter Schwarz, Die Ära Adenauer 1949–1957, a.a.O., S. 81

dem Hinweis auf die 14 bis 17 Millionen Nicht-Erwerbstätigen rechtfertigen, die am Rande des Existenzminimums zu leben gezwungen waren.
Freilich wirkten jetzt die Ungleichheiten provozierend. Während die Misere vor der Währungsreform noch mehr oder weniger alle betroffen hatte, standen nun die Millionen Minderbemittelter und große Gruppen der Arbeitnehmerschaft vor vollen Geschäften und wurden oft Zeugen des Luxus einer bereits wieder in guten Einkommensverhältnissen lebenden Schicht der Eigentümer alten Vermögens oder neu zu Reichtum Gekommener. Derartige krasse Ungleichheiten durften nur von kurzer Dauer sein, wenn sie nicht zu einem politischen Umschwung führen sollten. Die Befürworter der neuen Wirtschaftspolitik waren sich darüber voll im klaren.
So gesehen war die Erhardsche Wirtschaftspolitik der Jahre 1949 bis 1951 ein Wettlauf mit der Zeit. Ganz offenkundig bedeutete sie ein Wagnis und für die Parteien, die sie trugen, ein erhebliches Risiko. Sie setzte bewußt auf mittelfristige Erfolge und nicht auf kurzfristige Erleichterung oder gar auf Verteilungsgerechtigkeit. Strukturelle Arbeitslosigkeit wurde im Interesse der Stärkung von Produktionskapazität und internationaler Wettbewerbsfähigkeit erst einmal in Kauf genommen.

Aus: Hans-Peter Schwarz, Die Ära Adenauer 1949–1957, a.a.O., S. 77 ff.

15. Fundamente des „Wirtschaftswunders"

Der als „Wunder" apostrophierte Aufschwung der 1950er Jahre beruht auf Fleiß, Aufbauwillen, Geschick und technischem Können der verfügbaren Arbeitskräfte und Unternehmer, die nach dem Wegfall alliierter Eingriffe und Beschränkungen durch Hilfe von außen (Marshall-Plan) und innen (Steuerpolitik, Investitionshilfegesetz von 1952 u.a.) in einer von Zwang und Angst befreiten Ordnung daran gehen konnten, einen Wiederaufbau nach modernen Grundsätzen einzuleiten. Der große Nachholbedarf auf allen Gebieten, die mit sicherem Absatz verbundenen Gewinnchancen und der Wille, nach zahllosen Entbehrungen der Kriegs- und Nachkriegszeit sich eine bessere Zukunft zu schaffen, unterstützt durch eine diesen Gegebenheiten Rechnung tragende staatliche Wirtschaftspolitik, lassen hohe Wachstumsraten der Wirtschaft zustande kommen. Trotz wachsender Soziallasten, Wiedergutmachungsleistungen und anderen Aufgaben, die eine ständige Zunahme des Anteils der öffentlichen Hand am Sozialprodukt bewirken, bleiben doch auch dem einzelnen, gemessen an dem, was ihm bis 1948 zur Verfügung stand, Mittel genug, nun an der allgemeinen Verbesserung der wirtschaftlichen Lage teilzunehmen. Innerhalb des Jahrzehnts 1950 bis 1959 beträgt die durchschnittliche reale jährliche Wachstumsrate des Bruttoinlandsproduktes in der Bundesrepublik Deutschland 7,5%. Sie wird nur von Japan mit 9,1% übertroffen, einem Land, für das ähnliche Nachkriegsvoraussetzungen galten. Im Vergleich dazu betragen die Wachstumsraten dieser Zeit im Durchschnitt in Frankreich 4%, in den USA 3,3% und in England 2,5%. Die zu Beginn stark angegriffene marktwirtschaftliche Ordnung hat sich als Gerüst dieses Aufschwunges bestens bewährt. Durch Ausbau der Sozial- und Wettbewerbspolitik, durch Ausklammerung bestimmter Wirtschaftszweige (Landwirtschaft, Wohnungsbau) konnten die befürchteten Nachteile vermieden oder gemildert werden. Den Erfolgen Rechnung tragend, bekennt sich auch die SPD-Opposition im Godesberger Programm vom November 1959 zu dieser von ihr zunächst abgelehnten Wirtschaftsordnung. Die harten Auseinandersetzungen zwischen Bundeswirtschaftsminister Erhard und seinen Gegnern, vor allem den SPD-Wirtschaftsexperten Deist, Nölting u.a., die seit 1948 bei vielen wirtschaftspolitischen Entscheidungen aufflammten, scheinen überwunden. Die skeptische Haltung in den eigenen Reihen der CDU, die im „Ahlener Programm" vom Februar 1947 noch die Vergesellschaftung bestimmter Industriezweige forderte, und die Formulierung Karl Schillers in dem Dortmunder Aktionsprogramm der SPD von 1952 „Wettbewerb so weit wie möglich, Planung soweit wie nötig" sind in der Annäherung sich nur noch graduell unterscheidender Standpunkte zur Frage der Wirtschaftsordnung aufgegangen.
Da ausreichendes Eigenkapital oder ein funktionsfähiger Kapitalmarkt 1948/49 nicht vorhanden

waren, hat man bewußt hohe Gewinne und steuerliche Erleichterungen für die Unternehmer hingenommen, um die Investitionen zu erleichtern und einen schnellen Wiederaufbau zu ermöglichen. Schnelligkeit des Wachstums und Steigerung der Produktivität schienen wichtiger als das Problem einer „gerechten" Verteilung. Gewerkschaften und Arbeitnehmer haben, von Streiks anläßlich der Korea-Hausse abgesehen, Arbeitskämpfe weitgehend vermieden. Bis Mitte der 1950er Jahre steht die Beschäftigung der Arbeitslosen im Vordergrund, später können Lohnerhöhungen im allgemeinen aufgrund der guten Konjunkturlage auch ohne Streik durchgesetzt werden. 1954 werden erstmals Lohnforderungen in größerem Umfang gestellt, da einerseits die verbesserte Lage der Unternehmer und ihre Teilnahme am wirtschaftlichen Aufstieg nicht verborgen bleiben, andererseits von Seiten der gewerkschaftlich organisierten Arbeitnehmer, insbesondere von Viktor Agartz, eine „expansive Lohnpolitik" gefordert wird. In anderen Bereichen hatten die Arbeitnehmer bereits früher Erfolge zu verzeichnen: Am 10. April 1951 wird das Mitbestimmungsrecht für Betriebe der Montanindustrie, am 19. Juli 1952 das Betriebsverfassungsgesetz verabschiedet. Durch die relativ langsamen Lohnerhöhungen setzt eine stärkere Steigerung des Lebensstandards vieler Arbeitnehmer erst spät ein: somit trägt auch diese Entwicklung zu einer wachsenden, ungleichgewichtigen Vermögensverteilung bei.
Abgesehen davon harrten zahlreiche Aufgaben seit 1945 einer Lösung, wenn die Wirtschaftsordnung der Bundesrepublik Deutschland ihrem Attribut „sozial" gerecht werden wollte: Die Verabschiedung des Lastenausgleichsgesetzes am 16. Mai 1952, die Eingliederung der Flüchtlinge (Bundesvertriebenengesetz vom 25. Mai 1953), der Ausbau der Kriegsopferversorgung, der soziale Wohnungsbau u.a. waren dringend notwendig.

Aus: Harald Winkel, Wirtschaft im geteilten Deutschland 1945–1970, Wiesbaden 1974, S. 73 ff.

16. Ludwig Erhard: Die „soziale Marktwirtschaft" zieht Bilanz

Kürzlich bin ich im Ausland gefragt worden, warum wir die westdeutsche Wirtschaftspolitik eigentlich als „soziale Marktwirtschaft" bezeichnen. Von außen her sei nicht so sehr das soziale wie das freiheitliche Prinzip zu erkennen. Man möchte wissen, wo die Wendung gegenüber alten liberalen Auffassungen und Prinzipien liegt. Das Prinzip zu würdigen ist tatsächlich wichtig, weil heute alle freien Völker Europas vor der Aufgabe stehen, über den engen nationalen Raum hinauszufinden. Im Gegensatz zum manchesterlichen Liberalismus bin ich der Auffassung, daß die von ihm gesetzte Freiheit allenthalben mißbraucht worden ist: durch eine Freiheit, die man sich genommen hat, um die Freiheit zu unterbinden. In Deutschland wird mir von industrieller Seite oft gesagt, es müsse doch die Freiheit bleiben, Kartelle bilden und Preise fixieren zu dürfen. Damit bin ich nicht einverstanden.
Die heutige Wirtschaftspolitik beruht auf dem Grundsatz eines unverfälschten und ungehemmten Leistungswettbewerbs. Sie will dafür sorgen, daß trotz dieses Leistungswettbewerbs die wirtschaftliche Expansion nicht unterbrochen wird. Vor allen Dingen aber will sie dafür sorgen, daß der wirtschaftliche Fortschritt in allen Teilen der Wirtschaft Eingang findet. Bei uns ist jeder einzelne Betrieb darauf angewiesen, in der Fortschrittlichkeit der Technik, in der Rationalisierung mit am Zuge zu bleiben, um sich selbst behaupten zu können. Darüber hinaus wollen wir dafür sorgen, daß die Fortschritte der Wirtschaft sich nicht nur in Renten niederschlagen, sondern sich auswirken in einer Verbesserung des Lebensstandards aller Menschen. Wenn gesagt wird, im Mittelpunkt der westdeutschen Wirtschaftspolitik stehe der Markt, dann ist das nur eine unvollkommene Feststellung. Gewiß ist der Markt im funktionellen Sinne die entscheidende Institution, doch im Mittelpunkt steht eigentlich der Verbraucher. Für eine gesunde und soziale Wirtschaftspolitik gibt es nach meiner Ansicht nur einen Maßstab: das ist der Verbrauch. Es gibt nur einen Richter: das ist der Verbraucher! ...
Gegenüber der gelegentlich zu hörenden Behauptung, die soziale Marktwirtschaft sei eigentlich nur die Verbrämung von irgendwelcher wirtschaftlicher Interessenpolitik, verweise ich darauf, daß

wir in Westdeutschland 1948 eine Politik betreiben mußten, die es der Unternehmungswirtschaft gestattet hat, nun auch so viel zu erwirtschaften, daß sie den veralteten und verschlissenen Produktionsapparat tatkräftig aufbauen konnte. Zu jener Zeit standen hinter uns 10 Millionen Flüchtlinge mit ungefähr 2½ Millionen erwerbsfähigen Menschen, die in die Arbeit hineindrängten. Wir hatten keine Zeit, zunächst einmal zu sagen, in 10 oder 15 Jahren werde sich das schon allmählich aufsaugen. Die Flüchtlinge warteten darauf, arbeiten zu können, um leben zu können! Wir mußten die uns aus der Zerstörung überkommenen Arbeitsplätze wieder so ergiebig werden lassen, daß sie auch vom Standpunkt der Weltwirtschaft und eines weltweiten Wettbewerbs gesichert sind. Wenn wir in drei Jahren die deutsche Leistung wieder so hochgezogen haben, daß wir antreten können vor der übrigen Welt, und wenn wir dazu über zwei Millionen neue Arbeitsplätze geschaffen und das Realeinkommen des Arbeiters über den Vorkriegsstand erhöht haben, dann kann diese Wirtschaftspolitik sich mit Fug und Recht „sozial" nennen. Diese Wirtschaftspolitik ist gerade deshalb so sozial, weil sie bei scheinbarer brutaler Härte in bezug auf die Entfaltung des Wettbewerbs durch dieses Prinzip eben doch dafür sorgt, daß in dem dauernden Fortschritt der Leistung, in der Hingebung der Leistung an das ganze Volk, an den Verbrauch, an den Lebensstandard die beste soziale, die beste ökonomische und wahrscheinlich auch die beste politische Wirkung erzielt werden.

Aus: Bulletin der Bundesregierung vom 28. 2. 1953, S. 323 f.

17. Alltag 1955 im Spiegel von Zeitungsnotizen

„Verfeinerte Freßwelle"

Münster (dpa). Von einer „verfeinerten Freßwelle" ist im Bericht der Handwerkskammer Münster auf Grund von Beobachtungen der Fleischer die Rede. Mehr und mehr habe sich eine Änderung der Geschmacksrichtung durchgesetzt, da sich die Nachfrage auf feine Fleisch- und Wurstwaren konzentriere.

Die Preise für Schweinefleisch hätten merklich angezogen. Das Fleischerhandwerk habe bei niedrigen Einkaufspreisen und bei teilweise nicht folgenden Verkaufspreisen eine klare Gewinnchance gehabt. Der Brotumsatz sei dagegen rückläufig gewesen. Die Bäckereien wären ohne gesteigerten Umsatz von Brötchen und Feingebäck nicht existenzfähig gewesen.

Eine verbesserte Speisekarte

weist die Statistik auch im Jahre 1954 für die durchschnittliche Arbeitnehmerfamilie aus. Sie gab bei einem monatlichen Einkommen von 467,73 DM für Nahrungsmittel 179,86 DM aus und bevorzugte noch stärker als in den früheren Jahren Nahrungsmittel tierischer Herkunft. Der Anstieg der Ernährungsausgaben von 131 DM 1949 auf fast 180 DM je Monat im Jahre 1954 ist zum größten Teil der qualitativen Verbesserung zugute gekommen. Die Preiserhöhungen der letzten Jahre haben die tierischen Nahrungsmittel weniger betroffen als die pflanzlichen. Aufs Ganze gesehen mußte unsere Arbeitnehmerfamilie bei gleichem Verbrauch an Nahrungsmitteln 1954 monatlich 20 DM mehr aufwenden als 1950. (Globus)

Zündhölzer bald billiger

Bonn (dpa). Die Schachtel Streichhölzer soll nun doch bald nur noch fünf Pfennig kosten. Im Bundestag wird ein interfraktioneller Antrag vorbereitet, nach dem die Zündwarensteuer von zehn auf einen Pfennig je 100 Stück zu senken ist.

Kohlenvorräte knapp

Bonn (N.) In der Kohlenversorgung der Großverbraucher sind in letzter Zeit einige Engpässe aufgetreten, die hauptsächlich auf die Exportverpflichtungen zurückzuführen sind. Die Versorgungsbetriebe klagen über unzureichende Lieferungen.

Im Bundeswirtschaftsministerium wird die Kohlenversorgung weniger kritisch gesehen. Es wird darauf hingewiesen, daß der Kohlenhandel bisher mit den gleichen Mengen Hausbrand beliefert worden sei wie im Vorjahr. Lediglich die Koksversorgung weise einen kleinen Engpaß auf.

Löhne und Gehälter erhöht

Dortmund (dpa). Um 15 Pfg. werden die Stundenlöhne für die gewerblichen Arbeitnehmer im Betonsteingewerbe von Nordrhein-Westfalen in allen Tarif- und Ortsklassen vom 1. September an erhöht. Gleichzeitig steigen die Gehälter für die technischen und kaufmännischen Angestellten des Gewerbes um 5 Prozent und die Ausbildungsbeihilfen für Lehrlinge um monatlich vier Mark. Dies teilte die Bezirksleitung Westfalen der IG Bau, Steine und Erden mit. Die Stundenlöhne betrugen bisher 1,40 bis 1,74 Mark. Die Angestelltengehälter 143 bis 671 Mark und die Lehrlingsbeihilfen 19 bis 36,50 Mark monatlich.

Tanz für die Armen

Zu den ersten repräsentativen Bällen der diesjährigen Faschingssaison gehört das große Wohltätigkeitsfest, das unter dem Motto „Goldenes Münchner Herz" am 12. Januar im Deutschen Theater stattfindet. Durch diesen Ball soll die Möglichkeit geschaffen werden, alten, hilfsbedürftigen Münchnern eine kleine Freude zu machen und sie mit Geld- und Sachspenden zu unterstützen. Dem Ehrenkomitee des Festes gehören prominente Münchner Geschäftsleute, Künstler und Persönlichkeiten des öffentlichen Lebens an. Zahlreiche Firmen spendeten für die große Tombola. Unter anderem hat die Firma Glas, Dingolfing, einen Goggo-Motorroller gestiftet. Künstler von Weltruf haben ihr Erscheinen zugesagt. Aus Stockholm kam die Mitteilung, daß auch Zarah Leander im Rahmen des Festprogramms auftreten wird. Zum Tanz spielt Max Greger mit seinen Solisten. Karten für den Festball „Goldenes Münchner Herz", der ausschließlich als Schwarz-Weiß-Fest gedacht ist, sind im Ballbüro des Deutschen Theaters, Schwanthalerstraße, noch zu haben.

Wohnungstausch bleibt genehmigungspflichtig

Bonn (N.) Wohnungstausch soll nach wie vor genehmigungspflichtig bleiben. Der Wohnungsbauausschuß des Bundestages lehnte am Donnerstag den Vorschlag der Bundesregierung ab, den Wohnungstausch künftig von der Genehmigungspflicht auszunehmen. Der Ausschuß hält die Genehmigungspflicht für erforderlich, um sozial schwachen Schichten einen Schutz zu erhalten.

Wohnungen für 500 000 Familien

Bonn (dpa). Rund 500 000 Familien erhielten im vergangenen Jahr in der Bundesrepublik eine Neubauwohnung. Wie aus einer Veröffentlichung des Bundeswohnungsbauministeriums hervorgeht, wurden 1954 in der Bundesrepublik 541 000 Wohnungen gebaut. Das sind 23 000 Wohnungen mehr als im Vorjahr.

Heimkehrer frei ins Kino

Düsseldorf (dpa). Der Wirtschaftsverband der Filmtheater Nordrhein-Westfalen e.V. hat seinen Mitgliedern empfohlen, allen in diesen Tagen heimkehrenden Kriegsgefangenen freien Eintritt zu drei Filmveranstaltungen für je zwei Personen zu gewähren. Die Gutscheine dafür sollen die örtlichen Sozialämter an die Heimkehrer verteilen.

18. Politische Betätigung von Angehörigen des öffentlichen Dienstes gegen die demokratische Grundordnung

(Beschluß der Bundesregierung vom 19.9. 1950)

Die Gegner der Bundesrepublik verstärken ihre Bemühungen, die freiheitliche demokratische Grundordnung zu untergraben. Jede Teilnahme an solchen Bestrebungen ist unvereinbar mit den Pflichten des öffentlichen Dienstes. Alle im unmittelbaren oder mittelbaren Bundesdienst stehenden Personen haben sich gemäß § 3 des vorläufigen Bundespersonalgesetzes durch ihr gesamtes Verhalten zur demokratischen Staatsordnung zu bekennen. Wer als Beamter, Angestellter oder Arbeiter im Bundesdienst an Organisationen oder Bestrebungen gegen die freiheitliche demokratische Staatsordnung teilnimmt, sich für sie betätigt oder sie sonst unterstützt, wer insbesondere im Auftrag oder im Sinne der auf Gewalthandlungen abzielenden Beschlüsse des 3. Parteitages der kommunistischen SED[1]) und des sogenannten „National-Kongresses" wirkt, macht sich einer schweren Pflichtverletzung schuldig.

Zu den Organisationen, deren Unterstützung mit den Dienstpflichten unvereinbar sind, gehören insbesondere:

1. die Kommunistische Partei Deutschlands mit allen ihren Unterorganisationen,
2. die sozialdemokratische Aktion,
3. die Freie Deutsche Jugend (FDJ),
4. die Vereinigung der Sowjetfreunde,
5. die Gesellschaft zum Studium der Kultur der Sowjet-Union,
6. der Kulturbund zur demokratischen Erneuerung Deutschlands,
7. der gesamtdeutsche Arbeitskreis für Land- und Forstwirtschaft,
8. das Komitee der Kämpfer für den Frieden,
9. das Komitee der Jungen Friedenskämpfer,
10. Die Vereinigung der Verfolgten des Naziregimes (VVN),
11. die Sozialistische Reichspartei,
12. die sogenannte „Schwarze Front" (Otto-Strasser-Bewegung),
13. die „Nationale Front" (Dachorganisation).

Die Bundesregierung ersucht die Dienstvorgesetzten, gegen Beamte, Angestellte und Arbeiter, die ihre Treuepflicht gegenüber der Bundesrepublik durch Teilnahme an solchen Organisationen oder Bestrebungen verletzen, die erforderlichen Maßnahmen zu ergreifen. Gegen Schuldige ist unnachsichtig die sofortige Entfernung aus dem Bundesdienst, und zwar bei Beamten auf Lebenszeit durch Einleitung eines förmlichen Dienststrafverfahrens unter gleichzeitiger vorläufiger Dienstenthebung und Gehaltseinbehaltung, bei Beamten auf Widerruf durch Widerruf, bei Angestellten und Arbeitern durch fristlose Kündigung herbeizuführen.

Die Bundesregierung empfiehlt den Landesregierungen, sofort entsprechende Maßnahmen zu treffen.

Zit. nach: Gemeinsames Ministerialblatt 1 (1950), Nr. 12, S. 93

[1]) vgl. Nr. 1 S. 223 f.

19. Politische Justiz und KPD

Hinsichtlich der generellen Bedeutung der politischen Justiz gegen Kommunisten und ihre unmittelbaren Sympathisanten lassen sich vor allem zwei Feststellungen treffen:

1. Die weithin konsensfähige Legitimation für die Anwendung politischer Justiz lautete: Die Kommunisten gefährden die Verfassungsordnung, und zwar sowohl im Hinblick auf deren demokratische wie nationale Komponente. Theoretisch stimmte dieser Vorwurf ohne Zweifel. Die KPD – strikt am Modell der Sowjetunion bzw. der inneren Ordnung der DDR orientiert – rief zum Sturz des „Adenauer-Regimes“ auf und bestritt der Bundesrepublik ihre demokratische Legitimität. Daneben sprach sie dem westdeutschen Staat seine nationale Legitimität ab, indem sie ihn als „Kolonialregime“ der Alliierten hinstellte. In der politischen Praxis jedoch entbehrte das Argument der Gefährdung jeder Grundlage. Der tatsächliche Einfluß der KPD, soweit er an Wahlen ablesbar war, schwand immer mehr dahin. Konkrete praktische Handlungen, die auf eine Umsetzung der Ziele hindeuteten und eine meßbare Gefahr bedeutet hätten, waren kaum nachweisbar. So stellte der damalige Rechtsanwalt Diether Posser rückblickend 1956 fest, es habe bei den Kommunisten „keine politischen Morde, keine Attentate, keine Aufstandsversuche, keinerlei Gewalttaten, keine geheimen Waffenlager, keine Liquidationslisten gegeben“. Umgekehrt aber seien „Kommunisten verfolgt, ihre Parteibüros demoliert, ihre Schaukästen zertrümmert, ihre Redner mißhandelt, ihre Funktionäre verleumdet und verunglimpft, ja sogar mit Mord bedroht“ worden. So richtig dieser Hinweis war, so zugkräftig blieb dennoch das Argument der Gefährdung, weil die Bundesrepublik als junger Staat noch nicht über gefestigte demokratische Institutionen verfügte und die deutschen Kommunisten angesichts des übermächtig erscheinenden außenpolitischen Gegners, der Sowjetunion, als eine gefährliche „fünfte Kolonne“ wahrgenommen wurden.
2. Von diesem antikommunistischen Legitimationsmuster gingen starke integrative Wirkungen aus, die von dem SPD-Politiker Adolf Arndt mit der Freund-Feind-Orientierung des Antisemitismus früherer Jahrzehnte verglichen wurden. Der Antikommunismus verstärkte die Verankerung im westlichen Bündnis, befestigte das System der parlamentarischen Demokratie im politischen Bewußtsein und beeinflußte das gesamte innenpolitische Klima, indem Forderungen von links nach Veränderung der Eigentumsverhältnisse und der Wirtschaftsordnung tendenziell als kommunistisch diskreditiert werden konnten. Trotz der fragwürdigen Grundsätze und der verheerenden Details – bis hin zur schon kurios anmutenden Strafbarkeit roter Nelken im Knopfloch am 1. Mai –, trotz der Unverhältnismäßigkeit der Mittel in der Verfolgung von Kommunisten blieb der rechtsstaatliche Rahmen insofern prinzipiell gewahrt, als keine Beliebigkeit herrschte und keine willkürlich konstruierten Anklagen ohne empirische Beweise erhoben wurden. Schließlich gab es auch keine Einbeziehung der nichtkommunistischen sozialistischen Opposition in direkte Verfolgungsmaßnahmen (z. B. der „Gruppe Arbeiterpolitik“ oder der „Deutschen Friedensunion“), obwohl die Grenzen hier leicht fließend wurden.

Insgesamt ging der Antikommunismus aber über die legitime Abwehr kommunistischer Machtansprüche hinaus, er verselbständigte sich zur Weltanschauung und zu einem sozialen Disziplinierungsmittel von beträchtlicher gesellschaftlicher Bedeutung. Daß er ein solches Gewicht erhalten konnte, ist jedoch kaum erklärbar ohne die Teilung des Landes und ohne die Deformation des Kommunismus in der DDR: den Stalinismus.

Aus: Christoph Kleßmann, Die doppelte Staatsgründung, a. a. O., S. 256 f.

20. Zur Kontinuität des Berufsbeamtentums

Es ist zwar sicher richtig, daß weder 1947 in Frankfurt (bei der Etablierung der Bizonenverwaltung) noch 1949 in Bonn die Möglichkeit bestand, eine Zentralverwaltung von einer „tabula rasa“ aus neu aufzubauen, wenn die anstehenden immensen Probleme mit einiger Aussicht auf Erfolg überhaupt gelöst werden sollten. Dennoch gehört das Ausmaß der Restauration im öffentlichen Dienst und das fehlende politische Fingerspitzengefühl in einigen herausgehobenen Personalentscheidungen zu jenen fatalen Hypotheken, die nicht zuletzt bei der nachgewachsenen jüngeren Genera-

tion die innere Glaubwürdigkeit eines freiheitlich-demokratischen Rechtsstaates belastet haben. Die starke Kontinuität des Berufsbeamtentums läßt sich geradezu als ein generelles Merkmal aller großen Umbrüche der deutschen Geschichte des 20. Jahrhunderts verstehen. Wenn auch in unterschiedlichen Erscheinungsformen und Auswirkungen hat sich das Berufsbeamtentum 1918, 1933 und 1945 mit dem ihm eigenen Beharrungsvermögen zu halten gewußt. Die Versuche der Westalliierten zur strukturellen Reform des öffentlichen Dienstes (allgemeine Zugänglichkeit, Leistungsprinzip, Einschränkung der aktiven politischen Tätigkeit ohne Aufgabe des Beamtenstatus, Beseitigung der Privilegien, Ablehnung des Juristenmonopols) wurden von der Bundesregierung – seit dem Zusammentritt des zu 61 Prozent aus Beamten bestehenden Parlamentarischen Rats von der Beamtenlobby wirkungsvoll unterstützt – erfolgreich torpediert, so daß im Bundesbeamtengesetz von 1953 die zuletzt im Reichsbeamtengesetz von 1937 fixierten Grundsätze des Beamtentums für Bund, Länder und Gemeinden voll wiederhergestellt wurden. Darüber hinaus kehrte das alte Personal in großem Umfang zurück. Daß dieser Prozeß nach dem Ende des Dritten Reiches erneut unaufhaltsam schien, war freilich nicht nur auf die Sachzwänge zurückzuführen, sondern wesentlich auch auf den durch den weltpolitischen Konstellationswandel und die Teilung Deutschlands hervorgerufenen Stopp des Entnazifizierungsverfahrens, das schließlich in eine umfassende Rehabilitierung einmündete.
Auf Veranlassung Adenauers als Präsident des Parlamentarischen Rates stellte ein Sachverständigengremium bereits Ende 1948 Überlegungen zum Personal einer künftigen Bundesverwaltung an. Das Ergebnis lautete: Es gebe nur ein geringes Potential an für die Bundesministerien geeigneten Kräften, da politisch nicht belastetes geeignetes Personal zumeist schon in festen und befriedigenden Stellungen sei. Verblieben seien im wesentlichen solche, die zumindest formale Beziehungen zum Nationalsozialismus gehabt hätten. Eine Liste von 26 Kandidaten für ein künftiges Bundesinnenministerium enthielt dann auch nur einen Namen ohne jede NS-Belastung. Von diesen 26 hatten 15 im Reichsinnenministerium gearbeitet (darunter auch Hans Globke), acht im preußischen Innenministerium. Drei von ihnen waren beim Entnazifizierungsverfahren in die Gruppe IV (Mitläufer), 20 (darunter Globke) in V (Entlastete) eingestuft worden.
Inwieweit die beiden hier genannten Ministerien hinsichtlich ihres Pg-Anteils repräsentativ für die Bundes- und Länderministerien sind, läßt sich nicht sagen, da derartige Angaben über die personelle Erstausstattung fehlen oder nur fragmentarisch vorliegen. Verbietet sich über Einzelbeispiele hinaus eine generelle Aussage, zumal eine im administrativen Bereich ohnehin hohe nominelle NSDAP-Mitgliedschaft allein noch wenig Hinweise auf den Grad der politischen Belastung bot, gab es andererseits herausragende Einzelfälle, die bereits in der zeitgenössischen Diskussion Gegenstand heftiger Kritik wurden. Zu ihnen gehörte in erster Linie der von 1949 bis 1953 als Abteilungsleiter und danach zehn Jahre als Staatssekretär im Bundeskanzleramt fungierende Jurist Hans Globke. Obwohl sich Politiker wie Bundesinnenminister Heinemann und der ehemalige Widerstandskämpfer Jakob Kaiser für ihn einsetzten – er selber hielt einen Staatssekretärposten für inopportun und bot später auch mehrmals seinen Rücktritt an –, war sein Name mit dem Kommentar zu den Nürnberger Rassegesetzen von 1935 verbunden. Globke hatte zwar nicht der NSDAP angehört, der Grund dafür lag jedoch darin, daß sein Aufnahmeantrag von 1940 am Einspruch des Leiters der Parteikanzlei Bormann gescheitert war. Dabei spielten seine politische Tätigkeit im früheren Zentrum und seine Verbindung zu kirchlichen Kreisen eine wesentliche Rolle. Globke wurde zur Schaltstelle der Personalpolitik im Bundeskanzleramt. Daß seine überragenden administrativen Fähigkeiten und seine engen, in die Nähe des Widerstands gerückten Verbindungen zum katholischen Klerus im Dritten Reich für die Verteidiger Globkes seinerzeit schwerer wogen als seine erhebliche politische Kompromittierung, wirft ein bezeichnendes Schlaglicht auf die Form der Auseinandersetzung mit dem Dritten Reich in der frühen Bundesrepublik. Ein gravierender Fall war auch die Ernennung Theodor Oberländers zum Minister für Vertriebene (1953–1960). Ihm wurde vorgeworfen, als Kommandeur des Bataillons „Nachtigall" 1941 in Lemberg für Massenhinrichtungen verantwortlich gewesen zu sein, doch wurde ein Ermittlungsverfahren eingestellt. Adenauer selber bezeichnete dessen Vergangenheit als „tiefbraun".

Auf einer prinzipiell anderen Ebene wird man demgegenüber die Ausfüllung des Artikels 131 des Grundgesetzes ansiedeln müssen, der eine bundesgesetzliche Regelung für die öffentlichen Bediensteten vorschrieb, die „aus anderen als beamten- oder tarifrechtlichen Gründen ausgeschieden" und noch nicht wieder eingesetzt waren. Ein entsprechendes Gesetz, das mit den Stimmen der Regierungsparteien und der SPD verabschiedet wurde, trat im Mai 1951 in Kraft. Danach erhielten ca. 150000 Angehörige des öffentlichen Dienstes, die durch die Entnazifizierung ihre Stellung verloren hatten, ihre Versorgungsansprüche und Arbeitsmöglichkeit im Staatsdienst zurück. Das Gesetz verpflichtete die öffentlichen Arbeitgeber, 20 Prozent ihrer Etats für die Einstellung dieses Personenkreises zu verwenden, dabei jedoch darauf zu achten, daß untragbare Personen keinen Anspruch haben sollten. In der Praxis boten sich hier jedoch zahlreiche Schlupflöcher, durch die auch schwer belastete Beamte wieder in den Staatsdienst gelangen konnten. Eine fast völlig ungebrochene Kontinuität ergab sich vor allem im Bereich der Justiz. Auch belastete Richter wurden in großer Zahl wieder eingestellt.

Das Rehabilitierungsproblem stellte sich auch noch auf einer weiteren Ebene. Die seit Ausbruch des Korea-Krieges forcierte deutsche Wiederbewaffnung ließ sich nicht ohne Unterstützung des alten militärischen Personals realisieren. Auch hier forcierten somit die äußeren Umstände eine starke personelle Kontinuität. Darüber hinaus aber war es zur inneren Legitimation einer neuen Armee notwendig, Politik und Militär im Dritten Reich sorgsam voneinander zu trennen und so eine „reine" soldatische Tradition zu erhalten. In diesem Sinne gab Adenauer am 3. Dezember 1952 vor dem Bundestag eine pauschale Ehrenerklärung ab, welche die Verstrickung der Armee in verbrecherische Angriffskriege ausklammerte: „Ich möchte heute vor diesem Hohen Hause im Namen der Bundesregierung erklären, daß wir alle Waffenträger unseres Volkes, die im Namen der hohen soldatischen Überlieferungen ehrenhaft zu Lande, auf dem Wasser und in der Luft gekämpft haben, anerkennen. Wir sind überzeugt, daß der gute Ruf und die große Leistung des deutschen Soldaten trotz aller Schmähungen während der vergangenen Jahre in unserem Volke noch lebendig sind und auch bleiben werden. Es muß unsere gemeinsame Aufgabe sein – und ich bin sicher, wir werden sie lösen –, die sittlichen Werte des deutschen Soldatentums mit der Demokratie zu verschmelzen."

Bei aller Betonung von Kontinuitäten in der personellen und sozialen Rekrutierung der Verwaltung, der Justiz und des Militärs in der frühen Bundesrepublik kann gleichwohl nicht übersehen werden, daß im Unterschied zu Weimar diese Gruppen nach der Erfahrung von Nationalsozialismus und Entnazifizierung nun erstmals bereit waren, einen demokratischen Staat und seine Spielregeln zu akzeptieren. Insofern stand neben dem starken Element der Kontinuität auch das des Kontinuitätsbruchs.

Aus: Christoph Kleßmann, Die doppelte Staatsgründung, a.a.O., S. 252ff.

21. Die Kanzlerdemokratie

Welche Faktoren charakterisieren die Kanzlerdemokratie? Aus der dualistischen Konzeption der Weimarer Reichsverfassung und der Zwischenstellung der Regierung zwischen Präsident und Parlament hat der Parlamentarische Rat die Konsequenz gezogen und im Grundgesetz die Position des Kanzlers gegenüber dem Parlament, dem Kabinett und dem Präsidenten gestärkt. Da der Regierungschef die Hauptverantwortung zu tragen hat, ist ihm die dazu notwendige Machtgrundlage verfassungsrechtlich geschaffen worden. Sie fußt vornehmlich auf den Artikeln 64, 65 und 67 GG, wonach der Kanzler die Möglichkeit hat, seine Minister selbst auszuwählen, d.h. über ihre Ernennung und Entlassung zu bestimmen, wonach er die Richtlinien der Politik bestimmt und die Minister nur nach Maßgabe dieser Richtlinien in ihren Ressorts selbständig arbeiten und wonach er nur durch ein konstruktives Mißtrauensvotum des Parlaments abgesetzt werden kann. Das Recht auf Ministerernennung und die Richtlinienkompetenz waren bereits in der Weimarer Reichsverfassung enthalten; nach dem Grundgesetz haben sie jedoch eine höhere Qualität. Denn es steht einerseits dem Parlament nicht mehr zu, einzelne Minister durch ein Mißtrauensvotum aus dem Kabinett herauszulösen und dadurch womöglich die Regierung zu stürzen. Andererseits ist die Machtstellung des Präsidenten auf vornehmlich repräsentative Aufgaben reduziert worden. Der Weimarer Dualismus wurde auf diese Weise aufgehoben. Basierend auf dieser verfassungsrechtlichen Grundlage erhielt die Kanzlerdemokratie ihre eigentliche Gestalt durch die Einrichtung des Bundeskanzleramts und vor allem durch den persönlichen Führungsstil Adenauers.

Das Bundeskanzleramt ist als Organisations- und Entscheidungszentrum der Bundesregierung zu dem Zweck eingerichtet worden, den Kanzler über die laufenden Fragen der allgemeinen Politik und über die Arbeit der Ministerien zu unterrichten. Auf der Grundlage dieser gebündelten Informationen werden die Entscheidungen der Regierung vorbereitet, deren Durchführung kontrolliert und die Arbeit der Ministerien koordiniert. Den verschiedenen Ministerien und Bundesbehörden sind im Kanzleramt entsprechende Referate zugeordnet, die ständige Kontroll- und Einwirkungsmöglichkeiten in die Ministerien gewährleisten.

1949 wurde dieses Amt in seiner Funktion und Gliederung nach den Vorstellungen Konrad Adenauers aufgebaut und ganz auf seinen Führungsanspruch zugeschnitten; entsprechend war es während seiner gesamten Amtszeit das entscheidende Instrument seiner Regierungsführung. Durch die Konstruktion des Kanzleramts sind selbst ohne den ausgesprochenen Führungsanspruch eines Kanzlers Spannungen zwischen dem Kanzler- und dem Kabinettsprinzip angelegt, unter Adenauer nahmen sie oftmals scharfe Formen an: „Tatsächlich funktionierte die Regierung Adenauers, der keinen Rivalen im Kabinett duldete, im wesentlichen durch den Vorrang des ihm unterstellten Bundeskanzleramts vor der Kollegialentscheidung des Kabinetts" (K. D. Bracher).

Adenauer konnte sich in dieser Hinsicht des Vorbilds der Landesregierungschefs in den Westzonen seit 1945 bedienen. Auch in den Landesregierungen war das kollegiale Prinzip nicht praktiziert worden, aus einem sehr einfachen Grund: Die Ministerpräsidenten waren als Vollzugsorgan der Besatzungsmächte diesen verantwortlich und von ihnen abhängig, zugleich waren sie ihnen gegenüber aber auch die Repräsentanten ihres Landes. Diese Doppelfunktion legte Alleinentscheidungen nahe, da sich die Regierungschefs vor den Militärgouverneuren nicht auf Ministerbeschlüsse berufen konnten und auch sonst keinen Hebel zur Durchsetzung von Forderungen besaßen. Sie waren macht-, aber keineswegs einflußlos, und ihr Einfluß beruhte auf der – ihnen allein gegebenen – Möglichkeit des Zugangs zu den Militärgouverneuren. Sie konnten Entscheidungen vorklären und besaßen vor allem mehr und genauere Informationen als ihre Minister. Sobald schnelle Entscheidungen getroffen werden mußten, war allein der Regierungschef dank seines Einblicks in die Zusammenhänge rasch dazu in der Lage.

1949 verlangte der frisch gewählte Bundeskanzler Adenauer für sein Amt dasselbe Privileg von den Alliierten Hohen Kommissaren – den Nachfolgern der Militärgouverneure seit der Inkraftsetzung des Besatzungsstatuts –, welches die Militärgouverneure den Ministerpräsidenten gewährt hatten: den alleinigen Zugang zu den Machthabern. Entsprechend wurde das Bundeskanzleramt die einzig zuständige Behörde für den Verkehr mit den Besatzungsmächten. Dem äußeren Anschein nach setzte Adenauer also die Praxis der Landesregierungschefs fort, weshalb sich dagegen kein Widerspruch erhob. Tatsächlich aber schuf er sich damit einen von innenpolitischen Einflüssen freien, großen Handlungsspielraum, denn die Bedingungen des Besatzungsstatuts ließen den Deutschen ein höheres Maß an Selbständigkeit und schränkten die Rechte der Hochkommissare im Vergleich zu den Militärgouverneuren deutlich ein. Überhaupt ließ sich aus dem Besatzungsstatut mancher taktische Vorteil ziehen. Da es den Deutschen keine Verfügungsgewalt über ihre auswärtigen Belange zugestand, verzichtete Adenauer auf die Einrichtung eines Außenministeriums und installierte statt dessen eine Dienststelle für Auswärtige Angelegenheiten im Bundeskanzleramt. Ebenso verfuhr er, als 1950 ein Wehrbeitrag akut zu werden schien und die offizielle Politik noch an die Leitlinie der Entmilitarisierung gebunden war: Das später so genannte Amt Blank als Keim des künftigen Verteidigungsministeriums unterstand als Dienststelle des Bundeskanzleramts dem direkten Einfluß Adenauers. Damit lagen bis 1955 die Zuständigkeiten für Fragen des Auswärtigen und der Verteidigung allein in den Händen Adenauers. Das Bundeskanzleramt bildete die Basis, um die notwendigen Entscheidungen allein, und ohne daß das Kabinett oder die Öffentlichkeit zuvor davon erfuhren, mit den Hochkommissaren beraten zu können …

Das Kabinett war daran zumeist bloß akklamatorisch beteiligt, denn Adenauer legte die Richtlinienkompetenz des Bundeskanzlers extensiv aus. Er informierte das Kabinett oft erst im Nachhinein über bereits gefaßte Entschlüsse, anstatt seine Vorstellungen im Kabinett zuvor zur Diskussion zu stellen. Infolge der kargen Informationen über konkrete Entscheidungen des Kanzlers waren die Ressortminister in ihren eigenen Schritten und in ihrem Verhalten vor der Öffentlichkeit gehemmt und zur Anpassung an vollendete Tatsachen gezwungen, wodurch ihre ressortbezogene Selbständigkeit kaum fühlbar werden konnte. Umgekehrt war durch die Kontakte des Bundeskanzleramts zu den Ministerien sichergestellt, daß der Kanzler auch außerhalb der Kabinettssitzungen seinerseits über die Arbeit in den Ministerien informiert war. Gelegentlich sank dadurch das Kabinett „in den Rang eines weisungsgebundenen Kollegiums von sekundärer Bedeutung" (U. Bermbach) herab.
Wenn auch das Bundeskanzleramt zur Absicherung vor innenpolitischen Einflüssen diente, hatte es nichtsdestoweniger eine äußerst wichtige innenpolitische Aufgabe, denn es stand den Vertretern aller großen Interessengruppen – der Industrie und Gewerkschaften, der Landwirtschaft, der Heimatvertriebenen, der Kirchen – offen und ermöglichte ihnen direkten Zugang zum Bundeskanzler ...
Um die Kanzlerdemokratie als ein Kennzeichen der politischen Mentalität in den fünfziger Jahren zu charakterisieren, genügt es kaum, ihre wesentlichen, empirisch faßbaren Komponenten anzudeuten. Vielmehr ist das persönliche Weltbild und politische Wertsystem Adenauers bestimmend für seinen „Stil" gewesen, welcher durch die Beschränkung auf wenige klar formulierte und einleuchtende Grundüberzeugungen die politische Sicht der westdeutschen Bevölkerung jener Zeit spürbar beeinflußt hat. Solche individuellen Faktoren können immer nur annäherungsweise eingeschätzt werden. Nichtdestoweniger sind sie ebenso zum Verständnis des Kanzlers selbst wie zur Beurteilung seiner Bedeutung für die Physiognomie der fünfziger Jahre von erheblicher Bedeutung.
Aus: Anselm Doering-Manteuffel, Die Bundesrepublik in der Ära Adenauer, a.a.O., S. 25 ff.

22. Ergebnis der Bundestagswahl vom 6. 9. 1953

Wahlberechtigt: 33 121 066 — Wahlbeteiligung: 83,2%
Gültige Stimmen: 27 551 376 — Mandate: 487

	Stimmen absolut	Stimmen-anteil in %	Mandate WK	LL	insg.	Mandats-anteil in %
CDU/CSU	12 444 055	45,2	172	71	243	49,9
SPD	7 944 953	28,8	45	106	151	31,0
FDP	2 629 169	9,5	14	34	48	9,9
GB-BHE	1 616 956	5,9	–	27	27	5,5
DP	986 230	3,2	10	5	15	3,1
KPD	607 761	2,2	–	–	–	–
BP	465 641	1,7	–	–	–	–
GVP	318 476	1,1	–	–	–	–
DRP	295 746	1,1	–	–	–	–
Z	217 078	0,8	1	2	3	0,6
DNS	70 726	0,3	–	–	–	–
SSW	44 585	0,2	–	–	–	–

(WK = Wahlkreis, LL = Landesliste)
Abkürzungen der Parteinamen:

BP	Bayernpartei	GB	Gesamtdeutscher Block
DP	Deutsche Partei	GVP	Gesamtdeutsche Volkspartei
DNS	Deutschnationale Sammlung	SSW	Südschleswigscher Wählerverband
DRP	Deutsche Reichs-Partei	Z	Zentrum

Nach: Heino Kaack, Geschichte und Struktur des deutschen Parteiensystems, Opladen 1971, S. 216

23. Parteienentwicklung und Kanzlereffekt

Die erste Legislaturperiode (1949–1953) brachte eine kurze Blüte verschiedener Splitterparteien mit sich, nachdem am 17. März 1950 die Besatzungsmächte den Lizenzierungszwang aufgehoben hatten. Vor allem rechtsradikale Gruppen gründeten jetzt Parteien, deren wichtigste die Sozialistische Reichspartei (SRP) war. Entscheidende parlamentarische Bedeutung erlangten die Splitterparteien nicht, so daß anders als in Weimar sowohl Regierung als auch Opposition von „systemkonformen" Parteien getragen wurden.
Die Entstehung von Splitterparteien wurde noch durch einen anderen Umstand begünstigt. Vor 1953 konnte von einer politischen Dominanz der CDU/CSU, wie sie für die folgenden beiden Legislaturperioden charakteristisch war, noch nicht gesprochen werden. Deshalb mochte es 1951/53 sinnvoll erscheinen, Parteien zu konstituieren, die gegen die politische, vor allem die außenpolitische Grundlinie der Regierung Adenauer Alternativen bieten konnten. Aus einer solchen Überlegung resultierte die Gründung der Gesamtdeutschen Volkspartei (GVP) im Herbst 1952, die eine neutralistische, teilweise auch pazifistische Außenpolitik konzipierte, jedoch ohne sich damit durchsetzen zu können.
Die Bundestagswahl von 1953 bewirkte insgesamt eine deutliche Konzentration des Parteiensystems. Jetzt nahm die Ära Adenauer ihre eigentliche Gestalt an, denn die Wahl brachte der CDU/CSU einen gegenüber 1949 um über 14 Prozent höheren Wähleranteil, während die Zugewinne der SPD gering waren. Die SPD hatte es nicht vermocht, in bürgerliche Wählerschichten einzudringen. Die Wahl war ein Votum für die Politik Adenauers; seine Position in der CDU/CSU war fortan ebenso unangreifbar wie die Dominanz der Union im Parteiensystem. 1953 war unübersehbar geworden, daß die CDU als bürgerlich-antisozialistische Sammelpartei imstande war, Wählergruppen auf der Rechten einzuschmelzen, während die SPD auf der Linken kaum Stimmen gewinnen konnte. Im zweiten Bundestag waren an kleineren Parteien nur noch die DP und das Zentrum vertreten sowie der 1950 neugegründete Block der Heimatvertriebenen und Entrechteten (BHE) als Interessenpartei der Vertriebenen und Kriegsopfer. Nach einigen erheblichen Erfolgen bei Landtagswahlen in den Jahren vor 1953, wo der BHE mehr als 10 Prozent der Stimmen erhalten hatte, lag sein Anteil in der Bundestagswahl nur noch bei 5,9 Prozent. Die fortschreitende Integration der Heimatvertriebenen, das zeigte sich hier schon deutlich, würde der Partei über kurz oder lang die Existenzgrundlage entziehen. Einen völligen Mißerfolg mußte die GVP mit nur 1,1% der Stimmen verbuchen; ihre Opposition gegen die Außenpolitik der Bundesregierung hatte trotz aller Unruhe während der Auseinandersetzungen um die Wiederbewaffnung keine Resonanz gefunden.
Der Trend zur Konzentration des Parteiensystems und zur Dominanz der CDU/CSU in ihm setzte sich in der Bundestagswahl von 1957 fort, als die Union die absolute Mehrheit der Stimmen erhielt ...
Der geringe Fundus an Tradition ermöglichte der CDU/CSU eine flexible Haltung in programmatischer und organisatorischer Hinsicht; der „Kanzlereffekt" resultierte aus der Gewohnheit Adenauers, sich weniger als CDU-Vorsitzender und damit als Repräsentant eines Teils der Gesamtgesellschaft, sondern vielmehr sich als Volkskanzler darzustellen und die Funktion des Regierungschefs als über den Parteien schwebend erscheinen zu lassen. Das konnte um so leichter gelingen, als der SPD nach dem Tod Kurt Schumachers eine echte personelle Alternative zu Adenauer fehlte. Das Erscheinungsbild des starken Kanzlers ermöglichte es Adenauer, die Erfolge nicht nur in der Außenpolitik – die in der Tat seine eigenen waren –, sondern vor allem in der Wirtschaftspolitik auf sein Erfolgskonto zu buchen. Die Wirtschaftspolitik war in den Augen der Wähler der ausschlaggebende Faktor, und da diese Politik antisozialistisch war, fügte sie sich zusammen mit der Außenpolitik bruchlos in das insgesamt „gegen links" gerichtete Regierungskonzept ein. Die Unterschiede in dieser Frontstellung, die ja innenpolitisch gegen die Sozialdemokratie, außenpolitisch gegen die Sowjetunion und allgemein „den Kommunismus" gerichtet war, verwischte Adenauer in seinen öffentlichen Ausführungen zumeist.

Aus: Anselm Doering-Manteuffel, Die Bundesrepublik in der Ära Adenauer, a.a.O., S. 141 ff.

II/2 Die Gewerkschaften – Erfolge und Grenzen

Arbeitsthemen

1. Mit welchen Argumenten macht der DGB gegen die Zwangswirtschaft und gegen die Marktwirtschaft Front? Wodurch soll der vom DGB propagierte volkswirtschaftliche Gesamtplan gekennzeichnet sein? Weshalb wird die Vergesellschaftung der Schlüsselindustrien gefordert? Warum wird die Demokratisierung der Wirtschaft für notwendig gehalten? (Nr. 1)

2. In welchen vagen Formeln äußert sich Adenauer in seiner ersten Regierungserklärung zur Frage der Rechtsbeziehungen zwischen Arbeitnehmern und Arbeitgebern? Womit begründet Schumacher die Notwendigkeit der Sozialisierung? Für welche erweiterte Form der Mitbestimmung tritt der SPD-Führer ein? (Nr. 2 a und 2 b)

3. Für welche Kategorien von Unternehmungen fordert der DGB einen paritätisch besetzten Aufsichtsrat? Wie soll die Mitwirkung der Gewerkschaften sichergestellt werden? (Nr. 3)

4. Welches Konzept der Zusammenarbeit zwischen Arbeitgebern und Arbeitnehmern verfochten die Unternehmer? Wie stellten sie sich die Relationen im Aufsichtsrat vor? Welche Kriterien sollten die Arbeitnehmer-Vertreter im Aufsichtsrat erfüllen? (Nr. 4)

5. Mit welchen Argumenten wendet sich Adenauer gegen die Streikankündigung in der Montanindustrie zur Durchsetzung der Mitbestimmung? In welchem umfassenden Verständnis hält Böckler die Mitbestimmung für notwendig? Welche abweichende Interpretation der Bestimmungen des Grundgesetzes trägt der DGB-Vorsitzende vor? (Nr. 5 a und 5 b)

6. Wie verteilen sich gemäß dem Mitbestimmungsgesetz für die Montanindustrie vom 21. 5. 1951 die Gewichte im Aufsichtsrat? Durch welche Vorkehrungen soll die Neutralität des 11. Mitglieds sichergestellt werden? (Nr. 6)

7. Welche weitergehenden Erwartungen knüpfte die Gewerkschaft an die Durchsetzung der Mitbestimmungsforderung in der Montanindustrie? Weshalb sprach sie sogar von einem „revolutionären Akt"? (Nr. 7)

8. Weshalb lehnt der DGB – gemäß dem in 10 Millionen Exemplaren verteilten Aufruf – das geplante Betriebsverfassungsgesetz ab? Warum mußte er dieses Konzept als einen mitbestimmungspolitischen Rückschritt und als eine herausfordernde Enttäuschung empfinden? (Nr. 8)

9. Welche Kompetenz spricht Adenauer – unter Rekurs auf die bei einem früheren analogen Konflikt bezogene Position – den Gewerkschaften ausdrücklich ab? Mit welcher Duplizität sucht er den DGB einzuschüchtern? (Nr. 9 und 5 a) Ließ sich der DGB dadurch von Kampfmaßnahmen abhalten? Wie entschied das Arbeitsgericht? (Nr. 10 a und 10 b)

10. Welche Rechte gestand das Betriebsverfassungsgesetz den Betriebsräten zu? Welche enthielt es ihnen vor? Inwiefern bestätigte die verabschiedete Version die Befürchtungen des DGB? (Nr. 11 und 8)

11. Weshalb sprach der DGB – in diametralem Gegensatz zur Arbeitgeberseite – von „rücksichtslosem Einsatz der Parlamentsmehrheit"? Inwiefern bedeutete der Verweis auf die nächsten Bundestagswahlen einen Abschied von der selbstbewußten Rolle eines Anwalts wirtschaftsdemokratischer Neuordnung und ein Einschwenken auf die Position des Bundeskanzlers? Weshalb entpuppte sich dieser Verweis als eine bloße Drohung? (Nr. 12)

Materialien

1. Wirtschaftspolitische Grundsätze des DGB

(Beschlossen auf dem Gründungskongreß des DGB vom 12. 10.–14. 10. 1949 in München)

Grundsatzforderungen:

I. Eine Wirtschaftspolitik, die unter Wahrung der Würde freier Menschen die volle Beschäftigung aller Arbeitswilligen, den zweckmäßigsten Einsatz aller volkswirtschaftlichen Produktivkräfte und die Deckung des volkswirtschaftlich wichtigen Bedarfs sichert.

II. Mitbestimmung der organisierten Arbeitnehmer in allen personellen, wirtschaftlichen und sozialen Fragen der Wirtschaftsführung und Wirtschaftsgestaltung.

III. Überführung der Schlüsselindustrien in Gemeineigentum, insbesondere des Bergbaus, der Ei-

sen- und Stahlindustrie, der Großchemie, der Energiewirtschaft, der wichtigen Verkehrseinrichtungen und der Kreditinstitute.
IV. Soziale Gerechtigkeit durch angemessene Beteiligung aller Werktätigen am volkswirtschaftlichen Gesamtertrag und Gewährung eines ausreichenden Lebensunterhaltes für die infolge Alter, Invalidität oder Krankheit nicht Arbeitsfähigen.
Eine solche wirtschaftspolitische Willensbildung und Wirtschaftsführung verlangt eine zentrale volkswirtschaftliche Planung, damit nicht private Selbstsucht über die Notwendigkeiten der Gesamtwirtschaft triumphiert.
Volkswirtschaftliche Planung hat nichts gemein mit der Zwangswirtschaft der vergangenen Jahre. Die kriegswirtschaftliche Zielsetzung verhinderte nach dem Motto „Kanonen statt Butter" die Erzeugung wichtigster Konsumgüter und führte durch die Bevorzugung der unproduktiven Rüstungspolitik trotz Anspannung aller Kapazitäten zwangsläufig zur Bewirtschaftung aller knappen Wirtschaftsgüter. Die nach dem Kriege verbliebene Zwangswirtschaft vermochte an diesem Notstand zunächst nichts zu ändern, da alle produktiven Kräfte erschöpft, die staatlichen Zusammenhänge zerrissen waren und die deutsche Währung vernichtet war.
Die Zwangswirtschaft der vergangenen Jahre war nicht mehr als eine Notstandsmaßnahme zur Verteilung lebenswichtiger Güter, die zur Vollversorgung nicht ausreichten und ohne Zwangsbewirtschaftung zum Untergang der nicht zahlungsfähigen Bevölkerung geführt hätten. Wo der Gütermangel behoben ist, verlieren Bezugsscheine und Rationierungskarten für Konsumgüter ihren Sinn. Die ausreichende Güterversorgung wird um so schneller herbeigeführt und dauernd gesichert, je besser durch volkswirtschaftliche Planung die Ausnutzung aller produktiven Kräfte erreicht wird.
Volkswirtschaftliche Planung steht aber auch im Gegensatz zu der chaotischen Marktwirtschaft, die in Deutschland seit der Währungsreform herrscht und zu ungeheuerer Kapitalverschwendung durch Fehlinvestitionen und Erzeugung von Luxusgütern, zur Ausbeutung der Verbraucher durch ungerechtfertigt hohe Preise, zu Kurzarbeit und Arbeitslosigkeit und sozialer Unsicherheit sowie zu einem weitgehenden Verfall der Wirtschaftseinheit geführt hat. Derartige wirtschaftliche Zustände sind nicht unabwendbares Schicksal, sondern Folgen einer fehlerhaften Wirtschaftsordnung und einer falschen Wirtschaftsführung.
Als die Wirtschaftswissenschaft die Gesetze der freien Marktwirtschaft niederschrieb, rechnete sie nicht mit der immer stärkeren Entwicklung jener Großunternehmungen, Trusts, Konzerne und Kartelle, die die Gesetze der freien Marktwirtschaft aufhoben. Heute ist die Marktwirtschaft weder frei noch sozial. Heute verhindert sie die freie Entfaltung; sie verschärft die ohnehin schon großen Gegensätze zwischen reich und arm. Sie ist unsozial und durch ihre Planlosigkeit unfähig, den schwierigen Aufgaben des Wiederaufbaues in Deutschland gerecht zu werden.
Volkswirtschaftliche Planung ist durchaus vereinbar mit den Grundrechten der menschlichen Freiheit. Die für die Mehrzahl der Menschen wichtigste Freiheit, die von Not und der Furcht vor Not, wird durch sie erst erreicht werden. Volkswirtschaftliche Planung und die freie Konsumwahl, das Recht auf den Wechsel des Arbeitsplatzes und die Freiheit der Berufswahl sind keine Gegensätze. Der privaten Initiative und dem Leistungswettbewerb der Betriebsleitungen verbleibt im Rahmen der Lenkungsmaßnahmen ein weiter Spielraum.
Die Gewerkschaften fordern, daß der Auflösung des deutschen Wirtschaftslebens mit allen zur Verfügung stehenden Kräften entgegengearbeitet wird. Nur eine einheitlich geplante deutsche Wirtschaftspolitik kann den Wiederaufbau und die Existenzsicherung des schaffenden Volkes gewährleisten.
1. Volkswirtschaftlicher Gesamtplan
Jede konstruktive Wirtschaftsführung braucht einen volkswirtschaftlichen Gesamtplan, hinter dem der Wille stehen muß, alle Mittel der modernen Wirtschaftspolitik zur Durchführung des Planes einzusetzen. Eines der wichtigsten Mittel ist die Geld- und Kreditpolitik, die in die staatliche Konjunktur- und Investitionsplanung einzuordnen ist. Als Vertreter des Produktionsfaktors Arbeit haben die Gewerkschaften ein Anrecht darauf, an allen Planungs- und Lenkungsorganen maßgeblich

beteiligt zu sein. Das Bankwesen ist entsprechend seiner gemeinwirtschaftlichen Aufgabe neu zu ordnen.

Die Organisation der Wirtschaftsverwaltung, insbesondere der verwaltungsmäßige Aufbau der Bundesregierung und der übrigen Bundes- und Landesbehörden, muß eine einheitliche und geschlossene Wirtschaftspolitik durch Koordination aller beteiligten Stellen, insbesondere der Wirtschafts-, Ernährungs-, Finanz- und Arbeitsministerien sowie der Zentralbankleitung gewährleisten.

In dem Maße, wie in der Wirtschaft die Willkür des freien Spiels der Kräfte durch bewußte Planung und Lenkung überwunden wird, müssen sich auch die Aufgaben und Funktionen der staatlichen Finanzpolitik verändern. Bisher beschränkt auf fiskalische Aufgaben, wird sie zu einem wichtigen Instrument der Wirtschaftsführung, insbesondere durch Regulierung der Kapitalbildung, Steuerung der Selbstfinanzierung und Lenkung der Investitions- und Betriebskredite. In einer planmäßig geführten Wirtschaft ist die staatliche Finanzpolitik in der Lage, mit dem Mittel der Krediterweiterung brachliegende produktive Kräfte und Mittel zum Einsatz zu bringen, ohne inflatorische Schäden herbeizuführen.

2. Überführung der Schlüsselindustrien in Gemeineigentum

Lenkungsmaßnahmen allein reichen zur Sicherung einer einheitlichen Wirtschaftspolitik nicht aus, nachdem die Entwicklung der modernen Industriestaaten – insbesondere im Kohlenbergbau, in der Eisen- und Stahlindustrie sowie in der Großchemie – zur Zusammenballung von Großunternehmungen und damit zur Schaffung von Machtgebilden geführt hat, die das gesamte gesellschaftliche Leben durchdringen und unter bestimmten Voraussetzungen in der Lage sind, Parteien, Parlamente und Regierungen unter ihre Botmäßigkeit zu zwingen.

Die Gewerkschaften fordern daher, gestützt auf die Artikel 14 und 15 des Grundgesetzes, die Vergesellschaftung der gewerblichen Urproduktion (Kohle-, Erz- und Ölgewinnung), der Basisindustrien (Eisen- und Stahlerzeugung, Industrien chemischer Grundstoffe), der Energiewirtschaft, der Versorgungsbetriebe, der wichtigen Verkehrseinrichtungen und der Kreditinstitute. Die Überführung in Gemeineigentum soll nur in Ausnahmefällen, in denen dies besonders zweckmäßig erscheint, durch Verstaatlichung erfolgen. Im allgemeinen sind besondere Körperschaften der wirtschaftlichen Selbstverwaltung zu bilden. In allen Aufsichts- und Verwaltungsorganen ist den Gewerkschaften ein maßgeblicher Einfluß einzuräumen. Nur so ist es möglich, die Produktion der Grundstoffindustrien zu lenken;

die Kapazitäten dieser Industrien dem Bedarf anzupassen und entsprechend auszunutzen;

die Verteilung der entscheidenden Grundstoffe auf die volkswirtschaftlich zweckmäßigste Weise vorzunehmen;

eine demokratische Kontrolle dieser Unternehmungen zu sichern, deren Vorstände heute keiner wirklichen Kontrolle unterliegen;

die privatwirtschaftliche Ausnutzung dieser Schlüsselpositionen, z.B. in Form unangemessener Monopolpreise, zu verhindern;

den politischen Mißbrauch wirtschaftlicher Machtstellungen, z.B. die Korruption der öffentlichen Meinung, der Parteien und des Staatsapparates mit Hilfe finanzieller Zuwendungen, unmöglich zu machen.

In den Bereichen, die schon in größerem Umfange unter der Kontrolle der öffentlichen Hand stehen – z.B. Elektrizitäts-, Gas- und Verkehrswirtschaft –, müssen die volkswirtschaftlichen Gesichtspunkte gegenüber allen regionalen, fachlichen, privatwirtschaftlichen und sonstigen Sonderinteressen durchgesetzt werden. Dies erfordert u.a. den zentralen Ausgleich von Elektrizitätsversorgung und -verbrauch sowie die organisatorische Zusammenfassung von Schienen-, Binnenschiffahrts- und Straßenverkehr.

3. Demokratisierung der Wirtschaft notwendig

Die Erfahrungen der Jahre 1918 bis 1933 haben gelehrt, daß die formale politische Demokratie nicht ausreicht, eine echte demokratische Gesellschaftsordnung zu verwirklichen. Die Demokratisierung des politischen Lebens muß deshalb durch die Demokratisierung der Wirtschaft ergänzt werden. Soweit der Staat im Interesse einer vernünftigen Dezentralisierung öffentliche Funktionen auf Organe der Selbstverwaltung der Wirtschaft überträgt, dürfen dies nur paritätisch besetzte Organe sein, in denen Arbeitnehmer und Unternehmer gleichberechtigt sind.

Zit. nach: Montanmitbestimmung. Dokumente ihrer Entstehung. Hrsg. von Jürgen Peters, Köln 1979, S. 141 ff.

2. Positionen in der Debatte um Mitbestimmung und Betriebsverfassung

a) Bundeskanzler Adenauer in der Regierungserklärung vom 20. 9. 1949

Die Rechtsbeziehungen zwischen Arbeitnehmern und Arbeitgebern müssen zeitgemäß neu geordnet werden. Die Selbstverwaltung der Sozialpartner muß an die Stelle der staatlichen Bevormundung treten. Die Bundesregierung steht auf dem Boden der Koalitionsfreiheit. Sie wird es den Verbänden überlassen, alles das in freier Selbstverwaltung zu tun, was den wirtschaftlichen und sozialen Interessen förderlich ist und was einer weiteren Verständigung zwischen Arbeitgebern und Arbeitnehmern dient. Ein verständiger Ausgleich sozialer Gegensätze ist eine unumgängliche Voraussetzung für den Aufstieg unseres Volkes. Dieser Ausgleich muß durch die Sozialpartner selbst herbeigeführt werden. Die sozial- und gesellschaftspolitische Anerkennung der Arbeitnehmerschaft macht eine Neuordnung der Besitzverhältnisse in den Grundindustrien notwendig.

Zit. nach: Die großen Regierungserklärungen der deutschen Bundeskanzler von Adenauer bis Schmidt, a. a. O., S. 64 f.

b) Oppositionsführer Kurt Schumacher am 21. 9. 1949

Wir hätten gern gewußt, wie dieser einsame, in der Regierungserklärung so fremd dastehende Satz von der Änderung der Besitzverhältnisse in den Schwerindustrien zu verstehen ist. Deutlicher wäre schon gewesen, wenn der Herr Bundeskanzler von Eigentumsverhältnissen gesprochen hätte, und am allerdeutlichsten, wenn er sich erklärt hätte, wie er das nun eigentlich meint ...

Die Sozialisierung ist ja nicht nur ein ökonomisches, sondern auch ein politisches Problem. Geld kann in einer funktionierenden Demokratie und gerade nach den Erfahrungen Deutschlands auf dem Boden unseres Landes nicht die entscheidende politische Macht sein. Unser Volk erträgt das nicht, und die Idee und die Praxis europäischer Friedenspolitik ertragen das auch nicht. Man wird also auch mit den geheiligten Prinzipien des Eigentums in Auseinandersetzungen kommen, in einem Ausmaß, das bisher nicht gekannt worden ist ...

Das Mitbestimmungsrecht der Arbeiter erschöpft sich für uns nicht in der Mitbestimmung im Betrieb, sondern involviert die Mitbestimmung im deutschen Wirtschaftsleben. Ich glaube, wenn wir einen Beitrag für die deutsche Einheit leisten wollen, dann sollten wir in der Linie der sozialen Geltung und der ökonomischen Mitbestimmung der arbeitenden Massen operieren.

Zit. nach: Kurt Schumacher, Reden und Schriften, a. a. O., S. 179 ff.

3. Vorschlag des DGB zur Mitbestimmung im Betrieb vom 14. 10. 1949

1. Aktiengesellschaften und Kommanditgesellschaften auf Aktien müssen in Abänderung der entsprechenden gesetzlichen Bestimmungen für Unternehmungen, die in der Regel mehr als 300 Belegschaftsmitglieder beschäftigen oder sonst von besonderer wirtschaftlicher Bedeutung sind (Banken, Versicherungen, Holdinggesellschaften usw.), folgende Regelung treffen:

a) Der Aufsichtsrat der Gesellschaft muß zur Hälfte aus Vertretern von Nichtaktionären bestehen.

b) Als Vertreter von Nichtaktionären im Aufsichtsrat sind durch die Gesellschafterversammlung auf Vorschlag der Spitzenorganisation der Gewerkschaften Vertreter des Betriebsrates und der Gewerkschaften zu berufen.

c) Vorstandsmitglieder, die für die arbeits-, sozial- und personalpolitischen Maßnahmen des Betriebes verantwortlich sind, dürfen nicht gegen die Stimmen der Arbeitnehmervertreter im Aufsichtsrat bestellt werden ...

3. Alle anderen Unternehmungen in der Form von Kapital- oder Personalgesellschaften, die in der Regel mehr als 300 Belegschaftsmitglieder beschäftigen oder sonst von besonderer wirtschaftlicher Bedeutung sind, müssen neben ihrer Geschäftsleitung einen Aufsichtsrat bilden, der in seiner Zusammensetzung, seinen Rechten und Pflichten dem Aufsichtsrat im Sinne des Aktiengesetzes mit den nach 1. geforderten Abänderungen entspricht ...
4. Unternehmungen, die weniger als 300 Belegschaftsmitglieder beschäftigen oder für die eine besondere wirtschaftliche Bedeutung nicht anerkannt wird, haben den Aufsichtsrat nach den unter 1. genannten Gesichtspunkten umzubilden. Als Vertreter der Nichtaktionäre werden in diesem Falle zwei Mitglieder des Betriebsrates in den Aufsichtsrat berufen.
5. Zur Behandlung von Produktions- und sonstigen wirtschaftlichen Fragen in Betrieben mit Aufsichtsorganen nach Ziffer 1., 2., 3. und 4. wird ein Wirtschaftsausschuß gebildet. Der Betriebsrat benennt im Zusammenwirken mit der zuständigen Gewerkschaft die Mitglieder dieses Wirtschaftsausschusses aus den betriebsangehörigen Sachverständigen.
Zu ihnen tritt eine gleiche Anzahl von Vertretern und Sachverständigen der Betriebsleitung.
Der Wirtschaftsausschuß tritt monatlich mindestens einmal zusammen und behandelt alle Produktions- und sonstigen wirtschaftlichen Fragen des Betriebes. Den Mitgliedern des Wirtschaftsausschusses steht das zur Erfüllung ihrer Aufgaben erforderliche Informationsrecht zu, wobei die vertrauliche Behandlung zu gewährleisten ist.
Meinungsverschiedenheiten sind dem Aufsichtsrat zur Entscheidung zu unterbreiten.

Zit. nach: Johannes Hohlfeld (Hrsg.), Dokumente der Deutschen Politik und Geschichte, Bd. 6, Berlin o. J. (1952), S. 447

4. Gegenvorschläge der Unternehmer vom Mai 1950

1. Zur Förderung der Zusammenarbeit und zur Stärkung des Vertrauensverhältnisses zwischen Arbeitgebern und Belegschaft ist eine regelmäßige Unterrichtung der Belegschaft über die Wirtschaftslage des Betriebes durch den Arbeitgeber notwendig. Eine solche Unterrichtung soll den Arbeitnehmern Einblick in die wirtschaftlichen Vorgänge des Unternehmens vermitteln und ihnen Möglichkeit und Gelegenheit geben, nicht nur unterrichtet zu werden, sondern gegebenenfalls auch durch eigene Vorschläge Anteil an der wirtschaftlichen Fortentwicklung ihres Betriebes zu nehmen.
2. Zu diesem Zweck soll der Arbeitgeber verpflichtet sein, dem Betriebsrat mindestens vierteljährlich einen mündlichen Bericht zu erstatten über die wirtschaftliche Lage und den Gang des Betriebes, insbesondere über die Produktion, den Umsatz, den Auftragsbestand und die voraussichtliche Entwicklung des Unternehmens.
3. Der Arbeitgeber soll verpflichtet sein, die grundsätzlichen Fragen der Arbeitsplanung mit dem Betriebsrat zu besprechen und ihm Gelegenheit zu beratender Stellungnahme zu geben.
Das gleiche gilt bei Durchführung folgender Maßnahmen:
a) Änderung des Betriebszweckes,
b) wesentliche Änderungen des Betriebsumfanges,
c) umfangreiche Betriebseinschränkungen,
d) grundlegende Veränderungen der Betriebsanlagen und grundlegende Umstellungen einzelner Abteilungen.
4. In den Aufsichtsorganen der Unternehmungen sollen 1–3, höchstens ⅓ der Mitglieder der Arbeitnehmerschaft vorbehalten bleiben. Im Sinne der Auffassung der Unternehmer, daß die Mitwirkung an gemeinsamen innerbetrieblichen Einrichtungen Angelegenheit der in den Betrieben tätigen Arbeiter ist, soll der Betriebsrat für die Vertreter der Arbeitnehmer im Aufsichtsrat Belegschaftsmitglieder des Betriebes benennen, die mindestens 30 Jahre alt und 10 Jahre in dem betreffenden Unternehmen tätig sind.

Zit. nach: Montanmitbestimmung. Dokumente ihrer Entstehung, a. a. O., S. 147 f.

5. Briefwechsel Böckler–Adenauer: Mitbestimmung und Streikrecht

a) Adenauer an Böckler vom 27. 11. 1950

...

Über das Mitbestimmungsrecht wird das Parlament Entscheidungen treffen ...

Mit Besorgnis erfüllt mich die Ankündigung der Industrie-Gewerkschaft Metall über die Durchführung einer Urabstimmung in den eisenschaffenden Betrieben. Das Rechtsbewußtsein und die Rechtsordnung haben den Arbeitern das Streikrecht in allen Fragen des Tarifvertrages zugestanden. Der angekündigte Streik geht aber über diesen Rahmen hinaus. Ein solcher Streik könnte nur das Ziel haben, die Entscheidung der frei gewählten Volksvertretung durch die Androhung oder Herbeiführung wirtschaftlicher Schäden, die alle treffen, in die Richtung der gewerkschaftlichen Wünsche zu drängen. Ich befürchte, daß damit ein Weg beschritten wird, der letztlich zu einem Konflikt mit der staatsrechtlichen Grundordnung führen kann.

Die Bundesregierung würde es daher sehr begrüßen, wenn der Bundesvorstand des DGB der Industrie-Gewerkschaft Metall in dieser Frage Zurückhaltung empfehlen und die parlamentarische Entscheidung abwarten würde ...

b) Antwortschreiben Böcklers vom 11. 12. 1950

...

Die deutschen Gewerkschaften sind der Ansicht, daß die allgemeine politische Entwicklung in der Welt mit aller Deutlichkeit zeigt, daß nur durch eine lebendige soziale Ordnung der Vermassung und dem Totalitarismus Einhalt geboten werden kann. Sie sind weiterhin der Meinung, daß es für die Demokratie in Deutschland lebenswichtig ist, daß sie nicht nur auf den politischen Bereich beschränkt bleibt, sondern ihre sinngemäße Ergänzung auch durch die Einführung demokratischer Grundsätze in der Wirtschaftsführung und Wirtschaftsgestaltung erhält. Den Beweis für ihre Auffassung sehen die deutschen Gewerkschaften in der Tatsache des Mißbrauchs wirtschaftlicher Macht zu politischen Zwecken in der Vergangenheit und in der traurigen Folgeerscheinung dieses Mißbrauchs, nämlich Krieg und Zerstörung.

Die deutschen Gewerkschaften haben wiederholt dem Bundestag und der Bundesregierung sowie der Öffentlichkeit ihre Ansicht über die Wirtschaftsdemokratie und ihre diesbezüglichen Wünsche bekanntgegeben. Sie stehen nach wie vor zu ihren Forderungen, weil sie in deren Verwirklichung die einzige Garantie für eine demokratische und zukunftssichere Entwicklung unseres Landes sehen.

In Ihrem Schreiben haben Sie die Auffassung vertreten, daß das Rechtsbewußtsein und die Rechtsordnung den Arbeitern das Streikrecht nur in Fragen des Tarifvertrages zugestanden haben. Ich kann dieser Ihrer Ansicht nicht beipflichten.

In diesem Zusammenhang möchte ich auf Artikel 9, Absatz 3 des Grundgesetzes verweisen, in dem den Arbeitnehmern das Koalitionsrecht eingeräumt wird zur Wahrung und Förderung der Arbeits- und Wirtschaftsbedingungen. Es wird also den Arbeitnehmern nicht nur das Recht zugestanden, sich zu vereinigen zur Regelung der Lohn- und Arbeitsbedingungen, sondern auch, um ihren Auffassungen und ihren Interessen entsprechende Wirtschaftsbedingungen zu gestalten. Auch das Tarifvertragsgesetz des Wirtschaftsrates vom 9. April 1949 sagt in seinem Paragraphen 4, daß außer betrieblichen auch betriebsverfassungsrechtliche Fragen Gegenstand tarifvertraglicher Regelung sein können. Unter Betriebsverfassung muß aber die Gesamtheit der Regeln über die Rechtsstellung der Arbeitnehmerschaft im Betrieb einschließlich ihrer Organe, ihrer Rechte und Pflichten, und ihrer Stellung zum Arbeitgeber verstanden werden. Zu den Regeln über die Rechtsstellung der Arbeitnehmerschaft im Betrieb gehört ganz zweifellos auch das Mitbestimmungsrecht, und zwar nicht nur in sozialer und personeller, sondern auch in wirtschaftlicher Hinsicht.

Der Hauptvorstand der Industrie-Gewerkschaft Metall befindet sich ebenso wie der Hauptvorstand der Industrie-Gewerkschaft Bergbau in Fragen des Mitbestimmungsrechtes in voller Übereinstimmung mit dem Bundesvorstand des Deutschen Gewerkschaftsbundes und damit auch mit mir.

Wollen Sie, Herr Bundeskanzler, in dem Verhalten der Gewerkschaften den unbedingten Willen der organisierten deutschen Arbeitnehmerschaft sehen, den demokratischen Gedanken in Deutschland durch eine Demokratisierung auch der Wirtschaft so fest zu verwurzeln, daß er wirklich zum Allgemeingut des deutschen Volkes wird ...

Zit. nach: Theo Pirker, Die blinde Macht. Die Gewerkschaftsbewegung in Westdeutschland Bd.I, München 1960, S.188ff.

6. Gesetz über die Mitbestimmung der Arbeitnehmer in den Aufsichtsräten und Vorständen der Unternehmen des Bergbaus und der Eisen und Stahl erzeugenden Industrie vom 21.5.1951

§ 1

(1) Die Arbeitnehmer haben ein Mitbestimmungsrecht in den Aufsichtsräten und in den zur gesetzlichen Vertretung berufenen Organen nach Maßgabe dieses Gesetzes in

a) den Unternehmen, deren überwiegender Betriebszweck in der Förderung von Steinkohle, Braunkohle oder Eisenerz oder in der Aufbereitung, Verkokung, Verschwelung oder Brikettierung dieser Grundstoffe liegt und deren Betrieb unter der Aufsicht der Bergbehörden steht,

b) den Unternehmen der Eisen und Stahl erzeugenden Industrie in dem Umfang, wie er im Gesetz Nr. 27 der Alliierten Hohen Kommission vom 16. Mai 1950[1]) (Amtsblatt der Alliierten Hohen Kommission für Deutschland S. 299) bezeichnet ist, soweit diese Unternehmen in „Einheitsgesellschaften" im Sinne des Gesetzes Nr. 27 überführt oder in anderer Form weiterbetrieben und nicht liquidiert werden.

c) den Unternehmen, die von einem vorstehend bezeichneten oder nach Gesetz Nr. 27 der Alliierten Hohen Kommission zu liquidierenden Unternehmen abhängig sind, wenn sie die Voraussetzungen nach Buchstabe a) erfüllen oder überwiegend Eisen und Stahl erzeugen.

(2) Dieses Gesetz findet nur auf diejenigen in Absatz 1 bezeichneten Unternehmen Anwendung, welche in Form einer Aktiengesellschaft, einer Gesellschaft mit beschränkter Haftung oder einer bergrechtlichen Gewerkschaft mit eigener Rechtspersönlichkeit betrieben werden und in der Regel mehr als eintausend Arbeitnehmer beschäftigen oder „Einheitsgesellschaften" sind.

...

§ 4

(1) Der Aufsichtsrat besteht aus elf Mitgliedern. Er setzt sich zusammen aus

a) vier Vertretern der Anteilseigner und einem weiteren Mitglied,

b) vier Vertretern der Arbeitnehmer und einem weiteren Mitglied,

c) einem weiteren Mitglied.

(2) Die in Absatz 1 bezeichneten weiteren Mitglieder dürfen nicht

a) Repräsentant einer Gewerkschaft oder einer Vereinigung der Arbeitgeber oder einer Spitzenorganisation dieser Verbände sein oder zu diesen in einem ständigen Dienst- oder Geschäftsbesorgungsverhältnis stehen,

b) im Laufe des letzten Jahres vor der Wahl eine unter Buchstabe a) bezeichnete Stellung innegehabt haben,

c) in den Unternehmen als Arbeitnehmer oder Arbeitgeber tätig sein,

d) an dem Unternehmen wirtschaftlich wesentlich interessiert sein.

(3) Alle Aufsichtsratsmitglieder haben die gleichen Rechte und Pflichten. Sie sind an Aufträge und Weisungen nicht gebunden.

...

[1]) Das Gesetz der Alliierten Hohen Kommission hatte, „um übermäßige Konzentration wirtschaftlicher Macht zu beseitigen und die Entwicklung eines Kriegspotentials zu verhindern", die Eigentumsansprüche im Kohlenbergbau und in der Stahl- und Eisenindustrie vorläufig suspendiert (Anmerkung des Herausgebers).

§ 13

(1) Als gleichberechtigtes Mitglied des zur gesetzlichen Vertretung berufenen Organs wird ein Arbeitsdirektor bestellt. Der Arbeitsdirektor kann nicht gegen die Stimmen der Mehrheit der nach § 6 gewählten Aufsichtsratsmitglieder[1]) bestellt werden. Das gleiche gilt für den Widerruf der Bestellung.

(2) Der Arbeitsdirektor hat wie die übrigen Mitglieder des zur gesetzlichen Vertretung berufenen Organs seine Aufgaben im engsten Einvernehmen mit dem Gesamtorgan auszuüben. Das Nähere bestimmt die Geschäftsordnung.

…

Zit. nach: Montanmitbestimmung. Dokumente ihrer Entstehung, a.a.O., S. 207 ff.

7. Die Montan-Mitbestimmung als Einstieg

Das am 10. April 1951 vom Bundestag der Bundesrepublik durch eine echte parlamentarische Entscheidung verabschiedete Gesetz über die Mitbestimmung der Arbeitnehmer im Bergbau und in der eisen- und stahlerzeugenden Industrie verwirklicht für einen wichtigen Sektor der deutschen Großindustrie die Forderung unseres unvergeßlichen *Hans Böckler,* die Arbeitnehmer in den Stand von „Wirtschaftsbürgern" zu erheben, sie zu gleichberechtigten Partnern der Unternehmungen zu machen. Das Gesetz betrifft nur die Montanindustrie, damit aber das entscheidende Kerngehäuse unserer Gesamtwirtschaft. Von diesen „Kommandohöhen" aus wird die Wirtschaft bis in ihre letzten Zellen bestimmt. Man wird die Mitbestimmung der Arbeitnehmer auf die Dauer nicht auf den Montan-Sektor beschränken können. Die in der Solidarität ihres Schicksals eng verbundene Arbeiterschaft wird sich nicht damit abfinden können, daß die Neugestaltung der sozialen Struktur nur die Grundindustrien betrifft.

Mit anderen Worten: Das Gesetz vom 10. April hat das Tor zu einer neuen Sozialordnung aufgestoßen, aber der Kampf um ihre Verwirklichung wird erst dann beendet sein, wenn die Sozialverfassung in ganz Deutschland aus den Fesseln der Herrschaft des Kapitals über die Arbeit befreit sein wird.

Das Mitbestimmungsgesetz ist zwar ein Bündel von Paragraphen, aber man täusche sich nicht: Mit diesen Paragraphen ist ein revolutionärer Akt vollzogen, ist ein Markstein gesetzt – auf dem *dritten* Wege zu einer neuen Sozialordnung. Die frei-gewerkschaftlich organisierten Arbeiter der ganzen Welt blicken heute auf die deutschen Gewerkschaften und ihren Kampf um die Mitbestimmung, in der zuversichtlichen Hoffnung, daß das Mitbestimmungsrecht aus der Sackgasse herausführt, in die wir durch die Alternative Kapitalismus – Staatssozialismus geraten sind.

Aus: Walter Pahl, Mitbestimmung in der Montanindustrie, in: Gewerkschaftliche Monatshefte 2 (1951), S. 225

8. Flugblatt des DGB zum geplanten Betriebsverfassungsgesetz vom 12. 5. 1952

Arbeiter, Angestellte und Beamte!

1945 lag die deutsche Wirtschaft in Trümmer. Während Ihr in Fabriken, Kontoren und Verwaltungen am Wiederaufbau Deutschlands unter größten Entbehrungen gearbeitet habt, waren diejenigen, die den Zusammenbruch Deutschlands verschuldeten, von der Bildfläche verschwunden.

Ihr allein habt das vollbracht, was andere als das „deutsche Wirtschaftswunder" bezeichnen.

Eure Leistung wurde damals anerkannt und in höchsten Tönen gepriesen. Maßgebliche Unternehmer, Vertreter der Verwaltungen und aller politischen Parteien bekannten sich einmütig zu einer neuen Wirtschaftsordnung auf der Grundlage der völligen Gleichberechtigung der Arbeitnehmer.

Aus dieser Erkenntnis geschichtlicher Notwendigkeiten entstanden neben den wirtschaftspolitischen Grundsätzen des Deutschen Gewerkschaftsbundes das Ahlener Programm, zustimmende Erklärungen der Regierungen und verantwortlicher Persönlichkeiten in Wirtschaft und Staat.

Was aber geschieht heute?

[1]) Gemeint sind die Mitglieder gemäß § 4 Abs. 1 b (Anmerkung des Herausgebers).

Man sperrt sich immer mehr dagegen, diese Versprechen einzulösen. In der Montanindustrie konnte das Mitbestimmungsrecht nur unter größten Schwierigkeiten durchgesetzt werden. Seitdem ist der Widerstand noch mehr gewachsen.
Die echte Mitbestimmung der Arbeitnehmerschaft in der übrigen Wirtschaft und in der Verwaltung soll verhindert werden.
Das zeigt besonders das beabsichtigte Betriebsverfassungsgesetz.
Es beweist die klare Absicht, ein wirkliches Mitbestimmungsrecht der Arbeitnehmer zu vereiteln.
Es bestätigt die überlebten Vorrechte der Arbeitgeber!
Es beläßt die Arbeitnehmer in ihrer Stellung als Wirtschaftsuntertan!
Darüber hinaus nimmt der Entwurf des Betriebsverfassungsgesetzes Euch Rechte, die Ihr vor 1933 gehabt habt, die Euch nach 1945 durch Länderverfassungen, Ländergesetze oder betriebliche Vereinbarungen gesichert waren und in der schwierigen Zeit des Wiederaufbaus ihre Bewährungsprobe bestanden haben.
Dazu kommt die Absicht, die gewerkschaftliche Einheit von Arbeitern, Angestellten und Beamten zu untergraben und durch ein Ausnahmerecht für den öffentlichen Dienst die verschiedenen Gruppen gegeneinander auszuspielen.
Der Deutsche Gewerkschaftsbund vermag die Verantwortung für diese Entwicklung nicht mehr zu tragen!
Dieser Entwurf darf nicht Gesetz werden!
Der Deutsche Gewerkschaftsbund und die ihm angeschlossenen Gewerkschaften rufen Euch auf zum Kampf für ein fortschrittliches Betriebsverfassungsrecht als Grundlage der demokratischen Ordnung in Wirtschaft und Verwaltung.
Es geht hier nicht um gewerkschaftliches „Machtstreben".
Es geht um eine gerechte Ordnung.
Es geht um den Bestand der Demokratie.
Es geht um die Stabilität der Wirtschaft.
Es geht um die Sicherung Deines Arbeitsplatzes.
Es geht um das Wohl der gesamten Nation.
Haltet Euch bereit! Übt Disziplin! Folgt den Weisungen Eurer Gewerkschaften!

Deutscher Gewerkschaftsbund
Der Bundesvorstand
Christian Fette
Vorsitzender

Zit. nach: Theo Pirker, Die blinde Macht, Bd. I, a. a. O., S. 254 ff.

9. Antwort Adenauers an den DGB vom 16. 5. 1952

Die Gewerkschaften haben selbstverständlich das Recht, ihre Meinung im Rahmen der Gesetze in jeder ihnen zweckmäßig erscheinenden Form dem Parlament und der Öffentlichkeit bekanntzugeben. Ich kenne die vom Deutschen Gewerkschaftsbund in Aussicht genommenen Kampfmaßnahmen im einzelnen nicht. Ich erinnere aber daran, was ich in ähnlicher Situation in meinem Schreiben vom 14. 12. 1950 dem damaligen Vorsitzenden des Bundesvorstandes des Deutschen Gewerkschaftsbundes, Dr. h. c. Hans Böckler, gesagt habe. Ich darf auch heute keinen Zweifel darüber aufkommen lassen, daß ich eine organisierte Schädigung der Volkswirtschaft durch Streiks, die nur unternommen werden, um der Parlamentsmehrheit den gewerkschaftlichen Willen aufzuzwingen, als einen Verstoß gegen das Grundgesetz und als eine gefährliche Störung der inneren Ordnung unseres Staatswesens ansehen muß. Der Wähler allein hat das Recht, durch die Abgabe seiner Stimme bei Wahlen die Zusammensetzung des Parlaments zu bestimmen und damit die parlamentarische Willensbildung zu beeinflussen.

Im kommenden Jahr werden Neuwahlen zum Deutschen Bundestag stattfinden. Hier bietet sich dem Deutschen Gewerkschaftsbund eine Möglichkeit, auf dem in unserer Verfassung vorgesehenen Wege seine Auffassung über eine einheitliche und fortschrittliche Betriebsverfassung durchzusetzen.
Die Ankündigung gewerkschaftlicher Kampfmaßnahmen fällt zeitlich zusammen mit der aus der Sowjetzone kommenden Drohung, das Zustandekommen des Deutschland-Vertrages unter anderem durch Ausrufung eines Generalstreiks in der Bundesrepublik zu verhindern. Wenn von seiten des Deutschen Gewerkschaftsbundes auch erklärt wird, daß die Ausrufung eines Generalstreiks nicht geplant sei, so werden doch Maßnahmen angekündigt, die in ihrem Ergebnis noch viel wirksamer sein sollen. Beachten Sie bitte auch, daß die Beratungen über den Entwurf eines Betriebsverfassungsgesetzes in den zuständigen Ausschüssen des Bundestages noch nicht abgeschlossen sind. Weite Kreise des deutschen Volkes werden das zeitliche Zusammenfallen unter diesen Umständen nicht für einen bloßen Zufall halten. Befürchten Sie nicht auch, daß Ihnen und dem Deutschen Gewerkschaftsbund politische Ziele unterstellt werden, die Sie nicht billigen? ...

Zit. nach: Theo Pirker, Die blinde Macht, Bd. I, a. a. O., S. 261 f.

10. Der Zeitungsstreik vom 27. 5. bis 29. 5. 1952

a) Streik der Industriegewerkschaft Druck und Papier

Die Industriegewerkschaft Druck und Papier erklärte den Streik in den Zeitungsdruckereien nach der vorgesehenen Dauer von 48 Stunden am Donnerstagnachmittag für beendet. Der Streik, den der Deutsche Gewerkschaftsbund als Maßnahme gegen das Betriebsverfassungsgesetz der Bundesregierung angesetzt hatte, wurde fast überall in der Bundesrepublik und auch in West-Berlin durchgeführt.
(UP) Am Mittwoch und Donnerstag mußte sich die Bevölkerung auf die Rundfunkstationen und die „Notausgaben" einiger Zeitungen beschränken, wenn sie sich über die politischen Vorgänge in Deutschland und der Welt, vor allem die Unterzeichnung des Verteidigungsvertrages am Dienstag, informieren wollte.
Während die Gewerkschaften mehrfach betonten, daß es sich bei dem Druckerstreik um keine politische Maßnahme handele, die sich etwa gegen den Deutschland-Vertrag und den Vertrag über die Verteidigungsgemeinschaft richte, wurde in Kreisen der Bundesregierung dieser Vorwurf erhoben und der Streik als rechtswidrig bezeichnet.
...

Aus: Frankfurter Rundschau vom 30. Mai 1952
Zit. nach: Georg Fülberth (Hrsg.), Geschichte der Bundesrepublik in Quellen und Dokumenten, Köln 1982, S. 112

b) Aus dem Urteil des Arbeitsgerichts Frankfurt/Main: Der Zeitungsstreik wird für illegal erklärt

...
2. § 823 Abs. 1 BGB schützt auch das Recht am eingerichteten und ausgeübten Unternehmen, das auf dem Grundrecht der freien Entfaltung der Persönlichkeit beruht. Geschützt ist nicht nur der Bestand des Unternehmens, sondern der gesamte gewerbliche Tätigkeitskreis, also auch die gewerbliche Betätigung selbst.
3. Ein Streik, der den Gesetzgeber veranlassen soll, ein den Wünschen der Streikenden entsprechendes Gesetz zu erlassen, enthält einen rechtswidrigen Eingriff in den Betrieb des bestreikten Unternehmens.
4. Auch eine bloße Demonstration darf nicht die Rechte Dritter verletzen.

Zit. nach: Georg Fülberth (Hrsg.), Geschichte der Bundesrepublik in Quellen und Dokumenten, a. a. O., S. 117

11. Das Betriebsverfassungsgesetz vom 19.7.1952

...

§ 8

(1) In allen Betrieben, die in der Regel mindestens fünf ständige wahlberechtigte Arbeitnehmer beschäftigen, von denen drei wählbar sind, werden Betriebsräte gebildet.
(2) In Betrieben der Land- und Forstwirtschaft ist ein Betriebsrat zu bilden, wenn mindestens zehn ständige wahlberechtigte Arbeitnehmer vorhanden sind, von denen mindestens drei wählbar sind.

...

§ 10

(1) Arbeiter und Angestellte müssen entsprechend ihrem zahlenmäßigen Verhältnis im Betriebsrat vertreten sein, wenn dieser aus mindestens drei Mitgliedern besteht.

...

§ 49

(1) Arbeitgeber und Betriebsrat arbeiten im Rahmen der geltenden Tarifverträge vertrauensvoll und im Zusammenwirken mit den im Betrieb vertretenen Gewerkschaften und Arbeitgebervereinigungen zum Wohl des Betriebs und seiner Arbeitnehmer unter Berücksichtigung des Gemeinwohls zusammen.
(2) Arbeitgeber und Betriebsrat haben alles zu unterlassen, was geeignet ist, die Arbeit und den Frieden des Betriebs zu gefährden. Insbesondere dürfen Arbeitgeber und Betriebsrat keine Maßnahmen des Arbeitskampfes gegeneinander durchführen. Arbeitskämpfe tariffähiger Parteien werden hierdurch nicht berührt.
(3) Arbeitgeber und Betriebsrat sollen einmal im Monat zu einer gemeinschaftlichen Besprechung zusammentreten. Sie haben über strittige Fragen mit dem ernsten Willen zur Einigung zu verhandeln und sich gegenseitig Vorschläge für die Beilegung von Meinungsverschiedenheiten zu machen.
(4) Die Anrufung von Schiedsstellen und Behörden ist erst zulässig, nachdem eine Einigung im Betrieb nicht erzielt wurde.

...

§ 56

(1) Der Betriebsrat hat, soweit eine gesetzliche oder tarifliche Regelung nicht besteht, in folgenden Angelegenheiten mitzubestimmen:
a) Beginn und Ende der täglichen Arbeitszeit und der Pausen;
b) Zeit und Ort der Auszahlung der Arbeitsentgelte;
c) Aufstellung des Urlaubsplans;
d) Durchführung der Berufsausbildung;
e) Verwaltung von Wohlfahrtseinrichtungen, deren Wirkungsbereich auf den Betrieb oder das Unternehmen beschränkt ist, ohne Rücksicht auf ihre Rechtsform;
f) Fragen der Ordnung des Betriebs und des Verhaltens der Arbeitnehmer im Betrieb;
g) Regelung von Akkord- und Stücklohnsätzen;
h) Aufstellung von Entlohnungsgrundsätzen und Einführung von neuen Entlohnungsmethoden.

...

§ 60

(1) In Betrieben mit in der Regel mehr als zwanzig wahlberechtigten Arbeitnehmern hat der Betriebsrat nach Maßgabe der Vorschriften dieses Abschnitts in personellen Angelegenheiten mitzuwirken und mitzubestimmen.
(2) Personelle Angelegenheiten im Sinne dieses Gesetzes sind: Einstellungen, Umgruppierungen, Versetzungen und Entlassungen.

...

§ 61

(1) Der Arbeitgeber hat bei jeder geplanten Einstellung dem Betriebsrat rechtzeitig den für den Bewerber in Aussicht genommenen Arbeitsplatz mitzuteilen und Auskunft über die Person des Bewerbers zu geben.
(2) Hat der Betriebsrat gegen eine Einstellung Bedenken, so hat er diese unter Angabe von Gründen innerhalb einer Woche dem Arbeitgeber schriftlich mitzuteilen. Erfolgt keine Verständigung, so ist der Arbeitgeber zur vorläufigen Einstellung berechtigt. Der Betriebsrat kann jedoch innerhalb einer Frist von zwei Monaten das Arbeitsgericht anrufen zur Feststellung, daß ein Grund zur Verweigerung der Zustimmung (Absatz 3) vorliegt.
(3) Der Betriebsrat kann die Zustimmung nur verweigern, wenn
a) die Einstellung einen Verstoß gegen ein Gesetz, eine Verordnung oder gegen eine Bestimmung in einem Tarifvertrag oder in einer Betriebsvereinbarung oder gegen eine gerichtliche Entscheidung oder eine behördliche Anordnung darstellen würde oder
b) der durch bestimmte Tatsachen begründete Verdacht besteht, daß die Einstellung eines für den Arbeitsplatz nicht geeigneten Bewerbers nur mit Rücksicht auf persönliche Beziehungen erfolgen soll, oder
c) der durch bestimmte Tatsachen begründete Verdacht besteht, daß die Einstellung erfolgt, um andere geeignete Arbeitnehmer oder Bewerber aus Gründen der Abstammung, Religion, Nationalität, Herkunft, des Geschlechts, politischer oder gewerkschaftlicher Betätigung oder Einstellung zu benachteiligen, oder
d) die durch bestimmte Tatsachen begründete Besorgnis besteht, daß der Bewerber den Betriebsfrieden durch unsoziales oder gesetzwidriges Verhalten stören würde.
...

§ 66

(1) Der Betriebsrat ist vor jeder Kündigung zu hören.
(2) Ist zu erwarten, daß in Betrieben
a) mit in der Regel mehr als 20 und weniger als 50 Arbeitnehmern mehr als 5 Arbeitnehmer,
b) mit in der Regel mindestens 50 und weniger als 500 Arbeitnehmern 10 vom Hundert der im Betrieb regelmäßig beschäftigten Arbeitnehmer oder aber mehr als 25 Arbeitnehmer,
c) mit in der Regel mindestens 500 Arbeitnehmern mindestens 50 Arbeitnehmer
eingestellt werden können oder entlassen werden müssen, so hat der Arbeitgeber dies so früh wie möglich dem Betriebsrat mitzuteilen und mit ihm über Art und Umfang der erforderlichen Einstellungen oder Entlassungen sowie über die Vermeidung von Härten bei Entlassungen zu beraten.
...

§ 72

(1) Bei geplanten Betriebsänderungen, die wesentliche Nachteile für die Belegschaft oder erhebliche Teile der Belegschaft zur Folge haben können, hat der Betriebsrat in Betrieben mit in der Regel mehr als zwanzig wahlberechtigten Arbeitnehmern ein Mitbestimmungsrecht. Als Betriebsänderungen im Sinne des Satzes 1 gelten:
a) Einschränkung und Stillegung des ganzen Betriebs oder von wesentlichen Betriebsteilen;
b) Verlegung des ganzen Betriebs oder von wesentlichen Betriebsteilen;
c) Zusammenschluß mit anderen Betrieben;
d) grundlegende Änderungen des Betriebszwecks oder der Betriebsanlagen, soweit sie nicht offensichtlich auf einer Veränderung der Marktlage beruhen;
e) Einführung grundlegend neuer Arbeitsmethoden, soweit sie nicht offensichtlich dem technischen Fortschritt entsprechen oder ihm dienen.
(2) Kommt ein Interessenausgleich nicht zustande, so kann der Unternehmer oder der Betriebsrat eine behördliche Stelle um Vermittlung ersuchen. Geschieht dies nicht oder bleibt der Vermittlungsversuch ergebnislos, so kann der Unternehmer oder der Betriebsrat eine Vermittlungsstelle anrufen, die, wenn nichts anderes vereinbart wird, aus zwei Beisitzern und einem unparteiischen

Vorsitzenden besteht. Je ein Beisitzer wird vom Unternehmer und dem Betriebsrat bestellt und nach Möglichkeit aus dem Personenkreis der Betriebsangehörigen entnommen. Über die Person des Vorsitzenden sollen beide Seiten sich einigen. Kommt eine Einigung nicht zustande, so bestellt den Vorsitzenden der Oberlandesgerichtspräsident.

...

§ 73

(1) Unternehmer und Betriebsrat sollen der Vermittlungsstelle bestimmte Vorschläge zur Beilegung der Meinungsverschiedenheiten machen. Die Vermittlungsstelle hat eine Einigung der Parteien zu versuchen. Kommt eine Einigung zustande, so ist sie schriftlich niederzulegen und von den Parteien und vom Vorsitzenden zu unterschreiben.

(2) Gelingt eine Einigung nicht, so hat die Vermittlungsstelle von sich aus einen Einigungsvorschlag zur Beilegung der Meinungsverschiedenheiten zu machen; sie kann dabei von den Vorschlägen der Parteien abweichen. Der Einigungsvorschlag ergeht mit einfacher Mehrheit, falls Unternehmer und Betriebsrat nichts anderes vereinbart haben; er ist unter Angabe des Tages, an dem er ergangen ist, vom Vorsitzenden der Vermittlungsstelle zu unterschreiben und schriftlich zu begründen, wenn nicht die Parteien ausdrücklich auf eine Begründung verzichtet haben.

...

§ 76

(1) Der Aufsichtsrat einer Aktiengesellschaft oder einer Kommanditgesellschaft auf Aktien muß zu einem Drittel aus Vertretern der Arbeitnehmer bestehen.

Zit. nach: Georg Fülberth (Hrsg.), Geschichte der Bundesrepublik in Quellen und Dokumenten, a.a.O., S. 113 ff.

12. Die Gewerkschaften und das Betriebsverfassungsgesetz

Am 19. Juli 1952 wird das Betriebsverfassungsgesetz in 3. Lesung mit 195 gegen 139 Stimmen bei 7 Enthaltungen im Bundestag angenommen. Der Entwurf ist Gesetz!

Die Arbeitgeber bezeichnen dieses Gesetz als „das fortschrittlichste Gesetz zur Regulierung der Beziehungen von Arbeitgebern und Arbeitnehmern in den Betrieben in der ganzen Welt"! Sie begrüßen, daß mit dem Betriebsverfassungsgesetz die Entscheidungsfreiheit des Unternehmers über die wirtschaftliche Führung seines Betriebes rechtlich endgültig gesichert ist. Die „Neue Zürcher Zeitung" schreibt Mitte August über das Betriebsverfassungsgesetz: „Wenngleich die Unternehmerinitiative gesichert und die Grundlage der privatkapitalistischen Wirtschaftsverfassung aufrechterhalten worden sind, so muß doch festgestellt werden, daß den Opponenten ein tiefer Einbruch gelungen ist."

Für die Gewerkschaften sah das Ergebnis des Kampfes aber ganz anders aus. „Die Quelle" schreibt über die Bedeutung der Niederlage in ihrer Nummer vom August 1952:

„Das Entscheidende ist, daß mit dem beschlossenen Gesetz die dringend notwendige Neuordnung und Demokratisierung der Wirtschaft – wie schon einmal in der Weimarer Republik – verhindert, an der grundsätzlichen Struktur der kapitalistischen Wirtschaft nichts verändert wird und das alleinige Entscheidungsrecht der Unternehmer aufrechterhalten bleibt."

Der 19. Juli 1952 war für die Gewerkschaften ein schwarzer Tag. Die Gewerkschaftsführer fühlten sich wieder einmal überspielt, hintergangen, brüskiert. In einer Rundfunkrede erklärte Christian Fette am gleichen Tag:

„Meine sehr verehrten Hörerinnen und Hörer!

Und der Entwurf wird doch Gesetz! Dies ist der Eindruck, der sich jedem aufdrängt, der Gelegenheit nahm, den Ablauf der Aussprache über das Betriebsverfassungsgesetz in zweiter Lesung zu verfolgen.

Es ist offensichtlich eine Demonstration der Koalitionsparteien gegen die Gewerkschaften. Im Hennecke-Tempo wurden wichtige Paragraphen bereits im Ausschuß für Arbeit und Wirtschaft zur Verabschiedung gebracht.

Jetzt im Parlament erleben wir dieselbe Methode. Keine ernsthafte Diskussion über Abänderungsanträge der sozialdemokratischen Fraktion, die den Forderungen des Deutschen Gewerkschaftsbundes Rechnung trugen.
Alle Anträge – ganz gleich, ob sie sich auf Dinge bezogen, die an sich strittig waren, oder auf solche, die im wesentlichen sogar von Vertretern der Koalitionsparteien vorher als annehmbar bezeichnet wurden, wurden abgelehnt.
Die Begründungen der sozialdemokratischen Sprecher wurden kaum beachtet, und man machte auch gar nicht den Versuch, sich mit ihnen auseinanderzusetzen. Man begnügte sich mit der Erklärung, daß die Koalitionsparteien den Antrag ablehnen.
Es war offensichtlich für jeden, daß die Absicht vorherrschte, unter allen Umständen alles abzulehnen, was irgendwie den gewerkschaftlichen Forderungen entgegenkommen könnte.
Ein trauriges Bild also, das sich dem objektiven Beobachter im Bundestag bot. Keine sachliche Diskussion, sondern rücksichtsloser Einsatz der Parlamentsmehrheit gegen alle Abänderungswünsche des Deutschen Gewerkschaftsbundes. Gestützt auf diese Mehrheit beschloß man auch, am Samstag die dritte Lesung durchzuführen.
Ich beschränke mich auf diese sachlichen Feststellungen.
Der geschäftsführende Vorstand des Deutschen Gewerkschaftsbundes wird am Montag zur Situation Stellung nehmen. Die Art der Erledigung im Parlament ist eine Herausforderung des Deutschen Gewerkschaftsbundes. Aber dennoch wird unser Handeln diktiert bleiben von der großen Verantwortung gegenüber unseren Mitgliedern und dem deutschen Volk. Lassen Sie mich in Erinnerung rufen, was der Bundeskanzler in einem Brief vom 16. Mai 1952 an mich schrieb:
‚Im kommenden Jahr werden Neuwahlen zum Deutschen Bundestag stattfinden. Hier bietet sich dem Deutschen Gewerkschaftsbund eine Möglichkeit, auf dem in unserer Verfassung vorgesehenen Wege seine Auffassung über eine einheitliche und fortschrittliche Betriebsverfassung durchzusetzen.‘
Wir werden den Bundeskanzler nicht enttäuschen und Sorge tragen, daß alle Wahlberechtigten wissen, welche Abgeordneten im Parlament sich für die Forderungen des Deutschen Gewerkschaftsbundes eingesetzt haben.
Wir sind sicher, daß die schaffenden Menschen die Art der Verabschiedung des Betriebsverfassungsgesetzes bei den kommenden Wahlen noch gut in Erinnerung haben werden.“
Der Hinweis auf die kommenden Bundestagswahlen sollte eine Drohung für die Bundesregierung darstellen, aber er war tatsächlich eine Unterwerfung der Gewerkschaften unter die Grundgesetze der repräsentativen Demokratie: die Gewerkschaften waren gezähmt!

Aus: Theo Pirker, Die blinde Macht, Bd. I, a. a. O., S. 282 ff.

II/3 Die Anfangsjahre der Bundesrepublik im Spiegel der Statistik

Arbeitsthemen

1. *Anhand welcher Daten läßt sich der industrielle Aufstieg in den Jahren 1950–1955 festmachen? Welche Ungleichgewichte verrät das Schaubild? (Nr. 1)*
2. *Welche generelle Tendenz läßt sich an der Entwicklung des Sozialprodukts ablesen? Inwiefern bestätigt das Schaubild das Schlagwort vom „Koreaboom“? Welche Veränderungen erfuhren die Relationen zwischen Dienstleistungen und Produktion in der Phase von 1948 bis 1955? (Nr. 2)*
3. *Inwiefern signalisiert die Entwicklung auf dem Arbeitsmarkt einen eindeutigen Aufschwung? Welchen kritischen – durch den Zustrom der DDR-Flüchtlinge verschärften – Tatbestand galt es zu überwinden? (Nr. 3 und 4)*

4. *Welche Korrespondenzen lassen sich zwischen der Lohnentwicklung und dem Verbrauch von Nahrungs- und Genußmitteln erkennen? (Nr. 5 und 6)*
5. *Welches Defizit an Wohnraum ergab sich als Folge von Kriegszerstörung und Flüchtlingszustrom? In welchem Ausmaß gelang die Überwindung bis Herbst 1956? Welche Rolle spielten staatliche Maßnahmen bei diesem Prozeß? (Nr. 7 und 8)*
6. *Weshalb stellte die Kapitalbildung das Schlüsselproblem in der deutschen Nachkriegswirtschaft dar? Welche Auffälligkeiten zeigt die Struktur der Kapitalbildung bis 1954? Worauf sind diese zurückzuführen? Welche Funktion kam dem Staat bei Kapitalbildung und Kapitalverwendung zu? (Nr. 9 und 10)*
7. *Welche sektoralen Verschiebungen in den Anlageinvestitionen lassen sich für die Jahre 1949–1954 registrieren? Worauf sind sie wohl zurückzuführen? (Nr. 11)*
8. *Welche Veränderungen dokumentiert die Statistik des Außenhandels in der Phase 1948–1955? In welcher Größenordnung bewegte sich der innerdeutsche Handel? (Nr. 12)*
9. *Inwiefern widersprach die wirtschaftliche Entwicklung in Westdeutschland ab 1948 den Erfahrungen nach dem Ersten Weltkrieg? Wie ist dieser – den zeitgenössischen Erwartungen zuwiderlaufende – Trend zu erklären? Was bedeutete er für die politische Stabilität? (Nr. 13)*

Materialien

1. Die Entwicklung der Industrie in der Bundesrepublik 1950–1955

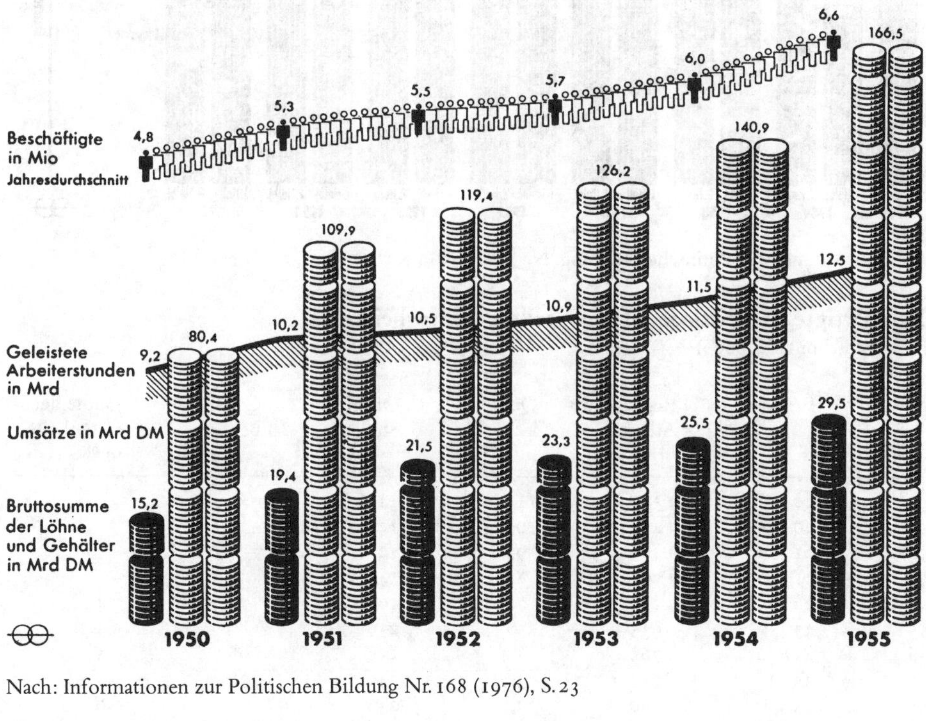

Nach: Informationen zur Politischen Bildung Nr. 168 (1976), S. 23

2. Steigendes Sozialprodukt im Bundesgebiet
(in jeweiligen Preisen)

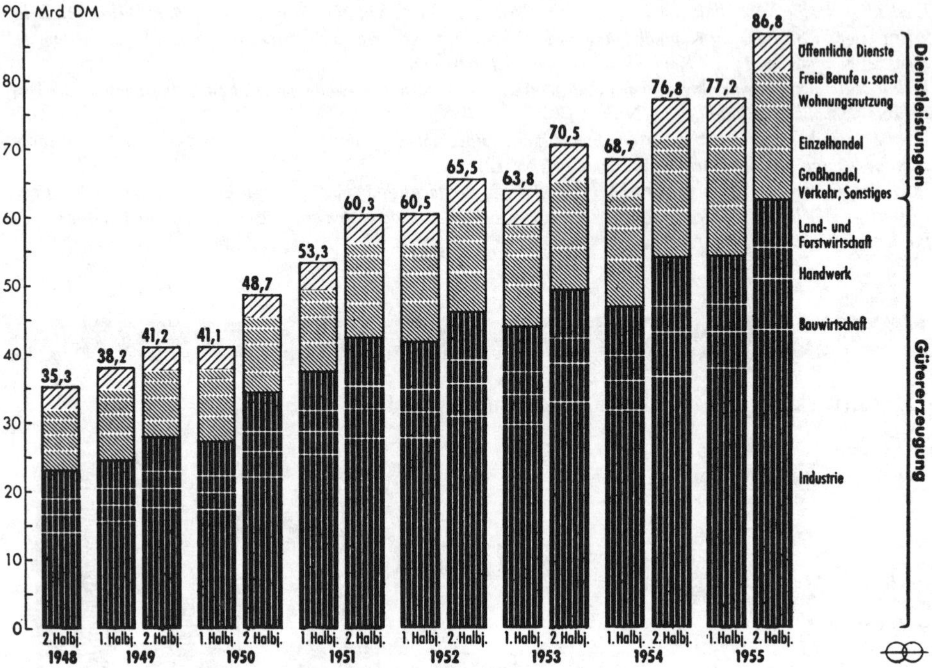

Nach: Informationen zur Politischen Bildung, Nr. 168 (1976), S. 23

3. Beschäftigte, Arbeitslose, offene Stellen, Gastarbeiter
(Jahresdurchschnitte in 1 000)

Jahr	Beschäftigte	Registrierte Arbeitslose	Quote in %	Offene Stellen	Gastarbeiter	Quote der Gastarbeiter in %
1950	20 376	1 584	11,0	142	–	–
1951	20 895	1 435	10,4	124	–	–
1952	21 300	1 385	9,5	128	–	–
1953	21 810	1 265	8,4	140	–	–
1954	22 395	1 225	7,6	166	72	0,4
1955	23 230	935	5,6	239	80	0,4
1956	23 830	765	4,4	236	98	0,5
1957	25 335	759	3,7	249	108	0,6
1958	25 530	780	3,7	258	127	0,6

Nach: Harald Winkel, Wirtschaft im geteilten Deutschland 1945–1970, Wiesbaden 1974, S. 102

4. Zustrom von DDR-Flüchtlingen

Jahr	Insgesamt 1000	Darunter in % unter 14 Jahren	14–65 Jahre	über 65 Jahre
1949	59,2			
1950	197,8			
1951	165,6			
1952	182,4	19,5	79,0	1,5
1953	331,4	22,8	74,6	2,6
1954	184,2	21,0	74,7	4,3
1955	252,9	17,4	78,6	4,0

Nach: Daten zu Wirtschaft, Gesellschaft, Politik und Kultur der Bundesrepublik Deutschland 1950–1975, bearbeitet von Franz Neumann, Baden-Baden 1976, S. 8

5. Lohnentwicklung

Jahr	Bruttostundenlohn der Industriearbeiter Nominal 1950 = 100		Real 1950 = 100	
1950	100		100	
1951	114,9	(14,9)[1]	106,7	(6,7)
1955	142,2	(6,8)	129,1	(5,0)
1960	209,0	(9,3)	173,5	(7,8)

[1] In Klammern jeweils die Veränderung gegenüber dem Vorjahr in v. H.

Nach: Harald Winkel, Wirtschaft im geteilten Deutschland, a. a. O., S. 105

6. Jahresverbrauch ausgewählter Nahrungs- und Genußmittel
(je Kopf der Bevölkerung in kg)

Jahr	1936	1950	1955	1960
Rindfleisch ohne Fett	11,7	11,3	13,8	17,3
Schweinefleisch ohne Fett	29,3	19,2	24,5	29,6
Geflügel	1,5	1,6	2,2	4,4
Butter	8,5	6,3	6,9	8,5
Zucker	22,5	27,4	28,3	29,1
Eier	7,4	7,4	9,9	13,1
Frischobst (Kern- u. Steinobst)	29,2	40,3	45,2	81,4
Zitrusfrüchte (Südfrüchte)	8,5	7,7	14,7	21,9
Kartoffeln	170,8	184,0	157,0	132,0
Zigaretten Stück	567	498	860	1619
Kaffee kg	1,9	0,6	1,8	2,9
Tee g	67	50	104	114
Bier l	58,7	37,3	66,1	120
Wein l	6,7	8,2	7,9	11,2
Schaumwein l		0,11	0,41	1,18

Nach: Harald Winkel, Wirtschaft im geteilten Deutschland, a. a. O., S. 95

7. Verbesserung der Wohnverhältnisse in der Bundesrepublik

(ohne West-Berlin) von 1950 bis 1956 – in Millionen –

Merkmal	Herbst 1950	Herbst 1956	Veränderung in %
1. Wohnungen			
a) Normalwohnungen	9,438	12,734[a])	+34,9
b) Notwohnungen[b])	0,5405	0,4848	−10,3
2. Haushaltungen in:			
a) Normalwohnungen	14,634	15,964	+ 9,1
b) Notwohnungen	0,6268	0,5306	−15,3
c) Unterkünfte[c])	0,7620	0,6052	−20,6

a) Darunter 136 200 Wohnungen in Behelfsheimen von 30 qm und mehr als 23 400 Wohnungen in einsturzgefährdeten Gebäuden

b) Wohnungen in Behelfsheimen unter 30 qm, Wohnbaracken, Nissenhütten, Bunkern, Wohnlauben, Wellblechbaracken, Bretterbuden, Gebäuderesten, Wohnwagen, Kellerwohnungen usw.

c) Unterkünfte außerhalb von Wohnungen sind Lager, Fremdenheime, Gasthäuser und dgl.

Zit. nach: Christoph Kleßmann, Die doppelte Staatsgründung, a.a.O., S. 495 f.

8. Wohnungswirtschaft

Die Beschaffung von ausreichendem Wohnraum, um der Wohnungs- und Flüchtlingsnot Herr zu werden, erwies sich nach 1945 als eine der dringlichsten Aufgaben, die wegen ihres Umfangs und ihrer großen sozialen Bedeutung nur mit Hilfe des Staates zu lösen war.

Da zugunsten der alle Kräfte beanspruchenden Rüstungswirtschaft der seit Ende des Ersten Weltkrieges in Deutschland bestehende Wohnungsmangel auch nach 1933 nicht beseitigt worden war, ergab sich bereits bei Kriegsbeginn ein Defizit von rd. 1 Mio. Wohnungen. Während des Krieges waren in Westdeutschland rd. 2,5 Mio. Wohnungen zerstört worden, in vielen Großstädten über zwei Drittel des Bestandes; durch den Flüchtlingszustrom erhöhte sich der Fehlbedarf auf rd. 6 Mio. Wohnungen, ohne die Nachfrage durch die natürliche Bevölkerungsvermehrung in Rechnung zu stellen. Trotz strenger staatlicher Wohnraumbewirtschaftung blieben für viele Menschen Bunker, Baracken, Kasernen, Keller und Gartenlauben für lange Zeit einzige Unterkunft. Mit Notprogrammen und strengen Bewirtschaftungsmaßnahmen gelang es nur unvollkommen, bei Mietern und Vermietern Unzuträglichkeiten zu vermeiden. Dies galt besonders für Städte und Ballungsräume, die zum Teil den Zuzug von Einwohnern völlig gesperrt hatten, aber auch für Gebiete, in die 1945 starke Flüchtlingsströme gekommen waren (z.B. lebten in Schleswig-Holstein 27% Vertriebene, in Rheinland-Pfalz nur 8%).

Erst nach Gründung der Bundesrepublik Deutschland und Stabilisierung der Währung setzte ein starker Neubau von Wohnungen ein, staatlich gefördert durch das erste Wohnungsbaugesetz vom 24. April 1950, das vor allem den sozialen Wohnungsbau als gemeinsame Aufgabe von Bund, Ländern und Gemeinden herausstellte. Die Sozialwohnungen sollten in erster Linie einkommensschwachen Wohnungssuchenden, Kriegsgeschädigten und Flüchtlingen zugute kommen. Durch Zinszuschüsse und öffentliche Darlehen wurden hier Wohnungen erstellt, deren niedrige „Sozialmiete“ bei begrenzter Wohnfläche und einfacher Ausstattung zu einer regen Nachfrage der Wohnungssuchenden führte. Wohnungsämter mußten die Zuteilung nach der Dringlichkeit regeln (Familiengröße, gegenwärtige Unterbringung usw.). Die Zahl der im sozialen Wohnungsbau öffentlich geförderten Wohnungen (1950 = 255 000 von insgesamt 371 900) erreichte 1952 mit 317 500 von insgesamt 460 800 ihren Höhepunkt und nahm dann zugunsten der frei finanzierten Wohnungen ab. Stand in den ersten Jahren nach 1949 noch die Förderung des Mietwohnungsbaues, vor allem in den zerstörten Städten, im Vordergrund, so wurde ab 1953 stärker das Eigentum im Wohnungsbau gefördert, sei es in Form des Eigenheimes oder der Eigentumswohnung, für die das Wohnungseigentumsgesetz vom 15. März 1951 die rechtlichen Grundlagen geschaffen hatte.

Aus: Harald Winkel, Wirtschaft im geteilten Deutschland, a.a.O., S. 160 f.

9. Struktur der Kapitalbildung in der Bundesrepublik 1948–1954

	1948/II	1949	1950	1951	1952	1953	1954
Bruttoersparnis[a]) (absolut in Mrd. DM)	8,8	17,1	22,1	29,2	34,3	35,4	39,9
davon in v.H.							
Privater Sektor							
Private Ersparnis	22,7	14,0	9,0	7,9	12,6	15,3	16,8
Unternehmensersparnis[b])	53,4	61,4	65,2	65,1	61,7	52,8	52,1
Staat ausschließlich fiskalpolitischer Wirkungen[c])	23,9	24,6	25,8	27,0	25,7	31,9	31,1
Staat einschließlich fiskalpolitischer Wirkungen[d])	–	35,7	36,2	33,6	34,7	42,4	42,3

a) Einschließlich Vorratsbildung.
b) Einschließlich der Ersparnisse durch steuerliche Absetzungen.
c) Einschließlich Sozialversicherung.
d) Steuerliche Absetzungsmöglichkeiten und dadurch verursachte Budget-Verluste.

Nach: Heiner R. Adamsen, Faktoren und Daten der wirtschaftlichen Entwicklung in der Frühphase der Bundesrepublik Deutschland 1948–1954, in: Archiv für Sozialgeschichte 18 (1978) S. 235

10. Der Prozeß von Kapitalbildung und -verwendung

Mit der Relativierung der vielfach als Wachstumsverursacher aufgefaßten Vorgänge Währungsreform und Marshall-Plan stellt sich für den Betrachter die Frage, was denn nun die eigentlichen Wachstumsauslöser und -stimuli gewesen sind. Eine gesicherte und eindeutige Antwort ist darauf heute (noch) nicht möglich, zumal damit das Problem einer langfristigen industriellen Entwicklungstheorie mit angelegt ist. Der Versuch, die wahren „Triebkräfte des Wiederaufstiegs" zu bestimmen, muß daher beim Verweis auf ein komplexes Ursachenbündel stehenbleiben, dem die Diskrepanz zwischen Berufsstruktur des Arbeitspotentials auf der einen und der Arbeitsplatzstruktur des Kapitalstocks auf der anderen Seite überzuordnen ist. Für den Abbau dieser Diskrepanz kam der Investitionsrate und der Investitionspolitik eine hohe Bedeutung zu: Während der Zeit des Wiederaufbaus wurden Kapitalbildung, Kapitalverwendung und ihre Steuerung durch die Wirtschaftspolitik zu strategischen Bereichen. Daher erscheint es notwendig, vor der Betrachtung der Struktur von Entstehung und Verwendung des Sozialproduktes während des ersten Wachstumszyklus in der Nachkriegszeit das Problem der Kapitalbildung und -verwendung zu behandeln. Daß zwischen diesen beiden Komplexen enge Querverbindungen bestehen, bedarf keiner näheren Erläuterung.

Zunächst einmal ist die Aufteilung des in einer Wirtschaft erstellten Gesamtprodukts in Konsum und Investition ein gesellschaftliches Grundproblem, dessen Lösung über die Höhe künftiger Produktion und gegenwärtiger Konsumtion entscheidet. Für die Wiederaufbaujahre in Westdeutschland galt zusätzlich: Sowohl der Verlust der Agrarüberschußgebiete wie der Zuwachs der Erwerbsbevölkerung und die strukturellen Verwendungen innerhalb der Industrie durch die Zonenaufteilung erforderten gesamtwirtschaftliches Wachstum und ein Höchstmaß an Investitionen. Die unsichere Informationslage in den ersten Nachkriegsjahren über das wirtschaftliche Leistungsvermögen, das Wissen um die wirtschaftspolitischen Ausgangsprobleme sowie die Tatsache einer durch Krieg und Vorwährungsreformzeit aufgestauten Nachfrage machten die Kapitalbildung zum Schlüsselproblem der staatlichen Wiederaufbaupolitik. Daß dabei das absolute Niveau des Investitionsvolumens möglichst groß sein sollte, darüber herrschte ein breiter gesellschaftlicher Konsens, jedoch waren die Methode der Kapitalgewinnung und die Einflußnahme auf die Verwendung in der Frühphase der Bundesrepublik umstritten.

Die gesamtwirtschaftliche Ersparnis und damit das Investitionsvolumen waren in der Frühphase

der Bundesrepublik, verglichen mit den Vorkriegserfahrungen, außerordentlich hoch. Das Gesamtvolumen einschließlich Vorratsbildung lag real im Durchschnitt der Jahre 1949/1951 um 21 v.H., im Durchschnitt der Jahre 1952/1954 um 63 v.H. über dem Wert von 1936. Die industrielle Investitionsquote war im Durchschnitt der Jahre 1948/1954 doppelt so hoch wie 1936; die gesamtwirtschaftliche Investitionsquote begann 1949 mit 30 v.H. über dem 1936er Stand und stieg kontinuierlich bis 1954 an, wo sie um 46 v.H. größer war als 1936.
Interessanter und zugleich wirtschaftspolitisch brisanter war jedoch die Struktur dieser Kapitalbildung: Auffällig hieran sind zunächst der niedrige Anteil der privaten Ersparnis (Durchschnitt 1948/54: 14 v.H.) und der hohe Staatsanteil (Durchschnitt 1948/1954: 27 v.H.) an der Bruttoersparnis. Werden noch die fiskalpolitischen Wirkungen beim Staat mitberücksichtigt, die durch die verschiedenen steuerlichen Anreize für die Kapitalbildung entstanden, so erhöht sich der Staatsanteil auf über ein Drittel der Gesamtersparnis. Diese Zahlen belegen, daß sich der Kapitalbildungsprozeß weniger mit marktwirtschaftlichen Methoden als mit umfangreicher Beteiligung des Staates vollzog. Die Ursachen dafür lagen in Haushaltsüberschüssen und zwei zeitbedingten Faktoren: Es gab keine nennenswerten Verteidigungsausgaben und keine kriegsbedingten Staatsschulden. Aus der Tatsache des hohen Staatsanteils an der Kapitalbildung ist mehrfach auf die, trotz entgegengesetzter Wirtschaftsphilosophie, dominierende Rolle des Staates in der Wiederaufbauperiode geschlossen worden. Ein eindeutiger Beweis dafür kann allerdings nicht nur in diesen Angaben gesehen werden. Zudem geht dann ein wesentliches Charakteristikum des Kapitalbildungsprozesses in dieser Zeit verloren, wie es auch bereits aus Tab. Nr. 9 deutlich wird: Der Staat griff zwar massiv in den Kapitalbildungsprozeß ein, überließ die Verfügungsgewalt und damit das Eigentumsrecht aber der privaten Wirtschaft. Genau dies war trotz allen marktwirtschaftlichen Philosophierens die Kapitalbildungsstrategie Erhards für die Wiederaufbaujahre.

Aus: Heiner R. Adamsen, Faktoren und Daten der wirtschaftlichen Entwicklung, a. a. O., S. 233 ff.

11. Struktur der Brutto-Anlageinvestitionen nach Wirtschaftsbereichen 1949–1954

(in v. H.[a])

	1949	1950	1951	1952	1953	1954
Industrie[b])	25,7	25,0	27,6	28,0	27,7	28,4
darunter Bergbau	4,4	3,8	4,2	5,4	6,2	5,7
Grundstoff- und Produktionsgüterindustrien	6,7	7,2	8,9	9,9	9,7	11,1
Investitionsgüterindustrien	5,6	5,9	7,1	6,8	6,5	6,5
Verbrauchsgüterindustrien	5,1	4,6	4,4	3,2	2,8	2,9
Nahrungs- und Genußmittelindustrien	3,9	3,5	3,0	2,7	2,4	2,3
Energieversorgungsbetriebe	7,7	8,1	7,4	7,9	7,7	8,1
Nachrichten- und Verkehrswesen[c])	13,2	10,2	9,6	9,8	11,4	10,6
Wohnungswirtschaft[d])	16,8	19,5	21,1	21,6	24,4	25,5
Landwirtschaft	6,3	6,2	6,6	6,4	5,4	5,7
Übrige Gewerbe[e])	21,7	21,6	18,2	16,8	12,9	11,8
Öffentliche Verwaltung[f])	8,6	9,4	9,5	9,5	10,6	10,0

a) Rundungsfehler möglich; jeweilige Preise.
b) Ohne Bau und Energie sowie Kleinbetriebe mit weniger als 10 Beschäftigten.
c) Ohne öffentliche Verkehrsinvestitionen.
d) Einschließlich Bergarbeiterwohnungsbau.
e) Handel, Handwerk, Bauwirtschaft und Sonstige.
f) Bund, Länder und Gemeinden, Sozialversicherung und Lastenausgleich, ohne öffentliche Unternehmen.

Nach: Heiner R. Adamsen, Faktoren und Daten der wirtschaftlichen Entwicklung, a. a. O., S. 238

12. Außenhandel des Vereinigten Wirtschaftsgebietes und der Bundesrepublik (einschließlich Berlin-West) 1948–1955

(in Millionen RM/DM)

	Einfuhr	Ausfuhr	Summe	Wachstum (in %)	Anteil des innerdt. Handels (in %)
1948[1])	3163,8	1816,9	4980,6		5,08
	(117,8)*)	(148,9)	(266,7)		
1949[2])	7330,1	3805,5	11135,6	+123,6	3,70
	(206,3)	(221,7)	(428,0)	+ 60,5	
1950[3])	11373,9	8362,2	19736,1	+ 77,2	3,28
	(342,1)	(328,5)	(670,6)	+ 56,7	
1951[3])	14725,5	14576,8	29302,3	+ 48,5	0,91
	(122,6)	(148,2)	(270,8)	− 59,6	
1952[3])	16202,9	16908,8	33111,7	+ 13,0	0,67
	(79,5)	(145,6)	(225,1)	− 16,9	
1953	16010,4	18525,6	34536,0	+ 4,3	1,53
	(287,3)	(251,6)	(538,9)	+139,4	
1954	19337,1	22035,2	41372,3	+ 19,8	2,03
	(439,9)	(417,7)	(857,6)	+ 59,1	
1955	24472,4	25716,8	50189,2	+ 21,3	2,14
	(580,7)	(521,1)	(1101,8)	+ 28,4	

*) In Klammern jeweils der Interzonen- bzw. der innerdt. Handel
1) Ohne Handel mit Berlin
2) Ohne Handel mit Berlin-West; keine Angaben für Januar–April
3) Ohne Handel mit Berlin-West

Nach: Wirtschaft und Statistik, Jg. 1 (1949/50)
Statistisches Jahrbuch der Bundesrepublik Deutschland 1952 ff.

13. Zur Struktur der wirtschaftlichen Entwicklung 1949–1954

Die wirtschaftliche Entwicklung in der Frühphase der Bundesrepublik war durch einen ersten Wachstumszyklus mit einmaligen Durchschnittswachstumsraten von über 10 v.H. gekennzeichnet. In seinem Verlauf wurde der Vorkriegsstand nicht nur wieder erreicht, sondern größtenteils deutlich überschritten. Dies galt – bis auf die Wohnraumversorgung – für nahezu alle ökonomischen Basisdaten. Die rasche Überwindung der Kriegsfolgen stand im Gegensatz zu zeitgenössischen Erwartungen und den deutschen Erfahrungen nach dem Ersten Weltkrieg, hatte damals, nach einer gleichlangen Nachkriegsperiode, das reale Sozialprodukt je Kopf doch gerade den Vorkriegsstand erst wieder erreicht. Die außerordentliche Dynamik dieses ersten Wachstumsschubes löste die grundsätzlichen Wiederaufbauprobleme und schuf durch industrielle Rekonstruktion und Außenhandelsoffensive die auf nahezu 30 Jahre dauerhaften Grundlagen für die ökonomische Stabilität der Bundesrepublik. Vielfach wird eine „spontane Aufwallung der unternehmungslustigen Privatwirtschaft" (A. Shonfield), unterstützt durch die Ordnungspolitik der „Sozialen Marktwirtschaft", die Währungsreform und die Marshall-Plan-Hilfe als Grundlage dieser Entwicklung gesehen. Dieses Bild muß aber korrigiert werden. Wie gerade der für den Wiederaufbau wesentliche Bereich der Kapitalbildung und -verwendung sowie die staatliche Investitionspolitik zeigten, war der Einfluß des Staates größer, als es die offizielle Doktrin vermuten ließ. Andererseits bestand aber auch kein ausformulierter Wiederaufbauplan. Die im Rückblick monolithisch erscheinende Wiederaufbaupolitik entfesselte die Marktkräfte zunächst nur im Konsumgüterbereich und förderte über gezielte Steueranreize die Kapitalbildung der Unternehmen. Die Mechanismen dieser effektvollen Politik und damit die Verteilung der Wachstumslasten durch den Staat wurden nach außen hin jedoch durch die realen Wohlstandssteigerungen überdeckt. Grundsätzliche Verteilungskonflikte waren in der Frühphase der Bundesrepublik vergleichsweise selten – ökonomisches Wachstum ermöglichte Verteilungsspielräume und gab die Grundlage für politische Stabilität.

Aus: Heiner R. Adamsen, Faktoren und Daten der wirtschaftlichen Entwicklung, a. a. O., S. 244

III. Der „Aufbau des Sozialismus" in der DDR und der Anschluß an das sowjetische Bündnissystem

Übersicht

1949 15./16. Mai: In der Sowjetischen Besatzungszone finden „Wahlen" zum „3. Deutschen Volkskongreß" aufgrund einer Einheitsliste statt, für die nur mit „ja" oder „nein" gestimmt werden kann. Es kommt zu schweren Manipulationen und Fälschungen der Ergebnisse. Dieser „Kongreß" bestätigt Ende Mai den „Entwurf einer Verfassung der Deutschen Demokratischen Republik".

7. Oktober: Der „Deutsche Volksrat", hervorgegangen aus dem „Volkskongreß", erklärt sich zur „Provisorischen Volkskammer der Deutschen Demokratischen Republik" und setzt die Verfassung in Kraft. In den nächsten Tagen werden eine „Provisorische Regierung" und eine „Provisorische Länderkammer" gebildet. Wilhelm Pieck (SED) wird Präsident, Otto Grotewohl (SED) Ministerpräsident der DDR. 7 der 18 Mitglieder der neuen Regierung gehören der (Ost-)CDU und der LDP an. Diese beiden Parteien dringen noch auf „Einhaltung der Verfassung" und auf Wahlen innerhalb einer „parlamentarisch-demokratischen Staatsform" (CDU-Organ „Neue Zeit" am 19. 10. 1949); die fälligen Wahlen zu den Landtagen werden jedoch bereits auf den 15. 10. 1950 verschoben. Dem Ministerium des Inneren (Karl Steinhoff, SED) werden die Hauptverwaltungen für Volkspolizei – einschließlich der kasernierten Bereitschaftsverbände – und für „Schutz der Volkswirtschaft" (ab 8. 2. 1950 „Ministerium für Staatssicherheit") angegliedert.

Oktober bis Dezember: Austausch diplomatischer Vertreter mit den Ostblockstaaten. Von anderen Staaten wird die DDR nicht anerkannt. Als Instrument der Deutschland-Politik der SED wird die „Nationale Front des demokratischen Deutschland" gebildet, der auch „progressive" Mitglieder der Blockparteien und Parteilose angehören dürfen; die „Nationale Front" löst mit der Zeit den „antifaschistisch-demokratischen Block" ab, der bisher die Unterordnung der anderen Parteien unter die Politik der SED besorgte.

Dezember: Oberstes Gericht und Oberste Staatsanwaltschaft der DDR werden gebildet. Das Oberste Gericht entscheidet in Straftaten von „überragender Bedeutung" in erster und letzter Instanz und kann Urteile anderer Gerichte aufheben. Die Justizministerien der Länder werden aufgelöst. Das Oberste Gericht wird (auch in zahlreichen Schauprozessen) wichtiges Instrument zur Festigung des Systems und Instanz für die Auslegung der Verfassung. Gerichte der DDR verurteilen allein 1950 insgesamt über 78 000 politische Angeklagte, darunter 15 zum Tode.

1950 Januar: Das Gesetz über den „Volkswirtschaftsplan" der DDR für das Jahr 1950 wird verkündet. Der Plan „erfaßt alle Wirtschaftszweige sowie die Hauptaufgaben auf dem Gebiet der Kultur und des Gesundheitswesens". In § 9 wird gefordert: Zur „Selbstkostensenkung ... ist es notwendig, die Produktion in erster Linie durch Entwicklung der Aktivistenbewegung, Aufstellung technisch begründeter Arbeitsnormen, Einführung des Leistungslohnes und die Einstellung unproduktiver Arbeit zu heben".

Januar: Die Mitglieder der LDP werden durch die Parteiführung aufgefordert, eine Erklärung zu unterschreiben, in der sie vorbehaltlos die Politik der Regierung der DDR und der Nationalen Front billigen. Der Vorsitzende der CDU Sachsens, Hugo Hickmann, der eine Neutralisierung Deutschlands und freie und geheime Wahlen fordert, wird zum Rücktritt gezwungen. Die „Säuberung" beider Parteien beginnt.

April: „Gesetz der Arbeit" wird verkündet. Es enthält das „Recht auf Arbeit" und auf Vermittlung eines „zumutbaren Arbeitsplatzes", wobei das Ministerium für Planung einen „Arbeitskräfteplan" aufstellt. Frauen erhalten „für gleiche Arbeit gleichen Lohn". An die Stelle der Betriebsräte treten Betriebsgewerkschaftsleitungen des FDGB. Leistungslohnkataloge sollen aufgestellt, technisch begründete Arbeitsnormen „der Aktivisten auf die anderen Arbeiter im Betrieb ... übertragen" und ständig erhöht werden. Der FDGB mit 4,7 Millionen Mitgliedern wird zum Herrschaftsinstrument der SED, die in der FDGB-Satzung (September 1950) als „bewußter Vortrupp der Arbeiterklasse" bezeichnet wird.

Mai: Herabsetzung der Volljährigkeit von 21 auf 18 Jahre. „Deutschlandtreffen" der „Freien Deutschen Jugend" (FDJ) in Berlin. Die ursprünglich propagandistisch herausgestellte Möglichkeit einer „Besetzung West-Berlins" durch die 500000 versammelten Jugendlichen wird nicht realisiert. Die 1,5 Millionen Mitglieder umfassende FDJ – ihr ist die Kinderorganisation „Junge Pioniere" mit 1,6 Millionen Mitgliedern zugeordnet – erkennt ebenfalls die „führende Rolle der SED" an und wird damit auch offiziell zu einer der „Massenorganisationen", die der Umsetzung der SED-Politik dienen.

Juni: Regierungsdelegationen der DDR vereinbaren „Deklarationen" mit der Regierung Polens, der ČSR und Ungarns, die die Eingliederung der DDR in den Ostblock bestätigen. Die Oder-Neiße-Grenze wird anerkannt („Görlitzer Vertrag" vom 6.7.1950), die „durchgeführte Umsiedlung der Deutschen" aus der ČSR wird als „unabänderlich, gerecht und endgültig gelöst" bezeichnet. Die DDR empfiehlt sich damit Polen und der ČSR als der deutsche Staat, der ihnen die Ergebnisse des Zweiten Weltkrieges sichert.

25. Juli: Walter Ulbricht erhält auf dem 3. Parteitag der SED das nach stalinschem Vorbild geschaffene Amt des „Generalsekretärs". Ein neues Parteistatut erklärt zum „Ziel der Partei" den „Sozialismus, der die Errichtung der politischen Herrschaft der Arbeiterklasse zur Voraussetzung hat". Um die „monolithische Einheit" der Partei zu sichern, werden der „Kampf gegen Spione und Agenten", vor allem gegen die „Tito-Clique", und die „Ausrottung der Überreste" des „Sozialdemokratismus" gefordert. Die ersten großen „Säuberungen" innerhalb der SED-Führung beginnen, im Rahmen einer Parteiüberprüfung werden 1950/51 rund 150000 Mitglieder aus der SED ausgeschlossen.

17. August: Die Regierung billigt den von der SED vorgelegten Fünfjahrplan 1951–1955.

15. Oktober: Die „Wahlen" in der DDR werden nach Ausschaltung weiterer oppositioneller Politiker in Ost-CDU und LDP aufgrund einer „Einheitsliste der Nationalen Front" in zumeist „offener Abstimmung" durchgeführt. In den folgenden Jahren erkennen die beiden „bürgerlichen Parteien" auch in ihren Satzungen die „führende Rolle" der SED und die Notwendigkeit des „marxistisch-leninistischen Weges" beim „Aufbau des Sozialismus" an. Nach den „Wahlen" legen Volkskammer, Länderkammer und Regierung der DDR den Begriff „provisorisch" ab.

30. November: Einem Beschluß der Außenminister der Ostblockstaaten folgend, schlägt Grotewohl namens der Regierung der DDR der Bundesregierung die Bildung eines „Gesamtdeutschen Konstituierenden Rates" vor „unter paritätischer Zusammensetzung aus Vertretern Ost- und Westdeutschlands". Der Vorschlag wird in den nächsten Jahren als Kampagne unter dem Motto „Deutsche an einen Tisch" fortgeführt. Vorschlag und Kampagne sollen offensichtlich dazu dienen, die Forderung der Bundesregierung nach freien Wahlen und Wiedervereinigung propagandistisch zu unterlaufen und gleichzeitig eine Aufwertung der DDR-Regierung zu erreichen.

15. Dezember: „Gesetz zum Schutze des Friedens" wird erlassen. „Boykotthetze gegen demokratische Einrichtungen und Organisationen, Mordhetze gegen demokratische Politiker, Völkerhaß, militaristische Propaganda und Kriegshetze" werden unter strenge Strafen gestellt. Gesetzeswortlaut und Praxis des Obersten Gerichts machen deutlich, daß unter diesen Formulierungen jegliche Äußerungen gegen die DDR und andere Ostblockstaaten verstanden werden können. § 10 Abs. 3 lautet: „Die Zuständigkeit des Obersten Gerichts der DDR ist auch dann gegeben, wenn die Tat von deutschen Staatsbürgern nicht im Gebiet der DDR begangen worden ist, auch wenn der Täter im Gebiet der DDR keinen Wohnsitz oder gewöhnlichen Aufenthalt hat." In den kommenden Jahren drohen SED-Politiker westdeutschen Politikern und Publizisten ausdrücklich mit diesem Gesetz.

31. Dezember: Nach Angaben der Bundesregierung flüchteten im Jahre 1950 197788 Personen in die Bundesrepublik und Berlin (West), 1949 waren es 125245.

1951 17. März: Entschließung des ZK der SED gegen den „Formalismus in Kunst und Literatur", der zum „Kosmopolitismus" führe und „eine direkte Unterstützung der Kriegspolitik des amerikanischen Imperialismus" bedeute. Gefordert wird ein „sozialistischer Realismus" nach dem „Beispiel der großen sozialistischen Sowjetunion, die die fortschrittlichste Kultur der Welt geschaffen hat". In der Folge werden in den kommenden Jahren als abweichend geltende Richtungen der modernen Kunst unterdrückt. Mißtrauen und Verbote der Partei treffen selbst so prominente Künstler wie Bert Brecht und Hanns Eisler.

31. Dezember: 1951 flüchteten 165 648 Bewohner der DDR in die Bundesrepublik und nach Berlin (West).

1952 26. Mai: Als Antwort auf die Unterzeichnung des Deutschland- und des EVG-Vertrages (vgl. S. 5 f.; 52 ff.) richtet die DDR eine 5 km-breite Sperrzone an der Grenze zur Bundesrepublik ein und macht Reisen von West-Berlinern in die DDR von Passierscheinen abhängig.

Mai/Juni: Das „IV. Parlament der FDJ" ergänzt die „Verfassung" des Jugendverbandes. Neu wird in Art. 4 festgelegt: „Die Verteidigung des Friedens, unserer Heimat und der demokratischen Errungenschaften ist für jedes Mitglied eine hohe patriotische Pflicht. Die FDJ erzieht die Jugend im Geiste des Patriotismus zur Kühnheit, zur Wachsamkeit, zur Wahrung staatlicher Geheimnisse. Der Dienst in der Deutschen Volkspolizei ist für Mitglieder der FDJ Ehrendienst." Pieck nimmt den Vorbeimarsch von FDJ-Verbänden mit umgehängtem Gewehr ab. Die „Bereitschaftspolizei" ist bereits im Januar mit schweren sowjetischen Waffen ausgerüstet worden; sie wird im Oktober zur „Kasernierten Volkspolizei" (KVP) umbenannt, die über alle drei Waffengattungen verfügt.

Juli: Die „2. Parteikonferenz" der SED verkündet den „planmäßigen Aufbau des Sozialismus". Gemeint ist die vollständige Übernahme des sowjetischen Gesellschafts- und Wirtschaftssystems. Ulbricht im Schlußwort: „Wir werden siegen, weil uns der große Stalin führt." Er spricht vom „abgrundtiefen Verrat der Tito-Clique", von der „verbrecherischen Tätigkeit der Slansky-Gruppe in der Tschechoslowakei, der Gomulka-Gruppe in Polen" und bereitet einen Schauprozeß gegen führende SED-Funktionäre vor. Nachdem die industrielle Produktion bereits zu knapp 80 v. H. verstaatlicht ist, beginnt die Sozialisierung der Landwirtschaft und des Handwerks in der Form von Genossenschaften. Auflösung der Länder in der DDR und Umwandlung in Bezirke, um die Anleitung des Staatsapparates durch die SED zu vereinfachen.

31. 12.: 1952 flüchteten 182 393 Personen aus der DDR in die Bundesrepublik und nach Berlin (West).

1953 10. Januar: Übernahme der Präsidentschaft der USA durch den Republikaner Eisenhower, den Oberbefehlshaber der alliierten Invasionsstreitkräfte 1944/45 und NATO-Oberbefehlshaber in Europa 1950/52. Im Wahlkampf haben die Republikaner die „Containment"-(Eindämmungs-)Politik der Demokraten für „unmoralisch" erklärt, da sie halb Europa den totalitären Sowjets überlasse. Insbesondere der neue Außenminister Dulles tritt für ein „Roll back" ein; die UdSSR soll durch machtpolitischen und ideologischen Druck dazu gebracht werden, auf ihre in Krieg und Nachkrieg erworbenen Einflußgebiete zu verzichten.

5. März: Tod Stalins. Trauersitzung des ZK der SED, Landestrauer wird angeordnet. Machtkämpfe in der UdSSR. Erwartung von Erleichterungen bei den osteuropäischen Völkern. Differenzen in der westlichen Allianz, ob die Unsicherheit der sowjetischen Führung machtpolitisch ausgenutzt oder eine Verständigung („Entspannung") gesucht werden soll.

April: Beschluß des Sekretariats des ZK der SED „gegen das Versöhnlertum in ideologischen Fragen". Freischaffenden Berufsgruppen sowie in Berlin (West) arbeitenden Bewohnern der DDR werden die Lebensmittelkarten entzogen. Die evangelisch-lutherischen Bischöfe Deutschlands protestieren gegen den „Kirchenkampf" in der DDR: „Wir wissen von vielen Fällen, in denen junge Menschen von der Schule verwiesen und am Abschluß ihrer Ausbildung gehindert wurden. Uns ist weiterhin bekannt geworden, daß Verhaftungen vorgenommen werden, ohne daß den Beschuldigten der Grund ihrer Verhaftung mitgeteilt oder den Angehörigen der Aufenthaltsort der Verhafteten bekanntgegeben wird."

28. Mai: Die DDR-Regierung ordnet an, eine „Überprüfung der Arbeitsnormen durchzuführen". Als Ziel wird angegeben, „zunächst eine Erhöhung der für die Produktion entscheidenden Arbeitsnormen im Durchschnitt um mindestens zehn Prozent bis zum 30. Juni 1953 sicherzustellen". Bei dieser „Erhöhung grundsätzlich falscher Normen" soll ein Lohnausgleich nicht gezahlt werden.

9./11. Juni: Unter sowjetischem Druck – die neue Moskauer Führung verlangt eine flexiblere Haltung in der Innen- und Deutschlandpolitik der DDR – fassen das Politbüro der SED am 9.6. und der Ministerrat der DDR am 11.6. Beschlüsse über einen „Neuen Kurs". Partei- und Staatsführung räumen ein, „in der Vergangenheit eine Reihe von Fehlern begangen" zu haben. Zwangsmaßnahmen gegen Bauern, Selbständige, Lehrer, Schüler und Studenten werden zurückgenommen; Interzonenreisen sollen künftig erleichtert werden. Eine bessere Versorgung der Bevölkerung wird versprochen.

16. Juni: An der Normenfrage wird deutlich, daß es innerhalb der SED-Führung zwei unterschiedliche Richtungen gibt. Im Zentralorgan „Neues Deutschland" spricht sich der Chefredakteur Rudolf Herrnstadt am 14.6. gegen „Normenschaukelei" aus; das FDGB-Organ „Tribüne" verteidigt am 16.6. die Normenerhöhungen. Daraufhin kommt es in Ostberlin zu spontanen Bauarbeiterstreiks. Erst jetzt erklären Politbüro und Ministerrat, sie seien bereit, die „von den einzelnen Ministerien angeordnete obligatorische Erhöhung der Arbeitsnormen gemeinsam mit den Gewerkschaften zu überprüfen".

17. Juni: Aus spontanen Streiks entwickelt sich in Berlin und in vielen anderen Orten der DDR eine von Arbeitern getragene politische Aufstandsbewegung, die von sowjetischen Truppen unter Verhängung des Ausnahmezustandes und mit Waffengewalt niedergeschlagen wird. Am 17.6. und in den Folgetagen kommt es zu standrechtlichen Erschießungen und zu Massenverhaftungen. Die Westmächte halten sich betont zurück. Unter dem Eindruck des Arbeiteraufstandes gewinnen in der sowjetischen Führung die Kreise die Oberhand, die den Ulbricht-Flügel in der SED und die von ihm geprägte DDR weiter stützen.

24.–26. Juli: In der 15. Sitzung des ZK der SED wird zwar erklärt, „das schablonenhafte Übertragen der Formen und Methoden der Arbeit in der Sowjetunion auf die DDR" sei „fehlerhaft", jedoch sei die „Grundlinie der Partei" richtig gewesen. Die Ereignisse des 17. Juni seien die Folge einer vom Westen gelenkten „faschistischen Provokation". „Kapitulanten" und „Versöhnler", unter ihnen Herrnstadt und Justizminister Max Fechner, werden aus der SED-Führung ausgeschlossen. Fechner, der noch am 29.6. das Streikrecht als „verfassungsmäßig garantiert" bezeichnete, wird wegen „staatsfeindlicher Tätigkeit" verhaftet. Nachfolgerin wird Hilde Benjamin, bisher Vizepräsidentin des Obersten Gerichts.

31. Dezember: 1953 flüchteten 391 390 Bewohner der DDR in die Bundesrepublik und nach Berlin (West).

1954 1. Januar: Die letzten 33 „Sowjetischen Aktiengesellschaften" (SAG) werden an die DDR zurückgegeben. Damit enden die Reparationsbelastungen der DDR, jedoch zahlt die UdSSR noch einige Zeit für die Erzeugnisse dieser wie der meisten anderen Betriebe, die zeitweise SAG-Betriebe gewesen sind, nur Stopp- und Vorzugspreise.

25. März: Nach dem ergebnislosen Ende der Berliner Viermächtekonferenz (25.1.–18.2.) veröffentlicht die Regierung der UdSSR eine Erklärung über die Souveränität der DDR. Damit ist „die absolute Abhängigkeit der DDR von der Besatzungsmacht beendet" (H. Weber).

März/April: Der IV. Parteitag der SED beschließt ein neues Parteistatut, das die Angleichung der SED an die KPdSU fortsetzt. In der Präambel heißt es: „Die SED ist die Partei der deutschen Arbeiterklasse, ihr bewußter und organisierter Vortrupp. Sie vereinigt in ihren Reihen Angehörige der Arbeiterklasse, der werktätigen Bauernschaft und der schaffenden Intelligenz. Die Partei läßt sich in ihrer gesamten Tätigkeit vom Marxismus-Leninismus leiten. Die Partei ist die führende Kraft aller Organisationen der Arbeiterklasse und der Werktätigen, der gesellschaftlichen und staatlichen Organisationen und führt erfolgreich den Aufbau des Sozialismus. Sie arbeitet ständig an der Festigung und Entwicklung der Staatsmacht der Arbeiter und Bauern." Damit wird gleichzeitig das Ende des „Neuen Kurses" deutlich: die Bezeichnung wird nicht mehr verwendet.

17. Oktober: „Wahlen" für Volkskammer und Bezirkstage, nach einer Einheitsliste und fast nirgends mehr geheim durchgeführt. 99,45% „Ja"-Stimmen.

31. Dezember: 1954 flüchteten 184 198 Bewohner der DDR in die Bundesrepublik und nach Berlin (West)

1955 5. Mai: Der Deutschland-Vertrag (vgl. S. 7; 112ff.) tritt in Kraft. Die Bundesrepublik wird souverän. Aufnahme der Bundesrepublik in die NATO. Angesichts der vertraglichen Bindung der souveränen Bundesrepublik an die westliche Allianz hält die UdSSR die Zeit für gekommen, die tatsächlich bereits bestehende feste Einbindung der DDR in den Ostblock stärker als bisher nach außen zu dokumentieren. Der Anschein einer gewissen Offenheit der deutschen Frage wird aufgegeben.

14. Mai: Die UdSSR schließt mit Albanien (das 1968 austritt), Bulgarien, der DDR, Polen, Rumänien, der ČSR und Ungarn einen politischen und militärischen Beistandspakt (Warschauer Vertrag), der die bestehenden bilateralen Freundschafts- und Beistandspakte ergänzt. Ein „Vereintes Kommando" der Streitkräfte der Teilnehmerstaaten wird gebildet, in das die DDR am 28. 1. 1956 offiziell aufgenommen wird.

15. Mai: Unterzeichnung des Österreichischen Staatsvertrages. Abzug der Besatzungstruppen. Die vier Großmächte garantieren die Neutralität Österreichs.

Juli: Die „Gipfelkonferenz" der vier Großmächte in Genf bringt trotz versöhnlicher Haltung und einer gewissen Entspannung („Geist von Genf") keine weiterführenden Ergebnisse in der deutschen Frage. Auf der Rückreise erklärt der sowjetische Parteichef Chruschtschow in Ost-Berlin, daß die politischen und sozialen „Errungenschaften" der DDR erhalten bleiben müßten und an eine „mechanische Wiedervereinigung" nicht zu denken sei. Die Sowjetunion vertritt nunmehr offiziell die These vom Bestehen zweier deutscher Staaten auf nicht absehbare Dauer.

September: Bundeskanzler Adenauer mit einer CDU-Delegation (unter Einschluß des SPD-Politikers Carlo Schmid) in Moskau (9.–13. 9.). Aufnahme diplomatischer Beziehungen zwischen der UdSSR und der Bundesrepublik (s. Abschnitt I/7). Die UdSSR sagt Rückführung deutscher Kriegsgefangenen zu. Nach Regierungsverhandlungen in Moskau (17.–20. 9.) wird die „volle Souveränität" der DDR von der Sowjetregierung bestätigt, das Amt des Hohen Kommissars aufgehoben und ein Beistandspakt abgeschlossen. Jedoch bleiben „die aus den entsprechenden Viermächtebeschlüssen erwachsenden Rechte und Verpflichtungen der UdSSR im Hinblick auf ganz Deutschland und Berlin unberührt".

27. Oktober: Auf der 25. Sitzung des ZK der SED wird eine umfangreiche Entschließung über „Die neue Lage und die Politik der SED" verabschiedet. Als Voraussetzung für eine Annäherung der beiden Teile Deutschlands werden grundlegende „Veränderungen in Westdeutschland" gefordert, die auf eine Übernahme des volksdemokratischen Systems hinauslaufen. Die DDR wird bezeichnet als „der rechtmäßige deutsche Staat, von dessen Erfolgen die Sicherung des Friedens und ein glückliches Leben des deutschen Volkes abhängen".

31. Dezember: 1955 flüchteten 252 870 Bewohner der DDR in die Bundesrepublik und nach Berlin (West).

Einführung in die Arbeitsthemen

„Beginn der sozialistischen Umgestaltung" und „planmäßige Errichtung der Grundlagen des Sozialismus in allen Bereichen" – das sind die Stichwörter, mit denen in der DDR-Geschichtsschreibung die Periode der Jahre 1949–1955 bezeichnet wird. Den historischen Realitäten entsprechen diese ideologisch bestimmten Etikettierungen nur mit Einschränkung: Unter „Sozialismus" ist hier zu verstehen die möglichst vollständige Übernahme des marxistisch-leninistischen Herrschafts- und Gesellschaftssystems in seiner stalinistischen Ausprägung. Die Voraussetzungen für diese Übernahme waren auf dem Gebiet der sowjetischen Besatzungszone Deutschlands bereits vor der Gründung eines eigenen Staates während der „antifaschistisch-demokratischen Periode" gelegt worden.
Nach 1949 wurde nunmehr offen von der „Diktatur des Proletariats" und von der „Führungsrolle der (kommunistischen) Partei" gesprochen. Die formal geltende, weitgehend bürgerlich-demokratische Verfassung von 1949 und das angebliche Mehrparteiensystem hatten die Funktion einer Fassade, wohl vor allem im Hinblick auf doch noch mögliche gesamtdeutsche Entwicklungen. Die SED, im „demokratischen Zentralismus" ausgerichtet auf den Generalsekretär Ulbricht, befahl Staat, Wirtschaft, Justiz, Kultur und Massenorganisationen und versuchte, mit Hilfe ihres Meinungsmonopols und des zu dieser Zeit noch mehr offen ausgeübten Terrors in alle Lebensbereiche hinein zu wirken. Den Höhepunkt ihrer stalinistischen Entwicklung erreichte die DDR 1952 mit der von der 2. Parteikonferenz der SED verkündeten These vom „Aufbau des Sozialismus", verbunden mit einem „verschärften Klassenkampf". Der dabei um die Person Stalins getriebene Kult war grotesk; ohne ihn ist aber die politische Kultur jener Jahre unverständlich.
Diese von einer starren Ideologie bestimmte Politik verstärkte die objektiven Schwierigkeiten, die die DDR als

Teilnachfolgestaat des Deutschen Reiches ohnehin hatte. Sie verdankte ihr Entstehen letztlich dem Sicherheitsinteresse der UdSSR. In einem abgetrennten Wirtschaftsgebiet waren die hohen Reparationsforderungen der Sowjetunion zu befriedigen; erst 1954 wurden die als „Sowjetische Aktiengesellschaften" geführten wichtigsten Betriebe der DDR völlig in deutsche Verwaltung zurückgegeben. Anders als in den osteuropäischen Ländern, die als geschlossene Nationalstaaten in das sowjetische System überführt wurden, hatten die Mitteldeutschen innerhalb der eigenen Nation in der Bundesrepublik den anderen deutschen Staat, dessen Entwicklung und die Lebensmöglichkeiten seiner Bevölkerung, vor Augen. Über 1,5 Millionen DDR-Bewohner, darunter vornehmlich Erwerbstätige und ein hoher Anteil von Jugendlichen unter 25 Jahren, ließen sich im Zeitraum von 1949 bis 1955 als Flüchtlinge in der Bundesrepublik bzw. in Berlin (West) registrieren. Aber der überwiegende Teil blieb, versuchte mit den Verhältnissen in seiner Heimat zurechtzukommen, so gut es ging; einige waren auch vom Pathos des Aufbaus einer neuen, gerechteren Gesellschaft überzeugt.

Die Hoffnungen, Sehnsüchte, Enttäuschungen und Leiden der Menschen sind in Geschichtsquellen meist nur indirekt erkennbar. Das gilt besonders für die DDR und diese Periode. Noch immer ist die offizielle Geschichtsschreibung der DDR maskenhaft erstarrt, werden allenfalls Formeln variiert. Es gibt keine Diskussion um Fehler und verschüttete Alternativen; Akten und Memoiren werden kaum veröffentlicht. Immerhin gab es schwere Konflikte auch innerhalb der Führungskreise: Minister kamen ins Zuchthaus, und nur Stalins Tod bewahrte die DDR vor einem großen Schauprozeß gegen führende SED-Politiker. Um den 17. Juni hielten sogar einige für möglich, die Sowjetunion könne die SED oder die DDR aufgeben. In DDR-Veröffentlichungen werden diese Themen nicht behandelt. Auch auf westlicher Seite war das Interesse an diesem Teil der DDR-Geschichte bisher gering: Die Grundentscheidungen waren bis 1949 gefallen. Was bis 1955 folgte, war – mit Ausnahme der Krise des Jahres 1953 – Vollzug. Aber erst dieser Vollzug machte die DDR zum zunehmend gleichberechtigten und gewichtigen Staat im sowjetischen Hegemonialbereich, zum „unveräußerlichen Bollwerk".

Gleichzeitig kündigten sich neue Entwicklungen an: Auf der Genfer Gipfelkonferenz des Jahres 1955 wurde deutlich, daß die Großmächte sich anschickten, das Ost-West-Verhältnis zu ordnen und zu „entspannen". Das mußte auch und gerade für die beiden Staaten in Deutschland, die soeben souverän geworden und nun auch nach außen in ihre stützenden Paktsysteme eingeordnet waren, Konsequenzen haben. Seit der Krise von 1953, nach dem Tode Stalins und einsetzenden Veränderungen in wichtigen Staaten des Ostblocks, wurde auch in der DDR mehr Rücksicht genommen auf die Zustimmung der Beherrschten. Als sozialistische Alternative einer gesamtdeutschen Entwicklung aber war die DDR bereits langwirkend diskreditiert. So geben die Ereignisse und Prozesse der Jahre 1949 bis 1955 auch Auskunft darüber, warum die DDR lange Zeit und fast ohne Differenzierung als „abschreckendes Beispiel" wirken konnte.

III/1 Die politische und gesellschaftliche Umformung

Arbeitsthemen

1. *Wie beschreibt ein (offizielles) Lehrbuch der DDR im Jahre 1981 rückschauend auf die Staatsgründung*
   - *deren ideologische und machtpolitische Bedeutung (Nr. 1 a und 1 b),*
   - *das Verhältnis der SED zu den anderen Parteien (Nr. 1 a und 1 b),*
   - *mögliche Entwicklungen in der deutschen Frage? (Nr. 1 a)*
2. *Wie werden in der DDR-Geschichtsschreibung die Konflikte zwischen Parteiführung und Arbeiterschaft Anfang der 50er Jahre begründet? Welche unterschiedlichen Zielsetzungen bzw. Erwartungen werden erkennbar? (Nr. 2 a) Welche Schlaglichter werfen die Quellen Nr. 2 b und Nr. 2 c auf die offizielle Darstellung? Vor welchen Problemen steht die SED im Verhältnis zur Arbeiterschaft? (Nr. 2 a–c)*
3. *Welches Verhältnis zwischen Staats- und Parteiführung einerseits und den Regierten andererseits wird aus der Beschreibung der inneren Konflikte der DDR als Klassenkampf-Situation erkennbar? Welche Machtkämpfe und Interessengegensätze stehen dahinter? Welche Folgen werden aus der Sicht der Betroffenen deutlich? (Nr. 3 a–c)*
4. *Zu welchen politischen Bekenntnissen sollen die Mitglieder der LDP durch eine Unterschriftenaktion gepreßt werden? (Nr. 4)*

5. *Welche Rolle spielten die „Wahlen" von 1950 und 1954 bei der Formierung der DDR als „Volksdemokratie"? (Nr. 5 a und 5 b)*
6. *Wie wird die Rolle der „sozialistischen Rechtspflege der DDR" als Instrument der Machtsicherung und -erweiterung begründet? (Nr. 6 a und 6 c) Wie wird sie durchgesetzt? (Nr. 6 b und 6 c) Welche Folgen ergeben sich für die Betroffenen? (Nr. 6 c und 6 d) Welche Unterschiede bestehen zur Rechtsauffassung des freiheitlich-demokratischen Staates? (Nr. 6 a und 6 c)*
7. *Welches Verhältnis von Staat/Partei und Kunst werden aus den offiziellen Äußerungen der SED erkennbar? Welche Rolle spielt dabei das Vorbild der „sozialistischen Sowjetunion"? Welche Mittel zur Lenkung werden benutzt? (Nr. 7 a und 7 b)*
8. *Was versteht die SED 1952 unter „Aufbau des Sozialismus"? Welche Mittel sind zur „Stärkung" der Staatsmacht vorgesehen? Welche Rollen sind der Partei, der Bevölkerung und den einzelnen sozialen Gruppen zugeschrieben? Wie wird das Verhältnis zu „Westdeutschland" beurteilt? (Nr. 8)*
9. *Durch welche Elemente war das Verhältnis der SED zu KPdSU und Stalinismus in den frühen 50er Jahren bestimmt? Welche Rückschlüsse lassen sich daraus für die politische Kultur der DDR in dieser Phase ziehen? (Nr. 8, 9 a und 9 b)*
10. *Welche Einschätzung des Stalinismus wird in der neuesten Version der offiziellen Parteigeschichte der SED formuliert? (Nr. 9 c)*
11. *Was spricht dafür, daß die Strukturveränderungen in der DDR und die Art ihrer Durchsetzung einen wesentlichen Einfluß auf die politischen Entscheidungen und öffentliche Meinung in der Bundesrepublik hatten? (vgl. S. 110f., 166ff.)*

Materialien

1. Der „Charakter der Staatsmacht"

a) Diktatur des Proletariats

Mit der Gründung der DDR gewann der Charakter der Staatsmacht im Osten Deutschlands eine neue Qualität. In ihr trat die weitere Veränderung des politischen Kräfteverhältnisses zugunsten der Arbeiterklasse zutage, deren Partei nunmehr an der Spitze einer zentralen Regierung stand. Erprobte Führer der revolutionären Arbeiterbewegung und solche Politiker, die sich als deren Verbündete bewährt hatten, bekleideten die höchsten Staatsämter. Im Klassenkampf erfahrene Funktionäre der SED, wie Max Fechner, Heinrich Rau, Fritz Selbmann, Karl Steinhoff und Paul Wandel, leiteten wichtige Ministerien. Allerdings verfügten auch reaktionäre bürgerliche Politiker noch über Einfluß in leitenden Gremien ihrer Parteien, in Länderregierungen und in einigen zentralen Staatsorganen. CDU und LDPD befanden sich in einem komplizierten Wandlungsprozeß von bürgerlichen zu kleinbürgerlich-demokratischen Parteien. In ihnen besaßen bereits jene Politiker maßgeblichen Einfluß, die in der Auseinandersetzung mit der Monopolbourgeoisie und ihren Interessenvertretern an der Seite der Arbeiterklasse standen. Auf die Grundsätze des antifaschistisch-demokratischen Blocks vom 19. August 1949 gestützt, nahmen alle Parteien unter Führung der SED an der Ausarbeitung und Durchführung einer Regierungspolitik teil, die von den Zielen der Arbeiterklasse bestimmt war. *Die DDR entstand als sozialistischer Staat, der die Funktionen der Diktatur des Proletariats auszuüben begann.* Ihre sozialpolitische Grundlage war das Bündnis der beiden Hauptklassen der Gesellschaft, der Arbeiterklasse und der werktätigen Bauernschaft: Sie war ein Arbeiter- und Bauern-Staat. Die DDR wurde unter antifaschistisch-demokratischen Losungen gegründet, doch dem objektiven Inhalt des geschichtlichen Prozesses nach erreichte die Arbeiterklasse unter Führung der SED bei der Verwirklichung ihrer historischen Mission durch die Gründung der DDR eine höhere Stufe. In der Gesellschaft wurden die sozialistischen Elemente bestimmend.

Die Arbeiter-und-Bauern-Macht wurde zum Hauptinstrument beim Aufbau der Grundlagen des Sozialismus. So erwies sich ihre Gründung als *entscheidende Zäsur, die den Umschlag von der antifaschistisch-demokratischen Umwälzung zur sozialistischen Revolution,* zur zweiten Etappe des Übergangsprozesses vom Kapitalismus zum Sozialismus, *markierte.* Der Revolutionsverlauf erreichte jene Stufe, die die meisten Volksdemokratien schon 1947/1948 erreicht hatten. Wie diese entwikkelte sich die DDR voll im Einklang mit dem Charakter der weltgeschichtlichen Epoche. Auch in ihr wirkten die allgemeinen Gesetzmäßigkeiten der sozialistischen Revolution und des Aufbaus des Sozialismus, die die SED schöpferisch anwandte. Die Übereinstimmung der gesellschaftlichen Umwälzungen in der DDR mit denjenigen in den volksdemokratischen Ländern verstärkte sich. Schaffung und Entwicklung der DDR bildeten den Hauptbeitrag der deutschen Arbeiterklasse zum revolutionären Weltprozeß in dessen 1944/1945 eingeleiteter höherer Etappe. Damit wurde dem Weltsystem des Sozialismus ein bedeutendes politisches, ökonomisches und wissenschaftlich-technisches Potential zugeführt und an dessen westlicher Grenze zum imperialistischen Lager ein festes Bollwerk geschaffen. Die DDR genoß in der erbitterten Auseinandersetzung mit dem Imperialismus die aktive Solidarität der Bruderländer. Sie erbrachte den praktischen Beweis, daß – bei Wirken einer starken und erfahrenen marxistisch-leninistischen Partei der Arbeiterklasse – *der Sozialismus auch in einem industriell entwickelten Land seinen Siegeszug antreten kann* – in einem Lande, das ein Hort barbarischer Reaktion, dessen herrschende Klasse Hauptaggressor in zwei Weltkriegen sowie die „Speerspitze" des Weltimperialismus gegen die Sowjetunion gewesen war und in dem der Reformismus beträchtliche Teile der Arbeiterklasse beeinflußt hatte ... Die Gründung der DDR war eine schwere Niederlage für den Imperialismus. Das internationale und das Kräfteverhältnis in Deutschland hatten es jedoch nicht zugelassen, den antiimperialistisch-demokratischen Friedensstaat auf dem gesamten deutschen Territorium zu errichten und die nationale Einheit gegen die imperialistische Spaltungspolitik zu bewahren. Während in der BRD[1]) die bürgerliche deutsche Nation fortbestand, bildeten sich mit dem revolutionären Prozeß des Übergangs vom Kapitalismus zum Sozialismus Grundlagen und mit der Gründung der DDR *der staatliche Rahmen für das Entstehen der sozialistischen deutschen Nation*. Solange die Wiedererrichtung des Imperialismus in der BRD nicht abgeschlossen war und er seine Herrschaft nicht konsolidiert hatte, bestanden jedoch noch Möglichkeiten, den objektiven Abgrenzungsprozeß rückgängig zu machen und die Herausbildung zweier unabhängig voneinander existierenden deutschen Nationen zu verhindern.

Aus: Rolf Badstübner und Autoren-Kollektiv, Geschichte der Deutschen Demokratischen Republik, hrsg. vom Wiss. Beirat für Geschichtswissenschaft beim Ministerium für Hoch- und Fachschulwesen. Berlin (Ost) 1981, S. 117f.

b) „Klassenkampf im Innern" 1949/50

Ermutigt durch die „Politik der Stärke" des Imperialismus traten nach der Gründung der DDR bürgerliche Politiker erneut gegen revolutionäre Errungenschaften sowie gegen die im Block vereinbarte Regierungspolitik auf. Zu ihren Exponenten zählte Hugo Hickmann, 2. Vorsitzender sowie sächsischer Landesvorsitzender der CDU und Vizepräsident der Volkskammer. Hickmann hielt am 6. Januar 1950 vor dem Landesvorstand und der Landtagsfraktion der CDU in Sachsen eine programmatische Rede, deren Hauptpunkte die Erweiterung des „Lebensraums" für die kapitalistische Wirtschaft und die Überwindung eines politischen „Notstands", nämlich der führenden Rolle der SED, waren. Andere Politiker wandten sich dagegen, daß die DDR die Oder-Neiße-Grenze anerkannte und für die Freundschaft zur Sowjetunion sowie zu den Volksdemokratien eintrat, oder griffen das Arbeiter- und-Bauern-Studium an. Bürgerliche Finanzminister führten in einigen Ländern einen regelrechten Steuerkrieg gegen die VEB, aber auch gegen Handwerksbetriebe. Diese Zuspitzung des Klassenkampfes im Innern verflocht sich eng mit den Angriffen von außen. Häufig gab es zwischen beiden keine deutlichen Grenzen. Seit Ende 1949 aktivierten, besonders von Westberlin aus, Geheimdienste und Agentengruppen ihre Wühltätigkeit, zunächst mit dem Ziel, die Wirtschaft zu zerrütten. Eine dieser Gruppen, in der Landesregierung Sachsen-Anhalt tätig, verschob Volkseigentum im Werte von mehr als 100 Millionen Mark in die BRD. Die dadurch verursachten ökonomischen Schwierigkeiten sollten konterrevolutionäre Aktionen begünstigen. Wie

[1]) Abkürzung für „Bundesrepublik Deutschland" im offiziellen Sprachgebrauch der DDR.

die diplomatische Blockade und der Wirtschaftskrieg gehörte die Diversion zum Kalten Krieg, als Vorbereitung einer militärischen Aggression gegen die DDR.
Der Aufbau und die Festigung zentraler Staatsorgane wurden zum wichtigsten Kettenglied für die Stärkung und den Schutz der Arbeiter-und-Bauern-Macht.
Ende 1949/Anfang 1950 entstanden die Zentrale Kommission für Staatliche Kontrolle, das Oberste Gericht und die Oberste Staatsanwaltschaft sowie das Ministerium für Staatssicherheit. Im Ministerium des Innern wurde die Hauptverwaltung Ausbildung geschaffen, die die zentrale Leitung der VP-Bereitschaften und -schulen übernahm. Bereits im Sommer 1949 war die Hauptabteilung Grenzpolizei entstanden. Die Bildung der Ministerien für Planung und für Industrie sowie die Übernahme der bisher von den Ländern ausgeübten Steuerhoheit durch die Regierung der DDR stärkten die wirtschaftlich-organisatorische Funktion des sozialistischen Staates und förderten die Herausbildung der sozialistischen Produktionsweise. Die SED bildete in den staatlichen Organen Parteiorganisationen. Im Staatsapparat stieg der Anteil der Arbeiterkader weiter.

Aus: Rolf Badstübner und Autoren-Kollektiv, Geschichte der DDR, a.a.O., S. 119f.

2. Die Partei erzieht die Arbeiter

a) Die offizielle Darstellung

Der Übergang zur langfristigen sozialistischen Wirtschaftsplanung war mit ersten Maßnahmen zur sozialistischen Organisation der gesellschaftlichen Arbeit in den volkseigenen Betrieben verbunden. Sowohl in der Arbeitsorganisation und Wirtschaftsleitung, in der Lohnpolitik und Tarifgestaltung als auch auf dem Gebiet des Arbeitsrechts sowie der Sozialversicherung galt es, Schritt für Schritt sozialistische Prinzipien durchzusetzen. Diese Maßnahmen griffen tief in das Wirtschaftsleben und in das Leben jedes einzelnen ein. Wie die Erfahrungen der Sowjetunion gezeigt hatten, handelte es sich um eine der langwierigsten und kompliziertesten Aufgaben beim Übergang vom Kapitalismus zum Sozialismus ...
In der volkseigenen Industrie wurde in breitem Umfang der Leistungslohn eingeführt. Eines der schwierigsten Probleme war die Überprüfung der nach veralteten Methoden oder nach Erfahrungen festgelegten Arbeitsnormen, die eine Erhöhung der Arbeitsproduktivität behinderten, und die Erarbeitung neuer – nach Möglichkeit technisch begründeter – Arbeitsnormen. Obwohl die Büros für technische Arbeitsnormen, die sich auf zahlreiche Kommissionen stützten, viel zur Verbesserung der Arbeitsorganisation beitrugen, gelang es im Verlaufe des Fünfjahrplans noch nicht, dieses Problem zu lösen.
Im Mai 1951 wurde im VEB Stahl- und Walzwerk Riesa der erste Betriebskollektivvertrag in der DDR unterzeichnet. Er war in monatelanger Arbeit von Brigaden der SED und des FDGB vorbereitet worden. Insgesamt wurden 1951 in nahezu 5 000 volkseigenen Betrieben solche Verträge abgeschlossen, oft erst nach langwierigen Auseinandersetzungen mit hemmenden und rückständigen Auffassungen. Früher hatten die Arbeiter Tarifverträge im harten Klassenkampf durchsetzen müssen; sie brachten die Interessen und das Kräfteverhältnis zweier feindlicher Klassen zum Ausdruck. Im Gegensatz dazu beruhten die für die volkseigene Wirtschaft typischen Kollektivverträge auf den übereinstimmenden Interessen von Arbeiterklasse und Staatsmacht, von Werkleitung und Belegschaft, vertreten durch die Betriebsgewerkschaftsleitung. Sie dienten der Einbeziehung der Werktätigen in die Leitung der Wirtschaft und der Entwicklung ihrer Initiative.
Die großen Vorhaben des Fünfjahrplans erforderten außerordentlich umfangreiche Mittel. Deren wichtigste Quelle bildeten die Gewinne der volkseigenen Betriebe. Infolge veralteter Technik, von Mängeln in der Arbeitsorganisation und unzureichender Ausbildung vieler Arbeiter, Techniker und Wirtschaftsfunktionäre arbeitete jedoch noch ein großer Teil der Betriebe mit Verlust. Um die Rentabilität der volkseigenen Betriebe herzustellen beziehungsweise zu erhöhen, beschloß das ZK der SED auf seiner 6. Tagung im Juli 1951, zu neuen Methoden der Leitung der Betriebe überzugehen. Anknüpfend an die Erfahrung der Sowjetunion, beschloß das Zentralkomitee die Einfüh-

rung von Grundsätzen der wirtschaftlichen Rechnungsführung, die Anwendung des Vertragssystems in der volkseigenen Industrie und die Kontrolle der volkseigenen Wirtschaft durch die Mark. Das waren Grundsätze der sozialistischen Wirtschaftsführung, die in einem längeren Prozeß durchgesetzt werden mußten.
Die Einführung neuer Formen und Methoden der Arbeitsorganisation und Wirtschaftsleitung war sehr schwierig. Die Staats- und Wirtschaftsfunktionäre mußten sich auf einem Gebiet, das früher ein Monopol der Bourgeoisie gewesen war, die notwendigen Kenntnisse und Erfahrungen erst aneignen. Bei vielen Arbeitern waren noch reformistische Auffassungen lebendig. Auch gab es Traditionen und Gewohnheiten, die im Kampf gegen die Bourgeoisie und ihre Staatsmacht entstanden waren, den veränderten Bedingungen aber nicht mehr entsprachen. So setzten manche Arbeiter den Leistungslohn der Akkordarbeit im Kapitalismus gleich. Andere schenkten der feindlichen Hetze Glauben, daß technisch begründete Arbeitsnormen „gesteigerte Ausbeutung" bedeuten würden. Sie legten längere Pausen ein, um nicht durch allzu hohe Normerfüllung „aufzufallen". Besonders in ehemaligen Konzernbetrieben, in denen die „Konzernideologie" noch verbreitet war, verlangten Werktätige beim Abschluß der Kollektivverträge Sonderrechte gegenüber Werktätigen anderer Betriebe. Die ideologische Diversion des Imperialismus erschwerte den notwendigen Klärungsprozeß außerordentlich. In den Hetzsendungen einiger Rundfunkstationen in der BRD und in Westberlin stand der organisierte Kampf gegen die Betriebskollektivverträge eine Zeitlang im Mittelpunkt.
Der intensiven politisch-ideologischen Arbeit der Parteiorganisationen der SED und der zunehmenden Aktivität der Gewerkschaften war es vor allem zu danken, daß mehr und mehr Arbeiter den grundlegenden Unterschied zwischen volkseigener und kapitalistischer Wirtschaft erkannten und sich aktiv dafür einsetzten, die Formen und Methoden der Arbeitsorganisation und Wirtschaftsleitung ständig zu verbessern.
...
Brigaden des ZK der SED untersuchten die Lage in wichtigen Betrieben. Auf der Grundlage ihrer Berichte faßte die Führung der SED Beschlüsse zur Verbesserung der Leitung der Volkswirtschaft. Es zeigte sich auch, daß infolge der jahrzehntelangen Vorherrschaft der bürgerlichen Ideologie, besonders des Reformismus, in der Arbeiterklasse noch viele verzerrte Vorstellungen über den Sozialismus wirkten, zum Beispiel die Auffassung, daß Sozialismus Gleichmacherei bedeute oder daß es nur vom „guten Willen" der Regierung abhänge, die Löhne zu erhöhen und die Preise zu senken. Ausdruck derartiger Anschauungen waren Arbeitsbummelei, Vergeudung von Arbeitszeit, „Normenschaukelei" und auch Diebstahl von Volkseigentum. Diese dem Sozialismus fremden Auffassungen und Verhaltensweisen wurden durch die imperialistische Hetzpropaganda aus der BRD genährt, die pausenlos in die DDR eindrang und noch bei vielen Menschen Gehör fand. Unermüdlich erläuterte die SED, daß nur das verteilt werden kann, was produziert worden ist, daß jeder Schritt vorwärts beim Aufbau des Sozialismus nur das Ergebnis beharrlicher, gewissenhafter Arbeit sein kann. Sie erklärte, daß die Schwierigkeiten und Widersprüche, die der Übergangsperiode vom Kapitalismus zum Sozialismus eigen sind, nur Schritt für Schritt überwunden werden können.

Aus: Heinz Heitzer u.a., DDR – Werden und Wachsen, hrsg. von der Akademie der Wissenschaften der DDR, Zentralinstitut für Geschichte. Berlin (Ost) 1974, S. 207ff., 227.

b) DDR-Zeitschrift „Die Wirtschaft" zum Problem der Normen (1950)

Das Allerwichtigste zur Weiterentwicklung unserer demokratischen Wirtschaft ist die Steigerung der Arbeitsproduktivität. Eine unerläßliche Voraussetzung dafür ist die Schaffung technisch begründeter Arbeitsnormen und ihre laufende Verbesserung. Zur Anleitung und Durchführung dieser so entscheidenden Aufgaben für unseren Wirtschaftsaufbau sind die TAN-Ausschüsse in den Betrieben und in der Industrieverwaltung geschaffen worden.
In der TAN-Arbeit sind im vergangenen Jahr gute Erfolge erzielt worden. Aber immer wieder erreichen uns kritische Zuschriften, die Mängel und Schwächen der TAN-Ausschüsse aufzeigen. Wir baten daher den

Vorsitzenden des Zentralen TAN-Ausschusses im Ministerium für Industrie, Herrn Rakow, in einem kritischen und selbstkritischen Beitrag zur TAN-Arbeit in der Verwaltung Stellung zu nehmen. Herr Rakow übersandte uns nachfolgende Stellungnahme. Die Redaktion erklärt sich mit den Ausführungen nicht in allen Punkten einverstanden. Wir sind der Meinung, daß die eigentliche Selbstkritik zu kurz gekommen ist. Wir stellen daher den Beitrag zur Diskussion und sprechen die Erwartung aus, daß unsere Leser in den Betrieben mit ihrer offenen Kritik weniger zurückhaltend sind:
Bei einer rückblickenden Betrachtung der TAN-Arbeit kann festgestellt werden, daß seither auf einigen Gebieten beachtliche Erfolge und Fortschritte zu verzeichnen sind. Trotz dieser Fortschritte haben wir keine Ursache zur Überheblichkeit, Selbstzufriedenheit und Schönfärberei. Bei allen guten Vorsätzen haben sich eine Reihe von Fehlern und Mängeln gezeigt, welche in Zukunft unbedingt abgestellt werden müssen.
So hat beispielsweise der Bundesvorstand des FDGB auf Grund vieler Anregungen und Forderungen aus den Betrieben am 2. August 1949 den Beschluß gefaßt, im 3. Quartal 1949 die Überprüfung der Arbeitsnormen abzuschließen und eine Erhöhung der Arbeitsnormen zwischen 15 und 30 Prozent zu erreichen. Dieser Beschluß des Bundesvorstandes war ein konkretes Planziel. Da eine gleiche Aufgabenstellung zur Erhöhung der Arbeitsnormen bei der Verwaltung der volkseigenen Industrie zu dieser Zeit noch nicht vorlag, hat der Z-TAN in seinen Sitzungen, welche im August 1949 in Mittweida abgehalten wurden, diesen Beschluß des Bundesvorstandes übernommen. Dieser Beschluß wurde in schriftlicher Form allen TAN-Vorsitzenden der Hauptabteilungen und Landesregierungen ausgehändigt.
Als im November 1949 über die Durchführung dieses Beschlusses von den einzelnen Hauptabteilungen eine Berichterstattung angefordert wurde, konnte praktisch von keiner einzigen Hauptabteilung die Verwirklichung gemeldet werden, da eine Kontrolle der Durchführung dieses Beschlusses nicht vorgenommen wurde.
Das gleiche gilt für die in diesem Beschluß aufgestellten Richtzahlen für die Einführung des Leistungslohnes, welche gleichfalls für jeden Industriezweig in Prozentsätzen festgelegt waren.

Aus: Die Wirtschaft, Berlin (Ost), 15.6.1950, S.9

c) Die Realität in der ZK-Diskussion (1955)

(Diskussionsbeitrag Alois Pisnik)

In einem Betrieb im Kreise Staßfurt hat ein Diskussionsredner – er hat sehr großen Beifall besonders bei den Arbeitern gefunden – politische Schlußfolgerungen gezogen aus den wirtschaftlichen Schwächen und Mißständen, die dort angeführt wurden, Mißstände in der Produktion, im Betrieb und in der Versorgung der Menschen. Er sagte u.a.: „Es sind nun schon zehn Jahre her, aber noch immer klappt es nicht. Man hat gesagt, daß nach dem ersten Fünfjahrplan ein Lebensstandard erreicht wird wie nie zuvor. Aber die Lage ist seit 1953 schlechter geworden; dabei sind wir am Ende des Fünfjahrplans, und wir haben die Aufgaben erfüllt und übererfüllt. Ihr kennt die Lage unten nicht, ihr kennt die Stimmung der Menschen nicht. Das ist auch bei der Regierung der Fall; ihr werdet über die wirkliche Lage unten nicht informiert." In einem solchen Ton weiter: „Als die Kapitalisten noch da waren, da hat es besser geklappt, da war keine Planwirtschaft, aber sie haben die Arbeit besser organisiert." Dieser Mann stand nicht allein. Er fand eine ziemlich breite Zustimmung, vor allem bei den Arbeiterinnen und Arbeitern, während sich die dort anwesende technische Intelligenz zurückhielt.
Ähnliche Momente sind auch zum Ausdruck gekommen bei einer Aussprache, die ich im Kreis Oschersleben in der Pumpenfabrik hatte. Dort haben wir eine sehr große Westflucht zu verzeichnen. Auf Grund dieser Tatsache bin ich hingegangen und habe mit Arbeitern Aussprachen durchgeführt. Auch dort wurde die Betonung auf die Versorgungsfragen gelegt. Man hat ganz offen zum Ausdruck gebracht, die Lage in Westdeutschland sei besser, es gäbe viele Beweise dafür. Man hat Briefe angeführt von denen, die nach Westdeutschland gegangen waren, die in ihrem Schreiben ausgerechnet haben, wie es ihnen hier ergangen ist und wie es ihnen drüben ergeht. Wenn sie oft auch weniger verdienen, so könnten sie sich doch mehr dafür leisten.

Eine sehr ernste Geschichte war auch in einer Gewerkschaftsgruppenversammlung, die im Karl-Marx-Werk in Magdeburg nur Angehörige der Intelligenz umfaßte. Dort ist die Intelligenz sehr massiv gegen unsere Republik und gegen unsere Regierung aufgetreten. Es waren aber solche, die eine ausgezeichnete fachliche Arbeit leisten. Als ihnen das in einer späteren Aussprache entgegengehalten wurde, sagten sie: „Wir sind interessiert daran, daß wir eine gute Arbeit leisten, wir sind aber nicht mit der Ordnung einverstanden, wie sie hier besteht. Drüben ist die Ordnung besser, das ist unsere Meinung."

(Diskussionsbeitrag Walter Ulbricht)

Ungeachtet aller bedeutenden positiven Tatsachen können wir nicht an dem Umstand vorbeigehen, daß nach der Beseitigung des kapitalistischen Zwangs durch Hunger, Arbeitslosigkeit und Not ein Teil der Arbeiter ein falsches Verhältnis zur Arbeit und damit zu unserem Staat an den Tag legt. Diese Menschen wollen für sich persönlich das Ziel verwirklichen, trotz niedriger Arbeitsproduktivität und schlechter Leistungen viel Geld zu verdienen und gut zu leben. Typische Erscheinung eines solchen Verhaltens sind: Arbeitsbummelei, Vortäuschung von Krankheit, achtloses Umgehen mit volkseigenen Maschinen, Geräten und Werkzeugen, ja sogar Vergeudung von Volkseigentum. Es ist klar, daß solche Zeitgenossen versuchen, sich auf Kosten ihrer Kollegen, auf Kosten des Volkes durchs Leben zu schlagen, wobei sie die Beseitigung des kapitalistischen Zwangs und die hohen sozialen Leistungen des Arbeiter-und-Bauern-Staates ausnutzen. Bezeichnenderweise sind es sehr oft jugendliche Arbeiter, bei denen Bummelei und Vortäuschung von Krankheit auftreten.

Wir können nicht verschweigen, daß es sich jährlich um einige hundert Millionen Mark handelt, die durch das falsche Verhalten rückständiger Kollegen der Verbesserung der Lebenslage und der Arbeitsbedingungen aller ehrlich und fleißig arbeitenden Werktätigen entzogen werden.

Aus: Überarbeitetes Protokoll des 25. Plenums des ZK der SED – Als parteiinternes Material gedruckt, Nr. 01985. W. Ulbricht S. 18, A. Pisnik S. 77 f.

3. Aspekte des gesellschaftlichen Umbaus

a) Soziale Schichtung und Staatsloyalität aus offizieller Sicht

Der Übergang zur sozialistischen Etappe des revolutionären Prozesses erfolgte auf der Grundlage veränderter Beziehungen zwischen den Klassen und Schichten. Neue Züge kennzeichneten das soziale Antlitz der werktätigen Klassen und Schichten. Die Arbeiterklasse hatte *erste sozialistische Wesenszüge* erworben. Jeder sechste Arbeiter war Mitglied der SED. *Endgültig setzte sich der neue Inhalt der Arbeiterbewegung durch*. Gleichzeitig hatte sich die Zusammensetzung der Arbeiterklasse verändert. Aus dem Produktionsprozeß waren mehr als Hunderttausend der Besten ausgeschieden, um Leitungsfunktionen zu übernehmen. Bisher nichtberufstätige Frauen sowie Angehörige anderer Klassen und Schichten stießen zur Arbeiterklasse. Noch war ein bedeutender Teil der Arbeiter in der privaten Wirtschaft beschäftigt. Sein politisch-ideologisches Niveau und seine Organisiertheit waren niedriger als bei der im sozialistischen Sektor tätigen Mehrheit der Arbeiterklasse. Größere Teile der Klasse besaßen kleinbürgerliche Denk- und Verhaltensweisen und waren vom Reformismus beeinflußt. *Der Formierungsprozeß der Hauptkraft der sozialistischen Revolution war noch im Fluß.*

Zur zentralen Figur des Dorfes war der Mittelbauer geworden. Vor allem dank der staatlichen Agrarpolitik, z. B. der nach der sozialen Position der Bauern differenzierten Ablieferungspflicht, hatten sich *die werktätigen Bauern merklich aus der Abhängigkeit von den Großbauern gelöst und ökonomisch wie politisch enger mit der Arbeiterklasse verbunden*. Die Festigung des Bündnisses äußerte sich im Ausbau der dörflichen Parteiorganisationen der SED sowie der DBD, der MAS, der VEAB, in der Bildung der VdgB/BHG und der Zunahme der Patenschaftsbeziehungen zwischen VEB und fortschrittlichen Bauern. Doch die kapitalistischen Großbauern besaßen noch starke Positionen. Ihre 47 500 Wirtschaften verfügten über ein Viertel der landwirtschaftlichen Nutzfläche, und sie lieferten etwa ein Drittel der pflanzlichen bzw. ein Viertel der tierischen Marktproduktion. In privaten Land- und Forstwirtschaftsbetrieben arbeiteten mehr als 410 000 Arbeiter und Angestellte. In vielen Dörfern und bäuerlichen Genossenschaften gaben die Großbauern den Ton an, hemmten die Demokratisierung, verschafften sich Vorteile bei der Zuteilung von Düngemitteln und kamen häufig ihren Ablieferungspflichten nicht voll nach, weil sie ihre Erzeugnisse illegal verkauften, insbesondere nach Westberlin. Sie strebten – ebenso wie starke Mittelbauern – eine kapitalistische Erweiterung ihrer Höfe an. Auf dem Lande veränderten sich überkommene Denk- und Verhaltensweisen nur langsam.

Die Intelligenz, die nur zum kleinen Teil der Arbeiterklasse bzw. politisch-ideologisch mit der SED verbunden war, verhielt sich in ihrer Mehrheit loyal zur Arbeiter-und-Bauern-Macht. Diese Mehrheit bewährte sich bei der praktischen Bewältigung der wirtschaftlichen, wissenschaftlich-technischen und kulturellen Aufgaben des Zweijahrplanes zunehmend als Verbündeter der Arbeiterklasse. Eine große Rolle bei ihrer Gewinnung als Bündnispartner spielten der humanistische Charakter der Staatspolitik sowie die Pflege der progressiven und der nationalen Traditionen. Das Entstehen einer neuen, besonders der pädagogischen Intelligenz, prägte das Antlitz dieser Schicht politisch und sozial bereits deutlich. Im Gefolge ihrer früheren Stellung in der bürgerlichen Gesellschaft verlief ihre Entwicklung jedoch besonders kompliziert. Bei einem großen Teil der technischen Intelligenz bestanden alte Bindungen an die Konzerne bzw. wurden von diesen reaktiviert. Viele Wissenschaftler blieben dem bürgerlichen Prinzip einer apolitischen „Freiheit der Wissenschaft" verhaftet. Bürgerliche Denk- und Verhaltensweisen herrschten in der Intelligenz vor.

Das Kleinbürgertum hatte sich in der antifaschistisch-demokratischen Umwälzung dank der Schwächung des Kapitalismus durch die Liquidierung des Monopolkapitals stärker entfalten können, die Zahl der kleinen Warenproduzenten war gestiegen. Erstmalig in der Geschichte verfügte es über eigene politische Interessenvertretungen, die mit der revolutionären Partei der Arbeiterklasse fest zusammenarbeiteten. Die dabei gesammelten Erfahrungen und Formen der Zusammenarbeit waren ein entscheidender politischer Wirkungsfaktor. Zunächst jedoch erblickten zahlreiche Angehörige des Kleinbürgertums in der Gründung der DDR, in deren gesellschaftspolitischer und sozialer Ordnung einen Abschluß des revolutionären Prozesses, mit dessen Ergebnis sie sich identifizierten und das bei einer Wiedervereinigung als Richtschnur dienen sollte. Einerseits also von Illusionen über das „freie Spiel der Kräfte" in Wirtschaft und Politik beeinflußt, wurden sie andererseits von der imperialistischen Politik des kalten Krieges und der Zerreißung Deutschlands, von Restauration, Remilitarisierung und Neonazismus in der BRD abgestoßen und fühlten sich als Bürger des antifaschistisch-demokratischen deutschen Staates zu dessen konsequenter Politik des Friedens und der demokratischen Wiedervereinigung hingezogen.

Die Bourgeoisie als Klasse[1]) war durch die Liquidierung ihrer monopolkapitalistischen Fraktion, die Isolierung und die Entmachtung der reaktionären Kräfte im Staatsapparat, in CDU und LDPD sowie durch deren Entwicklung von bürgerlich-demokratischen zu kleinbürgerlich-demokratischen Parteien entscheidend geschwächt, besaß aber in Stadt und Land noch beträchtlichen Einfluß. So existierten 1950 in der Industrie etwa 17 500 private Betriebe. Doch schränkten der Ausbau des volkseigenen Sektors in Industrie, Landwirtschaft, Handel und Verkehrswesen, das Vertragssystem zwischen VEB und Privatbetrieben sowie die Finanz-, Steuer- und Kreditpolitik der Arbeiter-und-Bauern-Macht ihre ökonomischen und letztlich auch politischen Möglichkeiten weiter ein. Während die Arbeiterklasse einerseits mit Erfolg darum rang, die gemeinsame Kampffront gegen die Kriegs-, Remilitarisierungs- und Spaltungspolitik des Imperialismus mit den patriotischen Kreisen des Bürgertums zu stabilisieren, vertieften sich andererseits objektive sozialökonomische Widersprüche zwischen dem sozialistischen und dem kapitalistischen Sektor, der mit der kleinen Warenproduktion zusammen noch eine starke sozialökonomische Quelle für eine mögliche Restauration des Kapitalismus darstellte. Auch ermunterten die Bildung der BRD und das Wiedererstarken des Imperialismus Teile der Bourgeoisie zu restaurativen Vorstößen.

[1]) Ob die Bourgeoisie nach der antifaschistisch-demokratischen Umwälzung der gesellschaftlichen Verhältnisse noch eine „komplette" Klasse oder, wie verschiedentlich zu lesen, eine „Restklasse" war, oder ob nur noch bestimmte „kapitalistische Klassenkräfte" existierten, bedarf der weiteren Untersuchung.

Insgesamt prägten widersprüchliche Tendenzen den Entwicklungsstand der Klassen und Schichten. Den bedeutenden Ergebnissen des revolutionären Prozesses, den in der Gesellschaft bereits bestimmenden Elementen des Sozialismus, wirkten die ständige Reproduktion der kapitalistischen und der kleinen Warenproduktion sowie entsprechender politisch-ideologischer Positionen, die ständige Einflußnahme des Imperialismus sowie das Fortwirken bürgerlicher und kleinbürgerlicher Denk- und Verhaltensweisen aus der kapitalistischen Vergangenheit entgegen. Dies begünstigte Schwankungen bei den mit der Arbeiterklasse verbündeten Klassen und Schichten sowie in Teilen der Arbeiterklasse selbst. *Anfang der 50er Jahre war die Frage „Wer – wen?" noch nicht entschieden, aber ihre Vorentscheidung unübersehbar zugunsten der Arbeiterklasse ausgefallen.*

Aus: Rolf Badstübner und Autoren-Kollektiv, Geschichte der DDR, a.a.O., S. 129ff.

b) „Klassenkampf auf dem Dorfe"

Bauern, das ist nicht nur in Deutschland so, sind meist konservativ und häufig reaktionär. Doch dies gilt nicht nur für jene, die 1946 enteignet wurden, sondern auch für die mittleren Bauern. Also begannen die Kommunisten 1949, als die gröbste Not vorüber war, eine Aktion, der man den Namen „Klassenkampf auf dem Dorfe" gab. Plötzlich gab es wieder Unterschiede auf dem Lande, „werktätige Einzelbauern" nannte man die Kleinen und die Neusiedler, „Großbauern" schimpfte man jene mit Altbesitz zwischen 20 und 100 Hektar. Sie seien Ausbeuter und damit Klassenfeinde, hieß es. Sie mußten doppelt so viel abliefern wie die Neubauern, und bei der Versorgung mit Saatgut und Geräten benachteiligte man sie auch. Die staatlichen Maschinenausleihstationen, die in jener Zeit eingerichtet wurden, arbeiteten für die Altbauern zuletzt und für einen dreimal so hohen Preis. Und wer von den Alten sein Soll nicht schaffte, dem wurde Enteignung angedroht. Bericht eines Altbauernpaars:

Er: „Die Neubauern haben damals neun Doppelzentner pro Hektar abgeliefert, unser Soll lag bei 21 dz. Was der Staat für den Zentner Weizen zahlte, hat kaum die Unkosten gedeckt. Leben konnte keiner davon. Leben – das heißt Geräte kaufen, Gespannzeug, das Scheunentor ausbessern – das sollten wir von den freien Spitzen bezahlen, von dem, was über das Ablieferungssoll hinaus zum freien Verkauf geblieben ist. Denn das hat den dreifachen Preis gebracht. Wir Altbauern haben aber keine freien Spitzen gehabt, im Gegenteil. Ich habe mal beim staatlichen Handel einige hundert Eier gekauft, damals noch für 70 Pfennige das Stück, nur um mein Soll erfüllen zu können. Bei der Ablieferung wurden mir 10 Pfennig pro Stück gezahlt."

Sie: „Großartig haben sich die Neubauern benommen, denen wir ein paar Jahre zuvor auch ausgeholfen hatten. ‚Wieviel Milch fehlt Euch ... 200 Liter? Sag mir ruhig, wieviel Du brauchst, Anna, wir machen das schon wieder glatt, wenn andere Zeiten kommen', so haben sie uns damals unter die Arme gegriffen. Und danach, nach dem 17. Juni ist es ja dann auch besser geworden."

Dieser Bericht verschweigt, daß die Monate vor dem 17. Juni auch auf dem Lande für viele unmenschlich hart gewesen sind. Die Ernte war schlecht 1952, Zehntausende von Bauern konnten ihr Soll nicht erfüllen, Tausenden drohte der Prozeß, über 60000 flüchteten in jenen Monaten in die Bundesrepublik. Die Wende brachte auf dem Lande der Neue Kurs. Das Ablieferungssoll wurde gesenkt, für die „freien Spitzen" gab es offene Bauernmärkte, und die Daheimgebliebenen wurden dringend gebeten, den brachliegenden Boden der Geflüchteten zu übernehmen – zwischen 1953 und 55 lag ein Fünftel des Bodens brach.

Aus: Hanns-Werner Schwarze, Die DDR ist keine Zone mehr, Köln 1969, S. 167f.

c) Vergesellschaftung des Handels

Während in der Bundesrepublik die Lebensmittelkarten verschwanden und die Preise sich nach Angebot und Nachfrage einpendelten, blieben im anderen Teil Deutschlands die Lebensmittelkarten, und die Nachfrage überstieg weiterhin das Angebot. Also hat der Staat sich als Einzelhändler und als Abschöpfer von Kaufkraft zugleich versucht. Das war sicher eine Maßnahme gegen den Schwarzen Markt, doch es war zugleich legaler Schwarzer Markt: „Freie Verkaufsläden" mit dem

Namen HO = Handelsorganisation. Der Lebensmittelhändler Karl Schlüter aus Ost-Berlin erinnert sich, daß dort zuerst das Pfund Butter 65 Mark gekostet hat, das Schweineschnitzel zehn Mark und ein Stück Buttercremetorte fünf Mark. Er verkaufte Kunsthonig auf Zuckermarken für 80 Pfennige, markenfrei kostete er in der HO 13 Mark.

Den Kaufmann an der Ecke haben diese Geschäfte zunächst nicht gestört, der Kreis der Interessenten war zu klein. Vielmehr hat ihn verstört, daß und wie man 1950 den privaten Großhandel ausschaltete. Schlüter weiß noch genau, was mit seinem Buttergrossisten geschah: „Es kam über Nacht. Plötzlich schrieben alle Zeitungen, die privaten Großhändler seien Schieber und Spekulanten, Parasiten und Profitjäger. Dann kam eine Regierungsanordnung, wonach alle Fett- und Zuckerwaren nicht mehr durch private Grossisten verteilt werden durften, sondern nur noch vom Konsum. Bald darauf wurde der staatliche Großhandel gegründet. Vorerst durfte mein Grossist unter Kontrolle dieses staatlichen Großhandels weiterarbeiten. Aber 1951 haben sie ihm das Geschäft beschlagnahmt, weil er angeblich einen Autoreifen für seinen Lieferwagen schwarz gekauft haben soll. Seine modernen Lagerräume, die Kühlanlagen kamen dem staatlichen Großhandelskontor gerade recht."

Heute gibt es noch drei, vier Prozent private Großhändler, alles andere gehört dem Staat ... Und da der Staat der Konsumgenossenschaft und den HO-Läden mehr und bessere Waren gab, war damit ein Grundstein für die gesellschaftliche Umwandlung im Handel gelegt.

Der zweite Grundstein macht die Formen und Methoden noch deutlicher, mit denen drüben das gesellschaftliche System gewaltsam verändert worden ist. Beispielhaft beschrieben werden sie von einem sogenannten Volkskontrolleur, Mitglied eines der Kontrollausschüsse, die von der Regierung eingesetzt worden waren, um Schieber und Spekulanten auszuschalten. Der Kontrolleur erzählte davon nach seiner Flucht:

„Bei uns in Halle gab es 20 Kontrollausschüsse. Ich leitete den Ausschuß 7. Eines Tages wurde ich zur Partei bestellt. Man sagte mir, HO und Konsum brauchten in meinem Bezirk drei Lebensmittelgeschäfte und zwei Schlächtereien in günstiger Verkehrslage. Bis Dienstag solle ich Vorschläge machen. Ich machte bis Dienstag Vorschläge. Ich habe insgesamt sieben Geschäfte auf der Hauptstraße genannt. Fünf davon haben wir herausgesucht, darunter drei Lebensmittelhandlungen. Mein Auftrag war, dort erfolgreich Volkskontrolle zu machen. Frist vierzehn Tage. Zwei Tage später bestellten sie mich wieder, um mir zu sagen, daß wir in die Schlächtereien nicht zu gehen brauchten, weil die Sache dort vom Finanzamt erledigt werde."

Das Finanzamt hatte die Möglichkeit, die beiden Schlächtereien über die Steuerabrechnung zu enteignen. Der eine Inhaber verlor sein Geschäft, weil er seinen Gesellen verpflegte, ohne diese Sachleistung in Lohn umzurechnen und dafür den Arbeitgeberanteil an die Sozialversicherung zu zahlen. Der andere verlor es, weil er sich 1947 für einige Pfund Schmalz eine Wurstschneidemaschine beschafft und sie im Inventarverzeichnis nicht angegeben hatte. Beide Delikte schlummerten seit Jahren in den Akten des Finanzamtes, bis man sie brauchte. Doch weiter im Bericht des Volkskontrolleurs:

„Es fehlten also noch die drei Lebensmittelgeschäfte in der Hauptstraße. Das erste haben wir vier Stunden vergeblich durchsucht. Endlich fanden zwei von uns irgendwo in einer Ecke an einem alten Senfglas, das lange unbenutzt stand, weil es keinen Senf gab, am unteren Rand verkrustete alte Senfreste. Also Enteignung wegen katastrophaler hygienischer Zustände. Im zweiten Geschäft brauchten wir nicht zu suchen. Oben auf dem Ladentisch stand ein alter Ständer für Niveadosen mit der Aufschrift dieser Firma, obwohl es diese Creme bei uns nicht gab. Der Händler hatte andere Cremedosen aus einem volkseigenen Betrieb hineingetan. Das war ‚Irreführung der Bevölkerung'. Im Schreibtisch des dritten Lebensmittelhändlers fanden wir vier alte Platten Kaltleim, noch Vorkriegsware: Enteignung wegen Hortung bewirtschafteter Waren."

So wurden aus 16000 Konsum- und HO-Geschäften nach einem Jahrzehnt 90000. Weitere 10000 bis 15000 kamen inzwischen durch „sozialistische Planung" in Neubauvierteln hinzu.

Aus: Hanns-Werner Schwarze, Die DDR ist keine Zone mehr, a.a.O., S. 144 ff.

4. Unterschriftsaufforderung des LDP-Vorstandes an alle Mitglieder vom 31. 1. 1950[1])

Name:
Beruf:
Anschrift, Ort u. Straße:
Stellung in der Partei:
Landesverband:
Kreisverband:
Ortsgruppe:

Erklärung

In Übereinstimmung mit der vom Zentralvorstand der LDP in seiner Tagung am 25. 1. 50 gebilligten Entschließung gebe ich zu nachfolgenden Richtlinien meine Zustimmung:
Die politische Arbeit der Partei bis zum heutigen Tage findet meine Zustimmung, besonders billige ich die großen Reformen zur Umgestaltung unseres politischen Lebens als Grundlage unserer Demokratie. Daraus ergibt sich als Folge, die weitere Durchführung der Reformen zu unterstützen.
Ich vertraue der Leitung der Partei, daß sie in ihren zukünftigen Maßnahmen die Politik auf der Grundlage des Eisenacher Programms in voller Offenheit durchführt. Ich verpflichte mich, für diese Politik meine Kraft einzusetzen und sie jedermann gegenüber zu vertreten. Vor allem trete ich für die Einheit Deutschlands ein und arbeite in der Nationalen Front für diesen Gedanken. Ich unterstütze alle der Sicherung des Friedens dienenden Maßnahmen.
Ich sehe in der Oder-Neiße-Linie die Grenze, die dem deutschen Volke den Frieden sichert.
Ich kämpfe gegen jede Verhetzung. Insbesondere bekämpfe ich jede Hetze gegen die Sowjetunion.
Ich halte es für notwendig, daß unsere Mitglieder in stärkstem Maße in allen überparteilichen demokratischen Organisationen, besonders auch in der Gesellschaft für deutsch-sowjetische Freundschaft und in der Nationalen Front, mitarbeiten.

(Ort u. Datum)	(Unterschrift) Vor- u. Zuname, Mitgl. d. LDP seit

Zit. nach: Harald Krieg, LDP und NDP in der „DDR“ 1949–1958. Ein Beitrag zur Geschichte der „nichtsozialistischen“ Parteien und ihrer Gleichschaltung mit der SED. Köln 1965, S. 34

5. Die Etablierung der „Volksdemokratie“

a) „Wahlen“ in der DDR (1950)

Am 15. Oktober 1950 fanden die verschobenen Wahlen zur Volkskammer und den Landtagen statt. Da es nur noch Einheitslisten gab, stand das Ergebnis von vornherein fest. Im Juli 1950 hatte der „Demokratische Block“ (wie sich der Antifa-Block seit Juni 1949 nannte) die Sitze nach einem generellen Schlüssel aufgeteilt. Danach erhielten die SED 25 Prozent, CDU und LDPD je 15 Prozent, NDPD und DBD je 7,5 Prozent der Abgeordneten, der Rest verteilte sich auf die Massenorganisationen.
Die Kandidatenlisten ließen erkennen, wie weit die Säuberung der Parteien inzwischen fortgeschritten war. Von den 32 LDPD-Mitgliedern des Thüringer Landtags kandidierte keiner mehr, von den 20 CDU-Abgeordneten in Thüringen waren nur noch vier übriggeblieben. Von den 100 Abgeordneten, die im Jahre 1946 in den Landtag von Brandenburg gewählt worden waren, standen nur mehr neun auf der Einheitsliste von 1950, in Mecklenburg wurden von den 90 Abgeordneten noch zehn übernommen. Im Land Sachsen-Anhalt war auf der Kandidatenliste nicht ein einziger mehr verzeichnet, der bei der letzten Wahl im Jahre 1946 gewählt worden war.

[1]) Die Aufforderung war unterzeichnet von den Parteivorsitzenden Hermann Kastner (stellv. Ministerpräsident) und Karl Hamann (Minister für Handel und Versorgung).

Die Wahlen, die – unter Bruch der Verfassung – in vielen Orten nicht geheim, sondern offen durchgeführt wurden, zeigten das bei sowjetischen Abstimmungen übliche Bild: 98,73% Wahlbeteiligung, 99,72% „Ja"-Stimmen für die Einheitsliste. Allein die Flüchtlingszahlen der folgenden Jahre bewiesen nachdrücklich die Brüchigkeit solcher Treuebekenntnisse der Wähler und den berechtigten Zweifel an der Legitimation der so Gewählten.
In der Volkskammer erhielt die Fraktion der SED 100 Sitze, CDU und LDPD besaßen je 60 Mandate, der FDGB 40, NDPD und DBD je 30, FDJ und Kulturbund je 20, DFD und VVN je 15 und VdgB und Genossenschaften je fünf Sitze. Da die meisten Abgeordneten der Massenorganisationen der SED angehörten, verfügte die SED wieder über die absolute Mehrheit. Auch die neue Regierung spiegelte den verstärkten Einfluß der SED wider. Unter Ministerpräsident Grotewohl stellte die SED jetzt von fünf Stellvertretern zwei (Ulbricht und Rau). Die neugebildeten Ministerien für Staatssicherheit (Zaisser, SED), Maschinenbau (Ziller, SED) und Leichtindustrie (Feldmann, NDPD) und die Aufteilung des Ministeriums für Arbeit und Gesundheitswesen (Arbeitsminister Chwalek, SED) stärkten die SED-Vorherrschaft im Kabinett. Wesentlich aber war, daß nunmehr die Beschlüsse des SED-Politbüros für die Regierung verbindlich waren (auch wenn das offiziell noch nicht eingestanden wurde).
Die Landesregierungen wurden drastisch umgebildet, die SED stellte nun in allen fünf Ländern den Ministerpräsidenten und wieder den Innenminister. Auch auf dieser Ebene wuchs der Einfluß der SED, vor allem aber ging durch die stetige Zentralisierung die Bedeutung der unteren Staatsorgane permanent zurück. 1950 fand, nach der heutigen DDR-Darstellung, „der Prozeß der Errichtung der Arbeiter-und-Bauern-Macht als einer Staatsmacht vom Typ der Diktatur des Proletariats im wesentlichen seinen Abschluß":

Die Wahl am 15. Oktober war ein klares Bekenntnis zur Sowjetunion. Die Massen der Bevölkerung der DDR haben gelernt, daß Liebe zum Frieden heißt: Liebe zur Sowjetunion, Liebe zu Stalin. Die Wahlen waren ein hinreißendes Bekenntnis der Bevölkerung der DDR zum einheitlichen, unabhängigen, demokratischen und friedliebenden Deutschland. Die Wahlen waren ein Bekenntnis zu einer Demokratie höheren Typus, wie wir sie in Deutschland bisher nicht kannten (Neues Deutschland vom 17. Oktober 1950).

Aus: Hermann Weber, Kleine Geschichte der DDR. Köln 1980, S. 55

b) „Wahlen" in der DDR (1954)

Der Strukturwandel der DDR ging weiter. Im Oktober 1954 fanden wieder Wahlen für die Volkskammer und die Bezirkstage statt. Es war nun schon fast das gewohnte Bild, wenn es auch bei dieser Abstimmung nur eine Einheitsliste gab, 98,4 Prozent Abstimmende und 99,45 Prozent „Ja"-Stimmen registriert wurden. Die Wahl erfolgte fast nirgends mehr geheim, sie war bloße Akklamation. Von den 400 Abgeordneten der vergangenen Legislaturperiode wurden lediglich 180 wieder als Kandidaten nominiert und „gewählt". Von den Volkskammerabgeordneten des Jahres 1950 hatte der SSD inzwischen acht verhaftet (Dertinger, CDU, Erben, Hamann, Hedermann, Kielblock, Lekscas und Zipper, alle LDP, sowie Zeuge, SED). 17 Abgeordnete waren in die Bundesrepublik geflüchtet. 44 hatten während der Legislaturperiode auf Druck der SED und der Besatzungsmacht ihr Mandat niederlegen müssen.
Die Ohnmacht der Volkskammer und die Macht der SED-Führung traten so offen zutage. Das zeigte sich auch in der Zusammensetzung der neuen Regierung: Von 28 Ministern gehörten 20 der SED an, von den 13 Mitgliedern des Präsidiums neun. Fünf der Regierungsmitglieder waren gleichzeitig im Politbüro der SED, 11 im ZK der Einheitspartei. Diese Personalunion ist ein Indiz dafür, wie weit die SED sich ihrem Ziel genähert hatte, den Staats- und Verwaltungsapparat der DDR nach sowjetischem Muster umfassend anzuleiten, zu beherrschen und zu kontrollieren. Neben die Personalunion, die Verschmelzung von Parteiorganen mit der Staatsführung (die auf allen Ebenen von oben nach unten zu beobachten war), trat die Reglementierung des Staatsapparats durch die SED-Grundorganisationen und Parteigruppen in allen Organen des Staates und über direkte Anweisungen der Parteileitungen. Die SED dominierte im Staat unverhohlen.
Inzwischen war auch das Parteiensystem gefestigt, die Disziplinierung von CDU und LDP so weit

fortgeschritten, daß diese die „Führungsrolle“ der SED voll anerkannten. In der Praxis war auf die DDR, mit Modifikationen, das politische Leitungssystem der UdSSR übertragen.

Aus: Hermann Weber, Kleine Geschichte der DDR, a.a.O., S. 83

6. Rechtspolitik als Machtinstrument

a) Die SED als „führende Kraft der sozialistischen Rechtspflege der DDR“

Die SED ging von Anfang an von Lenins Erkenntnis aus, daß die Machtfrage die Grundfrage der Revolution ist, und widmete deshalb dem Aufbau des neuen Staates besondere Aufmerksamkeit ... Die Partei analysierte die gesellschaftliche Entwicklung und zog in ihren Beschlüssen grundlegende Schlußfolgerungen für die weitere Arbeit insgesamt und in allen Bereichen. Das geschah durch die Beschlüsse der Parteitage und -konferenzen der SED, der Tagungen ihres Zentralkomitees sowie der Bezirks- und Kreisleitungen. Ihre Durchführung wurde durch verschiedenartige Maßnahmen und Veranstaltungen, vor allem aber durch die unermüdliche Tätigkeit der Parteimitglieder in den Grundorganisationen in den Betrieben, staatlichen Organen und Einrichtungen gesichert. Zwar beschäftigte sich nicht jede dieser Tagungen und nicht jeder Beschluß ausdrücklich oder ausführlich mit den Aufgaben und Fragen der Justiz. Auf einer zentralen Parteiaktivtagung von Funktionären der Justiz im Januar 1952 betonte der damalige Leiter der Abteilung Staatliche Verwaltung im Zentralkomitee der SED, Anton Plenikowski, in Auseinandersetzung mit den Vorstellungen mancher Mitglieder, die SED kümmere sich zu wenig um die Justiz, und dies sei Ursache der meisten Fehler und Schwächen: „Genossen, die dies sagen, ... machen (so) einen entscheidenden Fehler. Die Organe der Justiz sind Teile des Staatsapparates, und deshalb gelten alle die Anweisungen, Maßnahmen, Beschlüsse der Partei, die sich auf den Staatsapparat beziehen, unmittelbar auch für die Genossen im Justizapparat. Aber die Genossen der Parteileitungen und auch der Parteiorganisationen haben es nicht verstanden, diese großen Anleitungen, in denen sich die führende Rolle unserer Partei für den ganzen Staatsapparat verwirklicht, für ihr Arbeitsgebiet anzuwenden. Obwohl sie in der Theorie die Vorstellungen der Gewaltenteilung überwunden haben, gehen sie doch noch oft davon aus, daß die Justiz – die Gerichte, die Staatsanwaltschaft – eben doch noch etwas Besonderes sei und daß sie mit Sonderanleitungen versehen werden müßte.“
Im Bestreben, die Enge dieser kritisierten Auffassung vieler Mitarbeiter der Justiz zu überwinden, wurden alle Beschlüsse der SED – ihrer Parteitage und -konferenzen und der meisten Tagungen ihres Zentralkomitees – in Leitartikeln der Zeitschrift „Neue Justiz“ ausgewertet. Dabei wurden gerade auch die Beschlüsse und deren Teile erläutert, die keinen äußerlich erkennbaren Bezug zur Justiz hatten. Diese Artikel, die viele Fragen der Gesetzlichkeit und des Rechts behandelten, bildeten die Grundlage einer kontinuierlichen politischen Anleitung der Justizorgane.
Es entsprach jedoch sowohl der Bedeutung, die die Partei dem Recht und der Rechtspflege zumaß, als auch ihrer Sorge um die in der Justiz arbeitenden Genossen, daß es auch viele direkte Hinweise und Bemerkungen zur Justiz und zu ihrer Arbeit gab.

Aus: Hilde Benjamin und Autoren-Kollektiv, Zur Geschichte der Rechtspflege der DDR 1949–1961, hrsg. von der Akademie für Staats- und Rechtswissenschaften der DDR. Berlin (Ost) 1980, S. 42 f.

b) Juristenausbildung und Zusammensetzung der Juristen in der DDR (1950)

Die Entwicklung der sozialen und parteipolitischen Zusammensetzung der Juristen der DDR im Laufe des Jahres 1950 zeigen folgende Zahlen:
Soziale Herkunft

Richter:	Arbeiter:	am 1. 1. 1950 = 235 = 23,5%
		am 31. 12. 1950 = 378 = 36,2%
Staatsanwälte:	Arbeiter:	am 1. 1. 1950 = 99 = 38,1%
		am 31. 12. 1950 = 141 = 51,5%

Parteizugehörigkeit SED

Richter:	am 1. 1. 1950 = 50,7%
	am 31. 12. 1950 = 63,0%
Staatsanwälte:	am 1. 1. 1950 = 82,7%
	am 31. 12. 1950 = 89,3%

Anfang 1950 machte der Anteil der Volksrichter annähernd die Hälfte aller Richter und Staatsanwälte aus. Innerhalb eines Jahres (bis Ende 1950) wurde erreicht, daß 58 Prozent der Richter (darunter 16,3 Prozent Frauen) und 73,9 Prozent der Staatsanwälte (darunter 9,9 Prozent Frauen) Absolventen der Volksrichterschulen waren.

Damit waren insgesamt bedeutende Fortschritte bei der Festigung der führenden Rolle der Arbeiterklasse und ihrer Partei in der Justiz erreicht, die es nicht nur zu erhalten, sondern zu steigern galt. Es bestand weiterhin ein großer Bedarf an Absolventen der Richterschulen, einmal, um das auch in der folgenden Zeit zu erwartende Ausscheiden der inzwischen überalterten Juristen alter Ausbildung auszugleichen, zum anderen, um immer bessere Voraussetzungen dafür zu schaffen, daß auch die Kommandohöhen in der Justiz mit Vertretern der führenden Arbeiterklasse besetzt werden konnten.

...

In den Jahren 1950/51 wurden die letzten Einjahreslehrgänge der Länder mit 495 Teilnehmern zu Ende geführt. Hierbei hatte sich eine Reihe von Problemen ergeben, in denen sich die überwunden geglaubten Anfangsschwierigkeiten zu wiederholen schienen. Die Situation an den Richterschulen in den Ländern zeigte, daß die Volksrichterlehrgänge nunmehr ihre Grenzen erreicht hatten und daß auf Grund der gesellschaftlichen Entwicklung der Umschlag zu einer neuen Qualität – bei voller Beibehaltung des Charakters der Volksrichterausbildung – herangereift war. Die Zentralisierung der Volksrichterausbildung unter einheitlicher Leitung des Justizministeriums war unumgänglich geworden.

Es wurde beschlossen, die Zentrale Richterschule der DDR in Potsdam-Babelsberg zu errichten, in der eine Ausbildung von zwei Jahren und eine Kapazität von 200 Teilnehmern jährlich vorgesehen war ...

Die Auswahl der Bewerber für den ersten Zweijahreslehrgang war über die politischen Parteien und Massenorganisationen gut vorbereitet worden. Es gelang, eine solche soziale und parteipolitische Zusammensetzung der Teilnehmer zu erreichen, die der führenden Rolle der Arbeiterklasse und ihrer Partei entsprach und der Förderung der Frauen sowie dem Verfassungsgebot des Artikels 129 gerecht wurde. Beeindruckend beweisen das folgende Zahlen:

158 Männer (76%); 51 Frauen (24%) = 209 Teilnehmer

		Beruf des Vaters				Parteizugehörigkeit					parteilos
Volksschule	Höhere Schule	Arb.	Angest.	Bauer	Sonst.	SED	LDPD	CDU	NDPD	DBD	
128	81	131	50	8	20	173	9	10	6	4	7
61%	39%	63%	24%	4%	9%	83%	4%	5%	3%	2%	3%

Die Eröffnung der Zentralen Richterschule war das Ergebnis einer nunmehr fünfjährigen, planvollen und revolutionären Arbeit für die Ausbildung der „Volksrichter“ als Träger der neuen demokratischen Justiz, die 1945 mit dem „Richter im Soforteinsatz“ angefangen und sich über die Richterlehrgänge der Länder fortgesetzt hatte. Das war zugleich auch ein weiterer Schritt vorwärts in der Durchsetzung des demokratischen Zentralismus und auf dem Wege zu einer neuen Richterausbildung überhaupt.

Aus: Hilde Benjamin und Autoren-Kollektiv, Zur Geschichte der Rechtspflege, a. a. O., S. 66 f., 85 f.

c) Das Oberste Gericht der DDR und seine Rechtsprechung

Das Gesetz über die Errichtung des Obersten Gerichtshofes und der Obersten Staatsanwaltschaft der DDR vom 8. Dezember 1949 ging von den Aufgaben der Arbeiter-und-Bauern-Macht aus. Dementsprechend bestimmte es auch die Aufgaben und die Organisation des Obersten Gerichts, in dessen Arbeit Erfahrungen gesammelt werden mußten. Es vermied jede Anknüpfung an überholte Traditionen des früheren Reichsgerichts ...

Von besonderer Bedeutung war § 6 des Gesetzes, der die Zuständigkeit – inhaltlich gesehen also die Aufgaben – des Obersten Gerichts – festlegte:

„a) für die Untersuchung und Entscheidung in erster und letzter Instanz in den Strafsachen, in denen der Oberste Staatsanwalt der Republik wegen ihrer überragenden Bedeutung Anklage vor dem Obersten Gericht erhebt;

b) für die Verhandlung und Entscheidung über den Antrag auf Kassation rechtskräftiger Entscheidungen in Zivil- und Strafsachen."

Nach Absatz 2 dieser Bestimmung konnte die Zuständigkeit des Obersten Gerichts durch Gesetze der Republik erweitert werden.

Die Bestimmungen strafprozessualen Charakters betrafen vor allem die Regelung des Kassationsverfahrens. Sie knüpften inhaltlich an die Kassationsgesetze der Länder an. Neu für die DDR war die Zulässigkeit der Kassation in Zivilsachen, die in der Rechtsprechung des Obersten Gerichts eine Bedeutung gewann, die derjenigen der Kassation in Strafsachen nicht nachstand.

Einige Besonderheiten in der Situation des Obersten Gerichts seien hervorgehoben: Mit der Regelung des § 6 fehlte ihm zunächst die Verbindung zu den unteren Gerichten durch den Rechtsmittelzug. Maßgebend hierfür war einmal die Notwendigkeit, schnell die Tätigkeit des Obersten Gerichts in den beiden vorgesehenen Bereichen zu sichern, die sachlich besonders wichtig waren: die Durchführung von Strafverfahren von überragender Bedeutung in erster und letzter Instanz, vor allem zum Schutz des neuen Staates und seiner Ordnung, und die Sicherung der Einheitlichkeit der Rechtsprechung in den wichtigsten Fragen des Straf- und Zivilrechts durch die Kassation rechtskräftiger Urteile.

Auf der anderen Seite war schon so viel klar, daß weder ein Drei-Instanzen-System in Frage kam noch eine Revision alten Stils, die – wie auch die Praxis der Oberlandesgerichte erwiesen hatte – oft zu haarspalterischen Rechtsauslegungen führte und die Gefahr des Konservierens alter Rechtsvorstellungen in sich barg. Das Oberste Gericht achtete deshalb auch strikt darauf, daß nichts von der alten Revision in die Kassationspraxis hineingetragen wurde.

...

Ausgehend von der Überprüfung von Urteilen im Kassationswege gemäß § 12 des Gesetzes vom 8. Dezember 1949 hatte die Kassation unter den gegebenen politischen und gesellschaftlichen Zielsetzungen folgende Aufgaben:

- Urteile, die die Gesetze verletzten oder gröblich der Gerechtigkeit widersprachen, aufzuheben;
- eine einheitliche Rechtsprechung zu sichern;
- zu prüfen, inwieweit altes Recht noch angewandt werden konnte und wie dieses im Geiste der Verfassung zu geschehen hatte.

Für die Kassationsrechtsprechung in Strafsachen der ersten Jahre ist charakteristisch: Kassiert wurden nicht in erster Linie Urteile, die Fälle der „klassischen" Kriminalität – Betrug, Urkundenfälschung u.a. – betrafen, sondern Urteile, die Fragen zum Inhalt hatten, die im Vordergrund des Interesses der Werktägigen und der neuen Ordnung standen – Schutz der Gesundheit und der Rechte der arbeitenden Menschen. Schutz der neuen Gesellschaft vor Faschisten und Kriegsverbrechern, Schutz der neuen Wirtschaftsordnung. Dabei ist wesentlich, daß eine große Zahl der Kassationen in Strafsachen nicht eine Korrektur des Strafmaßes, insbesondere nicht im Sinne einer Strafverschärfung, zum Ziel hatte, sondern Rechtsverletzungen korrigierte. Und wenn das Oberste Gericht bei der Anwendung der Wirtschaftsstrafverordnung und des Handelsschutzgesetzes einen Kampf gegen das „Ausweichen" – vor der Anwendung höherer Strafen als der Mindeststrafe sowie auch der

Vermögenseinziehung – führte, dann nicht, um „harte“ Strafen zur Regel zu machen, sondern um gesellschaftsgefährliche Verbrechen auch in ihrer Gesellschaftsgefährlichkeit zu erfassen.
…
Von den veröffentlichten Entscheidungen des Obersten Gerichts betraf eine sehr große Zahl folgende politisch außerordentlich wichtige Frage: Von verschiedenen Seiten, besonders auch von seiten der Parteiführung der SED, war seit langem kritisiert worden, daß sich „Advokaten“ und einzelne Gerichte dazu hergaben, die verschiedenen Maßnahmen zur Enteignung von Faschisten und Kriegsverbrechern und der Bodenreform sowie notwendige Hilfsmaßnahmen der Besatzungsmacht und der örtlichen Verwaltungsorgane, vor allem die Einweisung von Antifaschisten und Umsiedlern in verlassene Wohnungen und die Zuweisung von Möbeln, Hausrat und Vieh, anzuzweifeln, und daß sie solche Maßnahmen durch Urteile rückgängig zu machen suchten. In allen diesen Fällen arbeitete das Oberste Gericht mit großer Konsequenz heraus, daß keine Maßnahme irgendeines staatlichen zentralen oder örtlichen Organs der Überprüfung durch ein Gericht unterliegt.
Diese Entscheidungen über die Unzulässigkeit des Rechtsweges sicherten die getroffenen staatlichen Maßnahmen, deren Zurücknahme nicht nur Beunruhigung unter den betreffenden Bevölkerungsteilen hervorgerufen, sondern auch die grundlegenden gesellschaftlichen Veränderungen in ihrem Bestand berührt hätte. Zum anderen bedeutete diese Rechtsprechung ein weiteres Überwinden der Sonderstellung der Justiz, die sich – in der bürgerlichen Ordnung eine Seite der „Gewaltenteilung“ – zum Kontrollorgan aller staatlicher Maßnahmen sowohl gegenüber der Legislative (wie es das alte Reichsgericht getan hat) als auch der Exekutive aufgeworfen hatte. Insoweit kam die Frage der „Unzulässigkeit des Rechtsweges“ in ihrer staatspolitischen Bedeutung der nach dem „gesetzlichen Richter“ gleich und berührte Grundfragen unseres Verfassungs- und Staatsrechts.
…
Mit dem Entstehen der Arbeiter-und-Bauern-Macht hatte der Imperialismus sein Spionagenetz besonders für Militärspionage verstärkt und baute es weiter aus. Mit einem besonderen Komplex der Spionagetätigkeit des Imperialismus befaßten sich das Oberste Gericht und mehrere Bezirksgerichte in Prozessen gegen führende Mitglieder der Sekte „Zeugen Jehovas“, die ihre Zentrale in Brooklyn (USA) und deutsche Zweigbüros in Wiesbaden, Westberlin und Magdeburg hatte. Der Prozeß vor dem Obersten Gericht im Oktober 1950 wies nach, daß diese Organisation dazu benutzt wurde, unter dem Tarnmantel der Religionsausübung Spionage gegen die DDR und Kriegshetze zu betreiben … In diesem Urteil und in weiteren Entscheidungen klärte das Oberste Gericht, daß es sich bei der als Spionage bezeichneten einheitlichen Handlung um eine besonders gefährliche Form des verbrecherischen Angriffs gegen die Staatsordnung der DDR und anderer sozialistischer Staaten sowie gegen den Frieden handelt. So gelangte es zu dem Rechtssatz: „Das im allgemeinen Sprachgebrauch als ‚Spionage‘ bezeichnete Verbrechen beschränkt sich nicht nur auf die Ausspähung von militärischen Geheimnissen, sondern umfaßt die Sammlung bzw. Übermittlung von Nachrichten aus allen Gebieten des gesellschaftlichen, wirtschaftlichen und kulturellen Lebens. Diese ‚Spionage‘ ist Kriegshetze im Sinne des Art. 6 der Verfassung.“

Aus: Hilde Benjamin und Autoren-Kollektiv, Zur Geschichte der Rechtspflege, a. a. O., S. 74 f., 99 ff., 294 f.

d) Aus einem Brief von Thomas Mann an Walter Ulbricht (Juni 1951)

…
In diesen Zusammenhang, Herr Ministerpräsident, möchte ich die Angelegenheit stellen, von der ich mir erlaube, Ihnen zu sprechen.[1]) Es handelt sich um die Prozesse – wenn dieses Wort am Platz

[1]) Das briefliche Begnadigungsersuchen Thomas Manns, das Ulbricht keiner Antwort für wert befand, war ausgelöst worden durch die harten Urteile und die brutalen Methoden des Strafvollzugs (speziell in der Anstalt Waldheim), mit denen politische Vergehen – wie etwa die Propagierung sozialdemokratischen Gedankenguts – geahndet wurden. Weltweites Aufsehen hatte in diesem Zusammenhang die Verhängung der Todesstrafe gegen den 18jährigen Oberschüler Hermann Joseph Flade hervorgerufen, der im Januar 1951 wegen Verbreitung selbstgefertigter antikommunistischer Flugblätter verurteilt worden war. Angesichts der weltweiten Proteste war allerdings – unter Umwandlung in eine 15jährige Zuchthausstrafe – auf eine Vollstreckung dieses drakonischen Urteils verzichtet worden (Anmerkung des Herausgebers).

ist –, die im April und Mai dieses Jahres in Waldheim (Sachsen) gegen 3 000 oder mehr Personen geführt worden sind, welche vorher Jahre lang – fünf Jahre zum Teil – in Konzentrationslagern der deutschen Sowjetzone verwahrt gewesen waren. Zur Rechtsprechung über sie wurden vom Landgericht Chemnitz zwölf große und acht kleinere Strafkammern zusammengestellt – Sondergerichte (obgleich meines Wissens nach einer gewissen Kontollratsproklamation die Wiedereinsetzung von Sondergerichten verboten ist), bei denen es an jedem Einschlag juristischer Vorbildung fehlte und fehlen sollte, Volksgerichte also, deren Verfahren das summarischste war.
Zehn Verhandlungen etwa fanden in einer Stunde statt. Kein Verteidiger wurde zugelassen, kein Entlastungszeuge gehört. Gefesselt, obgleich den wenigsten eigentlich kriminelle Taten zur Last gelegt waren, wurden die Angeklagten, die im voraus Verurteilten dem Gericht vorgeführt, das nach Vorschrift Zuchthausstrafen von 15, 18, 25 Jahren, auch lebenslängliche über sie aussprach. Die in den Lagern von Waldheim, Bautzen und Brandenburg hingebrachte langjährige Haftzeit, in deren Verlauf schon viele an Tuberkulose erkrankt waren, wurde in keinem Falle angerechnet.
Diese unglückseligen, schon zertretenen, seelisch zerbrochenen und blutspuckenden, einem schnellen oder langsamen Tode anheimgegebenen Menschenreste waren angeklagt – und damit auch schon überführt – der Kollaboration mit dem nationalsozialistischen Herrschaftssystem, – und wie ich über den Nationalsozialismus und den Faschismus im Allgemeinen denke, brauche ich hier nicht zu wiederholen. Ich tauge schlecht zum Verteidiger derer, die es mit ihm hielten und ihm zur Hand gingen, was übrigens mehr oder weniger, mit ehrenvollen Ausnahmen, das ganze deutsche Volk getan hat.
Aber ich frage Sie, Herr Ministerpräsident, – nicht rhetorisch „vor aller Welt“, sondern von Mensch zu Mensch: Hat es irgendeinen Sinn, diese armen Kreaturen, schwache, anpassungsbedürftige Durchschnittsmenschen, die es nicht anders wußten, als daß man den Mantel nach dem Winde hängen muß, und zweifellos heute wieder bereit wären, ihn nach dem neuen Winde zu hängen –, hat es einen Sinn, sie ganz im wildesten Stil des Nazismus und seiner „Volksgerichte“, ganz im Stil jenes zur Hölle gefahrenen Roland Freisler, der genau so seine Zuchthaus- und Todessprüche verhängte, aburteilen zu lassen und damit der nichtkommunistischen Welt ein Blutschauspiel zu geben, das ein Ansporn ist allem Haß, aller Furcht, aller Propaganda für die „Unvermeidlichkeit“ des Krieges – und eine moralische Niederlage für alle, die diesen Krieg für das größte Unheil halten, das die Menschheit treffen könnte? …
Herr Ministerpräsident! … Sie wissen vielleicht nicht, welches Grauen und welche Empörung, geheuchelt oft, aber oft tief aufrichtig, jene Prozesse mit ihren Todesurteilen – denn es sind lauter Todesurteile – auf dieser Weltseite hervorgerufen haben, wie nutzbar sie sind dem bösen Willen und wie abträglich dem guten. Ein Gnadenakt, großzügig und summarisch, wie die Massenaburteilungen von Waldheim es in nur zu hohem Grade waren, das wäre eine solche gesegnete, der Hoffnung auf Entspannung und Versöhnung dienende Geste, eine Friedenstat.
Nutzen Sie Ihre Macht, um diesen Gnadenakt herbeizuführen! Darum bittet, das rät Ihnen ein alter Mann, in dessen Denken und Dichten die Idee der Gnade längst bestimmend hineinwirkt. Das deutsche Wort „gnadenlos“ hat einen eigentümlich doppelten Sinn. Es bedeutet zugleich „unbarmherzig“ und „unbegnadet“. Unbegnadet ist der starre Wahn, allein die ganze Wahrheit und das Recht auf unerbittliche Grausamkeit zu besitzen. Wer aber Gnade übt, der wird Gnade finden.

Zit. nach: Ernst Deuerlein, DDR 1945–1970. Geschichte und Bestandsaufnahme. München, 4. Aufl. 1972, S. 118 f.

7. Kulturpolitik der SED

a) III. Deutsche Kunstausstellung, Dresden (Februar/März 1953)

Aus der Eröffnungsrede Otto Grotewohls

Die Bilder unserer Künstler sollen wahrheitsgetreu die Gestalten der patriotischen Bewegung zeigen und mit beißendem Spott und scharfer Satire die Feinde des Volkes und Verräter der Nation geißeln … Die Massen unseres Volkes wünschen in den Werken unserer bildenden Kunst das Bild

ihres eigenen Lebens wiederzufinden ... Mit sorgfältiger Hand, erfüllt vom Geiste des Humanismus, fühlen wir uns verpflichtet, alle Keime des sozialistischen Realismus so vielfältig zu entwikkeln, zu pflegen und das Unkraut zu beseitigen, damit sie sich voller Reife entfalten können. Je freier und je reifer sich die Darstellung der Wirklichkeit in der Kunst entfalten kann, um so stärker wird die materielle Gewalt der erhabenen Ideen des Sozialismus ... Es ist wichtig, das Studium und die Auswertung der fortschrittlichen Kunst der anderen Völker, besonders der Kunst der sozialistischen Sowjetunion, zu pflegen ...
Unsere Künstler sollen lernen, diszipliniert und exakt ihre künstlerischen Aufgaben zu erfüllen. Man darf nichts dem Selbstlauf, der Eingebung, dem Zufall oder der zündenden Inspiration überlassen ... Die Entwicklung zum sozialistischen Realismus zeigt uns, daß heute die ideologische Klärung zu den Problemen des Marxismus-Leninismus ein Vorgang und eine Voraussetzung ist, auf die kein realistischer Künstler verzichten kann. Darüber hinaus zeigt uns die Entwicklung in der Sowjetunion auf allen Gebieten des künstlerischen Schaffens, daß eine gesellschaftliche Leitung und Lenkung des künstlerischen Schaffens in eine bestimmte Richtung nicht nur möglich ist, sondern daß sie das künstlerische Schaffen erst in eine notwendige gesellschaftliche Bahn lenkt.

„Sächsische Zeitung" (SED), Dresden, 28. 2. 1953:
Während im Albertinum die Gemälde und Plastiken der besten Künstler Deutschlands davon zeugen, daß ihre Schöpfer im heißen Bemühen um das realistische Kunstwerk Erfolge errungen haben, hängen im Alexander-Puschkin-Haus, dem Haus der Deutsch-Sowjetischen Freundschaft in Dresden, die Bilder der sowjetischen Meister, die unseren Künstlern Vorbild sind. Die Sowjetmenschen haben uns geholfen, die Schätze unseres nationalen Kulturerbes zu heben und den Formalismus zu überwinden ... Die Erfolge konnten wir schneller erringen, weil die historischen Beschlüsse des Zentralkomitees der KPdSU zu Fragen der Literatur und Kunst, der Rechenschaftsbericht des Genossen Malenkow auf dem XIX. Parteitag und vor allem die theoretischen Arbeiten des Genossen Stalin allen solchen Kunstschaffenden die Richtung für ihre Arbeit gegeben haben. Dankerfüllt senden wir dem Sowjetvolk und seinem genialen Führer unsern brüderlichen Gruß.

„Leipziger Volkszeitung" (SED), Leipzig, 1. 3. 1953:
Von dem bekannten westdeutschen Künstler Otto Dix (Hemmenhofen, Bodensee) wird kein Bild auf der Ausstellung vertreten sein. Als letztes seiner Bilder stand ein Selbstporträt zur Diskussion, von dem die Jury der Ansicht war, daß es das menschliche Antlitz verzerrt. Für die Ablehnung der Jury war kennzeichnend, daß es ihr einzig und allein darauf ankam, gegenständliche Arbeiten in die Ausstellung aufzunehmen und lieber auf einen „prominenten" Namen zu verzichten ...

„Junge Welt" (FDJ), Ostberlin, 3. 3. 1953:
Begeisterung löst das Bild „Freundschaft" der beiden Künstler Rudolf und Fritz Werner aus. Ein sowjetischer Soldat sitzt auf dem Trittbrett seines Lastkraftwagens und unterhält sich mit vier deutschen Jungen. Im Hintergrund sehen wir den Marktplatz einer mitteldeutschen Kleinstadt. „Seht doch, wie lebendig die Gesichter gezeichnet sind!" rief ein junges Mädchen aus, als es das Bild sah.
Zit. nach: K. P. Werth, Polit-Kunst in der SBZ, hrsg. vom Bundesministerium für Gesamtdeutsche Fragen. Bonn, 3. Aufl. o. J., S. 22, 43 f.

b) Das Politbüro der SED zur Literaturkritik und zur „Propagierung des fortschrittlichen Buches", 26. 5. 1953

Die fortschrittliche Literatur spielt eine wichtige Rolle im Kampf des deutschen Volkes für Frieden, Einheit, Demokratie und Sozialismus. Vor ihr steht die Aufgabe, die Werktätigen mit sozialistischem Bewußtsein zu erfüllen und sie zu patriotischen Taten zu begeistern.
Gestützt auf die Beschlüsse der II. Parteikonferenz, unter Anwendung der großen Lehren des XIX. Parteitages der KPdSU, haben die deutschen Schriftsteller und Dichter sichtbare Fortschritte in der Anwendung der Methode des sozialistischen Realismus erzielt. Die wissenschaftlich-techni-

sche Fachliteratur ist ein wichtiger Hebel zur Hebung des allgemeinen Bildungsniveaus und zur ideologischen und fachlichen Erziehung der Werktätigen und dient damit wirksam dem Aufbau des Sozialismus.

Ein ernstes Hemmnis für die weitere Hebung des ideologischen und künstlerischen Niveaus unserer Literatur und für deren Popularisierung ist das fast völlige Fehlen einer wirklichen Literaturkritik und Bibliographie, dieses wichtigsten Instruments zur ideologischen und künstlerischen Erziehung der Leser und der Autoren ...

Die Literaturschaffenden der Deutschen Demokratischen Republik haben schon bedeutende schöpferische Erfahrungen gesammelt, die im Interesse der weiteren Entwicklung der Literatur verallgemeinert werden müssen. Die Kritik verallgemeinert diese Erfahrungen in sehr geringem Maße, wirft nicht an Hand der literarischen Werke die grundlegenden Fragen der marxistisch-leninistischen Ästhetik, speziell der Literaturtheorie, auf, und befaßt sich nicht mit der Ausarbeitung der Fragen des sozialistischen Realismus.

Die großen fortschrittlichen Traditionen in der deutschen Literaturkritik im Werk G. E. Lessings, Heinrich Heines und anderer werden von unseren zeitgenössischen Kritikern nur ungenügend fortgesetzt. Die Erfahrungen der großen russischen revolutionären Demokraten auf dem Gebiet der Literaturkritik und besonders die Lehren aus der Literaturkritik der Sowjetunion werden mangelhaft beherzigt.

Um die Literaturkritik und Bibliographie breit zu entfalten und die Propagierung des Buches in der Deutschen Demokratischen Republik entscheidend zu verbessern, beschließt das Zentralkomitee:

1. Die Redaktionen der Tageszeitungen der Sozialistischen Einheitspartei Deutschlands, der „Einheit" und des „Neuen Wegs" werden verpflichtet, sich systematisch mit den Fragen der Literaturkritik und Bibliographie zu befassen. Sie haben ständige Spalten „Kritik und Bibliographie" einzurichten, in denen die gesellschaftspolitische, wissenschaftlich-technische und schöne Literatur laufend kritisch besprochen wird. Das Hauptaugenmerk ist darauf zu richten, daß das ideologische und literarische Niveau dieser Rezensionen erhöht, alles Fortschrittliche in der Literatur unterstützt und die feindliche Ideologie, in welcher Form sie sich auch tarnen möge, schonungslos bekämpft wird. Besonderes Augenmerk ist der Kinder- und Jugendliteratur zu widmen, die eine große Bedeutung für die sozialistische Erziehung der deutschen Jugend hat, der jungen Erbauer und Verteidiger des Sozialismus.

...

7. Das Staatliche Rundfunkkomitee wird beauftragt, die Werke deutscher und ausländischer Autoren verstärkt über den Rundfunk zu propagieren, besonders solche Werke, die der patriotischen Erziehung der Werktätigen am besten dienen. Die Rundfunkhörer sind systematisch über neue Bücher zu informieren. Schriftsteller, Literaturkritiker und Leser sind zu Aussprachen vor dem Mikrophon heranzuziehen.

8. Der Deutsche Schriftstellerverband muß die Tätigkeit der Kommission für Fragen der Literaturkritik beleben, wobei die führenden Schriftsteller der Deutschen Demokratischen Republik zur Teilnahme verpflichtet werden sollen. Zur Erziehung und Qualifizierung der Kritikerkader sind Konferenzen und Kurse durchzuführen. Mit den Redaktionen der Presseorgane ist in bezug auf deren kritizistisch-bibliographische Tätigkeit ein enger Kontakt herzustellen. Das Zentralkomitee erwartet, daß der Vorstand des Deutschen Schriftstellerverbandes zu den wichtigsten Büchern kollektive Stellungnahmen ausarbeitet.

9. Das Staatssekretariat für Hochschulwesen wird beauftragt, geeignete Maßnahmen zur Ausbildung von Literaturkritikern an den Universitäten zu ergreifen. Die Tendenz des Zurückweichens vor der Beschäftigung mit der zeitgenössischen Literatur, wie sie unter den Germanisten zum Teil besteht, ist energisch zu überwinden. Es ist darauf zu achten, daß die Dissertationsarbeiten in der Literaturwissenschaft nicht abseits liegende Themen behandeln, sondern zur Lösung der aktuellen brennenden Fragen unserer Literatur beitragen.

...

15. Das Zentralkomitee fordert die Parteiorganisationen in allen genannten Organisationen und Institutionen auf, diesen Beschluß gründlich durchzuarbeiten und die Durchführung zu kontrollieren. Jeder Genosse möge sich der großen Bedeutung klar sein, die der fortschrittlichen Literatur im Kampf des deutschen Volkes um Frieden, Einheit, Demokratie und Sozialismus zukommt.

Aus: Dokumente der SED, Bd. V. Berlin (Ost) 1956, S. 533 ff.

8. Aus dem Beschluß „Zur gegenwärtigen Lage und zu den Aufgaben im Kampf für Frieden, Demokratie und Sozialismus"

(Angenommen auf der 2. Parteikonferenz der SED am 12. 7. 1952)

…

Sechstens: Die politischen und die ökonomischen Bedingungen sowie das Bewußtsein der Arbeiterklasse und der Mehrheit der Werktätigen sind so weit entwickelt, daß der Aufbau des Sozialismus zur grundlegenden Aufgabe in der Deutschen Demokratischen Republik geworden ist. Das deutsche Volk, aus dem die bedeutendsten deutschen Wissenschaftler Karl Marx und Friedrich Engels, die Begründer des wissenschaftlichen Sozialismus, hervorgegangen sind, wird unter der Führung der Arbeiterklasse die großen Ideen des Sozialismus verwirklichen.

Siebentens: Das Hauptinstrument bei der Schaffung der Grundlagen des Sozialismus ist die Staatsmacht. Deshalb gilt es, die volksdemokratischen Grundlagen der Staatsmacht ständig zu festigen. Die führende Rolle hat die Arbeiterklasse, die das Bündnis mit den werktätigen Bauern, der Intelligenz und anderen Schichten der Werktätigen geschlossen hat …

Achtens: Der Aufbau des Sozialismus erfordert:

a) Durchführung der grundsätzlichen Aufgaben der Volksmacht: den feindlichen Widerstand zu brechen und die feindlichen Agenten unschädlich zu machen; die Heimat und das Werk des sozialistischen Aufbaus durch die Organisierung bewaffneter Streitkräfte zu schützen; ihre Funktion als Instrument des Aufbaus des Sozialismus auszuüben.

Die Stärkung der demokratischen Staatsmacht ist zu einer dringenden Notwendigkeit geworden. Es ist eine Verwaltungsreform durchzuführen, die eine engere Verbundenheit der staatlichen Verwaltungsorgane mit den Volksmassen, die systematische Anleitung dieser Organe und eine strenge Kontrolle der Durchführung der Gesetze und Verordnungen der Volkskammer und der Regierung sichert. Es ist notwendig, die Bevölkerung zur Achtung der demokratischen Gesetzlichkeit und zum Schutze des sozialistischen Eigentums zu erziehen und die demokratische Ordnung allseitig zu festigen …

b) Die Hauptaufgabe auf wirtschaftlichem Gebiet ist die Schaffung der ökonomischen Grundlagen des Sozialismus durch die weitere Erfüllung des Fünfjahrplans zur Entwicklung der Volkswirtschaft.

Die Parteikonferenz lenkt die Aufmerksamkeit der Parteimitglieder im Staatsapparat und in der Industrie auf die Notwendigkeit der Rekonstruktion der Hüttenindustrie, des Bergbaus, des Schwermaschinenbaus und der Energiewirtschaft und der raschesten Beseitigung der Engpässe in der Entwicklung der Energiewirtschaft, des Schwermaschinenbaus, des Hüttenwesens und der Rohstoffbasis, ohne deren Überwindung die erfolgreiche Erfüllung des Fünfjahrplans nicht möglich ist.

Eine gewaltige Rolle im Kampf für die Erfüllung und Übererfüllung des Fünfjahrplans müssen die Maßnahmen zur Steigerung der Arbeitsproduktivität, zur Senkung der Selbstkosten, zur Qualitätsverbesserung der Produktion und zur Einführung eines strengen Sparsamkeitsregimes in allen Zweigen der Volkswirtschaft sowie in allen Gliedern der wirtschaftlichen und staatlichen Verwaltung spielen.

c) Der breiteste sozialistische Wettbewerb ist zu entfalten, die Erfahrungen der Neuerer sind weitestens zu verbreiten und zu popularisieren. Die Bewegung der Aktivistenbrigaden nach dem Beispiel der Genossen Franik und Kramer sowie die Rationalisatoren- und Erfinderbewegung sind systematisch zu fördern.

Das Tempo des sozialistischen Aufbaus ist entscheidend abhängig von der Überwindung der Überreste des kapitalistischen Denkens und der kapitalistischen Methoden in der volkseigenen Wirtschaft ...
d) Den Landarbeitern und werktätigen Bauern, die sich auf völlig freiwilliger Grundlage zu Produktionsgenossenschaften zusammenschließen, ist die notwendige Hilfe zu gewähren und dadurch zugleich das Bündnis der Arbeiterklasse mit den werktätigen Bauern zu festigen. Gleichzeitig ist im Rahmen der Bündnispolitik die Zusammenarbeit mit den individuell arbeitenden Klein- und Mittelbauern weiter zu stärken und die gegenseitige Hilfe, die unter der Leitung der VdgB (BHG) erfolgt, weiterzuführen. Das geringschätzige Verhalten zur Bauernschaft, das ein Ausdruck des Sozialdemokratismus ist, muß entschieden überwunden werden.
e) Die Lösung der großen Aufgaben des sozialistischen Aufbaus erfordert die Heranbildung einer neuen Intelligenz aus den Reihen der Jugend und der Aktivisten des Neuaufbaus. Es ist eine hohe Pflicht der erwachsenen Arbeiter und der technischen Intelligenz, die junge Generation zu lehren und anzuhalten, damit sie Meister ihres Faches wird und Kämpfer für den Sozialismus. Das sektiererische Verhalten zur alten Intelligenz, die loyal und angestrengt an der Durchführung des Fünfjahrplans arbeitet, muß überwunden werden.
f) Es sind besondere Maßnahmen zu treffen, um die Frauen, die mehr als die Hälfte der Bevölkerung ausmachen, gleichberechtigt in das große Werk des sozialistischen Aufbaus einzubeziehen.
g) Durch Verbesserung der Arbeit an den Akademien, Universitäten, Fachschulen und Instituten, durch Entwicklung der Forschungsarbeit, Organisierung wissenschaftlicher Konferenzen und vor allem durch die Aneignung und weiteste Verbreitung der Ergebnisse der Sowjetwissenschaft ist die Wissenschaft zu einer hohen Blüte zu entwickeln.
h) Das Kulturleben ist durch Pflege des klassischen Erbes, durch die schöpferische Entwicklung eines realistischen Kunstschaffens zur Entfaltung zu bringen. Vor allem sind den Arbeitern, Angestellten und der Intelligenz in den Großbetrieben die bedeutenden Werke der Literatur und Kunst zu vermitteln. Besonders ist die Kulturarbeit im Dorf zu fördern.
i) Sache aller fortschrittlichen Kräfte ist es, aus den Erfahrungen des Kampfes der Kommunistischen Partei der Sowjetunion (Bolschewiki) ... zu lernen, wie der Sozialismus aufgebaut wird.
Neuntens: Der Aufbau des Sozialismus in der Deutschen Demokratischen Republik ist ein Schlag gegen die reaktionären Machthaber in Westdeutschland. Der Aufbau des Sozialismus ist der Ausdruck des festen Willens der Bevölkerung der Deutschen Demokratischen Republik und Berlins, mit aller Kraft den Frieden zu erhalten. Zugleich gibt der Aufbau des Sozialismus der Bevölkerung in ganz Deutschland die Möglichkeit, sich mit eigenen Augen davon zu überzeugen, daß der Weg der Demokratie und des Sozialismus der einzige Weg ist, der den Interessen des Volkes entspricht und der deutschen Nation eine große Zukunft als gleichberechtigte Nation im Kreise der friedliebenden Völker gewährleistet.
Zehntens:
a) Die leitenden Parteiorgane haben die Pflicht, allseitig die führende Rolle der Partei zu verwirklichen, das Kampfbewußtsein in der Partei zu stärken, sich enger mit der Arbeiterklasse und den Volksmassen zu verbinden, die Vorschläge und Kritik der Massen sorgfältig zu beachten und in der Partei und im gesellschaftlichen Leben die Kritik und Selbstkritik breit zur Entfaltung zu bringen. Die Partei als die höchste Klassenorganisation der Arbeiterklasse muß umfassend und allseitig den Kampf der Klasse und der Massen führen und sich dabei auf die jeweils wichtigsten Aufgaben konzentrieren ...
b) Die Partei muß jedes Mitglied zur äußersten Wachsamkeit erziehen und verhindern, daß feindliche Elemente in die Partei der Arbeiterklasse eindringen oder durch die Verbreitung bürgerlicher Ideologien ihre Kampfkraft schwächen. Parteifeindliche Elemente sind unerbittlich aus den Reihen der Partei zu entfernen.
Die Partei und jedes einzelne ihrer Mitglieder müssen größere revolutionäre Wachsamkeit üben und einen entscheidenden Kampf gegen versöhnlerische Tendenzen gegenüber den Feinden der

Partei und des Volkes führen. Das Verbrechen der Tito-Clique, die verbrecherische Tätigkeit der Gruppe Slansky in der Tschechoslowakei, der Gruppe Gomulka in Polen ... zeigen, wie der Feind seine verbrecherische Tätigkeit in unseren Reihen durchzuführen versucht. Dagegen kann sich die Partei nur schützen durch einen entschiedenen Kampf gegen Versöhnlertum gegenüber den Feinden und durch die breite Entfaltung der Kritik und Selbstkritik, durch die Entfaltung der Wachsamkeit aller Parteimitglieder und der Werktätigen ...

Auf ideologischem Gebiet ist die wichtigste Aufgabe, die Arbeiterklasse und die Masse der Werktätigen mit sozialistischem Bewußtsein zu erfüllen und zugleich den täglichen konsequenten Kampf gegen die bürgerlichen Ideologien zu führen. Die Propagandisten werden verpflichtet, die neuen theoretischen Probleme, wie sie von der II. Parteikonferenz gestellt worden sind, auszuarbeiten und zu popularisieren. Das Studium der Geschichte der KPdSU (B), das die Grundlage unserer gesamten Parteischulung bildet, und das Studium der Werke des Genossen Stalin ist noch gründlicher durchzuführen. Es sind Konsultationen zu veröffentlichen und mündliche Konsultation in den Parteikabinetten zu organisieren. Im Interesse der Lösung der großen Aufgaben des Aufbaus des Sozialismus gilt es, die Freude am wissenschaftlichen Studium zu wecken.

Vorwärts im Kampf für Frieden, Einheit, Demokratie und Sozialismus!

Aus: Geschichte der deutschen Arbeiterbewegung, hrsg. vom Institut für Marxismus-Leninismus beim ZK der SED. Berlin (Ost) 1966, Bd. 7, S. 402 ff. (Ziff. 6 bis 9, Ziff. 10 fehlt hier);

Ziff. 10 zit. nach: Hermann Weber (Hrsg.), Der deutsche Kommunismus. Dokumente. Köln, 2. Aufl. 1964, S. 449 f.

9. Der Stalinkult

a) „Danksagung" von Johannes R. Becher

I

In seinen Werken reicht er uns die Hand.
Band reiht an Band sich in den Bibliotheken,
Und niederblickt sein Bildnis von der Wand.
Auch in dem fernsten Dorf ist er zugegen.

Mit Marx und Engels geht er durch Stralsund,
Bei Rostock überprüft er die Traktoren,
Und über einen dunklen Wiesengrund
Blickt in die Weite er, wie traumverloren.

Er geht durch die Betriebe an der Ruhr,
Und auf den Feldern tritt er zu den Bauern,
Die Panzerfurche – eine Leidensspur.
Und Stalin sagt: ‚Es wird nicht lang mehr dauern.'

In Dresden sucht er auf die Galerie,
Und alle Bilder sich vor ihm verneigen.
Die Farbentöne leuchten schön wie nie
Und tanzen einen bunten Lebensreigen.

Mit Lenin sitzt er abends auf der Bank,
Ernst Thälmann setzt sich nieder zu den beiden,
Und eine Ziehharmonika singt Dank,
Da lächeln sie, selbst dankbar und bescheiden.

Die Jugend zeigt euch ihre Meisterschaft
In Sport und Spiel – und ihr verteilt die Preise.
Dann summt ihr mit die Worte ‚lernt und schafft',
Wenn sie zum Abschied singt die neue Weise.

II
Dort wird er sein, wo sich von ihm die Fluten
Des Rheins erzählen und der Kölner Dom.
Dort wird er sein in allem Schönen, Guten,
Auf jedem Berg, an jedem deutschen Strom.

Dort wirst du, Stalin, stehn, in voller Blüte
Der Apfelbäume an dem Bodensee,
Und durch den Schwarzwald wandert seine Güte,
Und winkt zu sich heran ein scheues Reh.

Nun lebt er schon und wandert fort in allen,
Und seinen Namen trägt der Frühlingswind,
Und in dem Bergsturz ist sein Widerhallen,
Und Stalins Namen buchstabiert das Kind.

Im Wasserfall und in dem Blätterrauschen
Ertönt dein Name, und es zieht dein Schritt
Ganz still dahin. Wir bleiben stehn und lauschen
Und folgen ihm und gehen leise mit.

Gedenke, Deutschland, deines Freunds, des besten.
O danke Stalin, keiner war wie er
So tief verwandt dir. Osten ist und Westen
In ihm vereint. Er überquert das Meer.

Und kein Gebirge setzt ihm eine Schranke,
Kein Feind ist stark genug, zu widerstehn
Dem Mann, der Stalin heißt, denn sein Gedanke
Wird Tat, und Stalins Wille wird geschehn.

Veröffentlicht in „Sinn und Form", der von der Akademie der Künste der DDR herausgegebenen Zeitschrift, in Heft 4/1953, zit. nach: Manfred Jäger, Kultur und Politik in der DDR. Ein historischer Abriß. Köln 1982, S. 66.

b) Trauersitzung des Zentralkomitees der SED nach Stalins Tod (1953)

Das Zentralkomitee der Sozialistischen Einheitspartei Deutschlands trat am 6. März 1953, abends 18 Uhr, zu einer feierlichen Trauersitzung anläßlich des Ablebens des Vorsitzenden des Ministerrats der UdSSR und Sekretärs des Zentralkomitees der Kommunistischen Partei der Sowjetunion, J. W. Stalin, zusammen. Das Zentralkomitee der Sozialistischen Einheitspartei Deutschlands nahm stehend die Mitteilung des Zentralkomitees der Kommunistischen Partei der Sowjetunion, des Ministerrats der UdSSR und des Präsidiums des Obersten Sowjets der UdSSR entgegen und stimmte der Absendung des nachfolgenden Telegramms an das Zentralkomitee der Kommunistischen Partei der Sowjetunion zu:

Teure Genossen!

Die Sozialistische Einheitspartei Deutschlands und die Bevölkerung der Deutschen Demokratischen Republik trägt mit Ihnen und dem ganzen Sowjetvolk den unermeßlichen Schmerz, der uns alle durch das Ableben des großen Führers der fortschrittlichen Menschheit, Josef Wissarionowitsch Stalin, betroffen hat.

Die Nachricht, daß das Herz des Mitkämpfers und genialen Fortsetzers der Sache Lenins, unseres weisen Lehrers und Vaters, aufgehört hat zu schlagen, erfüllt alle Genossen, alle deutschen Friedensfreunde und Demokraten mit großer Trauer.

Mit Josef Wissarionowitsch Stalin ist der große Wissenschaftler des Marxismus-Leninismus, der weise Führer der Werktätigen im Kampfe um den Sozialismus, der geniale Feldherr des Großen Vaterländischen Krieges des Sowjetvolkes, der überragende Kämpfer für die Erhaltung und Festigung des Friedens in der Welt dahingegangen.

Das Lebenswerk J.W. Stalins wird auf Jahrhunderte die Entwicklung des Weltgeschehens beeinflussen.

...

Das Zentralkomitee der Sozialistischen Einheitspartei Deutschlands gelobt an der Bahre des großen unsterblichen Führers:
Die Sozialistische Einheitspartei Deutschlands wird sich noch fester und geschlossener um das von Stalin geschmiedete Zentralkomitee der Kommunistischen Partei der Sowjetunion zusammenschließen;
die Sozialistische Einheitspartei Deutschlands wird der siegreichen Lehre J.W. Stalins stets die Treue wahren;
die Sozialistische Einheitspartei Deutschlands wird auf der Grundlage der Stalinschen Lehren ihre Reihen ideologisch und organisatorisch festigen;
die Sozialistische Einheitspartei Deutschlands wird ihre Anstrengungen vervielfachen, um die Sache von Marx und Engels, Lenin und Stalin in ganz Deutschland zum Siege zu führen.

...

Das Zentralkomitee der Sozialistischen Einheitspartei Deutschlands ist überzeugt, daß die Bevölkerung der Deutschen Demokratischen Republik ihre Anstrengungen vermehren wird, um das Band der unverbrüchlichen Freundschaft mit dem großen Sowjetvolke, das an der Spitze des Weltfriedenslagers steht, noch fester zu knüpfen. Die Werktätigen unserer Republik werden noch intensiver die volksdemokratischen Grundlagen unseres Staates festigen und die Grundlagen des Sozialismus errichten; sie werden mit noch größerer Wachsamkeit die Störungsversuche aller Feinde vereiteln und die Staatsmacht der Deutschen Demokratischen Republik weiter stärken. Die Bevölkerung der Deutschen Demokratischen Republik wird mit noch größerer Kraft den Kampf um die Erhaltung des Friedens und um die Wiederherstellung der Einheit Deutschlands führen.
In diesen Tagen der Trauer geloben wir unsere unverbrüchliche Verbundenheit mit dem Zentralkomitee der KPdSU als der führenden Kraft der internationalen Arbeiterbewegung.
J.W. Stalin ist nicht mehr unter uns, aber sein Werk lebt fort in alle Zeiten!
Wir geloben, sein Vermächtnis unter Einsatz aller unserer Kräfte zu verwirklichen zum Wohle des ganzen werktätigen Volkes!
Es lebe die unbesiegbare Sache von Marx, Engels, Lenin und Stalin!
Es lebe das Zentralkomitee der Kommunistischen Partei der Sowjetunion!
Es lebe die enge, unzerstörbare Freundschaft des deutschen Volkes mit dem Sowjetvolk!
Zentralkomitee der Sozialistischen Einheitspartei Deutschlands. Berlin, den 6. März 1953.

Zit. nach: Hermann Weber (Hrsg.), Der deutsche Kommunismus, a.a.O., S. 492 ff.

c) Die Parteigeschichte der SED über die Entstalinisierung

Der XX. Parteitag [der KPdSU im Februar 1956] erörterte weitere Schritte zur Überwindung des Personenkults und seiner Folgen. Dieser war im Zusammenhang mit einer Reihe konkreter historischer Bedingungen entstanden, äußerte sich in einer Überbetonung der Rolle und der Leistungen J.W. Stalins und hatte zur Verletzung der Leninschen Normen des Parteilebens und von Gesetzen des Sowjetstaates geführt. Es zeugte von der Kraft und dem revolutionären Geist der KPdSU, daß sie derartige Erscheinungen aufdeckte, entschlossen gegen den Personenkult, der dem Marxismus-Leninismus und dem Sozialismus wesensfremd ist, auftrat und alles unternahm, um seine Folgen auf allen Gebieten der Parteiarbeit, der staatlichen und ideologischen Tätigkeit auszumerzen. Der Parteitag beschloß Maßnahmen, um die Leninschen Normen des Parteilebens und die Kollektivität der Leitung sorgsam zu wahren, die sozialistische Gesetzlichkeit strikt einzuhalten und die sozialistische Demokratie allseitig zu entwickeln.

Aus: Geschichte der SED – Abriß, bestätigt durch eine Kommission des Politbüros der SED. Berlin (Ost) 1978, S. 343

III/2 Die wirtschaftliche Entwicklung

Arbeitsthemen

1. Welche Ziele verfolgte und welche Methoden benutzte die zentrale Planung der Volkswirtschaft in der DDR zu Zeiten des ersten Fünfjahrplanes? Woran wird die enge Verbindung politischer und wirtschaftlicher Ziele deutlich? (Nr. 1 a und 1 b)
2. Welche Schwächen des Planungssystems sind erkennbar? (Nr. 1 c)
3. Welche Belastungen der DDR-Wirtschaft brachte die deutsche Teilung mit sich? (Nr. 2)
4. Welche Wirtschaftszweige wurden bevorzugt, welche benachteiligt? Welche Auswirkungen ergaben sich daraus für die Struktur der Facharbeiterschaft? Weshalb waren die Einzelbetriebe an „weichen" Plänen interessiert? Wo folgte die Wirtschaftsplanung der DDR dem sowjetischen Modell? Wo löste sie sich? (Nr. 3 a und 3 b)
5. Welche Ursachen und welche Folgen hatte die Leistungsschwäche der Landwirtschaft? (Nr. 4 a–c)
6. Inwieweit korrespondierten Investitionsplanung und Produktionsentwicklung in der Phase des ersten Fünfjahrplanes 1951–55? (Nr. 5 a und 5 b)
7. Welches Ausmaß erreichte die Verstaatlichung der einzelnen Wirtschaftsbereiche bis 1955? (Nr. 5 c–e)
8. Welche Auswirkungen hatte die Wirtschaftsentwicklung auf die Versorgungslage der Bevölkerung? (Nr. 5 f)

Materialien

1. Planungssystem und Rahmenbedingungen

a) Die Hauptaufgaben des ersten Fünfjahrplans (1951–1955)

(Beschluß des Dritten Parteitages der SED vom 20. bis 24. Juli 1950)

Die Hauptaufgaben des ersten Fünfjahrplans zur Entwicklung der Volkswirtschaft der Deutschen Demokratischen Republik für die Jahre 1951 bis 1955 sind:

1. Im Interesse des gesamten deutschen Volkes und des Kampfes um die Einheit des demokratischen Deutschlands ist eine schnelle Entwicklung der Produktionskräfte der Republik zu gewährleisten. Bis zum Ende des Jahrfünfts muß die friedliche Industrieproduktion im Verhältnis zum Stand des Jahres 1950 ein Ausmaß von 190 Prozent erreichen. Die vorgesehene Erhöhung der industriellen Produktion bedeutet die Verdoppelung der Produktion im Vergleich zum Jahre 1936.

Außerdem ist eine weitere Zunahme der landwirtschaftlichen Produktion und eine entsprechende Entwicklung des Transportwesens, des Handels und des Handwerks zu sichern.

Der volkseigene Sektor, dem die wichtigste Bedeutung in der Wirtschaft zukommt, ist zu entwikkeln und zu festigen. Gleichzeitig ist im Interesse des Volkes die Privatinitiative und die Initiative des Unternehmertums im Rahmen der Gesetze zu nutzen.

2. Auf der Grundlage des Wachstums der Produktion und durch die Beseitigung der schweren Kriegsfolgen muß der Vorkriegslebensstandard der Bevölkerung erreicht und zum Ende des Fünfjahrplans bedeutend überschritten werden. Das gilt im besonderen für den Verbrauch von Nahrungsmitteln und wichtigen Industriewaren pro Kopf der Bevölkerung.

3. Im Verlauf des Fünfjahrplans ist ein bedeutender Aufschwung des kulturellen Niveaus der gesamten Bevölkerung, die weitere Entwicklung der Volksbildung und eine Blütezeit der fortschrittlichen deutschen Wissenschaft, Kultur und Kunst zu erreichen.

Das Studium der Arbeiter- und Bauernkinder sowie der Kinder der Geistesschaffenden an Fach- und Hochschulen ist zu fördern, eine neue fortschrittliche Intelligenz heranzubilden, eine breite Nachwuchsschulung in den Berufsschulen zu entfalten, das Schulwesen durch Einführung der Zehnklassenschulen in allen Städten und Industriezentren weiterzuentwickeln.

4. Zur Förderung der Volksgesundheit ist eine größere Zahl von Plätzen in Erholungsstätten, die breite Organisierung der Urlaubsreisen und die Entwicklung der Sportmöglichkeiten sicherzustellen.
Um die weitere Entwicklung des Gesundheitswesens zu gewährleisten, ist der Neubau von Polikliniken, Ambulanzen und Landambulatorien sowie die Ausbildung einer größeren Zahl von qualifizierten medizinischen Fachkräften vorzusehen.
5. Dieser friedliche wirtschaftliche und kulturelle Aufbau der Republik wird ohne ausländische Verschuldung, ohne Krisen und Arbeitslosigkeit durch die eigenen Kräfte des Volkes mit Hilfe der freundschaftlichen Beziehungen und wirtschaftlicher Zusammenarbeit mit der großen Sowjetunion und den Ländern der Volksdemokratie durchgeführt.
6. Durch den friedlichen wirtschaftlichen und kulturellen Aufbau wird die Deutsche Demokratische Republik – das Fundament für ein einheitliches, friedliches und demokratisches Deutschland – gefestigt. Mit der Erfüllung des Fünfjahrplans wird ein wuchtiger Schlag gegen die Kolonialpolitik der imperialistischen Westmächte in Deutschland geführt sowie die Vereinigung des gesamten deutschen Volkes auf der Grundlage eines einheitlichen, demokratischen und friedlebenden Deutschlands gesichert.

Zit nach: Dokumente der Sozialistischen Einheitspartei Deutschlands, Bd. III Berlin (Ost) 1952, S. 132f.

b) Die zentrale Leitung der Volkswirtschaft in der ersten Hälfte der 50er Jahre

Nach der erfolgreichen antifaschistisch-demokratischen Umwälzung und der Gründung der DDR konnte in Übereinstimmung mit dem Entwicklungsstand der Produktivkräfte und dem gewachsenen Bewußtsein der Werktätigen die planmäßige und bewußte Schaffung der Grundlagen des Sozialismus in Angriff genommen werden. Auf ökonomischem Gebiet war mit der Übererfüllung des Zweijahrplanes ein Entwicklungsstand erreicht worden, auf dessen Grundlage die Partei höhere Aufgaben stellen konnte, deren Realisierung eine qualitativ neue Etappe der gesellschaftlichen Entwicklung bedeutete.
Am 22. Juli 1950 verkündete der III. Parteitag der SED die Direktive zum ersten Fünfjahrplan zur Entwicklung der Volkswirtschaft von 1951/55.
In der neuen Periode ging es darum, eine selbständige, proportionierte Volkswirtschaft zu schaffen und während des ersten Fünfjahrplanes zunächst die auf Grund der Spaltung vorhandenen Disproportionen wesentlich zu mindern. Besondere Aufmerksamkeit galt im Zeitraum des ersten Fünfjahrplanes der Wiederherstellung und dem Neubau von Energieanlagen, Brennstoffbetrieben, Hüttenwerken, Stahl- und Walzwerken und Maschinenbaubetrieben. Es ging um den Aufbau einer eigenen metallurgischen Basis und einiger fehlender Zweige des Schwermaschinenbaus.
Kernstück des Volkswirtschaftsplanes für 1951 war die Einrichtung von 24 Schwermaschinenbaubetrieben.
Zu dieser Zeit befaßte sich die Parteiführung intensiv mit Fragen der Qualifizierung der Planungsarbeit (4., 6. und 10. Tagung des ZK der SED), wobei es sich um wesentliche Züge des zu entwikkelnden einheitlichen Systems der Planung und Leitung handelte. Es ging bei den Beratungen insbesondere um folgende Komplexe, auf die die Partei die stärkere Aufmerksamkeit aller Staats- und Wirtschaftsorgane lenkte:
– Zentralisierung der Grundfragen bei Dezentralisierung der operativen Funktionen,
– größere aktive Mitarbeit der Werktätigen,
– Festigung der Plandisziplin,
– Verstärkung der Plankontrolle,
– Durchsetzung der wirtschaftlichen Rechnungsführung,
– Schaffung technisch begründeter Normen,
– Bedarf als Ausgangspunkt der Planung.
1950 wurde das Ministerium für Planung in die Staatliche Plankommission umgebildet. 1952 traten im Zuge der weiteren Entwicklung der Demokratie an die Stelle der bisherigen Länder 15 Be-

zirke mit 225 Kreisen. Bei den neugeschaffenen Räten der Bezirke und Kreise wurden Bezirks- bzw. Kreisplankommissionen geschaffen, wodurch der territoriale Aspekt der Planung der volkswirtschaftlichen Entwicklung stärker als bisher berücksichtigt werden konnte, was sowohl für die innere Abgestimmtheit als auch für die Effektivität der Entwicklung große Bedeutung hatte.
1952 konnte die 2. Parteikonferenz auf Grund der Analyse der bisherigen Entwicklung, in der sich die antifaschistisch-demokratische Umwälzung auf dem Gebiet der DDR vollzogen hatte, die Aufgabe stellen, planmäßig die Grundlagen des Sozialismus zu schaffen.
Zu dieser Zeit wurden bereits etwa 80 Prozent des Bruttoprodukts der Industrie in volkseigenen und genossenschaftlichen Betrieben erzeugt; in der Landwirtschaft lag der Anteil des Volkseigentums bei 12,6 Prozent. Die Masse der landwirtschaftlichen Produktion erfolgte in bäuerlichen Einzelwirtschaften.
Bei der Schaffung einer einheitlichen proportionierten Volkswirtschaft, die sich planmäßig und schnell entwickeln sollte, begannen sich auf Grund dieser unterschiedlichen sozialökonomischen Struktur in den Wirtschaftszweigen Widersprüche abzuzeichnen, deren Lösung in Angriff genommen werden mußte, wobei ein Weg zu wählen war, der die realen ökonomischen und politischen Bedingungen und die Bewußtseinsentwicklung der einzelnen Klassen und Schichten sorgfältig berücksichtigte. Dieser Weg bestand im freiwilligen Zusammenschluß der Bauern in landwirtschaftlichen Produktionsgenossenschaften (LPG). Ende 1952 gab es bereits 1 906 LPG in der DDR.
Die 2. Parteikonferenz analysierte die bisherige Erfüllung des ersten Fünfjahrplanes, lenkte die Aufmerksamkeit auf besondere Engpässe wie die Energiewirtschaft, den Schwermaschinenbau, die Metallurgie, den Schiffbau sowie die geologischen Erkundungen. Die Konferenz befaßte sich mit der Verwirklichung der strengen Sparsamkeit, um die notwendige Akkumulation zu sichern und die Verschwendung von gesellschaftlichen Mitteln zu verhindern. Dabei wurde prinzipiell der Zusammenhang zwischen dem Wertgesetz und der wirtschaftlichen Rechnungsführung herausgearbeitet. Die Formen der Einbeziehung der Werktätigen in die Planung und Leitung wurden präzisiert.
Von besonderer Bedeutung für die weitere Herausbildung des einheitlichen Systems der Planung und Leitung war die 21. Tagung des ZK der SED im November 1954 ...
Mit der 21. Tagung des ZK wurden die gesamte Partei und besonders alle Staats- und Wirtschaftskader auf den objektiven Charakter der ökonomischen Gesetze, auf das sorgfältige Studium und die konsequente Berücksichtigung ihrer Erfordernisse und Möglichkeiten bei der Planungs- und Leitungstätigkeit orientiert. Es wurde eine breite und erfolgreiche Bewegung zur Herstellung der Rentabilität der Betriebe ausgelöst. Im Mittelpunkt der Tagung stand die wirtschaftliche Rechnungsführung, die als die Methode der planmäßigen Wirtschaftsführung in den volkseigenen Betrieben definiert wurde, die die Deckung der betrieblichen Ausgaben durch die Einnahmen sowie die Gewährleistung der Rentabilität der Produktion und den geringsten Aufwand an Arbeit und Produktionsmitteln fordert.

Aus: Horst Steger und Autorenkollektiv, Planung der Volkswirtschaft in der DDR. Berlin (Ost) 1970, S. 17 ff.

c) Aus dem Alltag der Plankommission

Es erschien eine Gruppe von Fachleuten und Parteifunktionären aus dem Stahlwerk Riesa. Leuschner hörte sich ihre Sorgen an, machte sich nur wenige Notizen und war überaus freundlich. Dann stellte er ganz primitive Fragen: „So, euch fehlen also Westgeld und Material. Wie, glaubt ihr, soll ich euch das beschaffen?"
„Unser Ministerium hat für eine Reihe fehlender Produkte keine Materialkontingente erhalten", sagte der leitende Ingenieur. „Die Staatliche Plankommission ist als einzige Stelle befugt – so wurde uns jedenfalls gesagt –, zusätzliche Kontingente auszuschreiben."
„Das ist leicht. Das will ich gern machen. Etwas ausschreiben kann jedes Kind. Aber glaubt ihr, daß durch ein beschriebenes Stück Papier das fehlende Material angerollt kommt?" „Das müßte das Staatssekretariat für Materialversorgung wohl regeln."

„In Ordnung! Das Staatssekretariat für Materialversorgung wird das Stahlwerk Riesa beauftragen, seine Produktion um 10 Prozent zu erhöhen. Das läßt sich ebenfalls durch ein Blatt Papier und eine Unterschrift anordnen."
Die Riesaer lachten gekünstelt: „Aber wir sind doch gerade deshalb hier, weil wir wegen Materialschwierigkeiten nicht einmal unsere planmäßige Produktion bringen können."
„Dann wird das Staatssekretariat für Materialversorgung das Stahlwerk Riesa bestrafen – wird auch durch ein Blatt Papier und eine Unterschrift geregelt."
Unsere ungeladenen Gäste rutschten auf ihren Stühlen hin und her. Ich sah ihnen an, daß sie Leuschner am liebsten die größten Grobheiten an den Kopf geworfen hätten. Der lehnte breit an seinem Schreibtisch, und sein Grienen bewies, daß er die Gedanken der anderen erriet. Niemand sagte ein Wort. Dann wurde Leuschner plötzlich ernst und hielt einen regelrechten Vortrag: „Jetzt will ich euch mal etwas sagen, liebe Genossen. Wir haben ein von der Volkskammer beschlossenes Gesetz über den Volkswirtschaftsplan. Darin ist festgelegt, was in allen Wirtschaftszweigen produziert werden soll, welche Arbeitskräfte zur Verfügung gestellt werden, das Material, die Finanz- und Investitionsmittel sind von der Staatlichen Plankommission verteilt – und nun muß die Arbeit beginnen. Aufgabe der Ministerien ist es, diesen Plan aufzugliedern, an die Betriebe weiterzugeben und dafür zu sorgen, daß er eingehalten wird. Im Laufe des Jahres stellt sich dann heraus, daß der eine oder andere Betrieb seine Aufgaben nicht erfüllt. Darunter leiden die Werke, die von dem säumigen Produzenten abhängen, und der ganze Plan kommt durcheinander. Das bringt die Betriebe in Schwierigkeiten. Eure Einwände, eure Sorgen, eure Forderungen sind vollauf berechtigt. Ich bitte, mir zu glauben, daß ich an keinem eurer Worte zweifle. Aber ich verlange von euch dasselbe Vertrauen. Und nun will ich euch ganz ehrlich meine Meinung sagen: Euer Minister schickt euch jetzt also zu mir, um von der Staatlichen Plankommission zusätzlich Geld und Material anzufordern. Wißt ihr, was das ist? Milde gesagt, eine Unverschämtheit! Wenn ich Betriebsleiter in Riesa wäre und zu meinem Minister ginge, von diesem aber an die Staatliche Plankommission verwiesen würde, ich würde ihm den Schreibtisch umkippen."
Sein Ton wurde schärfer: „Die Staatliche Plankommission hat überhaupt nichts mit den Betrieben zu tun. In unserer Republik gibt es über 20 000 Betriebe. Wo kämen wir hin, wenn sich die Plankommission um jedes Werk kümmern wollte? Die Regierung hat die Ministerien und Bezirksverwaltungen schließlich nicht umsonst geschaffen. Für euch ist einzig und allein das Ministerium für Berg- und Hüttenwesen zuständig. Aber wißt ihr, warum euch euer Ministerium zu mir schickt? Weil die Leute dort Schiß haben, einfach Schiß! Die wissen genau: Wenn sie selber zu uns kämen und zusätzlich Material verlangten, würden wir sie hochkantig zur Tür hinauswerfen, weil sie es nicht verstanden haben, die Produktion so zu organisieren, daß der Plan erfüllt wird. Sollen sie doch erst einmal die Schweinereien in Brandenburg, Calbe, Thale und so weiter abstellen!" Und Leuschner stellte die Dinge so hin, als sei an allen Schwierigkeiten des vorbildlichen Stahlwerks Riesa nur die Schlamperei in den Schwesterwerken schuld. Er ließ sogar durchblicken, daß das Ministerium auf Kosten der Riesaer andere Werke bevorzuge. So dauerte es nicht lange, und er hatte seine Besucher aufgeweicht. Sie gingen mit dem Bewußtsein aus dem Hause, die Plankommission tue zwar alles Denkbare, um die Wünsche der Betriebe zu befriedigen, aber ihr Ministerium habe schändlich versagt.

Aus: Fritz Schenk, Im Vorzimmer der Diktatur. 12 Jahre Pankow. Köln 1962, S. 174 ff.

2. Probleme der Schwerpunktbereiche

Die mitteldeutsche *Braunkohlenförderung* liegt mit 200 Mill. t weit vor der Westdeutschlands mit 90 Mill. t. Es ist jedoch nicht außer acht zu lassen, daß die SBZ nur über 4,1 v. H. der Welt-Braunkohlenvorräte verfügt und hier sogar von der Bundesrepublik (5,2 v. H.) übertroffen wird. Unter den gegebenen Umständen blieb der SBZ kein anderer Weg, als die Braunkohlenförderung sofort nach dem Kriege stark zu intensivieren. Diese Intensivierung wurde durch Erhöhung der Arbeiter-

zahl und verlängerte Arbeitszeit, nicht jedoch durch Rationalisierung auf Grund von Investitionen oder gar durch Ausweitung und Vermehrung der Anlagen des Braunkohlenbergbaus erzielt. Der Mangel an Investitionsmitteln, die in den Jahren unmittelbar nach dem Kriege in erster Linie auf den Ausbau der eigenen Eisen- und Stahlindustrie konzentriert wurden, verbot die Ausweitung und Modernisierung der Kapazitäten. Eine Ausnahme hiervon bildet die im Interesse der Stahlproduktion erfolgte Inangriffnahme der *Erzeugung von Hochtemperaturkoks aus Braunkohle,* die 1952 nach beträchtlichen Investitionen in Lauchhammer angelaufen ist.
Immerhin stieg die Braunkohlenförderung von 1950 bis 1955 um 46 v.H. auf rd. 200 Mill. t an. Die westdeutsche Braunkohlenförderung erhöhte sich in der gleichen Zeit um nur 19 v.H. auf rd. 90 Mill. t. Indessen entfiel hier der Zwang zu einer raschen Erhöhung der Braunkohlenförderung infolge der verbliebenen breiten eigenen Steinkohlenbasis und der bald sich eröffnenden Möglichkeit zur Einfuhr von Mineralöl ...
Mitteldeutschland hat 35–50 v.H. des von ihm benötigten Stahls selbst erzeugt. Der überwiegende Teil der Stahlbezüge von außerhalb kam aus Westdeutschland. Die eisenschaffende Industrie hatte in Mitteldeutschland nur wenig unter den Kriegseinwirkungen zu leiden; um so größer waren ihre Demontageverluste. Die *Rohstahlerzeugung* ging daher von 1,5 Mill. t im Jahre 1943 auf 152700 t im Jahre 1946 zurück. Doch konnte mit Hilfe westdeutscher und sowjetrussischer Zulieferungen von Walzwerksanlagen bereits 1951 das Produktionsniveau der Vorkriegszeit wieder erreicht werden. Im Jahre 1955 war eine Produktionshöhe von 2,5 Mill. t erreicht und damit der Stand von 1938 um fast 74 v.H. überschritten.
Die neuen *Stahlerzeugungsanlagen* werden durchweg als hochwertig und leistungsfähig bezeichnet. Dagegen läßt die Qualität der Erzeugnisse zu wünschen übrig. Trotz der Abwanderung qualifizierter Facharbeiter nach Westdeutschland ist ein Mangel an Arbeitskräften in der mitteldeutschen Stahlindustrie nicht festzustellen.
...
Für die Entwicklung des mitteldeutschen Maschinenbaus ist die *Versorgung mit den benötigten Materialien und Vorerzeugnissen* von entscheidender Bedeutung. Vor dem Kriege stand hierfür die schwerindustrielle Basis des Ruhrgebiets zur Verfügung, dessen Zulieferungen über den Interzonenhandel jedoch im vergangenen Jahrzehnt nur noch einen Bruchteil der früheren ausmachten. Diese Versorgungslücke konnte durch die Vergrößerung der eigenen schwerindustriellen Basis nicht geschlossen werden, da die Ausdehnung des Maschinenbaus in der SBZ größer war als die der eigenen Stahlerzeugung. Ob die weitgesteckten Produktionsziele erreicht werden, hängt daher entscheidend davon ab, ob die Sowjetunion die zugesagten Lieferungen von Walzwerkserzeugnissen einhält und ob Polen und die Tschechoslowakei ihre Zusagen auf diesem Gebiet erfüllen.
Der *Materialbedarf* des mitteldeutschen Maschinenbaus hat sich im Verhältnis zur Vorkriegszeit nicht nur durch seine Ausdehnung, sondern auch durch den Übergang zum materialintensiveren Schwermaschinenbau stark erhöht. Abgesehen hiervon konnte in Mitteldeutschland die Herstellung von Vorerzeugnissen noch nicht weit genug spezialisiert werden. Daher sind die Fertigungsbetriebe immer noch in hohem Maße mit der Produktion von Vorerzeugnissen befaßt. Außerdem müssen sie infolge der mangelhaften Zulieferung von Ersatzteilen große Reparaturabteilungen und behelfsmäßige Fertigungen aufrechterhalten. Daraus ergeben sich hohe Kosten und ständige Unstetigkeit im Produktionsablauf. Es kommt hinzu, daß die Herstellung elektrotechnischer Erzeugnisse, die einen entscheidenden Teil der Ausrüstung des modernen Maschinenbaus ausmachen, in der SBZ den Anforderungen nicht gewachsen ist. Gerade diese betriebstechnischen Lücken aber würden sich nach der Wiedervereinigung mit westdeutscher Hilfe verhältnismäßig rasch ausfüllen lassen.
Das gesamte Wirtschaftswachstum wird dadurch gehemmt, daß partielle Schwierigkeiten dieser Art in der SBZ noch nicht einmal im Werkzeugmaschinenbau überwunden werden konnten, von dessen Lieferfähigkeit die Entwicklung des gesamten Maschinenbaus abhängt. Solange der mitteldeutsche Werkzeugmaschinenbau immer noch einen beträchtlichen Teil seiner Produktion bei sich selbst investieren muß und außerdem durch *hohe Ausfuhrverpflichtungen* belastet ist, werden sich die

beträchtlichen Disproportionen im gesamten Maschinenbau der SBZ auch nicht überwinden lassen.

Aus: Zweiter Tätigkeitsbericht 1954/1956, hrsg. vom Forschungsbereich für Fragen der Wiedervereinigung Deutschlands beim Bundesminister für Gesamtdeutsche Fragen, Bonn 1957, S. 57, 60, 74.

3. Die Wirtschaftspolitik der DDR aus westlicher Sicht

a) Politische Ziele der Wirtschaft und ihre Folgen

Wenn der Lebensstandard der Bevölkerung nicht schneller wuchs, so mochte das zum Teil Folge der besonders schwierigen Bedingungen des Wiederaufbaus und auch auftretender Mängel im System der Planung sein. Zum anderen Teil war es aber doch wohl ein Ergebnis des politischen Zieles wirtschaftlicher Unabhängigkeit. Es war ein zentraler Satz der kommunistischen Lehre, daß zur Erreichung des Endzustandes die Investitionsgüter- und Schwerindustrie zunächst rascher entwickelt werden müsse. Die Eisenhütten- und Stahlindustrie, Walzwerke und Maschinenfabriken sowie der Schiffbau wurden energisch gefördert. Es entstanden die sozialistischen Großbauten riesenhaften Ausmaßes wie das Eisenhüttenkombinat in Stalinstadt an der Oder (seit 1961 Eisenhüttenstadt), das Braunkohlenkombinat „Schwarze Pumpe" bei Hoyerswerda, die Großkokerei Lauchhammer zur Verkokung von Braunkohle. Dagegen blieb in der DDR ebenso wie in der Sowjetunion die Konsumgüterindustrie in der Entwicklung zurück. Man wäre durchaus in der Lage gewesen, das Angebot an Konsumgütern zu erhöhen, und nach 1953 schien es vorübergehend auch ideologisch möglich zu sein, als in der Sowjetunion der Vorrang der Schwerindustrie kritisiert wurde. Doch stand, abgesehen von solchen kleinen Schwankungen in der Parteilinie, das Ziel des möglichst schnellen Wachstums der Gesamtwirtschaft und der Unabhängigkeit vom Westen eindeutig im Vordergrund. Dies erforderte die Steigerung der Investitionen bei gleichzeitiger Drosselung der Zunahme im Konsum.

Aus: Gustav Stolper, Karl Häuser, Knut Borchardt, Deutsche Wirtschaft seit 1870. Tübingen [2]1966, S. 341

b) Die Steigerung der industriellen Produktion: Ziele, Mittel und Folgen

Nach dem Auslaufen des noch primär auf Wiederherstellung des wirtschaftlichen Vorkriegsniveaus ausgerichteten Zweijahrplans (1949/50) realisierte die DDR mit dem 1950 verabschiedeten ersten Fünfjahrplan erstmals das sowjetische Konzept umfassender Planwirtschaft und paßte sich zugleich dem Planrhythmus der Sowjetunion an. Als generelle Zielsetzung formulierte ein Beschluß des Dritten Parteitages der SED die Verdoppelung der industriellen Produktion im Vergleich zu 1936. Über die damit verbundene beträchtliche Steigerung des materiellen Lebensstandards hinaus wurde mit dem Plan zugleich eine ausdrückliche Förderung von Bildung, Kultur und Wissenschaft (u.a. durch die Einführung von 10-Klassen-Schulen) anvisiert. Der auf diese Weise forcierte wirtschaftliche und kulturelle Aufbau sollte „das Fundament für ein einheitliches, friedliebendes und demokratisches Deutschland" abgeben.
War diese politische Floskel auch ohne reale Bedeutung, so sind gleichwohl die Antriebskräfte für das Wirtschaftswachstum in der DDR ökonomisch und politisch begründet. Es sollte nicht nur möglichst schnell Ersatz für die durch Krieg und Demontage entstandenen Verluste, sondern auch ein Ausgleich für die durch die Spaltung Deutschlands entstandenen Disproportionen geschaffen werden. Das hieß zugleich Verminderung der Abhängigkeit von westdeutschen Lieferungen. Primär galt diese Zielsetzung für die Industrie, aber auch das Verkehrswesen war davon betroffen. So läßt sich beispielsweise der kostspielige Ausbau Rostocks zu einem Überseehafen nur vor diesem Hintergrund verstehen. Der erste Fünfjahrplan war vor allem auf eine schnelle Steigerung der Schwerindustrie ausgerichtet. Das entsprach sowohl einem – in allen Ländern des sowjetischen Machtbereichs befolgten – stalinistischen Dogma als auch der spezifischen Situation Ostdeutschlands, dem durch die Teilung die schwerindustrielle Basis fast vollständig entzogen war. Es ist jedoch bezeichnend, daß die Alternative zum Aufbau einer eigenen Schwerindustrie, die ökono-

misch sinnvollere Arbeitsteilung innerhalb des RGW, kaum erwogen wurde. Das erreichte quantitative Wachstum kam in erster Linie der Industrie zugute. Der Qualifikationsgrad der Industriearbeiterschaft wuchs entsprechend. Der Prozentsatz der Ungelernten in der sozialistischen Industrie sank von 1952 bis 1956 von 13,5 Prozent auf 9,5 Prozent, der Anteil der Angelernten von 41,2 auf 39,0 und der Facharbeiteranteil stieg von 45,3 auf 51,5 Prozent. Insgesamt wuchs die Zahl der Beschäftigten in der Industrie (ohne Handwerk und Bau) von 2,256 Millionen (1950) auf 2,683 Millionen (1955), d.h. um 18,9 Prozent.
Diese Forcierung des industriellen Wachstums wurde mit einer Vernachlässigung des Konsumgütersektors erkauft und rief zeitweilig akute Versorgungsengpässe hervor, so daß insbesondere nach dem 17. Juni 1953 durch Einschränkungen in der Schwerindustrie Korrekturen an den Planzielen vorgenommen werden mußten.
Die technische Durchführung der Wirtschaftsplanung lehnte sich unter der generellen Parole „von der Sowjetunion lernen, heißt siegen lernen" eng an das sowjetische Vorbild an. Eine zentralisierte Planungsbürokratie mit der Staatlichen Plankommission an der Spitze gab detaillierte Plandaten vor und ließ damit den Betrieben kaum Spielräume. Deren Interesse bestand vor allem in möglichst „weichen" Plänen, um die vorgegebenen Kennziffern erfüllen zu können, so daß hinsichtlich der tatsächlichen Produktionskapazität charakteristische Verzerrungen zustandekamen, weil der Einzelbetrieb seine wirklichen Leistungsreserven möglichst zu verschleiern suchte, um den Plan erfüllen und übererfüllen zu können und so in den Genuß von Prämien zu kommen. Diese Einstellung wurde insbesondere durch die anfänglich dominierende Orientierung der Planwirtschaft an der Mengenplanung gefördert, die man später als „Tonnenideologie" kritisierte. Erhielt z.B. ein Stahlwerk sein Plansoll in Tonnen, bestand die Tendenz, möglichst großflächigen, dicken Stahl zu walzen, waren dagegen die Planvorgaben in Stückzahlen oder Maßen festgelegt, überwogen leichte und dünne Formate. Das hier angelegte Problem einer sinnvollen Abstimmung zwischen zentraler und betrieblicher Planung blieb der Hauptansatzpunkt aller späteren ökonomischen Reformdebatten.
Obwohl bei der Realisierung des Fünfjahrplans vielfältige Schwierigkeiten auftauchten, die von der SED großenteils auf „organisierte Stör- und Sabotageaktionen" zurückgeführt wurden, zu deren Bekämpfung u.a. „Volkskontrollausschüsse" dienen sollten, konnten die gesteckten Ziele – anders als bei späteren Plänen – insgesamt erreicht und der Plan zu 102,6 Prozent erfüllt, die Arbeitsproduktivität um 55 Prozent gesteigert werden.
Seit Ende der vierziger Jahre zeigten sich im Zusammenhang mit der Einführung staatlicher Planwirtschaft auch deutliche sozialstrukturelle Veränderungen. Die Zahl der Beschäftigten stieg von 5,8 Millionen (Dezember 1945) auf fast 7,8 Millionen (1955), obwohl die Bevölkerungszahl ständig zurückging (in diesem Zeitraum flohen etwa 1,4 Millionen Bewohner der DDR). Die Arbeiter- und Angestelltenzahl wuchs bis 1955 auf fast 6 Millionen, d.h. 77 Prozent aller Berufstätigen. Gleichzeitig läßt sich ein allmählicher Rückgang der Selbständigen feststellen, wobei diese im Handwerk und in der Landwirtschaft noch überwiegend vertreten waren. Hier lag somit eine auffällige Abweichung gegenüber dem sowjetischen Modell des Stalinismus vor. Im Jahre 1955 existierte trotz des 1952 verkündeten „Aufbaus des Sozialismus" nach wie vor ein bedeutender privater Sektor: Neben etwa einer Million Einzelbauern (12 Prozent der Berufstätigen) gab es 300000 private Handwerker und 150000 Einzelhändler, während in den Landwirtschaftlichen Produktionsgenossenschaften (LPG) lediglich 190000 Bauern organisiert waren. Die Vollkollektivierung wurde in der DDR erst im Frühjahr 1960 durchgesetzt.

Aus: Christoph Kleßmann, Die doppelte Staatsgründung. Deutsche Geschichte 1945–1955, Göttingen 1982, s. 269 ff.

4. Probleme der Landwirtschaft

a) Viehwirtschaft und Versorgung

Ein Ost/West-Vergleich im Viehbesatz und in der Viehdichte ergibt für 1955 folgendes Bild:

Gebiet	Viehbesatz je 100 ha ldw. Nutzfl. Ackerland		Viehdichte je 100 Einwohner	
	Rinder	Schweine	Rinder	Schweine
SBZ	58,1	180,9	21,0	50,3
Bundesrepublik Deutschland	81,1	180,5	22,0	27,8

Die Unterlegenheit der SBZ im Rinderbesatz ist durch das Acker/Grünlandverhältnis begründet. Es beträgt in der SBZ rund 80:20, in der Bundesrepublik Deutschland rund 60:40.
Dagegen wird die Gleichheit im Schweinebestand je 100 ha Ackerland durch die an sich höhere Bodenständigkeit der Schweinehaltung in der SBZ verdeckt. Das starke Übergewicht in der Schweinedichte hätte schon seit Jahren zu bedeutenden Schweinefleischüberschüssen führen müssen, wenn die Leistungen auch nur annähernd normal wären.
Innerhalb der SBZ ist der „sozialisierte Sektor" wesentlich schwächer mit Vieh (abgesehen von Schafen) besetzt als der private Sektor einschl. der individuellen Viehhaltung der LPG-Mitglieder.
Eingehende Untersuchungen zeigen, daß bei Anwendung westdeutscher Leistungsmaßstäbe die Milch- und Fleischleistungen der Rinder- und Schweinebestände der SBZ ganz wesentlich zurückgeblieben sind. So lag vergleichsweise in der SBZ der Schlachtumtrieb bei Schweinen um 26 v.H., bei Rindern um 30 v.H. niedriger und bei Kälbern um 28 v.H. höher. Bei einem Erlös von 0,70 DM/Ost für 1 kg Milch im Verkauf als „Freie Spitze" ist Kälbermast nicht lohnend. Die nicht als Nachwuchs verwandten Kälber gelangen so rasch wie möglich nach der Geburt zum Verkauf.
Das durchschnittliche Lebendgewicht bei Schlachtungen war nach sowjetzonalen Angaben bei Rindern um 29 v.H., bei Kälbern um 23 v.H., dagegen bei Schweinen nur um 2 v.H. niedriger als in der Bundesrepublik. Die geringere Lebendgewichtsdifferenz bei Schweinen läßt schon erhebliche Zweifel an der Richtigkeit der sowjetzonalen Schlachtungsstatistik aufkommen. Gleiches gilt für die Milchleistung der Kühe. Amtlich werden für das Jahr 1955 2450 kg Milch/pro Kuh und Jahr bei 3,5 v.H. Fettgehalt genannt, nach eingehenden Untersuchungen kann die Milchleistung jedoch nur bei 2 200 kg (gegen rund 3 000 kg in der Bundesrepublik) liegen. Aber selbst dieser Leistungsabfall kann angesichts der vorhandenen Viehbestände die laufend auftretenden Engpässe in der Versorgung der Bevölkerung mit tierischen Produkten und die immer noch vorhandene und als notwendig bezeichnete Rationierung bei Fleisch, Fett, Milch und Eiern nicht ausreichend erklären. Die Versorgung mit tierischen Erzeugnissen in der SBZ ist in den letzten Jahren etwas besser geworden. Die Bevölkerung könnte jedoch noch wesentlich besser versorgt werden, wenn die Leistungen der Nutztiere auch nur annähernd denen Westdeutschlands entsprächen. In welchem Umfange tierische Produkte exportiert werden, ist nicht bekannt. Die Vermutung, daß es geschieht, drängt sich angesichts der oben erwähnten Engpässe in der Nahrungsversorgung auf.

Aus: Zweiter Tätigkeitsbericht, a.a.O., S. 125.

b) Beginnende Kollektivierung der Landwirtschaft

Die zweite Phase der sozialistischen Umgestaltung der mitteldeutschen Landwirtschaft, die Phase der Kollektivierung, begann im Jahre 1952 und endete 1960: 1952 wurde die erste landwirtschaftliche Produktionsgenossenschaft (LPG) gegründet und am 14. April 1960 meldete als letzter Bezirk der DDR der Bezirk Suhl die vollständige Überführung der selbständigen Bauern in die Genossenschaft.

Die Kollektivierung, die im Rahmen der Bodenreform durch die viel zu kleinen Betriebsgrößen der Neubauernstellen (im Durchschnitt 8,1 ha) ökonomisch vorbereitet wurde, erfolgte nach der Interpretation der SED auf der Basis strikter Freiwilligkeit. Das ist zutreffend, wenn man darunter versteht, daß kein Gesetz verabschiedet wurde, welches den Bauern den Beitritt zu einer LPG zur Pflicht machte. Dennoch ist es nicht falsch, wenn im Westen von einer Zwangskollektivierung gesprochen wird, insofern auf die Bauern jahrelang ein intensiver, politischer, psychischer und besonders ökonomischer Druck ausgeübt wurde, um sie zu einem Beitritt zu bewegen. Zum ökonomischen Druck ist beispielsweise zu rechnen: Steuerliche Benachteiligung der Einzelbauern im Vergleich zu LPG-Mitgliedern, höhere Pflichtablieferungen an den Staat, geringere staatliche Hilfe für Viehhaltung, Diskriminierung bei Ausrüstungs- und Düngemittelbelieferung, Vernachlässigung durch die staatlichen Maschinen-Traktoren-Stationen (MTS), Preisdiskriminierung bei MTS-Leistungen (Einzelbauern zahlten im Vergleich zu den LPG zwischen 25 Prozent und 150 Prozent höhere Preise). Dennoch waren die staatlichen Bemühungen jahrelang nur von geringem Erfolg. Nicht nur die alteingesessenen Bauernfamilien, auch die Neubauern suchten zum überwiegenden Teil ihre wirtschaftliche Selbständigkeit zu verteidigen ...
Während in der ersten Kollektivierungsphase, von 1952 bis 1953, die Bildung von LPG Typ I, der am schwächsten kollektivierte Typ, bei dem praktisch nur die Feldwirtschaft gemeinschaftlich betrieben wird, im Mittelpunkt der Umwandlungsbemühungen stand, konzentrierte man sich in den Jahren 1954 bis 1956 mehr auf den vollkollektivierten LPG-Typ III. Bei diesem Typ wird das gesamte tote und lebende Inventar in die Genossenschaft eingebracht und den Mitgliedern verbleibt zur individuellen Bewirtschaftung nur die sog. „persönliche Hauswirtschaft": 0,5 ha Acker, 2 Kühe, 2 Sauen, 5 Schafe und Kleinvieh.

Aus: Gerd Leptin, Deutsche Wirtschaft nach 1945. Ein Ost-West-Vergleich, Opladen 1980, S. 21 f.

c) Landwirtschaftliche Produktionsgenossenschaften

Am 20. Juli 1952 veröffentlichte „Neues Deutschland" das Statut der Landwirtschaftlichen Produktionsgenossenschaft Worin Krs. Seelow. Mit der Bestätigung dieses Musterstatuts durch das Politbüro der SED begann eine Kampagne für die Kollektivierung der Landwirtschaft, für die Schaffung landwirtschaftlicher Produktionsgenossenschaften (LPG). Die Bauern wurden aufgerufen, ihr Ackerland in Produktionsgenossenschaften einzubringen und es gemeinsam zu bewirtschaften. Etwas später erfolgte die Gründung von LPG, in denen der Großteil des Viehbestandes gemeinsam gehalten wurde. Mit einer Agitationswelle und dem entsprechenden staatlichen Nachdruck trieb die SED die Kollektivierung voran. Im Juli 1952 bestanden 59 LPG, Ende Dezember 1952 bereits 1 185 Genossenschaften mit 160 000 ha Nutzfläche und ein Jahr nach der Parteikonferenz im Juni 1953 hatten sich schon 5 074 LPG gebildet.
Inzwischen unterschied man drei Typen der LPG: Typ I: landwirtschaftlicher Betrieb mit genossenschaftlicher Bewirtschaftung und Nutzung des von den Mitgliedern eingebrachten Ackerlandes, jedoch individueller Nutzung der übrigen land- und forstwirtschaftlichen Flächen und individuellem Eigentum an Vieh, Maschinen und Geräten. (Zum Teil bereits freiwillig genossenschaftliche Viehhaltung.)
Typ II: landwirtschaftlicher Betrieb mit genossenschaftlicher Bewirtschaftung und Nutzung des von den Mitgliedern eingebrachten Ackerlandes und genossenschaftlichen Eigentums an Zugtieren, Maschinen und Geräten, jedoch individueller Nutzung der übrigen land- und forstwirtschaftlichen Flächen und individuellem Eigentum an Zucht- und Nutzvieh.
Typ III: landwirtschaftlicher Betrieb mit genossenschaftlicher Bewirtschaftung und Nutzung der von den Mitgliedern eingebrachten land- und forstwirtschaftlichen Flächen und genossenschaftlichem Eigentum an Zugtieren, Maschinen und Geräten sowie an Zucht- und Nutzvieh. Am Jahresende 1952 gab es 1 649 LPG Typ I, 91 Typ II und 166 Typ III; Ende 1953 waren es 2 596 Typ I, 169 Typ II und 1 926 Typ III.
Die Folge der forcierten Kollektivierung war eine steigende Flucht der bäuerlichen Bevölkerung in

die Bundesrepublik. Während 1951 4000 Bauern flüchteten, waren es 1952 14000 und 1953 37000. Die erste große Welle der Kollektivierung führte auch zu einem Rückgang der landwirtschaftlichen Produktion.

Im Frühjahr 1953 zeigten sich die bedenklichen Folgen des sogenannten Aufbaus des Sozialismus. Die kritiklose Übernahme des stalinistischen Systems der Sowjetunion führte zu einer Verschlechterung der Lebenslage der Massen, die Mangelwirtschaft wurde permanent. Durch rigorose Steuern wurde der Mittelstand Repressalien unterworfen, die Großbauern wurden verfolgt, der Kirchenkampf wurde verschärft, in der Wirtschaft wurden „Fachkräfte als „Saboteure" denunziert und die Arbeiter durch Normerhöhungen bedrängt. Der Unwille gegen das Regime wuchs.

Aus: Hermann Weber, Von der SBZ zur DDR 1945–1967, 2. Aufl. Hannover 1968, S. 74

5. Aus der Wirtschaftsstatistik der DDR

a) Daten zum ersten Fünfjahrplan

Investitionsplanung für den Zeitraum von 1950 bis 1955

insgesamt:	28,6 Milliarden DM-Ost
davon Bergbau und Industrie	15,4 Milliarden DM-Ost
Wohnungsbau	3,5 Milliarden DM-Ost
Transportwesen	2,8 Milliarden DM-Ost
Land-, Forst- und Wasserwirtschaft	1,8 Milliarden DM-Ost
Handel	0,5 Milliarden DM-Ost
Soziale und kulturelle Zwecke	4,6 Milliarden DM-Ost

Kürzung des geplanten Investitionsvolumens im Juni 1953 („Neuer Kurs")

Neuer Planansatz:
Investitionen insgesamt 23,1 Milliarden DM-Ost

Investitionen eines Planjahres (1955)
insgesamt 5,9 Milliarden DM-Ost
davon: Staatliche Investitionen 4,870 Milliarden DM-Ost
zum Vergleich 1950: 2,209 Milliarden DM-Ost

Aus: Christoph Kleßmann, Die doppelte Staatsgründung, a. a. O., S. 505

b) Produktionsdaten der DDR 1950–1955 im Vergleich

Rohstoff/ Produkt	Mengen- einheit	1936[1]) BDtl.	DDR	1950 BDtl.	DDR	1955 BDtl.	DDR
Rohbraunkohle	Mio. t	56,6	101,1	75,8	137,0	90,3	200,6
Roheisen	Mio. t	12,9	0,2	9,5	0,3	16,5	1,5
Rohstahl	Mio. t	14,5	1,2	11,8	1,0	17,0	2,5
Walzstahl	Mio. t	9,9	0,9	8,2	0,8	14,2	1,9
Elektroenergie	Mrd. kWh	24,1	14,0	44,0	19,5	76,5	28,7
Kalisalze	Mio. t	0,7	0,9	1,1	1,3	2,0	1,6
Schwefelsäure	Mio. t	1,1	0,3	1,2	0,2	1,9	0,5
PKW	1 000 St.	181,5	60,8	219,4	7,2	762,2	22,2
LKW	1 000 St.	43,7	19,1	81,7	1,0	140,4	14,2
Traktoren[2])	1 000 St.	–	–	92,0	19,2	187,7	22,1
Radiogeräte	Mio. St.	–	–	2,0	0,3	2,8	0,7
Fernseher	1 000 St.	–	–	–	–	316,0	39,0
Kühlschränke	1 000 St.	–	–	–	–	524,0	17,0

[1]) jeweils entsprechendes Gebiet des Deutschen Reiches
[2]) DDR einschl. landwirtschaftlicher Maschinen mit Traktorantrieb

Aus: Hellmuth Kalus, Wirtschaftszahlen aus der SBZ. Bonn 1964, S. 48, 54 ff., 58, 67 f., 74, 76 f.

c) Beschäftigte nach Wirtschaftszweigen und Eigentumsformen in der DDR 1952–1955

	1952 absolut	1952 vH	1953 absolut	1953 vH	1955 absolut	1955 vH
Industrie	2621	33,4	2723	34,2	2750	33,4
sozialistisch	2042	26,0	2210	27,8	2249	27,3
privat	579	7,4	513	6,4	501	6,1
Bau (Industrie und Handwerk)	485	6,2	508	6,4	488	6,0
sozialistisch	263	3,4	273	3,4	228	2,7
privat	222	2,8	235	3,0	260	3,3
Produzierendes Handwerk	603	7,7	565	7,1	590	7,2
sozialistisch	1	–	2	–	1	–
privat	602	7,7	563	7,1	589	7,2
Land-, Forst-, Wasserwirtschaft	1702	21,7	1673	21,0	1775	21,6
sozialistisch	219	2,8	353	4,4	498	6,1
privat	1483	18,9	1320	16,6	1277	15,5
Verkehr und Post	541	6,9	538	6,8	560	6,8
sozialistisch	498	6,3	519	6,5	523	6,4
privat	43	0,6	29	0,3	37	0,3
Handel	836	10,7	865	10,8	904	11,0
sozialistisch	508	6,5	573	7,2	588	6,4
privat	328	4,2	292	3,6	316	3,9
Bereiche außerhalb der materiellen Produktion	1066	13,6	1083	13,6	1165	14,2
sozialistisch	751	9,6	772	9,7	881	10,7
privat	315	4,0	311	3,9	284	3,5
insgesamt	7853	100,0	7955	100,0	8231	100,0
davon sozialistischer Anteil		54,6		59,0		60,3

Aus: Statistisches Jahrbuch der DDR 1956, Berlin (Ost) 1957, S. 169f.

d) Entwicklung der landwirtschaftlichen Produktionsgenossenschaften (LPG) bis 1955

Jahr	Zahl aller LPG	davon Typ III	Anteil aller LPG an der landwirtschaftlichen Nutzfläche
1952	1906	–	3,3 v.H.
1953	5389	–	12,7 v.H.
1954	4958	2736	12,0 v.H.
1955	5879	4375	17,7 v.H.

Aus: Statistisches Jahrbuch der DDR 1956. Berlin (Ost) 1957, S. 350

e) Verkaufsstellen und Umsatz im Einzelhandel nach Eigentumsformen in den Jahren 1950 und 1955

	1950				1955			
	Anzahl	Anteil in v. H.	Umsatz in Mill. DM	Anteil in v. H.	Anzahl	Anteil in v. H.	Umsatz in Mill. DM	Anteil in v. H.
Verkaufsstellen insgesamt	242 381	100	17 260	100	229 800	100	31 559	100
davon: staatliche Handelsorganisation (HO)	2 294	0,9	4 551	26,4	25 114	10,9	11 170	35,4
Industrieläden	–	–	–	–	81	0	133	0,4
Konsumgenossenschaften	14 073	5,8	2937	17,0	29 055	12,7	8 755	27,8
Sonstiger sozialistischer Einzelhandel	7 007	2,9	666	3,8	8 750	3,8	1 400	4,4
Privater Einzelhandel	219 007	90,4	9 106	52,8	166 800	72,6	10 101	32,0

Aus: Statistisches Jahrbuch der DDR 1955, S. 233, zitiert nach: Zweiter Tätigkeitsbericht, a. a. O., S. 176

f) Entwicklung der HO-Preise (DM)[1]

Zeitpunkt	Weizenmehl kg	Zucker kg	Schweinefleisch (Kamm) kg	Jagdwurst kg	Bockwurst Stück	Butter kg	Margarine kg	Eier Stück
1948 Ende	20,–	–	–	–	–	–	110,–	–
1949 Juli	8,–	15,–	51,–	44,–	3,60	70,–	50,–	2,–
1950 Januar	6,–	12,–	40,–	44,–	3,60	60,–	36,–	2,–
1951 Januar	1,32	12,–	15,–	17,–	1,88	24,–	14,–	0,60
1952 Januar	1,32	3,–	11,20	13,50	1,49	20,–	12,–	0,60
1953 Januar	1,32	3,–	11,20	13,50	1,49	20,–	8,–	0,55
1954 Januar	1,32	3,–	11,20	12,20	1,24	20,–	6,–	0,45

Zeitpunkt	Herren-Sporthemd Stück	Frauenkleid (Kunstseide) Stück	Schlüpfer für Frauen (Kunstseide) Stück	Damen-Strümpfe (Kunstseide I. Wahl) Paar	Teppich Haargarn 2 × 3 m Stück	Glühlampe (20 Watt) Stück
1948 Ende	100,–	–	–	36,–	–	–
1949 Juli	60,–	195,–	25,–	20,–	1 145,50	20,–
1950 Januar	56,–	113,50	20,–	15,–	630,–	7,–
1951 Januar	40,–	108,50	20,–	10,50	594,–	4,70
1952 Januar	21,20	72,50	12,80	4,40	409,50	2,30
1953 Januar	21,20	72,50	12,80	3,70	409,50	2,30
1954 Januar	17,68	62,60	7,50	2,60	409,50	1,30

Aus: Statistische Praxis, (Ost) Berlin 1954, Nr. 10, zitiert nach:
Hermann Weber, Von der SBZ zur DDR 1945–1967, a. a. O., S. 155

[1] Die Bruttolöhne je Arbeitsstunde betrugen 1951 für Maurer 1,60 Mark, für Schlosser 1,78 Mark. Die Mehrheit der Arbeiter verdiente unter 312,– Mark brutto im Monat, bis 1955 stieg der Durchschnittsverdienst von Arbeitern und Angestellten auf 345 Mark (H. Weber, Kleine Geschichte der DDR, a. a. O., S. 63).

III/3 Der Ausbau der „bewaffneten Kräfte“

Arbeitsthemen

1. *Wie werden in der DDR-Geschichtsschreibung die Aufstellung von Streitkräften und die dabei aufgetretenen Konflikte beschrieben und begründet? (Nr. 1)*
2. *Welche Rolle schreibt Honecker der FDJ für die „Festigung und Stärkung der DDR“ zu? Welches Bild der Sowjetunion wird beschworen? Womit wird die propagierte paramilitärische Ausbildung in der FDJ begründet? In welchen Zusammenhängen wird dabei der Begriff „Frieden“ verwendet? (Nr. 2)*
3. *Welche Verbindung stellt Ulbricht zwischen dem Aufbau der „Nationalen Streitkräfte“ und der „weiteren Stärkung der volksdemokratischen Grundlagen“ her? Was meint er mit der Formel von der „doppelten Versklavung“ der DDR-Bevölkerung? (Nr. 3)*
4. *Welche Rückwirkungen hatten nach Ihrer Einschätzung diese Ereignisse in der DDR auf die Wiederbewaffnungsdebatte in der Bundesrepublik? (Nr. 2 und 3, vgl. S. 31 f.)*
5. *Welche Auswahlprinzipien wurden bei der Besetzung der Offiziersstellen in der KVP zugrunde gelegt? (Nr. 4)*
6. *Welche charakteristischen Unterschiede bestehen zwischen den Wehrdienst-Artikeln in den Verfassungen der beiden deutschen Staaten? (Nr. 5 und GG Art. 4 Abs. 4, Art. 12 a, Art. 73)*

Materialien

1. Von der „Kasernierten Volkspolizei“ zur „Nationalen Volksarmee“

Am 26. Mai 1952 beschloß der Ministerrat, die Sicherung der Staatsgrenze zwischen der DDR und der BRD zu verstärken. Das ZK der SED rief alle Parteimitglieder auf, die Wachsamkeit zu erhöhen und der Erziehung der Werktätigen zur Verteidigungsbereitschaft größere Aufmerksamkeit zu schenken. Tausende Mitglieder der FDJ erklärten sich bereit, Ehrendienst in der Deutschen Volkspolizei zu leisten.

Im Sommer 1952 wurden die Bereitschaften der Volkspolizei in die Kasernierte Volkspolizei umgewandelt. Die KVP war eine bewaffnete Formation der Arbeiterklasse und ein wichtiges Instrument der Diktatur des Proletariats. Der Kampf gegen konterrevolutionäre Kräfte, gegen eingeschleuste Gruppen bewaffneter Agenten und Diversanten war ihre Hauptaufgabe. 80 Prozent der Mannschaften und der Offiziere entstammten der Arbeiterklasse und der werktätigen Bauernschaft. An der Spitze der KVP standen bewährte Antifaschisten, wie die Generalinspekteure der VP Heinz Hoffmann, Heinz Keßler und Waldemar Verner. Anfangsschwierigkeiten bei der Ausbildung und Entwicklung der Kader sowie bei der Bewaffnung und Ausrüstung konnten mit Hilfe der Sowjetarmee gemeistert werden.

Mit der Bildung der Gesellschaft für Sport und Technik im August 1952 entsprach die Regierung dem Ersuchen des IV. Parlaments der FDJ, der Jugend die Vorbereitung auf den Dienst in den bewaffneten Organen zu ermöglichen. Der weiteren Festigung der öffentlichen Ordnung und Sicherheit diente der Aufbau des Systems der Abschnittsbevollmächtigten und der freiwilligen VP-Helfer. Die Veränderungen in Aufbau und Arbeitsweise der Volkspolizei nach dem Beispiel der Sowjetmiliz gestalteten die Verbindung zwischen den Polizeiorganen und der Bevölkerung enger.

Der Aufbau bewaffneter Kräfte stieß zunächst auf Vorbehalte und selbst Ablehnung bei vielen Menschen. Pazifistische Auffassungen und eine Unterschätzung der Aggressivität des Imperialismus waren verbreitet. Zwischen einer sozialistischen und einer imperialistischen Armee wurde oft kein Unterschied gemacht. Die SED und die FDJ verstärkten ihre ideologische Arbeit und erläuterten den Werktätigen, daß die bewaffneten Organe der DDR – im Gegensatz zu einer imperialistischen Armee – Machtinstrumente der Arbeiterklasse zum Schutze des Sozialismus und des Friedens sind. Die SED erklärte, daß es im Falle einer imperialistischen Aggression die Pflicht der DDR ist, die Sowjetarmee bei der Herbeiführung des Friedens zu unterstützen.

...

Am 8. Januar 1956 beschloß die 10. Tagung der Volkskammer das Gesetz über die Schaffung der Nationalen Volksarmee und des Ministeriums für Nationale Verteidigung. Die Arbeiter- und Bauern-Macht zog damit die militärpolitischen Schlußfolgerungen aus der neuen Lage und kam ihren internationalistischen Verpflichtungen gegenüber den sozialistischen Bruderländern nach. Mit dem Aufbau der NVA im Rahmen der Vereinten Streitkräfte leistete die DDR nunmehr auch einen militärischen Beitrag, um den Ausbruch eines Krieges auf deutschem Boden zu verhindern. Die Regierung der DDR verband diese Maßnahmen, Ausdruck einer echten Friedenspolitik, mit dem Vorschlag an die Regierung der BRD, daß beide Staaten sich in einem Abkommen verpflichten sollten, jede Anwendung von Gewalt gegeneinander zu unterlassen, eine Vereinbarung über die Ächtung der Atombombe zu treffen und ihre Beziehungen zueinander zu normalisieren.
Die Hauptaufgabe der NVA bestand darin, an der Seite der Sowjetarmee und der anderen Bruderarmeen die Staatsgrenze, das Küstenvorfeld, den Luftraum und das Territorium der DDR zuverlässig zu schützen und für den Aufbau des Sozialismus friedliche Bedingungen zu sichern. Der Aufbau der NVA war damit fester Bestandteil der allseitigen Stärkung der sozialistischen Staats- und Gesellschaftsordnung der DDR.
Die Aufstellung der NVA erfolgte unter komplizierten ideologischen Bedingungen. Einerseits hatten im Ergebnis zielbewußter wehrerzieherischer Arbeit Zehntausende Bürger der DDR – vor allem Jungarbeiter – die Suche des Schutzes der sozialistischen Errungenschaften zu ihrer persönlichen Sache gemacht und in der Kasernierten Volkspolizei und in den Kampfgruppen ihre Bereitschaft durch die Tat bewiesen. Doch ein Jahrzehnt nach dem Ende des Zweiten Weltkrieges wirkten in breiten Schichten pazifistische Auffassungen noch stark nach. Zahlreichen Bürgern fiel es auch schwer, den grundsätzlichen Unterschied zwischen der Schaffung einer Volksarmee der DDR und dem Aufbau der aggressiven Bundeswehr zu verstehen. Außerdem unterschätzten sie die Kriegsgefahr, die im Gefolge der imperialistischen Strategie des „roll back" wuchs.
Die SED hatte der Vorbereitung der Kader für die NVA große Aufmerksamkeit gewidmet. Das Hauptreservoir hierfür war die KVP. Die NVA wurde auf dem Prinzip der Freiwilligkeit aufgebaut. Das trug zu ihrer klassenmäßigen Stärkung bei. Die Mannschaftskader der NVA rekrutierten sich vornehmlich aus den fortgeschrittenen Kräften der Arbeiterklasse und der anderen Werktätigen, die entschlossen waren, ihre Person selbstlos dem militärischen Schutz der sozialistischen DDR zu widmen. Auch das Offizierskorps ging zumeist aus der Arbeiterklasse hervor ... Die DDR erhielt beim Aufbau der NVA, bei ihrer militärischen Ausrüstung und der Ausbildung ihrer Kader umfangreiche Hilfe durch die Sowjetunion.
Am 28. Januar 1956 beschloß der Politische Beratende Ausschuß der Warschauer Vertragsstaaten, die NVA in die Vereinten Streitkräfte aufzunehmen.

Aus: DDR – Werden und Wachsen, a.a.O., S. 225 f. und 291 ff.

2. Der FDJ-Vorsitzende Honecker zum „Ehrendienst" der Jugend, Mai 1952

„In dieser Situation fällt unserer Freien Deutschen Jugend die ehrenvolle Aufgabe zu, sich als treuer Helfer und als zuverlässige Kampfreserve der Partei der Arbeiterklasse zu bewähren und die Regierung der Deutschen Demokratischen Republik vorbehaltlos in der Durchführung aller Maßnahmen zu unterstützen, die der Festigung und Stärkung unserer Deutschen Demokratischen Republik und damit der erfolgreichen Durchführung des Kampfes gegen den Generalkriegsvertrag und für den Abschluß eines Friedensvertrages mit Deutschland dienen ...
In dem großen Stalin verehren heute Millionen junger deutscher Patrioten den Führer und Lehrer der gesamten fortschrittlichen Menschheit, den genialen Schöpfer der Großbauten des Kommunismus, den Organisator und Inspirator aller Siege des Weltfriedenslagers. Wo immer in der Welt das Wort ‚Frieden' ausgesprochen wird, ist Stalin gegenwärtig. Ihm gilt unser Dank, der Dank von Mil-

lionen deutschen Jugendlichen für all das, was seit der Zerschlagung des barbarischen Hitler-Faschismus unser Leben schöner und inhaltsreicher macht. Ihm gilt unsere Verpflichtung, in der gegenwärtigen Periode des Kampfes um die Erhaltung des Friedens unter der Führung der Sozialistischen Einheitspartei Deutschlands jedes Hindernis aus dem Wege räumen zu helfen, das sich der Herstellung der Einheit unseres Vaterlandes entgegenstellt ... Es lebe das unerschütterliche Bollwerk des Friedens, die große sozialistische Sowjetunion, und der Inspirator all unserer Siege, der große und weise Genosse Stalin! – Hurra! – Hurra! – Hurra! ...
Nie haben wir ein Hehl daraus gemacht, daß wir bereit sind, im Falle der Verwandlung Westdeutschlands in eine Aggressionsbasis gegen friedliebende Völker die bewaffnete Verteidigung unserer Heimat zu organisieren. Bereits im Jahre 1950 hat der Zentralrat der FDJ angesichts der wachsenden Provokationen des imperialistischen Lagers erklärt, daß es die friedliebende deutsche Jugend als eine hohe Ehre und Verpflichtung ansehen muß, im Falle einer Aggression an der Seite der Sowjetunion den Frieden zu verteidigen.
Es ist daher nur die Fortsetzung unseres entschlossenen Eintretens für den Frieden, wenn unsere Freie Deutsche Jugend in der gegenwärtigen Situation im Interesse der Erhaltung des Friedens, des Schutzes unserer Heimat und unserer Errungenschaften dem Präsidenten unserer Deutschen Demokratischen Republik, Wilhelm Pieck, und dem Ministerpräsidenten Otto Grotewohl die Versicherung abgibt, daß sie sich bei der Organisierung des bewaffneten Schutzes unserer Heimat voll und ganz auf die Jugend der Deutschen Demokratischen Republik verlassen können ...
Daher gilt es vor allem, unsere deutsche Volkspolizei, die mit der Waffe in der Hand auf Wacht für den Frieden steht, durch die Jugend zu stärken. Der Dienst in der deutschen Volkspolizei ist für jeden FDJler Ehrendienst am deutschen Volk ...
Es besteht auch gar kein Hinderungsgrund, im Interesse der Erfüllung der Kampfbereitschaft für den Frieden jene Sportarten unserer Jugend zu pflegen, die nicht nur das Auge üben, sondern auch die Jugend in die Lage versetzen, sich auf die Verteidigung der Heimat vorzubereiten. Wir schlagen daher dem Parlament vor, alle Anträge in bezug auf die Einführung des Schießsports, des Segel- und Motorflugsports, des Fallschirmsports ... in einem Beschluß zusammenzufassen und im Zusammenhang mit der Diskussion über den Bericht zur Durchführung des Gesetzes zur Förderung der Jugend an den Stellvertreter des Ministerpräsidenten, Walter Ulbricht, die Bitte zu richten, die Jugend in der Schaffung solcher Einrichtungen zu unterstützen, die es ihr ermöglichen, in den angeführten Sportarten einen hohen Leistungsstand zu erzielen ..."
...
Unmittelbar nach dem IV. Parlament der FDJ [27.–30. 5. 1952 in Leipzig, wo dem Honecker diese Rede gehalten hatte] begann deren Militarisierungsprozeß. Die Großkampagne zur gar nicht immer sehr freiwilligen Werbung für die kasernierten Einheiten der Volkspolizei wurde eingeleitet auf der Basis der Richtlinien des Patenschaftsvertrages der FDJ über die Einheiten der Volkspolizei, der auf dem IV. Parlament beschlossen worden war. Hier hieß es eindeutig, daß es die Aufgabe jedes Mitgliedes der Freien Deutschen Jugend sei, die besten Mitglieder in die Einheiten der Volkspolizei zu delegieren. Jeder FDJler habe die patriotische Pflicht, sich „Fachkenntnisse auf dem Gebiet des Schießens, des Segelfluges, des Nachrichtenwesens, des Fallschirmsprungs sowie der Geländekunde und des Geländewesens anzueignen, um seine Bereitschaft zur Verteidigung des Friedens zu erhöhen".

Aus: Heinz Lippmann, Honecker. Porträt eines Nachfolgers, Köln 1971, S. 139 ff., 144.

3. Walter Ulbricht zu den „nationalen Streitkräften" auf der II. Parteikonferenz der SED im Juli 1952

1. Die nationalen Streitkräfte werden die Armee des vom Imperialismus befreiten Volkes in der Deutschen Demokratischen Republik sein ...
2. Die nationalen Streitkräfte werden die Armee zur Verteidigung der Heimat sein, zum Schutze der sozialistischen Errungenschaften unseres Volkes. Möge diese Volksarmee so stark sein, so gut

ausgerüstet, und so ausgezeichnet die Waffentechnik beherrschen, daß den Feinden des deutschen Volkes der Drang nach militärischen Provokationen vergeht.
3. Die nationalen Streitkräfte werden die freie und friedliche Arbeit des Volkes und seine Errungenschaften schützen.
4. Die nationalen Streitkräfte werden ein Werkzeug zur weiteren Stärkung der volksdemokratischen Grundlagen unserer staatlichen Ordnung sein.
5. Die nationalen Streitkräfte sollen erfüllt sein vom Haß gegen die amerikanischen, englischen und französischen Imperialisten, die die Bevölkerung der doppelten Versklavung unterwerfen wollen. Sie werden erfüllt sein vom Willen zur Wiederherstellung der Einheit unseres Vaterlandes. Die nationalen Streitkräfte werden sich brüderlich verbunden fühlen mit allen patriotischen Kräften Westdeutschlands.
6. Die nationalen Streitkräfte sollen erfüllt sein von der unverbrüchlichen Freundschaft zur Sowjetunion und zum Führer der Völker, Generalissimus, Stalin. Sie sollen sich verbunden fühlen mit den Ländern der Volksdemokratie, die den Sozialismus aufbauen, sowie mit dem nationalen Befreiungskampf der unterdrückten Völker in den Kolonien und Halbkolonien ...

Zit. nach: Helmut Bohn u.a., Die Aufrüstung in der Sowjetischen Besatzungszone Deutschlands, hrsg. vom Bundesministerium für Gesamtdeutsche Fragen. Bonn 1960, S. 18.

4. Herkunft der Offiziere der „Kasernierten Volkspolizei"

Der rasche, von den Sowjets im Jahre 1948 befohlene Aufbau bewaffneter militärischer Verbände in der Sowjetzone stand unter der Devise: Erst die Organisation schaffen, dann die hierzu erforderlichen Fachkräfte heranbilden. Das hatte zur Folge, daß der Offiziersbestand hinsichtlich seiner sozialen Herkunft, seiner allgemeinen und militärischen Bildung, seiner Weltanschauung und seiner Lebensmaximen sowie nach seiner Altersgliederung äußerst uneinheitlich war und daß auch heute noch kein einheitliches Offizierskorps besteht. Einen ungefähren Überblick über die soziologische Zusammensetzung der höheren und mittleren Offiziere in der Zeit des Aufbaus vermittelt das Ergebnis einer aus dem Jahre 1954 stammenden Untersuchung, die sich auf 1 500 Stabsoffiziere (vom Major bis zum Generalleutnant, in Einzelfällen auch auf Hauptleute in Stabsfunktionen) bezieht. Von den dort erfaßten Stabsoffizieren waren 1 099 (= 73,27 v.H.) ehemalige Angehörige der deutschen Wehrmacht und von diesen 440 (= 29,33 v.H. der Gesamtzahl) ehemalige Offiziere. In sowjetischer Gefangenschaft hatten sich 501 (= 33,4 v.H.) befunden, und an Lehrgängen in der Sowjetunion hatten 546 (= 36,4 v.H.) teilgenommen.
Unter den 1 500 Stabsoffizieren waren 139 (= 9,27 v.H.) Altkommunisten, d.h. sie hatten mindestens 20 Jahre der Kommunistischen Partei angehört. 36 (= 2,4 v.H.) hatten auf kommunistischer Seite in Spanien gekämpft, 88 (= 5,8 v.H.) hatten sich in den Jahren 1933–1945 in nationalsozialistischen Gefängnissen oder Konzentrationslagern befunden (was allerdings nichts über ihre frühere Einstellung zum Kommunismus aussagt) und 45 (= 3,0 v.H.) waren in der nationalsozialistischen Ära in der Emigration, vorwiegend in der Sowjetunion, gewesen. Für diesen Personenkreis kann man mit geringen Ausnahmen eine „proletarische Herkunft" als gegeben annehmen.
Von den in dieser Untersuchung erfaßten 27 Generalmajoren gehörten 16 der ehemaligen deutschen Wehrmacht an (12 waren bereits in der deutschen Wehrmacht Stabsoffiziere gewesen, 4 hatten Mannschafts- oder Unterführerdienstgrade), und 11 waren Mitglieder der Kommunistischen Partei vor 1933 gewesen. Von den 3 Generalleutnants waren 2 Altkommunisten und einer ehemaliger Stabsoffizier der deutschen Wehrmacht gewesen. Fast Dreiviertel dieser Generale (18 Generalmajore und 3 Generalleutnants = 72,4 v.H.) wurden mit Sicherheit – zum Teil mehrmals – in der Sowjetunion geschult. Unter den statistisch erfaßten Obersten hatten 45 der deutschen Wehrmacht angehört (22 als Stabsoffiziere, 14 als Subalterndienstgrade und 9 als Unterführer und Mannschaften), während 20 Altkommunisten waren. Auch die Angehörigen dieser Gruppe waren zu 75 v.H. in der Sowjetunion geschult worden.

Aus: Helmut Bohn u.a., Die Aufrüstung in der Sowjetischen Besatzungszone Deutschlands, a.a.O., S. 148 f.

5. Gesetz zur Ergänzung der Verfassung der DDR vom 26.9.1955

§ 1

Der Artikel 5 der Verfassung der Deutschen Demokratischen Republik wird wie folgt ergänzt:

„Der Dienst zum Schutze des Vaterlandes und der Errungenschaften der Werktätigen ist eine ehrenvolle nationale Pflicht der Bürger der Deutschen Demokratischen Republik."

§ 2

Der Artikel 112 der Verfassung der Deutschen Demokratischen Republik wird wie folgt ergänzt:

„Der Republik obliegt die Gesetzgebung über den militärischen Schutz der Heimat und über den Schutz der Zivilbevölkerung."

§ 3

Die Organisierung des Dienstes zum militärischen Schutze der Heimat und zum Schutze der Zivilbevölkerung wird durch Beschluß des Ministerrates geregelt.

§ 4

Dieses Gesetz tritt mit seiner Verkündung in Kraft.

Das vorstehende, vom Präsidenten der Volkskammer im Namen des Präsidiums der Volkskammer unter dem siebenundzwanzigsten September neunzehnhundertfünfundfünfzig ausgefertigte Gesetz wird hiermit verkündet.

Der Präsident
der Deutschen Demokratischen
Republik
W. Pieck

Zit. nach: Günter Albrecht (Hrsg.), Dokumente zur Staatsordnung der DDR, Bd. 1, Berlin (Ost) 1959, S. 453

III/4 Die Krise des 17. Juni 1953 und ihre Konsequenzen

Arbeitsthemen

1. *Wie beleuchtet die DDR-Geschichtsschreibung die Krisensituation Anfang 1953? Welche Rolle wird dabei dem „brutalen und gefährlichen Feind" und seinen Mitteln zugeschrieben? Welche Gründe werden für die steigende Unzufriedenheit der Bevölkerung angegeben? (Nr. 1)*
2. *Welchen Gruppen in der Bevölkerung kommt der Politbüro-Beschluß vom 9. Juni entgegen? Ist es berechtigt zu sagen, „die seit Juli 1952 beschleunigte Umwandlung der DDR in eine Volksdemokratie" sei damit „abgebrochen" worden (A. Baring)? (Nr. 2)*
3. *Mit welchen Argumenten kritisiert das Zentralorgan der SED die bei der Durchsetzung der Normenerhöhung im Bausektor angewandten Methoden? (Nr. 3; vgl. auch III/1, Nr. 2 b)*
4. *Woran läßt sich ablesen, daß die ursprüngliche Forderung der Arbeiter nach Rücknahme der Normenerhöhung zu einem grundsätzlichen politischen Protest eskalierte? Wie verhielt sich die Besatzungsmacht gegenüber dieser Demonstration? Womit könnte ihr anfängliches Verhalten erklärt werden? (Nr. 4 und 6)*
5. *Wie beurteilt das ZK der SED nach der Niederschlagung des Arbeiteraufstandes durch sowjetische Truppen*
   - *Auslösung und Scheitern des „Putschversuchs",*
   - *„Generallinie", „Kurs" und Maßnahmen der Partei,*
   - *die Beteiligten am „Putschversuch",*
   - *die „Schlüsselrolle" des Justizministers Fechner? (Nr. 5)*

6. *Wie sieht Arnulf Baring die Zusammenhänge zwischen Vorgängen in der UdSSR und den Ereignissen um den 17. 6. 1953? (Nr. 6 und 7) Wie begründet er seine These, der Arbeiteraufstand habe die Position Walter Ulbrichts gestärkt? (Nr. 7)*
7. *Welche Organisationen waren von den weitreichenden „Säuberungen" nach dem 17. 6. betroffen? (Nr. 8)*
8. *Wie beschreibt die DDR-Geschichtsschreibung den 17. Juni? Mit welchen Mitteln wird versucht, die These vom „vorbereiteten konterrevolutionären Putsch" zu stützen? (Nr. 9) Welche Einschätzung besteht dagegen in der Bundesrepublik? (Nr. 10)*

Materialien

1. Probleme des sozialistischen Aufbaus

Der planmäßige Aufbau des Sozialismus in der DDR stellte die Arbeiterklasse und ihre marxistisch-leninistische Partei vor schwierige Probleme. War doch die sozialistische Ordnung in einem entwickelten Industrieland zu errichten, in dem die aggressivsten Kräfte des Imperialismus geherrscht hatten, von dem zwei Weltkriege ausgegangen waren, dazu im kleineren, wirtschaftlich schwächeren, an Rohstoffen ärmeren und von den Kriegsfolgen schwerer betroffenen Territorium eines vom Imperialismus gespaltenen Landes. Die sozialistische Umwälzung mußte unter den Bedingungen der offenen Grenze zu einem gefährlichen und brutalen Feind erfolgen, der sein starkes ökonomisches Potential, seine internationalen Verbindungen, seine großen Erfahrungen in der Bekämpfung des gesellschaftlichen Fortschritts und in der Irreführung der Werktätigen zielstrebig einsetzte, um die Arbeiter-und-Bauern-Macht zu beseitigen. Insbesondere nutzte er die noch bestehende Abhängigkeit der DDR von Lieferungen aus der BRD rücksichtslos für seine Zwecke aus.
Die Errichtung einer schwerindustriellen Basis in der DDR stieß auf große Schwierigkeiten. Die anfangs noch geringe Roheisenerzeugung hemmte den Aufbau der Betriebe des Schwermaschinenbaus. Teile des überlasteten Energienetzes mußten häufig abgeschaltet werden, was zu Produktionsausfällen führte. Es fehlte an Erfahrungen bei der Herstellung neuer Sortimente. Die imperialistische Spionage- und Sabotagetätigkeit vergrößerte die wirtschaftlichen Schwierigkeiten erheblich. Die pausenlose antikommunistische Hetze, die über die imperialistischen Rundfunkstationen und über viele andere Kanäle in die DDR drang, hemmte die Entwicklung des Bewußtseins vieler Menschen. Dazu kam, daß die großen Mittel, die für die Entwicklung der Grundstoffindustrie und für die sozialistische Umgestaltung der Landwirtschaft erforderlich waren, keine so rasche Verbesserung der Lebenslage der Bevölkerung zuließen, wie das wünschenswert gewesen wäre. Für die notwendigen Maßnahmen zum Schutz der Arbeiter-und-Bauern-Macht mußten zusätzliche Mittel bereitgestellt werden, die nicht im Fünfjahrplan vorgesehen waren.
Im ersten Quartal 1953 konnte der Volkswirtschaftsplan nur zu 96,7 Prozent erfüllt werden, darunter in der Nahrungs- und Genußmittelindustrie lediglich zu 90 Prozent.
Unter dem Einfluß des Kalten Krieges des Imperialismus verschärften sich die in der DDR bestehenden gesellschaftlichen Widersprüche, besonders zwischen den sozialistischen und den kapitalistischen Kräften. In der Privatindustrie und bei den Großbauern stiegen die Steuerrückstände beträchtlich an. Zahlreiche Unternehmer und Großbauern horteten und verschoben Waren, sabotierten die Ablieferungspflicht und betrieben großangelegte Spekulationsgeschäfte. Andere ruinierten ihre Betriebe und ließen sie im Stich. Der Staat reagierte auf die Verschärfung der Klassengegensätze mit Maßnahmen, die insgesamt auf eine beschleunigte Einschränkung des Kapitalismus gerichtet waren. In ihrem Gefolge sowie durch Produktionseinstellungen und Republikflucht von Unternehmern ging 1953 die Zahl der Privatbetriebe gegenüber dem Vorjahr um mehr als 2 000 zurück. Dadurch sank die Produktion besonders in der Konsumgüterindustrie. Die Zahl der Großbauernwirtschaften verringerte sich in der gleichen Zeit um 16 000, das heißt etwa um ein Drittel. Ihre Übernahme stellte für den noch nicht gefestigten genossenschaftlichen Sektor eine

schwere Belastung dar und machte zusätzliche Hilfe durch die Arbeiterklasse notwendig. Es kam zu größeren Versorgungsschwierigkeiten.
Der außerordentliche Druck des Imperialismus und die zeitweiligen besonderen Schwierigkeiten des sozialistischen Aufbaus, die auch in einigen volksdemokratischen Staaten auftraten, gaben ehemaligen Faschisten und anderen reaktionären Elementen Auftrieb und führten zu Zweifel und Unzufriedenheit, vor allem unter den kleinbürgerlichen Bevölkerungsschichten. Die vom Sektor der kleinen Warenproduktion ausgehenden Störungen verstärkten sich. Das illegale Verlassen der Republik nahm zu. Auch die Verbindung der SED zu Teilen der Arbeiterklasse begann sich zu lokkern.
Die Führung der SED rief die Parteiorganisationen und die Staatsorgane auf, die Wachsamkeit zu erhöhen und den konterrevolutionären Vorstößen entschlossen zu begegnen. Vielen Feinden der Arbeiter-und-Bauern-Macht wurde das Handwerk gelegt. Den Sicherheitsorganen gelang es jedoch nicht, das weitverzweigte imperialistische Agentennetz zu zerschlagen. Die Justizorgane, die mit harten Strafen gegen die Feinde des Sozialismus vorgingen, unterschieden mitunter zu wenig zwischen tatsächlichen Gegnern des Sozialismus und solchen Bürgern, die aus anderen Gründen gegen die Gesetze verstoßen hatten. Es wurde auch versucht, eine Reihe von Schwierigkeiten mit administrativen Maßnahmen zu überwinden.
Das begünstigte Tendenzen, die geduldige Überzeugungsarbeit zu vernachlässigen. Besonders bei der Erhöhung von Arbeitsnormen und in der Bündnispolitik wirkten sich solche Tendenzen nachteilig aus.
In Übereinstimmung mit der KPdSU und der Regierung der UdSSR legten das Politbüro des ZK der SED am 9. und der Ministerrat der DDR am 11. Juni 1953 eine Reihe politischer und ökonomischer Maßnahmen fest, die auf die Festigung der Arbeiter-und-Bauern-Macht und der Verbindungen der SED zur Arbeiterklasse und anderen werktätigen Klassen und Schichten gerichtet waren. Im Zusammenhang mit einer Herabsetzung des Planes der Schwerindustrie leiteten sie eine spürbare Verbesserung der Lebenslage der Arbeiterklasse, der werktätigen Bauern, der Intelligenz, der Handwerker und Einzelhändler ein. Auch einige Maßnahmen zur Einschränkung des Kapitalismus wurden aufgehoben. Die Beschlüsse vom 9. und 11. Juni 1953 wurden als „Politik des neuen Kurses" bezeichnet.

Aus: DDR – Werden und Wachsen, a.a.O., S. 238ff.

2. SED-Politbüro leitet Neuen Kurs ein

Das Politbüro des Zentralkomitees der SED hat in seiner Sitzung vom 9. Juni 1953 beschlossen, der Regierung der Deutschen Demokratischen Republik die Durchführung einer Reihe von Maßnahmen zu empfehlen, die der entschiedenen Verbesserung der Lebenshaltung aller Teile der Bevölkerung und der Stärkung der Rechtssicherheit in der Deutschen Demokratischen Republik dienen. Das Politbüro des ZK der SED ging davon aus, daß seitens der SED und der Regierung der Deutschen Demokratischen Republik in der Vergangenheit eine Reihe von Fehlern begangen wurden, die ihren Ausdruck in Verordnungen und Anordnungen gefunden haben, wie zum Beispiel der Verordnung über die Neuregelung der Lebensmittelkartenversorgung, über die Übernahme devastierter landwirtschaftlicher Betriebe, in außerordentlichen Maßnahmen der Erfassung, in verschärften Methoden der Steuererhebung usw. Die Interessen solcher Bevölkerungsteile wie der Einzelbauern, der Einzelhänder, der Handwerker, der Intelligenz wurden vernachlässigt. Bei der Durchführung der erwähnten Verordnungen und Anordnungen sind außerdem ernste Fehler in den Bezirken, Kreisen und Orten begangen worden. Eine Folge war, daß zahlreiche Personen die Republik verlassen haben.
Das Politbüro hat bei seinen Beschlüssen das große Ziel der Herstellung der Einheit Deutschlands im Auge, welches von beiden Seiten Maßnahmen erfordert, die die Annäherung der beiden Teile Deutschlands konkret erleichtern.

Aus diesen Gründen hält das Politbüro des ZK der SED für nötig, daß in nächster Zeit im Zusammenhang mit Korrekturen des Planes der Schwerindustrie eine Reihe von Maßnahmen durchgeführt werden, die die begangenen Fehler korrigieren und die Lebenshaltung der Arbeiter, Bauern, der Intelligenz, der Handwerker und der übrigen Schichten des Mittelstandes verbessern. Auf der Sitzung am 9. Juni hat das Politbüro Maßnahmen auf dem Gebiet des Handels und der Versorgung, auf landwirtschaftlichem Gebiet und auch hinsichtlich der Erleichterung des Verkehrs zwischen der Deutschen Demokratischen Republik und Westdeutschland festgelegt.
Um die Erzeugung von Waren des Massenbedarfs zu vergrößern, die von kleinen und mittleren Privatbetrieben hergestellt werden, und um das Handelsnetz zu erweitern, wird vorgeschlagen, den Handwerkern, Einzel- und Großhändlern, privaten Industrie-, Bau- und Verkehrsbetrieben in ausreichendem Umfange kurzfristig Kredite zu gewähren. Die Zwangsmaßnahmen zur Beitreibung von Rückständen an Steuern und Sozialversicherungsbeiträgen, die bis zum Ende des Jahres 1951 entstanden sind, sollen für Klein-, Mittel- und Großbauern, Handwerker, Einzel- und Großhändler, private Industrie-, Bau- und Verkehrsbetriebe, das heißt in der gesamten privaten Wirtschaft, ausgesetzt werden.
Wenn Geschäftseigentümer, die in letzter Zeit ihre Geschäfte geschlossen oder abgegeben haben, den Wunsch äußern, diese wieder zu eröffnen, so ist diesem Wunsche unverzüglich Rechnung zu tragen. Außerdem soll die HO zur besseren Versorgung der Bevölkerung sofort Agenturverträge mit dem privaten Einzelhandel abschließen.
Das Politbüro schlägt ferner vor, daß die Verordnungen über die Übernahme devastierter landwirtschaftlicher Betriebe aufgehoben werden und die Einsetzung von Treuhändern wegen Nichterfüllung der Ablieferungspflichten oder wegen Steuerrückständen untersagt wird. Die Bauern, die im Zusammenhang mit Schwierigkeiten in der Weiterführung ihrer Wirtschaft ihre Höfe verlassen haben und nach Westberlin oder nach Westdeutschland geflüchtet sind (Kleinbauern, Mittelbauern, Großbauern), sollen die Möglichkeit erhalten, auf ihre Bauernhöfe zurückzukehren. Ist das in Ausnahmefällen nicht möglich, so sollen sie vollwertigen Ersatz erhalten. Es soll ihnen mit Krediten und landwirtschaftlichem Inventar geholfen werden, ihre Bauernwirtschaften zu entwickeln. Strafen, die wegen Nichterfüllung von Ablieferungsverpflichtungen oder Steuerverpflichtungen ausgesprochen wurden, sollen überprüft werden ...
Das Politbüro schlägt weiter vor, daß alle republikflüchtigen Personen, die in das Gebiet der Deutschen Demokratischen Republik und den demokratischen Sektor von Berlin zurückkehren, das auf Grund der Verordnung vom 17. Juli 1952 zur Sicherung von Vermögenswerten beschlagnahmte Eigentum zurückerhalten. Ist in Einzelfällen die Rückgabe nicht möglich, so soll Ersatz geleistet werden. Zurückkehrenden Republikflüchtigen darf aus der Tatsache der Republikflucht keine Benachteiligung entstehen. Sie sollen durch die zuständigen Organe der Räte der Bezirke und Kreise entsprechend ihrer fachlichen Qualifikation wieder in das wirtschaftliche und gesellschaftliche Leben eingegliedert werden und ihre vollen Bürgerrechte erhalten. (Deutscher Personalausweis, Lebensmittelkarte usw.) Für die Rückkehrer sind Auskunftsstellen einzurichten, die ihnen in allen Fragen Rat und Auskunft erteilen.
Das Politbüro ist ferner der Auffassung, daß die Frage der Aufenthaltsgenehmigungen für Westdeutsche und Westberliner sowie die Frage der Ausstellung von Interzonenpässen im Sinne der Erleichterung des Verkehrs zwischen Ost- und Westdeutschland neu geregelt werden müssen. Bei Antrag auf Ausstellung von Aufenthaltsgenehmigungen für Westdeutsche und Westberliner sind familiäre Gründe anzuerkennen, ebenso bei Anträgen auf Ausstellung von Interzonenpässen. Insbesondere ist Wissenschaftlern und Künstlern die Teilnahme an Tagungen in Westdeutschland zu ermöglichen ...
Das Politbüro schlägt ferner vor, daß alle im Zusammenhang mit der Überprüfung der Oberschüler und der Diskussion über die Tätigkeit der Jungen Gemeinde aus den Oberschulen entfernten Schüler sofort wieder zum Unterricht zuzulassen sind und daß ihnen die Möglichkeit gegeben wird, die versäumten Prüfungen nachzuholen. Ebenso sollen die im Zusammenhang mit der Überprüfung der Oberschulen ausgesprochenen Kündigungen und Versetzungen von Lehrern

rückgängig gemacht werden. Die in den letzten Monaten ausgesprochenen Exmatrikulationen an Hochschulen und Universitäten sollen sofort überprüft und bis zum 20. Juni 1953 entschieden werden. Bei Immatrikulationen an den Hochschulen und Universitäten dürfen befähigte Jugendliche aus den Mittelschichten nicht benachteiligt werden.
Ferner empfiehlt das Politbüro der Regierung der Deutschen Demokratischen Republik, die Justizorgane zu beauftragen, diejenigen Verurteilten sofort zu entlassen, die nach dem Gesetz zum Schutz des Volkseigentums zu ein bis drei Jahren verurteilt worden sind, mit Ausnahme der Fälle, in denen schwere Folgen eintraten ...
Das Politbüro hat schließlich beschlossen, der Regierung der Deutschen Demokratischen Republik zu empfehlen, daß ab 1. Juli 1953 wieder an alle Bürger der Deutschen Demokratischen Republik und des demokratischen Sektors von Groß-Berlin Lebensmittelkarten entsprechend den gesetzlich festgelegten Tätigkeitsmerkmalen ausgegeben werden. Es wird weiter vorgeschlagen, die im April 1953 durchgeführten Preiserhöhungen für Marmelade, Kunsthonig und andere Süß- und Backwaren mit Wirkung vom 15. Juni 1953 rückgängig zu machen, die Fahrpreisermäßigungen in Höhe von 50 Prozent ab 1. Juli 1953 bei Arbeiterrückfahrkarten auf alle berechtigten Personen ohne Rücksicht auf die Höhe ihres Einkommens auszudehnen, die Fahrpreisermäßigungen für Schüler und Lehrlinge und auch bestimmte Schichten der Arbeiter wiederherzustellen und auch die Fahrpreisermäßigungen für Schwerbeschädigte, Kleingärtner usw. sowie die Erstattung von Fahrgeld durch die Sozialversicherung beim Besuch bei Fachärzten wieder einzuführen.

Zit. nach: Dokumente der SED, Band IV, a. a. O., S. 428 ff.

3. „Es wird Zeit, den Holzhammer beiseite zu legen"

(„Neues Deutschland" vom 14. 6. 1953)

70 Brigaden des VEB Wohnungsbau haben freiwillig ihre Normen erhöht! So hieß es Mitte April, und am 1. Mai sollten es schon 125 Brigaden sein. Kein anderer Berliner Baubetrieb konnte solche Erfolge aufweisen.
Am 28. Mai fand im VEB Wohnungsbau eine Besprechung mit Brigadiers und Aktivisten statt, in der über eine generelle Normenerhöhung um durchschnittlich zehn Prozent für den ganzen Betrieb diskutiert und beschlossen werden sollte. Und was geschah dort? Die Mehrheit entschied sich gegen eine generelle Normenerhöhung.
Fast zur gleichen Zeit kam vom Abschnitt G-Nord in der Stalinallee die alarmierende Meldung, daß einige Zimmerer-Brigaden wegen Differenzen mit der Normenabteilung ihre Arbeit am Morgen nicht aufgenommen hatten. Am Strausberger Platz, wo ebenfalls Zimmerer-Brigaden vom VEB Wohnungsbau arbeiten, kam es zu ähnlichen Ereignissen.
Man sollte meinen, diese Signale der Unzufriedenheit der Arbeiter hätten für die Betriebs- und die Parteileitung des VEB Wohnungsbau Anlaß sein müssen, ihre Arbeit und auch die früheren Meldungen über die Normenerhöhungen von 125 Brigaden kritisch zu überprüfen. Aber nichts dergleichen. Parteisekretär Paul Müller ist nach wie vor davon überzeugt, daß die Normenabteilung des Betriebes richtig arbeitet, aber die Bauarbeiter der Tätigkeit dieser Abteilung stets Mißtrauen entgegenbringen werden. „Die Normendiskussion wurde bei uns vorbildlich geführt", meint er, „daran gibt es nichts zu rütteln. Und die Versammlung wegen der generellen Normenerhöhung hat uns der Brigadier Rocke geschmissen."
Der Maurerbrigadier Rocke gehört zu den vielen hundert Berliner Bauarbeitern, die im vergangenen Jahr an der Stalinallee Vorbildliches leisteten. Hauptsächlich seiner Initiative war es zu verdanken, daß ein großer Planrückstand am Block B-Süd aufgeholt wurde. Brigadier Rocke war einer der Neuerer an der Stalinallee.
Anfang Mai begann die Maurerbrigade Rocke auf der Großbaustelle Ostseestraße des VEB Wohnungsbau zu arbeiten. „Ich war kaum 20 Minuten hier", erzählte uns Brigadier Rocke, „um für die neue Baustelle alles vorzubereiten, als drei Leute aus der Zentrale ankamen und mit mir über Nor-

menerhöhungen diskutieren wollten. Unter ihnen befand sich auch der Normenbearbeiter Lembeck. Ich sagte ihnen, sie sollen doch warten, bis die ganze Brigade zusammen ist, denn die Hälfte meiner Kollegen arbeitete damals noch auf einem Bau in der Mühlenstraße. Meine Kollegen in der Mühlenstraße hätten einer Normenerhöhung bereits zugestimmt, wurde mir daraufhin gesagt; der Bauleiter in der Mühlenstraße hätte die Unterschriften meiner Kollegen für eine Normenerhöhung schon in der Tasche. Ich habe geantwortet, das ist eine Lüge, und ich hatte recht. Als dieses Manöver bei mir nicht zündete, erklärte mir Lembeck, daß ich mir darüber klar sein soll, daß sie auf den Großbaustellen nur Brigaden arbeiten lassen, die ihre Norm erhöht haben. Daraufhin haben wir unsere Norm um durchschnittlich 6,5 Prozent erhöht. Aber in meinen Augen war das eine regelrechte Erpressung."

Das hat Brigadier Rocke dann auch auf der erwähnten Versammlung unumwunden ausgesprochen. Und das ist der Grund, warum Parteisekretär Müller behauptet, Rocke habe die Versammlung „geschmissen"! Zur gleichen Zeit erfährt der Genosse Paul Müller von dem Mitarbeiter der Abteilung Arbeit des VEB Wohnungsbau, Genossen Förster, daß die Brigade Rocke in der demokratischen Presse kritisiert wurde und daß sich der RIAS das für seine Hetztiraden zunutze gemacht hat. Sofort war dem Parteisekretär Müller „alles klar". Er hatte zwar keine Unterlagen, er kannte nicht einmal den Artikel, aber für ihn stand der Zusammenhang zwischen der „geschmissenen Versammlung" und der Hetzsendung des RIAS fest.

Am 29. Mai, einen Tag nach der verunglückten Versammlung, erschien Genosse Müller in der Mittagspause bei der Brigade Rocke. Völlig unbeherrscht polterte er los: Der Brigadier Rocke sei im RIAS genannt worden, also müsse er oder ein Mitglied seiner Brigade mit dem RIAS in Verbindung stehen. Aber für RIAS-Agenten sei in volkseigenen Betrieben kein Platz.

Genosse Müller behauptet heute, er habe das „allgemein gemeint". Aber die Empörung über die ungeheure Verdächtigung, die seine Worte bei den Mitgliedern der Brigade Rocke auslösten, beweist das Gegenteil. Die Brigade kannte weder den Artikel in der demokratischen Presse, noch wußte sie von den RIAS-Lügen. Wie dem Brigadier Rocke, als er von den Anschuldigungen hörte, zumute war, hat er uns offen erzählt. „Als der Genosse Müller seine Strafpredigt vom Stapel ließ, bin ich mir vorgekommen wie einer, dem man den Strick um den Hals legt und die Beine wegzieht", sagte er. „Ja, soweit war ich damals", setzte er hinzu. „Wenn nur mal jemand richtig mit uns gesprochen hätte, hätten wir unsere Normen sicher erhöht. Wir sind doch keine Unmenschen. Aber wir lassen uns nicht die Pistole auf die Brust setzen."

Bei der Putzerbrigade Fuchs ist es ähnlich gewesen. Auch hier wurde versucht, die Teile der Brigade gegeneinander auszuspielen und mit Dummenfang eine Normenerhöhung zu erreichen …

„Du schreibst ja doch nicht in die Zeitung, was wir da sagen!" Mit diesen Worten wurden wir von den erregten Mitgliedern der Brigade Zock empfangen, als wir in ihre Baubude am Strausberger Platz traten. Als die Abrechnung für diese Brigade bekanntgeworden war, stellte sich heraus, daß sie durchschnittlich nur 1,63 DM Leistungsstundenlohn im Monat Mai verdient hatte. Die Brigade verlangte eine Überprüfung. Darauf geschah nichts. Sie weigerte sich, weiterzuarbeiten.

Daraufhin bequemten sich die verantwortungslosen Mitarbeiter des VEB Wohnungsbau endlich, die Überprüfung der Abrechnung vorzunehmen. Und was stellte sich heraus? Daß man falsch gerechnet hatte und daß den Arbeitern ein durchschnittlicher Leistungsstundenlohn von 1,99 DM zustand.

„Seit Monaten gibt es Differenzen mit der Normenabteilung", erklärten die Brigade-Mitglieder. „Immer stimmt unsere Abrechnung nicht. Müssen wir um unseren Lohn wie um Almosen betteln?" Nach einer längeren Diskussion sagten sie schließlich: „Du mußt uns doch verstehen. Wir arbeiten ja, wir wollen ja auch aufbauen. Wir sind nur so erregt, weil es mit der Arbeit in der Zentrale nicht klappt." Der Rüsterbrigade Bornemann erging es ähnlich wie der Brigade Zock …

Genosse Paul Müller bildet sich ein, von den Bauarbeitern als vorbildlicher Parteifunktionär anerkannt zu werden. Das Gegenteil ist der Fall.

So erklärte der verantwortliche parteilose Bauleiter der Großbaustelle Ostseestraße, Christen: „Kollege Müller tritt überall wie ein Diktator auf. Er finder nie den richtigen Ton, um die Bauarbeiter von den für den Betrieb wichtigen Maßnahmen zu überzeugen. Seine Methode ist die des ‚Zusammenhauens'." Auf unsere Frage, warum er sich das als verantwortlicher Bauleiter ohne weiteres gefallen läßt, antwortete Bauleiter Christen: „Ich traue mich nicht, etwas dagegen zu sagen. Wenn man etwas gegen die Meinung des Kollegen Müller äußert, kann es passieren, daß man ‚gemüllert' wird ..."

Aber auch das selbstherrliche und überhebliche Auftreten des Genossen Müller kommt nicht von ungefähr. Er glaubt, er handelt richtig, wenn er an die Stelle der Überzeugungsarbeit den Holzhammer setzt, denn noch nie wurde er deswegen von seiner Parteiorganisation kritisiert. Ja, auch die Bezirksleitung hat bisher keinen Anstoß daran genommen. Im Gegenteil. Genosse Müller wird in seiner „Methode" noch gestärkt, wenn Genosse Baum als Mitglied des Sekretariats der Bezirksleitung Groß-Berlin der SED auf einer Besprechung mit Parteifunktionären der Berliner Bauindustrie am 27. Mai erklärt, daß es bei Vorfällen, wie sie sich auf der Baustelle G-Nord ereignet haben, auch einmal notwendig sei, ein Exempel zu statuieren. Man müsse eine der Bauarbeiterbrigaden, die die Arbeitsdisziplin auf der Baustelle gestört haben, fristlos entlassen.

Das heißt mit anderen Worten, die Bauarbeiter, die durch ihre Aktion eine Verbesserung der Arbeit in der Verwaltung und dadurch eine Verbesserung der Produktion erreichen wollten, weil ihnen die Partei und die Betriebsleitung nicht halfen, sollen dafür auch noch bestraft werden. So geht es natürlich nicht!

Wenn eine Betriebsparteiorganisation und leitende Wirtschaftsfunktionäre, die Mitglieder unserer Partei sind, das Vertrauen der Arbeiter mißbrauchen, können sie nicht erwarten, daß sich die Arbeiter so einfach damit abfinden.

Was ergibt sich daraus für die weitere Arbeit der Parteiorganisation des VEB Wohnungsbau?

1. Die Parteiorganisation des VEB Wohnungsbau muß dafür sorgen, daß in ihrem Betrieb ein für allemal bei der Festlegung von Normen mit dem Kuhhandel und der Normenschaukelei Schluß gemacht wird. Nur dann wird es gelingen, das berechtigte Mißtrauen der Bauarbeiter gegenüber der Betriebs- und Parteileitung zu beseitigen.

2. Die Parteiorganisation des VEB Wohnungsbau muß sich dafür einsetzen, daß die Beschlüsse unserer Regierung und Partei nicht diktatorisch und administrativ durchgeführt werden. Eine Normerhöhung kann erst dann für eine Brigade verbindlich erklärt werden, wenn die Brigademitglieder von der Bedeutung dieser Maßnahme für unseren Kampf um ein besseres Leben überzeugt wurden. Jeder andere Weg zur Erhöhung der Normen hat nachteilige Auswirkungen für den Betrieb. Das Gefährlichste dabei ist, daß wir bei diktatorischer und administrativer Einführung von Maßnahmen unsere Werktätigen abstoßen, anstatt sie immer fester an uns zu binden ...

Zit. nach: Hermann Weber, Von der SBZ zur DDR, a. a. O., S. 146 ff.

4. Der 16. und 17. Juni 1953 in Berlin

Aufgeregt erschien im Vorzimmer des Politbüros ein Abgesandter der Berliner Parteileitung namens Brandt und verlangte Jendretzky zu sprechen. Als dieser zusammen mit Herrnstadt erschien, berichtete Brandt, von der Stalinallee aus setze sich ein Demonstrationszug von Arbeitern in Bewegung, die die Aufhebung der Normenerhöhung verlangten. Das müsse jetzt sofort geschehen. „Du meinst", fragte Herrnstadt, „man muß sich hinter die Forderungen der Arbeiter stellen – sie sind berechtigt?" Brandt bejahte, und die beiden Parteiführer versprachen, sofort einen entsprechenden Antrag einzubringen.

Brandt setzte sich in den Korridor und wartete. Einmal kam Semjonow aus dem Sitzungssaal, erhielt Informationen und verschwand wieder. Mehrere Stunden vergingen. Endlich erschien Ulbricht. Das Politbüro, sagte er, habe die Normenerhöhung aufgehoben; Bruno Baum von der Berliner Parteileitung solle das den Demonstranten mitteilen und sie bewegen, wieder auseinanderzugehen. Nur mit Mühe verbarg der Generalsekretär seine Erregung. Als jedoch Baum, begleitet von Brandt, den Alexanderplatz erreichte, war der Demonstrationszug bereits auf mehrere tausend

Menschen angeschwollen. Aus den Seitenstraßen kamen immer mehr dazu. Von den Fenstern der Mietshäuser und Verwaltungsgebäude winkten die Menschen den Demonstranten zu. Rufe wurden laut „Wir wollen freie Menschen sein und keine Sklaven“, „Wir verlangen freie Wahlen“, „Es hat alles keinen Zweck, der Spitzbart, der muß weg“, „Spitzbart, Bauch und Brille[1] sind nicht Volkes Wille“. Baum kapitulierte: „Hier kann man nichts mehr machen.“ Zurückgekehrt in die Bezirksleitung, erfuhr er, der Chef der Ostberliner Polizei, Waldemar Schmidt, habe schon am frühen Morgen gegen die sich sammelnden Demonstranten vorgehen und die „Rädelsführer“ verhaften lassen wollen, aber Karlshorst habe das verboten. Jetzt beschwerte sich der Polizeipräsident über die „knieweichen Russen“ und schlug dem inzwischen eingetroffenen Jendretzky vor, die Sowjets umzustimmen. Doch dieser antwortete, er wolle nicht als Arbeiterschlächter handeln.
Inzwischen hatte der Demonstrationszug die Leipziger Straße und das Haus der Ministerien erreicht. Die Anführer verlangten Grotewohl und Ulbricht zu sprechen. Einer der wenigen im Regierungsgebäude, die die Nerven behielten, der Industrieminister Selbmann, ließ sich mit Ulbricht verbinden und forderte den Generalsekretär auf, mit den Arbeitern zu sprechen. Aber Ulbricht antwortete, er sei in der Sitzung, er könne nicht kommen. Und als Selbmann noch einmal drängte, erwiderte er: „Es regnet ja, die gehen jetzt doch auseinander ...“
Ein ähnliches Beispiel für die Geisteshaltung der SED-Führer hatte der Berliner Bezirkssekretär Bruno Baum schon am 15. Juni geliefert. Grotewohl hatte seine Sekretärin mit einem Brief Berliner Bauarbeiter in die Bezirksleitung geschickt, in dem die Arbeiter von der Regierung die Aufhebung der Normenerhöhung gefordert und für den 16. Juni die Entsendung einer Delegation angekündigt hatten, die sich an Ort und Stelle die Antwort des Ministerpräsidenten holen werde. Bei Ablehnung ihrer berechtigten Forderung, hatten die Bauarbeiter geschrieben, würden sie streiken. Baum hatte die Sekretärin mit der Antwort entlassen, Grotewohl solle auf keinen Fall nachgeben. Wenn die Delegation erst über die roten Teppiche im Amtssitz des Ministerpräsidenten wandle, werde ihr so feierlich zumute, daß sie nur noch zahm verhandeln könne. Das wisse man ja aus der kapitalistischen Zeit.
Am Abend des 16. Juni sprach dann Ulbricht zusammen mit Grotewohl vor eilig zusammengeholten ausgewählten Parteiaktivisten im Berliner *Friedrichstadtpalast,* und verkündete die Aufhebung der Normenerhöhung. Jetzt bekannte er sich auch erstmals zum Neuen Kurs und sagte, „daß die Partei einen falsch erkannten Kurs verläßt und den richtigen einschlägt“. Aber es war zu spät.
Am nächsten Morgen, dem 17. Juni, hatte der Arbeiteraufstand von Berlin auf alle Bezirke übergegriffen. In den späten Vormittagsstunden verließ Ulbricht – wahrscheinlich in einem sowjetischen Panzer – das *Haus der Einheit,* den Sitz der Parteiführung, und zog sich nach Kienbaum auf einen Gutshof des ZK zurück, der in der Nähe eines sowjetischen Flugplatzes lag. Am Mittag verkündete General Dibrowa den Ausnahmezustand. In allen Bezirken übernahm die Besatzungsmacht die Regierungsgewalt, verhängte das Kriegsrecht, setzte starke Panzerverbände ein und gab den Befehl, gegen Demonstranten, die den Anordnungen der Truppe nicht Folge leisteten, mit Waffengewalt vorzugehen. Standgerichte wurden gebildet, die verhängten Todesurteile auf der Stelle vollstreckt. Am Abend war der Aufstand in Berlin niedergeschlagen. Ulbricht kehrte zurück.

Aus: Carola Stern, Ulbricht. Eine politische Biographie. Frankfurt/Main 1966, S. 155 ff.

5. Beschluß des ZK der SED: Der Neue Kurs und die Aufgaben der Partei vom 26.7.1953

I.

1. Getragen von der hohen Verantwortung für die beschleunigte Herstellung der Einheit Deutschlands, für die Erhaltung des Friedens in Europa und für das Wohlergehen der Bevölkerung der Deutschen Demokratischen Republik, hat die Sozialistische Einheitspartei Deutschlands in den Beschlüssen des Politbüros vom 9. Juni und des Zentralkomitees vom 21. Juni 1953 eine Änderung des politischen Kurses in der Deutschen Demokratischen Republik vorgeschlagen, die von der Re-

[1] Seinerzeit in der DDR gebräuchlicher Spitzname für Ulbricht, Pieck und Grotewohl.

gierung angenommen wurde und zu den Beschlüssen des Ministerrats vom 11. Juni und der folgenden Zeit führte.
Das Wesen des neuen Kurses besteht darin, in der nächsten Zeit eine ernsthafte Verbesserung der wirtschaftlichen Lage und der politischen Verhältnisse in der Deutschen Demokratischen Republik zu erreichen und auf dieser Grundlage die Lebenshaltung der Arbeiterklasse und aller Werktätigen bedeutend zu heben. Durch die Steigerung der Erzeugung der Nahrungs- und Genußmittelindustrie und der Leichtindustrie auf Kosten der Schwerindustrie; durch die Entfaltung der Initiative des privaten Handels und der Privatindustrie sowie durch die Förderung der bäuerlichen Wirtschaften soll eine Verbesserung der materiellen Lage der Bevölkerung erzielt werden. Das gesamte öffentliche Leben soll weiter demokratisiert und gleichzeitig der Verkehr der Deutschen von Ost und West erleichtert werden. Diese Maßnahmen verfolgen zugleich das große nationale Ziel, die Kräfte des Friedens zu stärken und die Wiedervereinigung Deutschlands voranzubringen ...
4. Die Verkündung und Durchführung des neuen Kurses hat die Kriegstreiber und Feinde der deutschen Einheit in Verwirrung gebracht und in Wut versetzt. Sie erkannten die große Gefahr, die der neue Kurs für die Verwirklichung ihrer verbrecherischen Kriegspläne, für die Verwirklichung des Generalkriegsvertrages bedeutet, und beschlossen deshalb, den von langer Hand vorbereiteten Tag X beschleunigt festzusetzen, um die Durchführung des neuen Kurses zu stören ...
8. Der faschistische Putschversuch am 17. Juni ist gescheitert. Die Mehrheit der Bevölkerung der DDR, besonders der Arbeiterklasse, hat die Provokateure nicht unterstützt, sondern energisch zurückgewiesen. Der von den Putschisten geplante und proklamierte Generalstreik war nicht zustande gekommen, weil die überwältigende Mehrheit der Arbeiter nicht mitmachte. Nur etwa fünf Prozent der Arbeiterschaft der Republik hat an Streiks teilgenommen ...
Der 17. Juni hat bewiesen, daß in der DDR eine von den Amerikanern organisierte und unterstützte faschistische Untergrundbewegung vorhanden ist. An diesem Tage traten in einigen Städten (Magdeburg, Halle, Görlitz u.a.) ganze Gruppen maskierter Volksfeinde aus der Anonymität hervor und provozierten Unruhen. Es wurden illegale faschistische Organisationen mit eigenen Zentren, eigener Disziplin und ständigen Verbindungen mit den Agentenorganisationen in Westberlin aufgedeckt ...
10. Außerdem bestanden in einigen Städten (Magdeburg, Leipzig u.a.) illegale Organisationen aus ehemaligen SPD-Mitgliedern, die noch immer den arbeiterfeindlichen Auffassungen des Sozialdemokratismus anhingen und darum leicht Opfer der Agenten des Ostbüros wurden, welche unter den Arbeitern faschistische Losungen verbreiteten und Streiks organisierten. Die ehrlichen Arbeiter, die früher Mitglieder der SPD waren und den Agenten Gehör schenkten, begriffen nicht, daß sie damit gegen ihre eigenen Klasseninteressen und gegen die alten Ideale der deutschen Arbeiterbewegung auftraten.
Es ist die Aufgabe unserer Parteiorganisationen, diesen schwankenden und irregeleiteten früheren Sozialdemokraten zu helfen, den Klassencharakter des Putschversuches zu erkennen, den Sozialdemokratismus zu überwinden und den Weg in die Reihen des klassenbewußten Proletariats zurückzufinden. Dies ist mit dem systematischen Kampf gegen die noch vorhandenen Agenturen des Ostbüros zu verbinden, um ihrem schädlichen Treiben ein Ende zu machen.
II.
In einigen Städten waren auch verschiedene andere feindliche Gruppen konzentriert, wie brandleristische Spionagegruppen, Trotzkisten, SAP-Gruppen und andere. Auch aus unserer Partei entfernte feindliche Elemente beteiligten sich aktiv an den Provokationen.
Die Betriebsorganisationen der Partei hatten verabsäumt, alle diese Feinde zu isolieren und aus den Großbetrieben zu entfernen. Daraus entsteht für die Partei die ernste Aufgabe, besonders in den Großbetrieben mit Hilfe der Arbeiter die feindlichen Elemente zu entlarven und für ihre Entlassung aus den Betrieben zu sorgen ...
14. Nach der Niederschlagung der Provokationen unternahm der Feind den Versuch, seine ans Licht getretenen Agenturen vor dem Zugriff der demokratischen Staatsorgane zu schützen.
Der staatsfeindlicher Tätigkeit überführte frühere Justizminister Fechner hat seine Position ausge-

nutzt, um die faschistischen Provokateure vor der verdienten Strafe zu schützen. Auf Anweisung Fechners wurde eine Reihe aktiver Organisatoren feindlicher Aktionen freigelassen. Die Justizorgane erhielten von ihm die Orientierung auf ausnahmslose Freisprechung von amerikanischen Agenten und Rädelsführern der Provokationen.

Dies war eine direkte und bewußte Hilfe für den Feind – die amerikanischen und westdeutschen Sabotageorganisationen und Faschisten.

Zur gleichen Zeit trug Fechner als Minister der Justiz die Verantwortung für zahlreiche Ungesetzlichkeiten und ungerechtfertigt hohe Strafen gegenüber den Werktätigen der Republik.

Das Zentralkomitee beschließt, Fechner als Feind der Partei und des Staates aus dem ZK der SED und aus den Reihen der SED auszuschließen.

15. Der Versuch der Feinde des deutschen Volkes, die Partei und die Regierung durch die faschistische Provokation von der Durchführung des neuen Kurses abzubringen, ist gescheitert.

Die Generallinie der Partei war und bleibt richtig ...

29. Trotz dieser richtigen Generallinie hat die Partei in der letzten Zeit eine Reihe Fehler begangen. Diese Fehler waren folgende:

a) Die Partei, die den richtigen Kurs auf den Aufbau der Grundlagen des Sozialismus in der DDR genommen hatte, beschritt den falschen Weg der beschleunigten Lösung dieser Aufgabe ohne entsprechende Berücksichtigung der realen inneren und äußeren Voraussetzungen. Das führte zu einem überspitzten Entwicklungstempo der Wirtschaft, besonders in der Schwerindustrie, zu falschen Versuchen der Verdrängung und Liquidierung des städtischen Mittel- und Kleinbürgertums sowie der Großbauernschaft auf dem Lande, was nachteilige Folgen für die Versorgung der Bevölkerung hatte und in gewissem Maße zur Störung der richtigen Beziehungen zwischen der Partei und den werktätigen Massen und zur Anwendung von Methoden des Administrierens an Stelle einer breiten und geduldigen Aufklärungsarbeit unter den Massen führte.

b) Es war richtig, daß die Parteiorganisationen die in der DDR auf Initiative der werktätigen Bauern entstandene Bewegung zur Bildung von Landwirtschaftlichen Produktionsgenossenschaften unterstützten. Die Parteiorganisationen haben jedoch in einigen Kreisen die Verletzung des Prinzips der strengsten Freiwilligkeit bei der Bildung solcher Produktionsgenossenschaften geduldet, haben versucht, ihr zahlenmäßiges Wachstum zu forcieren, ohne der organisatorisch-wirtschaftlichen Festigung der bestehenden Genossenschaften die nötige Aufmerksamkeit zu widmen, was die Hauptaufgabe der Partei auf dem Gebiete des genossenschaftlichen Aufbaus im Dorfe ist ...

IV.

27. Die Partei hat die in der Vergangenheit begangenen Fehler erkannt, anerkannt und offen ausgesprochen, um allen das Wesen des neuen Kurses verständlich zu machen und seine Durchführung zu erleichtern. Dabei war sich die Parteiführung bewußt, daß durch das offenmütige Bekennen der Fehler Schwierigkeiten entstehen konnten. Dennoch entschloß sie sich für diesen Weg und veröffentlichte das Kommuniqué vom 9. Juni, um den neuen Kurs weithin sichtbar zu machen.

Die freimütige Anerkennung der begangenen Fehler vor den breitesten Massen wurde von den Feinden ausgenutzt, um die Partei zu diskreditieren und lügnerisch zu behaupten, die ganze Politik der Partei sei falsch gewesen. Auch diese Behauptung diente dem Zwecke, die Partei von dem neuen Kurs abzubringen. Die Partei ließ und läßt sich jedoch durch keinerlei Verleumdung beirren und von dem Weg abdrängen, den sie als geschichtlich richtig und notwendig erkannt hat.

V.

Das Zentralkomitee verurteilt besonders die unrichtige, kapitulantenhafte Linie, die in einer Reihe Aufsätze des Organs des ZK, „Neues Deutschland", vertreten wurde, dessen Chefredakteur, Genosse Herrnstadt, in der Zeitung eine kapitulantenhafte, im Wesen sozialdemokratische Auffassung zum Ausdruck brachte.

Das Zentralkomitee beauftragt das Politbüro, die Redaktionen zu überprüfen und für eine konsequente Haltung der Presse Sorge zu tragen ...

f) Im Politbüro des ZK machte sich bei einigen Genossen ein Zurückweichen vor der feindlichen Propaganda bemerkbar, die das Hauptfeuer gegen den Kern der Parteiführung richtete. Diese Ge-

nossen traten als parteifeindliche Fraktion mit einer defätistischen, gegen die Einheit der Partei gerichteten Linie auf und vertraten eine die Partei verleumdende, auf die Spaltung der Parteiführung gerichtete Plattform (Genosse Zaisser und Herrnstadt).
Das Politbüro beschließt den Ausschluß der Genossen Zaisser und Herrnstadt aus dem Zentralkomitee der SED.
Im Politbüro vertrat Genosse Ackermann gegenüber diesen Genossen eine versöhnlerische Position ...[1])

Zit. nach: Dokumente der Sozialistischen Einheitspartei Deutschlands, Bd. IV, Berlin (Ost) 1954, S. 449 ff. und (mit Anmerkung) nach: Hermann Weber (Hrsg.), Der deutsche Kommunismus, a. a. O., S. 597

6. Die UdSSR und der Neue Kurs

Inzwischen hatte Stalins Tod in Moskau neuen Männern zur Macht verholfen. Trotz aller Auseinandersetzungen untereinander, von denen wir heute wissen, mußte ihr gemeinsames Bestreben dahin gehen, während einer unvermeidlich schwierigen Übergangszeit dem Kreml seine Rolle nach außen und im Innern zu sichern ...
Offenbar strebte die Sowjetführung außenpolitisch durch Verhandlungen mit den Westmächten, innenpolitisch durch Zugeständnisse an das Sicherheits- und Konsumbedürfnis der Sowjetbürger, ja aller Bewohner des europäischen Ostblocks eine – jedenfalls zeitweilige – Entspannung an. Deutschland war möglicherweise dazu ausersehen, die außenpolitischen Chancen einer entspannten Innenpolitik praktisch zu erkunden. Jedenfalls wurde in der DDR, die durch ihre hastige und harte Politik seit der zweiten Parteikonferenz angesichts ihrer offenen Westgrenze in einer besonders prekären Lage war, zuerst jene Schwenkung vollzogen, die unter dem Namen eines „Neuen Kurses" bald darauf auch in Ungarn, dann in Rumänien und Bulgarien, in der Tschechoslowakei und zuletzt in Polen vorgenommen wurde.
Der politische Berater der Sowjetischen Kontrollkommission in Berlin, Wladimir Semjonow, war am 22. April nach Moskau zurückgerufen worden; anscheinend, um seinen Standpunkt zur deutschen Frage darzulegen. Am 28. Mai – also am gleichen Tage, an dem der Ministerrat der DDR die administrative Normenerhöhung beschloß, – löste die Regierung der UdSSR die Kontrollkommission auf, ersetzte sie durch eine Hohe Kommission und ernannte zu deren Chef W. Semjonow, der am 5. Juni nach Berlin zurückkehrte.
Die Sowjetführung ließ gegenüber dem Politbüro der SED ihre schon am 15. April geäußerte Skepsis und Besorgnis über die Entwicklung in der DDR wiederholen; sie betonte, daß eine Revision der bisherigen Politik unerläßlich sei. Sonderlieferungen der Sowjetunion kämen nicht in Betracht, da man selbst einen neuen Kurs und eine Verbesserung des Lebensstandards der Bevölkerung anstrebe. Die SED müsse ihre Wirtschaftspolitik umstellen und alle Maßnahmen ergreifen, die die Lebensbedingungen in der DDR rasch verbessern könnten. Statt der seit Monaten überall in der DDR vorbereiteten Feiern für Ulbrichts 60. Geburtstag rieten die sowjetischen Genossen, der Generalsekretär möge sich Lenins 50. Geburtstag zum Vorbild nehmen, der sich – wie Semjonow lächelnd in der SED-Politbürositzung sagte – zum Abend ein paar Gäste eingeladen habe. Die entscheidenden Gesichtspunkte der Beschlüsse, die man in Moskau von der SED-Führung erwartete, hatte Semjonow schriftlich mitgebracht; sie wurden wörtlich vom Politbüro übernommen.
Am 9. Juni 1953 beschloß das Politbüro der SED, das seit der Rückkehr Semjonows in Permanenz getagt hatte, „der Regierung der DDR die Durchführung einer Reihe von Maßnahmen zu empfehlen, die der entscheidenden Verbesserung der Lebenshaltung aller Teile der Bevölkerung und der Stärkung der Rechtssicherheit in der DDR dienen" ... Zugleich stellte der Beschluß ganz offen fest,

[1]) Auf der 17. Tagung des ZK der SED (23. Januar 1954) wurden Zaisser und Herrnstadt aus der SED ausgeschlossen. Ackermann wurde aus dem ZK entfernt und erhielt eine „strenge Rüge". Die ZK-Mitglieder Jendretzky und Elli Schmidt wurden ihrer Funktionen enthoben. Am 31. Juli 1956 beschloß das ZK: „Die Parteistrafen für die Genossen Ackermann, Jendretzky und Elli Schmidt wurden aufgehoben."

daß die SED und die Regierung der DDR „in der Vergangenheit eine Reihe von Fehlern" begangen hätten – ein Eingeständnis, das die *Tägliche Rundschau,* das Organ der sowjetischen Besatzungsmacht, in einem Leitartikel vom 13. Juni durch die Feststellung ergänzte, die ehemalige sowjetische Kontrollkommission sei „in gewissem Grade ebenfalls für die begangenen Fehler verantwortlich".

Am 11. Juni erschien der Beschluß – ohne jeden Kommentar – im *Neuen Deutschland.* Am selben Tage traf der Ministerrat der DDR alle die Entscheidungen, die ihm nahegelegt worden waren.

Aus: Arnulf Baring, Der 17. Juni 1953, Stuttgart 1983, S. 40ff.

7. Der 17. Juni, die innerparteiliche Opposition und die UdSSR

Die Meinungsverschiedenheiten und Machtkämpfe im SED-Führungskern sind erst Ende Juli nach außen gedrungen; danach brauchte Ulbricht noch Monate, bis er seine beiden Hauptgegner, Herrnstadt und Zaisser, die er zunächst nur aus dem Politbüro hatte verdrängen können, auch aus der Partei ausschließen lassen konnte. Zwar weiß man im Westen immer noch wenig darüber, was seine Widersacher im einzelnen wirklich gewollt haben, wie sie vorgegangen sind und vor allem wann sie ihre oppositionellen Vorschläge entwickelt haben. Was bekannt ist, stammt aus den Reden, in denen die siegreiche Ulbrichtgruppe sich mit ihnen auseinandergesetzt hat, und man darf bezweifeln, daß sie bei dieser Gelegenheit eine abgewogene und gerechte Darstellung geben wollte. Aber in großen Zügen kann man sich ein Bild machen. Rudolf Herrnstadt und Wilhelm Zaisser, zeitweise unterstützt von Anton Ackermann und Elli Schmidt (der später vorgehalten wurde, im Politbüro „eine der gröbsten Formulierungen" gegen Ulbricht gebraucht zu haben) und gedeckt von den „Versöhnlern" Hans Jendretzky und Heinrich Rau, „traten als parteifeindliche Fraktion mit einer defätistischen, gegen die Einheit der Partei gerichteten Linie auf" – wie es im Kommuniqué der 15. ZK-Tagung hieß – „und vertraten eine verleumdende, auf die Spaltung der Parteiführung gerichtete Plattform". Was steckt hinter diesen vagen, ja irreführenden Formulierungen? Die Plattform, eine schriftlich ausgearbeitete interne Diskussionsgrundlage, hat es tatsächlich gegeben; das Politbüro hat sie am 16. Juni 1953 zur gleichen Zeit diskutiert, als sich die Bauarbeiter zum Demonstrationszug formierten. Inhalt der Plattform war eine scharfe Kritik der bisherigen SED-Politik, Reformforderungen in der Wirtschaft und im Staatsapparat, vor allem aber die Bereitschaft zu einer völligen Reorganisation der Partei. Sie sollte (wie Hermann Matern auf dem IV. Parteitag zitierte) „zur Partei des Volkes werden", „die berechtigten Interessen auch der anderen Klassen und Klassenteile vertreten". Voraussetzung aller dieser Vorhaben war die Ablösung Ulbrichts, der die bisherige Linie der Partei verkörpert und verantwortet hatte. Ulbricht und seine Anhänger haben von der Herrnstadt-Zaisser-Gruppe behauptet, ihr Reformprogramm wäre der Restaurierung des Kapitalismus in der DDR gleichgekommen; sie haben behauptet, Zaisser habe sogar mit der Möglichkeit gerechnet, daß zur Erhaltung des Friedens die DDR aufgegeben werden müsse, was bekanntlich der Absicht Berijas entsprochen habe. Zaisser hat bestritten, sich in diesem Sinne geäußert zu haben. Es ist in der Tat wenig wahrscheinlich, daß die Partei-Opposition so pessimistische Erwägungen anstellte. Denn sie war sich mit Ulbricht über das Ziel eines sozialistischen Deutschlands völlig einig; die Meinungsverschiedenheiten betrafen nur den Weg, den man einschlagen, die Mittel, die man anwenden, die Taktik, derer man sich bedienen müsse, um dieses Ziel am schnellsten und besten zu erreichen.

Herrnstadt und Zaisser, die wahrscheinlich (neben Ulbricht) die besten persönlichen Beziehungen zu führenden sowjetischen Genossen hatten und sich sicherlich für ihre Plattform Rückendeckung gesucht hatten, haben sich in der SED-Führung vor allem aus zwei Gründen nicht durchsetzen können.

Einmal haben die Verhaftung und der Sturz Berijas wenige Tage nach dem Juni-Aufstand die SED-Opposition in ein schiefes Licht und dadurch um ihre Chancen gebracht.

Ulbricht hat Ende Juli 1953 behauptet, daß Berija durch zwei Sonderbeauftragte in Ostberlin ohne

Wissen des Politbüros Verhandlungen geführt und Herrnstadt wie Zaisser dabei den Auftrag gegeben habe, ihn, Ulbricht, zu stürzen. Die Zentrale Parteikontrollkommission der SED hat nach den Worten Herrmann Materns auf dem IV. Parteitag trotz eingehender Nachforschungen „keine Hinweise auf direkte Einwirkungen des Verbrechers Berija" entdecken können. Sie hat lediglich festgestellt, man müsse „die fraktionelle Tätigkeit von Herrnstadt/Zaisser ... im Zusammenhang" der Tatsachen sehen, die aus den Veröffentlichungen über den Berija-Prozeß bekanntgeworden seien. Diesen Zusammenhang zeigen die Beschuldigungen an, die gegen Berija erhoben wurden und die den Vorwürfen gegen Herrnstadt und Zaisser gleichen. Wie die Mitglieder des SED-Zentralkomitees auf ihrer 15. Tagung aus einem internen Moskauer Rundschreiben entnehmen konnten, wurde Berija vorgeworfen, eine „kapitulantenhafte" Politik getrieben zu haben, die den Kapitalismus restauriert hätte, gegen die Landwirtschaftlichen Produktionsgenossenschaften und gegen den Aufbau des Sozialismus in Deutschland aufgetreten und in seiner Kompromißbereitschaft so weit gegangen zu sein, daß seine Politik zur Aufgabe des Sozialismus in der DDR hätte führen können. Malenkow wurde nach seinem Sturz in diese Anklage einbezogen. Der Wahrheitsgehalt solcher Vorwürfe ist fraglich; denn die Absicht der Ankläger ist offenkundig: die eigene Stellung zu festigen, indem man den ausgeschalteten Konkurrenten diskreditiert. Seit vielen Jahren gibt es in der Sowjetunion einen Personenkult mit umgekehrten Vorzeichen, in dem Berija etwa den gleichen Platz 1953 einnahm wie Trotzki eine Generation früher, und die angebliche Bereitschaft, im Zuge einer neuen Politik die Interessen der DDR zu verraten und notfalls die DDR opfern zu wollen, ist zu einem beliebten Vorwurf unter politischen Gegnern im Ostblock geworden – wie die wiederholten und wechselseitigen Verdächtigungen des sowjetischen und chinesischen Lagers zeigen. Was immer aber Berija, Herrnstadt und Zaisser wirklich gewollt haben mögen – die Tatsache, daß sich eine Verbindung zwischen dem gestürzten Chef des sowjetischen Staatssicherheitsdienstes, dem unmittelbaren Vorgesetzten Zaissers, und den deutschen Ulbricht-Gegnern konstruieren ließ, hat es Ulbricht sehr erleichtert, der Lage Herr zu werden.
Vielleicht hätte er dennoch das Scheitern seiner Politik und die Niederlage seiner Partei im Juni 1953 nicht überlebt, wenn es Moskau nicht offenbar nach dem Juniaufstand für bedenklich gehalten hätte, Ulbricht abzulösen. Mußte Ulbrichts Sturz nicht als Zugeständnis an die Aufrührer aufgefaßt und damit als Ermutigung zu neuen Forderungen verstanden werden? Hier liegt der zweite, der entscheidende Grund für den Fehlschlag des Versuchs, Ulbricht als Parteiführer auszuschalten. Nicht trotz, sondern wegen der Schwäche, die der SED-Staat am 17. Juni gezeigt hatte, konnte sich Ulbricht behaupten, mußte ihn Moskau stützen, statt ihn zu stürzen. Die aufbegehrenden Arbeiter und die konspirierenden Spitzenfunktionäre haben ihn in ungewolltem Zusammenwirken nicht zu Fall gebracht, sondern gemeinsam vor dem drohenden Fall bewahrt.

Aus: Arnulf Baring, Der 17. Juni 1953, a.a.O., S. 120ff.

8. Die „Säuberungen" nach dem 17. Juni

Die personellen Veränderungen großen Stils umfaßten alle Parteiebenen und auch den FDGB. Am wenigsten war noch das ZK betroffen, aus dem ein Drittel der 80 Mitglieder und Kandidaten ausschied. Aus den SED-Bezirksleitungen wurden bis 1953 62 Prozent der Mitglieder entfernt, auf Kreisebene mußten bis 1954 von den Ersten Sekretären 53 Prozent ihren Platz räumen, und auch auf der Ebene der Grundorganisationen wurde rund die Hälfte der Funktionäre ausgetauscht. Über die Betriebsparteiorganisationen, die dem Druck der Normenkampagne besonders intensiv ausgesetzt waren, liegen keine quantitativen Angaben vor. Jedoch zeigen Beispiele – etwa die Leuna-Werke –, wie schwer es die Parteiführung hatte, angesichts massiver Opposition die Lage in ihrem Sinne wieder zu stabilisieren. Noch deutlicher hatte der FDGB die Erbitterung über die ständige Normenerhöhung zu spüren bekommen, so daß während des Aufstandes im Konflikt zwischen Staats- und Arbeiterinteressen vielfach ganze Organisationseinheiten abtrünnig wurden und sich auf ihre eigentliche Rolle als Interessenvertretung besannen. Um so gründlicher fiel die anschlie-

ßende „Säuberung“ aus. Die Zentralvorstände der Metall- und der Holz/Bau-Gewerkschaft wurden völlig umbesetzt, insgesamt wurden bei den Gewerkschaftswahlen 1953 71 Prozent der FDGB-Kader ausgewechselt.
Trotz dieser umfassenden „Säuberungen“ und der zahlreichen Prozesse gegen Teilnehmer am Aufstand – insgesamt sind 1 383 zu Freiheitsstrafen Verurteilte namentlich bekannt – trat für 1953/54 im Zeichen des „Neuen Kurses“ eine gewisse Lockerung und Verbesserung der politischen und ökonomischen Situation ein, doch signalisierte bereits der Vierte Parteitag der SED im April 1954, daß die Zielsetzungen von 1952 unvermindert galten und lediglich in verlangsamtem Tempo realisiert werden sollten. Bereits wenige Wochen nach dem Aufstand hatte das ZK in seiner umfassenden und kritischen Lagebeurteilung im Hinblick auf die „Errichtung der Grundlagen des Sozialismus“ festgestellt: „Diese Generallinie der Partei war und bleibt richtig.“

Aus: Christoph Kleßmann, Die doppelte Staatsgründung, a.a.O., S. 280ff.

9. Der 17. Juni in der Geschichtsschreibung der DDR

Um das Wirksamwerden der von SED und Regierung beschlossenen Maßnahmen zu verhindern, beschleunigte die imperialistische Reaktion die Auslösung des seit langem vorbereiteten konterrevolutionären Putsches. Es war ihr Ziel, die Arbeiter-und-Bauern-Macht durch konterrevolutionäre Aktionen faschistischer Elemente und eingeschleuster Provokateure zu stürzen und dann das Territorium der DDR unter dem militärischen Druck der Westmächte politisch und wirtschaftlich der BRD einzuverleiben. Konrad Adenauer forderte am 14. Juni 1953, alle „Grenzen für den personalen und wirtschaftlichen Verkehr“ zwischen der DDR und der BRD zu beseitigen. Am gleichen Tag legte Herbert Wehner das Programm zum Sturz der Arbeiter-und-Bauern-Macht dar. Dazu gehörten die Beseitigung der Regierung der DDR und des Zentralkomitees der SED sowie der Führungen aller anderen Parteien und der Massenorganisationen, die Aufhebung der Grenzsicherung, die Auflösung der Verteidigungs- und Sicherungskräfte der DDR, die Freilassung aller politischen und Wirtschaftsverbrecher, die ungehinderte Einmischung in alle Angelegenheiten der DDR, die Beseitigung ihrer Verwaltungsstruktur.
Die Sonderberaterin für Berliner Fragen im US-Außenministerium, Eleanor L. Dulles, der durch seine barbarische Kriegführung in Korea berüchtigte Chef des Stabes der US-Armee, General Matthew B. Ridgway, und der Staatssekretär im Bundeskanzleramt, Otto Lenz, begaben sich nach Westberlin, um an Ort und Stelle den Putsch zu leiten. Ihnen folgten am 17. Juni die CDU-Politiker Jakob Kaiser und Heinrich von Brentano und der Vorsitzende der SPD, Erich Ollenhauer. Zur gleichen Zeit flog die US-Luftflotte Angehörige der paramilitärischen Deutschen Dienstgruppen nach Westberlin ein, wurde der Bundesgrenzschutz in Alarmbereitschaft versetzt und bezogen amerikanische Panzer an der Staatsgrenze der DDR in Bayern Bereitstellungsräume.
Am 17. Juni 1953 gelang es Agenten der imperialistischen Geheimdienste und faschistischen Provokateuren, die vor allem von Westberlin aus eingeschleust wurden, in Berlin und anderen Städten der DDR Werktätige mehrerer Betriebe zur Arbeitsniederlegung und zu Demonstrationen zu verleiten. In allen Fällen versuchten die Gruppen von Provokateuren, die Führung der Demonstrationen zu übernehmen. Ausschreitungen und Schießereien zu provozieren. Der RIAS rief zum „Generalstreik“ auf und sandte verschlüsselte Nachrichten an die Rädelsführer des Putsches. Aufgeputschte Horden krimineller und gekaufter Subjekte forderten die Beseitigung der Regierung, drangen in staatliche Dienststellen, Parteibüros und Warenhäuser ein, zerstörten die Einrichtungen, legten Brände an und besudelten Symbole der DDR und der Arbeiterbewegung. Klassenbewußte Arbeiter, die den Putschisten entgegentraten, wurden niedergeschlagen und mißhandelt. Einige erlagen ihren Verletzungen.
Schon nach 24 Stunden brach der konterrevolutionäre Putsch zusammen. Die marxistisch-leninistische Führung der SED sicherte die Einheit und Schlagkraft der Partei und der sozialistischen Staatsmacht. In wichtigen Zentren der sozialistischen Industrie, wie im Eisenhüttenkombinat Ost,

in den Eisenwerken West (Calbe), im Stahl- und Walzwerk Brandenburg und im Zwickau-Oelsnitzer Steinkohlenrevier, wiesen die Arbeiter die faschistischen Provokateure zurück, bildeten Arbeiterwehren und übernahmen unter Führung der Parteiorganisationen der SED den Schutz der Betriebe. Die in der DDR stationierten sowjetischen Truppen durchkreuzten durch ihr entschlossenes Eingreifen die Absicht des Imperialismus, blutige Auseinandersetzungen zu provozieren, die den Westmächten als Anlaß für eine militärische Intervention dienen sollten. Im Geiste des proletarischen Internationalismus traten Seite an Seite Einheiten der Sowjetarmee, der Schutz- und Sicherheitsorgane der DDR, klassenbewußte Arbeiter und andere Werktätige den Putschisten entgegen und setzten ihrem Wüten ein Ende. Ernüchtert durch den faschistischen Terror und die offen verkündeten konterrevolutionären Ziele der Putschisten, wandte sich die Mehrheit der irregeleiteten Werktätigen bald von ihnen ab und begann zu erkennen, daß sie gegen ihre eigenen Interessen gehandelt hatte.
Mit aussichtsloser konterrevolutionärer Zielstellung begonnen, endete der Putschversuch mit einer Niederlage. Es gelang nicht, die SED zur Aufgabe ihrer Politik des sozialistischen Aufbaus zu veranlassen und das bewährte Bündnis der SED mit den anderen Blockparteien und den Massenorganisationen zu sprengen.

Aus: DDR. Werden und Wachsen, a.a.O., S. 240ff.

10. Die Lehren des 17. Juni

Zusammenfassend lassen sich aus dem Arbeiteraufstand vom 17. Juni 1953 folgende Lehren ableiten:
Erstens ist es historisch unumstößliche Tatsache, daß die Erhebung von den Bauarbeitern der Ostberliner Stalinallee ausging und hernach generell von Arbeitern in Industriebetrieben und auf Baustellen getragen wurde. Erst in einem fortgeschrittenen Stadium, als sich die aufständischen Massen in Ost-Berlin und vielen Städten der DDR zu Demonstrationszügen formierten oder zu Kundgebungen sammelten, schlossen sich ihnen überall Menschen auch anderer sozialer Schichten und beruflicher Gruppen an, vor allem große Teile der jungen Generation.
Zweitens war für den Aufstand charakteristisch, daß sich die ursprünglich von den Arbeitern aufgestellten wirtschaftlichen und sozialen Forderungen spontan zu politischen Forderungen der gesamten Bevölkerung erweiterten. Nicht für die Lockerung der Normenschraube allein gingen die Menschen auf die Straße – ihre Forderungen lauteten „Nieder mit der Regierung“, „Fort mit Ulbricht und Grotewohl“, „Freie Wahlen“ und „Freiheit für alle politischen Häftlinge“. Der Arbeiteraufstand richtete sich folglich in seinem ersten Stadium gegen ökonomische und soziale Mißstände der Herrschaft der SED – und im zweiten Stadium gegen diese Herrschaft selbst. Durch die Forderung nach freien Wahlen wurde sie prinzipiell in Frage gestellt. Es entsprach den historischen Traditionen des mitteldeutsch-sächsischen Raumes, wenn dabei sozialdemokratische Tendenzen manifest wurden.
Drittens haben Zustandekommen, Umfang und Verlauf des Arbeiteraufstands in Ost-Berlin und der DDR seine Spontaneität bewiesen. Die von der SED zur politischen Selbstrechtfertigung geschaffene und bis heute kolportierte Legende vom „konterrevolutionären Putschversuch“, den „westliche Agentenzentralen“ damals von langer Hand vorbereitet und inszeniert hätten, ist längst in sich zusammengefallen. Ständiges Wiederholen macht sie nicht glaubwürdig. Nicht zuletzt dadurch, daß dem Aufstand jede Planung und Lenkung, jede Koordination und Organisation fehlte, ist es den Sowjettruppen möglich gewesen, ihn binnen weniger Stunden niederzuschlagen.
Viertens ist festzuhalten, daß sich die Erhebung am 17. Juni 1953 in keinem bekannten Fall gegen die sowjetische Besatzungsmacht richtete, obschon umgekehrt nur der Einsatz der Sowjettruppen die Herrschaft der SED zu sichern imstande war. Hinter der formalen Macht, die die SED ausgeübt hatte, war so die reale Macht sichtbar geworden. Dagegen waren antisowjetische Losungen nicht Sache der Aufständischen. Vereinzelte Ausschreitungen gegen Sowjetpanzer und Soldaten, beson-

ders in Ost-Berlin, stehen dazu nicht im Widerspruch. Unter den gegebenen Bedingungen wäre ein Aufstand gegen die Sowjetarmee zwar ohnehin politisch sinnlos gewesen, aber es beweist den ursprünglichen Sinn der Aufständischen eben dafür, wenn sie ihre Forderungen und Aktionen allein gegen die Herrschaft der SED richteten. War es denn gänzlich irreal, den Mächtigen in Moskau durch eine eklatante Demonstration gegen das Ulbricht-Regime die Notwendigkeit eines Kurswechsels ihrer Deutschlandpolitik klarzumachen?
Fünftens machten der Aufstand vom 17. Juni 1953 und sein tragisches Ende der Arbeiterschaft wie der gesamten Bevölkerung im Staat der SED bewußt, daß sie auf sich allein gestellt blieben, als sich die „levée en masse“ entfesselt hatte. Die Erfahrung, daß die internationalen Kräfteverhältnisse und Machtkonstellationen einer Veränderung des politischen Status quo in Deutschland entgegenstanden und jede Hilfe von außen unmöglich machten, hat in der Folgezeit den Prozeß der Anpassung in der DDR, des Sich-Arrangierens mit dem Regime, nachhaltig begünstigt, besonders nach dem 13. August 1961. Nicht nur für den Osten, auch für den Westen wurde so der Stichtag für den Bau der Berliner Mauer zur historischen Konsequenz aus der Niederwerfung des Arbeiteraufstandes am 17. Juni 1953.
Dennoch blieb der Aufstand – das ist die sechste Lehre – historisch nicht ohne Sinn. Die Arbeiter in der DDR hatten ein Beispiel dafür gegeben, daß sie auch unter den Bedingungen einer kommunistischen Diktatur eine Kraft sind und einen Willen haben, daß sie erfolgreich ihre Interessen verteidigen können, wenn sie zusammenstehen. So gesehen war der Arbeiteraufstand vom 17. Juni 1953 – mit den Worten von Heinz Brandt – „ein erstes Fanal, etwas noch nie Dagewesenes, Keimform des Neuen“, das Menetekel eines historischen Prozesses, der sich 1956 in der ungarischen Revolution und 1968 im „Prager Frühling“ fortsetzte – und der in den siebziger und frühen achtziger Jahren das kommunistische Regime in Polen bis in die Grundfesten erschütterte. Der Prozeß der Selbstemanzipation – wie eng auch immer ihre Grenzen sind – ist nicht aufzuhalten.
Die bisherigen Erfahrungen mit politischen Massenbewegungen und revolutionären Aktionen im Ostblock haben aber auch gezeigt, daß sie nur Erfolg haben, wenn ein Minimum an Koordination und Organisation gewährleistet ist, wenn sie Richtung und Ziel durch eine Führung erhalten. Eine solche Führung kann unter den Bedingungen der sowjetischen Hegemonie in der DDR wahrscheinlich nur aus der SED selbst hervorgehen, und ihre Ziele müssen im Rahmen der sowjetischen Macht- und Sicherheitsinteressen bleiben.

Karl Wilhelm Fricke, Der Arbeiteraufstand. Vorgeschichte, Verlauf, Folgen, in: Ilse Spittmann, K. W. Fricke, Der 17. Juni – Arbeiteraufstand in der DDR, Köln 1983, S. 19f.

III/5 Die Frage der nationalen Einheit

Arbeitsthemen

1. *Welche Bedingungen nennt die „Nationale Front“ für die Einheit Deutschlands? Mit welchen Mitteln soll die Einheit erreicht werden? Wie bezeichnet die „Nationale Front“ die tragenden politischen Kräfte der Bundesrepublik? (Nr. 1 a und 1 b) Welche Gemeinsamkeiten und welche Unterschiede bestehen gegenüber den offiziellen Bemühungen der Regierung der DDR? Wie schätzen Sie die Wirkung dieser Erklärungen auf Öffentlichkeit und führende Politiker der Bundesrepublik ein? (Nr. 1 a, 1 b und 1 c) Inwiefern wurde Grotewohls Konzept direkter Verhandlungen durch die Stalin-Note desavouiert? (vgl. Nr. 1 c, S. 74ff.)*
2. *Was meint Chruschtschow mit den Begriffen „Interessen der Deutschen Demokratischen Republik“ (auf deren Kosten die deutsche Frage nicht gelöst werden kann) und „Interesse des deutschen Volkes selbst“ (in dem eine „Vereinigung Deutschlands“ durchaus liegen kann)? (Nr. 2)*
3. *Welche Möglichkeiten und Voraussetzungen für ein „einiges, friedliches und demokratisches Deutschland“ beschreibt der Beschluß der 25. Tagung des ZK der SED vom Oktober 1955? Warum wendet sich das ZK zwar an die „ganze deutsche Arbeiterklasse“ und an die „friedliebenden Kräfte“ in ganz Deutschland, nicht aber an Parteien, Parlament*

oder Regierung in der Bundesrepublik? Woran wird erkennbar, daß die ausführlich beschriebenen Voraussetzungen auf eine völlige Änderung der freiheitlichen Ordnung der Bundesrepublik zielen? Welche dabei verwendeten Begriffe sind offensichtlich mehrdeutig? (Nr. 3; vgl. auch Nr. 4 b)

4. *Wie beschreibt der ZK-Beschluß die Position der DDR? Inwiefern ist es berechtigt, von einer die Realitäten verleugnenden ideologischen Sicht und einem ideologisch-moralischem Alleinvertretungsanspruch zu sprechen? (Nr. 3; vgl. auch III/1, Nr. 2 c)*
5. *Wie werden die Positionen der Regierungen der beiden deutschen Staaten in der deutschen Frage Ende 1955 beschrieben? Welche Argumente werden jeweils benutzt im Blick auf äußere Sicherheit und innenpolitische Ordnung? Inwiefern kommt der unterschiedlichen Haltung zur Frage freier Wahlen besondere Bedeutung zu? (Nr. 4 a, 4 b und 3)*
6. *Halten Sie es für berechtigt, in den Erklärungen der SED und der Regierung der DDR sowie in den Äußerungen Chruschtschows eine Bestätigung der Analyse Adenauers (vor seinen Verhandlungen mit der sowjetischen Regierung) zu sehen? (Nr. 2, 3, 4 b; I/5, Nr. 1 b)*

Materialien

1. Das Verhältnis zur Bundesrepublik 1949/50

a) Aus dem Manifest „Die Nationale Front des demokratischen Deutschland“, angenommen auf der 9. Tagung des Deutschen Volksrats am 7. 10. 1949

Einheit Deutschlands

1. Wiederherstellung der politischen und wirtschaftlichen Einheit Deutschlands durch:
Beseitigung der Konstruktion eines westdeutschen Eigenstaates, Aufhebung des Ruhrstatuts, Aufhebung der Saarautonomie, Errichtung einer gesamtdeutschen Regierung der Deutschen Demokratischen Republik.

Friedensvertrag

2. Schnellster Abschluß eines gerechten Friedensvertrages mit Deutschland.
Abzug aller Besatzungstruppen aus Deutschland innerhalb einer festzusetzenden kurzen Frist nach Unterzeichnung des Friedensvertrages.
3. Volle und unbedingte Anerkennung der Potsdamer Beschlüsse über die Demokratisierung und Entmilitarisierung sowie der in ihnen festgelegten Verpflichtungen Deutschlands gegenüber anderen Völkern.

Souveränität

4. Wiederherstellung der vollen Souveränität der deutschen Nation unter Anerkennung des Rechts auf selbständige Außenpolitik und selbständigen Außenhandel.
Freie und unabhängige Entwicklung des deutschen demokratischen Staates und des deutschen Volkes nach Abschluß des Friedensvertrages.

Kampf gegen die Kriegshetzer und Spalter

5. Unversöhnlicher aktiver Kampf gegen die Brandstifter eines neuen Krieges in Deutschland. Verbot der Kriegspropaganda in Presse, Rundfunk und Versammlung.
Kompromißloser Kampf gegen die Einbeziehung Deutschlands in aggressive Militärblocks, in die Europa-Union und in den Nordatlantikpakt.
6. Unversöhnlicher aktiver Kampf gegen die Verräter der deutschen Nation, die deutschen Agenten des amerikanischen Imperialismus, die verbrecherischen Helfershelfer der Spaltung Deutschlands und der Versklavung seiner westlichen Teile. Kampf gegen die Partikularisten und Separatisten, die die imperialistische Politik der Spaltung Deutschlands unterstützen.
7. Volle und uneingeschränkte Unterstützung der für den Frieden, für Gleichberechtigung und Freundschaft der Völker kämpfenden Kräfte in der ganzen Welt. Zusammenarbeit und Freundschaft Deutschlands mit allen friedliebenden Völkern und Ländern, die die nationalen Interessen des demokratischen Deutschlands anerkennen.

Zit. nach: Geschichte der deutschen Arbeiterbewegung, a. a. O., Bd. 7, S. 327 f.

b) Aus dem Programm der Nationalen Front des demokratischen Deutschland, angenommen auf der 2. Tagung des Nationalrats am 15. 2. 1950

Durch die Bildung der Republik und die Schaffung der großen Nationalen Front des demokratischen Deutschland wurde den anglo-amerikanischen Imperialisten und ihren deutschen Helfershelfern ein für allemal der Weg zur Versklavung ganz Deutschlands versperrt.
Der Zusammenschluß aller patriotischen Kräfte der Nationalen Front des demokratischen Deutschland und ihr gemeinsamer Kampf werden die Sicherung des Friedens in Mitteleuropa ermöglichen und den Aufstieg eines friedlichen, unabhängigen, demokratischen Deutschlands gewährleisten ...
Die Nationale Front des demokratischen Deutschland stellt sich die entscheidende Aufgabe der Mobilisierung und Organisierung der Deutschen für die Befreiung Deutschlands von der Anwesenheit und den Umtrieben der anglo-amerikanischen Imperialisten. Jeder Deutsche im Osten, Westen, Süden und Norden Deutschlands, der seine Heimat und den Frieden liebt, gehört als aktiver Kämpfer in die Nationale Front ...
Gegen die Feinde des Friedens, gegen die Feinde der Sowjetunion, des besten Freundes des deutschen Volkes, gibt es keine Neutralität, sondern nur Kampf bis zur endgültigen Sicherung des Friedens.

Zit. nach: Geschichte der deutschen Arbeiterbewegung, a. a. O., Bd. 7, S. 349 f.

c) Brief des Ministerpräsidenten der Deutschen Demokratischen Republik, Otto Grotewohl, an den Bundeskanzler der Bundesrepublik Deutschland, Konrad Adenauer, vom 30. 11. 1950

Durch die Spaltung Deutschlands wurde ein nationaler Notstand herbeigeführt, der durch die Remilitarisierung und Einbeziehung Westdeutschlands in die Pläne der Kriegsvorbereitungen verschärft wurde. Das deutsche Volk ist tief beunruhigt über die Bedrohung seiner nationalen Interessen durch die imperialistischen Kräfte.
Angesichts dieser Lage ist die Erhaltung des Friedens, der Abschluß eines Friedensvertrages sowie die Wiederherstellung der Einheit Deutschlands vor allem von der Verständigung der Deutschen selbst abhängig. Wir halten eine solche Verständigung für möglich, da das ganze deutsche Volk eine friedliche Regelung wünscht. Es würde den Wünschen aller friedliebenden Deutschen entsprechen, wenn ein Gesamtdeutscher Konstituierender Rat unter paritätischer Zusammensetzung aus Vertretern Ost- und Westdeutschlands gebildet würde, der die Bildung einer gesamtdeutschen souveränen demokratischen und friedliebenden provisorischen Regierung vorzubereiten hätte und den Regierungen der UdSSR, USA, Großbritanniens und Frankreichs die entsprechenden Vorschläge zur gemeinsamen Bestätigung unterbreiten würde. Gleichzeitig würde er die genannten Regierungen bis zur Bildung einer gesamtdeutschen Regierung bei der Ausarbeitung des Friedensvertrages konsultieren. Über diesen Vorschlag kann unter Umständen eine Befragung des deutschen Volkes durchgeführt werden.
Wir glauben, daß der Gesamtdeutsche Konstituierende Rat die Vorbereitung der Bedingungen zur Durchführung einer gesamtdeutschen Wahl für eine Nationalversammlung übernehmen könnte. So würde die Bildung eines Gesamtdeutschen Konstituierenden Rates sofort die Voraussetzung für die unverzügliche Aufnahme der Beratungen zum Abschluß eines Friedensvertrags schaffen, und gleichzeitig könnte der Rat die Vorbereitungen zur Regierungsbildung treffen.
Die Regierung der Deutschen Demokratischen Republik ist bereit, im Geiste ehrlicher Verständigung über alle Fragen zu verhandeln, die mit der Bildung und den Aufgaben eines Gesamtdeutschen Konstituierenden Rates verbunden sind.
Weite Kreise der Bevölkerung in Ost- und Westdeutschland sind der Meinung, daß der nächste Schritt zur Lösung der nationalen Lebensfragen unseres Volkes sein müßte, den vier Besatzungsmächten einen gemeinsamen deutschen Vorschlag zu unterbreiten. Von diesem Willen der friedliebenden Bevölkerung ausgehend, unterbreitet die Regierung der Deutschen Demokratischen Republik der Regierung der Bundesrepublik den Vorschlag, Besprechungen über die Bildung eines

Gesamtdeutschen Konstituierenden Rates zwischen den beiden Regierungen aufzunehmen. Wir schlagen vor, daß dazu von jeder Regierung sechs Vertreter ernannt werden. Über Ort und Zeit könnte zwischen den Staatssekretären der Ministerpräsidenten eine Verständigung erfolgen.

Berlin, den 30. November 1950 Regierung der Deutschen Demokratischen Republik
Otto Grotewohl, Ministerpräsident

Zit. nach: Geschichte der deutschen Arbeiterbewegung, a.a.O., Bd. 7, S. 367f.

2. Aus der Rede Chruschtschows vom 26.7.1955 in Berlin

Wir haben in Genf aufrichtig erklärt, daß unter den Bedingungen, daß auf dem Gebiet Deutschlands zwei Staaten mit verschiedener gesellschaftlicher und wirtschaftlicher Ordnung entstanden sind, daß Westdeutschland Teilnehmer des Nordatlantikpaktes und der Westeuropäischen Union ist, die Lösung des deutschen Problems eine schwierige Angelegenheit ist. Für seine Lösung unter den gegenwärtigen Bedingungen sind große und ernsthafte Anstrengungen sowohl seitens der Großmächte als auch insbesondere seitens des deutschen Volkes in beiden Teilen Deutschlands selbst erforderlich. Das beste aber wäre, wenn die deutsche Frage die Deutschen selbst lösen würden, die zweifelsohne den richtigen Weg für die Entwicklung Deutschlands wählen können.

Man kann nicht umhin zu berücksichtigen, daß jetzt in Europa neue Verhältnisse entstanden sind und daß wir auf der Suche nach Wegen zur Vereinigung Deutschlands diese Verhältnisse in Rechnung stellen müssen. Ist denn nicht klar, daß die mechanische Vereinigung beider Teile Deutschlands, die sich in verschiedenen Richtungen entwickeln, eine unreale Sache ist?

In der entstandenen Situation ist der einzige Weg zur Vereinigung Deutschlands die Schaffung eines Systems der kollektiven Sicherheit in Europa, die Festigung und Entwicklung wirtschaftlicher und politischer Kontakte zwischen beiden Teilen Deutschlands.

Man kann die deutsche Frage nicht auf Kosten der Interessen der Deutschen Demokratischen Republik lösen. Wir sind davon überzeugt, daß die Werktätigen der Deutschen Demokratischen Republik sich nicht mit einem Standpunkt einverstanden erklären können, der nur die Interessen der westlichen Ländergruppen zuungunsten der Interessen der Deutschen Demokratischen Republik berücksichtigt.

Kann die Deutsche Demokratische Republik damit einverstanden sein, daß sie in den Nordatlantikpakt und in die Westeuropäische Union einbezogen wird und auf ihre Schultern die Lasten des Wettrüstens abgewälzt werden?

Können die Werktätigen der Deutschen Demokratischen Republik auf die Beseitigung aller ihrer politischen und sozialen Errungenschaften, auf die Beseitigung aller ihrer demokratischen Umgestaltungen eingehen?

Wir sind überzeugt, daß sich die Werktätigen der Deutschen Demokratischen Republik niemals einverstanden erklären werden, einen solchen Weg zu gehen.

Wir zweifeln ebenfalls nicht daran, daß die überwiegende Mehrheit der Bevölkerung Westdeutschlands die Politik der Remilitarisierung und des Wettrüstens nicht gutheißt, da sie gut all die schweren Folgen dieser Politik erkennt. In den Tagen der Genfer Konferenz erhielt die sowjetische Delegation Tausende von Botschaften; sie wurde von zahlreichen Delegationen, darunter auch der Bevölkerung Westdeutschlands, besucht, die von den Regierungschefs der vier Mächte eine Lösung der deutschen Frage forderten, die das vereinigte Deutschland auf den Weg einer friedlichen und demokratischen Entwicklung führt.

Große Bedeutung für die Vereinigung Deutschlands kann die Annäherung zwischen der Deutschen Demokratischen Republik und der Deutschen Bundesrepublik haben. Diese beiden Staaten könnten im Interesse des ganzen deutschen Volkes eine umfassende Zusammenarbeit auf allen Gebieten des innerdeutschen Lebens herstellen, was zweifelsohne die Lösung der Aufgabe der Wiedervereinigung Deutschlands erleichtern würde.

Genossen! Die Sowjetregierung wird auch künftig beharrlich und konsequent eine Politik vertreten, die auf die Vereinigung Deutschlands im Interesse des deutschen Volkes selbst gerichtet ist. Die Sowjetregierung wird dazu beitragen, daß das große deutsche Volk einen einheitlichen, demokratischen und souveränen Staat schaffen kann, der in der Familie der friedliebenden Völker einen würdigen Platz einnimmt. Wir stellen mit großer Befriedigung fest, daß sich zwischen der Deutschen Demokratischen Republik und der Sowjetunion die freundschaftlichen Beziehungen festigen. Wir geben unserer festen Überzeugung Ausdruck, daß sich diese Beziehungen auch künftig auf der Grundlage der Gleichberechtigung, der gegenseitigen Achtung und der Nichteinmischung in die inneren Angelegenheiten entwickeln und festigen werden ...

Zit. nach: Hermann Weber, Von der SBZ zur DDR, a.a.O., S. 159f.

3. Die neue Lage und die Politik der Sozialistischen Einheitspartei Deutschlands

(Beschluß der 25. Tagung des ZK der SED vom 27. 10. 1955)

Die Deutsche Demokratische Republik als der rechtmäßige, souveräne deutsche Staat hat eine Stellung, die ihr eine große Verantwortung bei der Mitarbeit in den Fragen der kollektiven Sicherheit in Europa und der Wiedervereinigung Deutschlands auferlegt. Durch den Vertrag zwischen der Deutschen Demokratischen Republik und der UdSSR ist auch die internationale Autorität der Deutschen Demokratischen Republik gewachsen.

Die Lage in Deutschland wird dadurch charakterisiert, daß es unmöglich ist, ganz Deutschland in den Nordatlantik-Kriegspakt zu zwingen, daß aber die friedliebenden demokratischen Kräfte noch Zeit benötigen, um eine Änderung der Bonner Politik herbeizuführen, damit sie sich von der Remilitarisierung abwendet und zu einer Zusammenarbeit für die kollektive Sicherheit in Europa und für die friedliche demokratische Lösung der deutschen Frage bereit ist. Deshalb ist es notwendig, die Aktionsgemeinschaft der ganzen deutschen Arbeiterklasse herzustellen, ihr Bündnis mit den Bauern zu schaffen und alle anderen friedliebenden Kräfte um sie zusammenzuschließen.

Aus dem Kampf der friedliebenden und demokratischen Kräfte in Deutschland gegen die Kräfte des Militarismus und der Reaktion wird das einige, friedliebende und demokratische Deutschland erwachsen.

Diese geschichtliche Aufgabe kann nur gelöst werden, wenn die Sozialistische Einheitspartei Deutschlands – geleitet von der siegreichen Lehre des Marxismus-Leninismus – ihre ideologische, politische, wirtschaftliche und kulturelle Tätigkeit entsprechend diesen höheren Aufgaben entwikkelt, damit die Staatsmacht, die Nationale Front des demokratischen Deutschlands und die in ihr zusammengefaßten Parteien und Massenorganisationen des demokratischen Blocks die großen geschichtlichen Aufgaben mit Kampfentschlossenheit und politischer Zielklarheit erfüllen können. Die großen Erfolge, die unter der Führung der Partei der Arbeiterklasse im Osten Deutschlands seit 1945 errungen wurden, zeigen, welch große Fähigkeiten und Kraft das Volk besitzt, wenn an seiner Spitze die einige Arbeiterklasse kämpft, die von der marxistisch-leninistischen Partei geführt wird.

...

Die Übereinstimmung der Friedenspolitik der Deutschen Demokratischen Republik und der Interessen der westdeutschen Werktätigen erfordert die Herstellung enger Beziehungen. *Der Maßstab für den ernsten Willen zur Wiedervereinigung Deutschlands ist die Zusammenarbeit mit der Deutschen Demokratischen Republik.* Die Zusammenarbeit der Werktätigen Westdeutschlands mit den Parteien und Massenorganisationen, der Nationalen Front des demokratischen Deutschlands und die Annäherung der beiden deutschen Staaten entspricht unserer seit Jahren verfolgten Politik der Verständigung der Deutschen untereinander.

Der Kampf um die Sicherung des Friedens und die Wiedervereinigung Deutschlands ist ein harter Kampf aller deutschen Parteien auf politischem, wirtschaftlichem und kulturellem Gebiet. Das erfordert die allseitige Entwicklung der Kontakte zwischen allen Bevölkerungsschichten in Ost und West. Mehr denn je gilt jetzt die Losung: Deutsche an einen Tisch! Die Nationale Front des demo-

kratischen Deutschlands muß mehr noch als bisher alle deutschen Patrioten im nationalen und sozialen Kampf mobilisieren.
Die Wiedervereinigung Deutschlands kann nur das Resultat des Volkskampfes gegen den Militarismus in Westdeutschland und der gemeinsamen Anstrengungen der Kräfte des Friedens und der Verständigung in der Welt sein.
Ein friedliebendes und demokratisches Deutschland kann nicht durch einen mechanischen und formalen Vorgang, durch einen einfachen juristischen Akt entstehen, sondern *kann und wird nur das Ergebnis des gemeinsamen Kampfes der Mehrheit unseres Volkes gegen die Kräfte des Militarismus sein.*
Auf der einen Seite stehen die Volksmassen, die sich ein friedliches, freies, wohlhabendes und glückliches Leben wünschen und die deshalb zutiefst an Frieden, Demokratie und sozialem Fortschritt interessiert sind. Das sind die Arbeiter, die Bauern, die wissenschaftliche, technische und künstlerische Intelligenz, die Handwerker, weite Kreise des Handels und der Industrie. Diese große Mehrheit des deutschen Volkes hat das demokratische Recht und besitzt vereinigt die Kraft, das neue Deutschland des Friedens und der Demokratie zu gestalten. Diese Mehrheit kann, muß und wird das politische, wirtschaftliche und kulturelle Antlitz des wiedervereinigten Deutschlands bestimmen.
…

Wie soll das neue Deutschland gestaltet werden?

1. *Ein wiedervereinigtes Deutschland* soll ein friedliebendes Deutschland sein. Deshalb muß die Macht der Militaristen gebrochen werden. Die friedliebenden Kräfte müssen in Deutschland bestimmen und nicht jene Konzernherren, feudalen Offiziere und anderen Militaristen, die Deutschland schon zweimal in die Kriegskatastrophe getrieben haben. Die Brechung der sozialen Macht der Kriegsinteressenten durch Überführung der Grundstoffindustrien in Volkseigentum auch in Westdeutschland ergibt sich als geschichtliche Notwendigkeit aus der Lehre des Zweiten Weltkrieges, die im Potsdamer Abkommen von den vier Großmächten zur Beseitigung des deutschen Militarismus formuliert wurde. Sie entspricht ebensosehr dem heutigen Wunsch aller europäischen Völker nach einer dauerhaften Sicherheit, daß keine neue Aggression mehr von deutschem Boden ausgehen kann.
2. *Ein wiedervereinigtes demokratisches Deutschland* muß die volle Souveränität besitzen. Es darf keine ausländischen militärischen Stützpunkte haben und keine ausländischen Besatzungstruppen. Seine Grenzen werden garantiert durch einen Vertrag über die kollektive Sicherheit in Europa. In einem solchen freien Deutschland sichert sich das Volk seine demokratischen Grundrechte. Damit das Volk nicht wie in der Republik von Weimar machtlos der Reaktion ausgeliefert ist und die Interessen des Friedens, der Demokratie und des sozialen Fortschritts dauerhaft gesichert werden, müssen die politischen Vertrauensleute der Militaristen und Imperialisten aus dem Staatsapparat entfernt werden und an ihre Stelle aufrechte Demokraten aus allen Schichten unseres Volkes treten. Die erfahrensten und fähigsten Kräfte der Arbeiterklasse, der werktätigen Bauern und der Intelligenz und aus anderen demokratischen Kreisen sollen im Staatsapparat die wichtigsten Funktionen ausüben. Durch die Beseitigung der kapitalistischen Monopole wird es unmöglich gemacht, daß Abgeordnete und Parteiführer gekauft und Staatsfunktionäre korrumpiert werden können. Unter solchen Verhältnissen werden alle politischen Organe in freier und geheimer Wahl vom Volke gewählt. Es entspricht den gemeinsamen Interessen der Mehrheit der Bevölkerung, daß die Presse, der Rundfunk und die anderen Mittel der öffentlichen Meinungsbildung nicht mehr in den Händen ausländischer und kapitalistischer Kräfte zur Propagierung des Militarismus, der Völkerhetze und des Krieges bleiben. Die öffentliche Meinungsbildung muß, frei von dieser volksfeindlichen Verwirrung, zur Sache des Volkes selbst werden.
3. *In einem wiedervereinigten demokratischen Deutschland,* das aus der Vereinigung von zwei deutschen Staaten mit verschiedener gesellschaftlicher und wirtschaftlicher Ordnung entsteht, wird es volkseigene und kapitalistische Betriebe geben. In ihm werden Konsumgenossenschaften und die bäuerlichen Genossenschaften große Möglichkeiten zu ihrer Entwicklung haben, aber es wird auch ein weiter Raum für die Privatinitiative in der Industrie, Landwirtschaft und im Handel gegeben sein.

4. *In einem solchen wiedervereinigten demokratischen Deutschland* wird endlich der Beschluß der Moskauer Konferenz der vier Außenminister vom März/April 1947 auf Durchführung der Bodenreform in ganz Deutschland verwirklicht. Durch diese Bodenreform, die eine geschichtliche Grundbedingung für die Demokratisierung Deutschlands ist, erhalten auch Hunderttausende landarmer Bauern, Landarbeiter und Umsiedler in Westdeutschland den Boden, der bisher von junkerlichen Parasiten ausgesogen werden konnte, und werden die Garantien für eine demokratische Entwicklung im Dorfe geschaffen.
5. *In einem solchen wiedervereinigten demokratischen Deutschland* wird unsere nationale humanistische Kultur einer neuen herrlichen Blüte entgegengeführt werden. Wissenschaft und Kunst werden ihre besondere Pflege dadurch erfahren, daß sie in eine lebendige Beziehung zu unserem Volk und zu seinem besten fortschrittlichen Streben treten. Die ganze kulturelle Entwicklung wird ihr festes Fundament in einer Schulreform erhalten, die den begabten Söhnen und Töchtern unseres ganzen Volkes die Wege bis zur höchsten Bildung öffnet. Durch diese demokratische Erneuerung werden alle Güter der Kultur zum gemeinsamen Besitz und alle kulturellen Fragen zum gemeinsamen Interesse der Mehrheit der Bevölkerung.
Das neue friedliche und freie Deutschland wird geboren aus dem gemeinsamen Kampf der Arbeiterklasse und aller friedliebenden Menschen in ganz Deutschland – heute und morgen.
Dieses neue Deutschland muß und wird eine Großmacht des Friedens, der Demokratie und des sozialen Fortschritts sein, damit es als souveräner Staat seinen geachteten Platz in der Familie der friedliebenden Völker Europas und der Welt einnehmen kann.
...

Die Deutsche Demokratische Republik – die Bastion des Friedens, der Demokratie und des Fortschritts

Die Deutsche Demokratische Republik ist der rechtmäßige deutsche Staat, der seine Legitimation aus dem Willen und der Kraft des Volkes hat, ein für allemal die Wiederholung des verhängnisvollen Weges von Krise und Krieg zu verhindern ...
Die *Deutsche Demokratische Republik* ist *der einzige souveräne deutsche Staat,* in dem das wirtschaftliche und politische Leben nicht von ausländischen Monopolen kontrolliert und beeinflußt wird. *Von der Deutschen Demokratischen Republik geht die nationale Souveränität Deutschlands aus.*
Die Deutsche Demokratische Republik ist das Vaterland des Volkes. Die Arbeiterklasse ist die führende Kraft im Staat im Bündnis mit den werktätigen Bauern, der fortschrittlichen Intelligenz und anderen Werktätigen. Indem sich die Arbeiterklasse von der kapitalistischen Ausbeutung befreite und die werktätigen Bauern von der Knechtung durch das Finanzkapital, die Intelligenz vom Druck der kapitalistischen Monopole, wurde in der Deutschen Demokratischen Republik die Freiheit des Volkes verwirklicht. In der Deutschen Demokratischen Republik können die Volksmassen zum ersten Male in der Geschichte unseres Volkes völlig frei ihre gewaltige schöpferische Rolle erfüllen. Seitdem eine wirkliche Volksmacht errichtet wurde, die Großbetriebe volkseigen sind und der Boden denen gehört, die ihn bebauen, hat das Volk ein wirkliches Vaterland. *Die Freiheit des Volkes geht von der Deutschen Demokratischen Republik aus.*
In der Deutschen Demokratischen Republik ist die Sozialistische Einheitspartei Deutschlands die einigende politische Kraft ... Von der Deutschen Demokratischen Republik gehen Einheit der Arbeiterklasse, das Bündnis der Arbeiterklasse mit den werktätigen Bauern und die Gemeinschaft aller patriotischen Bürger aus.
...
Die Deutsche Demokratische Republik gibt in ihrer Außenpolitik für ganz Deutschland das Beispiel der friedlichen und freundschaftlichen Beziehungen zur Sowjetunion und zu allen anderen friedliebenden Völkern. Der Vertrag über die Beziehungen zwischen der Deutschen Demokratischen Republik und der Sowjetunion basiert auf der Gleichberechtigung, der gegenseitigen Hilfe und der Nichteinmischung in die inneren Angelegenheiten der Vertragspartner. Dieser Vertrag entspricht den Grundsätzen der neuen Beziehungen, die sich zwischen der Sowjetunion und den volksdemokratischen Ländern sowie den Ländern, die sich von den imperialistischen Mächten losgesagt haben, entwickelt haben.

Die Deutsche Demokratische Republik ist eine durch nichts aus der Welt zu schaffende Tatsache von großer historischer Bedeutung. Ihre Existenz und ihre Entwicklung sind ein entscheidender Beitrag zur Stärkung der Kräfte des Friedens, der Demokratie und des Sozialismus in ganz Deutschland. Ihre Existenz und ihre Festigung bilden auch eine grundlegende Voraussetzung für die Schaffung eines einheitlichen, friedlichen und demokratischen Deutschlands des Volkes.

Zit.nach: Dokumente der SED, Bd. V, Berlin (Ost) 1956, S. 445 f., 459 ff.

4. Die unterschiedlichen Grundpositionen zur deutschen Frage 1955

a) Aus der Erklärung der Regierung der DDR zur Genfer Konferenz – abgegeben am 1. 11. 1955 vor der Volkskammer

Die Deutsche Demokratische Republik ist das Bollwerk der demokratischen und friedliebenden Kräfte des deutschen Volkes. Sie ist gewillt, ihren Beitrag zu leisten, um den Frieden in Europa durch gemeinsame Maßnahmen aller europäischen Staaten zu sichern. Sie ist bereit, die Rechte und Pflichten eines gesamteuropäischen Vertrages über kollektive Sicherheit zu übernehmen.
Zur Vereinigung der beiden deutschen Staaten in einem einheitlichen, demokratischen, friedliebenden, souveränen Deutschland sind erst die notwendigen äußeren und inneren Voraussetzungen zu schaffen.

...

Es ist eine unleugbare geschichtliche Wahrheit, daß die antidemokratischen und militaristischen Kreise in Deutschland oftmals ihre Pläne mit Hilfe von Wahlen verwirklichten. Bekanntlich kam durch Wahlen ein solcher Mann wie Papen zur Macht, der den Ausnahmezustand verkündete und die sozialdemokratische Regierung Preußens verjagte. Auf dem gleichen Wege wurde der Junker und Militarist Hindenburg Reichspräsident, der Hitler die Regierungsmacht auslieferte. Ebenso ist bekannt, daß Hitler Wahlen ausnutzte, um der faschistischen Diktatur den Anschein der Legalität zu geben. Hitler wurde von den Kräften des Monopolkapitals und des Junkertums unterstützt, die heute die Bundesrepublik beherrschen. Sie finanzierten die nationalistischen und faschistischen Parteien; sie unterdrückten die Parteien und Organisationen der Arbeiterklasse mit wirtschaftlichem und politischem Terror; sie führten mit den Revancheparolen breite Massen des Volkes irre; sie schürten den Nationalismus bis zur Weißglut und errichteten auf diese Weise mit angeblich freien Wahlen die blutige Hitlerdiktatur, um den Zweiten Weltkrieg vorzubereiten.
Derartige Wahlen brauchen die Monopolisten und Junker heute, um die Herrschaft der Militaristen in einem einheitlichen Deutschland wiederherzustellen, um der Arbeiterklasse in der Deutschen Demokratischen Republik die volkseigenen Betriebe zu rauben und sie den Kriegsverbrechern zu übereignen, um den Bauern den Boden, den sie durch die Bodenreform erhalten haben, zu entreißen und ihn den Junkern zurückzugeben, um die volkseigenen Güter und die Landwirtschaftlichen Produktionsgenossenschaften zu beseitigen, um alle sozialen Errungenschaften der Werktätigen in der Deutschen Demokratischen Republik aufzuheben. Es ist klar, daß es unter den Bedingungen einer Beherrschung Westdeutschlands durch die Militaristen, einer Remilitarisierung der Bundesrepublik und ihrer Bindung an aggressive Militärblocks keine freien gesamtdeutschen Wahlen geben kann.
Die Regierung der Deutschen Demokratischen Republik erklärt im Namen aller friedliebenden Kräfte, die in der Nationalen Front des demokratischen Deutschlands zusammengeschlossen sind, mit aller Entschiedenheit, daß eine Rückkehr in die Vergangenheit und die Verwandlung ganz Deutschlands in einen militaristischen Obrigkeitsstaat nicht zugelassen wird. Ein wiedervereinigtes friedliebendes und demokratisches Deutschland darf in keiner Weise durch Experimente politischer Abenteurer gefährdet oder in sein militaristisches Gegenteil verkehrt werden.
Auf dem Wege zur nationalen Wiedervereinigung Deutschlands als demokratischen und friedliebenden Staat gibt es keinen ernsthaften Schritt vorwärts, ohne die unbestreitbare Tatsache anzuerkennen, daß gegenwärtig zwei deutsche Staaten bestehen, in denen sich unterschiedliche soziale und ökonomische Systeme herausbildeten.

...
Es ist selbstverständlich, daß keine Wiedervereinigung Deutschlands möglich ist, die auf Kosten der sozialen, politischen und kulturellen Errungenschaften der werktätigen Menschen der Deutschen Demokratischen Republik gehen würde. Ebenso klar ist, daß es bei der Unterschiedlichkeit der Entwicklung im Westen und Osten Deutschlands keinen mechanischen Zusammenschluß der gegenwärtig bestehenden beiden deutschen Staaten geben kann ...
Die Regierung der Deutschen Demokratischen Republik schlägt die Bildung eines Gesamtdeutschen Rates vor, in den die gesetzgebenden Körperschaften der Deutschen Demokratischen Republik und der Deutschen Bundesrepublik ihre Vertreter entsenden. Dabei sind alle demokratischen Parteien und Organisationen in gegenseitigem Einverständnis zu berücksichtigen. Die Aufgabe dieses Gesamtdeutschen Rates soll sein, auf eine gegenseitige Annäherung der Deutschen aus West- und Ostdeutschland hinzuwirken und eine Zusammenarbeit auf allen Gebieten der innerdeutschen Beziehungen zu organisieren.
...
In der Wirtschaft und Verwaltung des wiedervereinigten Deutschlands kann kein Platz für Militaristen und Kriegsinteressenten sein. Aus zwei Weltkriegen und ihren Lehren ergibt sich die unabweisbare Forderung nach Sicherheiten gegen den Mißbrauch der wirtschaftlichen Macht für die Vorbereitung und Führung von imperialistischen Kriegen. Diese Sicherheiten fordert nicht nur das deutsche Volk, sie entsprechen auch dem Verlangen aller europäischer Völker nach einem dauerhaften Frieden.
Ein wiedervereinigtes friedliebendes Deutschland muß auch frei sein von der Herrschaft der militaristischen Junker. Das setzt die Durchführung der Bodenreform voraus, wie es 1947 bereits auf der Moskauer Außenministerkonferenz der vier Mächte festgelegt wurde. Sie würde Hunderttausenden landarmen Bauern, Landarbeitern und Umsiedlern eine gesicherte Existenz geben und eine demokratische Entwicklung des Dorfes ermöglichen.
Im künftigen einheitlichen Deutschland muß garantiert sein, daß die demokratischen und sozialen Errungenschaften der Arbeiterklasse und aller Werktätigen der Deutschen Demokratischen Republik nicht angetastet werden und sich frei entwickeln können. Neben dem Volkseigentum und dem verschiedenartigsten genossenschaftlichen Eigentum wird es in dem wiedervereinigten Deutschland auch kapitalistisches Eigentum geben ...
Ein wiedervereinigtes friedliebendes Deutschland muß im Besitz der vollen staatlichen Souveränität sein. Es muß frei sein von allen ausländischen militärischen Stützpunkten und allen ausländischen Truppen sowie von allen Bindungen an Militärbündnisse. Die Unantastbarkeit seiner Grenzen wird durch einen Vertrag über kollektive Sicherheit in Europa garantiert, dem Deutschland mit gleichen Rechten und Pflichten angehört. Dieses einheitliche, demokratische, friedliebende Deutschland wird als souveräner Staat über eigene nationale Streitkräfte für die Verteidigung der Heimat verfügen.
Das künftige einheitliche Deutschland, das die Regierung der Deutschen Demokratischen Republik anstrebt, wird eine Republik des Friedens, der Demokratie und des sozialen Fortschritts sein. Es wird einen geachteten Platz im Kreis der friedliebenden Völker Europas und der Welt einnehmen.

Zit. nach: Die Bemühungen der Bundesrepublik zur Wiederherstellung der Einheit Deutschlands durch gesamtdeutsche Wahlen, hrsg. vom Bundesministerium für Gesamtdeutsche Fragen. Dokumente und Akten. Teil II, Nov. 1953 – Nov. 1955. Bonn 1958, S. 264, 266ff.

b) Aus der Erklärung der Bundesregierung zum Abschluß der Genfer Konferenz vom 1.12.1955

Die Beobachterdelegation der sogenannten „DDR“ hat ... in einer offiziellen Verlautbarung vom 1. November 1955 bemerkt, freie Wahlen könnten in Deutschland nur durchgeführt werden, „nachdem ... die gegenwärtig die Bundesrepublik beherrschenden antidemokratischen und faschistischen Kräfte ihre Machtposition verloren haben“. Und im Beschluß des 25. Plenums des Zentralkomitees der SED heißt es: „Wer unter diesen Bedingungen von freien Wahlen spricht, der will die Versklavung des deutschen Volks durch die imperialistische Bourgeoisie, die gegenwärtig in Westdeutschland herrscht." Der sowjetische Außenminister hält eine lange Periode der Vorbereitung für nötig, in der seiner Auffassung nach zahlreiche Vorbedingungen erfüllt werden müssen, wodurch erst eine Situation geschaffen würde, die die Regelung der deutschen Frage erlaubt. Lassen Sie mich diese Bedingungen im einzelnen erwähnen.

1. Die Schaffung eines europäischen Sicherheitssystems auf der Basis des Status quo. Dies bedeutet, daß die Teilung Deutschlands aufrechterhalten werden soll und daß damit das Sicherheitssystem seinen Zweck nicht erfüllen, sondern wertlos bleiben würde. Die Bundesregierung begrüßt und fördert die Schaffung eines europäischen Sicherheitssystems, da die Schaffung von wirksamen Voraussetzungen für die Sicherheit in Europa und die Vermeidung eines Krieges von lebenswichtiger Bedeutung für das deutsche Volk sind. Aber sie muß – wie es auch die Westmächte getan haben und weiter tun werden – ein Sicherheitssystem als in der Anlage verfehlt und unwirksam ansehen, das auf der Teilung Deutschlands aufbaut.

2. Allmähliche Auflösung der militärischen Gruppierungen in Europa. Dies bedeutet, daß zwar der Nordatlantikpakt, die Westeuropäische Union und der Warschauer Pakt aufgelöst werden sollen, daß aber die zweiseitigen Bündnisse und Abhängigkeiten zwischen der Sowjetunion und ihren Satellitenstaaten unverändert bestehen blieben. Die Bundesregierung würde in einer solchen Situation eine schwere Gefährdung der Sicherheit Europas und damit auch Deutschlands erblicken.

…

4. Die Räumung Gesamtdeutschlands von alliierten Truppen. Dies bedeutet praktisch, daß sich die britischen und amerikanischen Truppen über den Kanal und den Ozean zurückziehen sollen, während die sowjetischen Truppen in einer Entfernung von der Ostgrenze Deutschlands stationiert bleiben, die von einer motorisierten Armee in wenigen Stunden durchschritten werden könnte. Die Bundesregierung ist daher der Auffassung, daß die Rückführung der alliierten Truppen in naher Zukunft nach wie vor die Sicherheit der Bundesrepublik und Berlins aufs stärkste gefährden würde.

5. Die Entmilitarisierung Deutschlands. Dies bedeutet, daß im Herzen Europas ein militärisches Vakuum geschaffen würde, das die Intervention von kommunistischer Seite begünstigen, ja geradezu provozieren würde.

6. Die Normalisierung der Beziehungen der Vier Mächte mit den beiden Teilen Deutschlands. Dies bedeutet, daß die Westmächte das Pankow-Regime anerkennen sollen, das nicht über einen echten Auftrag des Volkes verfügt und auf Willkür und Terror gegründet ist. Die gesamte übrige freie Welt soll dadurch beeinflußt werden, diese Anerkennung ebenfalls zu vollziehen.

7. Die Errichtung eines Gesamtdeutschen Rates aus Vertretern des Bundestages und der sowjetzonalen Volkskammer. Dies bedeutet, daß unter Vermeidung freier Wahlen dem Pankow-Regime eine gleichberechtigte Teilnahme an einer gesamtdeutschen Regierung gesichert werden soll. Die frei gewählten Vertreter des Bundestages haben es stets abgelehnt, sich mit den Helfershelfern der Unterdrückung in der sowjetisch besetzten Zone an einen Tisch zu setzen.

In den Vorbedingungen des Herrn Molotow heißt es dann:

8. Die Garantierung der politischen, wirtschaftlichen und sozialen Errungenschaften der werktätigen Bevölkerung der sogenannten „DDR" in einem wiedervereinigten Deutschland. Dies bedeutet, daß eine gesamtdeutsche Regierung gebunden sein soll, auf die Einführung einer freiheitlichen Ordnung in der sowjetisch besetzten Zone zu verzichten. Die zu garantierenden Errungenschaften stellen sich u. a. dar in der Zerstörung der rechtsstaatlichen Ordnung, in überfüllten Gefängnissen und Zuchthäusern, in der Unterdrückung der Rede-, Presse- und Versammlungsfreiheit, in der Verweigerung sozialer Sicherheit, in der Unterdrückung des Streikrechts und in der Verneinung des Eigentums.

Die in steigender Zahl flüchtenden verzweifelten Menschen sind ein beredtes Zeugnis für die Bewertung der sowjetzonalen Errungenschaften.

Die Bundesregierung ist der Auffassung, daß nach der Wiedervereinigung dem deutschen Volk selbst Gelegenheit gegeben werden muß, auf dem Weg der freien Wahlen über die Beibehaltung

oder Verwerfung dieser sogenannten „Errungenschaften" zu entscheiden. Eine von außen auferlegte innenpolitische Beschränkung der Entscheidungsfreiheit wäre mit den Prinzipien der Demokratie und des Selbstbestimmungsrechts unvereinbar.
Weitere sowjetische Vorbedingungen sind:
9. Die Ausschaltung der „Junker, Monopolkapitalisten, Militaristen usw. aus ihren ‚beherrschenden Stellungen' in der Bundesrepublik" ... Im Beschluß des 25. Plenums des Zentralkomitees der SED heißt es: Es „müssen die politischen Vertrauensleute der Militaristen und Imperialisten aus dem Staatsapparat entfernt werden ..." Das bedeutet: Der Bundesrepublik soll ein politischer, wirtschaftlicher und sozialer Aufbau aufgezwungen werden, der dem in freien Wahlen zum Ausdruck gekommenen Selbstbestimmungswillen des Volkes nicht entspricht. Mit demagogischen Schlagworten wird hier versucht, die Kaltstellung aller Personen durchzusetzen, die den Kommunisten mißliebig sind und daher willkürlich in eine der genannten Rubriken eingereiht werden.
Wir sollten uns über die Folgen einer solchen Entwicklung klar sein. Wir alle, die wir unser Mandat dem deutschen Volk verdanken, gleichgültig, welcher Partei wir angehören, ja schlechthin alle, die in Deutschland politische Verantwortung tragen, fallen unter diese Kategorie. Wir alle, die wir aus politischer Überzeugung und politischer Verantwortung den Kommunismus als Form der staatlichen, sozialen und wirtschaftlichen Ordnung ablehnen, würden diesem unerbittlichen Säuberungsprozeß zum Opfer fallen. Wenn ich das feststelle, dann nicht um die eigene Existenz, wohl aber die eigene Verantwortung zu verteidigen.
Die Bundesregierung hat es nicht nötig, sich gegen die Anwürfe aus Pankow zu verwahren; ein Vergleich mit den dortigen Verhältnissen genügt ...
Man will die sogenannte politische Säuberung des Staatsapparates und seine Besetzung mit „Volksdemokraten". Dem Rundfunk und der Presse will man die eigentliche und ursprüngliche Aufgabe der objektiven Berichterstattung und der Diskussion nehmen, um sie zu Instrumenten der staatlichen Allmacht zu machen. Man spricht von der Schulreform, nicht um die Schulen zu verbessern, sondern um sie zu Einrichtungen umzugestalten, in denen die Menschen schon in frühester Jugend dem Prozeß der Entpersönlichung und Entmenschlichung ausgesetzt werden.
Das alles, um in einer pervertierten Umkehrung des Begriffes Demokratie dem Menschen im Staate Einfluß und Verantwortung zu nehmen und ihn aus dem handelnden Subjekt zum leidenden Objekt umzuformen.
Man übertreibt nicht, wenn man sagt, daß die von der Sowjetunion geforderten Voraussetzungen zur Wiedervereinigung sich nicht auf die Neutralisierung beschränken, sondern darüber hinaus innenpolitische Forderungen enthalten, die darauf hinauslaufen würden, Gesamtdeutschland zu einer „Volksdemokratie" zu machen. Die Sowjetunion ist gegenwärtig offensichtlich noch nicht entschlossen, die Teilung Deutschlands aufzuheben, da sie keine erfolgreiche Möglichkeit zur Erreichung dieses Zieles sieht.

Zit. nach: Die Bemühungen der Bundesrepublik ..., a. a. O., S. 280 ff.

III/6 Die Integration in den Ostblock

Arbeitsthemen

1. *Wie werden Aufgaben und Möglichkeiten des RGW in östlicher und westlicher Sicht definiert? (Nr. 1 a und 1 b)*
2. *Welche Ziele nennt Staatspräsident Wilhelm Pieck für die Außenpolitik der DDR? Woran wird die totale Blockgebundenheit deutlich? (Nr. 2 a)*
3. *Welche Bedeutung hat innerhalb dieser Zielsetzung der Vorschlag der Ostblockstaaten zur Bildung eines Gesamtdeutschen Konstituierenden Rates? (Nr. 2 a und 2 b; vgl. auch III/5, Nr. 1 c)*

4. *In welchen Punkten stimmen die ersten außenpolitischen Optionen der DDR überein? Wie ist es zu erklären, daß – im Gegensatz zur Bundesrepublik – Oder-Neiße-Grenze und Vertreibungen sofort und ohne Vorbehalte anerkannt bzw. gebilligt werden? (Nr. 3, 4, 5 und 6)*
5. *Welche Zielsetzungen und welche Grenzen werden aus der Erklärung der UdSSR über die Souveränität der DDR vom 25. 3. 1954 erkennbar? (Nr. 7 a) Mit welchen Argumenten begründet die Bundesregierung ihre „Nichtanerkennung" dieser Souveränität? (Nr. 7 b)*
6. *Worin geht der Warschauer Pakt über einen reinen Beistandspakt hinaus? Wie wird die Vorherrschaft der UdSSR innerhalb des Paktsystems gesichert? (Nr. 8 a–d) Welche Gemeinsamkeiten und welche Unterschiede bestehen zwischen dem Warschauer Pakt und dem NATO-Vertrag? (I/5, Nr. 8 und Nr. 3, S. 117 f.)*
7. *Inwieweit unterstützt der Vertrag zwischen UdSSR und DDR vom 20. 9. 1955 die Souveränität der DDR? Wo begrenzt er sie? (Nr. 9)*
8. *Wie begründet die DDR-Geschichtsschreibung rückschauend 1955 als „Schlüsseljahr"? Welche Bedeutung hat diese Sicht für das gegenwärtige Verhältnis der beiden deutschen Staaten und die weitere Entwicklung der deutschen Frage? (Nr. 10)*
9. *Ist die These berechtigt, die DDR habe „in den ersten 6 Jahren ihres Bestehens keine eigene Außenpolitik betreiben können"? Ist 1955 eine Änderung eingetreten? (Nr. 10 und 11; vgl. auch III/5, Nr. 2 und 3)*

Materialien

1. Die Anfänge des RGW

a) . . . aus östlicher Sicht

In den ersten Jahren des Bestehens des Rates für Gegenseitige Wirtschaftshilfe richtete sich sein Hauptaugenmerk auf die Ausarbeitung der Fragen, die mit der Ausdehnung des Handels zwischen den Mitgliedländern des Rates zusammenhängen sowie auf die Organisation der wissenschaftlich-technischen Zusammenarbeit und den Austausch technischer Ergebnisse.
Die I. Tagung wurde vom 26. bis 28. April 1949 in Moskau durchgeführt. Auf ihr wurden die organisatorischen Angelegenheiten der Bildung des Rates für Gegenseitige Wirtschaftshilfe als internationale Organisation verwirklicht. Auf der Tagung wurden Fragen der Zusammenarbeit der Mitgliedländer des Rates im Bereich des Außenhandels und der wissenschaftlich-technischen Zusammenarbeit behandelt.
Dies war sowohl durch die Notwendigkeit bedingt, die schnelle Entwicklung der sozialistischen Wirtschaft durch Bereitstellung der notwendigen Waren zu gewährleisten, als auch durch die diskriminierende Politik, die die kapitalistischen Länder hinsichtlich des Handels mit den sozialistischen Ländern durchführten.
Ausgehend von den ökonomischen Interessen der Länder widmeten die II. Tagung (Sofia, 25. bis 27. August 1949) und die III. Tagung (Moskau, 24. bis 25. Oktober 1950) ihr Hauptaugenmerk den Fragen der Entwicklung des Außenhandels zwischen den Mitgliedländern des Rates. Dabei stellte die II. Ratstagung fest, daß es zweckmäßig sei, in Zukunft den Handel zwischen den Mitgliedländern des RGW auf der Grundlage von langfristigen Abkommen durchzuführen. Große Bedeutung für die Entwicklung der Industrie und die technische Rekonstruktion der Volkswirtschaften der Mitgliedländer des Rates hatten der Beschluß und die Empfehlung der II. Tagung bezüglich der Organisierung der wissenschaftlich-technischen Zusammenarbeit. Die Tagung gab die Empfehlung, die wissenschaftlich-technische Zusammenarbeit und den Austausch technischer Ergebnisse auf vorteilhaftester Basis zu verwirklichen und zwischen den Mitgliedländern des RGW zweiseitige Abkommen über diese Zusammenarbeit abzuschließen. Die Tagung legte die Prinzipien dieser Zusammenarbeit zwischen den sozialistischen Ländern fest.
Im Zusammenhang mit dem weiteren Aufschwung der Volkswirtschaften in den Mitgliedländern des RGW und der Festigung der Planung beschloß die IV. Ratstagung (Moskau, 26. bis 27. März 1954), daß die Hauptaufgabe des Rates im Interesse der weiteren Entwicklung der ökonomischen Beziehungen zwischen den Mitgliedländern des RGW darin bestehe, Maßnahmen zur wechselsei-

tigen Abstimmung der Volkswirtschaftspläne der Mitgliedstaaten, zur Spezialisierung und Kooperation der Produktion durchzuführen.

Aus: N. W. Faddejew, Der Rat für Gegenseitige Wirtschaftshilfe. Moskau 1964, zitiert nach der dt. Ausgabe: Berlin (Ost) 1965, S. 33 f.

b) . . . aus westlicher Sicht

Die dritte Ratstagung fand unter Teilnahme der am 29. September 1950 aufgenommenen DDR wiederum in Moskau (24.–25. November 1950) statt. Neben Fragen der gegenseitigen Hilfe für die Erfüllung der Volkswirtschaftspläne stand das Problem der Verrechnungseinheit für den RGW-Binnenhandel im Vordergrund. Es verstand sich angesichts der politischen und wirtschaftlichen Machtverhältnisse von selbst, daß hierfür nur der Rubel in Frage kam. Der sogenannte Transferrubel wurde zur Standardwährung für den Intra-RGW-Handel bestimmt. Dadurch erhielt die Sowjetunion, die die Währungsparitäten und Wechselkurse festsetzte, ein weiteres Mittel zur Stärkung ihrer Macht, die sie in ihrem eigenen Interesse nutzte. Stalin und seinen Beratern war an einer tatsächlich „brüderlichen Hilfe“, die angeblich die Beziehungen zwischen den kommunistischen Staaten beherrscht, in keiner Weise gelegen. Die Praxis der Preisfestsetzung für den Außenhandel mit den Volksdemokratien zeigt, daß die Sowjetunion mit Erfolg bemüht war, die Preise für Importwaren zu drücken und ihre eigenen Exporte zu verteuern. Hinzu kam die ständige Steigerung der Qualitätsanforderungen, die sich nicht in den Lieferpreisen der Volksdemokratien niederschlagen durfte. Beschwerden wies man in Moskau mit dem Argument zurück, die Volksdemokratien seien zur Unterstützung der Sowjetunion in ihrem „Kampf gegen den Imperialismus“ verpflichtet. Nun hat der Korea-Krieg die sowjetische Wirtschaft zweifellos belastet – er war der UdSSR freilich auch nicht aufgezwungen worden. Man wird bei den sowjetischen Preissteigerungen im Handel mit den Volksdemokratien auch berücksichtigen müssen, daß die Erschließung neuer Rohstoffquellen einen hohen Kapitaleinsatz erfordert, doch rechtfertigt dies die ausbeuterische Praxis bei weitem nicht. Ein Widerstand dagegen war jedoch aussichtslos. Die Ausrichtung des Handels auf die Sowjetunion war schon zu weit fortgeschritten: für Bulgarien machte der Anteil des Handels mit der UdSSR im Jahre 1950 67, für Rumänien 55, die DDR 40, für die Tschechoslowakei, Ungarn und Polen 27% des gesamten Außenhandelsvolumens aus.

Eine wirklich integrative Funktion hat der RGW während der Stalin-Ära nicht erreicht; was an Kooperation geschaffen wurde, ging über das Maß des international Üblichen nicht hinaus, ja es blieb, verglichen mit den Ergebnissen der Integration Westeuropas, weit hinter dem Möglichen zurück. Die ursprünglichen Pläne zu einer Arbeitsteilung zwischen den RGW-Ländern wurden nicht weiter verfolgt; die Errichtung nationaler Hüttenwerke in Plovdiv (Bulgarien), Galaţi (Rumänien), Sztálinváros (heute: Dunaújváros, Ungarn) und Stalinstadt (heute: Eisenhüttenstadt, DDR), deren Produktion zum Teil oder völlig auf Erz- und Kohleimporte angewiesen war, widersprach dieser Absicht gänzlich. Erreicht wurde allerdings ein gewisser Abbau nationaler Ressentiments, etwa im Hinblick auf die DDR, der Hand in Hand mit einer entsprechenden massiven ideologischen Indoktrinierung ging, letztlich aber von der Einsicht in die Zweckmäßigkeit bestimmt wurde. Eine wirkliche Gleichberechtigung der Volksdemokratien hat Stalin auch auf wirtschaftlichem Gebiet stets abgelehnt; dies gestattete weder das permanente Mißtrauen noch der Superioritätsanspruch des „großen Führers“. Zu seinen Lebzeiten kam der Rat nicht über eine instrumentale Funktion im Rahmen der sowjetischen Machtpolitik hinaus. Weitergehende Befugnisse, die die Interessen der Sowjetunion, wie sie Stalin verstand, hätten tangieren können, wurden dem Rat nicht eingeräumt. Auch die Handelsabkommen durften, wie erwähnt, nur bilateral geschlossen werden, da hierbei die UdSSR ihr wirtschaftliches Übergewicht zu ihren Gunsten ins Spiel bringen konnte und nicht Gefahr lief, majorisiert zu werden (was unter den herrschenden Verhältnissen freilich ohnehin nicht denkbar war). Erst nach Stalins Tod konnte unter seinen Nachfolgern der Rat seiner ursprünglichen Bestimmung, die Wirtschaftsentwicklung der RGW-

Länder entsprechend deren Interessen zu koordinieren und zu fördern, in stärkerem Maße nachkommen.

Aus: Gert Robel, Osteuropa unter der Herrschaft Stalins, in: Fischer-Weltgeschichte, Bd. 35, Das Zwanzigste Jahrhundert II, hrsg. von W. Benz und H. Graml, Frankfurt am Main 1983, S. 274 f.

2. Der Beginn der Außenpolitik

a) „Die Aufgaben der Außenpolitik der DDR"

(Aus einer Rede Piecks auf dem III. Parteitag der SED vom 20.–24. 7. 1950)

1. Kampf für den Frieden, für das Verbot der Atomwaffe und für die Erklärung der Regierung zu Kriegsverbrechern, die als erste die Atomwaffe anwendet. Unversöhnlicher und aktiver Kampf gegen die Kriegsbrandstifter in Deutschland. Als Verbrechen am deutschen Volk erklären wir alle Verpflichtungen und Abkommen, die auf die Einbeziehung Deutschlands in einen neuen Krieg und in aggressive Kriegsblocks – einschließlich des Europarats, des Nordatlantikpaktes und des Schuman-Plans – gerichtet sind. Keine dieser Verpflichtungen und keines dieser Abkommen wird von uns jemals als rechtskräftig anerkannt werden. Wir bekennen uns zur vollen und unbegrenzten Unterstützung der Kräfte in der ganzen Welt, die für den Frieden, die Gleichberechtigung und Freundschaft zwischen den Völkern eintreten.
2. Kampf für den schnellsten Abschluß eines gerechten Friedensvertrages mit Deutschland und darauffolgender Abzug aller Besatzungstruppen aus Deutschland.
3. Wiederherstellung der politischen und wirtschaftlichen Einheit Deutschlands auf demokratischen und friedlichen Grundlagen.
4. Enge und unzerstörbare Freundschaft Deutschlands mit der großen Sowjetunion, dem Bollwerk des Friedens und der Demokratie in der ganzen Welt. Allseitige Entwicklung unserer wirtschaftlichen und kulturellen Beziehungen zur Sowjetunion.
5. Freundschaft mit den Ländern der Volksdemokratie, der Chinesischen Volksrepublik, Korea, Vietnam und allen friedliebenden Völkern und Entfaltung unserer wirtschaftlichen und kulturellen Beziehungen zu ihnen.
6. Herstellung freundschaftlicher Beziehungen zu allen Ländern, die eine Friedenspolitik betreiben und die nationalen Interessen des deutschen Volkes anerkennen.
7. Volle und bedingungslose Anerkennung der Potsdamer Beschlüsse über die Demokratisierung Deutschlands und die in ihnen vorgesehenen Verpflichtungen Deutschlands gegenüber anderen Völkern.
8. Aufrichtige und gewissenhafte Erfüllung der internationalen Verpflichtungen, die die Deutsche Demokratische Republik in ihren Abkommen mit anderen Ländern eingegangen ist.
9. Freier und ungehinderter Zugang Deutschlands zu den Weltmärkten. Besondere Förderung der Handelsbeziehungen Deutschlands mit der Sowjetunion, China und den Ländern Ost- und Südosteuropas als den natürlichen Handelspartnern Deutschlands. Abschluß langfristiger Handelsabkommen mit allen Ländern, die der deutschen Industrie gesicherten Absatz bieten sowie Rohstoffe und Halbfabrikate liefern.
10. Allseitige Stärkung der Deutschen Demokratischen Republik als Bollwerk des Friedens und der Demokratie in Deutschland.

Zit. nach: Boris Meissner (Hrsg.), Rußland, die Westmächte und Deutschland, Hamburg 1953, S. 235

b) Aus der Prager Erklärung der Außenminister Bulgariens, der DDR, Polens, Rumäniens, der ČSR, Ungarns und der UdSSR vom 20./21. 10. 1950

Geleitet von den Interessen der Erhaltung des Friedens und der Sicherheit in Europa und unter Berücksichtigung des berechtigten Verlangens des deutschen Volkes nach ehestem Zustandekommen einer friedlichen Regelung für Deutschland, erachten die Regierungen der UdSSR, Albaniens, der Tschechoslowakei, Bulgariens, Polens, Rumäniens, Ungarns und der Deutschen Demokratischen Republik für dringend geboten:

1. Veröffentlichung einer Erklärung der Regierungen der USA, Großbritanniens, Frankreichs und der Sowjetunion, daß sie die Remilitarisierung Deutschlands und seine Einbeziehung in irgendwelche Aggressionspläne nicht zulassen und konsequent das Potsdamer Abkommen zur Sicherung der Voraussetzungen für die Bildung eines einheitlichen, friedliebenden, demokratischen deutschen Staates in die Tat umsetzen werden.
2. Aufhebung aller Beschränkungen der Entwicklung der deutschen Friedenswirtschaft und Verhinderung einer Wiederherstellung des deutschen Kriegspotentials.
3. Unverzüglichen Abschluß eines Friedensvertrages mit Deutschland unter Wiederherstellung der Einheit des deutschen Staates in Übereinstimmung mit dem Potsdamer Abkommen und mit der Maßgabe, daß die Besatzungstruppen aller Mächte binnen Jahresfrist nach Abschluß des Friedensvertrages aus Deutschland zurückgezogen werden.
4. Bildung eines aus Vertretern Ost- und Westdeutschlands paritätisch zusammengesetzten Gesamtdeutschen Konstituierenden Rates, der die Bildung einer provisorischen, demokratischen, friedliebenden, gesamtdeutschen souveränen Regierung vorbereiten und den Regierungen der UdSSR, der USA, Großbritanniens und Frankreichs die entsprechenden Vorschläge zwecks gemeinsamer Bestätigung unterbreiten soll und der bis zur Bildung einer gesamtdeutschen Regierung zur Konsultation bei der Ausarbeitung des Friedensvertrages heranzuziehen ist. Unter bestimmten Umständen kann eine unmittelbare Befragung des deutschen Volkes über diesen Vorschlag durchgeführt werden.

Zit. nach: Geschichte der deutschen Arbeiterbewegung, a.a.O., Band 7, S. 365 f.

3. Die Warschauer Deklaration vom 6.6. 1950

Die Delegation der Provisorischen Regierung der Deutschen Demokratischen Republik und die Regierung der Republik Polen haben, von dem Wunsche erfüllt, den Frieden zu festigen und das unter der Führung der Sowjetunion stehende Friedenslager im Kampfe gegen die Umtriebe der imperialistischen Kräfte zu stärken sowie in Anbetracht der Errungenschaften der Deutschen Demokratischen Republik bei der Festigung der neuen demokratischen Ordnung und der Entwicklung der Kräfte, die sich um die Nationale Front des demokratischen Deutschland scharen, vereinbart, daß es im Interesse der Weiterentwicklung und Vertiefung der gutnachbarlichen Beziehungen, des Friedens und der Freundschaft zwischen dem deutschen und dem polnischen Volke liegt, die festgelegte, zwischen den beiden Staaten bestehende unantastbare Friedens- und Freundschaftsgrenze an der Oder und Lausitzer Neiße zu markieren.
Auf die Weise verwirklicht die Deutsche Demokratische Republik die Erklärung ihres Ministerpräsidenten Grotewohl vom 12. Oktober 1949.
In Durchführung dieser Vereinbarung beschlossen beide Parteien, innerhalb Monatsfrist die Markierung der festgelegten und bestehenden Grenze an der Oder und Lausitzer Neiße sowie die Frage der Grenzübergänge, des lokalen Grenzverkehrs und der Schiffahrt auf den Grenzgewässern durch ein Abkommen zu regeln.[1])

Zit. nach: Tägliche Rundschau vom 8.6. 1950

4. Die Prager Deklaration vom 23.6. 1950

Die Regierung der Tschechoslowakischen Republik und die Provisorische Regierung der Deutschen Demokratischen Republik erklären übereinstimmend, daß sie das gemeinsame, grundlegende Ziel der Erhaltung und Sicherung des Friedens verfolgen. Dieses gemeinsame Ziel verwirklichen sie in beiden Ländern durch ihre Politik des erfolgreichen Aufbaus, die sich auf die demokratischen und patriotischen Kräfte stützt und die Zusammenarbeit aller friedens- und freiheitliebenden Völker fördert, um das Lager des Friedens mit der Union der Sozialistischen So-

[1]) Diese Regelung erfolgte durch das Oder-Neiße-Abkommen (Görlitzer Abkommen) vom 6.7. 1950 (vgl. Nr. 6, S. 270)

wjetrepubliken an der Spitze im Kampf gegen die Kräfte des Imperialismus und des Krieges zu stärken.
In der Tschechoslowakischen Republik hat das Volk endgültig gesiegt, die volksdemokratische Ordnung wurde gefestigt, und das Land hat erfolgreich den Weg zum Sozialismus beschritten.
In der Deutschen Demokratischen Republik festigt sich die neue antifaschistisch-demokratische Ordnung. Die Nationale Front im demokratischen Deutschland entwickelt ihren Kampf für die Schaffung eines einheitlichen, demokratischen und friedliebenden Deutschlands.
Die Regierung der Tschechoslowakischen Republik und die Provisorische Regierung der Deutschen Demokratischen Republik sind überzeugt, daß ihre gemeinsame Verpflichtung, den Frieden zu erhalten und zu sichern, dadurch erleichtert und gleichzeitig gefestigt wird, daß es zwischen ihren beiden Staaten keine strittigen und offenen Fragen gibt. Unsere beiden Staaten haben keine Gebiets- oder Grenzansprüche, und ihre Regierungen betonten ausdrücklich, daß die durchgeführte Umsiedlung der Deutschen aus der Tschechoslowakischen Republik unabänderlich, gerecht und endgültig gelöst ist.
Diese Erklärung steht in voller Übereinstimmung mit der Politik, die die DDR von Anbeginn durchgeführt und die den Umsiedlern volle Möglichkeit und Unterstützung geboten hat, sich in den Aufbau einzuschalten und in der Deutschen Demokratischen Republik eine neue Heimat zu finden.
Von der Überzeugung geleitet, daß die gegenseitige Unterstützung ihres friedlichen Aufbaus im Interesse beider Völker und aller an der Erhaltung und Sicherung des Friedens interessierten Staaten liegt, ist die Regierung der Tschechoslowakischen Republik und die Provisorische Regierung der Deutschen Demokratischen Republik bestrebt, die Freundschaftsbande zwischen ihren Völkern und Staaten zu festigen.
Beide Regierungen sind sich bewußt, daß der Kampf des deutschen Volkes um die Schaffung eines einheitlichen demokratischen und friedliebenden Deutschlands ebenso wie die Politik beider Staaten, das Lager des Weltfriedens unter der Führung des mächtigsten Bollwerks des Friedens, der Union der Sozialistischen Sowjetrepubliken, zu stärken, der Erhaltung und Sicherung des Friedens in Europa und der ganzen Welt dient.
Die Regierung der Tschechoslowakischen Republik und die Provisorische Regierung der Deutschen Demokratischen Republik erklären, daß sie alle ihre Kräfte einsetzen werden, um die Pläne der imperialistischen Kriegsbrandstifter zu vereiteln und den Frieden zu festigen.

Zit. nach: Tägliche Rundschau vom 24. 6. 1950

5. Die Budapester Deklaration vom 24. 6. 1950

Die Provisorische Regierung der Deutschen Demokratischen Republik und die Regierung der Ungarischen Volksrepublik stellen fest, daß beide Regierungen es als ihre Hauptaufgabe betrachten, den Frieden zu erhalten und zu festigen, das von der Sowjetunion geführte Friedenslager gegenüber den imperialistischen Aggressoren zu stärken und das demokratische System ihrer Länder in Frieden weiter aufzubauen. Die Deutsche Demokratische Republik kämpft auf antifaschistisch-demokratischer Grundlage für die Schaffung eines einheitlichen demokratischen und friedliebenden Deutschlands. Die Ungarische Volksrepublik schreitet auf dem Wege der Volksdemokratie zum Aufbau des Sozialismus.
Beide Völker wurden durch die traurigen Erfahrungen der Vergangenheit belehrt und wissen, daß sie ihre Befreiung der großen Sowjetunion verdanken, deren Unterstützung ein entscheidender Faktor im Aufstieg und in der demokratischen Entwicklung der beiden Länder ist. Beide Völker sind gleichermaßen durch ewige Freundschaft mit den Völkern der großen Sowjetunion verbunden.
Es ist das gemeinsame und lebenswichtige Interesse der beiden Länder, daß der Kampf des internationalen Friedenslagers gegen die neuen Kriegspläne der Imperialisten von Erfolg gekrönt wird. Sie betrachten es gleichfalls als ihr gemeinsames und lebenswichtiges Interesse, daß die einheitliche

und friedliche Deutsche Demokratische Republik geschaffen wurde, da die brüderliche Zusammenarbeit mit allen fried- und freiheitliebenden Völkern eine der wichtigsten Garantien für den Frieden in Europa darstellen wird.
Im Bewußtsein, daß zwischen den beiden Ländern keine strittigen oder ungelösten Fragen bestehen, haben die Provisorische Regierung der Deutschen Demokratischen Republik und die Regierung der Ungarischen Volksrepublik beschlossen, die Beziehungen ihrer beiden Völker im Zeichen des gemeinsamen Kampfes für den Frieden und für die Demokratie auf neue freundschaftliche Grundlagen zu stellen und einander in der demokratischen Aufbauarbeit, in der Erhöhung des Wohlstandes ihrer Völker zu unterstützen. Beide Länder werden an der Seite der Sowjetunion, dem mächtigen Bollwerk des Friedens, einen entschiedenen Kampf gegen die Kriegsbrandstifter für die Erhaltung des Friedens führen ...

Zit. nach: Tägliche Rundschau vom 25.6. 1950

6. Das Görlitzer Abkommen vom 6.7. 1950

(Abkommen zwischen den Regierungen der Deutschen Demokratischen Republik und der Polnischen Republik über die Oder-Neiße-Grenze)

Artikel 1: Die Hohen Vertragschließenden Parteien stellen übereinstimmend fest, daß die festgelegte und bestehende Grenze, die von der Ostsee entlang die Linie westlich von der Ortschaft Swinoujscie und von dort entlang den Fluß Oder bis zur Einmündung der Lausitzer Neiße und die Lausitzer Neiße entlang bis zur tschechoslowakischen Grenze verläuft, die Staatsgrenze zwischen Deutschland und Polen bildet.
Artikel 2: Die laut vorliegendem Abkommen markierte deutsch-polnische Staatsgrenze grenzt in vertikaler Linie auch den Luft- und Seeraum sowie das Innere der Erde ab.
...
Artikel 8: Ausgefertigt am 6. Juli 1950 in Zgorzelce (Görlitz) in zwei Urschriften, beide in deutscher und polnischer Sprache, wobei beide Wortlaute die gleiche Gültigkeit haben.

Zit. nach: Ernst Deuerlein (Hrsg.), DDR 1945–1970. Geschichte und Bestandsaufnahme, a.a.O., 109f.

7. Die UdSSR und die Souveränität der DDR

a) Aus der Erklärung der Regierung der UdSSR über die Beziehungen zur DDR vom 25.3. 1954

1. Die Sowjetunion nimmt mit der Deutschen Demokratischen Republik die gleichen Beziehungen auf wie mit anderen souveränen Staaten.
Die Deutsche Demokratische Republik wird die Freiheit besitzen, nach eigenem Ermessen über ihre inneren und äußeren Angelegenheiten einschließlich der Frage der Beziehungen zu Westdeutschland zu entscheiden.
2. Die Sowjetunion behält in der Deutschen Demokratischen Republik die Funktionen, die mit der Gewährleistung der Sicherheit in Zusammenhang stehen und sich aus den Verpflichtungen ergeben, die der UdSSR aus den Viermächteabkommen erwachsen.
Die Sowjetregierung hat die Erklärung der Regierung der Deutschen Demokratischen Republik zur Kenntnis genommen, daß sie die Verpflichtungen einhalten wird, die sich für die Deutsche Demokratische Republik aus dem Potsdamer Abkommen über die Entwicklung Deutschlands als eines demokratischen und friedliebenden Staates ergeben, sowie die Verpflichtungen, die mit dem zeitweiligen Aufenthalt sowjetischer Truppen auf dem Gebiet der DDR im Zusammenhang stehen.
3. Die Überwachung der Tätigkeit der staatlichen Organe der Deutschen Demokratischen Republik, die bisher vom Hohen Kommissar der UdSSR in Deutschland wahrgenommen wurde, wird aufgehoben.
In Übereinstimmung damit werden die Funktionen des Hohen Kommissars der UdSSR in Deutschland auf den Kreis der Fragen beschränkt, die mit der obengenannten Gewährleistung der

Sicherheit und mit der Aufrechterhaltung der entsprechenden Verbindungen mit den Vertretern der Besatzungsbehörden der USA, Großbritanniens und Frankreichs in den Fragen gesamtdeutschen Charakters im Zusammenhang stehen und die sich aus den vereinbarten Beschlüssen der vier Mächte über Deutschland ergeben.
Die Regierung der UdSSR ist der Ansicht, daß das Bestehen des „Besatzungsstatuts", das von den Vereinigten Staaten von Amerika, Großbritannien und Frankreich für Westdeutschland festgelegt wurde, nicht nur mit den demokratischen Prinzipien und den nationalen Rechten des deutschen Volkes unvereinbar ist, sondern unter den gegenwärtigen Verhältnissen, da es die Annäherung zwischen Ost- und Westdeutschland erschwert, auch eines der Haupthindernisse auf dem Wege zur nationalen Wiedervereinigung Deutschlands ist.

Zit. nach: Die Bemühungen der Bundesrepublik zur Wiederherstellung der Einheit Deutschlands durch gesamtdeutsche Wahlen, hrsg. vom Bundesministerium für Gesamtdeutsche Fragen a. a. O., S. 89 f.

b) Aus der Erklärung der Bundesregierung über die Nichtanerkennung der Souveränität der DDR vom 7. 4. 1954

Die Regierung der Sowjetunion hat am 25. März erklärt, daß sie mit der sogenannten Deutschen Demokratischen Republik die gleichen Beziehungen aufnehme, wie mit anderen souveränen Staaten. Die DDR werde die Freiheit besitzen, nach eigenem Ermessen über ihre inneren und äußeren Angelegenheiten einschließlich der Beziehungen zu Westdeutschland zu entscheiden.
Mit dieser Erklärung sucht die Sowjetregierung den Anschein zu erwecken, daß der von ihr besetzte Teil Deutschlands ein selbständiges, souveränen Staaten gleichgestelltes Staatswesen geworden sei.
Die sowjetische Erklärung vermag jedoch nichts gegen die Tatsache, daß es nur einen deutschen Staat gibt, gegeben hat und geben wird, und daß es einzig und allein die Organe der Bundesrepublik Deutschland sind, die heute diesen niemals untergegangenen deutschen Staat vertreten. Daran ändert auch die schmerzliche Wirklichkeit nichts, daß die deutsche Staatsgewalt heute nicht einheitlich in allen Teilen Deutschlands ausgeübt werden kann.
In jenen Teilen Deutschlands, in denen heute das Grundgesetz der Bundesrepublik Deutschland gilt, konnten die Organe des deutschen Staates nach 1945 auf rechtmäßigem Wege – d. h. durch freie Wahlen, die den unverfälschten Willen des deutschen Volkes zum Ausdruck brachten – wiedergeschaffen werden. In allen Ländern der heutigen Bundesrepublik haben nach 1945 freie Wahlen stattgefunden, aus denen Volksvertretungen und verfassungsmäßig geordnete, verantwortliche Regierungen hervorgegangen sind. Vertreter der frei gewählten Landtage haben sich zu einer verfassunggebenden Versammlung zusammengefunden und haben im Grundgesetz der Bundesrepublik Deutschland eine freiheitlich-demokratische Verfassung geschaffen, die von den Volksvertretungen der Länder geprüft und angenommen worden ist. In den Bundestagswahlen von 1949 und 1953 hat sich das deutsche Volk unmittelbar zu dieser neuen verfassungsmäßigen Ordnung Deutschlands bekannt. Schon 1949 bei einer Wahlbeteiligung von 78,5 v. H. erhielten die Kommunisten nur 1,5 von 25 Millionen Stimmen, also 6 v. H., 1953 erhielten sie bei der sehr starken Wahlbeteiligung von 86,2 v. H. nur noch etwas über 600 000 von 28 Millionen Stimmen, d. h. nur noch 2,2 v. H. Diese Zahlen beweisen, wie das deutsche Volk über ein kommunistisches Regime denkt, das nicht wagen kann, in der von ihm beherrschten Zone freie Wahlen abzuhalten, das die Länder mit ihren Volksvertretungen unter Bruch der eigenen Verfassung beseitigt hat und dessen „Volkskammer" die willenlose Unterwürfigkeit des Hitlerschen Reichstages noch überbietet – ein Regime, dessen einzige entscheidende Partei eine verhaßte Minderheit bildet und das sich am 17. Juni 1953 nur mit brutaler Anwendung von Waffengewalt gegen die Empörung und Verzweiflung der gesamten Bevölkerung am Ruder halten konnte.
Die Bundesrepublik war und ist daher berechtigt, auch für jene 18 Millionen Deutschen zu handeln und zu sprechen, denen schon 1949 versagt war, bei der Schaffung des Grundgesetzes mitzuwirken, und die bis zum heutigen Tage nicht die Freiheit haben, ihren politischen Willen zum

Ausdruck zu bringen. Die Bundesregierung fühlt sich deshalb nach wie vor verpflichtet, alle Anstrengungen zu unternehmen, um die Verbindung zu den Deutschen in der sowjetisch besetzten Zone offenzuhalten. Sie wird alles in ihrer Macht Stehende tun, um die tragischen Folgen der Teilung Deutschlands zu überwinden.
Niemals werden wir anerkennen, daß die durch List, Betrug und Gewalt zur Herrschaft gelangten Machthaber der Sowjetzone befugt sind, deutsche Staatsgewalt auszuüben. Wir würden uns selbst entehren und alle Opfer der kommunistischen Gewaltherrschaft beleidigen, wenn wir jene Machthaber als Partner beim Werke der Wiedervereinigung Deutschlands anerkennen würden. Ein freies Deutschland könnte aus der Zusammenarbeit mit ihnen nicht hervorgehen. Niemals werden wir uns mit der Spaltung Deutschlands abfinden und die Existenz zweier deutscher Staaten hinnehmen.

Zit. nach: Die Bemühungen der Bundesrepublik ..., a.a.O., S. 92 f.

8. Der Warschauer Pakt vom 14. 5. 1955

a) Aus dem Vertragstext

Vertrag über Freundschaft, Zusammenarbeit und gegenseitigen Beistand

zwischen der Volksrepublik Albanien, der Volksrepublik Bulgarien, der Ungarischen Volksrepublik, der Deutschen Demokratischen Republik, der Volksrepublik Polen, der Rumänischen Volksrepublik, der UdSSR und der Tschechoslowakischen Republik.

... Artikel 4

Im Falle eines bewaffneten Überfalles in Europa auf einen oder mehrere Teilnehmerstaaten des Vertrages seitens irgendeines oder einer Gruppe von Staaten wird jeder Teilnehmerstaat des Vertrages in Verwirklichung des Rechts auf individuelle oder kollektive Selbstverteidigung in Übereinstimmung mit Artikel 51 der Satzungen der Organisation der Vereinten Nationen dem Staat oder den Staaten, die einem solchen Überfall ausgesetzt sind, sofortigen Beistand individuell und in Vereinbarung mit den anderen Teilnehmerstaaten des Vertrages mit allen Mitteln, die ihnen erforderlich scheinen, einschließlich der Anwendung von militärischer Gewalt, erweisen. Die Teilnehmerstaaten des Vertrages werden sich unverzüglich über gemeinsame Maßnahmen beraten, die zum Zwecke der Wiederherstellung und Aufrechterhaltung des Weltfriedens und der Sicherheit zu ergreifen sind.
Von den Maßnahmen, die auf Grund dieses Artikels ergriffen wurden, wird dem Sicherheitsrat entsprechend den Bestimmungen der Satzungen der Organisation der Vereinten Nationen Mitteilung gemacht. Diese Maßnahmen werden eingestellt, sobald der Sicherheitsrat die Maßnahmen ergreift, die zur Wiederherstellung und Erhaltung des Weltfriedens und der Sicherheit erforderlich sind.

Artikel 5

Die vertragschließenden Seiten kamen überein, ein Vereintes Kommando derjenigen ihrer Streitkräfte zu schaffen, die nach Vereinbarung zwischen den Seiten diesem auf Grund gemeinsam festgelegter Grundsätze handelnden Kommando zur Verfügung gestellt werden. Sie werden auch andere vereinbarte Maßnahmen ergreifen, die zur Stärkung ihrer Wehrfähigkeit notwendig sind, um die friedliche Arbeit ihrer Völker zu schützen, die Unantastbarkeit ihrer Grenzen und Territorien zu garantieren und den Schutz gegen eine mögliche Aggression zu gewährleisten.

Artikel 6

Zur Durchführung der in diesem Vertrag vorgesehenen Beratungen zwischen den Teilnehmerstaaten des Vertrages und zur Erörterung von Fragen, die im Zusammenhang mit der Verwirklichung dieses Vertrages entstehen, wird ein politischer beratender Ausschuß gebildet, in den jeder Teilnehmerstaat des Vertrages ein Regierungsmitglied oder einen anderen besonders ernannten Vertreter delegiert.
Der Ausschuß kann, wenn es erforderlich ist, Hilfsorgane schaffen.

Artikel 7

Die vertragschließenden Seiten übernehmen die Verpflichtung, sich an keinen Koalitionen oder Bündnissen zu beteiligen und keine Abkommen abzuschließen, deren Zielsetzung den Zielen dieses Vertrages widerspricht.

Die vertragschließenden Seiten erklären, daß ihre Verpflichtungen aus bestehenden internationalen Verträgen nicht im Widerspruch zu den Bestimmungen dieses Vertrages stehen ...

Zit. nach: Die Organisation des Warschauer Vertrages. Dokumente und Materialien 1955–1980, hrsg. vom Ministerium für Auswärtige Angelegenheiten der DDR. Berlin (Ost) 1980, S. 14f.

b) Beschluß über die Bildung eines Vereinten Kommandos der Streitkräfte des Warschauer Paktes vom 14. 5. 1955

In Übereinstimmung mit dem Vertrag über Freundschaft, Zusammenarbeit und gegenseitigen Beistand zwischen der Volksrepublik Albanien, der Volksrepublik Bulgarien, der Ungarischen Volksrepublik, der Deutschen Demokratischen Republik, der Volksrepublik Polen, der Rumänischen Volksrepublik, der Union der Sozialistischen Sowjetrepubliken und der Tschechoslowakischen Republik haben die Teilnehmerstaaten des Vertrages den Beschluß über die Bildung eines Vereinten Kommandos der Streitkräfte gefaßt.

In diesem Beschluß ist vorgesehen, daß allgemeine Fragen, die die Stärkung der Verteidigungsfähigkeit und die Organisation der Vereinten Streitkräfte der Teilnehmerstaaten betreffen, im Politischen Beratenden Ausschuß erörtert werden, der entsprechende Beschlüsse fassen wird.

Zum Oberkommandierenden der Vereinten Streitkräfte, die aus den von den Staaten, die den Vertrag unterschrieben haben, zugeteilten Streitkräften bestehen, wird Marschall der Sowjetunion I. S. Konew ernannt. Zu Stellvertretern des Oberkommandierenden der Vereinten Streitkräfte werden die Verteidigungsminister oder andere militärische Führer der Teilnehmerstaaten des Vertrages ernannt, die mit dem Kommando der Streitkräfte eines jeden Teilnehmerstaates des Vertrages beauftragt werden, die den Vereinten Streitkräften zugeteilt werden.

Die Frage der Teilnahme der Deutschen Demokratischen Republik an Maßnahmen, die die Streitkräfte des Vereinten Kommandos betreffen, wird später erörtert.

Beim Oberkommandierenden der Vereinten Streitkräfte wird ein Stab der Vereinten Streitkräfte der Teilnehmerstaaten des Vertrages gebildet, dem ständige Vertreter der Generalstäbe der Teilnehmerstaaten des Vertrages angehören.

Der Standort des Stabes ist die Stadt Moskau.

Die Standortverteilung der Vereinten Streitkräfte auf dem Territorium der Teilnehmerstaaten des Vertrages wird in Übereinstimmung mit den Erfordernissen der gemeinsamen Verteidigung nach Vereinbarung zwischen diesen Staaten durchgeführt.

Zit. nach: Die Organisation des Warschauer Vertrages, a. a. O., S. 21f.

c) Warschauer Pakt und DDR

Die Warschauer Vertragsorganisation ist ein sozialistisches multilaterales politisch-militärisches Bündnissystem. Es entsprang sowohl der historischen Gesetzmäßigkeit des immer engeren Zusammenwachsens der sozialistischen Staaten als auch der Erfordernisse zur Abwehr der imperialistischen Aggressionsgefahr. Im Gegensatz zur NATO hat die Organisation der Warschauer Vertragsstaaten ausschließlich Verteidigungscharakter. Die durch den Vertrag begründete Militärkoalition, deren Hauptkraft die Sowjetunion bildet, ist ein internationales Kampfbündnis der in der UdSSR und den anderen sozialistischen Ländern Europas herrschenden Arbeiterklasse zum Schutz des eigenen Vaterlandes und zur Verteidigung der höchsten Errungenschaften der internationalen Arbeiterbewegung, der sozialistischen Staatengemeinschaft. Durch den Warschauer Vertrag erreichte das Bündnis der sozialistischen Staaten Europas seine bis dahin höchste Entwicklungsstufe.

Die gleichberechtigte Teilnahme der DDR am Warschauer Vertrag eröffnete ein neues Kapitel in ihren Beziehungen zur Sowjetunion und zu den anderen sozialistischen Staaten. Indem die DDR zu einem festen, unlösbaren Bestandteil des multilateralen Vertragssystems wurde, gestalteten sich ihre Beziehungen zu den anderen Partnerstaaten noch enger. *Die Mitgliedschaft im Warschauer Vertrag bot der DDR wirksamen Schutz gegen alle imperialistischen Aggressionspläne und gab ihr zugleich die Möglichkeit, wirksamer zur gemeinsamen Verteidigung des Sozialismus und des Friedens beizutragen.*

Aus: Rolf Badstübner, und Autoren-Kollektiv: Geschichte der Deutschen Demokratischen Republik, a.a.O., S. 174 f.

d) Die Souveränität der Mitgliedsländer

Der multilaterale Vertrag ergänzte die bisher bestehenden bilateralen Beistandsabkommen; auch entlastete er, zumindest theoretisch, die Sowjetunion etwas, denn im Falle eines Angriffes auf ein Mitgliedsland waren nun sämtliche Partnerstaaten zur Hilfe verpflichtet. Der Sowjetunion gelang es mit diesem Pakt, die RGW-Länder fest und auf Dauer an sich zu binden. Der Vertragstext verbot nicht nur jeglichen Beitritt zu anderen Bündnissen, er enthielt auch keinerlei Bestimmungen über den eventuellen Austritt eines Signatarstaates. In Ausführung des Vertrages wurde 1956 ein Beratender Politischer Ausschuß mit einer Reihe von Unterorganen konstituiert, doch hat er die ihm zugedachte Rolle eines eigenständigen Gremiums mit beschließender Gewalt nicht verwirklichen können, die nationalen Vorbehalte gegen eine Majorisierung waren zu groß. Im militärischen Bereich wurde ein Vereinigtes Oberkommando in Moskau geschaffen, dessen Oberbefehl in sowjetischer Hand liegt, auch nachgeordnete Kommandostellen sind mit Vertretern der Sowjetarmee besetzt. Neben regelmäßig abgehaltenen Manövern, in denen das Zusammenwirken der nationalen Verbände geübt wird, schuf man in den Volksdemokratien als ständige Koordinations- und Kontrollorgane des Oberkommandos eigene Militärstäbe, die ausschließlich mit sowjetischen Militärs besetzt wurden. Ihre Angehörigen erhielten 1962 sogar diplomatischen Status. Damit war die Kontrolle über die Armeen der Volksdemokratien fest in sowjetischer Hand, die nationalen Oberkommandos wurden auch formal weisungsgebunden. Der Pakt selbst bot darüber hinaus die Möglichkeit, gegebenenfalls gegen unerwünschte Entwicklungen militärisch zu intervenieren. Er institutionalisierte so in den osteuropäischen Staaten die sowjetische Herrschaft, die in der Fortdauer der Stationierung sowjetischer Truppen aufgrund neuer bilateraler Abkommen auch ihren sichtbaren Ausdruck fand.
Der Einschränkung der Souveränität ihrer Länder haben die Führer der Volksdemokratien nicht nur auf Druck Moskaus hin zugestimmt. Die Wiederaufrüstung der Bundesrepublik wurde allgemein als ein bedrohlicher, gegen die RGW-Länder gerichteter Akt aufgefaßt, als Bestätigung der stets unterstellten aggressiven Tendenzen der NATO, die im Kontext der amerikanischen „roll-back"-Devise damit eine neue Qualität erhielten. Neben der DDR, die sich auch ob der Wiedervereinigungsforderung als besonders gefährdet ansah, wuchs vor allem in Polen und der ČSR, in denen die Erinnerung an die Gewaltpolitik des nationalsozialistischen Deutschland noch höchst virulent war (und gehalten wurde), die Furcht vor einem deutschen „Revanchismus". In Polen war es die Sorge um die sogenannten „wiedergewonnenen Westgebiete", die man durch das Festhalten der Bonner Regierung an den aus dem Potsdamer Kommuniqué sich ergebenden Rechtspositionen gefährdet sah. In Prag war man wegen der Ansprüche der sudetendeutschen Vertriebenen besorgt, deren Organisationen nicht ohne Einfluß auf die Bonner Politik waren. In Warschau wie in Prag waren sich die Regierungen bei der Zurückweisung der Bonner Ansprüche breiter Unterstützung auch durch die nichtkommunistische Bevölkerung sicher, erhielten sie patriotische Zustimmung für die zu ergreifenden Abwehrmaßnahmen. Im übrigen bildete die Einschränkung der Souveränität durch den Warschauer Pakt die zuverlässigste Garantie für die Erhaltung ihrer Macht, eine Garantie, die das formalrechtliche Zugeständnis an die bislang schon praktizierte Moskauer Herrschaft wert war.

Aus: Gert Robel, Vom Tod Stalins zur Ära Breshnew. Die RGW-Staaten seit 1953, in: Fischer-Weltgeschichte, Bd. 35, Das Zwanzigste Jahrhundert II, a.a.O., S. 368 ff.

9. Vertrag über die Beziehungen zwischen der DDR und der UdSSR vom 20.9.1955

Artikel 1
Die Vertragschließenden Seiten bestätigen feierlich, daß die Beziehungen zwischen ihnen auf völliger Gleichberechtigung, gegenseitiger Achtung der Souveränität und der Nichteinmischung in die inneren Angelegenheiten beruhen.
In Übereinstimmung hiermit ist die Deutsche Demokratische Republik frei in der Entscheidung über Fragen ihrer Innenpolitik und Außenpolitik, einschließlich der Beziehungen zur Deutschen Bundesrepublik, sowie der Entwicklung der Beziehungen zu anderen Staaten.
Artikel 2
Die Vertragschließenden Seiten erklären ihre Bereitschaft, im Geiste aufrichtiger Zusammenarbeit an allen internationalen Handlungen teilzunehmen, deren Ziel die Gewährleistung des Friedens und der Sicherheit in Europa und in der ganzen Welt ist und die mit den Grundsätzen der Satzung der Organisation der Vereinten Nationen übereinstimmen.
Zu diesem Zweck werden sie sich gegenseitig über alle wichtigen internationalen Fragen beraten, die die Interessen beider Staaten berühren, und alle ihnen zu Gebote stehenden Maßnahmen ergreifen mit dem Ziel, eine Verletzung des Friedens nicht zuzulassen.
Artikel 3
In Übereinstimmung mit den Interessen beider Länder und die Grundsätze der Freundschaft befolgend, kommen die Vertragschließenden Seiten überein, die zwischen der Deutschen Demokratischen Republik und der Union der Sozialistischen Sowjetrepubliken bestehenden wirtschaftlichen, wissenschaftlich-technischen und kulturellen Verbindungen weiter zu entwickeln und zu festigen, sich gegenseitig jede mögliche wirtschaftliche Hilfe zu erweisen und die erforderliche wirtschaftliche und wissenschaftlich-technische Zusammenarbeit zu verwirklichen.
Artikel 4
Die zum gegenwärtigen Zeitpunkt in Übereinstimmung mit den bestehenden internationalen Abkommen auf dem Gebiet der Deutschen Demokratischen Republik stationierten sowjetischen Truppen verbleiben zeitweilig in der Deutschen Demokratischen Republik mit Zustimmung der Regierung der Deutschen Demokratischen Republik zu Bedingungen, die durch eine zusätzliche Vereinbarung zwischen der Regierung der Deutschen Demokratischen Republik und der Regierung der Sowjetunion festgelegt werden.
Die zeitweilig auf dem Gebiet der Deutschen Demokratischen Republik stationierten sowjetischen Truppen werden sich nicht in die inneren Angelegenheiten der Deutschen Demokratischen Republik und in das gesellschaftspolitische Leben des Landes einmischen.
Artikel 5
Zwischen den Vertragschließenden Seiten besteht Übereinstimmung darüber, daß es ihr Hauptziel ist, auf dem Wege entsprechender Verhandlungen eine friedliche Regelung für ganz Deutschland herbeizuführen. In Übereinstimmung hiermit werden sie die erforderlichen Anstrengungen für eine friedensvertragliche Regelung und die Wiederherstellung der Einheit Deutschlands auf friedlicher und demokratischer Grundlage unternehmen.
Artikel 6
Der Vertrag wird bis zur Wiederherstellung der Einheit Deutschlands als friedliebender und demokratischer Staat oder bis die Vertragschließenden Seiten zu einem Übereinkommen über die Änderung oder Außerkraftsetzung dieses Vertrages gelangen, Gültigkeit haben.

Zit. nach: Geschichte der deutschen Arbeiterbewegung, a.a.O., Band 7, S. 487 f.

10. Das „Schlüsseljahr" 1955

(Aus dem Vortrag des DDR-Historikers Heinz Heitzer auf der zentralen wissenschaftlichen Konferenz der Historiker zur Geschichte der DDR anläßlich des 30. Jahrestages der Gründung der DDR am 16. 5. 1979 in Berlin)

Im Kampf um den Frieden, gegen den Kalten Krieg des Imperialismus nimmt das Jahr 1955 eine Schlüsselstellung ein. Damals fielen Entscheidungen, die die Entwicklung bis heute mitbestimmen. Es wurden Strategien weiter ausgearbeitet und politische Ziele artikuliert, die viele Jahre lang der Auseinandersetzung zwischen Sozialismus und Imperialismus das Gepräge gaben. In aller Deutlichkeit trat zutage, daß Frieden und Sozialismus eine Einheit bilden, während Kriegsvorbereitung und Aggressivität zum Wesen des Imperialismus gehören.

Das herausragende, weit in die Zukunft weisende Ereignis des entscheidungsvollen Jahres 1955 war der Abschluß des Warschauer Vertrages über Freundschaft, Zusammenarbeit und gegenseitigen Beistand. Die Streitkräfte der verbündeten sozialistischen Staaten mit der sowjetischen Armee als ihrer Hauptkraft übernahmen gemeinsam die Aufgabe, die sozialistische Gemeinschaft und ihre Glieder vor allen feindlichen Anschlägen zu schützen. Damit erreichte das Bündnis der europäischen sozialistischen Staaten seine bis dahin höchste Entwicklungsstufe. Zugleich wurde Erfordernissen der internationalen Klassenauseinandersetzung entsprochen, die Zeitpunkt und Form des Vertrages wesentlich mitbestimmten. Auch die politische, die wirtschaftliche und die Zusammenarbeit auf geistig-kulturellem Gebiet der sozialistischen Staaten gestaltete sich wesentlich enger. Das multilaterale Bündnis der sozialistischen Staaten zeugte davon, daß die progressiven Ergebnisse des Zweiten Weltkrieges und der europäischen Nachkriegsentwicklung feste Gestalt angenommen hatten. Die Gemeinschaft der verbündeten sozialistischen Staaten bildete den Kern des sozialistischen Weltsystems. Von ihr gingen die stärksten Impulse für den revolutionären Weltprozeß aus.

Der sozialistischen Staatengemeinschaft untrennbar zugehörig war die Deutsche Demokratische Republik. Ihre Mitgliedschaft im Warschauer Vertrag und der im September 1955 abgeschlossene Freundschaftsvertrag mit der UdSSR setzten den imperialistischen Plänen zur Beseitigung der Arbeiter-und-Bauern-Macht unüberwindliche Schranken. Sie garantierten die Unabhängigkeit, Integrität und sozialistische Entwicklung der DDR. Zu den folgenschweren Ereignissen des Jahres 1955 gehörte aber auch das Inkrafttreten der Pariser Verträge, die die Eingliederung der BRD in die NATO festlegten und ihr die Möglichkeit einräumten, eine Armee unter Leitung ehemaliger faschistischer Generäle aufzustellen. Der Imperialismus hatte seinen aggressiven Militärpakt unmittelbar bis an die Westgrenze des sozialistischen Weltsystems vorgerückt, wobei der BRD die Rolle eines Stoßkeils gegen den Sozialismus zugedacht war.

Die Pariser Verträge machten vollends deutlich, daß es der Monopolbourgeoisie nicht nur in Frankreich, Italien und anderen westeuropäischen Ländern, sondern auch in der BRD gelungen war, mit Hilfe der USA ihre Herrschaft zu behaupten und erneut zu konsolidieren. Diese Verträge ketten die westeuropäischen Staaten, insbesondere die BRD, an den USA-Imperialismus und seine Weltherrschaftspolitik. Wie die Geschichte erwies, besiegelten sie auf lange Zeit die Teilung Europas in einander feindliche Militärblöcke.

Das Jahr 1955 war auch eine einschneidende Zäsur in der nationalen Frage, für deren Lösung im Sinne des Friedens und des gesellschaftlichen Fortschritts die DDR mit aller Kraft eingetreten war. Die Mitgliedschaft der DDR im Warschauer Vertrag einerseits und der BRD in der NATO andererseits machten vor aller Welt offenkundig, daß auf deutschem Boden zwei in ihrer Gesellschafts- und Staatsordnung und in den Prinzipien ihrer Innen- und Außenpolitik völlig gegensätzliche Staaten entstanden waren und sich konsolidiert hatten. Während sich in der DDR als gesetzmäßiges Resultat der sozialistischen Revolution die sozialistische deutsche Nation herauszubilden begann, bestand in der BRD die bürgerliche Nation mit dem für sie charakteristischen Klassenantagonismus fort. Es war eingetreten, was die sozialistischen Staaten warnend vorausgesagt hatten: Die Pariser Verträge und die Aufrüstung der BRD versperrten den Weg zur Bildung eines einheitlichen demokratischen deutschen Staates, sie zementierten die Zerreißung Deutschlands.

All dies bedeutete, daß in Europa eine neue Lage entstanden war. Die Formierung der Hauptkräfte der beiden Weltsysteme hatte einen gewissen Abschluß gefunden; sie standen sich als sozialökonomisch determinierte politisch-militärische Bündnissysteme gegenüber. Die im Ergebnis des Zweiten Weltkrieges entstandene politisch-territoriale Struktur Europas hatte sich verfestigt. Auch in der Auseinandersetzung zwischen der sozialistischen DDR und der imperialistischen BRD waren schwerwiegende Entscheidungen gefallen ...

Ausgehend von der gemeinsamen außenpolitischen Strategie der Staaten des Warschauer Vertrages, entwickelte auch die SED ihre Politik weiter. Das geschah vor allem auf der 25. Tagung des Zentralkomitees im Oktober 1955. Die SED stellte fest: „Die Sicherung eines langwährenden friedlichen Zusammenlebens aller Staaten, unabhängig von ihrer politischen und gesellschaftlichen Ordnung, ist das Hauptanliegen der Völker." Angesichts der neuen Lage war die Sicherung des Friedens auch die Hauptfrage im Hinblick auf die Beziehungen zwischen DDR und BRD. Die SED sprach sich für ein System der kollektiven Sicherheit unter Teilnahme beider Staaten aus. Da die vom Imperialismus geschaffenen Tatsachen eine Vereinigung von DDR und BRD ausschlossen, konnte die Alternative nur darin bestehen, zwischen beiden Staaten normale Beziehungen herzustellen, die – wenngleich diese Schlußfolgerung noch nicht direkt gezogen wurde – der Sache nach nur Beziehungen im Geiste der friedlichen Koexistenz sein konnten.

Für den Fall grundlegender demokratischer Veränderungen in der BRD, die nur im Klassenkampf durchzusetzen waren, zog die SED die Möglichkeit in Betracht, daß auf längere Sicht Bedingungen für die schrittweise Annäherung und spätere Vereinigung von DDR und BRD auf antiimperialistisch-demokratischer Grundlage entstehen könnten. Dem entsprach der 1957 und in den folgenden Jahren unterbreitete Vorschlag einer deutschen Konföderation. Wie die weitere Entwicklung bewies, wurde jedoch die Divergenz von DDR und BRD immer größer. Allein die von der SED seit der 25. Tagung des ZK im Jahre 1955 ausgearbeitete Politik, zwischen der DDR und der BRD Beziehungen im Geiste der friedlichen Koexistenz herzustellen, erwies sich als geschichtlich realisierbar.

Die SED ging davon aus, daß sich die DDR als fester Bestandteil des sozialistischen Weltsystems entwickelte. Sie konzentrierte ihre ganze Kraft darauf, die Arbeiter-und-Bauern-Macht zu stärken, die Grundlagen des Sozialismus zu festigen und auszubauen, das Bündnis mit der Sowjetunion und den anderen sozialistischen Staaten immer enger zu gestalten. Nur so konnte die DDR ihrer Verantwortung für das Gedeihen des Weltsozialismus und für die Sicherung des Friedens gerecht werden.

Zit. nach: Zeitschrift für Geschichtswissenschaft. Berlin (Ost), Heft 9/1979, S. 835 ff.

11. Die Etappen der DDR-Außenpolitik bis 1955

Die am 7. Oktober 1949 in der damaligen sowjetischen Besatzungszone gegründete Deutsche Demokratische Republik hat in den ersten 6 Jahren ihres Bestehens keine eigene Außenpolitik betreiben können. Ihre Außenpolitik war Ausfluß der sowjetischen Besatzungspolitik. Die „immerwährende" Freundschaft mit der Sowjetunion und eine enge Zusammenarbeit mit ihr hat der DDR-Ministerpräsident Grotewohl schon in seiner ersten Regierungserklärung am 12. Oktober 1949 als Grundpfeiler der Außenpolitik der DDR bezeichnet. „Frieden und Freundschaft mit der Sowjetunion sind Voraussetzung für ein Aufblühen, ja für die nationale Existenz des deutschen Volkes und Staates", sagte er damals. Gleichzeitig bekannte sich die DDR zu der Verpflichtung, Reparationen an die Sowjetunion – von der Polen dann seinen Anteil erhielt – zu leisten: „Der Weg des Friedens, den die Regierung zu gehen entschlossen ist, enthält auch die Anerkennung der uns auferlegten Reparationsverpflichtungen", heißt es in der Regierungserklärung. Die Last der Reparationen drückte die DDR in den ersten Jahren ihres Bestehens schwer. Mehrfach versuchte sie, die Sowjetunion zu einer Lockerung zu bewegen.

„Die Politik des Friedens und der Freundschaft zur Sowjetunion findet ihre Ergänzung im Verhältnis zu den Volksdemokratien, vor allem mit unseren Nachbarn, dem neuen Polen und der Tschechoslowakischen Republik", erklärte Grotewohl im Oktober 1949. Das bedeutete: Anerkennung der Oder-Neiße-Grenze und Anerkennung der territorialen Integrität der Tschechoslowakei in den Grenzen von 1945. Am 15. Oktober 1949 nahm die Sowjetunion diplomatische Beziehungen zur DDR auf, bis zum Frühjahr 1950 folgten alle kommunistischen Staaten in Europa und Asien, mit Ausnahme Jugoslawiens. Es wurden „Missionen" ausgetauscht, die erst in den Jahren 1953/54 zu Botschaften oder Gesandtschaften erhoben wurden.

Die Außenpolitik der DDR war in dieser Anfangsphase darauf gerichtet, internationale Bedingungen zu schaffen, „die die Sicherung und allseitige Festigung der jungen Staatsmacht begünstigten". Da die DDR ein Geschöpf der Sowjetunion ist, blieb ihr gar nichts anderes übrig, als in enger Anlehnung an die Sowjetunion und die anderen sozialistischen Länder zu versuchen, ihre Eigenstaatlichkeit zu behaupten und um ihre völkerrechtliche Anerkennung zu ringen ...

Das Jahr 1950 ist für die DDR gekennzeichnet durch die Bemühungen zur Bereinigung des Verhältnisses zu den sozialistischen Nachbarländern. Eine DDR-Delegation unter Leitung Ulbrichts besucht im Juni Polen, die Tschechoslowakei und Ungarn. In der „Deklaration von Warschau" erkennt die DDR die Oder-Neiße-Grenze als zwischen den beiden Staaten bestehende unantastbare Freundschafts- und Friedensgrenze an. Am 6. Juli 1950 wird von den Ministerpräsidenten beider Länder ein entsprechendes Abkommen unterzeichnet. Als Ergebnis der Verhandlungen der DDR-Regierungsdelegation mit der tschechoslowakischen Führung wird am 23. Juni 1950 eine Gemeinsame Deklaration unterzeichnet, in der beide Staaten versichern, daß es zwischen ihnen keine strittigen und offenen Fragen gibt. Wörtlich heißt es: „Unsere beiden Staaten haben keine Gebiets- oder Grenzansprüche, und ihre Regierungen betonen ausdrücklich, daß die ... Umsiedlung der Deutschen aus der Tschechoslowakischen Republik unabänderlich gerecht und endgültig gelöst ist." In dieser Formulierung, die die Austreibung der Sudetendeutschen für rechtens erklärt, wird nach DDR-Ansicht „die klare Ablehnung des Münchner Abkommens von 1938" ausgedrückt. In Ungarn wird am 24. Juni 1950, während des Besuches der DDR-Delegation ebenfalls eine Deklaration veröffentlicht, in der beide Regierungen „im Bewußtsein, daß zwischen beiden Ländern keine strittigen oder ungelösten Fragen bestehen", versichern, künftig eng zusammenarbeiten zu wollen.

Wenige Tage später bricht der Korea-Krieg aus. Das „sozialistische Lager" rückt näher zusammen. Auf dem III. Parteitag der SED im Juli 1950, an dem Delegationen von 23 „Bruderparteien" teilnehmen, wird beschlossen, die Freundschaft mit der Sowjetunion „eng und unzerstörbar" zu gestalten, die Freundschaft mit den „volksdemokratischen Staaten" zu festigen, die wirtschaftlichen und kulturellen Beziehungen zu diesen Staaten „allseitig zu entwickeln" und damit das sozialistische Lager zu stärken. Auf dem Parteitag wird auch der Fünfjahrplan zur Entwicklung der Volkswirtschaft der DDR in den Jahren 1951–1955 in den Grundzügen festgelegt. Er sieht die Vertiefung der Wirtschaftsbeziehungen zu den sozialistischen Ländern vor, die sich am 25. Januar 1949 in Warschau im „Rat für Gegenseitige Wirtschaftshilfe" (RGW) zusammengeschlossen hatten. Am 28. September 1950 wird die DDR als vollberechtigtes Mitglied in den RGW aufgenommen. Sie schließt zwischen 1951 und 1952 langfristige Handelsabkommen mit der Sowjetunion, die ihr wichtigster Rohstofflieferant wird, und mit den anderen Volksdemokratien. Am 20./21. Oktober 1950 findet in Prag eine Außenministerkonferenz der Ostblockstaaten statt. Dies ist die erste internationale Konferenz, an der die DDR teilnimmt. Die Konferenz, die den Abschluß eines Friedensvertrages mit Deutschland und die Wiederherstellung der Einheit des deutschen Staates sowie den Abzug aller Besatzungstruppen fordert, schlägt die Bildung eines aus Vertretern der Bundesrepublik und der DDR paritätisch besetzten „Gesamtdeutschen Konstituierenden Rates" vor, der die Bildung einer gesamtdeutschen Regierung vorbereiten soll. Dieser Gedanke wird von der DDR in den folgenden Jahren immer wieder lanciert, stößt aber in der Bundesrepublik und bei den Westmächten ebenso auf Ablehnung wie die sowjetische Note vom 10. März 1952, in der den Westmächten der Entwurf für einen deutschen Friedensvertrag unterbreitet wird. Es wird keine Einigung über Zeitpunkt, Kontrolle und Verfahren der vom Westen geforderten freien Wahlen in ganz

Deutschland erzielt ...
Um die Wende von 1953 zu 1954 verändert die Sowjetunion offensichtlich ihre Deutschlandpolitik. Immer mehr scheint sie jetzt an die Stelle ihrer Politik der Neutralisierung eines wiedervereinigten Gesamtdeutschlands die Konzeption der zwei deutschen Staaten zu setzen, die sich unabhängig voneinander entwickeln. Die Antwort der Sowjetunion auf die erfolglos verlaufene Außenministerkonferenz der vier Mächte in Berlin im Frühjahr 1954 ist die am 25. März 1954 veröffentlichte Erklärung der Regierung der UdSSR über die Anerkennung der Souveränität der DDR. Darin heißt es: „Die DDR wird die Freiheit besitzen, nach eigenem Ermessen über ihre inneren und äußeren Angelegenheiten einschließlich der Frage der Beziehungen zu Westdeutschland zu entscheiden." Wenige Tager später folgt die Souveränitätserklärung der DDR, und auf dem IV. Parteitag der SED im März wird, da nun mit einem längeren Nebeneinanderbestehen der DDR und der Bundesrepublik gerechnet werden müsse, die „Anerkennung" der nun souveränen DDR durch die Westmächte gefordert.
Als erstes nimmt die DDR ihre „souveränen Rechte auf uneingeschränkte Ausübung der Paß- und Visahoheit" voll wahr und erläßt im September 1954 das Paßgesetz der DDR. Damit will sie zugleich das Allied Travel Board in Berlin treffen, das für die Erteilung von Reisegenehmigungen für Bewohner der DDR bei Reisen ins westliche Ausland zuständig ist. Im gleichen Monat vereinbaren die Sowjetunion und die DDR die Aufnahme normaler konsularischer Beziehungen und die Errichtung von Konsulaten. Nachdem die Bundesrepublik mit der Unterzeichnung der Pariser Verträge im Oktober 1954 und ihrer Ratifizierung im März 1955 in die Westeuropäische Union und in die NATO aufgenommen worden ist, wodurch auch das Besatzungsregime in der Bundesrepublik aufgehoben wird, erklärt die Sowjetunion durch einen Erlaß des Obersten Sowjets am 25. Januar 1955 „im Hinblick auf die Festigung und Entwicklung freundschaftlicher Beziehungen zwischen der Sowjetunion und der DDR, die auf der Anerkennung der Grundsätze der Souveränität und der Gleichberechtigung beruhen", die Beendigung des Kriegszustandes mit Deutschland. Im Mai 1955 beschließen die Sowjetunion, Polen, die Tschechoslowakei, Ungarn, Rumänien, Bulgarien, Albanien und die DDR den Abschluß eines „Vertrages über Freundschaft, Zusammenarbeit und gegenseitigen Beistand". Dieser „Warschauer Vertrag" ist die Grundlage des „Warschauer Paktes". Gleichzeitig wird die Bildung eines „Vereinten Kommandos der Streitkräfte der Teilnehmerstaaten des Warschauer Paktes" bekanntgegeben, die Bildung eines „Politischen Beratenden Ausschusses" angekündigt. Die DDR, die damals noch keine reguläre Armee besitzt, sondern nur eine getarnte in Gestalt der Kasernierten Volkspolizei, beschließt im Januar 1956 die Schaffung einer „Nationalen Volksarmee", als deren Gründungstag offiziell der 1. März 1956 gilt. Die Streitkräfte der DDR werden wenig später vollständig und endgültig in die militärische Organisation des Warschauer Paktes integriert.
Im Juli 1955 findet in Genf die Konferenz der Regierungschefs der vier Großmächte statt. Die Sowjetunion erklärt sich zwar dazu bereit, die Außenminister damit zu beauftragen, „die Regelung des deutschen Problems und der Wiedervereinigung Deutschlands mittels freier Wahlen" anzustreben, doch schon auf der Rückreise erklärt Chruschtschow in Ost-Berlin, die mechanische Vereinigung beider Teile Deutschlands sei eine unreale Sache. Vor allem könne die deutsche Frage nicht auf Kosten der DDR gelöst werden. Einer Beseitigung aller ihrer politischen und sozialen Errungenschaften und ihrer „demokratischen Umgestaltung" werde die Sowjetunion niemals zustimmen. Die DDR erklärt, nach der Inkraftsetzung der Pariser Verträge könne es nicht mehr unmittelbar um die Herstellung eines friedlichen Einheitsstaates gehen, jetzt komme es darauf an, ein friedliches Nebeneinanderbestehen zwischen der DDR und der Bundesrepublik zu sichern und in Verhandlungen zwischen beiden Staaten Schritt um Schritt eine Annäherung zu fördern. Die „Viermächteverantwortung" für die Wiedervereinigung Deutschlands wird von der DDR energisch bestritten. Es müsse von der Existenz zweier Staaten mit unterschiedlicher sozialer und ökonomischer Ordnung ausgegangen werden, sagt Grotewohl in einer Regierungserklärung am 12. August 1955, und deshalb sei es höchste Zeit, daß „die aggressive Alleinvertretungsanmaßung der Bundesrepublik" aufgegeben werde. Alle Schritte zur „Normalisierung der Beziehungen" zwi-

schen den beiden deutschen Staaten seien nur auf der Grundlage der völligen Gleichberechtigung möglich.
Den vorläufigen Schlußpunkt in dem Bemühen der Sowjetunion, die DDR als zweiten deutschen Staat aufzubauen und international hoffähig zu machen, bildet der „Vertrag über die Beziehungen zwischen der DDR und der UdSSR vom 20. September 1955", durch den sich nach Ansicht Walter Ulbrichts „eine neue Qualität" der Außenpolitik der DDR ergab. Durch diesen Vertrag erhält die DDR – zumindest de jure – endgültig die Rechte eines souveränen Staates. Freilich bleibt auch jetzt der Handlungsspielraum der DDR-Regierung beschränkt. Ohne oder gar gegen Moskau kann in Ost-Berlin keine Außenpolitik getrieben werden ...
Der Ministerrat der Sowjetunion beschließt am 20. September 1955 die Auflösung der Hohen Kommission der Sowjetunion in Deutschland. Die „Funktionen der Aufrechterhaltung der entsprechenden Verbindungen zu den Vertretern der USA, Großbritanniens und Frankreichs in der Bundesrepublik Deutschland in Fragen, die sich aus den Beschlüssen der vier Mächte über Gesamtdeutschland ergeben", werden dem Botschafter der Sowjetunion in der DDR übertragen. Der Vertrag zwischen der Sowjetunion und der DDR wurde kurz nach dem Besuch Konrad Adenauers in Moskau abgeschlossen, bei dem die Aufnahme diplomatischer Beziehungen zwischen der Bundesrepublik und der Sowjetunion vereinbart worden war. Schon damals hatte die Sowjetunion erklärt, daß sie die Bundesrepublik als einen Teil Deutschlands betrachte, ein anderer sei die DDR: „Im Zusammenhang mit der Herstellung diplomatischer Beziehungen zwischen der Sowjetunion und der Deutschen Bundesrepublik hält es die Regierung der UdSSR für erforderlich, zu erklären, daß die Frage der Grenzen Deutschlands durch das Potsdamer Abkommen gelöst worden ist und daß die Deutsche Bundesrepublik ihre Jurisdiktion auf dem Gebiet ausübt, das unter ihrer Hoheit steht." Durch den Vertrag mit der DDR rückt die Sowjetunion die Beziehungen zwischen den beiden Teilen Deutschlands, die sie als gleichberechtigte, unabhängige Staaten ansieht, auf die völkerrechtliche Ebene. Fortan wird aus der Wiedervereinigungspolitik der Sowjetunion und der DDR die Politik der „Normalisierung" der Beziehungen zwischen den beiden deutschen Staaten.

Aus: Peter Jochen Winters, Die Außenpolitik der DDR, in: Handbuch der deutschen Außenpolitik, hrsg. von Hans-Peter Schwarz, München 1975, S. 778 ff.

Kommentierendes Register

Das folgende Register soll die Arbeit mit dem Themenheft durch ergänzende Hinweise unterstützen. Es verzichtet folglich weitgehend auf Angaben, die bereits aus den Übersichten, Einführungen und Materialien hervorgehen.

Abraham (103)
Nach religiöser Überlieferung Stammvater der Israeliten. Die Abraham-Sagen im ersten Buch Mose schildern ihn als Glaubenshelden, der – in seinem unbedingten Gehorsam gegenüber Gott – sogar bereit war, seinen einzigen Sohn Isaak (s. dort) als Brandopfer darzubringen.

Acheson, Dean (5)
(1893–1971). Jurastudium. 1941–1947 Unterstaatssekretär im Außenministerium. Wesentlich beteiligt an der Formulierung der UN-Satzung, der Vorbereitung der Nato und der Initiierung einer wirtschaftlichen Europahilfe, des späteren Marshall-Plans (s. dort). 1949–1953 Außenminister. In dieser Funktion bemühte sich Acheson um die Zurückdrängung des Kommunismus (Roll back, s. dort) und die Einigung Europas. Nach seinem Rücktritt Wiederaufnahme seiner Anwaltstätigkeit. Von den Präsidenten Kennedy und Johnson in den frühen 60er Jahren als außenpolitischer Berater herangezogen.

Ackermann, Anton (eigentlich: Hanisch, Eugen) (249; 250)
(1905–1973). Seit 1926 Mitglied der KPD, 1928 Absolvent der Lenin-Parteischule in Moskau, 1935 Mitglied des ZK der KPD, Teilnahme am Spanischen Bürgerkrieg; 1945 Rückkehr aus der UdSSR nach Deutschland, Mitbegründer und Chefideologe der SED; entwickelte die These vom „besonderen deutschen Weg zum Sozialismus", die er im September 1948 widerrief. 1954 aller Ämter enthoben und aus dem ZK ausgeschlossen, 1956 rehabilitiert.

Adenauer, Konrad (1; 2; 3; 4; 5; 6; 8; 9; 10; 11; 12 f.; 15; 16 f.; 18 f.; 22; 26; 27; 28; 29; 31 ff.; 42 f.; 44; 48; 52; 53; 54; 56 f.; 61; 62; 63; 64; 65; 66; 67; 71; 72; 73; 74; 79; 80; 81 ff.; 86; 90; 91; 93; 99; 105; 107 ff.; 112; 113 f.; 117; 118; 120 f.; 125; 126; 127; 129; 132; 134; 135; 137; 138; 139; 140; 141; 142; 158; 161; 168; 169; 170; 171; 172; 173; 176; 178 f.; 181 f.; 198; 255; 256; 280)
(1876–1967). Jurist. 1906 Beitritt zur Zentrumspartei. 1909 Erster Beigeordneter, 1917 Oberbürgermeister der Stadt Köln. 1920–1933 Mitglied und Präsident des Preußischen Staatsrats. 1926 unter den Kandidaten für das Amt des Reichskanzlers. Im März 1933 von den Nationalsozialisten als Oberbürgermeister entlassen. Verhaftung nach dem 20. Juli 1944. Im Mai 1945 von den amerikanischen Militärbehörden wieder zum Oberbürgermeister von Köln berufen; schon im Oktober „wegen Unfähigkeit" von der britischen Militärregierung entlassen. Obwohl an der Gründung der CDU im Rheinland nicht unmittelbar beteiligt, widmete sich Adenauer ab Herbst 1945 engagiert dem Aufbau dieser Partei. Bereits im März 1946 Vorsitzender für den Bereich der britischen Besatzungszone und Fraktionsvorsitzender im Landtag von Nordrhein-Westfalen. Seine Wahl zum Präsidenten des Parlamentarischen Rates (1.9. 1948) unterstrich nicht nur Adenauers politisches Ansehen, sondern verschaffte ihm auch einen ständigen Kontakt zu den westlichen Militärgouverneuren. Am 15.9. 1949 Wahl zum Bundeskanzler (mit einer Stimme Mehrheit) in einer Koalitionsregierung aus CDU/CSU, FDP und DP, der er bis Oktober 1963 blieb. Adenauer füllte die im Grundgesetz verankerte Richtlinienkompetenz des Bundeskanzlers (Art. 65) in einer Weise aus, die das bezeichnende Attribut „Kanzlerdemokratie" bald gerechtfertigt erscheinen ließ. Überzeugt von einer Bedrohung Deutschlands und Europas durch die Sowjetunion, glaubte der westdeutsche Regierungschef – seit Oktober 1950 Bundesvorsitzender der CDU (bis 1966) und ab März 1951 zugleich Außenminister –, die Konsolidierung der Bundesrepublik und die Möglichkeit der Wiedervereinigung nur durch eine politische, wirtschaftliche und – ab 1950 – auch militärische Anlehnung an die Westmächte erreichen zu können, und richtete seine praktische Politik an diesen Zielsetzungen aus. Zwar rückten die Erfolge der Westintegration, die in der Rückgewinnung der Souveränität und der gleichberechtigten Aufnahme der Bundesrepublik in die Nato (Mai 1955) gipfelten, die nationale Einheit eher in weitere Ferne, doch gelang es Adenauer, der (im Oktober 1953 als Bundeskanzler wiedergewählt) „jede Art von Schaukelpolitik und jeden Versuch, die Bundesrepublik oder ein wiedervereinigtes Deutschland in eine bindungsfreie Position zu bringen, als direkten Abmarsch in die Hölle verstanden und entsprechend bekämpft hat" (H.-P. Schwarz), diesen Tatbestand vor der bundesdeutschen Öffentlichkeit zu verschleiern. Im Gegenteil: Der wirtschaftliche Wiederaufstieg der Bundesrepublik unter dem Vorzeichen der Sozialen Marktwirtschaft, der der Westintegration korrespondierte, steigerte die Popularität des Bundeskanzlers und stärkte das politische Gewicht der Unionsparteien CDU und CSU, die – nach beträchtlichem Zuwachs im September

1953 – bei den Bundestagswahlen im September 1957 die absolute Mehrheit errangen.

Agartz, Viktor (163) (1897–1964). Studium von Jura und Volkswirtschaft. 1919 Beitritt zur SPD. 1931 Vorstandsmitglied der Kölner Konsumgenossenschaft. 1933 entlassen. Tätigkeit als Wirtschaftsprüfer. 1946 von der britischen Militärregierung mit der Leitung des Zentralamtes für Wirtschaft betraut. 1947 Mitglied des Landtags in Nordrhein-Westfalen. 1948–1955 Mitgeschäftsführer des wirtschaftswissenschaftlichen Instituts der Gewerkschaften. Wegen seiner marxistischen Orientierung in ständige Auseinandersetzungen mit SPD und DGB verstrickt. Zwar wurde er 1957 in einem Prozeß wegen des Verdachts landesverräterischer Beziehungen zur SED, in dem ihn Gustav Heinemann verteidigte, freigesprochen, doch bewahrte ihn das nicht vor dem Ausschluß aus SPD und DGB.

Ahlener Programm (133; 139; 144; 147; 162) Das am 3. Februar 1947 in Ahlen beschlossene Programm der CDU für die britische Zone zielte auf eine Neugestaltung der Wirtschaft, indem es unter dem Leitgedanken des machtverteilenden Prinzips monopolistische Gebilde des Privatkapitalismus ebenso verwarf wie den Staatskapitalismus. Sie sollten entflochten bzw. im Bereich von Bergbau und eisenschaffender Großindustrie vergesellschaftet werden. Zugleich wird eine Förderung der Klein- und Mittelbetriebe verlangt und von der „dringend notwendigen Unternehmerinitiative" gesprochen. Daneben wird ein „Mitbestimmungsrecht der Arbeitnehmer" gefordert. Insgesamt blieb das – gesamtpolitisch und innerparteilich gesehen – eine kurzfristige Konstellation im Vorfeld der Landtagswahlen in Nordrhein-Westfalen am 20.4. 1947 artikulierende und eine Abgrenzung gegenüber der SPD ermöglichende Ahlener Programm ohne nennenswerte Bedeutung.

Alleinvertretungsanspruch (1; 8; 10; 15; 108; 255; 271 f.; 279) Den bereits in der Präambel des Grundgesetzes enthaltenen Alleinvertretungsanspruch, der aus der sog. Identitätsthese abgeleitet wurde, der Formel von der rechtlichen Identität der Bundesrepublik mit dem früheren deutschen Staat, griff Bundeskanzler Adenauer in einer Regierungserklärung vom 21. 10. 1949 auf, indem er – auf die fehlende freie demokratische Willensbildung in der DDR abhebend – die Formel prägte: „Die Bundesrepublik Deutschland ist bis zur Erreichung der deutschen Einheit insgesamt die alleinige legitimierte staatliche Organisation des deutschen Volkes" und „allein befugt, für das deutsche Volk zu sprechen." Dieser Anspruch, der einen überparteilichen Konsens artikulierte und von den Westmächten wiederholt vertraglich bestätigt wurde, bestimmte für die nächsten zwei Jahrzehnte die bundesdeutsche Position. Er wurde offiziell revidiert durch den Grundvertrag vom 21. 12. 1972 („Vertrag über die Grundlagen der Beziehungen zwischen der Bundesrepublik Deutschland und der DDR"), dessen Verfassungsmäßigkeit das Bundesverfassungsgericht ausdrücklich bestätigte. In ihm wird von zwei deutschen Staaten ausgegangen, die ihre beiderseitige Unabhängigkeit und Selbständigkeit in inneren und äußeren Angelegenheiten akzeptieren, wenngleich sie die Reichweite dieser Anerkennung im Blick auf die Frage der Wiedervereinigung unterschiedlich auslegen.

Alliierte Hohe Kommission (= AHK) (1; 2; 4; 5; 15; 16; 17; 28; 33; 68; 170) Gemäß der Festlegung im Besatzungsstatut vom April 1949 wurde die Funktion der Militärregierungen in den westlichen Besatzungszonen (bzw. dann der Bundesrepublik) und West-Berlin durch die Drei-Mächte-Kontrolle der Alliierten Hohen Kommission abgelöst, die auf dem Petersberg bei Königswinter residierte. Die wichtigste Institution der Alliierten Hohen Kommission, deren Befugnisse in den Bundesländern von Landeskommissaren wahrgenommen wurden, war der Rat der drei Hohen Kommissare, in dem der Vorsitz monatlich wechselte. Nach Revisionen des Besatzungsstatuts, die zu einer schrittweisen Einschränkung der Zuständigkeiten der Alliierten Hohen Kommission geführt hatten, entzog der Abschluß des Deutschlandvertrages im Mai 1955 mit der Rückgewinnung der westdeutschen Souveränität ihr endgültig die rechtliche Basis.

Altmeier, Peter (143) (1899–1977). Kaufmann. 1945 Mitbegründer und Vorsitzender der rheinland-pfälzischen CDU (bis 1966). 1946–1947 Regierungspräsident in Montabaur. Seit 1947 Landtagsabgeordneter; 1947–1969 Ministerpräsident von Rheinland-Pfalz.

Arndt, Adolf (9; 17; 167) (1904–1974). Studium der Rechtswissenschaft, Nationalökonomie und Philosophie. 1929 Eintritt in den preußischen Justizdienst. 1933 „aus rassischen Gründen" entlassen. 1945 Oberstaatsanwalt in Marburg; dann (bis 1949) Ministerialrat im hessischen Justizministerium. 1946 Beitritt zur SPD. 1949–1969 Mitglied des Bundestags; 1949–1961 Geschäftsführer der SPD-Fraktion, zu deren maßgebendem Sprecher in rechtspolitischen Fragen Arndt bald avancierte. Im Februar 1961 erstritt Arndt als Vertreter des Landes Hessen vor dem Bundesverfassungsgericht das sog. Fernseh-Urteil, das die Fernsehpläne Adenauers vereitelte und allgemeine Richtlinien für die Unabhängigkeit von Funk und Fernsehen festlegte. 1956–

1964 Sitz im Parteivorstand. 1963–1964 Berliner Senator für Wissenschaft und Kunst.

Arnold, Karl (1; 8; 143)
(1901–1958). Anfänglich Facharbeiter in der Lederindustrie, dann hauptamtlicher Funktionär in der christlichen Arbeiterbewegung; Mitgliedschaft im Zentrum. Ab 1933 an politischer Betätigung gehindert und im Zusammenhang mit dem 20. Juli 1944 verhaftet, war Arnold 1945 Mitbegründer der CDU in Düsseldorf, wo er 1946 zum Oberbürgermeister gewählt wurde. Ab Juni 1947 (bis 1956) Ministerpräsident von Nordrhein-Westfalen galt Arnold als ein führender Exponent des linken Flügels seiner Partei. 1949 erster Präsident des Bundesrats. Im Februar 1956 durch konstruktives Mißtrauensvotum von SPD, FDP und Zentrum gestürzt. 1957 Erringung eines Direktmandates für den Bundestag. Neben Jakob Kaiser der bedeutendste innerparteiliche Gegenspieler Adenauers. 1958 Vorsitzender der Sozialausschüsse der CDU.

Atlantikpakt (s. Nato)

Augstein, Rudolf (10; 22f.; 62)
(geb. 1923). Journalist und Schriftsteller. Von 1942 bis 1945 Wehrdienst. Seit 1946 Herausgeber (zeitweise auch Chefredakteur) des Nachrichtenmagazins „Der Spiegel". Seit 1956 Mitgliedschaft in der FDP. Oktober 1962 bis Februar 1963 in Untersuchungshaft wegen Verdachts auf Landesverrat, begründet mit einem militärpolitischen Artikel im „Spiegel". 1965 Strafverfahren eingestellt. Im November 1972 Wahl in den Bundestag über die Landesliste der FDP in Nordrhein-Westfalen. Januar 1973 Mandatsverzicht. In den 50er Jahren vehementer Kritiker der Adenauerschen Außen- und Deutschlandpolitik.

Barth, Karl (44)
(1886–1968). Professor für reformierte Theologie in Göttingen (1921), Münster (1925) und Bonn (1930). Nach 1933 der führende Kopf der Bekennenden Kirche, deren „Barmer Erklärung" (1934) Barth formulierte. Da er 1934 den Amtseid auf Hitler ablehnte, wurde Barth aus seiner Bonner Professur entlassen. Übernahm noch im gleichen Jahr einen theologischen Lehrstuhl in seiner Heimatstadt Basel (bis 1961). Seine vielbändige „Kirchliche Dogmatik" gilt – obwohl unvollendet – als das bedeutendste theologische Werk des Protestantismus in unserer Zeit. Nach 1945 nahm Barth vehement gegen den westlichen Antikommunismus Stellung.

BDI (= Bundesverband der Deutschen Industrie) (134)
Der im Herbst 1949 in Köln gegründete Bundesverband der Deutschen Industrie war der Nachfolger des 1933 zwangsweise in die „Reichsgruppe Industrie" umgewandelten Reichsverbandes der Deutschen Industrie. Der BDI ist mit seinen 39 Industrieverbänden (vom „Verband der Automobilindustrie" bis zum „Verein der Zuckerindustrie") und seinen 13 Landesvertretungen (den überfachlichen Zusammenschlüssen von Industrieverbänden innerhalb eines Bundeslandes) die Spitzenorganisation der Industrie in der Bundesrepublik. Er vertritt deren wirtschaftliche und wirtschaftspolitische Interessen gegenüber Verwaltung, Gesetzgeber und gesellschaftlichen Gruppen wie gegenüber Gesprächspartnern im Ausland. Sein erster Präsident von 1949 bis 1971 war Fritz Berg, Inhaber einer mittelgroßen Metallwarenfabrik in Altena/Westfalen.

Becher, Johannes R. (220f.)
(1891–1958). Gehörte seit Erscheinen des Doppelbandes „Verfall und Triumph" (Gedichte und Prosa, 1914) zu den führenden deutschen expressionistischen Schriftstellern. 1917 Mitglied der USPD, später des Spartakus-Bundes und der KPD; 1928 Mitbegründer und Vorsitzender des Bundes Proletarisch-revolutionärer Schriftsteller. Ging 1933 ins Exil, seit 1935 in Moskau; 1935–1945 Chefredakteur der Zeitschrift „Internationale Literatur, Deutsche Blätter", die die Stalinsche Kulturpolitik vertrat. Abkehr von den expressionistischen Anfängen, Übergang zu einem pathetischen und volkstümelnden nachklassischen bzw. nachromantischen Stil. 1945 Rückkehr nach Berlin, Mitbegründer und Präsident des „Kulturbundes zur demokratischen Erneuerung Deutschlands" (bis 1957); 1950 Vizepräsident, 1952–1956 Präsident der Deutschen Akademie der Künste; seit 1954 Minister für Kultur der DDR; seit 1950 Mitglied des ZK der SED. Textdichter der Nationalhymne der DDR.

Benjamin, Hilde (197; 211ff.)
(geb. 1902). Jurastudium. Ab 1926 Rechtsanwältin in Berlin. 1927 Beitritt zur KPD. 1933 Berufsverbot. 1936 wegen illegaler politischer Betätigung zu sechs Jahren Zuchthaus verurteilt. 1945 Staatsanwalt in der SBZ. 1949–1953 Vizepräsident des Obersten Gerichts der DDR. Vorsitzende in zahlreichen Schauprozessen. 1953 Justizminister als Nachfolgerin von Max Fechner, was Hilde Benjamin bis 1967 blieb. 1950–1967 Abgeordnete der Volkskammer. Seit 1954 Mitglied des ZK der SED. Ab 1968 Professor an der Akademie für Staats- und Rechtswissenschaften.

Berija, Lawrentij Pawlowitsch (250; 251)
(1899-1953). Ingenieur. 1917 Beitritt zur bolschewistischen KP. Ab 1921 Aufstieg in der sowjetischen Geheimpolizei (GPU). Ab 1934 Mitglied des ZK der KPdSU. Im Zweiten Weltkrieg Chef der Geheimpolizei und Mitglied des Verteidigungskomitees. 1945 Marschall; 1946 stellvertretender Ministerpräsident und Mitglied des Politbüros. Obwohl er einer der engsten Vertrauten Stalins war, unterlag Berija – zunächst Innenmini-

ster – in dem Machtkampf um dessen Nachfolge. Im Juli 1953 wurde er sämtlicher Ämter enthoben und aus der KPdSU ausgeschlossen. Im Dezember 1953 in einem Geheimprozeß als „Verräter und imperialistischer Agent" verurteilt und hingerichtet.

Berliner Blockade (1; 10) (24.6.1948–12.5.1949). Sperrung aller Zufahrtswege zu Lande und zu Wasser und damit jeglichen Personen-, Güter- und Postverkehrs zwischen Westdeutschland und den Berliner Westsektoren durch die UdSSR. Versuch, die Westsektoren der Stadt (2,5 Mio. Einwohner) auszuhungern und die Präsenz der Westmächte in der Stadt zu beseitigen. Unmittelbarer Anlaß war die Währungsfrage, im wesentlichen jedoch der Versuch der UdSSR, die auf der Londoner Sechsmächte-Konferenz vom Frühjahr 1948 beschlossene wirtschaftliche und politische Vereinigung der Westzonen zu verhindern. Die Berliner Blockade scheiterte an der amerikanisch-britischen „Luftbrücke" und am Durchhaltewillen der Westberliner Bevölkerung, deren Haltung Deutschland nach 1945 erstmalig wieder Sympathien in Westeuropa und in den USA zurückgewann.

Besatzungsstatut (1; 4; 13; 32; 45; 53; 56; 57; 66; 68; 105; 150; 170; 271)
Das auf der Konferenz der westlichen Außenminister in Washington (April 1949) verabschiedete und anschließend dem Parlamentarischen Rat in Bonn zugeleitete Besatzungsstatut bildete die Rechtsgrundlage für die Beziehungen zwischen den Westmächten, d.h. der Alliierten Hohen Kommission, und der Bundesrepublik. Es räumte eine deutsche Selbstverwaltung unter alliierter Aufsicht ein. Wichtige Sektoren wie Abrüstung, Ruhrkontrolle und Außenhandel blieben der deutschen Zuständigkeit entzogen. Um die faktische und juristische Revision des Besatzungsstatuts bemühte sich Adenauer mit Geschick und Erfolg. Als es durch den Deutschlandvertrag im Mai 1955 komplett rechtlich annulliert wurde, war es längst in der politischen Praxis entscheidend überwunden worden.

Bevin, Ernest (72) (1881–1951). Ab 1911 Gewerkschaftsfunktionär der Dockarbeiter. Bevin gründete 1922 die englische Transportarbeiter-Gewerkschaft, die damals größte Gewerkschaft der Welt, und wurde ihr Generalsekretär. Zugleich spielte er eine führende Rolle in der Labour Party. 1940–1945 Arbeitsminister. Von Juli 1945–März 1951 Außenminister. In dieser Funktion betonte er die britisch-amerikanische Zusammenarbeit und trug wesentlich zum Abschluß des Nordatlantik-Paktes bei.

BHE (= Block der Heimatvertriebenen und Entrechteten) (27; 40f.; 107; 135; 137; 139; 172)
Nachdem sich Ende der 40er Jahre auf lokaler Ebene vielerorts Interessenverbände zur Vertretung der etwa 10 Millionen notdürftig untergebrachten und mit Eingliederungsschwierigkeiten konfrontierten Flüchtlinge und Heimatvertriebenen gebildet hatten, wurde Anfang 1950 in Schleswig-Holstein der BHE von Waldemar Kraft gegründet, der bei der dortigen Landtagswahl des gleichen Jahres auf Anhieb 23,4% aller Stimmen errang. Durch diesen großen Erfolg ermutigt – der freilich auch wesentlich aus dem Umstand abzuleiten ist, daß die Vertriebenen zunächst nach vorhandenem Wohnraum und ohne Rücksicht auf die Arbeitsmarktlage verteilt worden waren – konstituierte sich der BHE in anderen Bundesländern und im Januar 1951 als Bundesverband. Politisches Gewicht erlangte er zu Beginn der 50er Jahre neben Schleswig-Holstein vor allem in Baden-Württemberg, Bayern, Hessen und Niedersachsen. Um die Anhängerschaft zu behaupten, firmierte der BHE seit dem ersten Bundesparteitag unter dem Namen GB (= Gesamtdeutscher Block)/BHE, verstand sich jedoch – politisch und ideologisch ohne klare Konturen: „Der GB/BHE ist weder Rechts- noch Linkspartei, sondern die Partei des Rechts" (Programm von 1952) – weiterhin in erster Linie als Interessenverband. Im Bundestag mit 27 Mandaten und im zweiten Kabinett Adenauer von 1953–1957 mit den Ministern Waldemar Kraft (Minister für Sonderaufgaben) und Theodor Oberländer (Minister für Vertriebene) vertreten, spaltete sich der GB/BHE im Jahre 1956 wegen Differenzen in der Außenpolitik (Übertritt der beiden Minister zur CDU) und ging in die Opposition. Bereits die Bundestagswahl von 1957, bei der die Partei mit 4,6% der Zweitstimmen an der Sperrklausel gescheitert war, signalisierte einen aus der fortschreitenden wirtschaftlichen und sozialen Konsolidierung (zu der der BHE in wechselnden Koalitionen durch eine pragmatische Politik in den Ländern beigetragen hatte) zu erklärenden erheblichen Schwund des Wählerpotentials und den politischen Niedergang des GB/BHE überhaupt.

Bidault, Georges (6) (1899–1983). Während der deutschen Besatzung führendes Mitglied der französischen Widerstandsbewegung. In der Vierten Republik mehrfach Außen- und Verteidigungsminister. 1946 und 1949–1950 Ministerpräsident, 1949–1952 Vorsitzender der (christlich-demokratischen) MRP. Förderer der europäischen Einigung und der atlantischen Bündnispolitik. Geriet 1959 in entschiedenen Gegensatz zur Algerienpolitik de Gaulles, 1963–1968 im Exil.

Bismarck, Otto von (118) (1815–1898). Gründer des Deutschen Reiches (1871) und Kanzler von 1871–1890. Durch eine diplomatisch geschmeidige und auf Sicherung des Status quo gerichtete Außenpolitik verstand er es, das Mißtrauen der europäischen Großmächte gegenüber dem deutschen Nationalstaat abzubauen und gegnerische Koalitionen zu verhindern. Innenpolitisch sah er sich einer Reihe von Konflikten gegenüber, unter denen das Spannungsverhältnis zu Parlament und Parteien – vor allem zur Sozialdemokratie – am schwersten wog.

Bizone (167)
Nachdem die Initiative, die vier Zonen wirtschaftlich zu verschmelzen, im Kontrollrat lediglich auf die Zustimmung der USA und Großbritanniens gestoßen war, wurde am 2.12. 1946 die ökonomische Vereinigung deren beider Zonen zur Bizone beschlossen. Ihr Bestehen seit 1.1.1947 zog die Errichtung von fünf Zweizonen-Verwaltungsämtern unter deutscher Leitung, doch unter Kontrolle der amerikanischen und britischen Militärregierung – durch den sog. Bipartite Board – nach sich. Obwohl zunächst unter wirtschaftlichem Vorzeichen errichtet, ließ die Doppelzone, zumal nach der Zentralisierung der Bizonenverwaltung am 10.6. 1947 in Frankfurt/M. und nach ihrer Parlamentarisierung im Wirtschaftsrat, allmählich stärkere politische Bindungen entstehen.

Blank, Theodor (3; 8; 170)
(1905–1972). 1930–1933 Sekretär des Zentralverbands christlicher Fabrik- und Transportarbeiter. 1936–1939 Studium der Mathematik und Physik. Nach 1945 CDU-Stadtverordneter in Dortmund, Mitglied im Landtag von Nordrhein-Westfalen und im Wirtschaftsrat des Vereinigten Wirtschaftsgebiets. 1949–1969 Bundestagsabgeordneter. Ab 1950 „Beauftragter des Bundeskanzlers für die mit der Vermehrung der alliierten Truppen zusammenhängenden Fragen" (sog. Dienststelle Blank). In dieser Funktion hatte Blank maßgeblichen organisatorischen Anteil an der Wiederbewaffnung in der Bundesrepublik. 1955–1956 erster Bundesminister für Verteidigung. 1957–1965 Bundesarbeitsminister.

Blücher, Franz (22; 297)
(1896–1959). Bis 1945 Tätigkeit im Gemeinnützigen Wohnungsbau und im Bankwesen. 1945 Mitbegründer der FDP in den Westzonen. 1946–1947 Finanzminister in Nordrhein-Westfalen. 1948 Mitglied des Frankfurter Wirtschaftsrates, wo Blücher nachdrücklich für die Zusammenarbeit mit der CDU eintrat. 1949–1954 Bundesvorsitzender der FDP. In den beiden ersten Kabinetten Adenauer (1949–1957) Vizekanzler und Bundesminister für den Marshall-Plan bzw. für wirtschaftliche Zusammenarbeit. 1949–1951 deutscher Vertreter bei der Internationalen Ruhrbehörde. Blücher gehörte 1956 während der Koalitionskrise zu den bündnistreuen Partnern Adenauers und verließ aus Protest gegen die Politik Dehlers in der Saarfrage die FDP.

Böckler, Hans (134; 135; 173; 178f.; 180; 181)
(1875–1951). Gewerkschaftsführer. Ab 1894 Mitglied der SPD und seit 1903 Funktionär des Deutschen Metallarbeiter-Verbandes (DMV) in verschiedenen Städten. 1927 Bezirksleiter des ADBG für Rheinland und Westfalen-Lippe. 1924–1928 Stadtverordneter der SPD in Köln. 1928–1933 Reichstagsabgeordneter. Im Herbst 1933 kurzfristig verhaftet. Kontakte zur Widerstandsgruppe um Goerdeler und Leuschner. Ab August 1945 profilierte Beteiligung am Wiederaufbau der Gewerkschaften auf der – von der britischen Militärregierung erzwungenen – Basis autonomer Industrieverbände, die sich – zuerst im Bereich der britischen Zone – zu einem mit hinreichenden Vollmachten ausgestatteten, gleichfalls demokratisch verfaßten Bund zusammenschließen. Dessen Vorsitz übernimmt Böckler bei der Konstituierung im April 1947. Initiative zur Gründung der Ruhrfestspiele in Recklinghausen. Die Mandate im Zonenbeirat und im Landtag von Nordrhein-Westfalen gibt er bald wieder zugunsten der gewerkschaftlichen Arbeit auf. Seine unangefochtene Autorität macht seine Wahl zum Vorsitzenden des DGB auf Bundesebene, der im Oktober 1949 in München gegründet wird, zur Selbstverständlichkeit. Im Dezember 1949 Wahl zum Vizepräsidenten des Internationalen Bundes Freier Gewerkschaften. Vor allem engagiertes Bemühen um die Durchsetzung der Mitbestimmung als Einstieg in die „Demokratisierung der Wirtschaft", was Ende Januar 1951 für den Sektor der Montanindustrie – unter Beteiligung des Bundeskanzlers – kurz vor dem Tode Böcklers noch erreicht wurde. Gleichfalls im Januar 1951 – gemeinsam mit Konrad Adenauer – Ehrenbürger von Köln.

Bormann, Martin (168)
(1900–1945). Seit 1927 Mitglied der NSDAP. Ab 1930 Aufstieg in der Funktionärshierarchie. 1941 Leiter der Parteikanzlei. Ab 1943 als „Sekretär des Führers" der engste Mitarbeiter Hitlers, dessen uneingeschränktes Vertrauen er genoß und der ihn in seinem Testament als Parteiminister einsetzte. Verfechter einer entschieden kirchenfeindlichen Politik. Beging beim Scheitern seines Ausbruchsversuchs aus Berlin Selbstmord (2.5.)

Brandler, Heinrich (318)
(1881–1967). Maurer. 1901 Mitglied der SPD, im Ersten Weltkrieg des Spartakusbundes. Mitbegründer der KPD in Chemnitz. Nach der „Märzaktion" 1921, einem von der KPD auf Betreiben der Moskauer Komintern unterstützten Aufstandsversuch im mitteldeutschen Industriegebiet, verhaftet und zu 5 Jahren Zuchthaus verurteilt. Flucht in die UdSSR. Ende 1922 Rückkehr, Vorsitzender der KPD. Als sog. „rechter" Kommunist

versuchte er, „Realpolitik" zu treiben und die „revolutionäre Situation" des Jahres 1923 (Ruhrkampf, Inflation) in einer „Einheitsfront" mit linken Sozialdemokraten und Gewerkschaftlern zu nutzen. Im Oktober 1923 kurze Zeit Leiter der Staatskanzlei des Landes Sachsen. Nach der Niederlage dieser Politik (Hamburger Aufstand der KPD, Eingreifen der Reichswehr in Sachsen und Bayern) seiner Funktion als KPD-Führer enthoben. Übersiedlung nach Moskau. 1928 Rückkehr nach Deutschland gegen den Willen der Komintern-Führung, 1929 als „Rechtsabweichler" aus der KPD ausgeschlossen. Mitbegründer und Führer der KP-Opposition (KPO), die für mehr innerparteiliche Demokratie und gegen den KPD-Kurs der Spaltung der Gewerkschaften eintrat. Die KPO besaß vor allem in Sachsen und Thüringen starke Positionen. Teile von ihr schlossen sich 1932 der SAP (s. dort) an. Brandler emigrierte 1933 nach Frankreich, 1941 nach Kuba. 1949 Rückkehr nach West-Deutschland, ohne wieder wesentlichen politischen Einfluß zu erlangen.

Brandt, Heinz (254)
(geb. 1909). Seit 1932 Mitglied der KPD. Ab 1933 illegale politische Arbeit. 1934–1945 in verschiedenen Konzentrationslagern inhaftiert. 1946–1954 Sekretär für Agitation und Propaganda der SED in Ost-Berlin. 1954–1958 Tätigkeit im Verlagswesen. 1958 Flucht in die Bundesrepublik. 1959 Beitritt zur SPD. Redakteur der IG-Metall-Zeitschrift „Metall" in Frankfurt/M. Im Juni 1961 während eines Gewerkschaftskongresses in West-Berlin als angeblicher Spion in die DDR entführt. 1964 aufgrund breiter internationaler Solidarität entlassen. Wiederaufnahme der Funktion bei der IG Metall. Ab Mitte der 70er Jahre Engagement in der Ökologie-Bewegung. 1980 Übertritt von der SPD zu den „Grünen".

Brandt, Willy (112; 114f.)
(geb. 1913). 1930 Eintritt in die SPD. 1931 Übertritt zur von der SPD abgesplitterten Sozialistischen Arbeiterpartei (SAP) und Führer ihrer Jugendorganisation in Lübeck. April 1933 Flucht über Kopenhagen nach Oslo. Politische und journalistische Tätigkeit. 1937 Pressekorrespondent auf republikanischer Seite im Spanischen Bürgerkrieg. 1938 Ausbürgerung aus Deutschland. Annahme der norwegischen Staatsangehörigkeit. Juli 1940 Flucht nach Schweden. 1944 Wiedereintritt in die SPD (Stockholm). 1945–1947 als Berichterstatter skandinavischer Zeitungen in Westdeutschland und Berlin. Im Jahr 1947 Wiedereinbürgerung in Schleswig-Holstein unter Beibehaltung seines Exilnamens Willy Brandt (ursprünglich: Herbert Ernst Karl Frahm). Ab 1948 Vertreter des SPD-Parteivorstandes in Berlin. 1949–1957 Mitglied im Bundestag, zugleich ab 1950 im Berliner Abgeordnetenhaus (bis 1969), dessen Präsident er von 1955–1957 war. Von 1957–1966 als Nachfolger Otto Suhrs Regierender Bürgermeister von West-Berlin. Ab 1964 Vorsitzender der SPD in der Bundesrepublik.

Brecht, Bertolt (196)
(1898–1956). Der erfolgreichste deutsche Dramatiker des 20. Jhs. 1933 Emigration in die Schweiz, später nach Skandinavien, in die UdSSR und die USA. In seinen großen Dramen der Exilzeit („Leben des Galilei", 1938; „Mutter Courage und ihre Kinder", 1939; „Der gute Mensch von Sezuan", 1942; „Der kaukasische Kreidekreis", 1945), die er als Explikationen seiner Theorie vom epischen Theater („Lehrstücke") versteht, will Brecht über das Prinzip der „Verfremdung" Illusion und Beglückung ausschalten und stattdessen das kritische Bewußtsein des Zuschauers und Lesers formen, „damit nichts unveränderlich gelte". Nach seiner Rückkehr (1948) gründete Brecht, nachdem ihm von den westlichen Alliierten die Einreise nach Westdeutschland verweigert worden war, in Ost-Berlin das „Berliner Ensemble".

Brentano, Heinrich von (8; 53; 58; 67; 252)
(1904–1964). Jurist. 1945 Mitbegründer der CDU in Hessen. 1946–1949 Fraktionsvorsitzender der CDU im ersten hessischen Landtag. 1948/49 Mitglied des Parlamentarischen Rates. 1949–1964 Bundestagsabgeordneter. 1949–1955 Vorsitzender der CDU-Fraktion. Besonderes Engagement in der Frage der europäischen Einigung und der deutsch-französischen Aussöhnung. 1955–1961 Außenminister. In dieser Funktion bewegte sich Brentano konsequent in den Bahnen Adenauers und verfocht nachdrücklich die Hallstein-Doktrin, da der Alleinvertretungsanspruch Bonns (s. dort) lediglich auf diese Weise gesichert werden könne.

Briand, Aristide (64)
(1862–1932). Seit 1902 sozialistischer Abgeordneter, seit 1906 in den meisten französischen Kabinetten als Minister bzw. Ministerpräsident. Als Außenminister (seit 1926) trat Briand für eine Annäherung an Deutschland, für die Rheinlandräumung und die allgemeine Abrüstung ein.

Brückentheorie (14)
Bezeichnung für das vor allem von dem CDU-Politiker Jakob Kaiser in den Jahren 1946/1947 vertretene Denkmodell, demgemäß Deutschland als Brücke zwischen den verschieden strukturierten Staatensystemen Begegnung und Ausgleich ermöglichen solle. Deutschland sollte sich nicht einer Schaukelpolitik zwischen Ost und West verschreiben, sondern die Funktion eines Vermittlers und Puffers zwischen der Sowjetunion und den Westmächten übernehmen. In Kaisers Augen verlangte diese Rolle konkrete, innenpolitisch abzustützende Garantien von deutscher Seite:

Die Sowjetunion sollte sich in diesem Sinne durch eine den Kapitalismus überwindende, gemäßigt sozialistische Wirtschafts- und Gesellschaftsreform in Deutschland gesichert fühlen, die Westmächte durch eine demokratische Verfassung in Form des parlamentarischen Repräsentativsystems. Die Initiative Kaisers scheiterte in erster Linie an den gegenläufigen deutschlandpolitischen Absichten der Siegermächte.

Brüning, Heinrich (64)
(1885–1970). Von 1924–1933 Abgeordneter des Zentrums im Reichstag, ab 1929 Fraktionsführer. Nach dem Bruch der Großen Koalition (März 1930) Reichskanzler in einem Kabinett der bürgerlichen Mitte ohne ausreichenden parlamentarischen Rückhalt. Nach der von ihm betriebenen Auflösung des widerspenstigen Reichstags (Juli 1930) bewirkte der spektakuläre Wahlerfolg der NSDAP im September 1930 eine Tolerierung der durch das Notverordnungsrecht des Reichspräsidenten abgestützten deflationistischen Wirtschaftspolitik Brünings, mit der er die sich verschärfende Wirtschaftskrise einzudämmen suchte. Die Entfremdung zwischen Brüning und Hindenburg, der ihm vor allem die nicht zustande gebrachte Rechtsschwenkung der Regierung verübelte, führte zum Sturz des auf außenpolitischem Gebiet durchaus erfolgreichen Reichskanzlers. Nach Kriegsende wandte sich Brüning gegen die Neugründung des Zentrums und setzte sich für die Bildung einer Partei auf breiter christlicher Grundlage ein. Trotz mehrfacher Angebote lehnte er es ab, wieder politisch tätig zu werden. 1951–1954 Professor für Politische Wissenschaften in Köln. 1957 kehrte Brüning endgültig in die USA zurück.

Brüsseler Konferenz (65)
Im Vorfeld der EVG-Abstimmung in der französischen Nationalversammlung fand vom 19.8.–22.8. 1954 in Brüssel eine Außenministerkonferenz der Westmächte statt, auf der Änderungswünsche Frankreichs an dem vorliegenden (und andernorts schon ratifizierten) Vertragstext erörtert wurden, ohne daß es zu einem Einvernehmen kam. Insofern war die „Brüsseler Konferenz für das Scheitern der EVG bedeutsamer als die Ablehnung selbst“ (Paul Noack). Von französischer Seite war u.a. gefordert worden, in den ersten acht Jahren der EVG sollten nur einstimmige Beschlüsse zulässig sein (was die Installierung eines französischen Vetos bedeutet hätte) und in die Integration nur die deutschen bzw. die in der Bundesrepublik stationierten alliierten Streitkräfte einbezogen werden. Ministerpräsident Mendès-France geriet persönlich in den Verdacht (vor allem Adenauers), ein Gegner der EVG zu sein, was höchst wahrscheinlich nicht zutrifft. Vielmehr versuchte er wohl, den politischen Realitäten in Frankreich Rechnung zu tragen. Für die Alternative, die mit dem Beitritt der Bundesrepublik zur Nato rasch gefunden wurde, setzte sich Mendès-France jedenfalls engagiert und zielstrebig ein.

Buber, Martin (49)
(1878–1965). Jüdischer Religionsphilosoph. 1924–1933 Professor für jüdische Religionswissenschaft und Ethik in Frankfurt/M. 1938–1951 Professor für Sozialphilosophie an der Hebräischen Universität in Jerusalem. 1953 Friedenspreis des Deutschen Buchhandels. Schöpfer einer bedeutenden Bibelübersetzung. Sein Hauptziel war die menschliche und politische Erneuerung des abendländischen Judentums aus dem Geist der Bibel.

Bucerius, Gerd (154; 157f.)
(geb. 1906). Rechtsanwalt und Verleger. 1945–1946 Bausenator in Hamburg. 1947–1949 Mitglied im Frankfurter Wirtschaftsrat. 1949–1962 Bundestagsabgeordneter für die CDU, aus der er – unter Niederlegung seines Mandats – nach einem lange schwelenden Konflikt mit Adenauer im November 1962 austrat. Gründer und Verleger der Wochenzeitschrift „Die Zeit“ (1946–1977) und der Illustrierten „Stern“ (1947–1970).

Bulganin, Nikolai Alexandrowitsch (8; 125; 126; 132)
(1895–1975). 1917 Eintritt in die KP. 1922–1927 Tätigkeit in den Organen des Volkswirtschaftsrates. 1927–1931 Direktor eines Elektrowerkes in Moskau. 1931–1937 Vorsitzender des Moskauer Stadtsowjets. 1934–1958 Mitglied des ZK der KPdSU. 1938–1941 stellvertretender Vorsitzender des Rates der Volkskommissare der UdSSR und Leiter der Staatsbank. Im Zweiten Weltkrieg in führenden militärischen Funktionen aktiv. 1948–1958 Mitglied des Politbüros bzw. des Präsidiums des ZK der KPdSU. 1947–1949 und 1953–1955 Verteidigungsminister der UdSSR. 1947 Marschall der Sowjetunion. 1953–1955 Erster stellvertretender Vorsitzender, 1955–1958 Vorsitzender des Ministerrates der UdSSR. Im März 1958 vom Amt des Ministerpräsidenten entbunden; im September 1958 aus dem Präsidium des ZK ausgeschlossen und als Mitglied der im April 1957 gestürzten „parteifeindlichen Gruppe“ bezeichnet.

Byrnes, James Francis (63; 106)
(1879–1972). Ab 1911 langjähriges Mitglied des Repräsentantenhauses und des Senats der USA (Demokrat), 1941 Richter am Obersten Bundesgericht, 1942 Übernahme der Ämter für wirtschaftliche Stabilisierung und Rüstung. Nahm an der Konferenz von Jalta teil. 1945–1947 Außenminister. Seine Stuttgarter Rede (6.9. 1946) galt als Signal einer neuen versöhnenden Haltung gegenüber (West-)Deutschland. 1951–1955 Gouverneur von South Carolina.

CDU (=Christlich-Demokratische Union) (3; 51; 54; 99; 107; 133; 134; 137; 139; 142; 143ff.; 154; 162; 172)
Der bereits in der zweiten Hälfte des 19. Jhs. wiederholt, doch erfolglos unternommene Versuch, Katholiken und Protestanten in einer christlichen Partei zu vereinen, glückte erst nach den Erfahrungen mit dem Nationalsozialismus und dem totalen Zusammenbruch im Jahre 1945. Die Initiative zur Parteigründung – wobei dem Plädoyer der Fuldaer Bischofskonferenz für den interkonfessionellen Sammlungsgedanken vom August 1945 eine entscheidende Bedeutung für die westdeutsche CDU zukam – ging von zwei Zentren aus: von Berlin und vom Rheinland. Trotz politisch-ideologischer Differenzen trafen sich führende Repräsentanten im Dezember 1945 auf der „Reichstagung der CDU" in Godesberg, wo sie sich auf den Parteinamen und ein gemeinsames Programm einigten. Lediglich die bayerischen Delegierten schlossen sich als eine organisatorisch selbständige Gruppe aus und konstituierten die Christlich-Soziale Union in Bayern (CSU). Da die alliierten Militärbehörden Zusammenschlüsse der Parteiorganisationen über die Zonengrenzen hinweg nicht zuließen, begnügte sich die CDU mit einer Arbeitsgemeinschaft, in der Konrad Adenauer, Vorsitzender in der britischen Zone, rasch zu einer dominierenden Führungsrolle gelangte. Die Vereinigung der CDU zur Bundespartei erfolgte erst im Oktober 1950 in Goslar. Erster Vorsitzender wurde Konrad Adenauer (bis 1966).
Im Bundestag bildete die CDU, die bei den Bundestagswahlen 1949: 31%, 1953: 45,2% und 1957: 50,2% der Stimmen erreichte, eine Fraktionsgemeinschaft mit der CSU. Mit Konrad Adenauer stellte sie ab 1949 den ersten Bundeskanzler, was zu einer weitgehenden Identität von Partei- und Regierungspolitik führte und den – dem Unionskonzept ohnehin immanenten – Trend zur Honoratiorenpartei verstärkte. Die entscheidende programmatische Grundlage für die Regierungspolitik der CDU/CSU bildeten die Düsseldorfer Leitsätze vom Juli 1949 mit ihrem eindeutigen Bekenntnis für einen „sozialreformierten Kapitalismus" (G. Ambrosius). Obwohl explizit bestritten, stellten sie mit ihrer Option für das Konzept der Sozialen Marktwirtschaft und ihrem Verzicht auf „Planung und Lenkung von Produktion, Arbeitskraft und Absatz" im Grunde eine Absage an das Ahlener Programm (s. dort) dar. Das Hamburger Programm vom April 1953, das die für alle CDU-Programme typische Mischung von Grundsatzerklärung und Aktionsprogramm besonders deutlich erkennen läßt und bis 1968 das verbindliche Gesamtprogramm blieb, bestätigte diese wirtschaftspolitischen Prinzipien und sprach sich für die deutsche Wiederbewaffnung als „Politik des Friedens" und für eine Integration der Bundesrepublik in das westliche Bündnissystem als notwendige Voraussetzung für die „politische Einigung Gesamtdeutschlands in Freiheit" aus.

CDU (Ost) (194; 195; 200; 201; 206; 209; 210)
Bei der Neugründung politischer Parteien setzte sich 1945 in Berlin und in der sowjetischen Besatzungszone wie in Westdeutschland der Gedanke einer einheitlichen christlichen Partei durch, die Katholiken und Protestanten vereinigte. Obgleich von der Sowjetischen Militäradministration zur Mitbegründung des von der KPD dominierten „Antifaschistischen Blocks" gezwungen, der eine Oppositionstätigkeit verhindern sollte, versuchte die CDU (Ost) ein Gegengewicht zur KPD/SED zu bilden und eine eigene Konzeption der Zusammenarbeit mit der sowjetischen Besatzungsmacht zu entwickeln (Theorien der „Brücke" zwischen Ost und West und eines eigenständigen „christlichen Sozialismus"). Die SMAD setzte noch 1945 ihre Vorsitzenden Andreas Hermes und Walther Schreiber (Konflikt um die Bodenreform) und 1947 deren Nachfolger Jakob Kaiser (s. dort) und Ernst Lemmer (Konflikt um die „Volkskongreßbewegung") ab. 1948/50 wurde auch der Widerstand in den Landesverbänden gebrochen. Die insbesondere bei den einzigen freien Landtagswahlen 1946 erfolgreiche Partei verlor die Hälfte ihrer Mitglieder und fast das gesamte Führungspersonal. Unter dem Vorsitz von Otto Nuschke erkannte die CDU (Ost) die alleinige Vorherrschaft der SED an. Auf dem 6. Parteitag 1952 erklärte Nuschke: „Wir sind eine einschränkungslos sozialistische Partei." Im System der von der leninistischen SED abhängigen Parteien hatte die CDU (Ost) nunmehr die Aufgabe, christlich gebundene Bevölkerungsschichten und deren Organisationen in die sozialistische Gesellschaft integrieren zu helfen.

CDU-Saar (s. CVP)

Charta der Heimatvertriebenen (135; 139; 140; 152f.)
Die von einem überparteilichen Zusammenschluß der Vertriebenen (Zentralverband vertriebener Deutscher) im August 1950 verabschiedete und das politische Selbstverständnis dieses Bevölkerungsteils widerspiegelnde Charta der deutschen Heimatvertriebenen proklamierte den Verzicht auf Rache und Vergeltung und den Anspruch auf das „Recht auf Heimat als einem der von Gott geschenkten Grundrechte der Menschheit" einerseits und die Forderung auf gerechte Verteilung der Kriegslasten und auf sinnvollen „Einbau aller Berufsgruppen der Heimatvertriebenen in das Leben des deutschen Volkes" andererseits. Die Polarität zwischen den beiden Postula-

ten, Recht auf Heimat und Eingliederung in die westdeutsche Gesellschaft, blieb in der Charta unaufgelöst. In der praktischen Politik gewann jedoch der Aspekt der Integration eindeutig die Oberhand.

Chruschtschow, Nikita Sergejewitsch (8; 99; 128; 129; 132; 198; 254; 255; 257f.; 279)
(1894–1971). 1918 Eintritt in die KP. 1929–1931 Besuch der Industrieakademie in Moskau. 1931–1937 Parteisekretär in Moskau. 1934–1966 Mitglied des ZK der KPdSU. 1938–1945 Erster Sekretär des ZK der KP in der Ukraine. 1938–1964 Mitglied des Politbüros bzw. des Präsidiums des ZK der KPdSU. Im Zweiten Weltkrieg tat sich Chruschtschow als politischer Kommissar – 1943 zum Generalleutnant befördert – vor allem bei der Organisation der Partisanenbewegung in der Ukraine hervor. Ab September 1953 Erster Sekretär des ZK der KPdSU, in welcher Funktion er vor allem den Prozeß der Entstalinisierung (Enthüllung der von Stalin begangenen Verbrechen, Rehabilitierung vieler Stalin-Opfer, „Überwindung des Personenkults" und Rückkehr zur „sozialistischen Gesetzlichkeit") einleitete. Als Nachfolger Bulganins (März 1958) gleichzeitig Vorsitzender des Ministerrates der UdSSR. Im Oktober 1964 als Partei- und Regierungschef angesichts zunehmender wirtschaftlicher Mißerfolge und der Verschärfung des Konflikts mit der Volksrepublik China gestürzt.

Churchill, Winston (3; 22; 30f.; 36)
(1874–1965). 1900 als Abgeordneter der Konservativen ins britische Unterhaus gewählt. Als Gegner der Schutzzollpolitik 1905 Übergang zu den Liberalen, 1925 Rückkehr zu den Konservativen. 1906–1929 zahlreiche Staatsämter (u.a. Innenminister, 1. Lord der Admiralität, Munitions-, Kriegs-, Kolonial- und Finanzminister). 1929–1939 ohne politisches Amt, schriftstellerische Tätigkeit, publizistischer Kampf gegen die Appeasement-Politik und Warnung vor der nationalsozialistischen Gefahr. 1939 wieder 1. Lord der Admiralität und im Mai 1940 unter öffentlichem Druck Premier- und Verteidigungsminister einer Regierung der „Nationalen Konzentration" mit der Labour Party. Während des Krieges Symbol des britischen Widerstandswillens; Churchill verhieß seinem Land „Blut, Mühsal, Tränen und Schweiß" als Preis für Freiheit und Selbstbehauptung. 1941 zusammen mit US-Präsident F.D. Roosevelt Verkündung der Atlantik-Charta; nach dem deutschen Überfall auf die UdSSR maßgeblicher Förderer der „Großen Allianz" der „Anti-Hitler-Koalition" trotz Mißtrauens gegenüber Gesellschaftsform und Expansionsstreben der UdSSR. Entsprechend der schwächeren Position Großbritanniens blieb Churchills Einfluß hinter dem Roosevelts und Stalins zurück; er konnte seine Vorstellungen von einem Zurückdrängen des sowjetischen Einflusses im Nachkriegseuropa nicht durchsetzen. 1945 während der Potsdamer Konferenz abgewählt. Gab in der Nachkriegszeit durch seine Reden wichtige Anstöße zur westeuropäischen Einigung und zur Schaffung der NATO. 1951–1955 erneut Premierminister. 1953 Nobelpreis für Literatur für seine Geschichte des Zweiten Weltkrieges.

Chwalek, Roman (210)
(1898–1955). Lehre als Maschinenschlosser; Gewerkschaftsfunktionär im Einheitsverband deutscher Eisenbahner, 1928 ausgeschlossen, seitdem Revolutionäre Gewerkschaftsopposition (RGO). Seit 1920 Mitglied der KPD, seit 1930 Reichstagsabgeordneter. 1933 verhaftet, 1934 zu drei Jahren Zuchthaus verurteilt, danach Einlieferung in das KZ Sachsenhausen. 1945 1. Vorsitzender des Berliner FDGB (s. dort), ab 1948 Leiter der IG Eisenbahn der SBZ. Ab 1950 Minister für Arbeit, ab 1953 Minister für Eisenbahnwesen der DDR.

Comecon (s. Rat für Gegenseitige Wirtschaftshilfe)

containment (196)
(engl. Eindämmung, lat. continere „zurückhalten"). Insbesondere von George F. Kennan (1944–1946 US-Botschaftsrat in Moskau, anschließend Chef eines außenpolitischen Planungsausschusses) 1946/47 entworfenes Konzept der US-Außenpolitik zur „Eindämmung der kommunistischen Weltreligion". Ging davon aus, daß die UdSSR weniger durch militärischen Druck als vielmehr durch Umsturzversuche beabsichtige, den Status quo in Europa und Asien zu verändern. Jeder sowjetische Druck solle durch Gegendruck beantwortet und der sowjetische Einflußbereich nach Kennans Ansicht vor allem mit wirtschaftlich-finanziellen Mitteln (Marshall-Plan) „eingedämmt" werden. Das Eindämmungskonzept führte zum Ausbau des Paktsystems der NATO (1949) und zu einem Verhalten im „Kalten Krieg" (s. dort), das in der Mitte zwischen antikommunistischen Kreuzzugsideen und neoisolationistischen Tendenzen lag (Beispiele: Berliner Luftbrücke 1948/49; Korea-Krieg 1950–1953).

CSU (= Christlich-Soziale Union) (54; 134; 137; 139; 143; 172)
Die „Christlich-Soziale Union in Bayern", wie ihr offizieller Name lautet, entstand – nach Zusammenschlüssen auf lokaler Ebene – im Januar 1946 als Landespartei. Als ausgesprochene christlich-interkonfessionelle Sammlungspartei („Volksbewegung aller Stände und Konfessionen", „christliches Bollwerk Bayern") gegründet, errang die CSU unter ihrem Gründungsvorsitzenden Josef Müller („Ochsensepp") bei den Wahlen zur Verfassunggebenden Landesversammlung und zum ersten Landtag jeweils die absolute

Mehrheit, erlitt jedoch schon bei der zweiten Landtagswahl im November 1950 eine herbe Niederlage mit einer Halbierung ihres Stimmenanteils. Ursächlich dafür war der sog. Bruderstreit in Bayern, d.h. die Abspaltung und Formierung der Bayernpartei im März 1948 auf Landesebene, nachdem die amerikanische Militärregierung ihre restriktive Lizenzierungspolitik gelockert hatte. Zwar wurde die CSU im Dezember 1954 wieder die stärkste Partei, mußte jedoch in die Opposition gehen, da SPD, BP, FDP und BHE unter Wilhelm Hoegner (SPD) eine Mehrheitskoalition bildeten. Ab 1957 stellte sie ständig den Regierungschef, ab 1962 allein die bayerische Regierung. Obwohl die CSU bereits im Frankfurter Wirtschaftsrat 1947/48 und im Parlamentarischen Rat 1948/49 eine Fraktionsgemeinschaft mit der CDU einging, war das Verhältnis der beiden Schwesterparteien trotz weitgehender ideologisch-programmatischer Gemeinsamkeiten nie spannungsfrei gewesen. Differenzen gab es bereits bei der Konzipierung des Grundgesetzes, dessen föderalistische Ausgestaltung der CSU nicht weit genug ging, so daß sie – nahezu geschlossen – im bayerischen Landtag ihre Zustimmung verweigerte und auch den Beitritt zur Bundesorganisation der CDU ablehnte. Ausdruck dieser Selbständigkeit und des Selbstverständnisses als „Quasi-Bundespartei" (Alf Mintzel), die der Landesvorsitzende Franz Josef Strauß (seit März 1961) stets betonte, ist auch die Tatsache, daß die CSU ihre Abgeordneten im Bundestag in einer Landesgruppe mit eigener Geschäfts- und Pressestelle zusammenfaßt.

Cuno, Wilhelm (79)
(1876–1933). Generaldirektor der Hamburg-Amerika-Linie (Hapag), bildete im November 1922 als parteiloser Reichskanzler ein gemäßigt rechtsstehendes Kabinett, dem neben Politikern (Zentrum, DDP, DVP) Repräsentanten der Wirtschaft angehörten und das als „Regierung der Wirtschaft" oder als „Regierung mit diskontfähiger Unterschrift" bezeichnet wurde. Seine Versuche, eine Regelung der Reparationsfrage und eine Stabilisierung der Währung zu erreichen, schlugen fehl. Die französische Besetzung des Ruhrgebiets im Januar 1923 und Cunos Antwort des passiven Widerstandes verschärften im Gegenteil die inflationären Tendenzen. Im August 1923 trat die Regierung Cuno zurück.

CVP (= Christliche Volkspartei Saar) (8; 123; 124)
Im Saarland, das ab 1945 unter französischer Besatzung und Verwaltung stand, durften – bis zum Wegfall der Genehmigungspflicht durch den deutsch-französischen Vertrag über das Saarstatut vom 23.10. 1954 – nur Parteien gegründet werden, die eine pro-französische Orientierung, d.h. die politische Trennung von Deutschland und den – zumindest wirtschaftlichen – Anschluß an Frankreich propagierten. Zu ihnen gehörte vor allem die im Januar 1946 zwar als Nachfolger der Zentrumspartei, jedoch als interkonfessionelle christliche Weltanschauungspartei gegründete CVP, die Partei des Ministerpräsidenten Johannes Hoffmann, die bis 1955 eine hegemoniale Stellung im saarländischen Parteiensystem einnahm. Da der frankophile Kurs der Parteiführung, der häufig vorgeworfen wurde, das Saarland aus dem gesamtdeutschen Schicksal herausstehlen zu wollen, an der Basis nicht unwidersprochen blieb, entstand im Juni 1952 eine Konkurrenzpartei in Gestalt der CDU-Saar. Dieser Partei, die sich – wie vor allem die DPS (s. dort) – dem Konzept Adenauers, „die Saar auf dem Altar seiner Europapolitik zu opfern" (F. Dingel), widersetzte, wurde jedoch (bis Sommer 1955) die Zulassung verweigert. Die Ablehnung des von der CVP ohne Einschränkung unterstützten Saarstatuts in der Volksabstimmung vom 23.10. 1955 bedeutete das Ende der Ära Hoffmann und leitete den Niedergang der Partei ein. Bereits bei den Landtagswahlen im Dezember 1955 mußte die CVP eine Halbierung ihres Stimmenanteils von 54,7% (November 1952) auf 21,8% hinnehmen. Im Herbst 1959 löste sich die CVP zugunsten der CDU auf.

Daladier, Edouard (64)
(1884–1970). Seit 1919 radikalsozialistischer Abgeordneter. Von 1924–1937 in wechselnden Funktionen Mitglied mehrerer Kabinette. 1938–1940 französischer Ministerpräsident und Mitunterzeichner des Münchener Abkommens. 1940 Verhaftung durch die Vichy-Regierung. 1943–1945 in Deutschland interniert. 1946–1958 erneut Parlamentsabgeordneter.

DBPD (= Demokratische Bauernpartei Deutschlands) (209; 210)
In modernen parlamentarischen Systemen sind die landwirtschaftlichen Produzenten nur unter besonderen Umständen bereit und auch imstande, politische Parteien zur Vertretung ihrer spezifischen Interessen zu gründen. In industriell hochentwickelten Ländern mit einem sich ständig vermindernden Anteil der bäuerlichen Bevölkerung, starker Differenzierung der Einkommens- und Lebensverhältnisse auf dem Lande und zunehmender Verflechtung mit den Bedürfnissen nichtlandwirtschaftlicher Produzenten und Konsumenten liegt es für die Eigentümer und Arbeiter in landwirtschaftlichen Betrieben nahe, ihre politischen Belange im Rahmen nicht-berufsständischer Parteien geltend zu machen. Die im April 1948 – mit Hilfe der SMAD und übergewechselter SED-Mitglieder als Führungsgruppe gegründete und mit der Notwendigkeit des „Bündnisses der werktätigen Bauern mit

der Arbeiterklasse" ideologisch vage abgestützte – DBPD sollte auch keineswegs der parlamentarischen Vertretung bäuerlicher Interessen, sondern im Grunde der Verschleierung eines Scheinpluralismus im faktischen Einparteiensystem dienen. Denn obwohl das Gründungsprogramm die DBPD auf die Sicherung der Bodenreform und speziell des Privateigentums der Klein- und Mittelbauern verpflichtete, billigte die Parteiführung dessen ungeachtet die Kollektivierung der Landwirtschaft in allen ihren Phasen und die Agrarpolitik der SED überhaupt. Die DBPD hat heute etwa 70 000 Mitglieder.

Dehler, Thomas (73; 98f.; 100; 108)
(1897–1967). 1923–1945 Anwaltstätigkeit in München und Bamberg. 1926–1933 Ortsvorsitzender der DDP in Bamberg. Im Dritten Reich Kontakte zur Widerstandsbewegung um Carl Goerdeler. Vorübergehende Verhaftungen. 1947–1949 Präsident des Oberlandesgerichts in Bamberg. 1946–1956 Landesvorsitzender der FDP in Bayern. 1946–1949 bayerischer Landtagsabgeordneter. 1948/49 Mitglied des Parlamentarischen Rates. 1949–1967 Mandat im Bundestag. 1949–1953 im ersten Kabinett Adenauer Bundesjustizminister. Da Dehler es bei seinem lebhaft streitbaren Temperament und der Neigung zu spontanen Äußerungen trotz offenkundiger Ressortkompetenz an der von Amts wegen gebotenen verbalen Zurückhaltung – vor allem in seiner Kritik am Bundesverfassungsgericht – mangeln ließ, berücksichtigte ihn Adenauer bei der Regierungsbildung 1953 nicht mehr. Diese Zurücksetzung, die Dehler als ungerecht empfand, ließ aus dem Bewunderer Adenauers einen der schärfsten Kritiker der Politik des Regierungschefs werden. 1953–1957 Fraktionsvorsitzender der FDP im Bundestag. 1954–1957 Bundesvorsitzender der FDP. Ab 1960 Vizepräsident des Bundestages.

Deist, Heinrich (162)
(1902–1964). 1920 Beitritt zur SPD. Jurastudium. 1931 Regierungsrat im preußischen Innenministerium. 1933 entlassen. Studium der Betriebswirtschaft. Tätigkeit als Wirtschaftsprüfer. Nach 1945 enge Kontakte zu den Gewerkschaften, die ihn als ihren Vertrauensmann in Aufsichtsräte der Montanindustrie entsandten. Ab 1953 Mitglied des Bundestages; ab 1958 stellvertretender Fraktionsvorsitzender der SPD. Deist, der als profiliertester wirtschaftspolitischer Sprecher seiner Partei galt, hatte maßgebenden Anteil an der Öffnung der SPD und des DGB für marktwirtschaftliches Denken.

Dertinger, Georg (210)
(1902–1968). Journalist. 1945 Mitbegründer der CDU in der sowjetischen Besatzungszone (s. CDU-Ost), 1946–1949 deren Generalsekretär. Förderte nach der Absetzung Jakob Kaisers zusammen mit Otto Nuschke die enge Zusammenarbeit der CDU (Ost) mit der SED; 1949–1953 der erste Außenminister der DDR, Unterzeichnung des Görlitzer Vertrages (s. dort). Im Januar 1953 als „Spion und Verräter" verhaftet, ein Jahr später zu 15 Jahren Zuchthaus verurteilt (seine Sekretärin wurde hingerichtet). 1964 begnadigt.

Deutscher Volksrat (15; 194)
Vom „Deutschen Volkskongreß für Einheit und gerechten Frieden" (1947–1949) in der SBZ gebildetes ständiges Gremium zwischen den Kongressen mit anfangs 400 Mitgliedern (300 aus der SBZ, 100 aus den Westzonen). Die sog. Volkskongreßbewegung wurde Ende 1947 im Rahmen einer großen Propagandakampagne von der SED ins Leben gerufen, um die sowjetische Position in der Deutschlandpolitik zu stärken. Als die Führung der CDU-Ost (s. dort) unter Jakob Kaiser ihre Mitarbeit verweigerte, wurde sie von der Besatzungsmacht abgesetzt. Von 1947–1949 tagten drei sog. Volkskongresse. Von den ca. 2 000 Mitgliedern gehörte der überwiegende Teil der SED an oder sympathisierte mit ihr, weniger als ein Drittel kam aus den Westzonen. Zum „3. Volkskongreß" fanden am 15. und 16. Mai 1949 erstmalig sog. Wahlen nach einer Einheitsliste in der DDR statt, wobei die Wähler nur mit „Ja" oder „Nein" stimmen konnten und das Ergebnis manipuliert wurde. Der aus dem so gewählten „3. Volkskongreß" entstandene „2. Deutsche Volksrat" konstituierte sich am 7. Oktober 1949 als „Provisorische Volkskammer" der DDR. Die Aufgaben der sog. Volkskongreßbewegung wurden nach der Gründung der DDR von der „Nationalen Front des demokratischen Deutschland" übernommen (s. dort).

Deutsches Manifest (s. Frankfurter Manifest)

Deutschlandvertrag (Generalvertrag) (3; 5; 6; 7; 53; 54; 62; 63; 65; 66; 68ff.; 92; 97; 101; 104; 105; 108; 136; 196)
Im September 1951 vereinbarten die Außenminister von Frankreich, Großbritannien und den USA in Washington eine „vollständige Umgestaltung der deutsch-alliierten Beziehungen" und ließen der Bundesregierung durch die Alliierten Hohen Kommissare den Entwurf eines „Generalvertrags" („Vertrag über die Beziehungen zwischen der Bundesrepublik Deutschland und den Drei Mächten") überreichen. Der Vertragstext, für den sich – auf Initiative Adenauers – die eigentlich nichtoffizielle Bezeichnung „Deutschlandvertrag" eingebürgert hat (dem Generalvertrag sollte mit einem weniger doppeldeutigen, nationaler klingenden Namen zu größerer Popularität verholfen werden), wurde – einschließlich von vier Zusatzverträgen – am 26. 5. 1952 in Bonn unterzeichnet, erlangte jedoch auf-

grund eines umstrittenen Junktims mit dem EVG-Vertrag, der am 30. 8. 1954 von der französischen Nationalversammlung abgelehnt wurde, keine Gültigkeit. Demgemäß trat der Deutschlandvertrag nicht in der ursprünglichen, sondern in der durch die Pariser Verträge vom 5. 5. 1955 revidierten Fassung in Kraft. Mit ihm gewann die Bundesrepublik ihre Souveränität (mit Vorbehalten in Form alliierter Sonderrechte) zurück. Sie wurde darüber hinaus gleichberechtigtes Mitglied in WEU und Nato. Damit war das Besatzungsstatut erloschen; die Alliierten Hohen Kommissare wurden durch Botschafter ersetzt und die diplomatischen Missionen der Bundesrepublik in Washington, London und Paris in den Rang von Botschaften erhoben.

DGB (= Deutscher Gewerkschaftsbund) (2; 3; 7; 27; 48; 52; 62; 134; 135; 138; 160; 173 ff.; 180 ff.)
Nach 1945 erfolgte ein nach Zonen getrennter Wiederaufbau der Gewerkschaften. Im August 1948 kam es – nach mehreren Interzonenkonferenzen – zum Abbruch der Kontakte zwischen den Gewerkschaften der Westzonen und dem zentralistisch organisierten FDGB der Ostzone. Die westdeutschen Gewerkschaftsbünde bildeten einen Gewerkschaftsrat für das Vereinigte Wirtschaftsgebiet (Sitz in Frankfurt/M.) und gründeten nach dem Zusammenschluß der Industriegewerkschaften im Oktober 1949 den DGB, eine Einheitsgewerkschaft mit parteipolitischer Unabhängigkeit und Neutralität. Unter dem Vorsitz Hans Böcklers (bis 1951) gelang dem DGB der Einstieg in die paritätische Mitbestimmung in Form der sog. Montanmitbestimmung, jedoch konnte er diesen sektoralen Erfolg, der nur etwa 800 000 Arbeiter und Angestellte betraf, nicht auf die Großunternehmen anderer Wirtschaftszweige ausdehnen. Das Betriebsverfassungsgesetz vom Oktober 1952, das die Mitbestimmung durch den Betriebsrat in den Klein- und Mittelbetrieben regelte und ihm in Großbetrieben, wenn sie Aktiengesellschaften waren, ein Drittel der Aufsichtsratssitze einräumte, wurde angesichts dieser eindeutigen Begrenzungen von den Gewerkschaften als Rückschlag und Niederlage begriffen. Die gewerkschaftliche Forderung auf Überwindung der Vorherrschaft des Kapitals durch den Faktor Arbeit wurde nicht durchgesetzt, wie auch die Überführung der Schlüsselindustrien in Gemeineigentum ein gänzlich unerfülltes Postulat blieb. Obwohl der DGB an diesen sozialistischen Ordnungsvorstellungen auch unter den Nachfolgern Böcklers (Christian Fette 1951–1952; Walter Freitag 1952–1956) programmatisch festhielt, dominierte in der tages- und tarifpolitischen Praxis der Revisionismus. Diese pragmatische Ausrichtung wurde erzwungen durch die Erfordernisse der Wiederaufbaujahre, die politischen Kräfteverhältnisse im Bundestag und die Struktur der Einheitsgewerkschaft. So steuerte der DGB in der höchst umstrittenen Frage der westdeutschen Wiederbewaffnung ebenso einen eher zustimmenden Kurs, wie er auch die Politik der Westintegration von Anfang an gebilligt hatte – freilich auch, um dem Bundeskanzler als Gegenleistung eine demokratische Wirtschaftsverfassung abverlangen zu können. Trotz gelegentlichen Schwankens konnte es eigentlich keinen Zweifel geben, daß sich die Gewerkschaften in der Bundesrepublik bereits in den 50er Jahren als reformerische Interessenvertretung der Arbeitnehmerschaft verstanden, die die parlamentarische Demokratie wie die Soziale Marktwirtschaft als Rahmenbedingungen akzeptierte und damit ihre Rolle als Sozialpartner annahm.

Dirks, Walter (49)
(geb. 1901). Nach Studium der Theologie Tätigkeit als Publizist und Schriftsteller. 1923–1933 Kulturredakteur der Rhein-Mainischen Volkszeitung. 1924 Eintritt in die Zentrumspartei. 1933 vorübergehend verhaftet. 1934–1943 Feuilletonredakteur der „Frankfurter Zeitung". Ab 1945 Mitbegründer und Herausgeber der „Frankfurter Hefte"; 1949–1957 Redakteur beim Südwestfunk; 1956–1966 Leiter der Hauptabteilung Kultur des Westdeutschen Rundfunks.

DKP s. KPD

DP (= Displaced person = Verschleppte Person) (51; 107; 134; 137; 172)
Bei Ende des Zweiten Weltkriegs befanden sich 6,5 Millionen von insgesamt 11 Millionen Zwangsarbeitern und Verschleppten als „bevölkerungs- und arbeitspolitische Hinterlassenschaft des Dritten Reiches" (W. Jacobmeyer) im Bereich der westlichen Besatzungszonen. Obwohl die Alliierten deren vollständige Rückführung in die Heimatländer vereinbart hatten und die Unterbringung in Lagern (Assembly Centers) höchstens als Zwischenstufe betrachteten, stockte ab Herbst 1945 die zunächst erfolgreiche Repatriierungsaktion – immerhin waren seit Mai 1945 über 4,5 Millionen zurücktransportiert worden – keineswegs primär aus technischen Gründen. Die mangelnde Homogenität der DPs, die nicht nur 20 verschiedenen Nationalitäten entstammten, sondern sich zum Teil nun auch mit gewandelten politischen Verhältnissen in ihren Heimatländern konfrontiert sahen, erwies sich als das größte Hindernis der angestrebten summarischen Lösung. Nach dieser Phase der Stagnation eröffnete die ab Juli 1947 zuständige IRO (= International Refugee Organization) mit ihrem resettlement-Konzept, d. h. der Wiederansiedlung – zumeist in Übersee –, neue Möglichkei-

ten und reduzierte die DPs in den Westzonen bis Ende 1950 auf rd. 200 000; deren Betreuung wurde dann zur Sache der deutschen Stellen in Bund und Ländern.

DPS (= Demokratische Partei Saar) (8; 121; 123; 124)
Die im Herbst 1945 gegründete, doch erst im Oktober 1946 zugelassene DPS durchlief bis 1950 den Weg von einer frankophilen zu einer deutschen Oppositionspartei. Da sie jedoch nicht nur gegen die Separationspolitik der CVP Front machte, sondern – den regionalen Gegebenheiten Rechnung tragend – in ihrer Programmatik das Christentum betonte und in das Wählerreservoir der regierenden CVP einzudringen drohte, wurde die DPS unter dem Vorwurf der angeblichen Verfassungsfeindlichkeit im Mai 1951 verboten. Die erst im Juli 1955 wiederzugelassene DPS war die einzige Partei des Saarlandes, die mit ihrer westdeutschen Bruderpartei in der wichtigen Frage der Lösung des Saarproblems, dem zentralen programmatischen Ziel der DPS überhaupt, auf einer Linie lag. Im August 1957 wurde die DPS, die sich nicht scheute, die „kleine Wiedervereinigung" als Modell für die „große Wiedervereinigung" zu empfehlen, ein Landesverband der FDP.

Dritter Weg (139; 180)
Dieser in vielfältigen Bezügen gebrauchte Begriff dient in der Regel zur Etikettierung einer programmatischen Alternative, die zwischen einem Sozialismus sowjetischer Observanz und einer bürgerlich-kapitalistischen Gesellschaftsordnung angesiedelt ist. Die Beibehaltung des kommunistischen Prinzips der Vergesellschaftung der Produktionsmittel lehnen die Befürworter eines Dritten Weges wie die alles reglementierende bürokratische Verwaltung ab und fordern eine Demokratisierung von Wirtschaft, Staat und Gesellschaft, die sich vor allem in der Zulassung nicht-kommunistischer unabhängiger Parteien und in allgemeiner Pressefreiheit artikulieren soll. Ansätze zur Realisierung eines Dritten Weges, den seine Verfechter als „demokratischen Sozialismus" bezeichneten, gab es 1968 in der ČSSR im sog. Prager Frühling (s. dort). Der Begriff Dritter Weg wurde in den frühen 50er Jahren in Westdeutschland zur Bezeichnung eines spezifischen außenpolitischen Konzepts verwendet, das ein wiedervereinigtes neutralisiertes Gesamtdeutschland propagierte. Es sollte als „eine ins Riesige vergrößerte Schweiz" (Paul Sethe) weder in ein westliches noch in ein östliches militärisches und politisches Bündnissystem integriert sein, jedoch seine politische Bewegungsfreiheit und territoriale Integrität auf eine verbindliche Garantie der Großmächte gründen und durch eine doppelte wirtschaftliche Verflechtung absichern. Im parlamentarischen Raum stand diese Alternative der Blockfreiheit und Neutralität nie ernsthaft zur Debatte. Daran konnten auch die – zudem außerhalb des Bundestags unternommenen – Vorstöße prominenter Politiker wie Gustav Heinemann und Karl Georg Pfleiderer, die das Streben nach Wiedervereinigung und die Aufnahme Deutschlands in die EVG bzw. Nato als „Widerspruch in sich selbst" (Pfleiderer) kennzeichneten, nichts ändern. Sie blieben Einzelgänger. Überhaupt ist es zu einer gemeinsamen Aktion der vielfältigen Organisationen, die, freilich mit Nuancen – so in der Frage nationaler Streitkräfte – einer deutschen Politik in Unabhängigkeit von Ost und West das Wort redeten, nicht gekommen. Gemeinsam traf sie allerdings die regierungsamtliche Diffamierung, „Dummköpfe allerersten Ranges oder Verräter" (Adenauer) zu sein.

DRP (s. Thadden)

DSP (s. SPS)

Düsseldorfer Leitsätze (s. CDU) (133; 139; 143 ff.; 147)

Dulles, John Foster (6; 8; 106; 118; 119; 129)
(1888–1959). Amerikanischer Jurist und Politiker. 1918/19 Mitglied der amerikanischen Friedensdelegation in Paris. Berater der Republikanischen Partei in außenpolitischen Fragen. Tätigkeit in der Wirtschaft. 1945 als Vertreter der USA beteiligt an der Gründung der UN; danach Mitglied und Leiter der US-Delegation bei den UN (1946–1950). 1953–1959 Außenminister unter dem republikanischen Präsidenten Eisenhower. Vertrat – in Abkehr von Trumans Kurs des containment (s. dort) – gegenüber dem Ostblock eine „Politik der Stärke" (s. dort), die durch die Drohung mit dem überlegenen amerikanischen Atompotential, die Schaffung eines weltweiten Netzes von Militärbündnissen (wozu auch die Einbeziehung der Bundesrepublik gehörte) und die Verstärkung der Auslandshilfen ein befreiendes Zurückdrängen des Kommunismus (roll back) anstrebte. Die tatsächliche Entwicklung im sowjetischen Einflußbereich lief in den 50er Jahren jedoch eher auf eine Festigung hinaus, zumal sich die USA bei den Krisen in der DDR (1953) und in Ungarn (1956) jeder Intervention enthielten.

Dumping (20)
(von engl. to dump = verschleudern). Mit Dumping bezeichnet man das Operieren mit besonders niedrigen Verkaufspreisen im Auslandsgeschäft, ohne Rücksicht auf Gewinn oder Verlust, mit dem Ziel, die ausländische Konkurrenz auszuschalten. Insbesondere Kartelle nutzen vielfach einen inländischen Zollschutz, indem sie durch die höheren Inlandspreise die niedrigeren Preise des Auslandsgeschäfts ausgleichen.

Eckardt, Felix von (125)
(1903–1979). 1952–1955 und 1956–1962 Leiter des Presse- und Informationsamtes der Bundesregierung. 1955/56

Botschafter bei den Vereinten Nationen.

Eden, Sir Robert Anthony (5; 6; 8; 22; 66; 90; 106; 133) (1897–1977). Englischer Politiker. 1923–1957 konservativer Abgeordneter im Unterhaus. 1935–1938 Außenminister. Aufgabe des Regierungsamtes aus Protest gegen Chamberlains Appeasement-Politik. 1940–1945 wieder Außenminister; ebenso 1951–1955, wo er auf den Außenministerkonferenzen in Berlin (1954) und Genf (1955) Vorschläge (sog. Eden-Pläne) zur stufenweisen Wiederherstellung der Einheit Deutschlands und zur Befriedung Europas durch Schaffung einer entmilitarisierten Zone vorlegte. Das vorgeschlagene Zugeständnis uneingeschränkter außenpolitischer Entscheidungsfreiheit einer künftigen gesamtdeutschen Regierung ließ jedoch die Sowjetunion nicht von ihrer ablehnenden Haltung abrücken. 1955–1957 war Eden Premierminister. 1961 wurde er – als Earl of Avon – Mitglied des Oberhauses.

Eisenhower, Dwight David (8; 40; 63; 106) (1890–1969). Amerikanischer General und Politiker. Juni 1942 Oberbefehlshaber der amerikanischen Truppen in Europa (Sitz in London), November 1942 Oberbefehlshaber der alliierten Truppen in Afrika. Im Juni 1944 leitete Eisenhower die Invasion in Nordfrankreich. Von Juli bis November 1945 Oberbefehlshaber der amerikanischen Besatzungstruppen in Deutschland und Mitglied des Alliierten Kontrollrates. 1945–1947 Generalstabschef des Heeres. 1948 Ausscheiden aus dem aktiven militärischen Dienst. 1950–1952 Oberbefehlshaber der Nato. 1953–1961 Präsident der USA (Republikaner). Innenpolitisch seit Beginn seiner zweiten Amtszeit zunehmend kritisiert, weil die erwarteten Sozialreformen und Bürgerrechtsgesetze nicht zustande kamen, aber auch weil der Vorsprung der UdSSR in der Raumfahrt bestehen blieb, profilierte sich Eisenhower, der 1953 den Koreakrieg beendet hatte, durch eine Vermittlungspolitik im Nahen Osten (1957) und Verständigungsbemühungen mit der Sowjetunion (Chruschtschow-Besuch in den USA, 1959).

Eiserner Vorhang (100; 118) Bildhafter Begriff, der vom Theater auf die Politik übertragen wurde. Mit ihm kennzeichnete der englische Premierminister Winston Churchill 1946 die Maßnahmen und Methoden, mit denen die UdSSR ihren Herrschafts- und Einflußbereich schon im Auftakt des Kalten Krieges gegenüber der westlichen Welt völlig abzuschirmen versuchte.

Eisler, Hanns (196) (1898–1962). Komponist. 1919–1923 Studium bei Arnold Schönberg, erfolgreiche eigene Zwölftonkompositionen. Ende der 20er Jahre enge Zusammenarbeit mit Bert Brecht (s. dort); bewußte, auch künstlerische Bindung an die KPD. 1933 Exil, seit 1938 in den USA; 1948 Rückkehr nach Europa, seit 1950 in der DDR, vertonte deren Nationalhymne. Eisler geriet 1953 wegen seines Bühnenwerkes „Johannes Faustus" in ernsthafte Schwierigkeiten mit der spätstalinistischen Kulturpolitik der DDR.

EKiD (oder EKD = Evangelische Kirche in Deutschland) (34; 44) Ein Bund der deutschen evangelischen Christen, gegründet am 13.7. 1948 in Eisenach, von 25 völlig selbständigen lutherischen, reformierten und unierten Gliedkirchen; in ihr soll die bestehende Glaubensgemeinschaft der deutschen evangelischen Christenheit in Bekenntnis, Lehre und Kultus sichtbar werden. Die Organe der EKiD sind: die Synode, die Kirchenkonferenz und der Rat. Die 8 Landeskirchen auf dem Gebiet der DDR gehörten zunächst zur EKD; 1969 bildeten sie einen eigenen Zusammenschluß, den „Bund der Evangelischen Kirchen in der DDR".

EKGS (s. Montanunion)

Engels, Friedrich (218; 220; 222) (1820–1895). Der Sohn eines Barmer Textilfabrikanten kam in den 40er Jahren des 19. Jahrhunderts in Berlin mit philosophischen und in Manchester mit sozialpolitischen Fragen in Berührung. Geprägt wurde er durch die enge Bindung an Karl Marx (seit 1844). Sein Werk „Die Lage der arbeitenden Klassen in England" (1845) gehört zu den frühen Grundlagen der politischen Ökonomie des Marxismus. Zahlreiche weitere eigene und gemeinsame Schriften mit Karl Marx, darunter insbesondere das „Kommunistische Manifest" von 1848. Lebte nach der Beteiligung an der 48er Revolution in England. War bis 1869 im väterlichen Zweigwerk in Manchester tätig, um Karl Marx finanziell unterstützen zu können. Nach 1870 widmete er sich ausschließlich der Theorie und Praxis des Sozialismus. Engels hatte wesentlichen Anteil an der Begründung des Marxismus, seiner Ausbreitung und Entwicklung.

Erhard, Ludwig (134; 138; 140; 142; 149; 163 f.) (1897–1977). Nationalökonom und Politiker. 1928–1942 Dozent am Institut für Wirtschaftsbeobachtung der Handelshochschule Nürnberg. 1942–1945 Leitung eines eigenen Instituts für Industrieforschung in Nürnberg. Nach Kriegsende Wirtschaftsberater der amerikanischen Militärregierung und Leiter des Wirtschaftsamtes in seiner Heimatstadt Fürth. 1945–1946 im bayerischen Kabinett Hoegner (SPD) Minister für Handel und Gewerbe. 1947 Leiter der Sonderstelle Geld und Kredit in der Bizonen-Verwaltung in Bad Homburg. 1947 Berufung zum Honorarprofessor der Staatswirtschaftlichen Fakultät der Universität München. 1948–1949 Direktor der Verwaltung für Wirtschaft des

Vereinigten Wirtschaftsgebiets in Frankfurt/M. Am Tag der Währungsreform (20.6. 1948) verkündete Erhard gegen den Widerstand der Besatzungsmächte das Ende der Zwangswirtschaft. Juni 1949 Beitritt zur CDU. 1949–1963 Bundeswirtschaftsminister. Oktober 1957 Ernennung zum Vizekanzler im dritten Kabinett Adenauer. 1963–1966 Bundeskanzler.

Der – durch externe und interne Faktoren beförderte – wirtschaftliche Wiederaufstieg der Bundesrepublik in den frühen 50er Jahren, für den das Etikett „Deutsches Wirtschaftswunder" geläufig wurde, verknüpfte sich rasch mit dem Namen Ludwig Erhard und seinem Konzept der Sozialen Marktwirtschaft. Obwohl sich der Optimismus ausstrahlende Wirtschaftsminister nie als Parteipolitiker im engeren Sinne verstand, trug seine Popularität wesentlich zu den Wahlerfolgen Adenauers und der CDU bei.

Erler, Fritz (9; 60f.; 110; 116) (1913–1967). 1928–1933 Mitglied der Sozialistischen Arbeiterjugend in Berlin. 1932–1938 Tätigkeit in der Berliner Stadtverwaltung. Illegale politische Arbeit in der Gruppe „Neu Beginnen". 1938 verhaftet. 1939 Verurteilung durch den Volksgerichtshof zu zehn Jahren Zuchthaus wegen Vorbereitung zum Hochverrat. 1939–1945 im Zuchthaus Brandenburg und im KZ Aschendorfer Moor im Emsland. 1945–1946 Landrat in Biberach an der Riß. 1946 mehrmonatige Internierung im Lager Balingen wegen Auseinandersetzungen mit der französischen Besatzungsmacht. 1946 Mitglied der Beratenden Landesversammlung für Württemberg-Hohenzollern; 1947 Mitglied des dortigen Landtags. 1947 Landrat in Tuttlingen. 1949–1967 Abgeordneter des Bundestages. 1951 Wahl in den Vorstand der SPD-Bundestagsfraktion, 1956 in den Parteivorstand. 1957 stellvertretender Fraktionsvorsitzender. Erler, der dank seiner intellektuellen und rhetorischen Fähigkeiten bald zu den profiliertesten Parlamentariern gehörte, widmete sich vor allem dem Feld der Wiedervereinigungs- und Sicherheitspolitik.

ERP (= European Recovery Program) (23; 146; 159)
Bezeichnung für das amerikanische Hilfsprogramm zur wirtschaftlichen Wiederbelebung Europas. Initiiert durch eine Rede des amerikanischen Außenministers George C. Marshall vom 5.6. 1947, in der er die USA aufforderte, durch ein spezifisches Wirtschaftsprogramm die verwüsteten europäischen Länder beim Wiederaufbau ihrer Produktionskapazitäten zu unterstützen und sie damit als gleichberechtigte Partner zur Rückkehr in den Welthandel zu befähigen. Die Einzelheiten dieses Programms wurden in mehreren Konferenzen mit den europäischen Staaten erörtert, aus denen der Ausschuß für europäische wirtschaftliche Zusammenarbeit (OEEC) mit 16 beteiligten Ländern hervorging. Die UdSSR lehnte die Mitarbeit als Einmischung in die Souveränität der europäischen Staaten ab, womit das ERP von Anfang an zur „Scheidelinie zwischen Ost und West" (K. Düwell) wurde und die vorhandenen Differenzen zwischen der Sowjetunion und den westlichen Verbündeten verstärkte. Von April 1948 bis Juni 1952 erhielt Europa insgesamt 13,15 Milliarden US-Dollar als Wirtschaftshilfe. Die Bundesrepublik und West-Berlin erhielten 1,7 Milliarden Dollar, während 2,8 Milliarden nach Frankreich und 3,4 Milliarden nach Großbritannen flossen. Allein schon diese Größenordnungen beweisen die relative Bedeutung der ERP-Mittel für die Ankurbelung der deutschen Wirtschaft. Der politische Stellenwert dieses Hilfsprogramms für die definitive Westbindung der Bundesrepublik muß dagegen hoch veranschlagt werden.

Europarat (2; 3; 10; 11f.; 14; 15; 18f.; 22; 30; 32; 37; 120; 121; 267)
Die im Mai 1949 geschaffene Organisation von 10 europäischen Staaten (gegenwärtig 21 Mitglieder; es fehlen: Finnland und der Ostblock), der die Bundesrepublik seit Mai 1951 als Vollmitglied angehört, erstrebt eine engere Verbindung zwischen ihren Mitgliedern durch Förderung des gemeinsamen wirtschaftlichen und sozialen Fortschritts. Mit Rücksicht auf WEU und Nato besitzt der Europarat in Fragen der Verteidigung keinerlei Zuständigkeit. Überhaupt schränkt er die souveränen Rechte der ihn tragenden Nationalstaaten nicht ein, was seine oft beklagte Machtlosigkeit in erster Linie erklärt. Der in Straßburg residierende Europarat besitzt neben dem Generalsekretariat zwei weitere Organe: die zweimal im Jahr tagende Beratende Versammlung mit aus den Parlamenten der Mitgliedstaaten – je nach Größe – entsandten Abgeordneten und den Ministerausschuß mit den Außenministern der Mitgliedstaaten oder ihren Stellvertretern. Das Komitee der Außenminister fungiert als Exekutive; seine Beschlüsse bedürfen der Einstimmigkeit. Bedeutung gewann die vom Europarat im September 1953 verabschiedete Europäische Konvention der Menschenrechte und Grundfreiheiten, zumal der 1959 installierte Europäische Gerichtshof für Menschenrechte mit Sitz in Straßburg, besetzt mit je einem Richter der Mitgliedstaaten, als Appellationsinstanz bei Verstößen angerufen werden kann.

EVG (= Europäische Verteidigungsgemeinschaft) (3; 4; 5; 6; 52; 53; 54; 55ff.; 59; 61; 62; 64ff.; 85; 92; 95; 96; 97; 98; 99; 100; 101; 104; 105; 106; 108; 120; 196)
Die Intention von Bundeskanzler Adenauer, über das Angebot eines westdeutschen

Verteidigungsbeitrags die Souveränität der Bundesrepublik zurückzugewinnen, erhielt verstärkte Resonanz durch den Beginn des Koreakrieges im Juni 1950. Der englische Premierminister Winston Churchill schlug im August 1950 der Beratenden Versammlung des Europarats die Aufstellung einer Europa-Armee unter Beteiligung westdeutscher Kontingente vor, eine Idee, die im Konzept des französischen Ministerpräsidenten René Pleven vom Oktober 1950 präzisere Gestalt annahm. Die langwierigen Verhandlungen führten zu einem Vertragsentwurf über die Europäische Verteidigungsgemeinschaft (EVG) von sechs Mitgliedstaaten, der am 27. 5. 1952 in Paris unterzeichnet wurde. Die Einzelheiten wurden in vier „Protokollen" geregelt, unter denen dem „Militärprotokoll", das Organisation und Aufstellung der Streitkräfte bestimmte, Schlüsselbedeutung zukam. Ihm gemäß sollten die Grundeinheiten bis zur Division national, die höheren Einheiten, die Kommandobehörden und die Versorgungseinrichtungen international besetzt sein. Während die Parlamente Belgiens, der Bundesrepublik (nach heftigen Auseinandersetzungen), Italiens, Luxemburgs und der Niederlande das Vertragswerk billigten, lehnte die französische Nationalversammlung am 30. 8. 1954 im Zusammenspiel der Nationalisten und der Kommunisten seine Erörterung ab, womit die EVG gescheitert war. Zwar wurde durch den Beitritt der Bundesrepublik zur WEU und zur Nato im Mai 1955 eine Ersatzlösung gefunden, doch gingen ihr entscheidende Implikationen ab, die die EVG geboten hätte: nicht nur „ein geeintes Europa zu einem Faktor der Weltpolitik zu machen", sondern zugleich „die Bundesrepublik mit der Niederlage zu versöhnen und sie als eine ideell und territorial saturierte politische Einheit zu etablieren" (A. Baring). Der Gedanke der Integration war mit dem Ende der EVG nachdrücklich und – wie sich zeigen sollte – auf Dauer abgeblockt. Adenauer wußte dies und sprach bis zuletzt vom Votum der französischen Nationalversammlung im August 1954 als einer „Tragödie", als einem „schrecklichen Schlag".

fait accompli (11)
(frz., = vollendete Tatsache)

Faßbinder, Klara (49)
(1890–1974). Seit 1935 freie Schriftstellerin. Übersetzerin von Paul Claudel. 1945–1955 Professorin für Kunstgeschichte an der Pädagogischen Akademie Bonn. 1952 führendes Mitglied der Gesamtdeutschen Volkspartei, danach der Deutschen Friedensunion, einer 1960 gegründeten Linkspartei mit betont pazifistischer Ausrichtung.

Faure, Edgar (8)
(geb. 1908). Französischer Politiker und Schriftsteller. 1940 Anschluß an die Widerstandsbewegung. 1943–1944 Mitglied des Nationalen Befreiungskomitees in Algier. 1945–1946 einer der französischen Anklagevertreter bei den Nürnberger Prozessen. 1946–1958 radikalsozialistischer Abgeordneter in der Nationalversammlung. 1952 und 1955/1956 Ministerpräsident. Faure befürwortete 1958 die Berufung de Gaulles zum Ministerpräsidenten, was zu seinem Ausschluß aus der radikalsozialistischen Partei führte. 1962–1966 Jura-Professor in Dijon. 1964 reiste Faure als Sonderbeauftragter der Regierung in die UdSSR und nach China. 1966–1968 Landwirtschaftsminister. 1968–1969 Unterrichtsminister. 1972–1973 Sozialminister. 1973–1978 Präsident der Nationalversammlung. Seit 1979 Mitglied des Europäischen Parlaments.

FDGB (= Freier Deutscher Gewerkschaftsbund) (195; 197; 202; 204; 210; 251; 252)
1945 als Einheitsgewerkschaft von kommunistischen, sozialdemokratischen und christlichen Gewerkschaftlern gegründet. Nach schweren inneren Auseinandersetzungen proklamierte die FDGB-Führung im November 1948 („Bitterfelder Tagung") den Leistungslohn und damit die Abkehr von den „überholten gewerkschaftlichen Traditionen in der Lohn- und Tarifpolitik". Die Industriegewerkschaften wurden zu „Trägern der Planerfüllung", als „Hauptanliegen" galt künftig die „Steigerung der Arbeitsproduktivität". Auflösung der Betriebsräte. Der 3. FDGB-Kongreß im September 1950 „erbrachte für die weitere Entwicklung der Klassenorganisation der Arbeiterklasse bedeutsame Ergebnisse: Opportunistische Auffassungen wie das ‚Nur-Gewerkschaftlertum' und die ‚parteipolitische Neutralität der Gewerkschaften' endgültig überwindend, bekannte er sich zum ‚Marxismus-Leninismus als Weltanschauung der Arbeiterklasse', zur führenden Rolle der SED, zur Freundschaft mit der Sowjetunion' und zu den Prinzipien des proletarischen Internationalismus. Der FDGB unternahm große Anstrengungen, um die Gewerkschaften zum Organisator des Wettbewerbs und zu Schulen der Wirtschaftsführung zu entwikkeln" (Badstübner u.a., Geschichte der DDR. Berlin (Ost) 1981, S. 126). Der FDGB wurde damit auch offiziell eine der Massenorganisationen, die als „Transmissionsriemen" der Partei wirken. In den von der „Nationalen Front" (s. dort) zusammengestellten Listen der Volkskammer stellt er die zweitstärkste Fraktion. Seit 1949 ist er Mitglied des (kommunistischen) Weltgewerkschaftsbundes. Der FDGB verwaltet die gesamte Sozialversicherung der DDR, kontrolliert den Arbeitsschutz und unterhält einen großangelegten Erholungs- und Feriendienst, der fast alle Urlaubsmöglichkeiten in der DDR monopolisiert. Das Streikrecht wird vom

FDGB mit Hinweis auf die Vergesellschaftung der Produktionsmittel abgelehnt. Im Rahmen der Wirtschaftspläne werden Betriebskollektivverträge abgeschlossen, die beide Seiten (Betriebsgewerkschafts- und Werkleitungen) zur Planerfüllung verpflichten und den Ausbau sozialer und kultureller Einrichtungen festlegen.

FDJ (= Freie Deutsche Jugend (73; 166; 195; 196; 210; 235; 236f.)
Die einzige erlaubte Jugendorganisation der SBZ bzw. DDR, der Jugendliche vom 14. Lebensjahr ab angehören und der die „Pionierorganisation Ernst Thälmann" für die Schüler der 1. bis 7. Klassen angeschlossen ist. Nach dem Zweiten Weltkrieg setzte sich die KPD-Führung für die Gründung einer „einheitlichen freien Jugendbewegung" und nicht für deren Reorganisation auf der Basis einzelner Parteien ein. Die offizielle Gründung der FDJ erfolgte im März 1946. Auf dem „1. Parlament der FDJ" im Juni 1946 versprach der FDJ-Vorsitzende Erich Honecker (1946–1955), die Überparteilichkeit „wie unseren Augapfel zu hüten". Im Januar 1948 riefen CDU und LDP ihre Vertreter aus dem Zentralrat der FDJ ab, der überparteiliche Charakter der Jugendorganisation schien ihnen nicht mehr gewährleistet. Die Umformung der FDJ zu einer „sozialistischen Massenorganisation" wurde auf dem „4. Parlament der FDJ" im Mai 1952 bestätigt: „Die FDJ anerkennt die führende Rolle der Arbeiterklasse und der großen SED auf allen Gebieten des demokratischen Aufbaus." Gleichzeitig wurde der FDJ die Aufgabe übertragen, die „Kampfreserve der Partei" und den militärischen Nachwuchs zu stellen. Walter Ulbricht (s. dort) sagte auf dem Kongreß: „Wir begrüßen es deshalb, daß der Zentralrat der FDJ alles tut, was möglich ist, um alle militärischen Fähigkeiten in unserer Jugend zu entwickeln, damit sie ihre Aufgabe, den Schutz und die Verteidigung unseres Vaterlandes, in Ehren durchführen kann." Heute wird die Aufgabe der FDJ so beschrieben: „Anliegen des Jugendverbandes ist es, alle Jugendlichen zu gewinnen, sich mit ganzer Kraft für die allseitige Stärkung der DDR, die weitere Festigung des Bruderbundes mit der Sowjetunion, die Annäherung zwischen den Ländern und Nationen der sozialistischen Gemeinschaft, die Verteidigung des Sozialismus sowie für antiimperialistische Solidarität einzusetzen." (Kleines politisches Wörterbuch, Berlin Ost 1978, S. 248). Mitglieder sind vor allem Schüler, Studenten und Armeeangehörige. Eine Nichtmitgliedschaft kann nachteilig für Ausbildungs- und Berufschancen sein.

FDP (= Freie Demokratische Partei) (8; 41; 51; 107; 108; 124; 133; 134; 137)
Unmittelbar nach dem politischen Zusammenbruch kam es in verschiedenen Besatzungszonen zur Wiedergründung liberaler Parteien unter divergenten Bezeichnungen. Im Dezember 1948 Zusammenschluß auf der Ebene der drei westlichen Besatzungszonen und West-Berlins vollzogen. Angesichts des breiten, von den Landesverbänden repräsentierten Spektrums – vom Linksliberalismus bis zum konservativen Nationalliberalismus reichend – blieb der Einfluß der Parteispitze jedoch gering. Programmatische Zentralforderung war die uneingeschränkte Konstituierung einer privatkapitalistischen Wirtschaft. Die FDP lehnte daher die staatliche Wirtschaftslenkung ebenso ab wie das Mitbestimmungsrecht der Gewerkschaften und die Sozialisierung. Diese privatwirtschaftliche Wirtschaftskonzeption führte die FDP bereits im Frankfurter Wirtschaftsrat an die Seite der CDU und zum Eintritt in das erste Kabinett Adenauer. Mit 11,9% der Stimmen als drittstärkste Partei aus den Bundestagswahlen im August 1949 hervorgegangen, unterstützte die FDP, die mit Theodor Heuss von 1949–1959 den Bundespräsidenten stellte, die Politik Adenauers auf allen wesentlichen Feldern, setzte lediglich nationalere und liberalere Akzente. 1953 erreichte die FDP bei den Bundestagswahlen 9,5% und setzte trotz absoluter Mehrheit der CDU/CSU unter ihrem Vorsitzenden Franz Blücher (s. dort) die Koalition fort, von der sie sich in den folgenden Jahren mehrheitlich allerdings zunehmend entfernte. Bereits 1954 kritisierte der neue Parteivorsitzende Thomas Dehler (s. dort), der als Bundesjustizminister 1953 abgelöst worden war, scharf die Deutschlandpolitik Adenauers, weil sie die Spaltung vertiefe. Die von der CDU lancierte Idee einer Wahlrechtsänderung (sog. Grabenwahlsystem) und eine Kontroverse um die Lösung der Saarfrage verschärften die Spannungen. Im Februar 1956 zerbrachen das Regierungsbündnis und die Partei, als die FDP in Nordrhein-Westfalen eine Koalition mit der SPD einging. Die Ministerriege und 12 weitere Bundestagsabgeordnete des rechten Flügels traten aus der FDP aus, gründeten die Freie Volkspartei (FVP) und stützten weiter die Regierung Adenauer.

Fechner, Max (197; 200; 239; 247)
(1892–1973). Werkzeugmacher. Ab 1911 Mitglied der SPD (1917–1922 der USPD); 1928–1933 Landtagsabgeordneter in Preußen; 1933/34 und 1944 im KZ. 1945 Vorsitzender des Zentralausschusses der SPD in der SBZ, Befürworter der Vereinigung mit der KPD. 1946 stellvertretender Parteivorsitzender der SED neben Ulbricht (s. dort), ab 1950 Mitglied des ZK der SED. 1948/49 Präsident der Deutschen Zentralverwaltung für Justiz in der SBZ, ab 1952 Justizminister der DDR. Im Zusammenhang mit dem Juni-Auf-

stand 1953 abgesetzt, verhaftet und aus der SED ausgeschlossen. 1956 amnestiert, 1958 wieder in die SED aufgenommen.

Feldmann, Wilhelm (210)
(geb. 1910). Jurist. Geriet 1944 als Offizier der deutschen Wehrmacht in sowjetische Kriegsgefangenschaft, Antifa-Schüler. 1948 entlassen, 1949 Mitglied des Parteivorstandes der Nationaldemokratischen Partei (NDP) (s. dort) und der Volkskammer. 1950–1958 Minister für Leichtindustrie der DDR.

Fette, Christian (181; 185f.)
(1895–1971). Schriftsetzerlehre. Bis 1933 in der Buchdrukkergewerkschaft tätig. Im Dritten Reich wiederholt in Haft. Ab 1947 Vorsitzender der Industriegewerkschaft Druck und Papier. 1951–1952 Vorsitzender der DGB.

Frankfurter Manifest (7; 63; 111)
Das Manifest wurde am 29.1. 1955 auf einer von dem Vorsitzenden der SPD, Erich Ollenhauer, und dem stellvertretenden Vorsitzenden des DGB, Georg Reuter, dem Soziologen Alfred Weber und dem Theologen Helmut Gollwitzer einberufenen Versammlung mit etwa 1000 Teilnehmern in der Frankfurter Paulskirche verabschiedet. Das Frankfurter Manifest wurde von zahlreichen linken und liberalen Intellektuellen unterzeichnet und diente der außerparlamentarischen Protestbewegung („Paulskirchenbewegung") als programmatische Plattform gegen die Wiederbewaffnung im Rahmen der Nato.

Freisler, Roland (215)
(1893–1945) Teilnahme am Ersten Weltkrieg, russische Gefangenschaft, 1917–1920 bolschewistischer Kommissar in der Ukraine. Seit 1925 Mitglied der NSDAP. Als Präsident des Volksgerichtshofes (seit 1942) einer der radikalsten Verfechter nationalsozialistischen Strafrechts, stellte er die Justiz – besonders in den Prozessen gegen die Angehörigen der Widerstandsbewegung vom 20.7. 1944 – in den Dienst des politischen Terrors.

Freitag, Walter (7)
(1889–1958). Dreherlehre. 1907 Beitritt zum Metallarbeiterverband, 1908 zur SPD. 1920 Bezirksleiter des Deutschen Metallarbeiterverbandes in Hagen. 1932 Abgeordneter im Preußischen Landtag. Im Dritten Reich wiederholt in KZ-Haft. Ab 1946 Landtagsabgeordneter in Nordrhein-Westfalen. Im gleichen Jahr Mitbegründer und Vorsitzender der Metallarbeitergewerkschaft. Ab 1950 Vorsitzender der Industriegewerkschaft Metall. 1949–1953 Bundestagsabgeordneter. 1952–1956 Vorsitzender des DGB.

Friedlaender, Ernst (86; 93; 118)
(1895–1973). Publizist. Im Dritten Reich in die Schweiz emigriert. 1946–1950 stellvertretender Chefredakteur und Herausgeber der „Zeit". Anschließend bis 1960 Rundfunkkommentator in Hamburg, Leitartikler des Hamburger Abendblatts und der Berliner Morgenpost. 1954–1957 Präsident des Deutschen Rates der Europa-Union.

Frings, Josef (27; 33f.)
(1887–1978). Seit 1924 Pfarrer in Köln, wo er bald in engen Kontakt zu dem damaligen Oberbürgermeister Konrad Adenauer trat. 1942–1969 Erzbischof in Köln. 1946 Ernennung zum Kardinal. Als Vorsitzender der Fuldaer Bischofskonferenz (1945–1965) „kam ihm die dominierende Sprecherrolle im deutschen Episkopat zu" (Klaus Gotto). Sein Beitritt zur CDU im November 1948 war ein vieldiskutiertes Ereignis, doch mußte Frings schon im Mai 1949 – aufgrund einer Intervention des Papstes – die Partei Adenauers wieder verlassen. Pius XII. sah durch die parteipolitische Bindung des Kölner Kardinals die Fortgeltung des Reichskonkordats, woran der Vatikan nachdrücklich interessiert war, tangiert. Es verbot nämlich im Art. 32 die Mitgliedschaft von Geistlichen in politischen Parteien, ja sogar jede politische Aktivität. Doch änderte die Aufgabe der förmlichen Mitgliedschaft nichts an der eindeutigen Parteinahme von Frings für die CDU, die sich vor allem in Hirtenbriefen artikulierte und jeweils vehementen Protest bei der SPD auslöste.

Fröhlich, Hans-Gerd (40f.)
(geb. 1914). Vom Oktober 1950 bis September 1953 Bundestagsabgeordneter und Generalsekretär des BHE.

Fünfte Kolonne (167)
Ein auf den Spanischen Bürgerkrieg zurückgehendes Schlagwort, das den kollektiven Verrat politischer Gruppen bezeichnet, die in Konfliktsituationen die Loyalität gegenüber dem eigenen Land zugunsten einer Macht außerhalb des Landes aufgeben. Dabei tritt also an die Stelle der nationalstaatlichen die ideologische Bindung. Häufig zitierte Beispiele waren im Zweiten Weltkrieg die faschistischen Gruppen in mit Deutschland im Krieg befindlichen Ländern oder – in der frühen Phase des Ost-West-Konflikts – die kommunistischen Parteien in der westlichen Welt.

Gandhi, Mohandas Karamchand, genannt seit 1915 Mahatma (= die große Seele) 27; 26; 39)
(1869–1948). Indischer Politiker. Jurastudium in London. 1893 geht Gandhi nach Südafrika, wo er zum politischen Führer der indischen Einwanderer wird und den passiven Widerstand gegen die gesetzliche Diskriminierung organisiert. 1914 kehrt er nach Indien zurück und proklamiert – von hoher Religiosität und asketischer Lebensweise bestimmt – den gewaltlosen Kampf gegen die britische Herrschaft durch „Nicht-Mitarbeit" und „bürgerlichen Ungehorsam". 1921 regt er das „häusliche Handspinnen" an, um Indien von der britischen Textilwirtschaft unabhängig zu machen. 1930 initiiert Gandhi den „Marsch zum Meer", um das britische

Monopol der Salzgewinnung zu brechen. Obwohl mehr als 20mal festgenommen und – in der Summe – fast 6 Jahre eingesperrt, läßt er sich vor allem nicht von seiner spezifischen Form des Protests gegen britische Pläne, den Hungerstreik, abbringen. Im April 1947 erreicht Gandhi die Unabhängigkeit Indiens und legt in der Folge alle politischen Ämter nieder. Während der blutigen Auseinandersetzungen zwischen Hindus und Mohammedanern, die Gandhi um der Einheit des Landes willen verhindern will, wird er von einem fanatischen Hindu ermordet.

Generalvertrag (s. Deutschlandvertrag)

Genfer Gipfelkonferenz (8; 128; 198; 199; 257; 279)
Die Genfer Gipfelkonferenz vom 18.7.–23.7. 1955 mit den Regierungschefs Eisenhower, Bulganin/Chruschtschow, Eden und Faure fixierte zwar letztmals als gemeinsames Ziel der vier Mächte die Wiederherstellung der deutschen Einheit, doch markierten Verlauf und Ergebnis eine „Art Wasserscheide zwischen der Nachkriegszeit und einer neuen Ära der Ost-West-Beziehungen" (H.-P. Schwarz). Die deutsche Frage wurde von den Themen Entspannung und Abrüstung an den Rand gedrängt, der Status quo der Teilung Deutschlands substantiell akzeptiert und dem Konzept der Bundesregierung, mit Hilfe der Westmächte der Wiedervereinigung näherzukommen, lediglich mit verbaler Deklamation genügt. Bezeichnend war, daß Chruschtschow direkt vom Genfer Gipfel nach Ost-Berlin flog, wo er in aller Schärfe betonte, die Politik der Stärke sei gescheitert und die Wiedervereinigung in erster Linie Sache der Deutschen selbst. Damit war im Grunde die Realität zweier deutscher Staaten festgestellt (s. Zweistaaten-Theorie).

Gesamtdeutscher Konstituierender Rat (4; 195; 256; 257; 262; 264; 278)
Der Vorschlag zur Bildung eines paritätisch besetzten „Gesamtdeutschen Konstituierenden Rates", der gleichzeitig „gesamtdeutsche Wahlen für eine Nationalversammlung" vorbereiten, „Beratungen zum Abschluß eines Friedensvertrages" vorbereiten und „Vorbereitungen zur Regierungsbildung treffen" könne, wurde von DDR-Ministerpräsident Grotewohl am 30.11. 1950 in einem direkten Brief Bundeskanzler Adenauer unterbreitet. Die Bundesregierung erklärte in einer Pressekonferenz am 15.1. 1951, daß eine paritätische Besetzung des Konstituierenden Rates von vornherein ein Übereinkommen ausschlösse, daß stattdessen, wie bereits früher gefordert, eine frei gewählte Nationalversammlung die weiteren Schritte vorbereiten müsse und zunächst die Bedingungen für freie Wahlen zu schaffen seien.

Globke, Hans (140; 168)
(1898–1973). Jurist. Tätigkeit im Verwaltungsdienst. Ab 1932 Ministerialrat im Reichsinnenministerium, zuständig für Staatsangehörigkeitsfragen. Globke verfaßte 1935 – zusammen mit Wilhelm Stuckart – einen Kommentar zu den Nürnberger Rassegesetzen. 1946–1949 Vizepräsident des Landesrechnungshofes von Nordrhein-Westfalen. Ab 1950 Ministeraldirigent im Bundeskanzleramt, dessen Ausbau zu einer wirkungsvollen Schalt- und Koordinierungsstelle Globke intensiv vorantrieb. 1953–1963 Staatssekretär und Leiter des Bundeskanzleramtes. Wegen seiner Tätigkeit im Dritten Reich war Globke heftigen Angriffen ausgesetzt, doch Adenauer ließ seinen engsten Mitarbeiter nicht fallen. 1961 wurde Globke in einem Ermittlungsverfahren von dem Vorwurf, in intensiven Verbindungen zu Adolf Eichmann gestanden zu haben, freigesprochen. 1963 trat er gemeinsam mit dem Bundeskanzler Adenauer zurück.

Godesberger Programm 162)
Das im November 1959 beschlossene Godesberger Grundsatzprogramm markiert eine wichtige Etappe in der Serie sozialdemokratischer Parteiprogramme insofern, als der traditionelle Widerspruch zwischen revolutionär-marxistischer Programmatik und sozialreformerischer Praxis der SPD überwunden wurde. Die Preisgabe marxistischer Gedanken und Zielsetzungen wurde kompensiert durch das Bekenntnis zu den Grundwerten des demokratischen Sozialismus (Freiheit, Gerechtigkeit und Solidarität). Statt der Beseitigung der kapitalistischen Produktionsverhältnisse durch Sozialisierung und Planwirtschaft wird die Kontrolle wirtschaftlicher Macht – vornehmlich durch das Instrument der Mitbestimmung – gefordert. Die Entideologisierung ließ die SPD zur Volkspartei werden und machte sie für weite bürgerliche Schichten wählbar. Im ökonomisch-politischen „Orientierungsrahmen 85" von 1975 wurde eine Konkretisierung und Umsetzung wichtiger Ziele des Godesberger Programms beschlossen.

Gomulka, Wladyslaw (196; 219)
(1905–1982). Polnischer Politiker. Schlosser; 1926 Gewerkschaftsfunktionär und Mitglied der KP; 1932–1934 und 1936–1939 in Haft; während der deutschen Besetzung Untergrundarbeit. Mitbegründer der neuen KP (Polnische Arbeiterpartei), 1943–1948 deren Generalsekretär, 1945–1949 stellvertretender Ministerpräsident und Minister für die „Westgebiete". Gomulka erstrebte einen eigenständigen „polnischen Weg zum Sozialismus" und widersetzte sich der Gründung der Kominform. 1948/49 aller Partei- und Regierungsämter enthoben, wurde er 1951–1954 ohne Prozeß als „Nationalist" und „Titoist" in Haft gehalten. 1956 rehabilitiert und im „polnischen Oktober" erneut

zum Parteiführer gewählt. Die in ihn gesetzten Hoffnungen einer größeren Liberalität und Effektivität des Systems und einer größeren Unabhängigkeit von der Sowjetunion konnte er nicht erfüllen. Er stürzte 1970 nach Arbeiterunruhen.

Grenzabkommen von Görlitz (63; 195; 268; 270)
Am 6.7.1960 schloß die DDR mit der Volksrepublik Polen einen Vertrag, der die Oder-Neiße-Linie (s. dort) als „unantastbare Friedens- und Freundschaftsgrenze" anerkannte. Der Vertrag wurde im (jetzt polnischen) Ostteil von Görlitz (Zgorzelec) unterzeichnet. Die Regierung der Bundesrepublik sowie Sprecher der Regierungen der USA und Großbritanniens bestritten am 9.6.1950 der DDR das Recht, Verträge im Namen des deutschen Volkes zu schließen und die Grenzfrage einseitig zu regeln. Die Führung der DDR, die keine Rücksicht auf die Gefühle der eigenen Bevölkerung zu nehmen brauchte, bekam so besondere Bedeutung für Polen als Garant der „wiedergewonnenen Westgebiete".

Grewe, Wilhelm (53; 73; 129f.)
(geb. 1911). Jurist und Diplomat. Professor für Staats- und Völkerrecht in Berlin (ab 1942), in Göttingen (ab 1945) und in Freiburg (1947–1955). Seit 1951 Tätigkeit im Auswärtigen Amt und außenpolitischer Berater Adenauers. 1951 Delegationsleiter bei den Verhandlungen zur Ablösung des Besatzungsstatuts. 1953–1958 Leiter der Rechts- bzw. Politischen Abteilung im Außenministerium. 1958–1962 Botschafter in den USA. 1962–1971 ständiger Vertreter der Bundesrepublik bei der Nato. 1971–1976 Botschafter in Tokio und gleichzeitig in der Mongolischen Volksrepublik (1974–1976).

Gromyko, Andrej Andrejewitsch (5)
(geb. 1909). 1931 Eintritt in die KPdSU. Studium der Wirtschaftswissenschaften. Seit 1939 Tätigkeit im diplomatischen Dienst. 1943–1946 Botschafter in den USA. 1946–1948 ständiger Vertreter im Weltsicherheitsrat der UN. 1947–1952 stellvertretender Außenminister. 1952–1953 Botschafter in England. 1957–1985 Außenminister. Seit 1956 Mitglied im Zentralkomitee der KPdSU, ab 1973 Sitz im Politbüro.

Grotewohl, Otto (4; 5; 72; 77; 78ff.; 194; 195; 210; 215f.; 237; 246; 253; 254; 256f. 268; 278)
(1894–1964). Buchdruckerlehre. Seit 1912 Mitgliedschaft in der SPD. 1914–1918 Militärdienst. 1918–1922 Mitglied der USPD, danach wieder der SPD. 1920–1925 Abgeordneter im Braunschweigischen Landtag. 1921/22 Innen- und Volksbildungsminister, 1923/24 Justizminister in Braunschweig. Dort ab 1925 Landesvorsitzender der SPD. 1925–1933 Reichstagsabgeordneter. 1933–1945 kaufmännische Tätigkeit in Hamburg und Berlin. 1938/39 vorübergehend inhaftiert. 1945–1946 Vorsitzender des Zentralausschusses der SPD in Berlin und der SBZ. Entscheidend beteiligt an der Fusion mit der KPD. Ab April 1946 – neben Wilhelm Pieck – Vorsitzender der SED (bis 1950); danach Mitglied des Zentralkomitees und des Politbüros. Seit 1947 Präsident des Volkskongresses und ab Oktober 1949–1964 Ministerpräsident der DDR. In dieser Funktion stand er durchgängig im Schatten Ulbrichts.

Gurkha (40)
Bezeichnung für die autochthonen Bergvölker Nepals und für die politische Führungsschicht des Landes. Als Söldner bildeten die Gurkhas seit 1815 eine Elitetruppe in der britischen Armee, wo noch heute fünf Gurkharegimenter Dienst tun.

GVP (= Gesamtdeutsche Volkspartei) (172)
Die GVP entstand im November 1952 als Nachfolgeorganisation der „Notgemeinschaft für den Frieden Europas", mit der sie in der Ablehnung der Wiederbewaffnung und forcierten Westintegration übereinstimmte. Der führende Repräsentant dieser neutralistischen Splitterpartei war Gustav Heinemann, Gründungsmitglied der CDU und Innenminister im ersten Kabinett Adenauer, der im Oktober 1950 aus Protest gegen die Wiederbewaffnung zurückgetreten war und später die CDU verlassen hat. Das Gründungsdokument der GVP („Manifest an das deutsche Volk") forderte Unabhängigkeit von den Großmächten und Wiedervereinigung ohne Blockbindung und Aufrüstung. Im Juli 1953 ließ sich die GVP – im Blick auf die Bundestagswahlen – auf ein taktisch bedingtes Bündnis mit dem „Bund der Deutschen" ein, einer zum Teil kommunistisch orientierten Gruppierung unter dem früheren Reichskanzler Joseph Wirth (Zentrum), erreichte jedoch mit nur 1,2% der Stimmen ein enttäuschendes Ergebnis. Als sich herausstellte, daß die GVP über diese Marge der Erfolglosigkeit kaum hinausgelangen werde, löste sich die Partei im Vorfeld der Bundestagswahlen 1957 auf und empfahl ihren Mitgliedern, sich der SPD anzuschließen. In Konsequenz dieses Schrittes gehörte Gustav Heinemann ab September 1957 als SPD-Abgeordneter dem Bundestag an.

Hallstein, Walter (4; 8)
(1901–1982). Jurist und Politiker. Professor für Privat- und Gesellschaftsrecht in Rostock (1930–1941), in Frankfurt (1941–1948) und in Georgetown (1948–1949). 1950–1951 Staatssekretär im Bundeskanzleramt, 1951–1958 im Auswärtigen Amt. 1958–1967 Präsident der Kommission der EWG; 1968–1974 Präsident der Europäischen Bewegung; 1969–1972 Bundestagsabgeordneter der CDU.

Hallstein-Doktrin (8; 125; 127; 128; 129f.)

Ein nach Walter Hallstein benannter, doch von Wilhelm Grewe mitformulierter außenpolitischer Grundsatz vom Herbst 1955, wonach die Bundesrepublik – gemäß dem von ihr reklamierten Alleinvertretungsanspruch für das gesamte deutsche Volk – mit keinem Staat diplomatische Beziehungen aufnehmen oder unterhalten solle, der seinerseits in diplomatischen Beziehungen mit der DDR steht oder solche eingeht. Die im September 1955 aufgenommenen Beziehungen zur UdSSR als vierter Besatzungsmacht sollten die Ausnahme bleiben. Für ein Jahrzehnt – angewandt 1957 gegenüber Jugoslawien und 1963 gegenüber Kuba – erwies sich die Hallstein-Doktrin als ein effektives Mittel zur Verhinderung der diplomatischen Anerkennung der DDR durch nichtkommunistische Staaten. Die Initiative zu einer neuen Ostpolitik Ende der 60er Jahre unter Bundeskanzler Willy Brandt bedeutete zugleich die endgültige Abkehr von der Hallstein-Doktrin.

Hamann, Karl (209; 210) (1903–1973). Vor 1933 Mitglied der Deutschen Demokratischen Partei; 1945 Mitbegründer der LPD (s. dort) und Mitglied des Zentralvorstandes sowie des thüringischen Landesvorstandes; seit 1948 (Mit-) Vorsitzender der LDP, ab 1949 Minister für Handel und Versorgung der DDR. Ende 1952 abgesetzt, verhaftet und 1954 wegen „Sabotage und Schädlingsarbeit" zu 10 Jahren Zuchthaus verurteilt; 1956 entlassen, Flucht in die Bundesrepublik.

Hankey, Robert Maurice Alers (93 f.) (geb. 1905). Baron (seit 1939). Ab 1927 Tätigkeit im Diplomatischen Dienst mit Stationen in Berlin, Paris, Warschau u. a. 1946–1949 Leiter der Nord-Abteilung im Londoner Außenministerium. 1949–1950 Sonderbotschafter in Madrid und Budapest. 1951–1953 Botschafter in Stockholm. 1954–1960 ständiger Vertreter Großbritanniens bei der OEEC und OECD. Das Memorandum Hankeys über die deutsche Einheit vom 14. 5. 1948 war im Außenministerium – soweit erkennbar – auf uneingeschränkte Zustimmung gestoßen.

Heine, Fritz (125; 130 f.) (geb. 1904). 1922 Beitritt zur SPD. Angestellter im Bank- und Versicherungswesen. 1933 Emigration in die CSSR. Enger Kontakt zum Exilvorstand um Wels, Ollenhauer und Stampfer, für den er mehrmals Kurierdienste in das deutsche Reichsgebiet erledigte. 1938 Übersiedlung nach Paris, wo er in den Parteivorstand kooptiert und mit der Redaktion des „Neuen Vorwärts" betraut wurde. Beim Einmarsch der deutschen Truppen 1940 war Heine für kurze Zeit in Südfrankreich interniert, bis ihm die Flucht nach Portugal gelang. 1941 ging er nach London, wo er Mitglied des Exilvorstandes wurde. 1945 Rückkehr nach Deutschland. 1946–1957 Pressechef und Mitglied des Vorstands der SPD.

Heinemann, Gustav (3; 27; 29; 34 ff.; 44; 46 ff.; 62; 73; 91; 99 f.; 109; 168) (1899–1976). 1918–1923 Studium der Rechtswissenschaft und der Volkswirtschaft. 1928–1949 Justitiar bzw. Vorstandsmitglied der Rheinischen Stahlwerke in Essen. 1933–1945 Mitglied der Bekennenden Kirche. 1945 Mitbegründer der CDU in Essen und im Rheinland. 1945–1967 Mitglied im Rat der EKD. 1946–1949 Oberbürgermeister von Essen. 1947–1948 zugleich Justizminister in Nordrhein-Westfalen unter Karl Arnold. 1947–1950 Landtagsabgeordneter in Nordrhein-Westfalen. 1949–1955 Präses der gesamtdeutschen Synode des EKD. 1949–1950 Bundesinnenminister in der ersten Regierung Adenauer. Oktober 1950 Rücktritt von diesem Amt wegen der von Adenauer – zudem ohne Konsultation des Kabinetts – eingeleiteten westdeutschen Wiederaufrüstung, in der Heinemann angesichts der angestrebten militärischen Einbeziehung der Bundesrepublik in den Westblock einen unwiderruflichen Schritt zur Vertiefung der deutschen Spaltung erblickte. Die in seiner Sicht „latente Unaufrichtigkeit in der Begründung der Politik der Stärke" (G. Jasper) brachte Heinemann, dessen erstaunliche politische Karriere auch künftig von grundsatztreuer Geradlinigkeit geprägt war, in Opposition zum Kurs des Bundeskanzlers. 1952 Austritt aus der CDU. Mitbegründer der Gesamtdeutschen Volkspartei (GVP), die parlamentarisch unbedeutend blieb und 1957 aufgelöst wurde. Heinemann wechselte im gleichen Jahr zur SPD, die er von 1957–1969 im Bundestag vertrat. 1958–1969 Mitglied im Parteivorstand der SPD. 1966–1969 Bundesjustizminister in der Regierung der Großen Koalition. 1969–1974 Bundespräsident.

Hennecke, Adolf (148; 185) (1905–1974). Bergarbeiter. Stellte 1948 einen Förderrekord im Zwickauer Kohlenrevier auf. Als Vorbild eines Aktivisten, der der einschlägigen Bewegung seinen Namen gab, von der Führung der SED gefeiert und 1949 mit dem Nationalpreis der DDR ausgezeichnet.

Herrnstadt, Rudolf (197; 245; 248; 249; 250; 251) (1903–1966). Journalist, bis 1933 Korrespondent des liberalen „Berliner Tageblatts" in Warschau und Moskau. 1924 Mitglied der KPD; nach 1933 Referent im geheimen Nachrichtendienst der Roten Armee. 1943 Mitbegründer des „Nationalkomitees Freies Deutschland". 1945 Rückkehr nach Berlin. Chefredakteur der (halbamtlichen Ost-) „Berliner Zeitung", ab 1949 des SED-Zentralorgans „Neues Deutschland"; ab 1950 Mitglied des ZK und des Politbüros der SED. 1953 führend in der Fronde gegen Ulbricht (s. dort). Wegen „parteifeindlicher Fraktionsbildung" nach dem Juni-Aufstand zusammen mit Zaisser (s. dort) seiner Ämter enthoben und 1954 aus der Partei ausgeschlossen.

Hesse, Hermann (49)
(1877–1962). Deutscher Schriftsteller. Berühmt wurde Hesse vor allem durch die Romane „Narziß und Goldmund" (1936), in dem er die Konfrontation des ästhetischen mit dem ethischen Menschen gestaltete, und „Das Glasperlenspiel" (1943), seinem östliche und westliche Weisheit vereinenden Alterswerk. 1946 erhielt Hesse den Nobelpreis für Literatur, 1955 den Friedenspreis des Deutschen Buchhandels.

Heuss, Theodor (5; 49; 134; 137)
(1884–1963). Nach dem Studium von Kunstgeschichte und Staatswissenschaften schloß sich Heuss dem Kreis um den Liberalen Friedrich Naumann an. Betätigung als Journalist. 1920–1933 Dozent an der Hochschule für Politik in Berlin. Seit 1910 Mitglied der Fortschrittlichen Volkspartei, seit 1918 der DDP, die er 1924–1928 und 1930–1933 im Reichstag vertrat. Trotz Publikationsverbots journalistische und literarische Betätigung im Dritten Reich. 1945–1946 Kultusminister von Württemberg-Baden; 1947 Professor für Neuere Geschichte und Politische Wissenschaften an der TH Stuttgart. 1946 Mitbegründer der FDP. Im gleichen Jahr Vorsitzender in der amerikanischen Zone, im Juni 1949 in allen westlichen Besatzungszonen und in West-Berlin. Als Landtagsabgeordneter von Württemberg-Baden wurde Heuss Mitglied des Parlamentarischen Rats. Maßgebend an der Ausarbeitung des Grundgesetzes beteiligt. Im September 1949 Wahl zum Bundespräsidenten. In dieser Funktion wirkte Heuss, der im Juli 1954 mit überwältigender Mehrheit (871 und 987 abgegebenen Stimmen) wiedergewählt wurde, dank seiner liberalen Haltung und profunden humanistischen Bildung prägend und integrierend in der jungen Bonner Demokratie. Die verfassungsrechtlich enggezogenen Grenzen des Präsidentenamtes respektierend, bemühte sich Heuss um demokratische Tradition und politische Kultur: Einführung des Bundesverdienstkreuzes, Festlegung des Deutschlandliedes als Nationalhymne, Wiederbegründung der Friedensklasse des „Pour le mérite" (Wissenschaft und Künste). Eine Kandidatur, die durch eine Änderung des Grundgesetzes ermöglicht werden sollte, lehnte Heuss im Juni 1959 ab.

Hickmann, Hugo (194; 201)
(1877–1955). Vor 1933 Mitglied der Deutschen Volkspartei. 1945 Mitbegründer der CDU in der SBZ, (s.: CDU-Ost), Vorsitzender des Landesverbandes Sachsen, ab 1948 stellv. Vorsitzender der CDU in der SBZ, bzw. DDR; ab 1946 Mitglied des Sächsischen Landtags, ab 1948 Mitglied des „Deutschen Volksrates" (s. dort) bzw. der „Provisorischen Volkskammer", Vizepräsident des „Deutschen Volkskongresses". Versuchte, die Eigenständigkeit der CDU zu wahren und freie Wahlen nach der Verfassung der DDR zu erreichen. Durch scharfe Angriffe der SED Anfang 1950 gezwungen, alle Ämter niederzulegen.

Himmeroder Denkschrift (29)
Auf Veranlassung von Bundeskanzler Adenauer trafen sich Anfang Oktober 1950 hohe Offiziere der früheren Wehrmacht zu einer Klausurtagung, um ein Konzept für einen westdeutschen Militärbeitrag „im Rahmen einer übernationalen Streitmacht zur Verteidigung Westeuropas" zu entwickeln. Aus Gründen strengster Geheimhaltung fand die Zusammenkunft im Kloster Himmerod in der Eifel statt. Die dort erarbeiteten Überlegungen, die die Planungen der folgenden Jahre bestimmten, wurden von den Generalen Speidel, Heusinger und Foertsch, die später Führungspositionen in der Bundeswehr bekleiden sollten, in einer Denkschrift zusammengefaßt und dem Kanzler zugeleitet. Sie ging von einer möglichst weit östlich und offensiv zu führenden Verteidigung mit Hilfe einer starken Panzerwaffe aus und sah insgesamt 12 mit modernstem Gerät ausgerüstete, in Armeekorps zusammengefaßte deutsche Divisionen von 250000 Mann vor, die durch eine taktische Luftwaffe und eine Küstenmarine unterstützt werden sollten. Ganz offenkundig war nicht an reine Abschreckungsstreitkräfte gedacht, sondern an eine Armee, die im Verbund mit den Westalliierten einen Verteidigungskrieg erfolgreich und außerhalb des Gebiets der Bundesrepublik bestehen konnte.

Hindenburg, Paul von Beneckendorff und von (261)
(1847–1934). Offizierslaufbahn, 1911 als General verabschiedet. 1914 Oberbefefehlshaber in Ostpreußen, Sieg über die Russen bei Tannenberg. Als Generalfeldmarschall und Oberbefehlshaber Ost volkstümlichster deutscher Heerführer im Ersten Weltkrieg. Übernahm 1916 zusammen mit General Ludendorff die „Oberste Heeresleitung", die zwischen 1916–1918 die Suprematie in Politik und Wirtschaft errang, wobei Kaiser und zivile Regierung immer mehr in den Hintergrund traten. Setzte angesichts der Niederlage 1918 das Waffenstillstandsgesuch durch und stellte sich nach der Novemberrevolution zusammen mit Ludendorffs Nachfolger Groener dem Rat der Volksbeauftragten zur Verfügung; leitete den Rückmarsch deutscher Truppen. Legte 1919 den Oberbefehl nieder und trug zur Entstehung der „Dolchstoßlegende" bei, nach der den „Novemberverrätern" die

Schuld an der Niederlage zugeschrieben wurde. 1925 wurde Hindenburg als Kandidat der vereinigten Rechtsparteien („Ersatzkaiser") zum Reichspräsidenten gewählt, 1932 in der Krise der Weimarer Republik als Kandidat der Mitte und der gemäßigten Linken wiedergewählt. Hindenburg hielt sich streng an die verfassungsmäßigen Grenzen seines Amtes, hatte jedoch kein positives Verhältnis zum parlamentarischen System der Weimarer Republik. Ab 1930 stützte er Präsidialkabinette, die ohne parlamentarische Mehrheit regierten (mit Hilfe des Notverordnungsartikels 48), und geriet unter den Einfluß antiparlamentarischer Ratgeber; er trug damit zum Ende der Weimarer Republik bei. Trotz persönlicher Bedenken ernannte er im Januar 1933 Hitler zum Reichskanzler und lieferte damit den Nationalsozialisten die Staatsmacht aus.

Hitler, Adolf (65; 78; 96; 135; 261; 271)
(1889–1945). Führer der NSDAP. 1933–1945 deutscher Reichskanzler.

Hiwis (= Abkürzung für Hilfswillige) (40)
Bezeichnung der im Zweiten Weltkrieg auf deutscher Seite kämpfenden Freiwilligenformationen, unter denen die des – in deutsche Gefangenschaft geratenen – russischen Generals A. Wlassow (sog. Wlassow-Armee) mit 50000 Mann die bedeutendste war.

Höcherl, Hermann (73; 100)
(geb. 1912). Jurist. 1949–1976 CSU-Abgeordneter im Bundestag. 1957–1961 Vorsitzender der CSU-Landesgruppe. 1961–1965 Bundesinnenminister. 1965–1969 Bundesminister für Ernährung, Landwirtschaft und Forsten.

Hoffmann, Heinz (235)
(1910–1985). Lehre als Maschinenschlosser. 1930 Eintritt in die KPD, 1933 illegale Parteiarbeit; 1935 Emigration in die UdSSR, Besuch der Frunse-Akademie (Kriegsschule), 1936–1937 Offizier und Politkommissar bei den Internationalen Brigaden im Spanischen Bürgerkrieg. 1939 Rückkehr in die UdSSR, Besuch der Komintern-Schule. 1946–1947 Mitarbeiter beim ZK der SED, 1947–1949 Sekretär der Bezirksleitung Berlin der SED; ab 1950 Kandidat, ab 1952 Mitglied des ZK der SED. Ab 1950 Generalinspekteur, ab 1952 Generalleutnant und Chef der KVP (s. dort), gleichzeitig stellvertretender Innenminister. Ab 1956 führende Positionen in der Nationalen Volksarmee (s. dort), ab 1960 Minister für Nationale Verteidigung.

Hoffmann, Johannes (8; 121; 123; 124; 125)
(1890–1967). Journalist. In den frühen 30er Jahren exponierter Kampf in der katholischen Opposition gegen die Rückgliederung des Saarlandes an Hitler-Deutschland. 1935 Emigration nach Südamerika. Spätsommer 1945 Rückkehr. Im Januar 1946 Gründung der Christlichen Volkspartei (CVP) im Saarland (s. dort), deren Vorsitz Hoffmann übernahm. 1947 Landtagsabgeordneter und Ministerpräsident des Saargebiets, dessen politische Autonomie und Europäisierung – unter wirtschaftlichem Anschluß an Frankreich – er erstrebte. Demgemäß warb Hoffmann für die Annahme des Saarstatuts im Herbst 1955 und trat unmittelbar nach dessen Ablehnung durch die saarländische Bevölkerung vom Amt des Ministerpräsidenten zurück. 1956 Verzicht auf den Vorsitz in der – 1959 aufgelösten – CVP.

Hohe Behörde in Luxemburg (4; 21; 23; 24; 25)
Bezeichnung für die 1952–1966 in Luxemburg residierende Exekutive der Montanunion.

Holzapfel, Friedrich (154)
(1900–1969). Staatswissenschaftler. 1926–1937 Hauptgeschäftsführer der Handwerkskammer Bielefeld. 1945–1946 Oberbürgermeister der Stadt Herford. 1945 Mitbegründer und ab 1946 – als Repräsentant des protestantischen Bevölkerungsteils – stellvertretender Vorsitzender der CDU in Westfalen; dann der britischen Zone. 1946–1947 Landtagsabgeordneter in Nordrhein-Westfalen. 1947–1949 CDU-Fraktionsvorsitzender im Frankfurter Wirtschaftsrat. 1949–1953 Bundestagsabgeordneter. 1957–1958 Botschafter in Bern.

Honecker, Erich (235; 236f.)
(geb. 1912). Dachdeckerlehre. Seit 1926 Mitglied des Kommunistischen Jugendverbandes (KJV), 1929 der KPD. Ab 1931 Sekretär des KJV im Saargebiet. 1935 wegen illegaler politischer Betätigung verhaftet und zu einer 10jährigen Zuchthausstrafe verurteilt. April 1945 Befreiung aus dem Zuchthaus Brandenburg. Im Juni 1945 zum Jugendsekretär beim ZK der KPD ernannt. 1946–1955 Vorsitender der FDJ (s. dort). Seit 1946 Mitglied des Parteivorstandes bzw. ZK der SED; ab 1950 Kandidat, ab 1958 Mitglied des Politbüros. 1955–1957 Schulung in der UdSSR, später in der SED-Führung für Militär- und Sicherheitsfragen verantwortlich. 1971 1. Sekretär (später: Generalsekretär) der SED, 1976 Vorsitzender des Staatsrates der DDR.

Hunderteinunddreißiger Gesetz (131er Gesetz) (140; 169)
Nach Art. 131 Grundgesetz sind die Rechtsverhältnisse von Personen einschließlich der Flüchtlinge und Vertriebenen, die am 8. Mai 1945 im öffentlichen Dienst standen und aus anderen als beamtenrechtlichen und tariflichen Gründen ausgeschieden und nicht wiederverwendet worden sind, durch Gesetz zu regeln. Das Gesetz ist am 19. 5. 1951 erlassen worden. In der Praxis führte es zur Wiederbeschäftigung vieler Personen, die durch ihre Tätigkeit während der NS-Diktatur als belastet galten, im öffentlichen Dienst.

IARA (= Interalliierte Reparationsagentur) (16)
Kommission der westlichen

Siegermächte, in deren Zuständigkeit vor allem die Abwicklung der Demontagen auf der Grundlage der fortgeschriebenen Industriepläne gehörte. Die letzten Demontagen erfolgten im Jahre 1951.

Indochina-Konflikt (65)
Die 1887 von Frankreich errichteten und zur Indochinesischen Union zusammengeschlossenen Protektorate Annam, Tongking, Kambodscha, Kotschinchina und Laos waren im Laufe des Zweiten Weltkrieges unter die Herrschaft Japans geraten, das am 10. 3. 1945 ein unabhängiges Vietnam (ohne Kambodscha und Laos) proklamiert hatte. Nach der Kapitulation Japans (15. 8. 1945) und seinem Rückzug aus Indochina rief der KP-Führer Ho Chi Minh (Vietminh-Bewegung) am 2. 9. 1945 die Demokratische Republik Vietnam (DRV) aus. Nachdem Frankreich schon 1949 gezwungen war, die Unabhängigkeit von Vietnam, Kambodscha und Laos innerhalb der Französischen Union anzuerkennen, mußte es nach erneuten verlustreichen Auseinandersetzungen (Niederlage in der Dschungelfestung Dien Bien Phu im Mai 1954) in die Beschlüsse der Genfer Indochina-Konferenz (April–Juli 1954) einwilligen und sich ganz aus Indochina zurückziehen. Zu den Ergebnissen der Konferenz gehörte auch die „provisorische" Teilung von Vietnam entlang dem 17. Breitengrad in Nord-Vietnam (Staatspräsident Ho Chi Minh) und Süd-Vietnam.

Irredenta (9; 108; 120; 121)
Ein 1877 geprägter Begriff für die Gewinnung der „unerlösten Gebiete" (terre irredente), d. h. der nach der Einigung Italiens (1861–1866) noch im österreichisch-ungarischen Besitz verbliebenen italienischsprachigen Territorien Trient, Triest, Istrien und Dalmatien. Verallgemeinert bezeichnet Irredenta das Bestreben ethnischer Minderheiten, sich mit einem benachbarten Nationalstaat gleicher Sprache zu vereinigen.

Isaak (103)
Der einzige Sohn Abrahams (s. dort) von dessen Hauptfrau Sarah, der seinem Vater willig als Brandopfer zu folgen bereit war. Hinter der Erzählung steht die Vorstellung von der Ablösung der Menschen- durch Tieropfer, da Abraham – auf Befehl Gottes Isaak im letzten Augenblick verschonend – einen Widder anstelle seines Sohnes opfert.

Jalta (Abkommen von Jalta) (13; 97)
Hafenstadt an der Südküste der Krim, ehemaliger Sommersitz der Zaren. Vom 4.–11. 2. 1945 Ort des zweiten Gipfeltreffens der drei führenden Mächte der Anti-Hitler-Koalition (Churchill, Stalin, Roosevelt). Vereinbarungen über politische und militärische Maßnahmen zur Beendigung des Zweiten Weltkrieges und zur Gründung der UN. Die Ergebnisse werden im Westen zwiespältig beurteilt, z. B.: Einerseits Versuch, durch eine „Erklärung über das befreite Europa" und eine „Regierung der nationalen Einheit" in Polen die Möglichkeit freier demokratischer Entwicklung auch im sowjetischen Machtbereich zu erhalten, andererseits praktische Zugeständnisse an die UdSSR, die – gestützt auf das Vordringen ihrer Truppen – ihre Einflußsphäre erheblich ausweiten kann. Die Ergebnisse von Jalta bedeuteten „die Anerkennung des sich neu einpendelnden tatsächlichen Gleichgewichts der Supermächte" (L. Gruchmann).

Jendretzky, Hans (246; 249; 250)
(1897–1974). Schlosserlehre. 1919 Mitglied der USPD, 1920 der KPD; 1926 hauptamtlicher Funktionär, Leiter des Roten Frontkämpferbundes in Berlin; 1928–1932 preußischer Landtagsabgeordneter. 1934–1938 in Haft, danach Arbeit als Schlosser, 1944 erneut verhaftet. 1945 Leiter der Abteilung Arbeit des Magistrats von Groß-Berlin. 1946–1948 Vorsitzender des FDGB in der SBZ. Ab 1948 Leiter der Berliner SED, ab 1950 Kandidat des Politbüros. Nach dem Juni-Aufstand 1953 als Mitglied der Gruppe Zaisser-Herrnstadt aller Funktionen enthoben; 1956 rehabilitiert. Mitglied des ZK der SED. 1957–1960 stellvertretender Innenminister.

Johnson, Lyndon Baines (119)
(1908–1973). Ursprünglich Lehrer. 1937–1949 Mitglied des Repräsentantenhauses für die Demokratische Partei. 1949–1961 Senator von Texas. 1953–1961 Fraktionsvorsitzender der Demokraten im Senat. 1961–1963 Vizepräsident; 1963–1969 Präsident der USA.

Kaiser, Jakob (54; 71; 139; 147 ff.; 168; 252)
(1888–1961). Buchbinderlehre. Seit 1912 in der christlichen Gewerkschaftsbewegung und im Zentrum aktiv. 1932–1933 Reichstagsabgeordneter des Zentrums. 1933 Opposition gegen die Gleichschaltung der Gewerkschaften. Gehörte zur Arbeitergruppe in der Widerstandsbewegung vom 20. Juli. Juni 1945 Mitbegründer der CDU in Berlin. Ab Dezember 1945 Vorsitzender der CDU in Berlin und in der SBZ; im Dezember 1947 von der SMAD abgesetzt. 1948–1949 Mitglied des Parlamentarischen Rates in Bonn. Repräsentant des linken Flügels der CDU. 1949–1957 Mitglied des Bundestages und Bundesminister für gesamtdeutsche Fragen.

„Kalter Krieg" (11; 21; 57; 63; 82; 97; 115; 276)
Schlagwortartige Bezeichnung für die Konfrontation der seit dem Zweiten Weltkrieg entstandenen Machtblöcke unter Führung der USA und der Sowjetunion. Die Furcht beider Seiten vor dem Risiko eines direkten militärischen Zusammenstoßes und der Vernichtungskraft moderner Waffen hielt die Blöcke bisher davon ab, ihren ideologischen und

machtpolitischen Konflikt in einem umfassenden „heißen“ Krieg auszutragen. Sie versuchten stattdessen durch Militärbündnisse, diplomatischen Druck, wirtschaftliche Bindungen und Pressionen, Propaganda und Geheimdiensttätigkeit die eigene Machtposition zu stärken und neutrale Länder auf ihre Seite zu ziehen.

Kapp-Putsch (s. Kapp, Wolfgang)

Kapp, Wolfgang (79)
(1858–1922). 1906–1916 Generaldirektor der Landwirtschaftskreditbank „Ostpreußische Landschaft“. 1917 Gründung der Deutschen Vaterlandspartei, einer „Einigungspartei zur Stärkung des Siegeswillens“, zusammen mit Großadmiral Tirpitz. Der Putschversuch in Berlin (März 1920), bei dem die Reichswehrführung der Reichsregierung ihren Schutz versagte und sie zum Ausweichen nach Stuttgart zwang, brach nach wenigen Tagen zusammen, da die Gewerkschaften zu einem Generalstreik, dem auch die Beamtenschaft sich anschloß, aufriefen.

Karlshorst (246)
Ortsteil des Bezirks Lichtenberg von Berlin (Ost). 1945–1949 Sitz der SMAD (= Sowjetische Militäradministration in Deutschland). Ziel der SMAD, der höchsten sowjetischen Besatzungsbehörde in der SBZ, war die Etablierung einer volksdemokratischen Ordnung in der SBZ. Mittel waren u.a. Befehle, die Gesetzeskraft hatten, und eine gezielte Besetzung der Schlüsselpositionen in der deutschen Verwaltung mit KPD-Mitgliedern. Nach Gründung der DDR wurde die SMAD in eine SKK (= Sowjetische Kontrollkommission) umgewandelt, die ebenfalls ihren Sitz in Karlshorst hatte und 1955 aufgelöst wurde. Die SKK übte noch direkte Einflüsse auf Partei- und Regierungsstellen der DDR aus.

Kasernierte Volkspolizei (31; 32; 196; 235; 238; 279)
Von 1948–1956 Bezeichnung für die militärischen Streitkräfte der SBZ bzw. der DDR. 1952 wurde die KVP mit sowjetischen Waffen ausgerüstet. Sie verfügte über 7 Divisionen mit etwa 100 000 Mann Infanterie, Artillerie, Panzern, Nachrichtentruppen und Pionieren, seit 1951 auch über Luft- und Seestreitkräfte. Die Ausbildung erfolgte nach sowjetischem Muster. Zu den Führungskräften zählten auch ehemalige Offiziere der Deutschen Wehrmacht, die als „umgeschulte militärische Fachkräfte“ galten. Seit 1952 wurde der militärische Charakter der KVP nicht mehr verschleiert; die FDJ (s. dort) begann mit einer massiven Werbung des militärischen Nachwuchses.

Kastner, Hermann (209)
(1886–1957). Jurist. Vor 1933 Mitglied der Deutschen Demokratischen Partei. 1945 Mitbegründer und Vorsitzender des Landesverbandes Sachsen der LDP (s. dort), ab 1947 stellvertretender bzw. Mitvorsitzender der LDP der SBZ bzw. DDR; 1946–1948 Minister in der Landesregierung Sachsen, 1948/49 stellvertretender Vorsitzender der Deutschen Wirtschaftskommission der SBZ, 1949/50 stellvertretender Ministerpräsident der DDR. Versuchte, eine gewisse Eigenständigkeit der LDP zu wahren und freie Wahlen nach der Verfassung der DDR zu erreichen. Herbst 1950 Verlust seiner Ämter und Ausschluß aus der LDP, in die er 1951 wieder aufgenommen wurde. 1956 Flucht in die Bundesrepublik.

Keßler, Heinz (235)
(geb. 1920). Lehre als Maschinenschlosser; als Soldat 1941 zur sowjetischen Armee übergelaufen. Besuch der Antifa-Zentralschule in Moskau. 1945 Rückkehr, Mitglied der KPD/SED, Leiter des antifaschistischen Jugendausschusses Groß-Berlin; ab 1946 Mitglied des Parteivorstandes bzw. des ZK der SED. 1947 Vorsitzender des FDJ-Landesverbandes Berlin, 1950 2. Vorsitzender der FDJ. Im gleichen Jahr Chefinspekteur in der Hauptverwaltung Deutsche Volkspolizei, mit dem Aufbau der Luftstreitkräfte beauftragt. 1952–1956 Chef der Lufteinheiten der KVP (s. dort), 1952–1953 zugleich stellvertretender Innenminister der DDR. Ab 1956 führende Positionen in der Nationalen Volksarmee (s. dort).

Kiesinger, Kurt Georg (8)
(geb. 1904). Jurist. 1935–1940 Rechtsanwalt beim Kammergericht in Berlin. 1940–1945 stellvertretender Leiter der Rundfunkabteilung im Auswärtigen Amt. 1948 Landesgeschäftsführer der CDU in Württemberg-Hohenzollern. 1949–1958 und 1969–1980 Bundestagsabgeordneter der CDU. 1954–1958 Vorsitzender des Ausschusses für Auswärtige Angelegenheiten. 1955–1959 Vizepräsident der Beratenden Versammlung des Europarats. 1958–1966 Ministerpräsident von Baden-Württemberg. 1966–1969 Bundeskanzler der Großen Koalition.

Korea-Krieg (2; 3; 4; 27; 29; 32; 45; 135; 138; 163; 169; 186; 252; 266; 278)
Im Spannungsfeld des Kalten Krieges waren nach Abzug sowjetischer und amerikanischer Truppen aus Nord- bzw. Südkorea bewaffnete Auseinandersetzungen zwischen beiden Landesteilen entstanden. Nach einem Überfall nordkoreanischer Streitkräfte am 25.6. 1950, bald verstärkt von 300 000 sog. Freiwilligen aus der Volksrepublik China, wurden die südkoreanischen Truppen von amerikanischen See- und Luftverbänden unter General Mac Arthur unterstützt. Der amerikanische General wurde auch – bis April 1951 – Oberbefehlshaber der nach Beschluß des UN-Sicherheitsrates im Juli 1950 aufgestellten UN-Truppen aus 15 Nationen. Die Gegenoffensive vom September 1950 führte zum Zusammenbruch der nordkoreanischen Front im

Süden. Nachdem eine Stagnation der militärischen Bewegungen unmittelbar nördlich des 38. Breitengrades eingetreten war, begannen im Juli 1951 die zwei Jahre dauernden Waffenstillstandsverhandlungen, die zu einem völkerrechtlichen Abkommen führten. Ihm gemäß gilt der 38. Breitengrad als Demarkationslinie zwischen beiden Landesteilen, die zudem durch eine entmilitarisierte Zone und eine UN-Überwachungstruppe geschützt wird. Der Korea-Krieg verstärkte in den USA und in Westeuropa Besorgnisse vor einer kommunistischen Expansion sowie antikommunistische Ressentiments und beschleunigte die Wiederbewaffnung der Bundesrepublik. Zugleich beendete der „Korea-Schock“ die seit 1945 praktizierte Abrüstungspolitik der USA: Die Rüstungsproduktion wurde ostentativ gesteigert, der Rüstungshaushalt vervierfacht, die Zahl der Streitkräfte drastisch erhöht. Die DDR-Regierung sprach vom „Modellfall Korea“ und nährte damit in der Bundesrepublik ohnehin vorhandene politisch-militärische Gleichsetzungen zwischen dem Schicksal Koreas und der Lage in Deutschland.

KPD (= Kommunistische Partei Deutschlands) (10; 11; 79; 82; 140; 154; 166; 167; 271)
Im Dezember 1918 von dem radikalen Flügel der Vorkriegs-Sozialdemokratie gegründet, gewann die KPD Ende 1920 den Rang einer Massenpartei durch den Zusammenschluß mit einem großen Teil der USPD. In der Stabilisierungsphase der Weimarer Republik 1924–1928 wandelte sich die KPD von einer linksradikalen Arbeiterpartei mit einem hohen Maß an innerer Demokratie zu einer stalinistischen Partei mit straffer Führung durch den Apparat und eindeutiger Orientierung an den sowjetischen Weisungen. Die Weltwirtschaftskrise brachte der KPD einen beträchtlichen Mitgliederzuwachs (1932: 360 000 Mitglieder), doch verweigerte sie sich gemäß der Sozialfaschismus-These der Komintern einer Zusammenarbeit mit der Sozialdemokratie. Nach dem Reichstagsbrand vom 27.2. 1933 wurde die KPD aufgelöst und das Gros der Funktionäre verhaftet. In Illegalität und Widerstand gedrängt, hatte die KPD in den Jahren 1933–1945 hohe Verluste in Deutschland zu beklagen, doch fielen prominente geflohene Parteiführer in der UdSSR auch den Stalinschen Säuberungen zum Opfer. Von der russischen Besatzungsmacht von Anfang an unterstützt, konnte sich die neugegründete KPD in der SBZ Schlüsselpositionen in Politik und Wirtschaft sichern, jedoch nicht zur Mehrheitspartei aufsteigen. Dies erhoffte sie sich von der Fusion mit der SPD, die sie – obwohl zunächst ausgeschlagen – im April 1946 vollzog. Doch auch der neuen SED (= Sozialistische Einheitspartei Deutschlands) gelang der kurzfristige Durchbruch nicht. Die KPD blieb in den Westzonen als selbständige Partei bestehen, doch operierte sie gänzlich im Schlepptau der SED und gewann kaum nennenswerten Anhang. Bei den Bundestagswahlen 1949 mit 5,7% der Stimmen bedacht und mit 15 Abgeordneten im Parlament vertreten, erreichte die KPD in der Bundesrepublik im September 1953 nur noch einen Stimmenanteil von 2,2%, womit sie an der inzwischen eingeführten 5%-Sperrklausel scheiterte und zur politischen Bedeutungslosigkeit herabsank. Durch Urteil des Bundesverfassungsgerichts wurde sie im August 1956 als verfassungsfeindliche Partei verboten. Im September 1968 erfolgte eine Wiedergründung in Gestalt der DKP.

KPdSU (= Kommunistische Partei der Sowjetunion) (132; 197; 216; 219; 220; 221; 222; 241)
Die KPdSU, die diesen Namen seit 1925 führt, entstand aus der im Jahre 1898 gegründeten Sozialdemokratischen Arbeiterpartei Rußlands (SDAPR). Zunächst locker und demokratisch strukturiert, nahm sie unter dem Einfluß Lenins (s. dort) eine straffe revolutionäre Organisation an und propagierte die Diktatur des Proletariats als unerläßliche Voraussetzung der erstrebten gesellschaftlichen Revolution, was zur Abspaltung der sog. menschewistischen Gruppe führte (1903). Obwohl die Bolschewisten sich nach der Februarrevolution von 1917 in der Minderheit befanden, forderte Lenin die sofortige Machtübernahme. Sie ließ sich erst nach der siegreichen Oktoberrevolution verwirklichen, womit sich die Partei Lenins aus einer Untergrundbewegung entschlossener Berufsrevolutionäre in eine autoritär geführte Staatspartei verwandelte, die alle potentiellen Gegner ausschaltete. Stalin (s. dort), der im Januar 1924 die Nachfolge Lenins antrat und das Sekretariat der Partei zum wichtigsten Herrschaftsinstrument ausbaute, befestigte schrittweise seine persönliche Diktatur, indem er in mehreren Säuberungen während der 30er Jahre die letzten eigenständigen Parteifunktionäre – soweit sie nicht bereits emigriert waren wie etwa Trotzki (s. dort) – beseitigte. Nach Stalins Tod am 5.3. 1953 kam es zu einem Machtkampf, in dessen Verlauf Staatssicherheitschef Berija hingerichtet wurde und aus dem Chruschtschow (s. dort) als Sieger hervorging. Mit Hilfe der Kommunistischen Internationale (Komintern, 1919–1943) dirigierte die KPdSU die anderen kommunistischen Parteien, die sich nur als territoriale Gliederungen einer einheitlichen kommunistischen Weltbewegung zu verstehen hatten, in Wirk-

lichkeit jedoch den Interessen der stalinschen Innen- und Außenpolitik untergeordnet wurden. Die KPdSU hielt diesen unbedingten Führungsanspruch auch nach dem Zweiten Weltkrieg aufrecht. Das 1947 gegründete „Informationsbüro der kommunistischen und Arbeiterparteien" (Kominform), dem außer den KPn der Ostblockstaaten die KPn Frankreichs und Italiens angehörten, erreichte nicht mehr die Bedeutung der Komintern. In der Folgezeit gelang es der KPdSU im wesentlichen nur, ihren ideologischen Führungsanspruch im Machtbereich der Sowjetunion unmittelbar durchzusetzen.

Krone, Heinrich (65)
(geb. 1895). Philologiestudium. 1922–1933 stellvertretender Generalsekretär der Zentrumspartei. 1925–1933 Reichstagsabgeordneter. Nach 1933 Mitbegründer des Caritas-Notwerkes für politisch und rassisch Verfolgte. Im Zusammenhang mit dem 20. Juli 1944 verhaftet. 1945 Mitbegründer der CDU in Berlin. 1949–1969 Mitglied des Bundestags. 1949–1955 parlamentarischer Geschäftsführer der CDU/CSU-Fraktion. 1955–1961 Fraktionsvorsitzender. 1959 stellvertretender Parteivorsitzender. 1961–1964 Bundesinnenminister für besondere Angelegenheiten.

LAG (= Lastenausgleichsgesetz) (41; 136f.; 138; 140; 151; 153ff.; 157f.)
Nach Vorläufern etwa in Gestalt des Flüchtlings- und Soforthilfegesetzes wurde im August 1952 das Lastenausgleichsgesetz (LAG) verabschiedet, das – um die Kriegs- und Kriegsfolgelasten möglichst gleichmäßig zu verteilen – die Erhebung von Ausgleichsabgaben, die einem Ausgleichsfonds (gespeist außerdem durch Zuschüsse des Bundes und der Länder) zufließen sollten, und die Zahlung von Ausgleichsleistungen nach unterschiedlichen Anspruchskriterien vorsah. Über den Lastenausgleich, dessen schwierige Abwicklung ständige gesetzliche Nachbesserungen bis Ende der 70er Jahre verlangte, sollte ebenso eine Abgeltung von Kriegs- und Vertreibungsschäden wie eine Milderung von Härten der Währungsreform bewerkstelligt werden.

LDPD (= Liberal-Demokratische Partei Deutschlands)
(194; 199; 200; 206; 209; 210)
Eine der neben der SED bestehenden Parteien in der SBZ bzw. DDR. Bei der Gründung im Juli 1945 stand sie in der Tradition der bürgerlich-liberalen Deutschen Demokratischen Partei und der mehr rechts stehenden Deutschen Volkspartei; sie versuchte, innerhalb des „Blocks der antifaschistisch-demokratischen Parteien" eine politische Selbständigkeit als betont nichtsozialistische und demokratische Partei zu wahren. Nach der Absetzung Jakob Kaisers (s. dort) und der Gleichschaltung der Ost-CDU für einige Zeit letzte Organisation für Oppositionsmöglichkeiten gegen die SED, insbesondere 1949/50. Dieser Widerstand war Ende 1950 gebrochen; im Juli 1952 erklärte die Partei offiziell ihre Bereitschaft zur Mitarbeit „am planmäßigen Aufbau des Sozialismus in der DDR". Die LDPD war damit auf die Funktion der „Transmission des Bürgertums in die sozialistische Gesellschaft" (Krippendorf) reduziert.

Lehr, Robert (3)
(1883–1956). Jurist. Mitglied der DNVP. 1924–1933 Oberbürgermeister von Düsseldorf. 1945 Mitbegründer der CDU und Oberpräsident der Provinz Nordrhein. 1947–1950 Landtagsabgeordneter in Nordrhein-Westfalen. 1948/49 Mitglied des Parlamentarischen Rates. 1949 Abgeordneter im Bundestag (CDU). 1950–1953 Bundesinnenminister.

Lenin (seit 1904 politischer Deckname für Uljanow), Wladimir Iljitsch (71; 211; 220; 221; 222; 249)
(1870–1924). Ab 1887 (nach Abschluß seiner juristischen Studien und Hinrichtung seines älteren Bruders wegen Vorbereitung eines Attentats auf Zar Alexander III.) in Verbindung mit der revolutionären Bewegung in Rußland. 1895 Gründung des „Kampfbundes zur Befreiung der Arbeiterklasse". Verhaftung wegen revolutionärer Propaganda und Verbannung nach Sibirien. 1900 Emigration (München, London, Genf). Gründung der Zeitung „Iskra". Auf dem II. Parteitag der Sozialdemokratischen Arbeiterpartei Rußlands (1903) entstand die bolschewistische Partei, deren anerkannter Führer Lenin bis zu seinem Tode blieb. Teilnahme an dem ersten russischen Revolutionsversuch 1905 in Petersburg. Erneute Emigration (zuletzt in Zürich). Ab 1912 Herausgabe der „Prawda". Ende März 1917 Rückkehr nach Rußland. Nach der Oktoberrevolution Vorsitzender des Rates der Volkskommissare und Befürworter des Friedens von Brest-Litowsk. Regisseur der Etablierung des Sowjetsystems gegen innere und äußere Widerstände. Ab Mai 1922 nach Schlaganfall in seiner politischen Arbeit behindert. Lenins in zahlreichen Schriften, Aufsätzen und Reden niedergelegte Ideen bilden, als „Marxismus-Leninismus" bezeichnet, die ideologische Grundlage des Herrschaftssystems der UdSSR und der von ihr abhängigen Staaten.

Lenz, Otto (252)
(1903–1957). Jurist. 1929–1938 Referent im preußischen Justizministerium; danach Rechtsanwalt in Berlin. 1944 in Gestapo-Haft. 1945 Mitbegründer der CDU in Berlin. 1951–1953 Staatssekretär im Bundeskanzleramt. 1953–1957 Bundestagsabgeordneter.

Leuschner, Bruno (225f.)
(1910–1965). Industriekaufmann. Seit 1931 Mitglied der KPD. Im Dritten Reich illegale Parteiarbeit. 1936–1945 in KZ-Haft. Nach 1945 in der

SBZ führende Funktionen in der Wirtschaftsplanung. 1950 Mitglied des ZK der SED. 1952–1961 Vorsitzender der Staatlichen Plankommission. Ab 1955 Stellvertreter des Vorsitzenden des Ministerrates.

Lloyd, John Selwyn (94 ff.) (1904–1978). Jurist. Ab 1930 Tätigkeit als Anwalt. 1939 Eintritt in die Territorialarmee; Aufstieg zum Brigadegeneral. Ab 1945 konservativer Unterhausabgeordneter. 1951–1954 Staatsminister im Auswärtigen Amt unter Churchill. 1954–1955 Versorgungsminister. 1955 Verteidigungsminister. 1955–1960 Außenminister. 1971–1976 Sprecher des Unterhauses.

Locarno-Vertrag (97) Sammelbezeichnung für die – auf der Konferenz von Locarno am Lago Maggiore vom 5. 10.–16. 10. 1925 – zwischen den beteiligten Staaten Belgien, Deutschland, Frankreich, Großbritannien, Italien, Polen und der Tschechoslowakei getroffenen Vereinbarungen. Sie zielten vorrangig auf die Befriedigung des französischen Sicherheitsbedürfnisses. Demgemäß war das wichtigste Element der sog. West- oder Sicherheitspakt, der eine gemeinsame Bürgschaft der Vertragspartner für die deutschen Westgrenzen und die Entmilitarisierung des Rheinlandes beinhaltete. Ein sog. Ost-Locarno, d. h. die freiwillige Anerkennung der deutschen Ostgrenzen, lehnte Außenminister Stresemann im Hinblick auf die bestehenden deutschen Revisionsforderungen ab. Der Locarno-Vertrag – im Reichstag höchst umstritten – führte (sogar eine Vertragsbedingung) zum Eintritt Deutschlands in den Völkerbund und zur internationalen Entspannung in Europa.

LPG (= Landwirtschaftliche Produktionsgenossenschaft) (225; 229; 230 ff.) „Wichtigste Organisationsform der genossenschaftlich-sozialistischen Produktion in der Landwirtschaft der DDR, die auf Gemeineigentum werktätiger Kollektive als einer der Formen des sozialistischen Eigentums an den Produktionsmitteln und kollektiver Arbeit der Mitglieder beruht" (Kleines politisches Wörterbuch, Berlin-Ost 1978, S. 523). Die Kollektivierung gilt offiziell als notwendige Übergangsstufe auf dem Weg zur „industriemäßigen Produktion in der Landwirtschaft". Das stets betonte Prinzip der Freiwilligkeit wurde seit Beginn der Bildung von LPG im Jahr 1952 ständig verletzt, insbesondere bei der Vollendung der Zwangskollektivierung, die erst 1960 erfolgte. Es gab drei LPG-Typen, die sich im Ausmaß der Vergesellschaftung des Bodens und der Produktionsmittel sowie in der Verteilung der Einkünfte unterschieden. Die Hauptformen waren: Typ I („Jeder macht seins") mit privaten Wiesen, Gärten, Wäldern und begrenztem Ackerland und Viehbesitz, der nur als Übergangsform galt; Typ III („Alles einerlei"), bei dem Boden, Viehbestände, Maschinen und Wirtschaftsgebäude in die LPG einzubringen waren und gemeinsam genutzt wurden. Die jeweiligen Kollektivierungsschübe führten zu großen Fluchtbewegungen aus der DDR.

Lukács, Georg (György) von (309) (1885–1971). Ungarischer Philosoph und Literaturwissenschaftler. Seit 1918 Mitglied der KP Ungarns; in der ungarischen Räterepublik 1919 zuständig für das Unterrichtswesen; nach deren Sturz Flucht nach Österreich und Deutschland; 1931–1933 Vizepräsident der Berliner Gruppe des Schutzverbandes Revolutionärer Schriftsteller, 1933–1944 Mitarbeiter der Akademie der Wissenschaften in Moskau. Ab 1945 Professor für Ästhetik und Kulturphilosophie in Budapest. Hatte als Vertreter einer am Roman des bürgerlich-kritischen Realismus (z. B. Balzac) orientierten Literaturtheorie großen Einfluß auf die Kulturpolitik in den kommunistisch beherrschten Ländern; Gegner der Moderne. Geriet jedoch in Gegensatz zur stalinistischen Politik und wurde einer der intellektuellen Führer des ungarischen Volksaufstandes 1956 (Kulturminister in der Regierung Imre Nagy); Deportation nach Rumänien, 1957 Rückkehr. Seine Werke gelten in den kommunistisch beherrschten Ländern als politisch unerwünscht.

Luetkens, Gerhart (27; 45) (1893–1955). Jurist. 1913 Beitritt zur SPD. 1920–1936 Tätigkeit im Auswärtigen Dienst. 1937 Emigration nach England. Dort zunächst freier Schriftsteller, dann Dozent für internationale Politik an der Universität London. Nach seiner Rückkehr war er ab 1947 außenpolitischer Referent im SPD-Parteivorstand geworden. Trotz zeitweilig engen persönlichen Kontakts zu Kurt Schumacher war Luetkens ohne eigene Hausmacht. 1949 und 1953 war er über die Landesliste von Nordrhein-Westfalen in den Bundestag gelangt. Dort blieb er ein Außenseiter, von dessen – Adenauers Kurs scharf attackierender – Parlamentsrede vom 16. 10. 1951, in der er den Grundwiderspruch zwischen dem Streben der Bundesrepublik nach voller Souveränität mit Hilfe der verteidigungspolitischen Integration in den Westblock und dem nach Wiedervereinigung hervorhob, die Fraktion abrückte, wenngleich sie nicht einmal ein Jahr später die Position von Luetkens als ihre offizielle Linie definierte. Als außenpolitische Sprecher traten Erler und Wehner in den Vordergrund.

Macmillan, Harold (8) (geb. 1894). Verleger. 1924–1929 und 1931–1964 konservativer Abgeordneter im Unterhaus. Kritiker der Appeasement-Politik von Neville Chamberlain. 1942–1945 Vertreter des britischen Kriegskabinetts im alliierten

Hauptquartier in Nordafrika. 1945 Minister für Luftfahrt, 1951–1954 für Wohnungsbau und innere Verwaltung; 1954–1955 für Verteidigung. 1955 Außenminister. 1955–1957 Schatzkanzler. 1957–1963 Premierminister.

Magnet-Theorie (29)
Bezeichnung für die in den Jahren zwischen 1947 und 1949 von Adenauer, Reuter und vor allem Schumacher verfochtene politische Konzeption, nach der die Wiedervereinigung der getrennten Teile Deutschlands die rasche wirtschaftliche Gesundung der Westzonen und deren westeuropäische Einbindung voraussetze, damit sie ihre Anziehungskraft als „ökonomischer und politischer Magnet" gegenüber der Situation der Ostzone entfalten könnten und durch die „Macht der Umstände" (Schumacher) eine „gewissermaßen automatische Entwicklung in Richtung auf einen Anschluß" (H.-P. Schwarz) ausgelöst werde.

Maier, Reinhold (297; 314; 319)
(1889–1971). Jurist. 1912 Beitritt zur Demokratischen Volkspartei; später der Deutschen Demokratischen Partei (DDP). 1924–1933 Mitglied des Württembergischen Landtags. 1929–1933 Wirtschaftsminister in Württemberg. 1932–1933 Reichstagsabgeordneter für die DDP bzw. Deutsche Staatspartei. Seine aus einer jüdischen Familie stammende Frau emigierte im August 1939 mit den beiden Kindern nach England und konnte erst 1946 zurückkehren. 1945 Mitbegründer der Demokratischen Volkspartei (später FDP) in Württemberg. August 1945 bis September 1953 Ministerpräsident von Württemberg-Baden, der nördlichen Landeshälfte, bzw. ab April 1952 von Baden-Württemberg, d.h. des Südweststaats, an dessen Bildung er maßgeblichen Anteil hatte. Maier, dessen singuläre Stellung in der Bundesrepublik darauf beruhte, daß er der einzige Regierungschef eines Bundeslandes aus den Reihen der FDP war, repräsentierte – aus der württembergischen Kernlandschaft, dem Remstal östlich von Stuttgart stammend – den südwestdeutschen Liberalismus mit seiner traditionell liberal-demokratischen und föderalistischen Ausrichtung („Schwarz-rot-gold bis auf die Knochen"). Außenpolitisch stand er in prinzipieller Opposition zu der von Adenauer betriebenen Politik der Westintegration und unterstützte das Ost-West-Konzept des schwäbischen FDP-Abgeordneten Karl Georg Pfleiderer, das eine Demilitarisierung und spätere Neutralisierung für ein wiedervereintes Deutschland in Kauf nehmen wollte (s. Dritter Weg). 1953–1959 Mitglied des Bundestages. 1957–1960 Bundesvorsitzender der FDP. Danach Ehrenvorsitzender.

Malenkow, Georgi Maximilianowitsch (107; 216)
(geb. 1902). Ab 1938 persönlicher Sekretär Stalins, seit 1939 Mitglied und Sekretär des ZK der KPdSU und Leiter der Kaderverwaltung. 1941–1945 Mitglied des Obersten Verteidigungsrates. 1946–1953 stellvertretender Ministerpräsident. 1953 nach Stalins Tod dessen Nachfolger als Ministerpräsident. 1955 durch Chruschtschow und seine Anhänger verdrängt. 1957 als „Parteifeind" aller Ämter enthoben.

Malthus, Thomas Robert (21)
(1766–1834). Englischer Sozialforscher. Zunächst Pfarrer, ab 1805 Professor der Geschichte und der politischen Ökonomie. Hauptwerk: An Essay on the principle of population (1798), in dem er das menschliche Elend seiner Zeit auf das überproportionale Anwachsen der Bevölkerung gegenüber dem verfügbaren Ernährungspotential zurückführte. Nach seinem Bevölkerungsgesetz bewirkt die natürliche Vermehrung der Menschen einen Zuwachs in geometrischer Progression, während die Nahrungsmittelmenge – aufgrund des abnehmenden Ertragszuwachses des Bodens – in arithmetischer Reihe zunimmt. In Kriegen und Seuchen erblickte Malthus, dessen Anhänger sich gegen Sozialismus und Sozialpolitik als untaugliche Methoden wandten, notwendige Ventile gegen langfristige Übervölkerung. Die dem Malthusianismus zugrunde liegende Naturgesetzlichkeit wurde schon früh angezweifelt. Der Neomalthusianismus erwartet die Einschränkung der Bevölkerungsvermehrung von der Anwendung empfängnisverhütender Mittel, die Malthus ablehnte, und der Freigabe des Schwangerschaftsabbruchs.

Mann, Thomas (214f.)
(1875–1955). Einer der bedeutendsten deutschen Erzähler des 20. Jahrhunderts. Werke u.a. „Buddenbrooks" (1909), „Der Tod in Venedig" (1913), „Der Zauberberg" (1924), „Joseph und seine Brüder" (1933–1942), „Doktor Faustus" (1947). Vermied es im Gegensatz zu seinem Bruder Heinrich M. lange Zeit, sich in den politischen Tageskampf zu begeben, betonte die Autonomie des Künstlers. Identifizierte sich jedoch mit der Weimarer Republik und blieb nach Beginn der NS-Diktatur im Exil, ab 1939 in den USA; warnte in zahlreichen Rundfunkansprachen und Vortragsreisen vor der NS-Diktatur und deren Folgen. 1952 Rückkehr nach Europa (Schweiz). Er besaß große internationale Autorität in Fragen der Moral und der Humanität. In der DDR werden seine Werke als „Literatur des bürgerlich-kritischen Realismus" interpretiert (s. Lukács) und hoch geschätzt.

Marshall-Plan (11; 15; 162; 191; 193)
In einer Rede vom 5.6. 1947 forderte der amerikanische Außenminister George Marshall sein Land auf, ein wirtschaftliches Hilfsprogramm vorzubereiten, das die unter den Kriegsfolgen leidenden

europäischen Länder in die Lage versetzen sollte, ihre Produktionskapazitäten wieder aufzubauen und nach der Zwangspause am Welthandel teilzunehmen. Die Einzelheiten dieses Programms wurden in mehreren Konferenzen mit den europäischen Staaten erörtert. Aus ihnen ging 1948 der Ausschuß für europäische wirtschaftliche Zusammenarbeit (OEEC) hervor, in dem 16 europäische Länder vertreten waren. Die gesetzliche Grundlage für die Hilfe der USA bildete die „Foreign Assistance Act" vom 3.4. 1948, die eine Unterstützung bis Mitte 1952 vorsah. Die Sowjetunion verhinderte, daß die in ihrem unmittelbaren Einflußbereich liegenden Staaten Mittel- und Osteuropas in den Marshall-Plan einbezogen wurden, da sie ihn als ein „Instrument des Dollarimperialismus" ansah (s. European Recovery Program).

Marx, Karl (35; 218; 220; 222)
(1818–1883). Nach der philosophischen Promotion 1842/43 Mitarbeiter und Redakteur der „Rheinischen Zeitung" in Köln; ging 1843 nach Paris, 1845 nach Brüssel; jeweils Ausweisung. Während der Revolution 1848/49 Rückkehr nach Köln, Herausgabe der „Neuen Rheinischen Zeitung", die sich für den linken Flügel der Demokraten engagierte; ab 1849 Exil in London. Begründer des wissenschaftlichen Sozialismus. Lebenslange Arbeit am Ausbau seiner Theorie von Gesellschaft und Geschichte (Historischer Materialismus, Politische Ökonomie, Kapitalismuskritik), in deren Zentrum die proletarische Revolution als Mittel zur Verwirklichung einer (utopischen) humanen Gesellschaft steht.

Matern, Hermann (250; 251)
(1893–1971). Gerberlehre. 1911–1914 Mitglied der SPD, Austritt aus Protest gegen die Kriegskreditbewilligung; ab 1918 USPD, ab 1919 KPD. 1928 KPD-Bezirkssekretär, 1932 Mitglied des Preußischen Landtags; 1933 Verhaftung, 1934 Flucht aus dem Gefängnis, Emigration u.a. nach Holland, Frankreich und Schweden. Mai 1941 Übersiedlung in die UdSSR; Mitbegründer des „Nationalkomitee Freies Deutschland". 1945 Vorsitzender der KPD in Sachsen, 1946 der SED in Berlin. Ab 1946 Mitglied des Politbüros der SED, ab 1948 ununterbrochen Vorsitzender der Zentralen Parteikontrollkommission beim ZK der SED; trug in diesen Funktionen wesentlich zur Ausschaltung aller Anti-Ulbricht-Gruppen in der SED bei.

McCloy, John (29; 33)
(geb. 1895). 1941–1945 Unterstaatssekretär im US-Kriegsministerium, Durchführung des Leih- und Pachtprogramms. 1947–1949 Präsident der Internationalen Bank für Wiederaufbau und Entwicklung (Weltbank). 1949–1952 Hoher Kommissar für Deutschland. Bereitete Revision des Besatzungsstatuts und die Rückgewinnung der Souveränität der Bundesrepublik vor.

Mende, Erich (112; 116)
(geb. 1916). Jurist. 1945 Mitbegründer der FDP. 1949–1970 Mitglied des Bundesvorstandes. 1949–1970 Bundestagsabgeordneter der FDP. 1953–1957 parlamentarischer Geschäftsführer und stellvertretender Fraktionsvorsitzender. 1957–1963 Fraktionsvorsitzender. Trat vor allem in den wehrpolitischen Debatten hervor. 1960–1968 FDP-Vorsitzender. 1963–1966 Vizekanzler und Minister für Gesamtdeutsche Fragen. Verließ 1970 die FDP aus Protest gegen die sozialliberale Koalition und wechselte zur CDU über.

Mendès-France, Pierre (6; 53; 63f.; 65)
(1907–1982). Jurist. 1932–1940 und 1946–1958 radikalsozialistischer Abgeordneter der französischen Nationalversammlung. 1941 Flucht zu General de Gaulle nach London. 1944–1945 Wirtschaftsminister der Provisorischen Regierung. 1947–1958 Direktor des Internationalen Währungsfonds. 1954–1955 Ministerpräsident, in welcher Funktion er den Indochina-Krieg beendete und die Spannungen zu Tunesien durch Zusicherung der vollen inneren Autonomie beilegte. 1956–1957 Staatsminister und stellvertretender Ministerpräsident. 1958 bekämpfte Mendès-France im Gegensatz zur Mehrheit seiner Partei die Annahme der Verfassung der V. Republik. Daher 1959 aus der radikalsozialistischen Partei ausgeschlossen.

Molotow, Wjatscheslaw Michailowitsch (ursprünglicher Name: Skrjabin) (6; 8; 106; 115; 133; 263)
(geb. 1890). Ab 1912 leitender Redakteur der bolschewistischen Parteizeitung Prawda. 1915–1916 in der Verbannung. 1917–1921 in verschiedenen Parteifunktionen tätig. 1921–1931 Sekretär des Zentralkomitees der KPdSU. 1921–1957 Mitglied des ZK und 1926–1957 des Politbüros bzw. des Präsidiums des ZK. 1930–1941 Vorsitzender des Rates der Volkskommissare der UdSSR. 1939–1949 Volkskommissar des Auswärtigen bzw. Außenminister. Einer der engsten Mitarbeiter Stalins. 1946–1957 Erster stellvertretender Vorsitzender des Ministerrates. Nach Stalins Tod (März 1953) zudem Außenminister. Aufgrund seiner scharfen Kritik an der Entstalinisierungs- und Koexistenzpolitik Chruschtschows verlor Molotow im Juni 1956 das Amt des Außenministers. Mehr als eineinhalb Jahrzehnte hatte er die UdSSR bei allen wichtigen internationalen Verhandlungen vertreten. Im Juli 1957 wurde er als Führer der im Machtkampf unterlegenen „parteifeindlichen Gruppe" aller Partei- und Staatsämter enthoben und zeitweilig geächtet. 1957–1960 Botschafter in der Mongolischen Volksrepublik. 1962 als „Parteifeind" endgültig aus der KPdSU ausgeschlossen.

Monnet, Jean (2; 10; 19ff.) (1888–1979). Wirtschaftspolitiker. 1919–1923 stellvertretender Generalsekretär des Völkerbundes. 1943 Mitbegründer des französischen Befreiungskomitees in Algerien. 1946–1950 Leiter des neuerrichteten Amtes für wirtschaftliche Planung. Maßgeblich an der Ausarbeitung eines großen Modernisierungsprogramms für die Wirtschaft Frankreichs und seiner überseeischen Gebiete beteiligt (sog. Monnet-Pläne). Zudem entscheidende Mitwirkung beim Entwurf des Schuman-Plans für den Zusammenschluß der westeuropäischen Schwerindustrie. 1952–1955 Vorsitzender der Hohen Behörde der Montanunion. 1953 mit dem internationalen Karlspreis der Stadt Aachen ausgezeichnet.

Montanunion (2; 4; 10; 19ff.; 24f.; 53; 55; 123)
Landläufig gewordene Bezeichnung für die EGKS (= Europäische Gemeinschaft für Kohle und Stahl). In der Absicht, dem trotz des Ruhrstatuts (s. dort) nicht hinreichend befriedigten Sicherheitsbedürfnis Frankreichs entgegenzukommen und für die angestrebte politische Einigung Europas eine ökonomische Grundlage zu schaffen, regte Adenauer im März 1950 die Bildung einer deutsch-französischen Wirtschaftsunion an. Der französische Außenminister Schuman schlug, diesen Anstoß aufnehmend, am 9.5. 1950 vor, „die Gesamtheit der französisch-deutschen Kohle- und Stahlproduktion unter eine gemeinsame Hohe Behörde zu stellen, in einer Organisation, die den anderen europäischen Ländern zum Beitritt offensteht". Diese Produktions- und Absatzgemeinschaft sollte allen beteiligten Ländern „die notwendigen Grundstoffe für ihre industrielle Produktion zu gleichen Bedingungen liefern und die Zusammenfassung der Interessen verwirklichen, die für die Schaffung einer Wirtschaftsgemeinschaft unerläßlich ist". Am 30.6. 1950 beschlossen die Regierungen Belgiens, der Bundesrepublik, Italiens, Luxemburgs und der Niederlande, den französischen Vorschlag eines gemeinsamen Marktes für Kohle und Stahl anzunehmen. Sie einigten sich darauf, eine Hohe Behörde zu installieren, deren Entscheidungen für die teilnehmenden Länder bindend sein sollten, und kündigten an, der Übertragung von Hoheitsrechten zuzustimmen. Die Verhandlungen unter Führung des französischen Wirtschaftspolitikers Jean Monnet, die sich fast ein Jahr hinzogen, wurden mit der Unterzeichnung des Vertrags über die Gründung der EGKS, für die sofort das abkürzende Etikett Montanunion gebräuchlich wurde, am 18.4. 1951 in Paris beendet. Nach der Ratifizierung durch die Mitgliedstaaten trat der Vertrag zur Montanunion, die den Auftakt zu weiteren europäischen Teilgemeinschaften (EWG und Euratom) bildete und später mit ihnen verschmolzen wurde, im Juli 1952 in Kraft.

MTS (= Maschinen-Traktoren-Station) (205; 231; 232)
Zur Sicherstellung des Einsatzes moderner Technik in der Landwirtschaft waren 1927/28 in der UdSSR auf der Grundlage genossenschaftlicher Selbsthilfe Maschinen-Traktoren-Stationen gegründet worden. 1930 wurden diese MTS in Staatseigentum überführt. Sie dienten dann zugleich als Kontrollorgane der Partei und wirkten bei der Erfassung landwirtschaftlicher Produkte mit. In der SBZ entstanden 1946 in Kopie des sowjetrussischen Beispiels analoge Einrichtungen unter der Bezeichnung MAS (= Maschinen-Ausleih-Stationen), die zum Teil von den VdgB (s. dort), zum Teil von bäuerlichen Genossenschaften betrieben wurden. Die MAS, die sich bald zu differenzierten Betrieben mit Produktions-, Reparatur- und Lagerabteilungen entwickelten, wurden 1950 verstaatlicht und 1952 in MTS umbenannt. Sie wurden durchweg bei den LPGs (s. dort) eingerichtet und mit ihren kulturpolitischen Funktionen in den „Klassenkampf auf dem Lande" einbezogen.

Münchener Abkommen (278)
Nach einer von Hitler geschürten Krise und unter Kriegsdrohungen des Deutschen Reiches zustande gekommener Vertrag zwischen Deutschland, Großbritannien, Frankreich und Italien, der am 29./30.9. 1938 in München unterzeichnet wurde. Ohne die Tschechoslowakei zu beteiligen, vereinbarten die vier Mächte, die mehrheitlich deutschsprachigen Gebiete dieses Staates mit 3,6 Mio Einwohnern (darunter aber 800000 Tschechen) an das Deutsche Reich zu übertragen. Die vorgesehene internationale Garantie für die schwer erschütterte und kaum lebensfähige Rest-ČSR wurde von Hitler erfolgreich sabotiert; am 15.3. 1939 zogen deutsche Truppen in Prag ein, der tschechische Reststaat wurde annektiert. Nach dem Zweiten Weltkrieg wurden die deutschen Einwohner der wiederhergestellten ČSR unter brutalen Umständen und großen Opfern vertrieben. Die zum Münchener Abkommen führende Politik wird heute als ein Beispiel für übergroße Nachgiebigkeit und mangelnden Widerstand gegenüber erpresserisch vorgebrachte Forderungen eines totalitären Regimes angesehen. Nach langen Diskussionen über die Frage, ob das Münchener Abkommen von Anfang an ungültig war, haben 1973 die ČSSR und die Bundesrepublik in einem „Vertrag über die Gegenseitigen Beziehungen" das Münchener Abkommen für nichtig erklärt mit der Einschränkung, daß sich daraus keine negativen Rechtsfolgen für die damals tschechischen, jetzt bundesdeutschen Staatsangehörigen und keine mate-

riellen Ansprüche der ČSSR ergeben.

Nannen, Henry (157) (geb. 1913). Journalist. 1948 Gründer der Illustrierten „Stern". Bis 1983 deren Chefredakteur.

Nationale Front (194; 254; 255; 256; 258; 268) Als „Nationale Front des demokratischen Deutschland" (später: „der DDR") 1949 gegründet; dem im Februar 1950 gebildeten „Nationalrat der N.F." gehörten Vertreter der in der DDR bestehenden Parteien und der Massenorganisationen sowie eine nicht genannte Zahl westdeutscher Bürger an. In dem gleichzeitig veröffentlichten Programm wurde die Vorbereitung einer „Volksabstimmung für ein geeintes Deutschland, für einen Friedensvertrag und für den Abzug der Besatzungstruppen" angekündigt. Die Nationale Front war in den Folgejahren Hauptträger der Versuche, die propagandistische Arbeit der SED in die Bundesrepublik zu tragen. Erst ab 1955 überwogen die innenpolitischen Aufgaben. Hier löste die Nationale Front den „Block der antifaschistisch-demokratischen Parteien" ab in der Aufgabe, die Tätigkeit der in der DDR bestehenden Parteien und Organisationen unter der Führung der SED zu koordinieren. In dieser Rolle wird sie seit 1968 in der Verfassung der DDR (Art. 3) erwähnt; sie ist der offizielle Träger der Einheitslisten bei den sog. Wahlen in der DDR.

Nationale Volksarmee (NVA) (107; 235; 236ff.; 279) Bezeichnung der bewaffneten Streitkräfte der DDR seit 1956 (vorher: Kasernierte Volkspolizei, s. dort). „Der militärische Klassenauftrag besteht darin, Schulter an Schulter in fester Waffenbrüderschaft mit der ruhmreichen Sowjetarmee und den anderen sozialistischen Bruderarmeen die sozialistische Ordnung und das friedliche Leben der Bürger der DDR und aller anderen Staaten der sozialistischen Gemeinschaft zuverlässig gegen alle Angriffe der aggressiven Kräfte des Imperialismus und der Reaktion zu schützen ... und den Gegner entscheidend zu schlagen" (Honecker nach: Kleines politisches Wörterbuch, Berlin-Ost 1978, S. 612). Die Politorgane der NVA (Politoffiziere u.a.) sind eng verknüpft mit der SED- und der FDJ-Organisation. Seit 1962 besteht Wehrpflicht. Wehrdienstverweigerer müssen seit 1964 Wehrersatzdienst als Bausoldaten ohne Waffe leisten. Sie unterstehen Berufssoldaten und werden mit Ausnahme der Waffenausbildung als Soldaten behandelt.

Nato (6; 7; 37; 45; 52; 54; 55; 56; 57; 66; 67; 68; 96; 97; 98; 104; 106; 112; 114; 116; 117; 130; 131; 132; 133; 197; 255; 257; 258; 263; 265; 267; 273; 276; 278; 279) Abkürzung für North Atlantic Treaty Organization (= Nordatlantikpakt). Im April 1949 als mehrseitiges Verteidigungsbündnis gegründet. Gründungsstaaten: Frankreich (1966 Austritt aus dem militärischen Bereich), Großbritannien, die Beneluxländer, die USA, Kanada, Norwegen, Irland, Portugal, Italien und Dänemark; spätere Mitglieder : Griechenland (1952; 1974 Austritt aus dem militärischen Bereich); die Türkei (1952); die Bundesrepublik (1955) und Spanien (1982). Die Nato sollte der – vor dem Hintergrund des verschärften Ost-West-Konflikts (s. Berliner Blockade) – als Bedrohung empfundenen militärischen Präsenz der Sowjetunion in Europa ein Gegengewicht entgegensetzen. Die Nato versteht sich jedoch im Unterschied zu dem – im Mai 1955 – formierten Warschauer Pakt nicht nur als Militärbündnis, sondern sieht darüber hinaus ein ständiges gemeinsames Vorgehen auf politischem, wirtschaftlichem und kulturellem Gebiet vor. Sicherheitspolitisches Ziel ist die gemeinsame Abwehr feindlicher Aggressionen gegen einen oder mehrere Bündnispartner, allerdings entscheidet jede Signatarmacht autonom, ob und mit welchen Mitteln sie ihrer Beistandspflicht nachkommt. Das strategische Konzept der massiven Vergeltung, wonach jeder Angriff auf einen Nato-Staat mit einem atomaren Gegenschlag beantwortet werden sollte, wurde 1967 abgelöst durch die Doktrin der „angemessenen Reaktion", die für eine stufenweise Gegenwehr („flexible response") plädiert. Oberstes politisches Organ der Nato ist der Ständige Rat, in dem alle Mitgliedsländer vertreten sind und der unter Vorsitz des Generalsekretärs auf Botschaftsebene oder als Ministertreffen zu Konsultationen über politische Entscheidungen der Allianz zusammentritt. Oberstes militärisches Organ ist der Militärausschuß, dem die Staatschefs der an der militärischen Struktur beteiligten Länder (für die Bundesrepublik der Generalinspekteur) angehören.

Neuer Kurs (197; 240ff.; 246ff.) Bezeichnung für eine Reformpolitik der SED, die auf sowjetische Initiative hin durch den Beschluß des Politbüros vom 9. Juni 1953 eingeleitet und nach dem Juni-Aufstand einige Zeit fortgesetzt wurde. Nach einer Erklärung des ZK der SED vom 26.7. 1953 war es das Ziel des Neuen Kurses, „in der nächsten Zeit eine ernsthafte Verbesserung der wirtschaftlichen Lage und der politischen Verhältnisse in der DDR zu erreichen". Der nach dem Beschluß zum „Aufbau des Sozialismus" auf der 2. Parteikonferenz der SED im Juli 1952 unerträglich gewordene Druck sollte gemindert werden, um wenigstens ein Minimum an Zustimmung zum Herrschaftssystem der DDR zu erreichen. Die Wirtschaftspläne wurden zugunsten der Leicht- und Konsumgüterindustrie verändert, die verschärften Kampfansagen gegen bürgerliche Schichten zurückgenommen, die Kollektivierung der Landwirtschaft gestoppt. Erhöhte Rechtssicherheit, wahrheitsgemäße Presseberichterstattung und eine Entspannung des Verhältnisses zwischen Kirche und Staat wurden versprochen. 1955 erklärte Ulbricht den Neuen Kurs als fehlerhaft. Die SED machte ihre wirtschafts- und innenpolitischen Korrekturen weitgehend rückgängig.

Ney, Hubert (124)
(1892–1984) Jurist. Seit 1924 anwaltliche Tätigkeit in Saarlouis. Engagierte sich 1935 als Zentrumspolitiker für die Wiedereingliederung des – dem Völkerbund unterstellten – Saargebiets in das Deutsche Reich. 1946 neben Johannes Hoffmann Mitbegründer der Christlichen Volkspartei im Saarland, von deren Separationspolitik sich Ney jedoch bald distanzierte. 1952 gründete er die – bis Juli 1955 illegale – CDU-Saar, deren Vorsitz er von 1952–1957 innehatte. Zusammen mit der DPS und der DSP formierte Ney den „Heimatbund" gegen die Annahme des Saarstatuts. 1955–1960 Landtagsabgeordneter. 1956–1957 Ministerpräsident. 1957–1959 Justizminister. 1959 Austritt aus der CDU.

Niemöller, Martin (27; 34; 44; 52;)
(1892–1984). 1910 Eintritt in die Kriegsmarine. 1918 U-Boot-Kommandant. Ab 1919 Studium der Theologie. 1931 Pfarrer in Berlin-Dahlem. 1933 nach Angriffen des NS-Regimes auf die Kirche Gründer und Vorsitzender des „Pfarrernotbundes". Mitorganisator der Bekennenden Kirche. Im Februar 1934 aus seinem Pfarramt entlassen, was Niemöller jedoch ignorierte. 1937–1945 als „persönlicher Gefangener" Hitlers in verschiedenen Konzentrationslagern inhaftiert. Leitete 1945–1956 das Kirchliche Außenamt. 1948–1955 Mitglied des Rates der Evangelischen Kirche in Deutschland (EKD). 1947–1964 Kirchenpräsident der Landeskirche von Hessen und Nassau. Niemöller bekämpfte in den frühen 50er Jahren leidenschaftlich aus pazifistischen Motiven die Wiederbewaffnung der Bundesrepublik und trat für eine Verständigung zwischen den Machtblöcken ein.

Nölting, Erik (162)
(1892–1953). Studium der Nationalökonomie. 1923 Beitritt zur SPD. Im gleichen Jahr Übernahme einer Professur für Nationalökonomie und Soziologie an der Akademie für Arbeit in Frankfurt/M. 1928–1933 Mitglied des Preußischen Landtags. 1924–1933 Professor am Berufspädagogischen Institut in Berlin. 1933 entlassen. Im Dritten Reich wiederholt verhaftet. 1946–1950 Wirtschaftsminister in Nordrhein-Westfalen unter Karl Arnold, 1949–1953 Bundestagsabgeordneter.

NDPD (= National-Demokratische Partei Deutschlands) (209; 210)
Im Juni 1948 von der SMAD (s. Karlshorst) für die SBZ zugelassene, von der SED gesteuerte Mittelstandpartei zur Sammlung ehemaliger Berufssoldaten und kleiner Nationalsozialisten, die nicht den bürgerlichen Parteien überlassen werden sollten. Anfangs nationalistische Töne, später völlig der SED angeglichen. Die Partei mußte sich niemals freien Wahlen stellen.

Nürnberger Gesetze (168)
Bezeichnung für die vom nationalsozialistischen Reichstag am 15.9. 1935 aus Anlaß des Reichsparteitages in Nürnberg beschlossenen drei Gesetze: das „Reichsflaggengesetz", das „Reichsbürgergesetz" und das „Gesetz zum Schutze des deutschen Blutes und der deutschen Ehre". Sie bildeten eine einschneidende Etappe in der Judenverfolgung des Dritten Reiches, insofern sie die beabsichtigte völlige Entrechtung des jüdischen Bevölkerungsteils entscheidend vorantrieben.

Oberländer, Theodor (140; 168)
(geb. 1905). Studium der Agrarwissenschaften und der Nationalökonomie. 1933 Eintritt in die NSDAP. 1934 Professor für Agrarpolitik in Danzig. 1939 Reichsführer des „Bundes Deutscher Osten". 1940 Professor an der Karls-Universität in Prag. 1941 Kommandeur des Bataillons „Nachtigall" in Lemberg. Nach dem Krieg in diesem Zusammenhang für Massenhinrichtungen verantwortlich gemacht. 1950 Mitbegründer des Gesamtdeutschen Blocks/BHE und Landtagsabgeordneter in Bayern. 1951–1953 bayerischer Staatssekretär für das Flüchtlingswesen. 1953–1955 Bundestagsabgeordneter des GB/BHE. 1954–1955 Parteivorsitzender. 1956 Übertritt zur CDU, für die er 1957–1961 und 1963–1965 dem Bundestag angehörte. 1953–1960 Bundesminister für Vertriebene, Flüchtlinge und Kriegsgeschädigte. Die 1959 erhobenen Anklagen gegen Oberländer wegen dessen NS-Vergangenheit endeten in Ost-Berlin mit einer lebenslänglichen Zuchthausstrafe, in Bonn mit einer Einstellung des Verfahrens. Dennoch mußte ihn Adenauer 1960 als Minister ablösen.

Oder-Neiße-Linie (5; 9; 13; 14; 15; 63; 77; 80; 96; 97; 98; 100; 148; 209; 265; 268; 270; 278)
Auf der Potsdamer Konferenz – unter dem Vorbehalt einer friedensvertraglichen Regelung – festgesetzte Trennungslinie zwischen den abgetrennten deutschen Ostgebieten und dem übrigen Deutschland. Von deutscher Seite anfangs einhellig abgelehnt, noch 1946 auch von der SED. Von Byrnes (s. dort) in seiner Stuttgarter Rede in Frage gestellt, daraufhin von Molotow (s. dort) als unveränderlich bezeichnet. Von der DDR 1950 im Görlitzer Vertrag mit Polen als „unantastbare Friedens- und Freundschaftsgrenze" anerkannt. Im Rahmen ihrer

Ostpolitik verpflichtete sich die Bundesregierung 1970 im Warschauer Vertrag, diese Grenze als Westgrenze Polens zu achten.

OEEC (=Organization for European Economic Cooperation) (15)
(s. Marshall-Plan)

Österreichischer Staatsvertrag (7; 198)
Nach langwierigen Verhandlungen (1947–1955) zwischen den österreichischen Regierungen und den vier Siegermächten, die durch die Auswirkungen des Kalten Krieges erschwert wurden, erreichte Österreich in einem „Staatsvertrag" („Vertrag über die Wiederherstellung eines unabhängigen und demokratischen Österreich") vom 15.5. 1955 gegen die Zusicherung der „immerwährenden Neutralität" den Abzug der Besatzungstruppen und seine staatliche Unabhängigkeit. Die Einlösung dieser beiden Vereinbarungen des Staatsvertrages, der u.a. auch das Verbot des wirtschaftlichen und politischen Anschlusses an Deutschland enthält, erfolgte im Oktober 1955. Das „Österreich-Modell" wurde wiederholt – unter Ignorierung der unterschiedlichen Dimensionen und der verfestigten Einbindung der Bundesrepublik und der DDR in rivalisierende Systeme – vergeblich als praktikabler Weg zur Lösung der deutschen Frage vorgeschlagen. Die hier vollzogene „reflektierte Absage an nationale Machtpolitik" (K.D. Erdmann) wurde zwar von vielen Deutschen als positive Herausforderung empfunden, jedoch von der politischen Führung in der Bundesrepublik abgelehnt. Darin lag auch ein signifikanter Unterschied zu Österreich, wo sich eine Allparteienregierung aus ÖVP und SPÖ schon 1945 für die Neutralität als Preis für die nationale Einheit ausgesprochen hatte.

Ollenhauer, Erich 7; 112f.; 132; 154; 252)
(1901–1963). Kaufmännische Lehre. 1918 Eintritt in die SPD. 1928–1930 Vorsitzender der Sozialistischen Arbeiterjugend (SAJ). Ab April 1933 Mitglied des Parteivorstands der SPD. Stationen seiner Emigration: 1933 Prag, 1938 Paris, 1941–1946 London. Nach der Rückkehr im Februar 1946 stellvertretender Vorsitzender der SPD in den Westzonen. 1949 Bundestagsabgeordneter und stellvertretender Fraktionsvorsitzender. 1952–1963 Parteivorsitzender und Fraktionschef im Bundestag. In beiden Funktionen konnte er, der mehr ein Mann des Apparats war, trotz unermüdlichen redlichen Einsatzes aus dem Schatten seines brillanten Vorgängers Kurt Schumacher nicht heraustreten.

Pankow (112; 129; 130; 131; 132; 263; 264)
Im Zweiten Weltkrieg relativ wenig zerstörter nördlicher Vorort und Verwaltungsbezirk von Ost-Berlin. Sitz einiger Regierungsstellen der SBZ bzw. der DDR, weshalb Pankow lange Zeit – verallgemeinernd und abschätzig – als Synonym für die ostdeutsche Regierung stand.

Papen, Franz von (261)
(1879–1969). Ab 1918 Mitglied der Zentrumspartei, doch als Vertreter konservativ-monarchistischer Ansichten ein Außenseiter. 1920–1928 und 1930–1932 Abgeordneter des Preußischen Landtags. Im Juni 1932 Reichskanzler. Rücktritt im Dezember 1932. Im Kabinett Hitlers Vizekanzler und im Zusammenhang des „Röhm-Putsches" unter Hausarrest gestellt. In diplomatischer Mission nach Wien entsandt, wo er den „Anschluß" vorbereitete. 1938–1944 Botschafter in Ankara. Im Nürnberger Prozeß gegen die Hauptkriegsverbrecher wurde Papen freigesprochen.

Pariser Verträge (7; 62; 67; 99; 111; 112ff.; 119; 120; 129; 132; 279)
Bezeichnung für ein – auf den Beschlüssen der Londoner Neun-Mächte-Konferenz von Anfang Oktober 1954 beruhendes – Bündel von Abkommen, unter denen die Gründung der Westeuropäischen Union – aus der Sicht der Bundesrepublik – das wichtigste war. Sie bedeutete die Schaffung eines aus den Benelux-Staaten, der Bundesrepublik, Frankreich, Großbritannien und Italien bestehenden Verteidigungssystem, das die gescheiterte Europäische Verteidigungsgemeinschaft (EVG) ersetzte und eine Voraussetzung für den westdeutschen Beitritt zur Nato bildete. Die am 23. Oktober 1954 unterzeichneten Pariser Verträge wurden Ende Februar 1955 vom Bundestag gegen die Stimmen der SPD und trotz einer beachtlichen außerparlamentarischen Opposition ratifiziert. Mit ihrem Inkrafttreten am 5.5. 1955 erlangte die Bundesrepublik ihre Souveränität, die allerdings erheblichen Einschränkungen unterworfen blieb.

Pentagon (66)
Bezeichnung für den 1941–1942 in der Form eines gleichmäßigen Fünfecks errichteten Gebäudekomplex in Arlington bei Washington, in dem das amerikanische Verteidigungsministerium untergebracht ist. Das Pentagon steht auch metaphorisch für das Verteidigungsministerium als Institution und für die militärische Macht der USA.

Petersberg (1)
Im Siebengebirge bei Königswinter gelegene Berggruppe. Das in etwa 300 m Höhe gebaute Hotel Petersberg war von 1946–1951 Sitz der Alliierten Hohen Kommissare.

Petersberger Abkommen (1; 2; 15f.; 17; 62; 158)
Das am 22.11. 1949 zwischen der Bundesregierung und den westlichen Besatzungsmächten geschlossene und nach dem Hotel Petersberg (s. dort) benannte Abkommen bildete den Auftakt zur Revision des Besatzungsstatuts, indem es u.a. die Aufnahme der Bundesrepublik in die Internationale Ruhrbehörde, den Beitritt zum Europarat und die Eta-

blierung von Handels- und Konsularbeziehungen mit den westlichen Ländern vorsah. Über der Frage, ob das Abkommen ratifizierungsbedürftig sei, kam es zu einer heftigen parlamentarischen Kontroverse, die – auf Antrag der SPD – im Sommer 1953 durch das Bundesverfassungsgericht zugunsten der Regierung entschieden wurde. Das Gericht sah in dem Petersberger Abkommen keinen politischen Vertrag mit ausländischen Staaten, sondern lediglich eine Vereinbarung mit dem Kollektivorgan der Besatzungsmächte, das in Deutschland Herrschaftsgewalt ausübe.

Pfleiderer, Karl Georg (62; 72; 96 f.; 97 f.)
(1899–1957). Jurastudium. Diplomat und Politiker. Zugehörigkeit zum Auswärtigen Amt von 1923–1945. Nach dem Krieg bis Februar 1947 interniert. Dank der Förderung von Reinhold Maier (s. dort) wurde Pfleiderer im Februar 1948 Landrat in Waiblingen (Württemberg). Dort kandidierte er – obwohl noch nicht Parteimitglied – auf einer Liste der DVP/FDP für den ersten Bundestag und errang ein Mandat. Da er erst 1950 der FDP beitrat, war er zunächst lediglich Hospitant der FDP-Fraktion, in der er ein Außenseiter blieb. Seine außenpolitischen Vorschläge vom Sommer 1952 (Waiblinger Rede) wurden nicht einmal in der Fraktion diskutiert, obwohl es dort durchaus einige Vorbehalte gegen die Westverträge Adenauers gab. Mit „Nein" stimmte jedoch am Ende aus den Reihen der FDP nur Pfleiderer. 1955–1957 Botschafter in Belgrad.

Philip, André (30)
(1902–1970). Seit 1920 Mitglied der Sozialistischen Partei. 1926 Professor für Politische Ökonomie in Lyon. Ab 1936 Abgeordneter in der Nationalversammlung. Enger Mitarbeiter Léon Blums. Bei Beginn des Zweiten Weltkrieges Verbindungsmann zwischen dem französischen Hauptquartier und dem britischen Expeditionskorps in Frankreich. Nach der Niederlage Anschluß an die Widerstandsbewegung. Wegen drohender Verhaftung Flucht zu de Gaulle nach London, dort Kommissar für Inneres und Arbeit im Nationalkomitee. Ab September 1944 Minister im Finanz- und Wirtschaftsressort. 1945 Gründung der Zeitung „Cité Soir". Ab 1947 Leiter der französischen Europabewegung und Generaldelegierter im Europarat in Straßburg.

Pieck, Wilhelm (32; 194; 196; 237; 239; 264; 267)
(1876–1960). Ab 1895 Mitglied der SPD, im Ersten Weltkrieg Mitglied der Gruppe Spartakus, 1919 Mitbegründer der KPD. In der Weimarer Republik viele Jahre Mitglied des Preußischen Landtages bzw. des Reichstages. Ab 1928 Mitglied des Exekutivkomitees der Komintern. Ab 1933 Exil in Frankreich und in der UdSSR. 1935 Vorsitzender der (Exil-)KPD. 1943 Mitbegründer des Nationalkomitees Freies Deutschland (s. dort). 1945 Vorsitzender der KPD in der SBZ. 1946–1954 zusammen mit Otto Grotewohl Vorsitzender der SED. 1949 bis zu seinem Tode Staatspräsident der DDR.

Pinay, Antoine (8; 106)
(geb. 1891). Fabrikant. 1929 Bürgermeister von Saint Chamond. 1936–1944 Abgeordneter. 1941 Mitglied des Nationalrats unter Pétain. Da er während der deutschen Besatzung in seinen Ämtern verblieben war, gehörte Pinay nach der Befreiung zunächst zu den „Unwählbaren". 1946–1958 Abgeordneter in der französischen Nationalversammlung für die Unabhängigen Republikaner. 1948–1950 Staatssekretär für Wirtschaftsfragen. 1952 Ministerpräsident und Finanzminister. Rücktritt wegen des Widerstandes gegen sein Programm einer Steuerreform. 1955–1956 Außenminister. 1958–1959 Finanzminister und dann bis 1960 Wirtschaftsminister. Einführung des Nouveau Franc.

Pius XII. (Eugenio Pacelli) (33)
(1876–1958). Ab März 1939 Papst. 1917–1929 Nuntius in Deutschland (München und Berlin). 1930 Kardinalstaatssekretär von Papst Pius XI. Maßgeblich am Abschluß des Konkordats mit dem Deutschen Reich beteiligt (Juni 1933). Als Papst war Pius XII. im Zweiten Weltkrieg um politische Neutralität und Wahrung von Chancen zur Friedensvermittlung bemüht. Seine Mahnungen an die Adresse des nationalsozialistischen Deutschland wegen der Judenverfolgung hielt er „ad maiora mala vitanda" („um größere Übel zu vermeiden"), wie er im Oktober 1943 an den Berliner Bischof von Preysing schrieb, in allgemeinen Wendungen. Im Krieg und in der Nachkriegszeit leitete er Hilfsmaßnahmen für Kriegsgefangene und Flüchtlinge. Eindeutige Stellungnahmen gegen den Kommunismus nach 1945, die in der Exkommunikation der Mitglieder der Kommunistischen Partei (Dekret vom 1.7. 1949) gipfelten. Die Kirchenregierung führte Pius XII. streng zentralistisch und autoritär. Die Marienverehrung förderte er durch das Dogma der Himmelfahrt Marias (1950). Nach seinem Tod wurde Pius XII. vorgeworfen, sich zu bereitwillig mit den faschistischen Systemen arrangiert und vor allem zu den Judenverfolgungen des Nationalsozialismus geschwiegen zu haben. Breitenwirkung erreichte diese Anklage vor allem durch das Theaterstück „Der Stellvertreter. Ein christliches Trauerspiel" (1963) von Rolf Hochhuth.

Pleven, René (3; 27; 36 ff.; 40; 53; 106)
(geb. 1901). Jurist. Schloß sich im Juli 1940 de Gaulle an, mit dem er nach London emigrierte. Mitglied im Komitee der Nationalen Befreiung. Im August 1944 Rückkehr. 1944–1946 Minister in verschiede-

nen Ressorts. 1949–1950 Verteidigungsminister. Im Oktober 1950 Vorlage des sog. Pleven-Plans, der die Aufstellung einer gemeinsamen europäischen Armee – mit Eingliederung westdeutscher Kontingente – vorsah. 1945–1973 Abgeordneter der französischen Nationalversammlung (Demokratisches Zentrum). 1950–1952 Ministerpräsident. 1952–1954 Verteidigungsminister. 1958 letzter Außenminister der Vierten Republik.

Poilu (franz. = behaart) (31) Seit dem Ersten Weltkrieg Spitzname für den französischen Soldaten.

Politik der Stärke (9; 43; 52; 59; 62; 72; 85 f.; 201) Ein spezifischer Begriff des Kalten Krieges, häufig von Bundeskanzler Adenauer zur Kennzeichnung der – in Anlehnung an die amerikanischen Außenminister Acheson und Dulles verfolgten – Außenpolitik der Bundesrepublik gebraucht. Ihr Kerngedanke war, der Bundesrepublik durch die politische, militärische und wirtschaftliche Integration in die westliche Gemeinschaft eine überlegene Position gegenüber dem Osten zu sichern. Ihre Zielsetzung war ambivalent. Tatsächlich angestrebt und auch erreicht wurde das defensive Ziel: die Ausdehnung des Kommunismus nach Westeuropa zu verhindern (Politik des containment, s. dort) und Westdeutschland zu einem souveränen und unwiderruflich zum Westen gehörenden Staat werden zu lassen. Um sich die innenpolitische Zustimmung für diese, dem Selbstverständnis der Bundesrepublik als Provisorium widerstreitende Politik zu verschaffen, stellte Adenauer die Politik der Stärke jedoch als ein offensives Konzept dar: Sie gewährleiste den kürzesten und sichersten Weg zur Wiedervereinigung, da „Einigkeit und Geschlossenheit des Westens und eine fanatische Liebe zur Freiheit schließlich Sowjetrußland dazu bringen" würden, „von seinen expansiven Plänen Abstand zu nehmen und andere Leute [d. h. das sowjetisch besetzte Osteuropa] so in Frieden lassen, wie die anderen Leute Sowjetrußland in Frieden" ließen. Nur aus einer Position der Stärke wären erfolgversprechende Verhandlungen mit der Sowjetunion über eine Neuordnung Europas möglich. Die Anhänger der Politik der Stärke, die Gewalt als Mittel zur Erreichung ihrer Ziele ausschlossen, griffen partiell auf die sog. Magnet-Theorie (s. dort) zurück. Militärisch wurde die Politik der Stärke durch die Nato-Strategie (s. dort) der „massiven Vergeltung" gestützt. Obwohl die offensive Komponente dieses Konzepts spätestens 1955 mit der Gründung des Warschauer Pakts (s. dort) offenkundig überholt war, wurde an ihr als einem rhetorischen Alibi, als „einem öffentlichen Glaubenssatz zur Befriedigung potenter gesellschaftlicher Organisationen" (F. R. Pfetsch) festgehalten. Offiziell wurde sie mit der Bildung der Großen Koalition (Dezember 1966) und endgültig durch die sozial-liberale Koalition (ab September 1969) zugunsten einer neuen Ost- und Friedenspolitik aufgegeben: Ausgleich mit der UdSSR und Osteuropa (Ostverträge, KSZE) und Normalisierung der Beziehungen mit der DDR (Grundvertrag).

Posser, Diether (167) (geb. 1922). Jurist. Seit 1952 Rechtsanwalt in Essen als Sozius von Gustav Heinemann, dessen politischem Weg Posser – ebenfalls pazifistischer Protestant – in den 50er Jahren folgte. Mitbegründer der GVP im Jahre 1952, zu deren Vorstand Posser bis 1957 gehörte. Nach Auflösung der Partei (1957) Übertritt zur SPD. Seit 1966 Landtagsabgeordneter in Nordrhein-Westfalen. Dort 1968–1972 Minister für Bundesangelegenheiten. 1972–1978 Justizminister. Seit 1978 Finanzminister.

Potsdamer Abkommen (13; 63; 72; 75; 77; 78; 79; 81; 84; 94; 97; 100; 106; 115; 118; 127; 259; 267; 268; 274; 280) Landläufige Bezeichnung für das von Stalin, Truman und Attlee unterzeichnete Abschlußkommuniqué der Potsdamer Konferenz vom 17. 7.–2. 8. 1945, der letzten Gipfelkonferenz der drei Großmächte der Anti-Hitler-Koalition über Deutschland. Die provisorische französische Regierung akzeptierte am 4. 8. 1945 im wesentlichen die in Potsdam getroffenen Vereinbarungen, die – unter teilweiser Betonung ihrer Vorläufigkeit – die Frage der Grenzen, der Reparationen, der Etablierung einer demokratischen Ordnung und der wirtschaftlichen Reorganisation betrafen.

Prager Frühling (254) Bezeichnung für die Reformbewegung in der ČSSR in der ersten Hälfte des Jahres 1968, die auf einen „Sozialismus mit menschlichem Antlitz" gerichtet war. Das unter Parteichef Alexander Dubcek (5. 1. 1968 bis 17. 4. 1969) und Staatspräsident Ludvik Swoboda eingeleitete Programm sollte durch politische und wirtschaftliche Reformen demokratische Elemente wie Rechtssicherheit, Meinungsfreiheit und Freizügigkeit mit verbesserter wirtschaftlicher Effektivität verbinden, wobei sozialistische Gesellschaftsform und führende Rolle der Partei unangetastet bleiben sollten. Der „Prager Frühling" wurde durch den Einmarsch von Truppen des Warschauer Paktes unter Führung der UdSSR am 21. 8. 1968 beendet. Anfänglicher passiver Widerstand blieb wirkungslos. Die Reformpolitiker und ihre Anhänger wurden aus ihren Ämtern und Berufen gedrängt.

Rapallo-Komplex (106; 108) Nach dem Ersten Weltkrieg einigten sich die beiden Verliererstaaten, das Deutsche Reich und Sowjetrußland, während einer Weltwirtschaftskonferenz in Genua am 16. 4. 1922 in Rapallo auf einen „aus wirtschaftlichen und politischen Bedürfnissen herausgewachsenen Normalisierungs- und Liquidationsvertrag" (Th. Schieder). Die Westmächte sahen in dem Rapallo-Vertrag, mit dem die beiden geächteten Länder vor allem aus ihrer außenpolitischen Isolierung herauszutreten suchten, eine illoyale und verschwörerische Aktion. Nach dem Zweiten Weltkrieg wurde wiederholt im Westen die traumatische Erinnerung an den Vertrag von Rapallo, d.h. ein Arrangement Deutschlands und Sowjetrußlands auf Kosten der Westmächte, beschworen. Nicht zuletzt aus diesem Rapallo-Komplex heraus hat Adenauer Wert darauf gelegt, den Eindruck einer Schaukelpolitik zwischen West und Ost zu vermeiden und die Option für den Westen von jedem Zweifel freizuhalten.

Rat für Gegenseitige Wirtschaftshilfe (RGW) (229; 264; 265 ff.; 274; 278)
Im Januar 1949 von der UdSSR mit Bulgarien, Ungarn, Polen, Rumänien und der ČSR gegründete internationale Wirtschaftsorganisation; noch 1949 wurde Albanien aufgenommen (Mitgliedschaft ruht seit 1961), 1950 die DDR. Jugoslawien wurde 1956 zu Ratstagungen zugelassen. Offensichtlich geschaffen, um den von der UdSSR abhängigen Ländern ein Äquivalent für die verbotene Teilnahme an westlichen Wirtschaftsorganisationen (OEEC, Marshall-Plan) zu geben, gewann der RGW nur sehr langsam an Bedeutung. In den 50er Jahren gab es keine ständigen Organisationen, sondern nur unregelmäßige Ratstagungen. Die Versuche, den Wirtschaftsaustausch zwischen den Mitgliedsländern zu beleben, scheiterten an dem jeweils nur auf ein Land ausgerichteten System der Zentralverwaltungswirtschaft. Im wesentlichen blieb es bei Handelsabkommen zwischen einzelnen Ländern. Die Probleme, wie die nationalen Pläne miteinander verknüpft und wie eine internationale Zusammenarbeit und Arbeitsteilung der Mitgliedsländer erreicht werden können, sind bis heute nicht gelöst. Hauptgründe sind das jeweilige zentrale staatliche Planungs- und Außenhandelsmonopol, die in jedem Land nach anderen Kriterien festgelegten Preise und die nicht konvertierbaren Währungen.

Rau, Heinrich (200; 210; 250) (1899–1961). Schlosserlehre. 1916 Mitglied des Spartakus, 1918 der KPD, 1928–1933 Landtagsabgeordneter in Preußen. 1933–1935 inhaftiert, dann Emigration. Teilnahme am Spanischen Bürgerkrieg. Anschließend bis 1945 in KZ-Haft. 1948/49 Vorsitzender der DKW in der SBZ. Seit 1949 im Parteivorstand bzw. ZK der SED. Nach 1950 Minister in verschiedenen Ressorts.

Reuter, Ernst (17) (1889–1953). Sprachenstudium in Marburg und München. Seit 1912 Mitglied der SPD. 1916 schwerverwundet in russische Kriegsgefangenschaft geraten. Nach der Oktoberrevolution Vorsitzender eines Kriegsgefangenenkomitees. Von Lenin 1918 zum Volkskommissar in der Wolgadeutschen Republik ernannt. Mit Kriegsende Rückkehr nach Deutschland. 1919 Aufbau der Berliner KPD-Organisation. 1921 Generalsekretär der KPD. Nach politischen Differenzen mit der Komintern im Januar 1922 Ausschluß aus der KPD und Rückkehr zur SPD. Redakteur des „Vorwärts". 1926–1931 Verkehrsdezernent im Magistrat von Berlin. 1931–1933 Oberbürgermeister von Magdeburg. 1932–1933 Reichstagsabgeordneter. Nach wiederholter Verhaftung emigrierte Reuter 1935 nach England, dann in die Türkei. 1935–1940 Berater des türkischen Wirtschaftsministeriums. 1940–1946 Professor für Kommunalwissenschaft in Ankara. 1946 Rückkehr nach Berlin. Erneut Verkehrsdezernent. Juni 1947 Wahl zum Oberbürgermeister. Das sowjetische Veto verhinderte bis zur endgültigen Spaltung Berlins im Jahre 1948 den Amtsantritt Reuters. In der Zeit der Blockade (Juni 1948 bis Mai 1949) stärkte Reuter den Widerstandswillen der Bevölkerung und wurde (1950–1953 Regierender Bürgermeister) zum Repräsentanten der Freiheit West-Berlins in der Weltöffentlichkeit. Reuter vertrat innerhalb der SPD prononciert eine prowestliche Bündnispolitik.

Reynaud, Paul (30) (1878–1966). Jurist. 1928–1940 als Mitglied der Demokratischen Allianz Abgeordneter in der französischen Nationalversammlung. 1930 Finanzminister. 1931–1932 Kolonialminister. 1932 und 1938 Justizminister; 1938–1940 Finanzminister. Widersetzte sich der Appeasement-Politik Daladiers. 1940 Ministerpräsident und Verteidigungsminister. Rücktritt angesichts des deutschen Vormarsches. Anschließend Verhaftung durch die Vichy-Regierung; 1942 Auslieferung an Deutschland, dort inhaftiert. 1945 Befreiung und Rückkehr. 1946–1962 Abgeordneter für die Unabhängigen Republikaner. 1949–1954 Vorsitzender des Wirtschafts- und Finanzausschusses des Europarates. 1952 Präsident der Organisationskommission der Montanunion. 1953–1954 stellvertretender Ministerpräsident. Engagement für die deutsch-französische Verständigung und die europäische Integration. 1958 Vorsitzender des beratenden Komitees, das die Verfassung der Fünften Republik ausarbeitete. 1962 vergeblicher Kampf gegen die Verfassungsänderung de Gaulles zur Direktwahl des Staatspräsidenten.

Rhöndorfer Konferenz (134; 142 f.)
Auf dem Wege der Regierungsbildung nach der ersten Bundestagswahl (14.8. 1949) spielte eine Zusammenkunft führender CDU-Politiker am

21.8. 1949 im Hause von Konrad Adenauer, damals CDU-Vorsitzender in der britischen Zone, eine entscheidende Rolle. In dieser „Rhöndorfer Konferenz", der jede parteioffizielle Legitimation fehlte, wurden die Koalition mit der FDP vereinbart und die Kandidaturen von Adenauer als Bundeskanzler und Heuss als Bundespräsident abgesprochen.

rocher de bronce (41)
(frz. = eherner Fels). Ein auf König Friedrich Wilhelm I. von Preußen (1713–1740) zurückgehendes geflügeltes Wort, durch das unerschütterliche Festigkeit zum Ausdruck gebracht werden soll.

roll back (196)
(engl. Zurückdrängen). Politisches Konzept des späteren US-Außenministers John Foster Dulles (im Amt 1953–1959), der im Präsidentschaftswahlkampf 1952 der Politik des containment (s. dort) unter Truman eine unmoralische und unamerikanische Passivität vorwarf. Eine republikanische Regierung unter Eisenhower (s. dort) werde die Eindämmung durch Befreiung ersetzen und den Kommunismus „zurückrollen". Mit friedlichen Mitteln, durch einen moralischen und nicht durch einen militärischen „Kreuzzug", sollten die Völker Osteuropas und Chinas von der kommunistischen Diktatur befreit werden. Dabei würde ständiger politischer und moralischer Druck des Westens den inneren Zerfall des Kommunismus beschleunigen; aktive Hilfe des Westens würde nicht nötig sein. Das Konzept weckte insbesondere nach Stalins Tod in Osteuropa Hoffnungen auf amerikanische Hilfe. Die Ereignisse in der DDR 1953 und in Ungarn 1956 zeigten jedoch, daß die UdSSR ihren Einflußbereich nötigenfalls mit militärischen Mitteln sicherte und das Konzept von Dulles, an dem er als langfristige Aufgabe festhielt, nicht den machtpolitischen Realitäten entsprach.

Rote Armee (43; 154)
Eigentlich: Rote Arbeiter- und Bauern-Armee. Bis 1946 offizielle Bezeichnung für die Streitkräfte der UdSSR; dann: Sowjetarmee. Schöpfer und erster Befehlshaber der Roten Armee war 1918 L. D. Trotzki (s. dort).

Rütli-Schwur (31)
Seit Ende des 15. Jh. nachweisbare Bezeichnung für das angeblich auf dem Rütli, einer Bergwiese über dem linken Ufer des Urner Sees im Kanton Uri, im August 1291 beschworene „ewige Bündnis" der Schweizer Urkantone Uri, Schwyz und Unterwalden. Der Rütli-Schwur gilt als Geburtsakt der Schweizer Eidgenossenschaft.

Ruhrbehörde (1; 2; 11; 16; 135; 148)
Die Verwaltung des Ruhrreviers, des wichtigsten deutschen Industriegebiets zwischen Ruhr und Lippe, Hamm und Duisburg, war eine umstrittene Frage zwischen den Siegermächten nach Beendigung des Zweiten Weltkriegs. Nachdem Frankreich 1947 mit seiner Forderung nach Internationalisierung des Ruhrgebietes nicht durchgedrungen war, bestand es auf der Behandlung der Frage durch die Londoner Sechs-Mächte-Konferenz (Februar–Juni 1948). Die dort getroffene Vereinbarung, die im Blick auf den heraufziehenden Ost-West-Konflikt den Ausschluß der Sowjetunion und die Verweigerung einer Viermächte-Kontrolle intendierte, führte zum Abschluß des Ruhrstatuts (28.4. 1949), das die Errichtung einer internationalen Kontrollbehörde vorsah und die Nutzung des wirtschaftlichen Potentials des Ruhrgebiets für den Wiederaufbau Westeuropas sicherstellen sollte. Der Beitritt der Bundesrepublik zur Ruhrbehörde sollte nach ihrer – absehbaren – Konstituierung erfolgen, was im – parlamentarisch umstrittenen – Petersberger Abkommen vom 22.11. 1949 geschah. Das Ruhrstatut wurde im Juli 1952 durch die Europäische Gemeinschaft für Kohle und Stahl (s. Montanunion) abgelöst.

Saarland (7; 8; 11; 13; 14; 15; 40; 120ff.; 148)
Das Saargebiet entstand als politische Einheit durch das Saarstatut des Versailler Vertrags. Frankreich erhielt als Reparation das Eigentumsrecht an den Saargruben für 15 Jahre. Die Bevölkerung wurde einer Regierungskommission des Völkerbundes unterstellt, eine Volksabstimmung sollte 1935 über die endgültige Staatszugehörigkeit entscheiden. Sie wurde am 13.1. 1935 unter internationaler Überwachung durchgeführt und ergab mit über 90% Zustimmung ein eindeutiges Bekenntnis für die Vereinigung mit dem Deutschen Reich, die am 1.3. 1935 vollzogen wurde. Nach dem Zweiten Weltkrieg gehörte das Saargebiet ursprünglich zur französischen Besatzungszone und wurde 1946 auf Kosten von Rheinland-Pfalz territorial erweitert. Zugleich gliederte Frankreich das Gebiet aus seiner Besatzungszone und damit aus der Kompetenz des Alliierten Kontrollrats aus. 1947 wurde das Saargebiet dem französischen Zoll- und Währungssystem angeschlossen, nachdem es vorübergehend eine eigene „Saarmark" besessen hatte. Die – ohne Referendum angenommene – Verfassung vom 15.12. 1947 bekannte sich in ihrer Präambel zum wirtschaftlichen Anschluß an Frankreich und zur politischen Trennung von Deutschland. Die frankophile Regierung unter Johannes Hoffmann (CVP) versuchte diese Ziele vertraglich mit Frankreich abzusichern und durch den Beitritt des Saarlandes als assoziiertes Mitglied des Europarats (Mai 1950) zusätzlich zu gewährleisten. Doch nicht nur in der Bundesrepublik, sondern auch im Saarland regte sich Widerstand gegen die Autonomie-Politik Hoffmanns (s. DPS), so daß das Saarproblem zu einer das deutsch-französische Verhält-

nis belastenden Streitfrage wurde. In den Vereinbarungen zwischen Adenauer und Mendès-France im Rahmen der Pariser Verträge vom Oktober 1954 (s. dort) wurde eine Europäisierung der Saar angestrebt, doch lehnten zwei Drittel der Saarbevölkerung diese Lösung (Saarstatut) in einem Referendum am 23.10. 1955 ab. Die Regierung Hoffmann trat daraufhin zurück. Die ersten freien Landtagswahlen erbrachten im Dezember 1955 eine sich mit diesem Mehrheitsvotum identifizierende Regierungskoalition aus den Parteien des sog. Heimatbundes (CDU, DPS und DSP), die sich in die nun fortzuführenden deutsch-französischen Verhandlungen einschaltete. Durch den Vertrag von Luxemburg vom 27.10. 1956 wurde das Saarland zum 1.1. 1957 politisch ein Bestandteil der Bundesrepublik. Die wirtschaftliche Eingliederung erfolgte zwei Jahre später.

SAP (= Sozialistische Arbeiter-Partei) (247)
Im Oktober 1931 von Mitgliedern des linken Flügels der SPD gebildet, die den „Tolerierungskurs" der Partei gegenüber der Präsidialregierung Brüning (s. dort) nicht mehr mittragen wollten und sich abspalteten. Starke Position vor allem in Sachsen. Die SAP zog andere linke Splittergruppen an, darunter auch die KPO (s. Brandler). „Die SAP-Gründung war der letzte Versuch in der Weimarer Republik, alle Kräfte innerhalb der Arbeiterbewegung zu sammeln, welche sowohl die SPD als auch die KPD ablehnten. Der Linksradikalismus der KPD und der Reformismus der SPD wurden von der SAP gleichermaßen bekämpft und die Entartung der KPD deutlich herausgestellt" (H. Weber). Der junge Willy Brandt war Mitglied der SAP. Die SAP wurde von der KPD erbittert bekämpft.

Schäfer, Hermann (27; 41)
(1892–1966). Wirtschaftswissenschaftler und Redakteur. Ab 1920 Mitglied der DDP. 1925–1933 Zugehörigkeit zum Reichsvorstand. Im Dritten Reich Tätigkeit in der privaten Krankenversicherung. Seit 1946 stellvertretender Landesvorsitzender der FDP in Hamburg; 1947 in der britischen Zone. 1948/49 Mitglied der FDP-Fraktion im Parlamentarischen Rat. 1949–1957 Bundestagsabgeordneter. 1949–1953 Fraktionsvorsitzender der FDP und Vizepräsident des Bundestags. 1953–1956 Bundesminister für besondere Aufgaben. Vor allem in sozialpolitischen Fragen engagiert. 1956 verließ Schäfer bei der Spaltung der FDP mit dem sog. Ministerflügel die Partei. 1961 Wiedereintritt.

Schiller, Karl (162)
(geb. 1911). Studium der Volkswirtschaft und der Soziologie. 1935–1941 Leiter einer Forschungsgruppe am Institut für Weltwirtschaft in Kiel. Ab 1944 Professor für Nationalökonomie in Rostock; ab 1946 in Kiel; ab 1947 in Hamburg. 1946 Beitritt zur SPD. 1948–1953 Senator für Wirtschaft und Verkehr in Hamburg; 1961–1965 in Berlin. 1949–1957 Mitglied der Hamburger Bürgerschaft. 1965–1972 Abgeordneter im Bundestag. 1966–1972 Bundeswirtschaftsminister. Schiller beeinflußte in den 50er Jahren maßgeblich die wirtschaftspolitische Diskussion innerhalb der SPD in Richtung marktwirtschaftlicher Vorstellungen.

Schmid, Carlo (8; 9; 11; 52; 57ff.; 72; 85f.; 111; 121f.; 198)
(1896–1979). Jurist und Politikwissenschaftler. Als Sohn eines deutschen Privatgelehrten und einer Französin in Perpignan (Südfrankreich) geboren. 1908 Übersiedlung der Familie nach Stuttgart. Besaß bis 1914 die französische und die deutsche Staatsangehörigkeit. Rückte im August 1914 als deutscher Kriegsfreiwilliger ein. Ab 1919 juristisches Studium. Ab 1925 Amtsrichter in Tübingen. 1929 Habilitation für Völkerrecht und Internationales Privatrecht. Aus politischen Gründen im Dritten Reich an einer akademischen Karriere gehindert. 1940–1945 Kriegsverwaltungsrat bei der Oberfeldkommandantur in Lille. Juni 1945 Professur für Öffentliches Recht und Völkerrecht in Tübingen (bis 1953); danach (bis 1970) für Politische Wissenschaften in Frankfurt/M. Juli 1945 Beitritt zur SPD. Februar 1946 Landesvorsitzender in Württemberg-Hohenzollern (bis 1952). Ab Herbst 1945 leitende Verwaltungspositionen in den neukonstituierten Ländern Württemberg-Baden (Zentrum: Stuttgart), das zur amerikanischen Zone, und Württemberg-Hohenzollern (Zentrum: Tübingen), das zur französischen Zone gehörte. In einer „einzigartigen Doppelstellung" (Th. Stammen) fungierte Schmid als Staatsrat in der von Reinhold Maier (s. dort) geführten Regierung in Stuttgart, während er in Tübingen als Präsident der Provisorischen Regierung amtierte. In den von ihm konzipierten Verfassungsentwürfen für beide Landesteile entwickelte er Grundpositionen, die er später im Parlamentarischen Rat verfechten sollte (Juristische Verbindlichkeit der Grundrechte, konstruktives Mißtrauensvotum). 1947–1950 Stellvertretender Staatspräsident und Justizminister in Württemberg-Hohenzollern. Teilnahme an den Ministerpräsidenten-Konferenzen im Sommer 1948, wo er vergeblich gegen eine vorschnelle Weststaat-Lösung plädierte. Seit Juni 1947 Mitglied des Bundesvorstandes der SPD (bis 1973). Als Vorsitzender der SPD-Fraktion und des Hauptausschusses im Parlamentarischen Rat hat Carlo Schmid eine prägende und kaum zu überschätzende Rolle bei der Schaffung des Grundgesetzes gespielt.
Als jeweils direkt gewählter Abgeordneter des Wahlkreises Mannheim Mitglied des Bundestages (1949–1972) und Vi-

zepräsident des Bonner Parlaments (mit Ausnahme der Jahre als Bundesminister 1966–1969). Aufgrund seiner profunden humanistischen Bildung, seiner juristischen Kompetenz und seiner rhetorischen Brillanz zählte Carlo Schmid bald zu den herausragenden Gestalten des Bundestages. Er engagierte sich – dem außenpolitischen Feld besonders zugewandt – seit 1950 zusätzlich auf der europäischen Ebene und trat früh für den Ausgleich mit dem Osten ein. Innerhalb der SPD-Führung gehörte Carlo Schmid zu den entscheidenden Reformern (s. Godesberger Programm). Er verstand (darin höchstens Theodor Heuss vergleichbar), die politische und wissenschaftliche Existenz mit literarischer Betätigung zu verbinden.

Schmidt, Elli (249; 250) (1908–1980). Schneiderin, 1927 Mitglied der KPD. 1932–1934 Besuch der Komintern-Schule in Moskau; 1940–1945 Sprecherin des Moskauer Rundfunks. Ab 1945 Leiterin des zentralen Frauensekretariats der KPD bzw. der SED, Mitglied des ZK der SED. Ab 1949 Vorsitzende des Demokratischen Frauenbundes Deutschlands (DFD), einer der von der SED abhängigen „Massenorganisationen"; ab 1950 Mitglied des ZK und Kandidat des Politbüros der SED; im Februar 1953 zur Vorsitzenden des Staatlichen Komitees für Handel und Versorgung ernannt. Verlor nach dem Juni-Aufstand 1953 als Mitglied der Zaisser-Herrnstadt-Gruppe alle Funktionen. 1956 rehabilitiert, aber ohne politischen Einfluß.

Schneider, Heinrich (124) (1907–1974). Rechtsanwalt. 1955–1965 Landtagsabgeordneter der DPS, die im August 1957 ein Landesverband der FDP wurde. 1955–1962 Vorsitzender der wiedergegründeten Demokratischen Partei Saar (DPS; s. dort). 1957–1959 stellvertretender Ministerpräsident und Wirtschaftsminister. 1957–1965 Bundestagsabgeordneter der FDP. 1969 Parteiaustritt.

Schneider, Reinhold (49) (1903–1958). Schriftsteller. In seinem ausgedehnten literarischen Werk stehen Macht- und Glaubenskämpfe einerseits und das Widerspiel von irdischer Schuld und göttlicher Gnade in der Geschichte andererseits im Mittelpunkt. Seine glaubensstarken Sonette bieten ein eindrucksvolles Zeugnis des geistigen Widerstandes gegen den Nationalsozialismus. Schneider erhielt 1956 den Friedenspreis des Deutschen Buchhandels.

Schumacher, Kurt (2; 3; 5; 9; 10; 14f.; 16f.; 19; 23f.; 27; 29; 37ff.; 42ff.; 62; 63; 71; 72; 73; 87; 134; 139; 141; 142; 154; 172; 173; 176) (1895–1952). 1914 Kriegsfreiwilliger. Bereits im Dezember schwer verwundet. 1918 Mitglied des Arbeiter- und Soldatenrates. Eintritt in die SPD. Studium von Jura und Volkswirtschaft. Journalistische Betätigung. Ab 1924 Landtagsabgeordneter in Württemberg; ab 1930 Mitglied des Reichstags, wo er als Repräsentant des linken Flügels und kompromisloser Gegner der Nationalsozialisten hervortrat. Von 1933–1945 fast durchgehend in Konzentrationslagern inhaftiert. Begann im Frühsommer 1945 mit dem „Büro Dr. Schumacher" in Hannover den Wiederaufbau der SPD in den Westzonen. Wandte sich entschieden gegen die Vereinigung mit der KPD. Seit Mai 1946 Vorsitzender der SPD. 1948 Mitglied des Parlamentarischen Rates, doch hinderte ihn eine schwere Krankheit (Beinamputation) an konkreter Mitwirkung. Nachdem die SPD bei den ersten Bundestagswahlen im August 1949, die Schumacher als „Massenvotum gegen das eigene Interesse" interpretierte, die erhoffte absolute Mehrheit weit verfehlt hatte und sogar noch von der CDU/CSU knapp übertroffen worden war, blieb angesichts des Scheiterns der vom linken Flügel der CDU favorisierten Großen Koalition (s. Rhöndorfer Konferenz) für die SPD nur die Oppositionsrolle. Schumacher, der am 12.9. 1949 noch vergeblich gegen Heuss bei der Präsidentenwahl kandidiert hatte, wurde Fraktionsvorsitzender. Als Oppositionsführer bekämpfte er – trotz prinzipieller Billigung des Zusammengehens mit den Westmächten – Ruhrstatut, Westintegration und EVG-Pläne der Regierung Adenauer, da sie ihm mit einseitigen Zugeständnissen verbunden und der Wiedervereinigung hinderlich schienen, in erbitterter Schärfe. Obwohl er die Konsequenzen einer forcierten Westintegration klar sah und auch aussprach, hat er bei seinem selbstbewußten Pochen auf nationale Gleichberechtigung und Selbstbestimmung insgesamt den konkreten Handlungsspielraum der deutschen Politik erheblich überschätzt.

Schuman, Robert (2; 3; 5; 10; 11; 21; 22ff.; 26; 32; 64; 90; 106; 121; 158; 267) (1886–1963). Jurist. 1940 Staatssekretär. Nach der militärischen Niederlage im Sommer 1940 nach Deutschland deportiert. 1942 Flucht und Anschluß an die französische Widerstandsbewegung. 1944 Mitbegründer des Mouvement Républicain Populaire (MRP). 1945–1946 Mitglied beider Konstituanten. 1946–1962 Abgeordneter in der Nationalversammlung. 1946–1947 Finanzminister. 1947–1948 Ministerpräsident. 1948–1952 Außenminister. Schuman schlug in dem nach ihm benannten Plan die Schaffung einer europäischen Gemeinschaft für Kohle und Stahl vor (Montanunion, s. dort) und förderte die Bemühungen um eine Europäische Verteidigungsgemeinschaft. 1955–1956 Justizminister. 1958–1960 erster Präsident des Europäischen Parlaments. 1958 mit dem Aachener Karlspreis ausgezeichnet.

Schuman-Plan (s. Montanunion)

Schweitzer, Albert (49) (1875–1965). Arzt, Theologe, Organist und Kulturphilosoph. Nach Tätigkeit als Pfarrer in Straßburg und Arbeit als wissenschaftlicher Theologe gründete Schweitzer, der von 1905–1911 neben diesen Verpflichtungen noch Medizin studiert hatte, 1913 als Missionsarzt ein Tropen-Hospital in Lambarene (Gabun), das er mit Orgelkonzerten, Vortragsreisen und schriftstellerischer Arbeit zu finanzieren suchte. Dort wirkte Schweitzer – während des Ersten Weltkriegs zeitweilig erst in Afrika, dann in Frankreich interniert und danach für mehrere Jahre (bis 1924) an der Rückkehr gehindert – bis zu seinem Tode. Im Mittelpunkt seines Denkens stand seit 1915 die „Ehrfurcht vor dem Leben", aus der sich für ihn denknotwendig ein allgemeingültiges sittliches Grundprinzip der Erhaltung und Förderung des Lebens ergibt. Schweitzer erhielt 1951 den Friedenspreis des Deutschen Buchhandels, 1952 den Friedensnobelpreis und 1954 den Orden der Friedensklasse des Pour le mérite.

SED (= Sozialistische Einheitspartei Deutschlands) (5; 54; 79; 91; 102f.; 107; 125; 166; 194; 195; 196; 197; 198; 199; 200; 202; 205; 206; 209; 210; 211; 216f.; 220; 221; 222; 223ff.; 228f.; 230; 231; 235; 239; 241ff.; 246ff.; 258ff.; 277; 278)

Nachdem die aus der UdSSR in die SBZ zurückgekehrten Spitzenfunktionäre der KPD sich der sozialdemokratischen Forderung nach einer „einheitlichen politischen Kampforganisation der Arbeiterklasse" entzogen und sich anstelle der organisatorischen Einheit mit einer bloßen „Aktionseinheit" begnügt hatten, leiteten sie ab Herbst 1945 einen Kurswechsel ein und drängten – von der Besatzungsmacht unterstützt – auf die Vereinigung beider Parteien. Innerparteilicher Widerstand wurde mit Hilfe der SMAD ausgeschaltet. Nach getrennten Parteitagen erfolgte am 21. und 22.4. 1946 im Berliner Admiralspalast die Verschmelzung von KPD und SPD in der SBZ zur SED. Zu Vorsitzenden der SED wurden W. Pieck (KPD) und O. Grotewohl (SPD) gewählt. In dem ersten Parteiprogramm der SED wurde zwar als Endziel ein sozialistisches Deutschland propagiert, doch als unmittelbare Aufgabe bezeichnet, eine gesamtdeutsche, antifaschistische und parlamentarisch-demokratische Republik anzustreben. Versuche, die SED auch in den westlichen Besatzungszonen zu konstituieren, wurden durch den Widerstand der Sozialdemokratie und den Einspruch der Besatzungsbehörden verhindert. Für Berlin wurde durch Beschluß der Alliierten Kommandantur eine Sonderregelung getroffen, indem sowohl die SPD wie auch die SED in allen vier Sektoren der Stadt zugelassen wurden. Wenngleich die SED sich von Anfang an als Exekutivorgan der sowjetischen Besatzungsmacht betätigte und ihre „führende Rolle in der antifaschistisch-demokratischen Ordnung" betonte, verstand sie sich zunächst als Massenpartei und akzeptierte die paritätische Besetzung aller wichtigen Parteifunktionen mit je einem früheren KPD- und SPD-Mitglied. Ab Sommer 1948 erfolgte jedoch eine rasche und konsequente Bolschewisierung der Partei („Partei neuen Typus"), die nun – die zeitweilig vertretene Lehre eines deutschen Sonderwegs zum Sozialismus verwerfend – die Mitgliedschaft von einem ausdrücklichen Bekenntnis zur Sowjetunion und zur Ideologie des Marxismus-Leninismus abhängig machte. Außerdem dehnte die SED ihren Einfluß auf alle anderen Parteien, die Massenorganisationen und den gesamten Staats- und Wirtschaftsapparat aus.

Ein gewisser Abschluß dieser Entwicklung wurde auf dem III. Parteitag 1950 erreicht: „Die Delegierten nahmen ein neues Statut an, das die Resultate der Entwicklung der SED als marxistisch-leninistische Kampfpartei verankerte und die Mitglieder und Kandidaten stärker auf die neuen Aufgaben und Anforderungen beim Aufbau des Sozialismus orientierte. ‚Die SED', so hieß es im Statut, ‚ist die Partei der deutschen Arbeiterklasse, ihr bewußter und organisierter Vortrupp, die höchste Form ihrer Klassenorganisation. Sie vereinigt den fortschrittlichsten Teil der Werktätigen in ihren Reihen. Die Partei läßt sich in ihrer gesamten Tätigkeit vom Marxismus-Leninismus leiten. Ihr Ziel ist der Sozialismus, der die Errichtung der politischen Herrschaft der Arbeiterklasse zur Voraussetzung hat'. Die SED ist eine einheitliche Kampforganisation mit einer für alle Parteimitglieder in gleicher Weise verbindlichen Disziplin; Kritik und Selbstkritik sind ein Entwicklungsgesetz der Partei. Ihre Stärke liegt in der Geschlossenheit, in der Einheit des Willens und Handelns." (Geschichte der SED. Abriß. Berlin-Ost, 1978, S. 243).

Diese Einheit wurde durch rigorose Säuberungen aufrechterhalten. So forderte der III. Parteitag den „Kampf gegen Spione und Agenten", vor allem gegen die „Tito-Clique", und die Ausrottung der Überreste des „Sozialdemokratismus". Bei der Parteiüberprüfung 1950/51 schloß die Führung 150000 Mitglieder aus der SED aus, unter ihnen einige Führungsmitglieder, die der neue „Generalsekretär" Ulbricht als potentielle Opponenten ansah. Weitere umfassende Säuberungen folgten nach den Ereignissen des 17. Juni 1953. Nach sowjetischem Vorbild sollten künftig „Parteiaktivisten" Schwung in die SED bringen. „Damit schwanden die Reste innerparteilicher Demokratie weiter, denn die hauptamtlichen Funktionäre von Partei, Staat und Massenorganisationen, die diese Aktivs bildeten, wurden zum Rückgrat der Partei" (H. Weber).

Selbmann, Fritz (200; 246)
(1899–1975). Bergarbeiter. 1920 Mitglied der USPD, 1923 der KPD. Hauptamtlicher Funktionär der KPD und des Roten Frontkämpferbundes im Rheinland und in Oberschlesien; 1928/29 Kominternschule in Moskau; 1930 Mitglied des Preußischen Landtags und des Reichstags; Bezirksleiter der KPD in Sachsen. 1933–1945 in Haft, ab 1940 im KZ. 1945/46 Vizepräsident der Landesverwaltung Sachsen; 1946–1948 sächsischer Minister für Industrie; 1948/49 stellv. Vorsitzender der Deutschen Wirtschaftskommission der SBZ. 1949–1955 Minister für Industrie bzw. Schwerindustrie; ab 1956 stellv. Vorsitzender des DDR-Ministerrates; ab 1954 Mitglied des ZK der SED. 1958 wegen „Managertums" scharf kritisiert, Verlust aller wichtigen Funktionen.

Semjonow, Wladimir S.
(245; 249)
(geb. 1911). 1938 Eintritt in die KPdSU, ab 1939 im diplomatischen Dienst; 1940/41 Berater der Botschaft in Berlin. Ab 1945 stellv. politischer Berater, ab 1946 politischer Berater der SMAD (s. Karlshorst), später der Sowjetischen Kontrollkommission in Deutschland. 1953/54 Hoher Kommissar der UdSSR in Deutschland und Botschafter in der DDR, initiierte den „Neuen Kurs" (s. dort) der SED. Ab 1955 stellv. Außenminister der UdSSR; seit 1978 Botschafter in Bonn.

Sethe, Paul (29; 62; 72; 76ff.; 91; 99)
(1901–1967). Publizist. 1949–1955 Mitherausgeber der Frankfurter Allgemeinen Zeitung, danach Kolumnist der „Welt" und der „Zeit".

Seuffert, Walter (154)
(geb. 1907). Jurist. 1946 Eintritt in die SPD. 1947–1949 Mitglied des Zweizonen-Wirtschaftsrats. 1949–1967 Abgeordneter im Bundestag, wo er als Haushalts- und Steuerexperte seiner Fraktion hervortrat. 1967 Richter am Bundesverfassungsgericht.

Seydoux, François (108)
(1905–1981). Französischer Diplomat. 1956–1958 Botschafter in Wien, 1958–1962 und 1965–1970 in Bonn, 1962–1964 bei der Nato. 1970 mit dem Karlspreis der Stadt Aachen ausgezeichnet.

Shdanow, Andrej Alexandrowitsch (91)
(1896–1948). 1915 Eintritt in die bolschewistische Partei. Politische Tätigkeit in der Roten Armee und in Provinzkomitees. Ab 1925 Kandidat, ab 1930 Mitglied des ZK der KPdSU; ab 1935 Kandidat, ab 1939 Mitglied des Politbüros. 1934–1944 Gebiets- und Stadtsekretär der Parteiorganisation Leningrads, bekannt durch erbarmungslose „Säuberungen". Galt als einer der engsten Mitarbeiter Stalins und möglicher Nachfolger. Nach 1945 Anführer einer als „Shdanowschtschina" bekannten terroristischen Kulturpolitik. Bei der Gründung der Kominform, des Informationsbüros der kommunistischen und Arbeiterparteien, im September 1947 hielt er die programmatische Rede.

Slánsky, Rudolf (196; 219)
(1901–1952). Tschechoslowakischer Politiker. 1921 Mitglied der KP, 1924 Chefredakteur des Parteiorgans „Rudé Právo", ab 1929 ZK- und Präsidiumsmitglied. Nach 1938 Mitglied der (Exil-)Parteileitung in Moskau, gegen Ende des Zweiten Weltkrieges Leitung von Partisanenkämpfen. Ab 1945 Generalsekretär der KPČ, 1951 stellv. Ministerpräsident. Ende 1951 als angeblicher Leiter eines „staatsfeindlichen Verschwörerzentrums" verhaftet und im ersten und größten stalinistischen Schauprozeß der ČSSR 1952 zum Tode verurteilt und hingerichtet. Das Todesurteil wurde 1963 aufgehoben, der Parteiausschluß blieb bestehen.

SMAD s. Karlshorst

Soziale Marktwirtschaft
(133; 134; 139; 140; 142; 144; 145; 146; 163f.; 193)
Der Begriff wurde nach dem Zweiten Weltkrieg von Alfred Müller-Armack, einem der engsten wirtschaftspolitischen Berater Ludwig Erhards, geprägt. Ihrem programmatischen Anspruch nach stellt die damit bezeichnete Wirtschaftsordnung einen eindeutigen Gegensatz zu einem sozialistischen wie zu einem frühliberalen Wirtschaftssystem dar. Zu ihren wichtigsten Elementen rechnet: der Schutz der Wettbewerbsordnung durch den Staat, die soziale Korrektur der Ergebnisse des marktwirtschaftlichen Prozesses und die Verbreiterung des Privateigentums an den Produktionsmitteln. Das Konzept der Sozialen Marktwirtschaft spielte beim wirtschaftlichen Wiederaufstieg in der Bundesrepublik im Laufe der 50er Jahre eine zentrale Rolle, doch konnten dem kapitalistischen System inhärente Tendenzen wie die Konzentration wirtschaftlicher Verfügungsmacht und die Aufhebung des Konkurrenzmechanismus nicht ausgeschaltet werden.

SPD (= Sozialdemokratische Partei Deutschlands)
(2; 3; 4; 5; 7; 8; 9; 10; 11; 14; 17; 22; 27; 28; 31; 38; 39; 40; 44f.; 54; 59f.; 65; 71; 79; 87; 101; 106; 107; 108; 109; 110f.; 113; 124; 131; 132; 133; 134; 137; 138; 140; 142; 148f.; 154; 160; 161; 169; 172)
Die SPD kann als einzige Partei in der Bundesrepublik auf eine kontinuierliche Geschichte von über 100 Jahren zurückblicken. Im Dritten Reich verboten und in die Illegalität gedrängt, begriff sich die Sozialdemokratie nach der militärischen Niederlage von 1945 als die große nationale politische Potenz und als legitimer Vollstrecker der Demokratie. Unter der zupackenden Führung Kurt Schumachers trat die SPD dafür ein, eine breit fundierte demokratische Ordnung in Westdeutschland – stellver-

tretend für das Interesse der gesamten Nation – zu errichten. In den verfassungspolitischen Beratungen der Jahre 1947–1949 propagierten die Sozialdemokraten einen starken Staat, eine funktionierende Verwaltung und eine sozial gerechte Gesellschaftsordnung in den Westzonen. Nicht zuletzt die SPD-Vertreter sorgten im Parlamentarischen Rat dafür, daß bei der Konstruktion des Grundgesetzes – z.B. durch den Ausschluß plebiszitärer Möglichkeiten – Lehren aus der Weimarer Republik gezogen wurden. Die erste Bundestagswahl im August 1949 wurde zur herben Enttäuschung für die SPD, da sie mit ihrem Stimmenanteil hinter der CDU zurückblieb und in die Opposition gehen mußte. Obwohl grundsätzlich für die Westintegration und – zumindest unter ihrem Vorsitzenden Kurt Schumacher (s. dort) – keine pazifistische Partei, kritisierte die SPD die Bereitwilligkeit, mit der Adenauer auf die Wünsche der Westmächte einging. Erst Ende 1951 betonte die Sozialdemokratie die Zielantinomie zwischen militärischer Integration der Bundesrepublik in den Westen und dem Wiedervereinigungsgebot des Grundgesetzes. Aus dieser Position heraus bekämpfte die SPD den Abschluß der EVG und den Nato-Beitritt. Allerdings plädierte sie nicht für eine Neutralisierung West- bzw. Gesamtdeutschlands, sondern für ein System kollektiver Sicherheit, das auch die Sicherheitsinteressen der Sowjetunion einbeziehen wollte. Doch war dieses komplizierte Konzept schwer vermittelbar und nicht mehrheitsfähig, wie die Bundestagswahlen 1953 und 1957 deutlich belegten. Die SPD zog aus diesen Niederlagen die Konsequenzen, indem sie sich schrittweise mit den geltenden vertraglichen Vereinbarungen arrangierte und eine programmatische Öffnung zur linken Volkspartei einleitete (Demokratischer Sozialismus, s. Godesberger Programm). Eine gewisse Balancesituation bestand allerdings darin, daß die SPD in mehreren Ländern an der Regierung beteiligt war bzw. sie allein stellte. Als Aushängeschild sozialdemokratischer Politik galt in den 50er Jahren vornehmlich das Bundesland Hessen (s. G.A.Zinn).

Speer, Albert (160)
(1905–1981). Architekt und Politiker. 1931 Eintritt in die NSDAP. Ab 1933 errichtete Speer – unter unmittelbarer planerischer Beteiligung von Hitler – gigantische Repräsentationsbauten für das NS-Regime in München, Nürnberg und Berlin. 1942 Reichsminister für Bewaffnung und Munition. Seine fortwährend ausgeweiteten Kompetenzen – seit 1943 Reichsminister für Rüstung und Kriegsproduktion – nutzte Speer zur Steigerung der deutschen Rüstung. Im Frühjahr 1945 erkannte er die Aussichtslosigkeit der Kriegslage und widersetzte sich den Zerstörungsbefehlen Hitlers. Das Internationale Militärtribunal in Nürnberg, vor dem sich Speer – vermutlich nicht ohne taktische Hintergedanken – zu seiner Mitverantwortung bekannte, verurteilte ihn 1946 wegen seiner Beteiligung am Zwangsarbeiterprogramm zu 20 Jahren Haft, die er im alliierten Militärgefängnis in Spandau verbüßte. Veröffentlichte „Erinnerungen" und „Spandauer Tagebücher".

SPS (= Sozialdemokratische Partei des Saarlandes) (123)
Die SPS befand sich 1947–1951 und 1952–1954 in Koalitionen mit der frankophilen CVP, wodurch sie – heftigen internen Spannungen ausgesetzt – an einer Fundamentalopposition gegen das Autonomiekonzept der Regierung Hoffmann gehindert wurde und im Gegensatz zu ihrer westdeutschen Bruderpartei stand. Diese favorisierte demgemäß die Gründung einer – von 1952–1955 nicht zugelassenen – Konkurrenzpartei (DSP = Deutsche Sozialdemokratische Partei), die erst im Vorfeld des Abstimmungskampfes um das Saarstatut aus der Illegalität heraustreten konnte.

SRP (= Sozialistische Reichspartei) (137; 172)
Die im Oktober 1949 – durch Abspaltung des rechten Flügels der Deutschen Rechts-Partei (s. Thadden) – gegründete SRP erwies sich als ein Sammelbekken überzeugter Nationalsozialisten und stieg rasch zur bedeutendsten Partei der extremen Rechten auf. Bei den Landtagswahlen des Jahres 1951 erreichte sie in Niedersachsen und Bremen 11% und 7,7% der Stimmen. Aufgrund des unverhüllt propagierten nationalsozialistischen Gedankengutes (Aggressiver Rassismus und Chauvinismus, Führerprinzip und antidemokratische Binnenstruktur) verfügte das Bundesverfassungsgericht am 23.10.1952 die Auflösung der SRP.

Stachanow, Alexej Grigorjewitsch (148)
(1906–1977). Sowjetischer Aktivist. Als Hauer in einer Kohlengrube im Donezbecken wandte Stachanow bei der Kohlengewinnung neue Arbeitsmethoden mit dem Abbauhammer an. Er förderte in der Nacht vom 30.8. zum 31.8. 1935 das Fünfzehnfache der vorgeschriebenen Schichtleistung und legte damit den Grund für die Stachanow-Bewegung, einer Aktivistenbewegung mit Selbstverpflichtungen einzelner Arbeiter und Arbeitergruppen, der sog. Brigaden, zur Steigerung der Arbeitsproduktivität. Die Stachanow-Bewegung wurde zum Vorbild für die Hennekke-Bewegung (s. dort) in der SBZ.

Stalin, Jossif Wissarionowitsch (ursprünglich: Dschugaschwili) (5; 53; 91; 99; 102f.; 107; 198; 199; 216; 220ff.; 237; 266)
(1879–1953). Seit 1894 Besuch eines orthodoxen Priesterseminars in Tiflis. 1899 wegen Propagierung marxistischer Gedanken relegiert. Anschluß an die russische Sozial-

demokratie, bei deren Spaltung an den bolschewistischen Flügel. Seit 1905 in Kontakt zu Lenin und zwischen 1907 und 1917 mehrfach verbannt. 1912 in das Zentralkomitee der Partei und in die Redaktion der „Prawda" aufgenommen. Im März 1917 aus Sibirien nach Petrograd zurückgekehrt. Politischer Kommissar im Bürgerkrieg und Volkskommissar für das Nationalitätenwesen (1917–1923). 1919 Mitglied des Polit- und Organisationsbüros. Zunehmender Einfluß auf den Parteiapparat. 1922 Generalsekretär der Partei. In den Jahren 1924 bis 1929 Ausschaltung der innerparteilichen Rivalen. Ab 1928 Intensivierung der Industrialisierung und rücksichtslose Kollektivierung der Landwirtschaft. Mehrere blutige „Säuberungen" ab 1935. Liquidierung aller vermeintlichen und tatsächlichen Gegner in Partei, Armee und Staat. In der Außenpolitik Übergang zu einem eindeutig expansionistischen Kurs (Abschluß des Nichtangriffspaktes mit Deutschland vom 23.8. 1939). Nach dem deutschen Angriff auf die Sowjetunion Leitung des Staatskomitees für Verteidigung. Zielstrebige Verhandlungsstrategie auf den Kriegskonferenzen mit den Westmächten (Teheran, Jalta, Potsdam). Schaffung der Voraussetzungen für die Ausdehnung der russischen Macht- und Einflußsphäre nach 1945 und letzte Steigerung des bürokratischterroristischen Herrschaftssystems, des Stalinismus.

Stalin-Note (5; 52; 53; 54; 62; 72; 73; 74ff.; 99; 100; 102ff.; 105; 106; 113; 254; 278)
Nach einer langen Phase deutschlandpolitischer Zurückhaltung bot Stalin in einer Note an die Westmächte vom 10.3. 1952 (daher auch: März-Note) unter der Hauptbedingung der Neutralisierung Gesamtdeutschlands dessen Wiederherstellung als einheitlichen Staat und den Aufbau eigener nationaler Verteidigungstruppen an. Die Note fand – ungeachtet der Einigkeit über ihre Grundabsicht, nämlich die Bildung eines westeuropäischen Militärblocks mit Front gegen die Sowjetunion zu verhindern – in der Bundesrepublik ein unterschiedliches Echo und eine unterschiedliche Einschätzung. Während Adenauer in ihr ein reines Störmanöver im Blick auf die – vor dem Abschluß stehenden – EVG-Verhandlungen erkannte und sie pauschal ablehnte, plädierte die Opposition für eine sorgfältige Prüfung des sowjetischen Vorstoßes. Entscheidend war – ungeachtet der Fortsetzung des Notenwechsels bis in den Herbst 1952 – daß die Westmächte (und mit ihnen Adenauer) „in der Neutralisierung keinen für Deutschland akzeptablen Existenzrahmen, sondern nur eine Vorstufe für die Bolschewisierung des gesamtdeutschen Territoriums und über kurz oder lang auch ganz Europas" (K. Klotzbach) sahen. Für Adenauer war „nicht die Wiedervereinigung schlechthin das Ziel, sondern die Wiedervereinigung in Freiheit" (W. Grewe). Geht man von diesen Konditionen aus, dann stößt der Vorwurf „der verpaßten Chance", der in den politischen Debatten der späten 50er Jahre erhoben wurde (und noch heute die wissenschaftliche Kontroverse beherrscht), ins Leere. Adenauer hat (ob er es gegen die in diesem zentralen Punkt widerstrebenden Westmächte überhaupt gekonnt hätte, darf man nachdrücklich bezweifeln) eine Lösung der deutschen Frage unter dem Vorzeichen der Neutralisierung nicht gewollt und mit allen ihm zur Verfügung stehenden Mitteln und Argumenten zu blockieren versucht.

Steinhoff, Karl (194; 200)
(1892–1981). Jurist. 1923 Mitglied der SPD, ab 1926 Landrat des Kreises Zeitz, ab 1928 Regierungspräsident in Gumbinnen/Ostpreußen. 1933–1945 Syndikus einer Kartonagefabrik. 1945 SPD, 1946 SED, Ministerpräsident des Landes Brandenburg; 1949–1952 Innenminister der DDR. 1949/50 Kandidat des Politbüros, 1950–1954 Mitglied des ZK der SED. Ab 1952 Professor für Verwaltungsrecht an der Humboldt-Universität Ost-Berlin.

Strauß, Franz Josef (112; 114f.)
(geb. 1915). Studium der Geschichte, Germanistik und Klassischen Philologie (1936–1941). November 1945 Mitbegründer der CSU. Ab 1946 Mitglied des Landesvorstands. 1948–1952 Generalsekretär. 1952–1961 stellvertretender Parteivorsitzender; ab 1961 CSU-Vorsitzender. 1946–1948 Landrat des Kreises Schongau. 1948/49 Mitglied des Frankfurter Wirtschaftsrates. 1949–1978 Bundestagsabgeordneter. 1953–1955 Bundesminister für Sonderaufgaben, 1955–1956 Minister für Atomfragen, 1956–1962 Verteidigungsminister. Strauß, der sich vor allem in außen- und verteidigungspolitischen Fragen engagierte, vertrat die „Politik der Stärke" (s. dort) und forderte – vergeblich – eine atomare Bewaffnung der Bundeswehr. Er stand im Mittelpunkt verschiedener Affären, unter denen die sog. Spiegel-Affäre im Dezember 1962 seinen Rücktritt herbeiführte. Im Dezember 1966 kehrte Strauß (1963–1966 Vorsitzender der CSU-Fraktion) bei der Bildung der Großen Koalition als Finanzminister auf die Regierungsbank zurück. Seit 1978 bayerischer Ministerpräsident. Strauß, der schon früh seine glänzende rednerische Begabung und seine außergewöhnliche Kompetenz im militär- und wirtschaftspolitischen Bereich unter Beweis stellte, gehört – außerhalb Bayerns – zu den am stärksten polarisierenden und umstrittenen Spitzenpolitikern in der Bundesrepublik. Im politischen Kräftefeld der Unionsparteien hatte er sich rasch ein beachtliches Gewicht erkämpft.

Stresemann, Gustav (64)
(1878–1929). Von 1907–1912 und 1914–1918 Reichstagsabgeordneter der Nationalliberalen Partei. Im Ersten Weltkrieg Befürworter annexionistischer Forderungen; in Opposition zu Bethmann Hollweg stehend und mitbeteiligt an dessen Sturz. Gegner der Friedensresolution der Reichstagsmehrheit im Juli 1917. Im Dezember 1918 Mitbegründer der DVP und – bis zu seinem frühen Tod – deren Vorsitzender. Von August bis November 1923 Reichskanzler einer Großen Koalition (SPD, Zentrum, DDP, DVP), die den Abbruch des passiven Widerstandes im Ruhrgebiet, die Währungsstabilisierung und die Sanierung der Reichsfinanzen durchsetzte. Ab August 1923 Reichsaußenminister in wechselnden Kabinetten. Konsequenter Kurs einer Verständigung mit Frankreich. Neutralitätspolitik gegenüber der Sowjetunion. 1926 Friedensnobelpreis.

tabula rasa (167)
Auf der „tabula", der antiken Schreibtafel, deren Schreibfläche mit Wachs bestrichen war, konnte die Schrift mit dem platten Ende des stilus, des Schreibstiftes, wieder gelöscht werden, wodurch sich eine „tabula rasa", d.h. eine leere Tafel, ergab. Dieses Bild wird in übertragenem Sinne auch auf politisch-historische Situationen bezogen.

Taft, Robert (106)
(1889–1953). Rechtsanwalt. Seit 1939 Senator der Republikanischen Partei. Gegner des New Deal. Setzte 1947 mit dem Abgeordneten F.A. Hartley den sog. Taft-Hartley-Act durch, ein Gesetz, das die Position der Gewerkschaften gegenüber den Unternehmensleitungen erheblich schwächte, in dem es u.a. eine „Abkühlungsfrist" von 60 Tagen zwischen Ausrufung und Beginn eines Streiks verlangte. Taft vertrat eine isolationistische Außenpolitik. Als Führer des konservativen Flügels seiner Partei bewarb er sich 1940, 1948 und 1952 vergeblich um die Präsidentschaftskandidatur für die Republikaner.

TAN (= Tagesarbeitsnorm)
(203; 204; 224; 225 f.)
Im landwirtschaftlichen und im industriellen Bereich wurden Ende 1949 in der DDR sog. TAN-Ausschüsse gebildet, die für jede Tätigkeit unter Berücksichtigung der angewendeten Arbeitsmethode und der natürlichen Bedingungen eine technisch begründete Tagesarbeitsnorm (TAN) entwickeln und vorgeben sollten. Mit dieser Norm sollte die effektive Leistung, d.h. die Produktivität, die bestimmten Bewertungsgruppen zugeordnet wurde, gemessen werden.

TASS (= Telegrafnoje Agenstwo Sowjetskogo Sojusa) (126; 127)
Staatliche sowjetische Nachrichtenagentur mit Sitz in Moskau. Seit 1925 als internationale Agentur mit Wort- und Bilddiensten in mehreren Sprachen.

Thadden, Adolf von (40)
(geb. 1921). Landwirtschaftliche Lehre; später Journalist. Beitritt zur rechtsradikalen Deutschen Rechtspartei. 1949–1953 als Abgeordneter der Deutschen Rechtspartei bzw. – ab 1950 – der Deutschen Reichspartei (DRP) als ihrer Nachfolgerin im Bundestag; 1961–1962 Vorsitzender der DRP; von 1967–1971 der Nationaldemokratischen Partei (NPD), an deren Gründung er 1964 maßgeblich beteiligt war. 1955–1959 und 1967–1970 Landtagsabgeordneter in Niedersachsen. 1975 Austritt aus der NPD.

Thälmann, Ernst (220)
(1886–1944). Transportarbeiter. Ab 1903 Mitglied der SPD und 1917 der USPD. Deren Vorsitzender in Hamburg 1919–1920. Übertritt zur KPD (1920). 1924–1933 Reichstagsabgeordneter. 1924 Übernahme der Führung im Roten Frontkämpferbund. Sitz im Präsidium des Exekutivkomitees der Komintern. Kandidat der KPD bei den Reichspräsidentenwahlen 1925 und 1932. Ab Oktober 1925 Vorsitzender der KPD, deren Gleichschaltung mit der KPdSU und Konfrontation mit der SPD Thälmann forcierte. 1928 wegen parteiinterner Querelen als Vorsitzender abgelöst, doch auf Betreiben Stalins wieder eingesetzt. 1931 Ehrenmitglied der KPdSU. Wachsender Führerkult um Thälmann in Deutschland. Im März 1933 verhaftet und ohne Prozeß interniert. Im August 1944 im KZ Buchenwald auf Befehl Hitlers ermordet.

Tito, Josip (eigentlich: Broz) (96)
(1892–1980). Geriet 1915 als österreichisch-ungarischer Soldat in russische Gefangenschaft, diente später in der Roten Armee. 1920 Beteiligung am Aufbau der KP Jugoslawiens. 1928–1934 in Haft. 1934 Emigration. Mitglied des ZK und des Politbüros der KPJ. 1937 Generalsekretär. Im Spanischen Bürgerkrieg aktiv, organisiert nach der Besetzung Jugoslawiens 1941 die kommunistisch orientierte Befreiungsfront. 1943 Marschall. Setzt sich im Partisanenkrieg gegen deutsche und italienische Truppen durch und verdrängt auch die königstreuen Partisanen. Ab 1945 Ministerpräsident, Verteidigungsminister und Staatschef, ab 1953 Staatschef und Oberbefehlshaber auf Lebenszeit. Beschritt nach Auseinandersetzungen in der Kominform (s. dort) und nach dem Bruch mit Stalin (1948) einen eigenen Weg zum Sozialismus, der als „Titoismus" von der UdSSR zeitweilig erbittert bekämpft wurde. Trotz innenpolitischer Auseinandersetzungen (s. Djilas) konnte Tito als Integrationsfigur die Einheit und Unabhängigkeit des Vielvölkerstaates Jugoslawien erhalten. In der internationalen Politik galt er als einer der Wortführer der „Blockfreien".

Tommy (31)
Scherzhafte Bezeichnung für den englischen Soldaten.

Trotzki, Lew Dawidowitsch (eigentl. Bronstein) (247; 251)
(1879–1940). Russischer Revolutionär und Politiker. 1897 Anschluß an die sozialdemokratische Bewegung, 1898 verhaftet und nach Sibirien verbannt. 1902 Flucht nach London, Mitarbeit an der von Lenin gegründeten „Iskra". 1905 Vorsitzender des Petersburger Sowjets der Arbeiterdeputierten. 1906 zur lebenslänglichen Verbannung in Sibirien verurteilt. 1907 Flucht ins Ausland, als Journalist in Westeuropa und den USA tätig. Nach der Februarrevolution 1917 Rückkehr nach Rußland, Anschluß an Lenin und die Bolschewiki, deren Führungsprinzipien er vorher skeptisch gegenüberstand. Gewann den Petrograder Sowjet für die Bolschewiki und organisierte als Vorsitzender des Militärrevolutionären Komitees die Oktoberrevolution. 1917–18 Volkskommissar für Äußeres, stand mit der Parole „Weder Krieg noch Frieden" im Gegensatz zu Lenin, der den Friedensvertrag mit dem Deutschen Reich durchsetzte. 1918–1925 Volkskommissar für Verteidigung, schuf die Rote Armee (s. dort) und damit die Voraussetzung für den Sieg der Bolschewisten im Bürgerkrieg. Geriet in wachsenden Gegensatz zu Lenins Nachfolger Stalin, der die These vom „Sozialismus in einem Lande" vertrat, während Trotzki auf die „permanente Revolution" im Weltmaßstab setzte und die Bürokratisierung der Partei kritisierte. Stalin verdrängte mit Hilfe des rechten Parteiflügels Trotzki aus allen wichtigen Ämtern, 1926 wurde Trotzki nach Kasachstan verbannt, 1929 aus der UdSSR ausgewiesen. Für die KPdSU und die von ihr abhängigen kommunistischen Parteien galt damit Trotzki als der Parteifeind schlechthin, da er nicht bereit war, die Interessen der proletarischen Weltrevolution denen der UdSSR unterzuordnen, und auch im Exil den Kampf gegen den Stalinismus fortsetzte. 1940 in Mexiko von einem GPU-Agenten ermordet.

Ulbricht, Walter (32; 71; 72; 79f.; 103; 195; 197; 198; 205; 210; 214f.; 235; 237; 240; 245; 246; 249; 250; 251; 253; 278; 280)
(1893–1973). Tischlerlehre. 1912 Beitritt zur SPD, 1919 zur KPD. Ab 1920 hauptamtlicher Parteifunktionär mit wiederholten Schulungsaufenthalten in Moskau. Ab 1926 Landtagsabgeordneter in Sachsen; ab 1928 Reichstagsabgeordneter. Oktober 1933 Emigration. Aufenthalte in Paris, Prag und Moskau. Teilnahme am Spanischen Bürgerkrieg von 1936–1938. Von 1938–1945 in der UdSSR. Während des Zweiten Weltkriegs Tätigkeit in der Politischen Verwaltung der Roten Armee, wo sich Ulbricht vor allem der Propaganda unter den deutschen Kriegsgefangenen widmete. 1943 Mitbegründer des Nationalkomitees Freies Deutschland. Am 29.4. 1945 Rückkehr nach Deutschland. Organisation der ersten Stadtverwaltung in Berlin. Maßgebliche Beteiligung am Aufbau von KPD und FDGB. Ab 1946 Mitglied in den höchsten Führungsgremien der SED. 1949 stellvertretender Ministerpräsident der DDR. 1950 Generalsekretär des ZK der SED. 1960 Vorsitzender des Staatsrats der DDR. Ulbricht war – nach Ausschaltung seiner innerparteilichen Gegner nach dem 17. Juni 1953 – der einflußreichste Politiker in der DDR, deren Entwicklung zur „sozialistischen Volksdemokratie" er – unter sowjetischer Anleitung – für fast zwei Jahrzehnte maßgeblich bestimmte.

VdgB (= Vereinigung der gegenseitigen Bauernhilfe) (205; 210)
Im Herbst 1945 wurden im Zuge der Bodenreform in der SBZ zur Unterstützung der Neubauern örtliche Ausschüsse der gegenseitigen Bauernhilfe gegründet und zu Verbänden auf Kreis- und Landesebene zusammengeschlossen. Im November 1947 kam es zur Bildung einer Zentralvereinigung mit einem Hauptausschuß als Exekutive. War die VdgB zunächst auf betriebswirtschaftliche Zuständigkeiten wie den Aufbau von Maschinen-Ausleih-Stationen (MAS, s. dort) beschränkt, so wurde sie Ende 1950 nach Eingliederung der bis dahin selbständigen bäuerlichen Genossenschaften zum Verteilungsapparat für landwirtschaftliche Bedarfsgüter (Saatgut, Futtermittel, Arbeitsgeräte) aufgewertet. Mit dem fortschreitenden Kollektivierungsprozeß in den 50er Jahren, der von einer Formierung und Vermehrung landwirtschaftlicher Produktionsgenossenschaften (LPG, s. dort) begleitet war, büßte die VdgB allerdings ihre betriebswirtschaftlichen Funktionen ein und wurde als „Massenorganisation der werktätigen Bauern" zunehmend zu einem politischen Werkzeug der SED auf dem Lande. Die Bäuerlichen Handelsgenossenschaften (BHG) sind Einrichtungen der VdgB mit speziellen Versorgungsaufgaben (etwa der Produktion und Lieferung von Baumaterialien).

VEAB (= Volkseigene Erfassungs- und Aufkaufbetriebe) (205)
Ende 1949 übernahmen in der DDR die eigens gegründeten VEAB den bisher von den Dorfgenossenschaften besorgten Aufkauf von Landprodukten.

VEB (= Volkseigener Betrieb) (201; 202; 205; 206; 243; 244; 245)
Bezeichnung für die verstaatlichten bzw. vom Staat errichteten Betriebe in der DDR. Die Abkürzung wird als Namenszusatz verwendet. Die VEB bilden die „Hauptform des sozialistischen Eigentums". „Die Tätigkeit der sozialistischen Betriebe beruht auf der politischen Macht der Arbeiterklasse, dem sozialistischen Eigentum an den Produktionsmitteln, der ökonomi-

schen Funktion des sozialistischen Staates auf der Grundlage des demokratischen Zentralismus und den Grundsätzen der sozialistischen Planwirtschaft" (Kleines politisches Wörterbuch, Berlin-Ost 1978, S. 972). Der staatliche Charakter der VEB zeigt sich vor allem in der Ernennung und Abberufung der leitenden Personen, die die Betriebe nach dem „Prinzip der Einzelleitung" führen, durch staatliche Organe sowie deren enger Verflechtung mit dem Staatshaushalt. Die Selbständigkeit der VEB ist nicht nur durch die zentrale Planung, sondern auch durch die Bindung an die Vereinigungen Volkseigener Betriebe (VVB) oder Kombinate, die wie Konzerne wirken, stark eingeschränkt.

Verner, Waldemar (235)
(1914–1982). Tätigkeit als Schaufensterdekorateur. 1929 Mitglied des Kommunistischen Jugendverbandes, später der KPD. 1933 Untersuchungshaft, Flucht, Betätigung im Widerstand. Emigration nach Skandinavien und der UdSSR. 1945 Rückkehr, bis 1949 Kreissekretär der SED in Stralsund. Ab 1950 Befehlshaber der Seepolizei und Vizeadmiral, 1952–1953 gleichzeitig stellv. Innenminister der DDR. Ab 1954 Kandidat, ab 1963 Mitglied des ZK der SED. Ab 1956 führende Positionen in der Nationalen Volksarmee (s. dort), bis 1959 Oberbefehlshaber der Seestreitkräfte.

Wandel, Paul (200)
(geb. 1905). Maschinentechniker. 1926 Mitglied der KPD, Bezirkssekretär in Baden. 1932/33 Kominternschule in Moskau, anschließend Mitarbeiter der Komintern, später politischer Sekretär von Wilhelm Pieck. 1945 Chefredakteur des KPD-Zentralorgans „Deutsche Volkszeitung"; 1946–1949 Präsident der Deutschen Zentralverwaltung für Volksbildung, 1949–1952 Volksbildungsminister der DDR. Ab 1946 Mitglied, ab 1953 Sekretär des ZK der SED; 1958 als Ulbricht-Gegner von diesen Ämtern abgelöst. 1958 Botschafter in Peking, 1961–1964 stellv. Außenminister.

Warschauer Pakt (7; 198; 236; 263; 265; 272 ff.; 276; 279)
Der am 14.5. 1955 in Warschau geschlossene multilaterale „Vertrag über Freundschaft, Zusammenarbeit und gegenseitigen Beistand" (Mitglieder: UdSSR, Polen, Ungarn, Tschechoslowakei, DDR, Rumänien, Bulgarien und – bis 1968 – Albanien) verpflichtet die kommunistischen Länder Europas zu sofortigem wechselseitigem Beistand im Fall eines militärischen Angriffs auf einen oder mehrere Unterzeichnerstaaten. Wichtigstes militärisches Organ ist das Vereinte Oberkommando der Streitkräfte mit Sitz in Moskau, das – von einem ranghohen sowjetischen Militär geleitet – wie eine Außenstelle des sowjetischen Verteidigungsministeriums erscheint. Demgemäß kann auch der Pakt nicht als Bündnis gleichberechtigter Partner angesehen werden, sondern primär als ein Instrument zur sowjetischen Kontrolle Osteuropas, zumal die Bündnispartner durch bilaterale Beistandsverträge untereinander bereits verbunden waren bzw. noch wurden.

Wehner, Herbert (52; 59; 252)
(geb. 1906). Kaufmännische Lehre; dann Journalist. Seit 1927 Mitglied der KPD. 1930–1931 stellvertretender Vorsitzender der KPD-Landtagsfraktion in Sachsen. 1933–1937 politische Tätigkeit im Untergrund. Emigration in die UdSSR, wo Wehner dem Zentralkomitee der Exil-KPD und der Komintern angehörte. In dessen Auftrag ging Wehner 1941 nach Stockholm, doch wurde er verhaftet und wegen „Gefährdung der schwedischen Freiheit und Neutralität" zu zwei Jahren Zuchthaus verurteilt (1942–1944). In diese Zeit datiert sein Bruch mit dem Kommunismus. Die KPD hatte ihn zudem im Juni 1942 ausgeschlossen. 1946 kehrte Wehner nach Deutschland zurück und schloß sich der SPD an. 1946–1949 Redakteur beim sozialdemokratischen „Hamburger Echo". 1949–1982 Bundestagsabgeordneter. 1949–1966 Vorsitzender des Ausschusses für Gesamtdeutsche und Berliner Fragen. Nach dem Tod Schumachers gewann Wehner eine Schlüsselstellung in der SPD und hatte – 1958 bis 1973 stellvertretender Vorsitzender – maßgeblichen Anteil an der Durchsetzung, weniger der Konzipierung des Godesberger Programms (s. dort) und der Wandlung der SPD zur Volkspartei. In der Regierung der Großen Koalition (1966–1969) Bundesminister für Gesamtdeutsche Fragen. 1969–1982 Fraktionsvorsitzender.

Wessel, Helene (39 f.; 49)
(1898–1969). Fürsorgerin. 1928–1933 Landtagsabgeordnete für das Zentrum in Preußen. 1945–1948 stellvertretende Vorsitzende der wiedergegründeten Zentrumspartei. 1948–1949 Mitglied des Parlamentarischen Rates. 1949–1953 Bundestagsabgeordnete. 1949–1952 Vorsitzende des Zentrums. Ende 1952 gründete sie – nach Austritt aus dem Zentrum – aus Opposition gegen Adenauers Politik der einseitigen Westintegration und der Aufrüstung der Bundesrepublik zusammen mit Gustav Heinemann die Gesamtdeutsche Volkspartei (GVP). 1957 nach Auflösung der GVP Übertritt zur SPD, für die Helene Wessel bis 1969 dem Bundestag angehörte.

Westeuropäische Union (WEU) (7; 8; 54; 66; 67; 68; 99; 131; 132; 257; 263; 279)
Im Zuge des Ost-West-Konflikts im Oktober 1954 (s. Pariser Verträge) abgeschlossener, die gescheiterte EVG ersetzender und am 5.5. 1955 in Kraft getretener Beistandspakt der westeuropäischen Länder

innerhalb der Nato, dem Großbritannien, Frankreich, die Benelux-Staaten, die Bundesrepublik und Italien angehören. Vorläufer war der Brüsseler Pakt vom März 1948 (gegen Deutschland und Italien gerichtet). Die WEU kennt fünf Organe: 1. Rat (Außenminister der Mitgliedstaaten), 2. Versammlung (89 Vertreter der WEU-Staaten in der Beratenden Versammlung des Europarats), 3. Generalsekretariat (in London), 4. Amt für Rüstungskontrolle in Paris (ursprünglich vor allem zur Überwachung der Beschränkungen bei der deutschen Wiederaufrüstung), 5. Ständiger Rüstungsausschuß. Für die militärischen Aufgaben der WEU ist der Nato-Oberbefehlshaber zuständig.

Zaisser, Wilhelm (210; 249; 250; 251)
(1893–1958) Volksschullehrer. 1918 Mitglied der USPD, 1920 der KPD; führend in der „Roten Armee" der Ruhr 1920. 1924 Militärschule in Moskau, danach im militärischen Nachrichtendienst der UdSSR tätig, u.a. in China. 1936–1938 Teilnahme am Spanischen Bürgerkrieg, als „General Gomez" Stabschef der Internationalen Brigaden. Während des Krieges in der UdSSR Leiter einer Antifaschule zur Umerziehung deutscher Kriegsgefangener. Nach 1946 Polizeichef des Landes Sachsen-Anhalt, Innenminister des Landes Sachsen und Chefinstrukteur der Volkspolizei. Ab 1950 Minister für Staatssicherheit, Mitglied des ZK und des Politbüros der SED; nach dem Juni-Aufstand 1953 zusammen mit Herrnstadt aller Funktionen enthoben, 1954 aus der SED ausgeschlossen.

Zentrum (5; 27; 39f.; 168; 172)
Die Deutsche Zentrumspartei hatte sich im Dezember 1870 – nach mehreren Ansätzen seit 1848 – als politische Interessenvertretung des deutschen Katholizismus gebildet. Obwohl als interkonfessionelle Partei angelegt, hatte sie – durch die Erfahrung des Bismarckschen Kulturkampfes verstärkt – ihr Wählerreservoir fast ausschließlich in der katholischen Bevölkerung, was dem Zentrum einen Stimmenanteil von rd. 20% sicherte. Versuche, dieses konfessionelle Ghetto aufzubrechen, scheiterten im Kaiserreich und in der Weimarer Republik („Parlament im Parlament"). Obwohl das Zentrum dem Hitlerschen Ermächtigungsgesetz zugestimmt hatte, wurde die Partei im Zuge der Etablierung des NS-Staates zur Selbstauflösung gezwungen (Juli 1933). Nach 1945 plädierte die Mehrzahl der überlebenden Zentrumsführer – unterstützt von großen Teilen des katholischen Klerus – für die Gründung einer überkonfessionellen bürgerlichen Sammlungspartei in Gestalt von CDU/CSU. Dennoch erfolgte im Oktober 1945 die Wiedergründung der Deutschen Zentrumspartei. Die leicht links-orientierte, betont konfessionelle und föderalistische Zentrumspartei, die 1949 die Zustimmung zum Grundgesetz verweigerte, kam über Anfangserfolge im regionalen Rahmen (Nordrhein-Westfalen 1947: 9,8% der Stimmen bei der Landtagswahl) nicht hinaus. 1949 mit 10 und 1953 mit 3 Mandaten vertreten, schaffte sie mit 0,3% der Stimmen 1957 den Einzug in den Bundestag nicht mehr.

Ziller, Gerhart (210)
(1912–1957). Elektromonteur. 1927 Mitglied des Kommunistischen Jugendverbandes, 1930 der KPD. Nach 1933 mehrmals in Haft. 1946 Abteilungsleiter in der sächsischen Landesverwaltung, 1949 Industrieminister des Landes Sachsen; 1950–1953 Minister für Maschinenbau der DDR; ab 1953 Sekretär für Wirtschaft des ZK der SED. Gehörte zur Opposition gegen Ulbricht und verübte 1957 Selbstmord.

Zinn, Georg-August (322)
(1901–1976). Jurist. 1920 Beitritt zur SPD. 1929 Stadtverordneter in Kassel. Dort als Rechtsanwalt tätig. 1933 inhaftiert. Oktober 1945 Landgerichtsdirektor in Kassel. Bereits wenige Wochen später von amerikanischen Militärbehörden zum hessischen Justizminister ernannt. 1947 Vizepräsident des Frankfurter Wirtschaftsrats. 1948/49 Mitglied des Parlamentarischen Rates; darin Vorsitzender des Rechts- und Redaktionsausschusses. 1949 Annahme eines Bundestagsmandats. Aufgabe des Ministeramtes in Hessen. Dezember 1950 Wahl zum hessischen Ministerpräsidenten. Zinn, der dieses Amt bis Oktober 1969 – zumeist auf absolute Mehrheiten der SPD gestützt – ausübte, erwies sich in wichtigen Konflikten mit der Bundesregierung als engagierter Föderalist und als erfolgreicher Initiator reformerischer Impulse in der Landespolitik (Werbeslogan: „Hessen vorn").

Zweistaaten-Theorie (8; 54; 93; 198; 279; 280)
Bezeichnung für die – konsequent seit Sommer 1955 – von der UdSSR vertretene und von der DDR aufgegriffene, doch den Vereinbarungen des Potsdamer Abkommens („Deutschland als Ganzes") widerstreitende These, daß in Gestalt der Bundesrepublik und der DDR zwei selbständige deutsche Staaten entstanden seien. Der dagegen von der Bundesrepublik seit ihrer Gründung verfochtene Alleinvertretungsanspruch (s. dort) wurde im Zuge der neuen Ostpolitik Ende der 60er Jahre aufgegeben. Heute hat sich zwar – wie auch im Grundvertrag mit der DDR vom Dezember 1972 bestätigt – die Auffassung durchgesetzt, daß zwei deutsche Staaten existieren, die – auf der Basis der Gleichberechtigung – ihre Unabhängigkeit in inneren und äußeren Angelegenheiten und ihre territoriale Integrität wechselseitig respektieren wollen, jedoch wird im Unterschied zur Zweistaaten-Theorie der DDR in der Bun-

desrepublik vom Bestehen besonderer staats- und völkerrechtlicher Beziehungen zwischen diesen beiden Staaten ausgegangen. Das – auf einen Normenkontrollantrag der Bayerischen Staatsregierung ergangene – Urteil des Bundesverfassungsgerichts zum Grundvertrag vom Juli 1973 hat zwar die Vereinbarkeit des Vertrags mit dem Grundgesetz festgestellt, jedoch darauf hingewiesen, daß die beiden deutschen Staaten Teile des fortbestehenden Gesamtdeutschlands seien, der Grundvertrag nur eine „faktische Anerkennung der DDR besonderer Art" enthalte und die Wiederherstellung der staatlichen Einheit – gemäß dem Wiedervereinigungsgebot in der Präambel des Grundgesetzes – für alle Organe der Bundesrepublik nach wie vor als verfassungsrechtliche Verpflichtung zu gelten habe. Die DDR hat diese Auslegung zurückgewiesen.

987 654 3